21世纪高等院校经济管理类规划教材

中国对外贸易

□ 杨清震　熊晓亮　张晓骏　编著

人 民 邮 电 出 版 社
北　京

图书在版编目（C I P）数据

中国对外贸易 / 杨清震，熊晓亮，张晓骏编著. --
北京 : 人民邮电出版社，2015.8（2020.9重印）
21世纪高等院校经济管理类规划教材
ISBN 978-7-115-39436-1

Ⅰ. ①中… Ⅱ. ①杨… ②熊… ③张… Ⅲ. ①对外贸易—中国—高等学校—教材 Ⅳ. ①F752

中国版本图书馆CIP数据核字(2015)第154247号

内 容 提 要

本书以中国由外贸大国向外贸强国转变为主线，总结了中国外贸发展的历史、经验和教训，分析了中国外贸发展的现状和问题，指出了外贸协调可持续发展的路径；探讨了进出口商品贸易、利用外资、对外投资、技术贸易、服务贸易、文化贸易由大变强的目标和对策；提出了合理作价、加强管理、改革体制、提高效益和发展外贸关系的对策；研讨了中国外贸发展的总体战略和基础战略。

本书适应普通高校向应用型大学转型的需要，突出了实践性和应用性特色，通过加强理论联系实际和案例分析，提高学生操作应用能力。

本书提供教学课件、补充教学案例、参考答案和模拟试卷等配套资料，索取方式参见“配套资料索取说明”。

本书可作为高校国际经济与贸易本科专业及相关专业教学用书，也可作为外经贸行业获取职业资格证书的考试复习资料和在岗培训教材，还可作为外经贸实践工作者和理论工作者的参考用书。

◆ 编　　著　杨清震　熊晓亮　张晓骏
责任编辑　万国清
责任印制　沈　蓉　彭志环
◆ 人民邮电出版社出版发行　　北京市丰台区成寿寺路 11 号
邮编　100164　　电子邮件　315@ptpress.com.cn
网址　http://www.ptpress.com.cn
北京天宇星印刷厂印刷
◆ 开本：787×1092　1/16
印张：22.75　　2015 年 8 月第 1 版
字数：551 千字　　2020 年 9 月北京第 2 次印刷

定价：49.90 元

读者服务热线：(010) 81055256　印装质量热线：(010) 81055316
反盗版热线：(010) 81055315
广告经营许可证：京东市监广登字 20170147号

前　言

“中国对外贸易”是适应我国改革开放的需要而兴起的一门新学科。该学科以我国对外经济贸易为对象，研究我国开展对外贸易的基础理论、基本政策、基本实践和基本知识，以推动我国对外贸易更好地发展，实现由大向强的转变。该课程是高等学校国际经济与贸易专业的必修和主干专业基础课，也是取得对外经济贸易行业职业资格证的必考科目。

根据培养国际经济与贸易专业应用型人才的课程体系和整体性要求，对于与前导课程和后续课程重复的内容，本书一般不再涉及或不再展开分析论证，而将重点放在如何把中国对外贸易做得更好，以实现由外贸大国向外贸强国的转变。本书以中国由外贸大国向外贸强国转变为主线，总结了我国对外贸易产生和发展的历史、经验和教训，阐述了作为实现中华民族伟大复兴中国梦的重要组成部分的外贸强国之梦及其实现途径；分析了中国外贸的现状和问题，指出了外贸协调可持续发展的路径；探讨了进出口商品贸易、利用外资、对外投资、技术贸易、服务贸易、文化贸易由大变强的目标和对策；提出了合理作价、加强管理、改革体制、提高效益和发展外贸关系的对策；研讨了中国对外贸易发展的总体战略和基础战略。

本书为适应普通高校向应用技术型大学转型的需要而编写。其特色一是实用性强，强调对外贸易理论、知识、法规在外贸实践中的应用，以提高读者分析问题和解决问题的能力，更好地对接将来就业岗位需要和国家外贸职业资格要求；二是操作性强，推行可模仿、可操作的典型案例、实际事例，以及仿真程序的实验、实训教学，让学生亲自参与、自主动手，掌握操控、运作的技巧；三是启发性强，注重启发、引导读者思考，提供拓展知识和能力的配套资料，提出考虑问题的思路和方法，留足学生自主学习、思考和动手的空间，提高学生创新思维能力。

本书提供教学课件、补充教学案例、参考答案和模拟试卷等配套资料，索取方式参见“配套资料索取说明”。

全书共 12 章，由杨清震、熊晓亮和张晓骏编著。其中杨清震编写第一章、第二章、第三章、第十二章，熊晓亮编写第四章、第五章、第六章、第九章，张晓骏编写第七章、第八章、第十章、第十一章。杜亚芳负责有关资料图片搜集整理工作。全书由杨清震总纂、修改和定稿。

本书编写中参考、引用了许多著作、报刊、网站的资料，在此谨向原作者表示衷心感谢。书中疏漏和错误期待广大读者批评指正，我们会利用重印、再版等时机进行修改。

编著者

2015 年 3 月

目　　录

第一章 外贸强国梦

【学习要求】

通过本章学习，了解中国古代长达1 500多年外贸强国的辉煌历史，懂得古代中国的对外贸易对世界文明做出的卓越贡献，总结中国对外贸易的历史经验教训，探索中国如何从外贸大国迈向外贸强国。

【主要概念】

长安国际贸易中心　张骞通西域　西北丝绸之路　西南丝绸之路　北方皮毛之路　东海丝路　南海丝路　太平洋丝路　郑和下西洋　半殖民地半封建对外贸易　外贸大国　外贸强国

从汉代张骞通西域到明代郑和下西洋的1 500多年间，中国是世界头号富强大国。同时中国作为外贸强国，通过形成国际贸易大都会、开拓陆路国际贸易大通道和海上国际贸易大通道，广泛开展了同世界各国经济文化的交流，促进了中国进一步发展繁荣；同时把中国的四大发明和农耕、纺织、冶金、手工业制造技术传遍世界各地，促进了世界经济发展和社会进步，对人类文明做出了重大贡献。

1840年鸦片战争后，帝国主义列强入侵中国，通过半殖民地半封建的对外贸易，大肆掠夺，中华民族濒临亡国灭种边缘。中国人民在屈辱中奋起抗争，终于迎来了新中国的成立。

新中国成立后，开始了复兴外贸的探索，特别是经过改革开放，进入21世纪以来，中国已成为外贸大国。2013年，中国超过美国成为第一外贸大国，但中国还不是外贸强国。我们的目标是实现外贸强国之梦，复兴和超越历史盛世，成为一个对人类文明贡献更大的外贸强国。

从外贸大国迈向外贸强国，是我国新时期的新的历史任务，更是外贸战线全体人员的外贸强国之梦和具体工作目标，也是进入国际经济与贸易专业学习的青年学子学成就业将要承担的历史责任。中国对外贸易就是为了把中国外贸做好做大做强，在改革开放后新建立起来的应用经济学新学科。其基本任务是总结中国对外贸易的历史经验教训，分析外贸发展战略和政策，研究货物贸易、技术贸易、服务贸易和文化贸易发展对策，探讨加强管理、规避风险，提高效益、拓展外贸关系的途径。这些基础理论、基本政策和基本技能只有在理论与实践、历史与现实、定量与定性分析的结合中，在案例分析、模拟仿真与实训实践的立体式学习中，才能真正掌握。

第一节　曾经辉煌的外贸强国

案例 1.1

有兴趣的读者可通过以下链接及其二维码浏览百度百科“旧金山唐人街”词条：http://baike.baidu.com/view/1125857.htm

唐代盛世，声誉远及海外，后来海外各国因此称中国人为“唐人”。《明史·外国真腊传》说：“唐人者，诸番呼华人之称也。凡海外诸国尽然。”在海外的华侨华人自称是唐人，自称聚居的街、区为唐人街。

【课堂讨论1.1】

唐代作为中国曾经辉煌的外贸强国的典型代表，有什么值得人们骄傲自豪和传承发扬的经验？如何以史为镜、鉴古促今，继往开来，实现外贸强国之梦，推进中华民族伟大复兴的实现？

中国作为历史悠久的文明古国，对外贸易历史源远流长。早在公元前 17 世纪建立的商代，由于商品交换的发展，已有了专门从商的商人，并开始了与四方民族的商品交换活动，商代的青铜制品等远传到叶尼塞河和阿尔泰山地区（冯天瑜，1996）[56]。春秋战国时期，采取了积极的对外贸易政策，促进了对外经济交往的发展。秦汉时期对外经济文化交往进一步扩大。西汉丝绸之路的开通，开启了大规模对外经济交往活动。唐代更以博大的胸怀向世界开放，把对外贸易推向繁荣发展的新时期。

一、古代国际贸易大都会的形成

古代中国作为外贸强国，形成了一系列的国际贸易大都会，即各国商人汇聚开展国际贸易活跃的大城市。其中既有当时世界上最大的国际贸易中心长安，也有国际贸易大都市汴京、临安、元大都等，还有海上国际贸易大港口广州、宁波、扬州和泉州等。

（一）古代最大的国际贸易中心——唐朝长安

公元 7—9 世纪，由于唐朝的强盛和开放，与外国往来密切，唐都长安成为当时世界上最繁华、最具国际性的大都会，成为古代最大的国际贸易中心。

1. 长安国际贸易中心形成的特征

1）交易市场规模宏大

唐都长安城周长 36.74 千米，面积约 84 平方千米，是公元 447 年所修东罗马都城君士坦丁堡的 7 倍，公元 800 年所修阿拉伯帝国都城巴格达的 6.2 倍，古代罗马城的 7 倍。

长安城东西两部各有周遭 600 步的商市，称东市和西市，是长安城经济活动的中心。市内店铺林立，商贾云集，买卖兴隆，繁华热闹。两市各占两坊之地，市内开井字形街道，把全市分为 9 个区，每区都是四面临街，各行各业的店铺都临街开设。市场商店种类繁多，出售同一类商品的商店叫“行”。东市的商业有 220 行，全国各地的各类商品，都汇集到东市的市场上。

西市内的店肆制度与东市相同，由于大批商贾的迁入，使得西市的繁荣程度超过了东市，当时被称为“金市”。西市商店门类比东市更多，有饭馆、酒店、书店、服装店、大衣行、衣肆、帛肆、绢行、乐器店、药铺、称行、麸行、笔行、肉行、鱼行、铁行、油靛行、法烛行、金银行，此外，还有寄附铺（寄售商店）、煎饼团子店、饮食店，还有波斯人开的珠宝首饰店、西域人开的酒店。

唐都长安城商品经济活跃，交易金额巨大。为了满足交易现金安全，西市开设了“柜坊”负责存放商人的现金，收取一定的保存费。柜坊开展的这种金融存贷业务，大体具有了现代银行的某些功能。

唐代同时发明了一种货币汇兑的办法叫“飞钱”（“便换”），相当于现代的“汇票”，这就大大方便了商品交换，促进了商品经济的发展。

2）交流人员众多

唐都长安是世界历史上第一个达到百万人口的大城市。长安的人口，除当地居民、皇族、达官贵人、兵士、奴仆杂役、佛道僧尼、少数民族外，外国的商人、使者、留学生、留学僧等总数就有 3 万多人。世界各国敬仰唐朝的强盛，纷纷派来使臣，与唐交往通好，当时来长安与唐通好的国家、地区达 300 多个，同时派出大批经济、文化交流人员。唐都长安成为当时世界上国际色彩最为突出的国际大都市。来长安进行经济、文化交流的外国人有以下这样几类人。

一是来长安经商的外国商人。长安是丝绸之路的起点，经丝绸之路来到长安的各国商人络绎不绝。再加上海上交通的开通，来到沿海港口城市广州、扬州的大食（即阿拉伯帝国，在今西南亚地区）、波斯（今伊朗）、交趾（今越南）、日本、高丽（今朝鲜半岛）、新罗（今朝鲜半岛）等国的商人，最终辗转来到长安。

二是来长安的留学生和学问僧。唐朝文化高度发达，是当时世界上的文化强国，吸引了大批外国学子和僧侣来长安留学，学习唐朝的政治经济制度、科学文化知识、佛教经典义理。

唐朝佛教盛行，在长安的外国僧侣也很多。

三是在唐朝政府中供职的外国人。由于唐王朝对外国人采取包容态度，不少有才能的外国人在唐得到重用，在唐中央政府担任要职，长期居留在长安。如日本、高丽、天竺（古代中国对印度及巴基斯坦等南亚地区的统称）、波斯、大食等国都有人在唐朝供职。

四是各国来长安的使节。各国仰慕唐朝的强大繁荣，纷纷派出使节前来通好。日本派出的遣唐使共有 13 次之多，人数最多的达到 600 人。印度各国共派使节 18 次，包括东、西、南、北、中五天竺使者。此外，还有乌苌国（今巴基斯坦瓦特县）、那揭罗国（古印度 16 大国之一）、泥婆罗国（今尼泊尔）、乾陁罗国（今北印度境）的使节；黑衣大食（阿拔斯王朝）、白衣大食（今阿拉伯半岛）、波斯、吐火罗（今阿富汗）、康国（锡尔河与阿姆河一带）、罽宾国（今中亚内陆地区）、石国（今乌兹别克斯坦）等共派使节 66 次。

> 唐朝长安完全配得上“宏大”一词，明清西安（现西安城墙范围内）位置与当时长安城的皇城基本相符，面积是长安城的 1/7 还不到，明清的北京城（现北京二环内）面积也仅是长安城的 2/3 左右，有兴趣的读者可参考百度百科“唐长安”词条做进一步了解：http://baike.baidu.com/view/322473.htm。
>
> 

五是来长安交流的艺人及归附人。来长安的外国艺人，多在酒楼、店堂，甚至街头卖唱或表演技艺，有的进入唐朝的音乐机构。

居住在长安的还有许多来自西域、中亚等地的“归附人”，即定居长安的移民。他们在长安谋生，自食其力，逐步融合同化于当地社会。

3）交易的商品服务丰富多彩

唐朝时期，农业生产技术显著提高，农副产品极大丰富。中国特有的桑、桃、梨、杏、肉桂、生姜、土茯苓、玫瑰、黄连、谷子、高粱等农副产品以及农业生产技术在对外贸易中先后传入中亚、南亚、西亚地区及欧洲。

唐朝的手工业发达，手工业生产技术有了很大发展，传统的绫锦纺织技术更加精巧，丝织品印花染色技术和棉布纺织技术得到提高。

织染业生产的毛纺、麻纺和布、绢、丝、纱、绫、罗、锦、绮、绸、褐等丝纺产品不计其数。青、绛、黄、白、皂、紫印染作坊，使用的夹缬、臈缬染色法，即雕刻套版色印染法和蜡染法染出的图案千变万化，万紫千红。铜、铁、银、锡等冶炼铸造技术精巧，镂刻工艺水平很高，制造了无数适用的生产、生活用具和精细优雅的工艺品。陶瓷生产得到更大发展，技术更加纯熟，“唐三彩”马、骆驼、双鱼瓶及人俑等也是极受中外欢迎的玩赏品。造纸业种类繁多，质量达到相当高水平。全国各地生产的各种名优特手工业产品都通过繁荣的商业汇集到唐都长安。

此外，唐朝的典章制度、文学艺术、宗教、教育、科学技术也十分昌盛，历法、建筑、雕塑、绘画、工艺美术和音乐舞蹈都达到了很高的水平，名声远扬，令世界各国充满了仰慕之情，对世界各国产生了巨大的吸引力。

4）流通渠道畅通无阻

唐朝经济繁荣，商业发达，刺激了交通的大发展。国内水陆交通都十分发达。陆路交通以唐都长安为中心，形成了 5 条辐射状的主干线，构成了四通八达的交通网。

水路交通以通济渠（大运河）为总干线，将桑河、淮河、黄河、长江及东南水网、湖泊连通，通过广通渠引渭水通大兴城（今西安）。东南州郡，大都通水路，商品流通多通过船运。

在全国水陆主要交通干线上，都设有驿传，每 30 里置一驿，有旅馆、驿卒及车、船、马、驴等交通工具，以备传递公文和官吏往来以及商贾行人之用。全国驿路达 4 万余里，共有 1 639 所驿站，驿站的设立为商业交易流通带来了极大的安全与便利。

为了推行对外开放政策，唐朝政府十分重视疏通中外交通，开辟来往通道，以方便各国贡使来华和商贾来往。在力求国内水陆交通通畅的基础上，进一步开拓与国外的交通。据贞元年间宰相、地理学家贾耽考察，中外来往的交通通道主要线路有 7 条：“一曰营州（今辽宁朝阳）入安东道；二曰登州（今山东半岛一带）海行入高丽渤海道；三曰夏州（今陕西白城子村一带）塞外通大同云中道；四曰中受降城（今包头市敖陶窑子）入回鹘道；五曰安西入西域道；六曰安南（越南古称）通天竺道；七曰广州通海夷道。”《新唐书·地理志》对这 7 条线路都详细记述了所有沿途经过的城邑名称、行程里数、山川形势等，为来往贡使、商贾提供了准确的行进线路。

2. 长安国际贸易中心形成的原因

长安国际贸易中心的形成是以唐朝经济繁荣为基础，高度开放的政策为前提，世界格局变化的需要为动力的。

1）经济繁荣是长安国际贸易中心形成的基础

唐朝是继秦汉以后又一个全国统一、地大物博的强大帝国。唐朝政府为了缓和社会矛盾，巩固封建统治，在“去奢省费，轻徭薄赋，选用廉吏，使民衣食有余”思想指导下，实行了一些有利于恢复生产、发展经济的社会改革，使社会经济得到了恢复发展。

在农业方面，生产关系中的一些新变化使劳动者的生产积极性有了提高，农业生产力获得了发展。新式耕种农具的采用，使农业生产效率得到提高。大力兴修水利和运用新发明的提水灌溉工具，使河滩、荒山坡变成“灌田良沃，亩收十石”的良田。农业生产的发展，使得“四方丰稔，百姓殷富”，“公私仓廪，俱丰实”。

随着农业生产的发展，手工业有了很大发展，生产规模不断扩大，大的手工作坊工匠多达数万人。手工业生产技术发展到比较高的水平。纺织业分为毛纺、麻纺和丝纺，传统的绫锦纺织技术更加精巧，纺织产品种类繁多。印染技术高超，可以染出多种美丽的颜色。夹缬、臈缬染色方法的出现，是当时印染技术的新突破，把印染工艺推进到一个更高的水平。以铜、铁、银、锡为主的168处矿冶业分布在全国各地，铜的铸造技术更加精巧，镂刻工艺水平很高，已运用金属切削技术。

历史悠久的陶瓷生产有了更大发展。瓷器已成为“天下无贵贱通用之”的器皿。造纸业也大有进展，产地广、种类多，在质量上达到了相当高的水平。造船能力很强，能建造举世无双的航海大船。此外，磨面业、印刷业、制糖业的生产能力都超过了以前，生产技术达到了很高的水平。

唐朝除长安、洛阳等著名的手工业集聚城市外，还出现了许多各具特点的手工业中心，生产的许许多多生产和生活用名优产品，受到了国内外用户的欢迎，使中国成为当时世界上著名的手工业制造强国。

2）实行高度开放的政策是长安国际贸易中心形成的前提

唐朝政府实行了高度开放的政策，鼓励积极发展海外贸易，吸引各国商人、学者、官吏涌入长安，开展经济文化交流，使长安国际商务活动非常活跃，国际贸易繁荣，在7—9世纪300年间，长安成为当时世界上最大的国际大都市和国际贸易中心。实行高度开放的政策是长安国际贸易中心形成的前提，没有高度开放的政策就不可能有长安国际贸易中心的形成。

唐朝版图辽阔，物产丰富，经济繁荣，文化先进，国力强盛。唐朝政府有着强烈的自信心和优越感，希望在中外经济文化交流活动中加强与各国的政治交往，维护唐朝的国际威望。同时，实行高度开放的政策，唐朝可以在中外经济文化交往中获得更多的外国珍奇异宝，以满足政府官员及上层社会对高级奢侈品的巨大需求，此外还可通过税收增加唐朝政府的财政收入。

唐朝高度开放的政策包括以下内容。

一是热情欢迎、厚礼接待政策。唐朝政府鼓励发展对外贸易，对于来唐进行贸易的商人热情欢迎，提供方便。在外商来华途经之处，遍设驿馆，提供食宿和牲畜的草料。外商在中国通商口岸和内地城镇经商和定居，没有任何歧视和限制。至于各国来华的官方朝贡贸易使臣，则以厚礼接待。当时唐中央政府内的鸿胪寺、礼宾院就是专门负责接待来长安的少数民族首领和外国使节的机构，并配有通晓各国、各地区语言的翻译人员。

二是优惠价格政策。唐朝政府对于外商运来的货物，以优惠的价格购买。据阿拉伯人《中国印度见闻录》说，“在商业交易上和债务上，中国人都讲公道”，“政府所需的物品，用最高的价格现钱买，这一点是没有差错的”。

三是尊重外商习俗和宗教信仰政策。唐朝政府为实行尊重外商习俗和宗教信仰政策，在城市内划出一个特殊的居留区——蕃坊，作为外商集中居住和营业之地，使他们能按照本国的风俗习惯、宗教信仰生活。在蕃坊内还建造了不同国家的

【课堂讨论1.2】

你认为唐朝高度开放的政策是怎样促成长安国际贸易中心形成的？对唐朝的经济繁荣和国力强盛有什么作用？对我国当今的对外开放有何借鉴意义？

房舍栋宇和不同宗教的教堂。在长安居住和从事宗教活动，都没有受到政府干预。

四是保护外商合法利益政策。唐朝政府明确规定，禁止重征外商，“除舶脚（船舶税）、收市（政府购买）、进奉（进贡）外，任其来往通流，自为交易不得重加率税”。严惩敲诈外商的官吏，保护外商合法利益。在外商来华的西域丝绸之路上，任命军政官员，设置地方机构，保证外商旅途中的人身和财产安全。

3）国际政治经济格局变化后需要新的贸易中心是长安国际贸易中心形成的动力

中国隋唐时期，正当西方的中世纪初期。东罗马分裂后，虽延续了10年之久，但其势力远不如过去的罗马帝国。东罗马帝国首都君士坦丁堡曾是繁荣的商业中心，被称为“沟通东西方的金桥”。但至7世纪阿拉伯帝国兴起后，商业中心东移至西亚，东罗马拜占庭帝国在国际商业中的地位逐渐下降。在西欧，西罗马帝国灭亡后，大大小小的日耳曼王国分立，陷入长期的战争和混乱，生产衰退，商路毁损，海盗横行，商业凋零。此时的西欧，正处于封建化时期，封建领主经济成为社会的主要经济结构，分封制下自给自足的贵族庄园经济是主要的经济形态，外贸难以兴盛起来。因此，中世纪后西欧进入了“商业最黑暗时代”，经历几个世纪，商业都未能振兴，国际政治经济格局的变化急需形成新的贸易中心。至于刚刚兴起的阿拉伯帝国，由于“阿拉伯人的政治经验和政治才略缺乏，所以这个有着西至西班牙，东至中国的辽阔疆土的帝国注定好景不长。一开始，信条的不同就削弱了帝国的统一（H·G·威尔斯，2013）。”[162]

拜占庭皇帝赫拉克利乌斯的统治时期，隋朝被唐朝代替，中国则进入了一个繁荣兴旺的新时期。史学大家H·G·威尔斯（2013）比较中西方后认为，“公元7世纪至9世纪，可以说中国是世界上最文明、最安定的国家”“当西方人的心智被神学占据而无法自拔时，中国人的精神却是宽容、开放、不断求索的”。唐朝政府在世界政治经济格局变化带来的历史机遇期，励精图治，“去奢省费，轻徭薄赋，选用廉吏，使民衣食有余”，到天宝年间，出现了“开元盛世”的鼎盛时期。由于对经济繁荣，国力强盛，商业发展，交通发达的自信，唐朝政府以博大的气魄，实行了高度开放的总方针，向世界各国敞开国门，吸引了世界各国使臣、商人、学者到中国来开展经济文化交流，因而形成了唐都长安国际贸易中心的繁荣，使唐都长安成为当时世界上最繁华的国际大都市。

长安国际贸易中心形成的这些原因，也是唐代发展国际贸易的历史经验，是从事经济文化交流的广大华侨、华人以唐人、唐人街为荣，以唐代曾经辉煌的外贸而感到自豪的理由。只有发扬光大这些历史经验，才能复兴历史盛世，超越历史盛世。

3. 长安国际贸易中心形成的意义

1）引领世界走出中世纪“商业黑暗时代”

长安成为当时世界最大的国际都市，中国崛起为世界贸易强国，国际贸易中心向东方转移，为中世纪因西欧“商业黑暗时代”导致的生产衰退和商业凋零的世界带来了光明和希望，让世界各地的商人找到了商机和经济文化交流的平台，从而带动了商业的繁荣，刺激了生产的恢复。

2）推动中外农业、手工业生产技术的交流，促进生产效率提高

唐代创造的高度物质文明和精神文明，吸引着各国的商人、官吏、学者前来进行经济文化交流。大量商人长期居留中国，从事各种工商服务业，带来了各国的手工业生产技艺。许多物种被引进中国，如伊朗的波斯枣（又称海枣）、波罗密（即树波罗）、苏门答腊的小茴香、印度的胡椒等，丰富和提高了唐人的物质生活。

随着中国瓷器、丝织品和茶叶等产品出口到各国，中国先进的手工业、农业生产技术和一些特有物种也传播到世界各地。中国的养蚕缫丝技术，通过来华交流的波斯商人和印度僧侣传入东罗马，所产丝绸除供罗马消费外，还运往欧洲各地。后来养蚕缫丝技术逐渐传入意大利和西欧各国。中国瓷器出口到各国后，一些国家开始仿制。中国的铁器及冶铁铸造技术等，在中外经济文化交流中先后传入世界各地，促进各地生产工具改进，生产效率提高。中国的桃、梨、杏、肉桂、生姜、土伏苓、玫瑰、黄连、谷子、高粱等作物先后传入中亚、西亚、南亚地区，丰富了各国物产，促进了各国人民生活水平的提高。

3）推动中外文化交流，促进人类文明发展进步

在长安这座国际性大都市，荟萃了来自东亚、中亚、西亚、南亚、欧洲、非洲的文明，兼收并蓄各种文明熔铸于一炉，极大丰富了中华民族文明的内涵。在密切的往来接触中，唐人的饮食、服饰、艺术、音乐、舞蹈、娱乐等深受外国影响。

来中国传教弘法的多是从天竺、中亚来的僧侣，这些人对唐代佛经的传播起了很大作用。印度天文书籍《婆罗门天文经》等传入中国，丰富了中国的天文学。唐代的《大衍历》即吸收了印度的天文学成果。随着香料的进口，阿拉伯、印度、波斯等地的香料可入药的医学知识传入中国，对中国的传统医药学起到了有益的补充作用。

在长安这个各种文明的交汇点，除了接受、吸收世界各国的文化，更重要的是将当时处于世界领先水平的中国先进的文化传到了其他国家和民族，通过以长安为起点的丝绸之路将中国的科学技术渐次向外传播，特别是其中的四大发明。中国造纸术通过丝绸之路首先传入中亚、阿拉伯地区，又由阿拉伯传入西班牙和欧洲各地。唐代发明了雕版印刷术，先后传入阿拉伯、埃及、波斯，后又经阿拉伯传入欧洲。造纸术和印刷术大大促进了欧洲文化的传播，对欧洲人冲破教会对文化的垄断，结束欧洲神权统治起到了很大作用。中国发明的指南针经海路传入波斯和阿拉伯地区，又由阿拉伯人将其传入欧洲。指南针用于航海推动了世界航海业发展，为后来地理大发现提供了航向技术。唐代发明了火药，阿拉伯人将中国火药及烟火制造技术引入，后又经阿拉伯人传入欧洲。四大发明的传播和运用，对于欧洲冲破黑暗的中世纪起到了巨大的推动作用，极大地推进了人类文明的发展进步。

随着中国印刷术的发明，中国的儒家典籍大量出版，从唐代开始，四书五经逐渐在朝鲜、日本、中南半岛各国流传。随后，中国的诗词歌赋、语言文字、哲学思想等也在这些地区广为流传。在中外经济文化交流不断扩大的过程中，中国的传统文化逐步流传到中亚、西亚、欧洲、非洲，对东西方各国都产生了深远影响。

（二）其他古代国际贸易大都市

古代中国除唐都长安成为世界国际贸易中心外，还先后形成了汴京、临安、元大都等国际贸易大都市。

1. 汴京

汴京是北宋的都城，也称开封、京师。五代时，梁、晋、汉、周四代都以汴州为都，促进了汴州的繁荣和发展。北宋在此建都，对外实行开放政策，更使之成为一座当时世界上最繁华、面积最大、人口最多的国际大都市，成为与各国各地区进行经济文化交流的中心。北宋主要以贡赐贸易的方式，开展与边疆民族地区及亚非各国各地区的政治、经济往来，设置了许多专门机构负责接待和管理外国使团。

南洋、印度洋及波斯湾各国的使者也纷纷来到汴京，使团人数最多时达 200 人以上，带到汴京的贡品价值也多达 81 800 贯，银 52 000 两。为便于使者在汴京购买物品，宋廷对使者的回赐物中也有大量铜钱。不少使者将铜钱带回本国使用，使中国的铜钱实际成为当时的一种世界货币。各国使者及客商在进行朝贡贸易之外，也常携带大量“私物”入京贩卖，以牟取厚利。如“新罗使者每来多鬻松子”，大食国番客则将博买到的真珠等“赴阙进卖”，“蒲端（缅甸）使多市汉物，金、钱归国”。

汴京当时还成为各国各路商品的转运地。各国物产在京汇集经交换后又散往四面八方。如契丹贩来的北珠，广州进口的真珍，高丽使者带来的折扇，还有汴京出版的佛经、图画，西南各地的椅子，南北各国的药材，汴京的丝织品、茶、佳酿等无所不包的商品都经这里进出。此外宋版书包括儒家经典、历算、术数、佛经、道藏、历史、医药学等，大量传到各国。

2. 临安

临安（杭州）是南宋都城，全国最大商业中心，当时世界第一大城市。马可·波罗认为，临安为“世界最富丽名贵之城”。临安襟江抱湖，是京杭大运河起点，沿运河可直入华北腹地，还可进入长江、黄河、太湖流域，又是东海岸重要海港。从临安起锚的海舶北可入渤海、日本海，南可下南洋、西洋，是发展国际贸易最便利的条件。据《建炎以来系年要录》记载，南宋末年，临安有 38 万户，120 多万人。《西湖老人繁盛录》上说，当时临安工商行会组织已达 414 行，如青器行、处布行、麻布行、鱼行、木行、竹行、猪行、古董行等。城里设有药市、花市、珠子市、米市等，还有油作坊、木作坊、漆作坊、石作坊。临安的繁荣是四方客商汇聚的结果。临安市场上摆满了来自全国各地和国外的物资，天下所有临安所有，天下所无临安也有。马可·波罗在市场上看到一张印刷品（纸币）竟能兑换（买）到各种商品，感到十分惊讶和新奇。他在《马可·波罗游记》中向人们介绍这个世界上最早使用纸币国家的纸币使用情况时说：“各人皆乐用此币，盖大汗国中商人所至之处，用此纸币以给费用，以购商物，以取其售物之售价，竟与纯黄金无别。”

3. 元大都

元大都（今北京）是元朝都城。马可·波罗曾在元大都居住，目睹了元大都兴建后的盛况，在《马可·波罗游记》中，马可·波罗向世人详细展示了世界大都市——元大都的非凡风貌，感叹“此城为商业繁荣之城”。书中记载，“应知汗八里城内外人户繁多”“郭中所居者，有各地来往之外国人，或来贡方物，或来售货宫中”“外国巨价异物及百物之输入此城者，世界诸城无能与此”。他说，大都百物输入之众，有如川流之不息。仅丝一项，每日入城者计有千车。元大都是国内商品重要集散地，也是中国对外进行经济文化交流的中心。元中统年间，居住在燕京一路的回回族商人已有 2 900 多户，还有来自中亚、欧洲、非洲沿海、南亚、东洋的各国使节、传教士、旅行家、艺术家等。

（三）古代海上国际贸易大港口

为适应中国经济文化交往发展的需要，在中国沿海兴起了众多国际贸易大港口。

1. 广州港

广州港是因隋唐时期中外海上交往的频繁而发展起来的海上国际贸易大港口。到了唐代，广州港进入发展的黄金时代。每年抵达广州的外国商船最多时达 4 000 余艘，登陆的外商有 80 多万人。从贾耽所记《广州通海夷道》可见，唐代向波斯湾并继续至东非的航程，都是以广州为起始点的。其航线是，从广州起航，经中南半岛、马来半岛、马来群岛，再经印度半岛，抵波斯湾，再南航至阿拉伯半岛和东非。

广州为外国“商人云集之地”，“是船舶的商埠，是阿拉伯货物和中国货物的集散地”。《唐大和上东征传》记载：“广州……江中有婆罗门、波斯、昆仑等舶，不知其数，并载香药、珍宝，积载如山。”唐朝政府在广州设置了管理海上贸易的官吏——市舶使，以适应海路贸易迅速发展的需要。元代的海上贸易活动范围远远超过了以往任何时代，据《大德南海志》记载，当时与广州有贸易往来的国家和地区已达 140 多处，海上丝路贸易达到了最鼎盛的时期。

2. 明州港

明州港（今宁波港）地处东海之滨，濒临西太平洋，航道畅通，经济繁荣，历代皆为浙东政治、经济和文化中心。唐代的明州已成为全国四大贸易港。由距明州 70 多里的甬江口望镇海出海的船只，常驶抵新罗、日本。自 8 世纪起，日本的遣唐使船多循南路南线或南路北线往返，亦多在明州登陆或启碇。日本民间商船常常往返于明州和筑紫（日本古代的一个行政区域）之间。明州港成为我国同东方的日本和朝鲜进行贸易往来的门户。也有不少中外船只自明州向南，经由广州、交州沿南海丝路远航东南亚、南亚和西亚地区。

3. 扬州港

隋代开凿沟通南北的大运河，使扬州成为南北水陆交通的枢纽和货物的集散地。唐代海上丝绸之路的繁荣，使前来扬州的东西方商人络绎不绝，扬州发展成一座进行海上国际贸易的国际大都会。扬州同朝鲜和日本的交通，通过南北两条航线进行。北线由日本九州航抵朝鲜半岛南部，沿西海岸北上，再西至山东半岛北部登州（今蓬莱）登陆，转由济水入淮河，沿淮河南运直抵扬州；或由江苏北部的楚州及其附近沿海登陆，转由淮南运河抵达扬州。南线由日本九州岛南部萨摩半岛或由北部的博多湾一带渡海，直航扬子江口，驶抵扬州。日本历次的遣唐使节，鉴真和尚东渡多取此道。

扬州同东南亚、西亚和北非的交通，有的循西北丝绸之路先到长安、洛阳，再沿汴水、淮水至扬州，或再转湘鄂闽粤；有的沿海上丝绸之路，至广州或福建沿岸登陆，再由梅岭等通道，经洪州（今江西南昌）、江州（今江西九江），沿长江再到扬州，或沿海上丝绸之路，直接驶向扬子江口至扬州。

唐代来扬州的朝鲜和日本人很多，除使节和商人外，还有许多留学生和学问僧。此外，还有波斯和阿拉伯人。唐肃宗时，扬州的外国商人达千人之多。

4. 泉州港

唐代时，泉州已是全国著名的四大海港之一。南宋末年，泉州的港口吞吐能力和城市的繁华程度已超过广州。

宋廷南迁临安（杭州）后，泉州处在南宋海岸线的中心，取得了海运中心地位，促进了泉州外贸规模的扩大。外贸规模扩大带动了泉州周边乃至福建地区外贸经济发展。福建地区外贸经济的发展，又为泉州外贸的持续扩大提供了物质保证。泉州主要出口物瓷、茶、铜器，在福建都达到了很高的能力和水平。

南宋前期，常到泉州贸易的有大食、三佛齐（今苏门答腊上的一个古国）、占城（印度支那古国）、高丽等 30 多个国家和地区。到宝庆元年时，与泉州港建立贸易联系的国家和地区就达 50 多个。乾道三年（公元 1167 年），占城使者抵达泉州，一次就举乳香 10 万多斤，其他香料数千斤，另外有 7 000 多颗象牙，可见当时官贸规模很大。

随着进出泉州港船数的增加，舶司的年收入也激增。到绍兴末年（1163 年前后）时，泉州的市舶年入当在 100 万缗左右，占同期宋廷全部财政收入的 1/50 上下。泉州被称为"富州"并不夸张。

元代对外经济开放程度超过前期，对外贸易繁盛，泉州港与上百个国家和地区有贸易往来。市舶提举司管理的海船数量达 15 000 多艘。泉州至杭州之间还专门设置"海上站赤"（海上驿站）15 站，专门运送从泉州进口的番货及贡品。马可·波罗在游记中详尽描述了元代泉州的对外贸易繁荣场面，认为进出口货物"之多竟至不可思议"，由此认定泉州是世界上最大的海港之一。著名旅行家伊本·拔图塔在《伊本·拔图塔游记》中说，泉州"由余观之即谓世界上最大之港，亦不虚也"。

二、古代陆路国际贸易大通道的开拓

长安国际贸易中心等国际贸易大都会的形成，是以四通八达的国际贸易通道为条件的。当时中国向世界各地辐射的国际贸易通道分为陆路和海上两部分。陆路有西北丝绸之路、西南丝绸之路，北方皮毛之路；海上有东海丝路、南海丝路和太平洋丝路。

1. 西北丝绸之路

西汉前期，为了同匈奴争夺西域，联合西部各民族和各国共同抗击匈奴，汉武帝派遣张骞出使西域。张骞途中被匈奴所俘，流放戈壁 10 多年，后来得便走脱，经疏勒（今喀什），越过葱岭（今帕米尔高原），经大宛（今乌兹别克斯坦共和国费尔干）、康居（今阿姆河以北），到达大月氏（今乌兹别克斯坦和土库曼斯坦一带）。张骞在大月氏逗留了一年多得不到结果，却先后游历大宛、大夏（今阿富汗北部）、康居，回国途中又被匈奴拘禁一年多。后来由于匈奴发生内乱，张骞才得以脱身回到长安，带回了有关西域各国的山川地理、人口物产、民情风俗等方面的情况。公元前 119 年，汉武帝再次派遣张骞出使西域，带领一支 300 人的大探险队，每人各备马两匹，带牛羊一万头，金锦货物值钱以万计。到达乌孙（今伊犁河、伊塞克湖一带）后，分遣副使前往大宛、康居、大月氏、大夏等国，开展了与这些国家的经济贸易往来。此后，汉武帝连年派遣使官到安息（今波斯）、身毒（今印度）、黎轩（今埃及亚历山大城）诸国，商人也不断来往。这就为欧亚两大洲贸易开辟了一条通道。我国享有盛誉的丝织品顺着这条路源源不断运往西方各国，这条商道被誉为"丝绸之路"。"丝绸之路"的名称，是 19 世纪 70 年代德国地理学家李希霍芬所著《中国》一书中首先使用的，意指两汉时期中国与中亚地区及印度之间，以丝绸贸易为主的对外贸易通道。

丝绸之路东自我国西汉的长安，横贯亚洲大陆，西达地中海东岸，全长约 7 000 多千米。丝绸之路从长安到武威，经永昌、永丹、张掖、临泽、高台、盐地、临水、酒泉、嘉峪关、玉门、布隆吉、安西至敦煌。自敦煌再向西，南北两道在木鹿城交汇后向西延伸，经过椟城（今伊朗姆甘）、阿蛮（今伊朗哈马丹）、斯宾（今巴格达东南）等地后抵地中海东岸，再由此转达古罗马各地及欧洲各国，中国同古罗马帝国的对外贸易就是通过这条丝绸之路进行的。

中国输出的主要商品是丝绸，此外还有铁器、漆品、铜镜等，输入的有汗血马、香料、药材、玻璃、苜蓿、葡萄、胡桃、蚕豆、石榴、明珠等。后来阿拉伯帝国兴起后取代古罗马帝国，逐渐在与中国的贸易中取得优势地位，成为中国的主要贸易对象。

公元 97 年，中国西域都护班超派遣甘英出使大秦（古代中国对罗马帝国及近东地区的称呼），到达波斯湾，开辟了欧亚交通，为进一步发展中西交流做出了贡献。

三国两晋南北朝时期，通往西方的丝绸之路，又开辟了一条新道。行经路线大致是从玉门关向北，经伊吾（今哈蜜）至高昌（今新疆吐鲁番东木头沟三角洲）后，经焉耆（今新疆焉耆回族自治县）至龟兹（西域古国，今新疆库车县）与中道合一，也可以由此北上，穿越天山往西至车师后国（今新疆吉木萨尔），再由乌鲁木齐转西南行，经弓月（今新疆伊宁）到中亚、西亚各国，最后到达罗马。

中亚、西亚的许多国家不断派使节前来我国访问。波斯与北魏和西魏有过密切的交往。三国时，大秦商人秦伦会见过孙权。

隋唐时期，西北丝绸之路在前代的基础上继续向前发展，唐前期丝绸之路在帕米尔以东的发展主要是开辟了吐蕃道，即从河西进入青海，然后由青海进西藏，由西藏前往尼泊尔和印度。西北丝绸之路在帕米尔以西的发展，一是北道支线渡伊犁河过江布尔（今哈萨克斯坦南部）后沿锡尔河至咸海向西北行过乌拉尔河、伏尔加河至库班河河口对岸的克里米亚半岛的刻赤。二是北道由喀什向西过阿姆河，到土库曼斯坦的马雷。三是南道在隋唐时期过休密（今阿富汗）后南行经巴米安（今阿富汗）、加兹尼，至印度。隋唐时期的社会经济稳定发展，特别是盛唐时期中国已发展成为世界上最富强的国家，同时实行了开明的对外开放政策，因而吸引了世界许多国家的商人前来进行贸易，中外经济文化交流和对外贸易有了很大发展。

641 年，天竺遣使与唐通好，双方互赠礼物。唐太宗派人去学习熬糖技术。天竺的天文、医学、历史和音乐等先进成就被唐吸收。中国的纸和造纸方法传入天竺。唐代名僧玄奘 629 年去天竺取经。曾在天竺居住 15 年，具有很高的佛学理论造诣，受到天竺各地名僧的赞赏和敬佩。他回国时带回天竺佛经 600 多部。波斯（今伊朗）从西汉张骞通西域建立经贸关系后，到唐朝经贸往来有了更大发展。波斯商人的足迹遍布唐朝著名城镇。

大食（今阿拉伯）于 651 年遣使到唐，与唐正式建立国交，大食商人活动在唐朝各地。八九世纪时，大食国首都巴格达城曾开设过专卖中国货物的市场。

东罗马拂菻（今扶凛）曾遣使与唐通好，并互赠礼物，发展经贸关系。拂菻送来狮子和羚羊等，唐朝的丝绸等也通过丝绸之路输往拂菻。

13 世纪初，成吉思汗统一漠北，建立了地跨亚欧大陆的蒙古大帝国。元朝统治者设置驿站，鼓励通商，使阻塞多年的丝绸之路重新畅通。元朝时期的西北丝绸之路主要有南北两条：北路由君士坦丁堡经黑海到克里米亚、花剌子模（今乌兹别克与土库曼交界的阿姆河下游一带），到达阿里巴（今新疆霍城县），然后从哈密敦煌，到长安，最后到达元大都北京。南路从君士坦丁堡出发，向东穿过小亚细亚半岛，经过伊朗高原到忽鲁漠斯（今伊朗霍尔木兹一带），再向北进入中亚细亚，翻过葱岭（今帕米尔）到可失哈尔（古疏勒国，今新疆喀什），过忽炭（今新疆和田）、罗布泊、敦煌、长安，最后到北京。这是 1271 年马可・波罗来中国的线路。那些来自波斯、印度半岛、地中海沿岸的商人带来珠宝、象牙、犀角、香料、玉器，换回他们喜爱的丝绸、瓷器、麝香、大黄等。

案例 1.2

丝绸之路申遗——对丝路精神的敬意和传承

据2014年6月16日《光明日报》报道（李韵） 作为“贸易之路”“交流之路”“对话之路”，丝绸之路创造了一段近2 000年的历史。而今，盛世中国要书写一段新的历史——2014年9月，国家主席习近平在出访中亚时提出要共同建设“丝绸之路经济带”；2015年6月5日，在中阿合作论坛第六届部长级会议上，习近平强调要“弘扬丝绸之路精神，促进文明互鉴”。

光明网《丝绸之路申遗——对丝路精神的敬意和传承》全文：
http://news.gmw.cn/2014-06/16/content_11617270.htm

今天，基于文化认同，我们与中亚国家携起手来，以申报世界遗产的形式，共同保护丝绸之路文化遗产。而此次中哈吉三国联合丝路申遗涉及的33处文物点，让文化认同找到了物质的载体。这样的认同感，给予“丝绸之路经济带”最好的历史支撑。

明天，不久的明天，历经千年辉煌与沧桑的欧亚廊道，将成为新世纪一个以点带面、从线到片、区域大合作的经济纽带。

有人说：“如果千年前的驼铃能摇响几个世纪的繁荣，那么今天来自强盛中国的召唤必将唤醒另一个传奇。”

【课堂讨论 1.3】

你认为建设丝绸之路经济带有什么意义？如何通过建设丝绸之路经济带来延续丝绸之路的辉煌？

2. 西南丝绸之路

在我国西南地区，散居着众多少数民族，汉时通称西南夷。当时他们有的处于氏族部落状态，有的已进入奴隶社会，形成一些小的国家。在这些小国中，夜郎（今贵州西南一带）、滇（今云南中部）、邛都（今四川西昌一带）较大。西汉元狩元年（公元前 122 年）张骞试图经四川、云南出使印度，为沿途小国所阻，未果。但张骞在前往云南的探险途中，详细考察、记载了云南的山水、人物、风俗、物产，为中原人提供了真切的云南自然及人文知识。元封二年（公元前 109 年）汉武帝最终统一西南夷地区，设置了益州郡（今云南晋宁）等 6 个边郡（少数民族聚居之郡）。内地与西南少数民族地区的联系均通过“五尺道”。“五尺道”亦称“石门道”，是秦时开凿的交通孔道，起自四川省宜宾市，经庆符、筠连入云南盐津、大关、照通，至曲靖。后来汉武帝使唐蒙派兵修复，地势险峻，路面宽五尺，故称“五尽道”。《新唐书地理志》载戎州（今宜宾）有石门县，在今庆符南十里，故又名此道为“石门道”。

有兴趣的读者可通过百度百科“丝绸之路”词条做进一步了解，该词条中有地图可供查阅：
http://baike.baidu.com/subview/1239/5028598.htm

西南丝绸之路从成都经雅安、凉山和宜宾，入“五尺道”，到滇池后分为两路。一路南下通达越南。另一路入“博南古道”，即从云南驿（今祥云）经博南（今永州）到永昌（今保山）。在永昌以西又分为南北两路。南路经过龙陵、畹町，到缅甸的勃生，再往南就与海上丝绸之路相连接起来；北路经腾冲、盈江，通向缅甸密支那、印度的华氏城（今巴特那）、巴基斯坦的义始罗（今拉瓦尔品第附近）和阿富汗的喀布尔，进而通至土库曼的巴里与西北丝绸之路会合。西南丝绸之路是古代中国与西南邻国之间开展国际贸易的一条重要通道。中国换取南亚、东南亚各国的宝石、珍珠、木棉、犀角、象牙等。左思《蜀都赋》说“邛杖传节于大夏之邑”就是由四川、云南经缅甸、印度至中亚商路繁忙的写照。

3. 北方皮毛之路

我国与北方民族的交往甚早。据考证，在俄罗斯联邦的叶尼塞河和鄂毕河上游的卡拉苏克文化（公元前 13 世纪至公元前 8 世纪）的出土文物中，发现了 30 件具有商代风格的陶鼎和陶鬲及为数众多的青铜器，如青铜小刀和两头弯曲而中间平直的弓形器，都很像安阳的发掘物。这说明至少 3 000 多年前，我国与北方民族就已经有密切交往。

西汉王朝建立后，在一个较长时期内，一直受到北方匈奴的威胁和侵扰。

汉元帝把宫女昭君封为公主，嫁给呼韩邪单于做阏氏，同时送去丰厚的嫁妆，王昭君容貌秀美，仪态大方，通情识礼，深得呼韩邪单于的倾心敬爱，特别称号“宁胡阏氏”，意即通过此次和亲，将与汉家建立永远和睦安宁的关系。汉元帝也非常高兴，下诏改元“竟宁”，表示取得了永远和平相处的局面。昭君伴同呼韩邪单于出塞后，生活在匈奴游牧地区数十年。在她的影响下，汉匈长期保持着通好关系。西汉和匈奴之间的使节往来频繁，人民之间的联系更加密切。北部边境出现了“边城晏闭，牛马布野”的和平景象。匈奴是个游牧民族，虽然畜牧业较发达，但与当时汉族高度发展的封建经济文化比较起来，相差很远。因此，匈奴迫切需要把它的牲畜、皮毛等与汉族的农产品和手工业品交换，以解决生产上和生活上的需要，并满足上层贵族对奢侈品的追求。从昌顿单于之后，匈奴人一直都乐于与汉人互通关市。在边境上“通关市”，使得原有的民间贸易获得了很大发展。汉朝廷还指定官员用黄金及丝织品与匈奴交换马、骡、驴、驼、兽皮、毛织物，以后这种边关贸易又发展成为穿越蒙古高原经过俄罗斯西抵欧洲的国际贸易通道，人们把这一条国际贸易通道称为“皮毛之路”。

唐中叶，对北方游牧民族地区的边市采取贸易与军事兼顾政策，用茶、盐、丝织品、金属制品等换取马、驼、骡、牛、羊等牲畜，这就是“茶马互市”。北宋时期，在边境的一些重要州、郡设置互市市场，称为榷场，有的还把这种互市市场叫博易场、折博务、卖马司等，场内贸易由官吏管理。除了官营贸易活动外，在场内进行交易的商人都要纳税，交牙钱。当榷场内的贸易不能满足需要时，边境各族人民就冲破了官府的限制，兴起了榷场外的私人贸易。元世祖忽必烈制定了边境地区贸易的优惠政策，对于到蒙古地区进行贸易的商人，特免收税，促进了北方皮毛之路上国际贸易的发展。在明朝，北方的国际贸易主要是通过贡市、茶马市交易来进行。

> 从汉口起运的茶叶经皮毛之路贩运到俄罗斯和欧洲各国，人们也称此道为“万里茶道”。对此感兴趣的读者可阅读 2014 年 10 月 25 日湖北网台讯（湖北资讯广播讯）《中俄万里茶道研讨会今日在武汉举行》：http://news.hbtv.com.cn/2014/1179/1025/865082.shtml
>
> 

三、古代海上国际贸易大通道的开拓

中国不仅是一个陆上大国，也是一个海洋大国，海岸线长 18 000 千米，大小海岛有 6 000 多个，海域面积达 473 万平方千米。中国古代不仅开拓了多条宏伟的陆上国际贸易通道，而且也开拓了多条壮丽的海上国际贸易通道，彰显出一个外贸强国的胆识和实力。

1. 南海丝路

南海丝路是指从中国东南沿海出发，经南海、印度洋到西亚、地中海沿岸和非洲的海上贸易航线。

汉武帝在平定百越，打通沿海航路后，为了进一步扩大汉王朝的影响，并获取海外奇珍异宝，派出远洋船队驶往印度洋，由此开辟了南海—印度洋航线。

汉代的远洋船队的出航地点为雷州半岛的徐闻（今广东徐闻县）和北部湾的合浦（今广西合浦县），沿途经过诸多古国：都元国（今越南岘港）、邑卢没国（今泰国叻丕）、谌离国（今缅甸丹那沙林）、夫甘都卢国（今缅甸卑谬）、黄支国（今印度东南部泰米尔纳德邦的康契普拉姆）、已程不国（今斯里兰卡）、皮宗（今马六甲海峡的皮宗岛）。远洋船队航行的大致路线是，从广东徐闻或广西合浦出发，沿海岸线驶过南海，进入泰国湾，绕过马来亚半岛后进入孟加拉湾，最后到达印度半岛的东南端。南海—印度洋航线的开通，标志着中国开始了与东南亚、南亚的海上贸易。

三国时在岭南设广州，由于珠江流域的开发和造船、航海业的进步，广州以其特有的区位优势取代徐闻、合浦的地位。广州作为岭南的经济中心，通过珠江水系与内地联系便捷，可通达湘、桂、赣、闽等地。从广州出发，经海南东部海面和西沙群岛海域，直航东南亚、南亚各地，广州就成了中国对外贸易的首要口岸和海上丝绸之路的起点。南海—印度洋航线也随着造船技术的进步和航海水平的提高而得以向前延伸。阿拉伯史学家记载："中国的商船，从公元3世纪中叶，开始向西，从广州到达槟榔屿，4世纪到锡兰，5世纪到亚丁，终于在波斯及美索不达米亚独占商权。"

从广州至波斯湾的航线，到唐代时已固定化、经常化了。在《新唐书·地理志》中记载的"广州通海夷道"，即自广州至波斯湾的航线。该航线从广州出发，经香港大屿山以北入海，过海南岛东北角及东南的独珠山，再过越南的占婆岛、燕子峡、归仁、牙庄、藩朗至昆仑岛；向南越新加坡海峡至苏门答腊岛，或向东航至爪哇岛；或转向西北沿马六甲海峡，经海峡南部的不罗华尔群岛、苏门答腊岛北部东海岸棉兰一带及婆罗斯岛，到尼科巴群岛；转向西航，至斯里兰卡；再沿阿拉伯海东海岸西北行，过印度的奎隆、印度西部一带、布洛奇，至卡拉奇；再西航至波斯湾头的阿巴丹，幼发拉底河口的奥波拉，溯河上行至巴士拉，转陆行到达阿拉伯帝国首都巴格达。该航线在幼发拉底河口的奥波拉向西南与东非航线相接，即沿波斯湾海岸向东南，至巴林岛的麦纳麦，过霍尔木兹海峡，到阿曼的苏哈尔和马斯喀特经也门希赫尔，最后到达东非坦桑尼亚的达累斯萨拉姆。"广州通海夷道"将东亚、东南亚、波斯湾、阿拉伯半岛东南岸和东非沿岸连接起来，成为16世纪以前人类定期使用的最长航线和最大的国际贸易通道。

宋代在造船业蓬勃发展基础上，航海技术有了飞跃性进步。宋人已熟练掌握海洋季风规律，利用季风航行。指南针的应用使航海线路更准确，航程缩短，风险降低。海船航行速度的加快，使国际贸易的时间大大节省，范围进一步扩展。这一时期的南海丝路航线，是从广州（或泉州）出发，经兰里（苏门答腊班达齐亚），再经麻离拔（今阿拉伯半岛南部卡马尔湾头），越过亚丁湾，至索马里、桑给巴尔海岸一带，或从广州（或泉州）出发，经兰里，再经故临（今印度奎隆），或经马尔代夫群岛，横渡印度洋，直航东非海岸。

元代的南海丝路到东南亚、南亚、阿拉伯半岛、东非及北非的航线进一步拓展，商船往来更频繁，海上国际贸易更繁荣。汪大渊的《岛夷志略》吴鉴序对这种盛况做了这样的描述："中国之外，四海维之。海外夷国以万计，唯北海以风恶不可入，东西南数千万里，皆得梯航以达其道路，象胥以译其语言。"

案例 1.3

据《光明日报》2014年6月16日报道（段华明） 穿越历史长河，顺应时代潮流，建设21世纪海上丝绸之路，以新理念和新共识，铺就实现中华民族伟大复兴中国梦的海上大通道。

打造中国—东盟自贸区升级版。东南亚地区自古就是海上丝绸之路的重要枢纽，而今同中国的经贸合作有了长足进展。2010年中国—东盟自贸区建成，中国成为东盟第一大贸易伙伴，东盟成为中国第三大贸易伙伴，以自贸区升级为标志，"关系已进入成熟期，合作已进入快车道"。21世纪海上丝绸之路作为重要推力和载体，将从规模和内涵上进一步提升贸易投资自由化、便利化水平，发展好海洋合作伙伴关系，创造下一个"钻石十年"，续写海上丝绸之路的新篇章。

构建面向南海、太平洋和印度洋的战略合作经济带。21世纪海上丝绸之路以点带线，以线带面，增进同沿边国家和地区的交往，联结东盟及沿线各经济体，构建横跨太平洋两岸、惠及亚太各方的区域合作框架，进一步推动全新的地缘、经济、政治、文化等立体合作，以亚欧非经济贸易一体化为发展的长期目标，谱写中国梦和世界梦相得益彰、交织共鸣的华彩乐章。

拉紧相互利益纽带，加强海上通道互联互通建设。21世纪海上丝绸之路平行推进基础设施互联互通、产业金融合作和机制平台建设，加快实施自由贸易区战略，加深沿线区域经贸合作，加强安全领域交流与合作，筹建亚洲基础设施投资银行，加强基础文化建设，优先发展海上互联互通，在港口航运、海洋能源、经济贸易、科技创新、生态环境、人文交流等领域，促进政策沟通，道路联通，贸易畅通，货币流通，民心相通，使实现民族富强的伟大梦想变得更加真实。

实施海洋战略，建设海洋经济，维护海洋权益。中国有1.8万多千米海岸线，海洋国土绝对面积居世界第四。向海上开放的成功，将有力助推中国梦的实现。当前，处理好错综复杂的南海问题事关重大。21世纪海上丝绸之路倡导"命运共同体"理念和"互联互通"设想，统筹自身利益与各国共同利益和关系，扩大利益汇合点和战略契合点，营造新的合作机遇，有利于搁置争议，增进共识，良性互动，为妥善处理和管控争端，提供了充满东方智慧的思维和模式。

打破国强必霸怪圈，传递与邻为善正能量。共建21世纪海上丝绸之路，以"发挥各自优势，实现多元共生、包容共进，共同造福于本地区人民和世界各国人民"为基本路径和方式，既不损人利己，也不图谋霸权，为亚洲和世界带来的是发展机遇而不是威胁，体现中华文明海纳百川、协和万邦、化干戈为玉帛的优良传统和美好愿望。

21世纪海上丝绸之路将使中国梦扬帆远航！

【课堂讨论1.4】

建设21世纪海上丝绸之路，为实现中国梦铺就海上大通道，为我们将来就业实现人生理想的个人梦和拓展对外贸易业务带来哪些机遇？怎样在21世纪海上丝绸之路建设中使个人梦与中国梦同时扬帆远航？

2. 东海丝路

东海丝路是指中国东北部沿海，经渤海或黄海或东海到朝鲜，再渡朝鲜海峡，最终抵达日本的国际贸易航线。

中国与朝鲜、日本在地理上毗邻，海上交往由来已久。秦汉之际，这条通达朝鲜、日本的航路即是东海丝路，其航线大致是从登州（今蓬莱）或莱州出发，至辽东半岛的南端过渤海海峡，沿岸东北行到鸭绿江口，然后沿朝鲜半岛西岸南下，经朝鲜海峡到日本。

隋代通向朝鲜半岛的航线有两条：一条是沿渤海和黄海沿岸到达朝鲜；另一条是横渡黄

海到达朝鲜。到了唐代，唐王朝同朝鲜半岛上的新罗王朝关系密切，双方交往频繁。通过两条航线来往：一是从登州过渤海海峡至辽东半岛南岸，再沿岸北行至鸭绿江口，然后沿朝鲜半岛西海岸南下，至牙江湾内的海口，再陆行至朝鲜半岛东南部的庆州；二是从山东半岛的登州、莱州起航，横跨黄海直抵朝鲜半岛西海岸的大同江口或江华湾。

隋唐通向日本的航线有四条。一是北路北线，从山东半岛沿岸航行抵达朝鲜半岛西海岸，南下直抵日本九州北部的博多大津（今福冈）；再东航，入濑户内海，最后抵达难波的三津浦（今大阪市南区的三津寺町，为日本遣唐使船的始发港和终至港）。二是北路南线，从山东半岛的登州起航，东渡黄海，至朝鲜半岛西海岸的瓮津半岛西端南行，再接北路线抵日本。三是南路南线，从明州（今宁波）、越州（今绍兴）起航，横渡东海至奄美大岛，往北经诸岛越大隅海峡至鹿儿岛再沿海岸线北上至博多大津（今福冈），再东航至难波（今大阪）。唐高僧鉴真东渡日本，就是走这条航线。四是南路北线，从江浙沿海的楚州（今淮安）、扬州、明州、温州等港口起航，向东偏北斜穿东海，至日本的值嘉岛（今五岛列岛与平户岛之间），再航抵博多和难波。

3. 太平洋丝路

太平洋丝路是指由漳州经菲律宾马尼拉，再横渡太平洋抵达美洲的国际贸易航线。16 世纪后，明代后期，中国与欧洲的贸易得到发展，欧洲人东来中国做生意，中国商人也不断扩大对欧贸易。太平洋丝路便是由于对美洲贸易拓展的需要而逐步发展起来的一条新的海上国际贸易通道。通过这条海上国际贸易通道，中国的丝绸外传到美洲，以至于几乎传遍全世界。

4. 郑和下西洋

明朝永乐（1405—1433）年间，郑和率领庞大的船队前后 28 年七下西洋。这是当时规模最大、航海设备最先进的远洋贸易船队，经东南亚、印度洋远航亚非地区 40 多个国家和地区。输出的商品主要有瓷器、铜器、漆器、印花布和丝织品等。输入的商品有香料、动物及其皮毛角羽、贵重木材、宝石和纺织品等。

郑和的船队所到之处，一方面宣扬明朝的国威，邀约各国派使臣到中国“朝贡”，一方面与当地进行贸易，建立起了一种以“朝贡”为特征的区域性政治、经济合作体。同时，允许随行的商民船户、水手、工匠携带一定限额的商品与当地开展民间贸易，这是朝贡体制下的一种特许私人贸易。

郑和下西洋的 7 次航线均不相同。第一次于永乐三年（1405 年）率 27 800 余人，乘 62 艘宝船，从苏州刘家港起航，抵达占城、爪哇、苏门答剌（今苏门答腊岛西端的亚齐）、满剌加、南巫里、古里、旧港（今苏门答腊岛东部的巨港）7 国。第二次于永乐五年率领由 149 只船舶组成的空前规模编队，除到上次去过的占城，爪哇、满剌加、南巫里、古里几国外，还去了暹罗（今泰国）及印度半岛上的加异勒、柯枝、甘巴里（今印度坎贝）、阿拨把丹，印度洋中的锡兰共 11 个国家。第三次于永乐七年，率 27 000 多人分乘 48 只宝船从苏州刘家港起锚出洋，活动范围大体与上次相同，此行主要目的是招徕锡兰，使中国南海至印度的航路完全畅通。

第四次于永乐十一年，率 23 670 人分乘 63 艘大船由苏州刘家港前往东非地区，与占城、爪哇、旧港、满剌加、苏门答腊，南巫里、阿鲁、锡兰、加异勒、柯枝、古里等国巩固了友谊和交往，还专门绕道访问了马来半岛上的彭亨、急兰丹。沿阿拉伯半岛南下，经过阿拉伯半岛上的祖法儿、剌撒、阿丹（今也门亚丁）等国，然后越过亚丁湾进入非洲。沿东非沿岸，郑和船队访问了木骨都束（今索马里首都摩加迪沙）、不剌哇（今索巴里不拉瓦）、竹步国（今索巴里朱巴河一带），最后抵达麻林（今肯尼亚巴林迪）。第五次于永乐十五年郑和率船队出使西洋，此行活动范围与前次大致相同，只是首次正式到达了印度半岛东部的沙里湾泥，并接回前次遇风浪漂泊后受到爪哇国王关照的士兵。

第六次于永乐十九年郑和远使西洋，使命是送忽鲁谟斯等 16 国使臣还国，并首次出使中祖法儿（今佐法尔，阿拉伯半岛东南的一个繁华商埠）、榜葛剌（今孟加拉）这两个前几次没去到的地方。永乐二十二年，郑和奉成祖之命前往旧港宣读敕封并送去皇帝赐予的纱帽、银花、金带、金织、文绮、银币等。这次下西洋因行程、行期短，没有列入郑和下西洋的功绩之中。第七次于宣德五年 12 月 6 日从南京龙湾起锚，12 月 12 日到苏州刘家港，小事休整，停留一个多月才起程。这次不仅按惯例去马来半岛上的各国，苏门答腊岛上的各国，还第一次访问了苏门答腊的属邦那姑儿、黎代，印度半岛东西两边的各国。七下西洋最重要的经历是郑和的随员第一次到达伊斯兰教的圣地天方国（今沙特阿拉伯的麦加）。这次下西洋所到国家之多，范围之广都超过了以往，重新加强了与东南亚、西亚、东非各国的联系。

百度百科“郑和下西洋”词条：
http://baike.baidu.com/subview/24124/6943310.htm

古代国际大都会的形成，古代陆路国际贸易大通道的开拓和古代海上国际贸易大通道的开拓，使中国对外贸易、商品经济的发展水平和规模在古代社会大大领先于世界其他国家，成为古代世界外贸强国。

第二节　外贸衰落后的屈辱记忆

案例 1.4

承载武汉沧桑历史的江汉关海关大楼

在汉口江汉路与沿江大道的交会处，矗立着一座文艺复兴风格的钟楼——海关江汉关大楼。这是一座承载武汉沧桑历史的纪念碑。1861年英国政府迫使清政府签订《中英天津条约》，将汉口辟为殖民者通商的口岸，成立江汉关海关，由英国人狄妥玛担任海关税务司。在后来建造的江汉关大楼的奠基石上刻着担任中国总税务司职务的英国人安格联的名字，钟楼所奏乐曲为英国女王加冕时演奏的《女王万岁》乐曲。海关所收关税要用来抵押战争赔款，关税的支配权被完全剥夺。

武汉海关网站对江汉关大楼的介绍：
http://www.customs.gov.cn/Default.aspx?tabid=4293

【课堂讨论1.5】

英国控制海关的中国对外贸易变成了什么性质的对外贸易？屈辱的历史记忆留给我们什么教训？

自郑和下西洋后，在中国封建政权的强制作用下，自给自足的农业经济顽强地反抗资本主义经济萌芽。封建统治者无视海路大通后世界格局的新变化和资本主义发展的大趋势，把死守大门、封闭锁国作为基本国策，眼睁睁地错失了与西方并驾齐驱向前发展的历史机遇，在落后挨打中使中国社会一步步陷入半殖民地半封建社会的苦难深渊。衰落后的中国外贸成为资本主义列强任意宰割和无情盘剥的工具。

这是一段不能忘记的屈辱历史记忆。

一、半殖民地半封建社会外贸概况

经历鸦片战争、甲午战争和日本入侵，中国独立自主的封建性质的对外贸易逐渐变成了半殖民地半封建性质的对外贸易。

1. 鸦片战争后的外贸（1840—1894 年）

1840 年鸦片战争以后，已发展到近代工业发达的资本主义列强依靠强权与武力，通过不平等条约，在中国攫取了大量政治、经济特权，通过对华商品输出及资本输出，逐步瓦解了中国传统的自然经济基础，中国经济被纳入世界资本主义经济体系之中，成为资本主义经济的附庸。中国独立自主的封建性质的对外贸易逐渐变成受西方资本主义控制的半殖民地半封建性质的对外贸易。

1842 年中英《南京条约》强迫中国割让香港，开放广州、厦门、福州、宁波、上海 5 个通商口岸，同意英国向中国输进货物和从中国输出货物的税则，不能由中国自己决定，必须同英国协商决定，英国商人在各口岸可以自由地和中国商人交易，不必通过公行。1843 年中英《五口通商章程》和《虎门条约》使英国取得了更多的特权：英国货物进出中国海关，只抽 5%的税；英国人可以在通商口岸划出一定的地方，租地造房；英国人在中国犯了法，由领事照英国法律办理；中国给其他国家的优惠权利，英国可以同样享受。

1844 年中美《望厦条约》签订，美国取得了《南京条约》及其附约除割地赔款以外的全部特权。同年中法《黄埔条约》签订，法国获得了与英、美同样的特权。此后，许多欧洲国家都强迫清政府签订了不平等条约，取得了许多特权。

鸦片战争后，中国领土主权的完整遭到破坏。英国占领香港，葡萄牙强占澳门。英、美、法等国军舰任意巡行各口岸，破坏了中国的领海主权。领事裁判权使外国侵略者在中国横行无忌、为所欲为，中国的司法主权遭到破坏。协定关税的规定，破坏了中国关税自主权。片面最惠国待遇，使中国开始变成资本主义世界共同宰割的对象。资本主义列强在上海等地开辟“租界”，取得了租界中的行政、司法和警察权，把“租界”变成“国中之国”。

随着世界经济体系的形成，带有掠夺性的殖民贸易日益成为资本主义再生产过程中的重要环节，资本主义列强对中国的剥削由赤裸裸的掠夺变为倾销商品和掠夺廉价的原料。

由于中国坚固的小农经济对西方工业品有着顽固的抵抗性，第一次鸦片战争后，除鸦片外，西方正当商品的对外贸易并无明显增长，中国在正当商品（即不包括鸦片）贸易中始终处于顺差地位。到第二次鸦片战争后，西方资本主义国家的国际竞争力显著提高，对中国经济掠夺能力大大增强了。与此同时，中国对外贸易的市场条件的改善以及贸易制度的建设，促进了中国对外贸易的发展。中国进出口贸易规模有了较为明显的扩大。1868 年进口额为 6 300 万海关两，1894 年增加到 1.6 亿海关两，比 1868 年增长 1.5 倍左右。1868 年出口额为 6 100 万海关两，1894 年增至 1.28 亿海关两，比 1868 年增长 1.1 倍（孙玉琴，2013）[310−311]。

2. 甲午战争后的外贸（1895—1910 年）

1894 年 7 月—1895 年 3 月，日本在英美支持下挑起甲午战争，迫使中国签订《马关条约》，规定中国对日本割地、赔款及增辟通商口岸外，还允许日本在华投资设厂。

中日《马关条约》签订后，中国又被迫与西方列强签订了一系列不平等条约，先后增辟沙市、重庆、苏州、杭州、河口、恩茅、梧州、三水、江门、长沙、长春、吉林、哈尔滨、瑷珲、满洲里、江孜等为开放商埠。中国广袤的领土从沿海到沿江，从内陆到边疆，全部对西方资本主义列强敞开。西方资本主义列强控制中国对外贸易的基础进一步扩大。

甲午战争后，西方资本主义列强在中国肆意扩大原有租界和新设租界。在中国设立租界最多的是日本，于1895—1905年先后在杭州、苏州、沙市、汉口、天津、厦门、福州、重庆、奉天、安东等地设立了10余处租界。各国还在华强占胶州湾、旅顺口、大连湾、广州湾、威海卫、威海湾、九龙半岛等为他们的租借地，租借地完全由列强直接管辖，租借地内的对外贸易行政管理及经营均为“租借国”控制。到1899年，整个中国基本上都被列强瓜分完毕。美国在中国被列强瓜分的形势下，提出了门户开放政策，要求各国在其势力范围内对其他国家予以开放，使美国按“利益均占”原则获得相应利益。

资本主义列强在一系列强加于中国的不平等条约的基础上，对华资本输出迅速增加。据统计，到1902年各国对华投资总额已达15亿美元，其中直接投资高达65.1%。通过资本输出，操纵中国市场，加强了对中国对外贸易的控制。

随着资本主义列强在华特权的进一步扩大，外国洋行势力也越来越大。为了推销商品和掠夺原料，通过在华雇用买办，外国洋行迅速在中国建立起了全国各通商口岸到穷乡僻壤的多级庞大的推销网及经营体系。通过一套营销系统，洋行可以快速、高效地将进口商品推销到各地初级市场，同样也可以极为便利地掠购中国土特产品出口。煤油的进口，主要被英国的亚细亚火油公司和美孚石油公司垄断。肥皂的进口则主要由英国利华兄弟托拉斯的中国肥皂公司所垄断。烟草及纸烟则被英美烟草公司所控制。大豆的出口主要被日本的三井洋行垄断。皮毛出口由英商高林、仁记等洋行控制。

甲午战争前的1894年，中国进出口额为2.23亿美元，到1911年增长到5.5亿美元，18年增长了1.48倍。中国进口以消费性工业制成品为主，出口以农矿原料及手工业品为主，表明中国的进出口商品结构完全适应资本主义列强倾销商品和掠夺原料的需要。

3. 辛亥革命后的外贸（1911—1936年）

1911年辛亥革命虽未彻底革除封建制度，但还是为资本主义的发展创造了一定的有利条件。虽然后来北洋军阀控制了政府，但历史发展的潮流不可逆转地推动中国向近代社会转变。

第一次世界大战爆发，西方列强放松了对殖民地半殖民地国家经济的控制和掠夺，给中国民族经济发展带来了前所未有的良机，中国资本主义发展进入了它的“黄金时期”。1920—1927年，中国民族资本主义工矿业产值增长率达到8.5%。工农业产品总量增加，农产品商品化程度提高，增强了对外贸易的物质基础，使中国的对外贸易在世界贸易量下降的条件下，还是获得了较快发展。第一次世界大战爆发到20世纪20年代末，中国对外贸易年均增长率为2.39%。

1928年南京国民党政府建立后，国家经济主权有所恢复。争取民族独立的反帝爱国运动高涨，促进国民党政府恢复关税自主权，实行固定关税政策，中国海关管理权得到部分恢复，同时，收回租界，取消西方资本主义列强在华的治外法权，并出台了一系列鼓励民族资本发展，限制外国商品倾销，推动出口贸易的政策和措施，使中国的经济和对外贸易都取得一定发展。但总的来说，这一时期制约中国经济和对外贸易发展的因素，如繁重的苛捐杂税、混乱的货币制度、西方资本主义列强的控制等，使得中国经济和对外贸易并未得到长足发展。

世界经济大危机爆发，西方资本主义列强争夺中国市场的斗争更加激烈，给中国对外贸易带来了极其不利的影响。1929—1936 年，中国出口量年均下降 2.4%，进口量年均下降 8%。日本占领中国东北后，东北地区经济迅速殖民地化，东北地区的对外贸易几乎全为日本所垄断，1932—1933 年东北出口增长 19%，进口增长高达 278%（孙玉琴，2013）[223]。

4. 抗日战争及解放战争时期外贸（1937—1949 年）

1937 年日本发动全面侵华战争，华北、华东、华中、华南相继沦陷，沦为日本的殖民地。日本对华狂轰滥炸的同时，进行了疯狂的经济掠夺。中国的对外贸易被分割为沦陷区的殖民地贸易和国统区的半殖民地贸易。

在国统区，国民党政府公布《抗战建国经济建设实施方案》，逐步将和平时期经济转向战时经济，建立起了战时统制经济体制，对外贸易实行国家统制，通过易货偿债贸易，利用有限的渠道出口盟国需要的中国农矿产品等战略物资，进口中国急需的军用及民用物资。在特定的战争环境中有力地促进了对外贸易的开展，增强了中国抵抗日寇的力量。但这一时期中国对外贸易的半殖民地性质没有改变，易货偿债贸易的发展方式、贸易价格主要由西方债权国决定。

在沦陷区，日本帝国主义将其在东北的一套殖民统治制度移植到广大的沦陷区，疯狂掠夺中国的经济资源，沦陷区的对外贸易日益殖民地化。1945 年沦陷区对外贸易基本陷于停滞。

东北在“九一八”事变后沦为日本的殖民地，占全国对外贸易 1/3 的东北的对外贸易从中国对外贸易中分离出去，成为完全殖民地的对外贸易。东北的对外贸易在日本推行的对外贸易统制政策下，曲折发展，随着日本在战争中不断失利，东北对外贸易总规模逐步减少。

台湾省的对外贸易在甲午战争后就被日本控制，对外贸易殖民化。台湾与大陆、台湾与西方国家的传统贸易关系遭到破坏。台湾大量的农矿原料被日本掠夺，成为日本经济发展和发动侵略战争的重要原料供应地。

抗战胜利后，美国利用其强大的政治经济实力，独占了中国市场，使战后中国的对外贸易被美国所控制，中国成了美国的商品市场和原料产地。中国出口商品结构依然维持传统的殖民地、半殖民地的特征。国民党政府发动了反共、反人民的内战。三年内战使本已残破的社会经济更加凋敝不堪。同时四大家族大肆聚敛财富，导致恶性通货膨胀发生，中国国民经济崩溃，半殖民地性质的对外贸易随之终结。

二、半殖民地半封建社会外贸的特点

中国半殖民地半封建性质的对外贸易具有如下特点。

（一）对外贸易管理丧失独立主权

鸦片战争后，中国被迫与资本主义列强签订了一系列不平等条约，条约规定了资本主义列强在中国对外贸易中的种种特权。凭借特权，资本主义列强逐步控制了中国对外贸易，中国对外贸易管理完全丧失了独立主权。

1. 通商口岸开放和控制权的丧失

自 1842 年中英《南京条约》被迫开放广州、厦门、福州、宁波、上海 5 个通商口岸后，先后被迫增开了牛庄（营口）、登州（烟台）、台湾（台南）、淡水、潮州（汕头）、琼州、汉口、九江、南京、镇江、天津、宜昌、芜湖、温州、北海、重庆、龙州、蒙自、亚东、伊犁、塔尔巴哈台（塔城）、喀什噶尔（喀什）、库伦（今蒙古国乌兰巴托）、吐鲁番、哈密、乌鲁木齐、古城、乌里雅苏台（今蒙古国布哈兰图）、肃州（今酒泉嘉峪关）等为通商口岸。在这些通商口岸，准许外商携带家眷自由居住，派驻领事等驻华官员，外商可以自由贸易。中国逐步丧失了对这些通商口岸的控制权。

2. 租界中的行政、司法和警察权的丧失

租界由外国人在华居留地发展而来，通常设立于通商口岸。甲午战争后，资本主义列强控制的包括城乡在内的广大区域称为租借地。

到 1904 年，英国、美国、法国、德国、日本、俄国、比利时、意大利、奥地利九国先后在中国的上海、广州、厦门、福州、天津、镇江、汉口、九江、烟台、芜湖、重庆、杭州、苏州、沙市、鼓浪屿和长沙 16 个口岸建立了 37 处租界。

甲午战争后，资本主义列强还大肆在中国强占租借地和瓜分势力范围。德国强租胶州湾；俄国强租旅顺口、大连湾；法国强租广州湾；英国强租威海卫、威海湾、九龙半岛；长江流域及西藏，广东、云南两省的部分地区成了英国的势力范围；广东、广西、云南邻近越南的地区成了法国的势力范围；东三省、蒙古及长城以北为俄国势力范围；山东为德国势力范围；台湾、澎湖、福建为日本的势力范围。

租界和租借地完全脱离了中国政府的控制，实行了一套完全独立于中国的行政系统、法律制度，设立有自己的警察，是资本主义列强管理的“国中之国”和中国境内的殖民地。租界和租借地的对外贸易行政管理及实际经营均为资本主义列强控制。

3. 关税自主权丧失

首先，1842 年中英《南京条约》规定关税“宜秉公议定则例”，1843 年中英签订的《中英五口通商章程》的《海关税则》提出片面协定关税税则，标志着中国关税制定权丧失，中国关税自主权被剥夺。其次，1844 年中美《望厦条约》和中法《黄埔条约》从法律上剥夺了中国的关税修订权，确立了中国进出口税则的修订必须征得资本主义列强同意的原则，中国关税的修订权被剥夺。再次，1860 年的中英、中法《北京条约》规定中国用关税抵押战争赔款，1874 年、1877 年英国借款给中国要求用关税抵押后，中国关税的支配权被剥夺。此外，五口半税制度的确立和关税减免范围的肆意扩大，使外商凭借特权在华享受超国民待遇，使中国商人、中国商品在国内、国际竞争中处于不利地位。中国关税作为保护本国经济发展屏障的作用彻底丧失了。

4. 海关管理权丧失

随着“协定关税”制度导致中国市场的门槛基本取消，掌管中国大门的海关行政管理权也随着外籍税务司制度的建立而丧失。

1843 年《中英五口通商章程：海关税则》和 1844 年中美《望厦条约》、中法《黄埔条约》都规定了领事报关制度，使中国海关不能独立行使职权，中国海关行政主权的完整性遭到了破坏。1854 年由外籍税务司控制的上海海关的开办，标志着清政府丧失了上海海关的行政管理权。

1858 年《中英通商章程善后条约：海关税则》确立了外籍税务司制度，1859 年英国人李泰国被任命为中国第一任外籍总税务司。此后近半个世纪中国海关的行政管理权一直都掌握在英国人手里，中国丧失了海关管理权。

（二）外贸进出口商品结构适应资本主义列强掠夺和倾销需要

随着中国对外贸易管理主权的丧失，中国被迫开放程度的逐步深入，中外经济联系不断加强，

为了适应资本主义列强掠夺原料、倾销商品的现实，中国对外贸易进出口商品结构开始发生变化。

在进口方面，消费性工业制成品的比重逐步上升，适应了资本主义列强倾销商品的目的。鸦片战争后，鸦片仍然是居于第一位的进口商品，其次是棉纺织品（棉布和棉纱）和毛纺织品，此外还有食品、药品、卷烟、蜡烛、纸张、染料、火柴等。燃料、机械、交通设备等生产资料的进口也开始出现，但进口规模都很小，直到1886年，此类进口商品都未列入海关贸易统计的专项。

甲午战争后，进口工业品的种类更丰富了。在进口商品中仍以消费资料为主，消费资料占进口额的比重在85%左右，生产资料仅占15%左右，直接消费资料的进口又高于消费品原料的进口，消费性工业制成品占绝对优势，反映了中国进口商品结构的半殖民地性质。

在出口方面，中国的大宗传统出口商品在国际市场上的地位日趋衰落，原料性农副产品进入国际市场，适应了资本主义列强掠夺原料的需要。

第二次鸦片战争后，当西方消费性工业品在中国销路越来越好的同时，中国的大宗传统出口商品茶叶和生丝在国际市场上的地位日趋衰落。中国丝茶在出口贸易中的比重由19世纪70年代前期的89.6%下降到19世纪90年代前期的42.8%，糖、烟草、牛皮、驼毛、草帽缏、豆类、棉花、麻类、羊毛、植物油等农副产品及矿产品，成为新的出口商品品种。

进入20世纪后，出口商品种类不断增加，丝及丝制品和茶叶占出口总额的比重进一步下降，豆类、植物油占出口总额的比重大量增加。占有一定比重的出口商品还有皮货、棉花、羊毛、蛋类等杂项商品，以及煤、铁、钨、锡等矿产品。中国成为西方资本主义列强的原料来源地，进一步加深了中国对外贸易的半殖民地化程度。

（三）外贸交换不等价和长期贸易逆差

中国出口商品以原料性农副产品和矿产品为主，附加值低，而进口则以消费性工业制成品为主，附加值高，在国际市场竞争与交换中处于不利地位。再加上西方资本主义列强凭借其对中国对外贸易管理的控制，肆意扩大中国进口工业品和出口原料产品之间的价格剪刀差，通过不等价交换，进行残酷的掠夺和剥削。进出口贸易掌握在洋行手里，洋行通过买办制度建立起了商业网，控制着中国的商品市场和原料市场。如美孚石油公司1901年在上海设立油栈后，在中国城乡各地设立了分支机构及代理店，其所经营的煤油占中国进口煤油50%以上。英商高林、仁记、新太兴等10余家洋行在石嘴山、银川、兰州、西宁等地设立收购毛皮的“外庄”和“分庄”，洋行派出买办通过密布的收购网垄断了西北毛皮的出口。中国的出口商品生产者与国际市场不发生联系，无法根据国际市场情况组织生产，严重影响到出口商品的价格和效益。为最大限度地赚取国内外差价，洋行操纵进出口商品价格，或结成价格同盟，人为地压低出口商品价格，或采取高价放盘、低价收进的手段进行价格操纵。

19世纪70年代以前，在自然经济的抵制下，中国在对外贸易中处于顺差地位。第二次鸦片战争后，进出口贸易有了较大增长。经济发展水平落后的中国被迫向列强敞开大门，国内市场没有任何保护措施，加上中国出口商品的竞争力不强，未能与进口贸易同步发展，且大宗商品出口额还开始下跌，导致进口贸易增长超过出口贸易的增长。从1877年开始，中国对外贸易的长期优势被打破，经常性国际收支由顺差转为逆差，直到1949年连续70多年长期入超。

（四）外贸对象主要集中于资本主义列强

中国半殖民地半封建社会对外贸易对象主要集中在英国、日本、美国、德国、法国、俄国等少数资本主义列强。自18世纪以来，英国在中国对外贸易中占据首位。到19世纪30

年代初期，英国占中国对外贸易份额的80%左右，居于绝对优势地位。19世纪40年代末的上海，进口货物额的80.6%来自英国，出口货物额的82%也输往英国。1868年英国占中国对外贸易的比重降至70%。1888年英国对华直接贸易（不包括香港转口）占中国对外贸易总额的1/4，居于第二位的是美国。1845—1860年，美国对华出口增加了近3倍。除英美两国外，其他国家在中国对外贸易中所占比重很小。

甲午战争后，英国独占中国市场的格局被打破，日美两国的地位上升。1905年英国（包括香港地区）在中国对外贸易中的比重由19世纪的70%～80%降至52.7%，到1911年进一步跌至48.7%，其中英国本土所占比重则由1894年的14.1%降至12.48%。而日本在中国对外贸易中的份额则由6.2%上升到16.46%，美国也上升到15%。

1931年前，日本在华贸易中占第一位，美国占第二位，英国占第三位。1932年，美国在中国对外贸易中跃居第一位，日本退居第二位（不包括对东北的贸易和对华北的走私），英国占第三位。与此同时，德国在中国对外贸易中的地位迅速上升。1936年美国在中国对外贸易中占22.6%，英国占10.64%，日本占15.5%。到1946年，美国占中国对外贸易总额的比重升至53.19%，英国及日本分别降至4.55%和0.99%。1947—1948年美国在中国进口总额中的比重保持在50%左右。

针对半殖民地半封建社会对外贸易的上述特点，我们应从中吸取教训，最重要的是必须牢牢掌握对外贸易的独立主权，包括通商口岸的开放和控制权，外国人经营和居住区的行政、司法和警察权，关税自主权和海关管理权。此外，还要坚持对外贸易进出口商品结构合理、平等互利、优势互补，坚决反对掠夺倾销；对外贸易要坚持等价交换原则，国际收支基本保持平衡；坚持对外贸易对象多元化，广泛发展对外经济贸易合作与交流。

第三节　重新迈向外贸强国的艰辛探索

案例 1.5

从贸易大国迈向贸易强国

2014年3月2日《人民日报》刊登商务部部长高虎城署名文章《从贸易大国迈向贸易强国》。文章指出：

成为世界第一货物贸易大国，在带给我们喜悦的同时，更多的是冷静和忧思。当前，世情、国情都在发生深刻变化。全面审视我国对外贸易，还有很多方面不能适应新时期发展的需要。成为贸易强国，还有很长、很艰难的路要走。但只要外贸战线全体人员不懈努力，贸易强国目标一定能实现。对外贸易必将在实现中华民族伟大复兴的中国梦中写下属于自己的壮丽篇章。

【课堂讨论1.6】

实现中华民族伟大复兴的中国梦，这既是我们每个人的理想，更是我们共同的历史责任。如何经过我们长期不懈的努力，推进国家从外贸大国向外贸强国转变？

中国各族人民在中国共产党的领导下，经过艰苦卓绝的革命斗争，终于在1949年推翻帝国主义、封建主义和官僚资本主义的统治，建立了新中国，开始了重新迈向外贸强国的征程。我们冲破帝国主义封锁禁运，外贸获得了初步发展；又在纠正“大跃进”和“文化大革命”错误的同时，使外贸在曲折中艰难前进；通过改革开放释放了外贸发展的活力，我国迅速升为世界第一外贸大国。但我国还不是外贸强国，我们的目标是要由外贸大国迈向外贸强国，实现中华民族的伟大复兴。中国对外贸易作为研究我国对外经济贸易的基础理论、基本政策和基本实践的学科，当前的基本任务就是要研究我国如何由外贸大国迈向外贸强国，实现外贸强国梦。

一、冲破帝国主义封锁禁运的外贸初步发展

1949 年 3 月召开的中国共产党七届二中全会，确定了新中国“对内节制资本和对外统制贸易”的基本政策。根据这个规定，刚成立的人民政府立即废除了帝国主义在华的各种特权，没收了国民党政府和官僚资本的外贸企业，建立了国家统一管理的以国营外贸企业为经营主体的社会主义对外贸易体系，并对私营进出口商进行社会主义改造，建立起了中国社会主义对外贸易。

中国社会主义对外贸易与旧中国半殖民地半封建对外贸易和资本主义对外贸易，有着根本不同的性质。它是在公有制发挥主导作用的基础上有计划发展的对外贸易，是独立自主、维护国家利益和民族尊严的对外贸易，是以发展社会主义建设和提高人民生活为经营目的的对外贸易，是促进世界和平与发展事业的社会主义对外贸易。

新中国成立时，国民经济经过战争创伤，已濒临绝境。而帝国主义又对我国采取敌视、孤立和封锁禁运的政策，阻挠所有国家的商船进入新中国的港口。在这一形势下，国家提出了恢复国民经济，进行土地改革，实行抗美援朝，开展反封锁禁运的斗争任务。中国对外贸易根据恢复国民经济和抗美援朝的需要，在实行对外贸易统制和扶助生产的基础上，努力组织出口和进口，积极开展对苏联、东欧社会主义国家及其他友好国家的贸易，同帝国主义的封锁禁运进行坚决斗争，对外贸易获得了较快发展。

1. 着重发展对苏联和东欧等社会主义国家的经济合作和贸易

中国大力开展对苏联和东欧等社会主义国家的经济合作和贸易，使中国同各社会主义国家特别是苏联的贸易额有了很大增长。1957 年对苏联进出口贸易额为 13.64 亿美元，比 1950 年的 3.38 亿美元增长 3 倍多。1950—1955 年，苏联向中国提供了 8 笔贷款，用以购买建设设备和器材以及抗美援朝的军事物资。自 1952 年开始，中国从苏联和东欧国家进口成套设备和技术，主要是苏联所援建的“一五”计划 156 项重点工程，包括钢铁、有色金属、重型机器、汽车、航空、煤炭、石油、化工、电力、电信等方面的企业项目和军工项目。这对于中国社会主义工业化建设特别是建立重工业基础，加强国防建设，起了重要作用。此外，中国还从苏联和东欧国家进口了机械、仪器、车辆、船舶和原材料等物资。同时，中国供应了他们十分需要的战略原料和其他重要物资，如稀有矿产品、稀有金属、有色金属、大豆、大米、食用植物油、冻肉、茶叶、桐油、绸缎、呢绒、棉布等。此外，针对帝国主义的“航运管制”，中国租用苏联、波兰等国家船舶承运进口物资，成立中波合营轮船公司，办理中国对欧洲各国进出口货运。

2. 逐步打开同亚非民族独立国家经贸合作局面

亚非民族独立国家同中国有着共同的历史遭遇，面临发展民族经济、巩固政治独立的共同任务。中国政府为了支持民族独立运动，加强同亚非民族独立国家的团结合作，同时也为了打开“封锁、禁运”的缺口，于 1950 年同印度、缅甸、巴基斯坦、印度尼西亚等国政府建立了双边贸易关系，并同亚洲和非洲的一些国家开展了民间贸易往来。1952 年锡兰（今斯里兰卡）的主要出口商品橡胶因美国禁运而价格大跌，同时国内粮食供应困难。中国按照平等互利的原则，以公平

合理的比价，同锡兰政府签订了中锡大米、橡胶5年贸易协定，取得了反禁运斗争的重大胜利，开拓了同尚未建交国家开展政府间贸易的新路，促进了中国同东南亚国家贸易关系的发展。

1955年，在万隆举行的亚非会议上，周恩来总理阐明了和平共处五项原则。亚非会议后，中国同印度、缅甸、印度尼西亚、巴基斯坦、埃及等许多亚非国家的贸易额有了成倍增长。中国的对外贸易关系由东南亚向西亚、非洲迅速扩展。贸易额由1950年的3.6亿美元上升到1957年的7.67亿美元。

3. 大力开展内地同香港、澳门的贸易

中国政府把开展内地同港澳地区的贸易，作为发展对外贸易的反禁运斗争的重要方面，实行了对港澳地区长期稳定供应的政策，积极扩大对港澳出口及经港澳转口东南亚的贸易。内地对港澳以出口为主的贸易逐年增长，1957年比1950年增长22.7%。港澳地区不仅向一些对中国实行贸易限制和歧视政策的国家转销商品，还从西方国家购进了许多“禁运”物资，对于恢复和发展中国国民经济，逐步开拓对西方资本主义国家的贸易，起到了重要作用。

4. 努力开拓对西方资本主义国家的民间和政府的贸易渠道

1952年4月，在莫斯科举行的国际会议上，中国代表同英国、法国、联邦德国等11个国家的工商团体和企业签订了贸易协议。同年6月在北京签订第一次中日民间贸易协议。1953年7月，中国在柏林设立中国进出口公司代表处，开拓了中国同西欧国家进行民间贸易的渠道和“窗口”。1954年4月，在瑞士举行的第一次日内瓦会议期间，中国同英国与会人士商谈建立贸易关系问题，并在后来的谈判中取得了积极成果。随后中国同许多西欧国家的工商企业或团体签订了民间贸易协议和合同。到1957年年底，中国对西方资本主义国家的贸易额比1952年增长了6倍多。

这一个时期中国的对外贸易关系，确立了社会主义国营对外贸易的领导和核心地位，粉碎了帝国主义的封锁禁运。到1957年，中国已同82个国家和地区建立了贸易关系，与24个国家签订了政府间贸易协定或议定书。对外贸易额得到了持续较快的增长，并且基本上保持了进出口平衡。1957年进出口总额达到31.03亿美元，比1950年11.35亿美元增长了1.73倍，平均每年递增15.4%。其中国民经济恢复时期平均每年递增30.8%，“一五”计划时期平均每年递增9.8%。中国进出口额占世界进出口贸易额的比重由1950年的0.91%上升到1957年的1.85%。进出口贸易的快速增长，有力地支持了国民经济的恢复和发展，促进了第一个五年计划的胜利实现。

二、纠正“大跃进”和“文化大革命”错误期间外贸的曲折发展

在我国外贸发展的过程中，我们通过纠正“大跃进”和“文化大革命”错误，使外贸工作在波折中曲折向前发展。

（一）纠正“大跃进”错误期间外贸在波折中发展

从1958年开始，在全国范围开展了“大跃进”和人民公社化运动以及“反右倾”斗争，加上当时的自然灾害和苏联政府背信弃义地撕毁合同，中国国民经济在1959—1961年发生了严重困难。经过了3年经济调整，国民经济重新走上健康发展的轨道。这一时期的中国对外贸易也经历了一些反复和波折。

1. 纠正外贸领域的“大进大出”错误并明确外贸方针政策

“大跃进”蔓延到外贸领域，实行了外贸“大进大出”，严重冲击了正常的对外贸易管理

制度和经营秩序，助长了互相争客户、争市场、抬价抢购、低价竞销等不良现象。为了纠正“大进大出”的错误，国家首先明确规定了对外贸易统一对外的原则和制度。同时进一步强调“自力更生为主，争取外援为辅”“量力而行，逐步发展”“国内市场为主，国外市场为辅”“国外市场极为重要，不可轻视”及“平等互利”等方针政策。“大进大出”的错误及时得到了纠正。

2. 大抓外贸以克服经济困难并偿还外债

“大跃进”和自然灾害导致国民经济严重比例失调。再加上苏联撕毁合同、撤退专家、逼迫还债（主要是抗美援朝中的军火债款），中国经济陷入严重困难时期。大抓外贸、克服困难、偿还外债，成为当时外贸的首要任务。为大力组织出口，从1960年开始，建立了出口商品生产基地和出口专厂、专车间；实行“以进养出”，进口原料加工成品出口。并根据当时的特殊情况，调整进口结构，在急需物资进口中，把粮食列为首位，依次安排化肥、农药、油脂、工业原料、设备等进口，保证了重灾区和大城市的粮食供应，对于稳定市场，恢复和发展农业生产，克服国民经济困难，起到了重要的作用。

3. 外贸主要对象转向资本主义国家和地区

在中苏关系破裂，中国对苏联、东欧国家贸易急剧缩减的情况下，中国对外贸易的主要对象开始转向资本主义国家和地区。到1965年，中国对西方资本主义国家进出口总额在全国进出口总额中所占的比重，由1957年的17.9%上升到52.8%。中国先后从日本、英国、法国、联邦德国、瑞典、意大利、瑞士、荷兰、比利时、奥地利等国家进口了石油、化工、冶金、矿山、电子和精密机械等成套设备和技术84项。

与此同时，中国在同拉美国家发展贸易关系方面，也开始迈出较大步伐，中国内地与港澳地区的贸易仍稳步发展。

到1965年，中国已与100多个国家和地区建立了贸易关系，进出口总额达到42.45亿美元，比1962年的26.63亿美元增长了59%，平均每年递增16.7%。1964年提前一年还清了苏联的全部债款。

（二）纠正“文化大革命”错误时期外贸在坎坷中发展

1966年5月开始的“文化大革命”（简称“文革”），使对外贸易遭受到严重的干扰和破坏，走上了非常艰难的坎坷路程。

1. “文革”干扰破坏使外贸出现大曲折

“文革”冲击和破坏了对外贸易的生产基础、运输渠道、机构队伍、规章制度，使收购、出口、进口等业务都难以正常开展。大批出口商品生产基地被迫停产，不少出口专厂改产，许多艺人转业，大量产品设计资料散失。出口产品的花色品种减少，质量规格下降，不少出口商品长期滞销和大量积压。“以进养出”业务被迫停止，来料加工、定牌生产、中性包装等灵活贸易做法都被砍掉。技术引进工作中断。20世纪60年代前期引进的84个项目的建设也受到了影响，造成工程拖期或不能正常生产。1967—1969年连续3年外贸下降。1969年进出口总额只有40.29亿美元，比1966年的46.14亿美元下降12.7%。

2. 周恩来、邓小平反干扰使外贸一度迅速扩大

1971年林彪事件后，周恩来总理主持中央日常工作，采取正确措施调整国民经济，并积极支持外贸工作，提出了要以国内市场为主，国外市场为辅，要争取多出口，进口工作同样

重要，同时提出了外贸促生产、促内贸、促科研的方针。1971 年恢复了“以进养出”业务，1972 年恢复和新建了出口生产综合基地、单项农副产品出口基地和出口工业品专厂、专车间，实行国家投放资金和给予优惠贷款等扶持措施。

1975 年周恩来总理病重，邓小平副总理主持中央日常工作，对各条战线进行整顿。他把“引进技术、新设备，扩大进出口”列为加快工业发展的一项重要措施，指出“要多争取出口一点东西，换点高、精、尖的技术和设备回来，加速工业技术改造，提高劳动生产率”，提出可采取补偿贸易这个“大政策”，并强调“要想在国际市场上有竞争能力，必须在产品质量上狠下功夫”。

全国外贸职工根据周恩来总理、邓小平副总理的指示精神，同“四人帮”的干扰破坏进行了各种形式的斗争，努力完成各项外贸任务，尽最大努力减少了外贸损失。

3. 国际环境的有利变化使我国外贸获得了较大发展空间

1969 年 9 月，周恩来总理在北京机场会见苏联部长会议主席柯西金，中苏两国关系有所缓解。1970 年和 1971 年，中国先后同加拿大、意大利、奥地利和比利时等国建交。1971 年联合国恢复中国的合法席位，1972 年 2 月美国总统尼克松访华，中美发表《联合公报》，在正式建交之前先恢复了贸易关系。1972 年以后，中英、中荷的外交关系由代办级升格为大使级，中日邦交实现了正常化，联邦德国、西班牙等西方国家及其他地区许多国家纷纷同中国建交，1975 年 5 月中国与欧洲经济共同体建立正式关系。从 1970 年开始，中国进出口贸易额迅速增长，再次开始从西方国家大量引进技术和成套设备，对港澳地区出口以更快速度增长，对亚非拉国家的贸易继续蓬勃发展，对苏贸易也开始回升。

在“文化大革命”和拨乱反正期间，既有严重的干扰，又有坚决反干扰斗争，既遭受国内动乱，又面临国际形势好转。对外贸易经历了停滞下降—较快发展—又趋回落这样极不稳定的曲折过程。1976 年全国进出口贸易总额为 134.33 亿美元，比 1966 年的 46.14 亿元增加 1.9 倍，平均每年增长 11.25%。1977 年全国进出口贸易总额比 1976 年增长 10.2%。

三、改革开放后中国外贸大国地位的确立

党的十一届三中全会制定的改革开放的正确决策，使外贸持续快速增长，并在短期内确立了中国在世界的外贸大国地位。

（一）改革开放后外贸发展的特点

1978 年 12 月召开的中共十一届三中全会，全面纠正了“文化大革命”的错误和“左”的指导思想，决定把工作重点转移到社会主义现代化建设上来，制定了调整国民经济，改革经济体制，实行对外开放、对内搞活经济的政策。十一届三中全会提出要“在自力更生的基础上，积极发展同世界各国平等互利的经济合作，努力采用世界先进技术和先进设备”，加快社会主义现代化建设。十一届三中全会的正确决策，使国家全面振兴、走向繁荣，也开创了对外贸易发展的新局面。十一届三中全会以来的对外贸易，呈现出如下几个特点。

1. 外贸持续大幅增长

1979 年以来，在国民经济调整和发展的基础上，初步改革了外贸体制，调动了各方面经营外贸的积极性，外贸持续大幅度增长。1978 年外贸进出口总额为 206.4 亿美元，1985 年增加到 696 亿美元，2000 年增加到 4 743.08 亿美元，2005 年增加到 14 220 亿美元。2007 年增加到 21 738 亿美元，比 1978 年外贸进出口总额增加了 104 倍。我国外贸进出口总额的增长

速度高于同期国内生产总值的增长速度，也高于同期世界贸易的增长速度。2011 年我国货物进出口总额达到 36 421 亿美元，2013 年中国超过美国成为第一货物贸易大国，货物进出口总额达到 41 600 亿美元(见图 1.1)。2014 年中国进出口总额为 4.30 万亿美元，同比增长 3.4%(海关统计数据)，增长的步伐减缓。

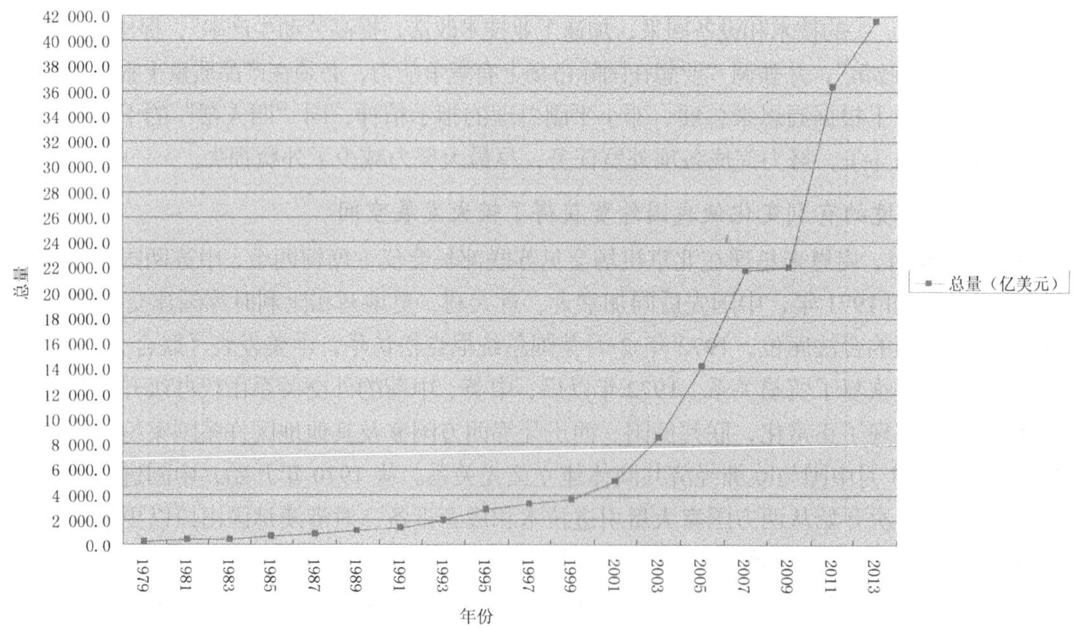

图 1.1 改革开放以来中国外贸增长趋势图①

★本部分及下述数据主要摘自《中华人民共和国 2013 年国民经济和社会发展统计公报》，读者可通过统计局网站“全国年度统计公报”栏目阅读历年及最新统计公报：http://www.stats.gov.cn/tjsj/tjgb/ndtjgb/

在货物贸易高速增长的同时，我国服务贸易也获得了较快发展。2013 年，我国服务贸易额增加至 5 396 亿美元，比上年增长 14.7%★。2014 年服务贸易进出口总额又增至 6 043 亿美元，比率增长 12.6%。

我国利用外资规模稳居发展中国家首位。2003 年实际使用外商直接投资为 535 亿美元，2004 年为 606 亿美元，2007 年为 748 亿美元，2010 年为 1 057.35 亿美元，2013 年为 1 176 亿美元，2014 年增加到 1 196 亿美元。此外，对外承包工程与劳务合作、对外援助、境外加工贸易、资源开发等都取得了显著成绩。

2. 商品结构逐步优化

这一时期我国对外贸易商品结构发生了实质性的变化，实现了由以初级产品为主向以工业制成品为主的出口商品结构转变。1990 年工业制成品出口占出口总额的比重由 1978 年的 46.5%上升到 74.4%，初级产品出口所占比重则相应由 1978 年的 53.5%下降到 1990 年的 25.6%。20 世纪 90 年代以来，出口商品结构进一步优化，到 1998 年，我国工业制成品的出口占出口总额的比重进一步上升到 88.8%，初级产品的出口所占比重下降到 11.2%。其中资

① 图中数据来自《中国对外贸易年鉴》《海关统计》《中华人民共和国 2013 年国民经济和社会发展统计公报》。

本和技术密集型的机电产品的出口 1995 年达到 438.6 亿美元，占全国出口总额的 29.5%，其出口首次超过纺织品，成为我国最大的出口商品类别。2000 年机电产品出口进一步达到 1 053 亿美元，保持了 12.2%的年增长率，在总出口中所占比重上升至 42.23%。2013 年机电产品出口达 12 655.4 亿美元，同比增长 7.3%，在出口总额中的比重为 57.3%，在高科技出口方面，我国制造的飞机及零部件、卫星运载火箭也已进入国际商业合作领域，技术出口初具规模。1998 年我国高科技出口达到 200 亿美元，1999 年为 250 亿美元，2000 年达到 370 亿美元，2001 年跃升到 464 亿美元，占当年出口总额 2 661 亿美元的 17.5%。2002 年高科技出口又跃升到 528 亿美元。2007 年，我国机电产品和高新技术产品出口额跃升至 3 478 亿美元，占出口总额的比重上升到 28.6%。2010 年高新技术产品出口达 4 000 亿美元，2012 年达到 6 011.96 亿美元。2013 年高新技术产品出口比重上升到 57.3%。

3. 国际合作进展顺利

改革开放以来，中国的对外经济合作事业经历了从无到有，不断壮大的发展历程。1979 年 4 月首批批准设立的四家国营公司率先开展对外工程承包业务，在伊拉克、沙特阿拉伯、也门、埃及、索马里、马耳他等国和中国香港地区签订了 36 项对外承包、劳务合同，总金额为 5 117 万美元。此后我国对外工程承包业务发展迅速，每年递增 20%左右。2012 年对外承包工程完成营业额 1 166 亿美元，比上年增长 12.7%。2014 年对外承包工程完成营业额 1 424 亿美元，比上年增长 3.8%。2012 年我国对外劳务合作派出各类人员 51.2 万人，其中承包工程项下派出劳务 23.3 万人，劳务合作项下派出 27.9 万人，2012 年 12 月末在外各类劳务人员 85 万人，累计派出各类劳务人员 639 万人。我国对外工程承包和劳务合作方式越来越多样化，对外承包工程不断向工程总承包、BOT 等更高层次发展，大项目不断增多，技术含量日益提高。中国企业境外的直接投资也有很大突破，境外中资企业超过三万家，对外投资遍及世界 160 多个国家和地区。投资领域已由初期的贸易、航运、餐饮为主拓展到以工业制造、建筑、石油化工、资源开发、交通运输、水利电力、电子通信、商业服务和农业等行业为主，并广泛涉及国民经济其他诸多领域，如环境保护、航空航天、核能和平利用以及医疗卫生、旅游、咨询服务和研究开发等众多领域。投资方式从建点、开办“窗口”等简单方式发展到投资建厂、收购兼并、股权置换、境外上市和建立战略合作联盟等国际通行的跨国投资方式。2013 年我国境内投资者对全球 156 个国家和地区的 5 090 家境外企业进行直接投资，累计实现非金融类直接投资 901.7 亿美元，比上年增长 16.8%。2014 年实现非金融类对外投资 1 029 亿美元，同比增长 14.1%。

此外，中国积极参与世界贸易组织、亚太经合组织、东盟与中日韩“10+3”合作、上海合作组织、东亚—拉美论坛、博鳌亚洲论坛等世界及区域经济合作，并在其中发挥重要作用。

4. 贸易对象不断扩大

改革开放以来，我国坚持平等互利原则，致力于同世界上所有国家和地区发展多种形式的多边、双边经济贸易关系，对外贸易对象不断扩大。

我国十分重视发展同西方发达国家的经贸关系。这些国家经济实力雄厚，科技先进，工业发达，生产能力强，消费水平高。我国的现代化建设需要吸收发达国家的先进技术和管理经验，发达国家也需要向我国输出工业产品和进口我国的资源性产品、劳动密集型产品及传统的农副土特产品等。发展双边贸易关系符合双方的经济利益，也有利于世界经济的繁荣与发展。

我国也非常重视发展同发展中国家和地区的经贸关系，探索南南合作的新途径。通过发展同广大发展中国家和地区的贸易，促进我国经贸关系的多元化。

为了充分利用国内国际两种资源、两个市场，加快改革步伐，扩大对外开放，我国还积极拓展独联体各国和东欧国家市场，并积极发展内地与港、澳，以及大陆与台湾的经贸关系。

目前，我国对外贸易的主要伙伴已达 227 个国家和地区，呈现出多元化、全方位的经贸关系格局。但贸易方向则相对集中于发达国家和地区，其中我国对欧盟、美国、日本和中国香港四个市场的出口占出口总额的 70%。按贸易额的大小居于前 10 位的贸易伙伴依次是欧盟、美国、东盟、中国香港、日本、韩国、中国台湾、澳大利亚、巴西、俄罗斯。

5. 自由贸易制度初步形成

改革开放以来，外经贸体制改革不断深化，完全独立自主的、具有中国特色的自由贸易体制初步形成。根据《中华人民共和国对外贸易法》等有关外贸法规，我国已初步构建了具有中国特色的自由贸易制度的基本框架。

除了国家法律和行政法规有明确规定（禁止或限制）的以外，一切包括在国际贸易范畴内的进出口都是自由的；实行配额许可证管理和统一联合经营管理的出口商品，由 1995 年的 200 多种减到 44 种，减少行政审批和数量限制措施，配额分配方式引入竞争机制，完善招标办法；降低进口关税，平均关税水平由 1995 年的 35.6%降至 2008 年的 9.8%，截至 2015 年一直稳定在 9.8%的水平，其中农产品平均税率降到 15.3%，工业品平均税率降到 9.0%，基本完成了我国加入世贸组织承诺的降税义务。

实行进出口经营权登记制，允许非公有制成分进入外贸领域，国家保障对外贸易经营者的经营自主权，具有外经贸经营权的企业已多达数十万家，形成了由多层次、多类型外贸企业进行多渠道经营的“大经贸”格局，在商品交换和价值规律基础上，实行指导性宏观计划管理。

（二）中国发展成为第一外贸大国

改革开放以来，特别是中国加入世界贸易组织以来，以高技术产品和机电产品拉动整体进出口增长，从而使中国对外经济贸易迅速发展。中国的供求在许多领域影响到国际市场的供求关系与价格，中国的需求也大大拉动了东西方各国的出口复苏，成为许多国家经济增长的一个重要因素。中国的国际地位上升，已成为贸易大国。

1. 货物进出口总额名列世界第一

改革开放前的 1978 年，中国对外贸易规模只有 206.4 亿美元，仅占世界贸易额的 0.78%，名列世界第 34 位。

自 2001 年中国加入世界贸易组织以来，对外贸易增长速度连续 6 年保持在 20%以上。2004 年我国货物进出口总额位次由 2002 年的第五位上升至第三位。2011 年外贸进出口总额达 36 421 亿美元，占全球比重的 9.3%，超过日本成为世界第二大贸易国。2013 年外贸进出口总额达到 41 600 亿美元，占全球比重的 11.5%，超过美国成为世界第一大贸易国。据中国海关统计，2014 年外贸进出口总额达 264 334 亿元人民币，按美元计价比上年增长 3.4%。

2. 利用外商直接投资金额居于世界前列

从改革开放初的 1980 年至 2002 年年底，我国共批准外商直接投资项目 424 196 个，协议（合同）利用外资 8 280.59 亿美元，实际利用外资 4 479.66 亿美元。从 1993 年起，中国成为全球利用外商直接投资最多的发展中国家和全球利用外商直接投资第二大国。2002 年我国利用外商直接投资 518.58 亿美元，首次超过美国成为全球利用外商直接投资最多的国家。

2003 年以来，我国吸收外商直接投资依然呈较快增长态势。2007 年实际使用外商直接投资从 2003 年的 535 亿美元增加到 748 亿美元。2011 年实际使用外商直接投资 1 160 亿美元，居发展中国家首位和世界第二位。2013 年实际使用外商直接投资 1 176 亿美元，比上年增长 5.3%，2014 年实际使用外商直接投资 1 196 亿美元，增长 1.7%。我国利用外资质量不断提高，高技术领域和高增长行业吸收外商直接投资持续大幅增长，全球最大的 500 家跨国公司已有 450 多家在华投资、设厂，其中 30 多家设立了地区总部。

3. 对外直接投资居世界第三

从 2003 年起，我国加快了"走出去"步伐，对外直接投资持续上升，2005 年达到 127 亿美元，2008 年达到 559 亿美元，2010 年达到 688 亿美元，2012 年达到 878 亿美元，2013 年达到 1 078 亿美元，2014 年又达到 1 028.9 亿美元，海外投资企业达到 5 090 家。我国已成为仅次于美国和日本的第三大对外投资国。

4. 外汇储备为世界最多的国家

我国的外汇储备 1979 年只有 8.40 亿美元，但进入 20 世纪 90 年代后增幅很大。1990 年为 110.93 亿美元，1995 年为 735.97 亿美元，2001 年为 2 122 亿美元，2008 年增至 1.95 万亿美元，成为世界第一外汇储备大国。2010 年外汇储备规模已达到 2.8 万亿美元，相当于首次突破 100 亿美元关口的 1990 年的 256 倍。2013 年年末我国外汇储备约为 3.82 万亿美元，比上年末增加 5 097 亿美元。2014 年外汇储备增速放缓，较上年年末增加 217 亿美元，达到 3.84 万亿美元。截至 2015 年 1 月，我国外汇储备已达到 3.99 万亿美元。

大量的外汇储备，表明我国在国际市场上具有强大的购买支付能力，具备充足的国际清偿能力，有利于国民经济的持续快速发展和人民生活的改善。同时，大量外汇储备对于增强国家宏观调控能力，维护国家经济安全，防止国际金融风险也有重要意义。

四、实现由外贸大国向外贸强国转变

中国虽然跃升为外贸大国，但与世界外贸强国相比，还存在较大差距，还有很长、很艰难的路要走，必须采取强有力的对策措施，才能实现外贸强国之梦。

（一）世界外贸强国的基本特征

综观世界外贸强国的情况，可以看出，作为世界外贸强国，具备如下几个基本特征。

1. 经济高度发达，是世界经济强国

世界主要外贸强国美国、德国、日本、英国、法国、加拿大、意大利、荷兰等，都是世界经济强国，不仅国内生产总值居于世界前列，而且人均国内生产总值都在 20 000 美元以上，相当于世界人均国内生产总值平均水平的 4 倍以上。

这些国家作为经济强国，它们的经济、技术和资本实力雄厚，科学技术发展水平高，商品和服务的技术和质量具有较强的国际竞争力。在产业上主要分布在制造和高新技术领域，所生产的产品是具有很强的国际竞争力的名优品牌产品，因而成为推动本国外贸发展强大的物质技术基础。

2. 对外贸易对国际贸易影响力强

外贸强国的货物外贸规模大，对国际贸易影响力强，辐射面广，在某种程度上影响着国际

市场价格的变化，以及国际资本流动的方向。美国、德国、日本、法国、英国、意大利、荷兰、加拿大、比利时等国家作为世界产品和资本的主要供应者和需求者，在钢铁、机器设备、化学制品等资本和技术密集型产品出口方面居于世界前列，其对外经济贸易活动在很大程度上左右着国际贸易和资本市场的变化方向和趋势。例如，美国的化学制品、机器和交通设备出口总额居世界首位，汽车出口居世界第三位；德国钢铁产品、化学产品、纺织品、汽车出口居世界首位，机器和交通设备出口居世界第二位；日本钢铁产品出口居世界第二位，机器和交通设备出口居世界第三位，办公和电信设备、汽车产品出口居世界第二位，对国际贸易有很强的影响。

此外，外贸强国对国际贸易的影响力还可以通过发达的服务贸易体现出来，这已经成为衡量一国现代化水平的一个重要标志。外贸强国美国、英国、德国、法国、西班牙、意大利、日本、荷兰等都是服务贸易出口和进口大国，其中美国服务贸易出口占其总出口贸易的比重高达60%～70%。

3. 有明显的比较优势和竞争优势

外贸强国在国际分工中，都有明显的比较优势和竞争优势，在质量和技术上保持着世界一流的水平。这些国家在出口产品中以高新技术产品为主，因而能以较少出口产品换回更多的进口产品，外贸条件处于优势地位。多年来，世界主要外贸强国美国、日本、法国、德国、英国、意大利、加拿大、荷兰等的外贸条件，一直处于比较优势的地位，并具有很强的竞争优势。

4. 有很强的国际经营能力

外贸强国凭借其大规模的对外直接投资和技术优势，具有很强的国际经营能力和管理能力，借助国内充裕的资本实力和良好的投资环境，通过海外直接投资和吸引外国投资，从国际融资中获取最大的经济利益。

5. 对外开放度大

作为世界贸易组织的创始国，贸易强国普遍遵循国际贸易规则，奉行自由化国际贸易政策，对外开放度大。平均关税率低，美国1999年为4.8%，欧盟为5.6%，日本和加拿大分别为6.6%和7.1%。市场开放范围大，不仅商品市场，而且服务市场和资本市场同时对外开放，对商品和服务贸易、资本流进与流出限制性规定少。

（二）中国与世界外贸强国的差距

中国虽然是一个外贸大国，但还不是外贸强国。用外贸强国的条件来衡量，中国还不具备满足这些条件的能力，与世界外贸强国相比，还有较大的差距。

1. 贸易相关产业综合实力偏弱，商业成熟度较低

国内产业的高度发展是一国贸易强盛的基础。中国贸易相关产业综合实力偏弱，商业成熟度较低。世界经济论坛根据经济贸易、商业环境、市场成熟度等指标综合打分排序，2012年中国的全球竞争力综合排名为29位，而外贸强国美国、德国、日本等都排在前10位之内。在衡量国际贸易供求、组织、基础设施、配套服务、价格控制等影响贸易竞争力的商业成熟度方面，中国更为落后，排名45位。中国国际市场的主导地位排在20位之后。

2. 货物进出口结构不合理，贸易条件恶化

中国货物贸易进出口总额虽然很大，但人均贸易量低，而且结构不合理。出口主要是附加值不高的初级产品和劳动密集型产品，而进口则主要是附加值较高的资本密集型产品和技

术密集型产品。但在国际市场上，初级产品和劳动密集型产品的贸易条件指数一直呈下降趋势；而资本密集型产品和技术密集型产品由于市场需求大，价格居高不下。因而，中国进出口商品的交换价格比率差距较大，贸易条件恶化。

3. 货物贸易与服务贸易发展不平衡，服务贸易落后

中国服务贸易的发展起步较晚，服务业在国内生产总值中的比重低。服务业发展不仅规模小，而且档次低，服务产品的竞争力较差。服务出口贸易结构相对落后，出口主要是旅游和运输，金融、保险、商贸、电信领域的出口很少。服务贸易进出口结构不合理，一直处于贸易逆差。中国服务贸易不仅落后于以美国为首的发达国家，还落后于印度、巴西等发展中大国，低于世界服务贸易的平均水平。

（三）迈向外贸强国的发展对策

要实现由外贸大国向外贸强国的转变，必须采取如下对策和措施。

1. 实施科技兴贸战略，提高企业和产业的国际竞争力

首先，要立足比较优势，争取竞争优势。在国际贸易中立足比较优势，可以实现比较利益，并为竞争优势创造条件，打好基础。为了实现后发优势，不能满足比较优势，必须谋求竞争优势，从比较优势走向竞争优势。中国的比较优势现在仍然集中在劳动密集型产业和产品上，要在进一步保持和扩大其国际市场份额的同时，加快转变外贸增长方式，注意通过技术改造来提升产品科技含量，提高附加值，增强国际竞争力。此外要通过增加对高新技术产业的投资，培育新的竞争优势；以国际市场为导向，引进先进的技术设备，培植新兴产业，发展高新技术产品出口。

其次，调整和优化产业结构，以信息产业带动制造业升级。积极发展大型企业和企业集团，放开搞活中小型企业，优化产业布局和企业结构。大力发展高新技术产业，尤其是信息技术产业，带动产业升级，提高中国产业的国际竞争力。

再次，引进跨国公司投资，提升中国产业结构。当今世界范围内的技术流动，越来越依靠跨国公司做载体。跨国公司掌握的先进技术实现跨国转让，已占据世界先进技术转让的 85%以上。跨国公司在中国投资主要集中在微电子、汽车制造、家用电器、通信设备、办公用品、仪器仪表、制药、化工等资金、技术密集型行业，有利于提升中国的产业结构。应继续加大引进跨国公司投资的力度，更好地利用跨国公司对中国产业升级和技术创新的积极作用。

最后，增强自主创新能力，提高产业整体素质。我们在引进外国资本和技术的同时，要注意提高自我开发能力，培育创新精神和竞争意识，提高各类产业的素质，创建国际名牌，提升企业和产业的国际竞争力。

2. 大力发展服务业，提升服务贸易的国际竞争力

首先，要大力发展服务业。我国服务业产值占国内生产总值的比重还比较低，必须通过加快发展现代服务业来提高第三产业在国民经济中的比重，才能为进一步发展服务业出口奠定雄厚的产业基础。

其次，要优化服务业产业结构，促进服务业产业升级。要在充分发挥劳动密集型服务业竞争优势的同时，分阶段、有重点地发展资金及技术、知识密集型服务产业，优化服务业内部结构，提高服务贸易的技术档次，使服务业发展建立在提高劳动生产率的基础上。

最后，提升服务贸易的国际竞争力。要大力发展信息、科技、咨询、金融等对中国总体服务贸易国际竞争力有影响的战略性服务行业，加快服务企业联合重组，培育跨国企业集团，通过开展专业化、集约化、规模化的生产经营，增强竞争实力、经营活力和规避风险的能力，大力发展连锁经营、物流配送、多式联运等新型业态，提升服务贸易的国际竞争力。

3. 实施“走出去”战略，大力推进对外直接投资

中国要成为外贸强国，面对全球化竞争，必须拥有自己的跨国公司，拥有国际化经营的战略优势。因此，实施“走出去”战略，大力推进对外直接投资，是中国企业参与国际竞争和国际分工的必然选择。

首先，要结合中国实际，确定对外直接投资的途径和产业。经过 30 多年的对外开放和经济发展，中国在国际分工中处于中游地位。一方面，我们要推进面向发达国家的学习型对外投资，以吸收发达国家先进的生产技术和管理经验，带动国内产业升级，创造新的比较优势；另一方面，要促进面向发展中国家的优势型对外投资，转移中国传统的“夕阳”工业和某些“朝阳”产业中的“夕阳”环节，延长产业和产品的生命周期，获取更多的投资利益。

其次，要适应全球化经济发展要求，适度扩大对外直接投资的规模。我国企业对外直接投资的规模偏小，竞争能力和抗风险能力较差。因此，要适应全球化经济发展要求，适度扩大对外直接投资规模，形成规模经济，加快培育我国跨国公司在国际市场上的竞争优势。海尔、华为、春兰等一些大型企业，采取绿地投资和跨国并购方式，快速扩张规模，打破原有的竞争均势，实现了生存和赢利的发展要求。

最后，要以投资带动我国技术、设备、产品和服务的出口，并推进我国产业结构的调整。通过发展对外投资，扩大外贸出口，改变主要依赖产品的贸易出口模式。同时向国外转移过剩的生产能力，并积极参与全球的资源分配，缓解我国资源短缺对经济发展的压力。

4. 发展开放型经济，提高对外开放水平

经济全球化、一体化深入发展是当代世界经济发展的必然趋势。中国必须大力发展开放型经济，积极参与国际分工和竞争，积极参与多边贸易体制和区域经济合作，建立和完善对外贸易体制，提高我国对外开放水平。

首先，要大力发展开放型经济，积极参与国际分工和国际竞争。通过实行对外开放，利用外资，引进技术，发展面向国外市场的产业，加强对外经济技术交流和合作，在参与国际分工和竞争中，全面提升中国经济的国际竞争力。

其次，要积极参与多边贸易体制，加强区域经济合作，实现共同发展和繁荣。积极参与多边贸易体制，建立适应世界贸易组织规则要求的政策协调机制，利用世贸组织规则维护本国权益。积极参与国际规则和标准制定，力争取得在国际舞台上的话语主动权。此外，还要加强区域和双边经济合作，推进区域贸易自由化和经济一体化。加强与日本、韩国的合作，东盟和中日韩“10+3”合作，东盟和中国“10+1”合作，上海合作组织合作，加强内地与港澳、大陆与台湾地区的合作等。

最后，建立和完善与国际接轨的对外贸易体制。深化外贸体制改革，尽快建立和完善适应社会主义市场经济发展的、符合国际贸易规范的对外经贸体制，建立良好的市场秩序和统一的市场规则。同时加大政府对外贸的支持力度，加快培育我国在国际市场上的竞争优势。

本章小结

1. 从汉代张骞通西域到明代郑和下西洋的1 500多年间，中国是世界头号富强大国。同时中国作为外贸强国，通过形成一系列国际大都会、大海港，开拓陆路国际贸易大通道以及水上国际贸易大通道，广泛开展了同世界各国经济文化交流，不仅促进了自身的发展和繁荣，而且把中国的四大发明和农耕、纺织、冶金、手工业制造技术传遍世界各地，促进了世界经济发展和社会进步，对人类文明做出了重大贡献。

2. 鸦片战争后，资本主义列强利用中国对外贸易，加强了对中国的掠夺，使其沦为半殖民地半封建性质的对外贸易：对外贸易管理丧失独立主权；外贸进出口商品结构适应资本主义列强掠夺原料和倾销商品的需要；外贸交换不等价和长期入超；外贸对象集中于少数资本主义列强。

3. 新中国成立后建立起了社会主义对外贸易，开始探索如何把外贸做大做强。新中国成立到十一届三中全会前的对外贸易：冲破帝国主义的封锁禁运和“文化大革命”及极“左”思想的干扰，在艰难曲折中不停地向前发展。十一届三中全会的正确决策，开创了对外贸易发展的新局面：外贸持续大幅增长；商品结构逐步优化；国际合作进展顺利；贸易对象不断扩大；自由贸易体制初步形成。进入21世纪以来，中国已成为国际贸易大国，但还不是国际贸易强国。我国在进出口结构、贸易条件、服务贸易发展水平、对外投资和国际化经营水平等方面与外贸强国有较大差距。我们正在通过实施科技兴贸战略，提高企业和产业国际竞争力，大力发展服务业，提高服务业国际竞争力，实施“走出去”战略，大力推进对外投资，发展开放型经济，积极参与国际分工和竞争，努力实现由外贸大国向外贸强国转变。

综合练习

一、不定项选择题

1. 唐都长安成为古代最大的国际贸易中心是在（　　）。

A. 公元7—9世纪　B. 公元9—10世纪　C. 公元11—12世纪　D. 公元13世纪

2. 中国古代国际贸易大都市有（　　）。

A. 长安　B. 汴京　C. 临安　D. 元大都

3. 中国古代海上国际贸易大港口有（　　）。

A. 广州港　B. 扬州港　C. 明州港　D. 泉州港

4. 中国古代开拓的陆路国际贸易大通道有（　　）。

A. 西北丝绸之路　B. 西南丝绸之路

C. 北方皮毛之路　D. 大庾巅路和福建陆路

5. 中国古代开拓的海上国际贸易大通道有（　　）。

A. 南海丝路　B. 东海丝路　C. 太平洋丝路　D. 台湾海峡航线

二、简答题

1. 简述中国半殖民地半封建性质的对外贸易的特点。

2. 简述古代中国对外贸易对世界文明的贡献。

3. 简述改革开放后外贸快速发展的原因。

三、论述题

1. 试述从张骞通西域到郑和下西洋的古代中国外贸强盛的历史经验。
2. 试述从外贸大国迈向外贸强国的发展对策。
3. 试述延续陆上丝绸之路和海上丝绸之路的辉煌对建设外贸强国的意义。

四、案例分析题

据2014年1月7日《光明日报》报道(郭丽娟) 市场调研公司发布的行业数据显示，2013年第二季度，联想全球市场份额达16.7%，超越惠普，成为全球个人计算机行业第一。

从2005年联想完成对IBM全球个人电脑业务的收购，到如今跃升为营业额超过340亿美元、业务遍布160多个国家的国际化公司，联想冲破笼罩在个人电脑行业上空的乌云，将惠普、戴尔等国际巨头抛在了身后，登上了行业的最高峰。联想控股董事长柳传志说，联想国际化的成功离不开创新。联想要做永远的创新者。联想在全球范围内构建起了“创新三角”研发体，包括在中国北京、美国罗利、日本横滨。“创新三角”不仅把遍布全球各地的人才优势充分整合起来，还能够保证公司24小时不间断地进行创新。联想对于研发的投入也在逐年递增，2013年研发投入超过5亿美元。目前联想拥有11 000余项全球专利，其中中国业务产生了7 000多项，海外业务产生了4 000多项。

请分析：

(1) 为什么联想国际化的成功离不开创新？创新对中国迈向外贸强国有什么意义？

(2) 联想是怎样获得一万多项全球专利的？联想的成功对其他外贸产品制造商有什么启示？

第二章　进出口贸易

【学习要求】

通过本章的学习，理解我国发展进出口贸易和实现进出口贸易平衡的意义，了解我国进出口贸易发展状况，懂得我国出口商品战略和出口市场战略以及进口商品战略，掌握进出口贸易平衡发展的基本原则、主要任务和政策措施。

【主要概念】

出口商品战略　出口市场战略　进口商品战略　贸易逆差　贸易顺差　贸易平衡

出口和进口，是对外贸易的两个重要方面。出口是发展对外贸易的关键，是开展进口、引进技术、利用外资及一切对外经济活动的基础。出口贸易的规模和水平制约着对外开放的范围和程度，影响国民经济建设的规模和进程。进口通过引进技术、利用外资和购买必要物资，有助于充分利用国内外两个市场、两种资源，促进我国新兴产业的开发和传统产业的改造，促进产业结构调整和优化，加快国民经济发展和改善人民生活。出口和进口两个方面互相制约，互相渗透，互为条件。只有出口，没有进口，出口就没有意义；只有进口，没有出口，进口就没有基础。一定时期内出口贸易总值小于进口贸易总值的部分称为贸易逆差，又称入超或贸易赤字；出口贸易总值大于进口贸易总值的部分称为贸易顺差，又称出超。贸易逆差和顺差过大多不利于对外贸易的持续、快速、协调发展。因此，既要大力发展出口贸易，也要积极开展进口贸易，使进出口保持基本平衡，才能实现对外贸易的持续、快速、协调发展。

第一节　出 口 贸 易

案例 2.1

如何改变稀土“白菜价”出口的不利局面？

据2014年4月8日《国际商报》报道（程亚丽） 我国向全世界供应着90%的稀土资源，但出口主体多是附加值低的粗加工产品。而从欧美等国家买回的，则是价值增加了几百倍的深加工产品。要彻底解决这些问题，需要在完善收储政策、推动集团整合的同时进一步落实研发工作，即通过科技研发、技术攻关，向全球稀土行业价值链高端爬升，占领产业制高点。

点评：我国出口的产品虽有许多是珍稀之宝，却面临出口的不利局面。我们应采取相应的出口商品战略和市场战略，才能扭转这种不利局面，这是我们在下面重点要讨论的问题。

出口贸易不仅是发展对外贸易的关键和基础，而且制约着国民经济的增长速度、发展质量和规模，对复兴外贸强国起着巨大的推动作用。因此，必须从外贸现状出发，确定好正确的出口商品战略和最佳的出口市场战略，提高出口贸易效益，更好发挥出口贸易的作用。

一、发展出口贸易的重要意义

出口贸易作为发展对外贸易的基础，不仅为发展对外贸易提供物质保证，而且为实现国内外资源优化配置，推动国民经济技术进步、结构调整，以及促进国际环境改善方面都有重要意义。

1. 为发展对外经贸合作提供物质保障

发展对外经贸合作需要大量外汇，我国的外汇收入有4/5左右来自出口贸易的收入，只有1/5左右来自旅游、侨汇等非贸易外汇收入。增加重要原料和人民生活急需的物品进口、利用外资的本息、引进先进技术设备等都需要外汇。出口换回来的外汇制约着上述经贸活动的规模，从而影响我国现代化经济建设的规模和进程、人民物质文化生活水平改善的进程。可见，一切对外经贸活动的发展，都要靠出口贸易提供物质保障。

2. 实现国内外资源的优化配置

我国是个自然资源丰富的国家，但人均占有量很低，特别是技术资源匮乏。这就很不适应我国开展大规模现代化建设的需要。通过出口贸易，可以突破国内市场狭小的限制，利用国际市场，在世界范围内优化配置资源，以解决我国许多资源短缺的困境，扩大经济规模，获取最佳经济效益，促进国民经济高速发展。我们通过外贸出口换取大量外汇，进口国内短缺物资如石油和先进技术设备和核电技术设备，形成国内外资源缺余的转换，实现在世界范围内有效配置和合理利用资源。

3. 推动国民经济技术进步

国民经济的发展必须依靠科学技术的进步。发展出口贸易，国内产品进入国际市场，参与激烈的国际市场竞争，就必须不断降低产品成本，提高产品质量。这就要求出口生产企业不断提高生产技术水平，更新设备和采用新工艺，采用新的原材料和先进的经营管理方法，才能提高劳动生产率，改善出口商品质量，增加花色品种。这样就能引起一系列国民经济技术改造的连锁反应，促进整个国民经济的技术进步。

4. 带动整个国民经济结构的调整与优化

出口贸易的发展对产业结构和经济结构的调整与优化有巨大的促进作用。大力发展出口贸易，就要根据国际市场的需要，不断调整和改善出口商品结构，建立新的出口生产体系。例如我国出口北斗卫星导航技术、高铁技术等高新技术，就必然要发展技术密集型产业和相关先进的基础产业，使出口产业结构得到调整和优化。这一过程还会通过与国内产业的关联性而传导并波及国内其他产业，从而带动国内产业结构的调整，促使整个国民经济结构不断优化和升级。

5. 扩大劳动人口就业

我国劳动资源丰富，劳动力就业压力很大。通过发展出口贸易，可以吸收大量劳动力，有利于扩大劳动人口就业。在我国的出口商品中，劳动密集型产品占有很大比重，生产这类出口商品，可以吸收大量劳动力就业。此外，进料加工、来料加工、创汇农业以及对外承包工程、劳务输出等都需要大量劳动力，可以为劳动者提供大量就业机会。

6. 促进我国现代化建设外部环境的改善

我国社会主义现代化建设需要有一个宽松和谐的外部环境。出口贸易作为对外经贸关系最基本的内容，是广泛参与世界各国经济、技术交流与合作的重要手段。通过发展出口贸易，可以加强与其他国家的经济联系，促进我国同其他国家建立和发展良好的国家关系，从而有助于为我国社会主义现代化建设创造一个宽松和谐的外部环境。

二、我国出口贸易发展概况

随着我国经济的发展，出口贸易获得了很大发展，经历了改革开放前后两个发展阶段。

（一）改革开放前我国出口贸易的发展

1. 出口贸易规模：逐渐扩大，但处于低水平

改革开放前，工农业生产发展水平不高，出口资源十分有限，加上受自给自足的自然经济思想的影响，没有建立面向国际市场的产业。客观上则由于我国经济发展水平和国际环境的制约，出口贸易规模不大，虽然在逐年增长，但增长速度相对缓慢（如图 2.1 所示）。

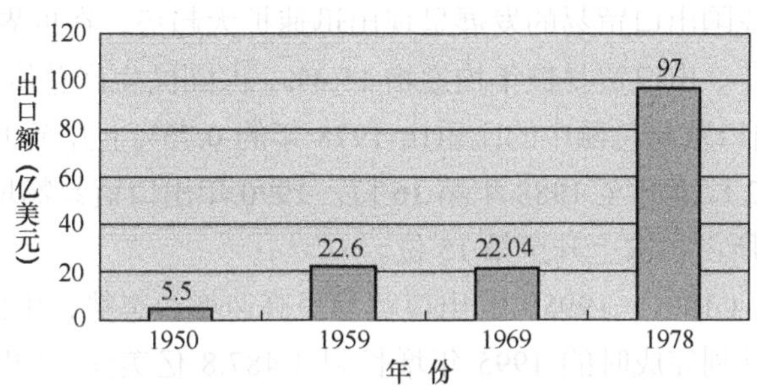

图 2.1 改革开放前贸易规模

新中国成立后随着第一个五年计划的执行，工农业生产能力不断加强，出口贸易有了一定发展；20 世纪 60 年代外贸的国内外环境恶化，出口贸易连续三年大幅下降后才逐渐得以恢复；20 世纪 70 年代随着国内外环境好转，出口贸易有了较快发展，1978 年达到 97 亿美元，比 1950 年增长了 17 倍。新中国成立后 28 年出口年平均增长率为 10.8%，但我国出口贸易额占世界出口贸易总额的比重却由 1953 年的 1.23%降到 1978 年的 0.75%，在世界出口贸易中所居位次也由 1953 年的第 17 位降到 1978 年的第 32 位。

2. 出口商品结构：逐渐改善，但比较落后

新中国成立初期，为了恢复被战争破坏的工农业生产，需要进口大量生产物资和原材料，急需外汇。当时政府组织农副土特产品出口，以换取进口所需外汇。1950 年我国出口商品构成中，初级产品所占比重高达 90.3%，而工业制成品仅有 9.7%。

第一个五年计划建设时期，为了建立我国工业化的初步基础，我国引进了一大批先进的技术和设备，工业生产有了较大的恢复和发展。因此，我们在继续出口传统农副土特产品的同时，出口了棉纱、棉布、钢材等工业制成品。1957 年初级产品在出口总额中的比重降至 79.4%，工业制成品上升到 20.6%。

随着我国工农业生产的不断发展，出口商品构成中工业制成品比重不断上升。到改革开放前的 1978 年工业制成品所占比重上升至 46.5%，初级产品所占比重降为 53.5%。出口商品结构有了较大改善，但初级产品所占比重仍然高于工业制成品，如图 2.2 所示，这表明我国出口商品结构仍然比较落后。

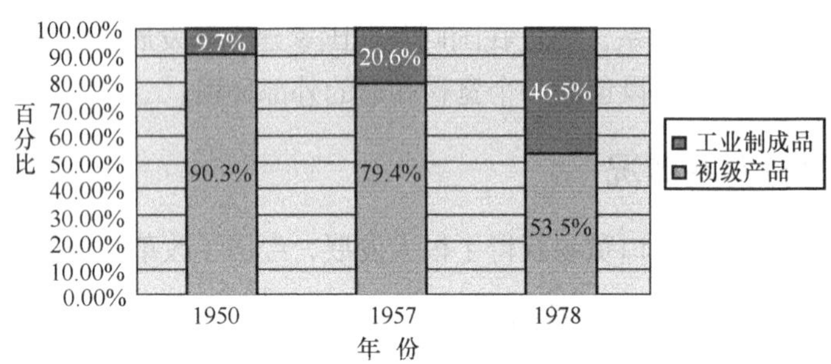

图 2.2 改革开放前出口产品结构

（二）改革开放后我国出口贸易的发展

1. 出口贸易规模：迅速扩大，地位上升

改革开放以来，我国出口贸易的发展呈现出迅速扩大趋势，在世界出口贸易中的地位不断提升。1978—1988 年，出口贸易额年均递增 15.4%，占国民生产总值的比重由 4.7%上升到 10.8%。我国在世界出口贸易总额中的比重由 1978 年的 0.75%上升至 1988 年的 1.7%；所占位次由 1978 年的第 32 位上升至 1988 年第 16 位。1990 年出口贸易额增长为 620.9 亿美元，占世界比重的 1.8%，所占位次上升至第 15 位。

“八五”计划时期（1991—1995）的出口贸易呈高速增长态势，出口额 1991 年为 718.4 亿美元，到“八五”计划完成时的 1995 年增长到 1 487.8 亿美元。“八五”时期年均增长率达 17.3%，高于同期世界出口平均增速（8.4%）近 9 个百分点。占世界出口贸易总额中的比重到 1995 年升至 3%，所占位次上升到第 11 位。

在“九五”计划时期，由于受国内因素制约，我国出口贸易发展有较大起伏。1996 年出口贸易同比增长只有 1.5%，1997 年出口贸易同比增长则升到了 21.0%，1998 年出口贸易同比增长又回落到 0.5%，1999 年和 2000 年，出口贸易增长逐步提升，分别达到 6.1%和 27.8%。

“十五”计划时期，我国出口贸易持续高速增长，平均增速为 25.5%。2001 年出口额为 2 661 亿美元，为世界第六大出口国。2005 年出口贸易达到 7 619.5 亿美元。

“十一五”规划时期，在世界各大经济体经济增长普遍减速、全球贸易投资增速下滑，各种风险不断增加的不利形势下，我国出口贸易在逆势中实现了快速发展，出口增速达到年均 17.08%。2009 年出口贸易额达 12 016.6 亿美元，成为世界第一大出口国。

2011 年中国出口贸易额达 18 986 亿美元，同比增长 20.3%。2012 年中国出口贸易额达到 20 500 亿美元，占世界出口总额 11%。2013 年在国际市场形势变化大、不确定因素增多的情况下，中国外贸实现了预期目标，出口 22 096 亿美元[①]，增长 7.9%，占世界出口总额的 12%，见表 2.1。2014 年中国出口贸易总额 2.34 万亿美元，同比增长 6.1%。

【课堂讨论 2.1】

建议读者从中华人民共和国统计局国家数据网站“年度数据”中查询 1978 年之后历年“货物进出口总额”数据（指标选择“对外经济贸易——货物进出口总额”），并计算年度增长率，将数据填进表 2.1，讨论近三年引起出口额增长率变化的因素。

http://data.stats.gov.cn/workspace/index?m=hgnd

表 2.1　改革开放以来中国历年货物出口增长情况

年份	出口额（亿美元）	增长率（%）	占全球份额（%）	世界排名	年份	出口额（亿美元）	增长率（%）	占全球份额（%）	世界排名
1978	97.5	28.5	0.75	32	2000	2 492.0	27.8	3.9	7
1980	181.2	33.75	0.9	26	2001	2 661.0	6.8	4.3	6
1981	220.1	21.5	1.1	19	2002	3 255.7	22.3	5.1	5
1982	223.2	1.4	1.2	17	2003	4 383.7	34.6	5.9	4
1983	222.2	-0.4	1.2	17	2004	5 933.2	35.39	5.9	3
1984	261.4	17.6	1.4	18	2005	7 619.5	28.42	6.1	3
1985	273.5	4.6	1.4	17	2006	9 690.8	27.2	0.4	3
1986	309.4	13.1	1.5	16	2007	12 180.2	25.7	6.7	2
1987	394.4	27.5	1.6	16	2008	19 285.5	17.2	8.9	2
1988	475.2	20.5	1.7	16	2009	12 016.6	−16.0	9.6	1
1989	525.4	10.6	1.7	14	2010	15 779.3	31.3	10.4	1
1990	620.9	18.2	1.8	15	2011	18 986	20.3	10.4	1
1991	718.4	15.8	2.0	13	2012	20 500	10.9	11	1
1992	849.4	18.1	2.3	11	2013	22 096	7.9	12	1
1993	917.4	8.0	2.5	11	2014	23 400	6.1	12.2	1
1994	1 210.1	31.9	2.9	11	2015				
1995	1 487.8	23.0	3.0	11	2016				
1996	1 510.5	1.5	2.9	11	2017				
1997	1 827.9	21.0	3.3	10	2018				
1998	1 837.1	0.5	3.4	9	2019				
1999	1 949.3	6.1	3.6	9	2200				

2. 出口商品结构：发生根本性变化，并不断优化

改革开放以来，为了优化出口商品结构，国家采取了一系列相应措施，积极支持和引导制成品和深加工品的出口，并通过大力引进外资和外国先进技术设备，调整和优化出口产品结构，使出口商品结构发生了根本性的变化。

20 世纪 90 年代，随着市场改革的深入，以及国民经济的迅速发展，产业结构不断改善和优化，使中国对外贸易的竞争力进一步增强。1995 年，我国出口商品结构再次发生重大变化，机电产品取代纺织服装成为最大宗出口商品，标志着中国出口商品结构开始由以粗加工、低附加值产品出口为主，向以精加工、高附加值产品出口为主转变。2000 年初级产品出口占

① 数据整理自《中华人民共和国 2013 年国民经济和社会发展统计公报》。

出口总额的 10.2%，制成品占出口总额的 89.8%，其中，机电产品占出口总额的 42.3%。

我国加入世贸组织以来，以 IT 产业为核心的高新技术产品出口高速增长。2010 年，工业制成品的出口占出口比重由 10 年前的 90.1%，提高到 94.8%，汽车、船舶、飞机、铁路装备、通信产品等大型机电产品和成套设备的出口比重由 1996 年的 56%提高到 59.2%。

2001 年高新技术产品出口额达到 464.73 亿美元，占工业制成品出口比为 17.5%；2006 年高新技术产品出口额为 2 814.7 亿美元，占工业制成品出口比为 30.7%。2012 年高新技术产品出口额已达 6 011.96 亿美元，占工业制成品出口比为 29.3%，出口规模居世界第一位。但这并不意味着我国高新技术产品处于国际领先水平，因为我们的出口仍以加工贸易为主，我国的高新技术产业竞争力只是处于世界中间水平。当然，我国在保持出口高速增长的同时，贸易条件不断得到了改善，正如世界银行的研究报告指出的，中国出口增长更多的来源于新的产品种类。

此外，改革开放以来的出口贸易，在出口贸易方式和出口市场方面具有自己的特点。从出口贸易方式来看，加工贸易占有重要地位，支撑着出口贸易的半壁江山，1995 年加工贸易在出口贸易中的比重为 49.5%，1997 年为 54.5%，2000 年为 55.2%，2012 年为 42.1%；从出口市场来看，比较集中于西方发达国家，2012 年中国出口市场对象前 10 位国家和地区依次为美国、中国香港、日本、韩国、德国、荷兰、印度、英国、俄罗斯、新加坡。

三、出口商品战略

出口商品战略是出口贸易战略的一个重要组成部分，是关于出口商品结构的战略和规划。出口商品战略就是一国根据自己经济发展的具体情况和国际市场的需要，对出口商品构成做出的战略性安排。制定出符合我国国情的出口商品战略措施，对于增强我国出口商品竞争力、扩大出口创汇能力、提高经济效益非常重要。

一国的出口商品结构不仅受国内经济发展水平、产业结构和发展政策的制约，还受国际市场和国际经济环境的制约。

从新中国成立到十一届三中全会召开，我国出口贸易规模逐渐扩大，但增长速度相对缓慢；出口商品结构虽然在逐渐优化，但始终以初级产品出口为主。而十一届三中全会以后，我国实行改革开放政策，国民经济得以全面迅速发展，对外贸易进入新的发展时期。因此，根据我国经济发展的具体情况和国际市场的需要，在不同的历史时期制定了不同的出口商品战略。

1. “六五”计划时期（1981—1985 年）

“六五”时期，我国开始实行改革开放，面对落后的产业结构和生产技术，我国实行的出口商品战略是：发挥我国资源丰富的优势，增加出口矿产品和农副土特产品；发挥我国传统技艺精湛的优势，发展工艺品和传统的轻纺工业品出口；发挥我国劳动力众多的优势，发展进料加工；发挥我国现有工业基础的作用，发展各种机电产品和多种有色金属、稀有金属加工品的出口。

2. “七五”时期（1986—1990 年）

20 世纪 80 年代，国际初级产品价格大幅下跌，初级产品的贸易开始萎缩。“六五”时期后期，我国初级产品出口的比重逐步下降，制成品比重逐步上升，但初级产品和粗加工制成品占绝大多数份额。为此，我国在“七五”计划中提出了以实现“两个转变”为核心内容的出口商品战略，即我国出口商品结构要逐步由主要出口初级产品向主要出口制成品转变，由主要出口粗加工制成品向主要出口精加工制成品转变。

在此期间，我国减少了一些大宗原料性产品的出口，轻纺织产品迅速发展。到“七五”计划末期，我国实现了由主要出口初级产品向主要出口制成品的历史性转变。

3. “八五”计划时期（1991—1995 年）

进入“八五”时期，从国际市场看，机电产品贸易迅速增加，并成为贸易额最大的一类产品。据此，我国提出的出口商品战略是，逐步实现由粗加工制成品为主向精加工制成品为主转变，努力增加附加值高的机电产品、轻纺产品和高技术产品的出口，鼓励那些在国际市场有发展前景，竞争力强的拳头产品的出口。

此间，我国出口商品结构进一步优化，机电产品已取代轻纺产品，成为出口的支柱性产品。

4. “九五”计划时期（1996—2000 年）

进入“九五”时期，国际贸易中机电产品迅速增长，而高技术含量、高附加值的高新技术产品则增长更快。从我国国内来看，虽然出口结构不断优化，但是总体上还是以粗加工、低附加值的劳动密集型产品为主，出口产品的竞争力不强。因此，根据“九五”提出的要实现经济增长方式从粗放型向集约型转变的方针，我国还制定了“以质取胜”战略，努力实现外贸出口增长方式由主要靠数量和速度向质量和效益转变。

因此我国该时期提出的出口商品战略是：“着重提高轻纺产品的质量、档次，加快产品升级换代，扩大花色品种，创立名牌，提高产品附加值。进一步扩大机电产品出口，特别是成套设备出口。发展附加值高和综合利用农业资源的创汇农业。”

5. “十五”计划时期（2001—2005 年）

21 世纪是知识经济时代，在国际贸易中，高附加值、高技术含量的产品增长十分强劲。经过改革开放以来 20 多年的经济发展，我国的产业结构和出口商品结构都有较大的提升，特别是高科技产业发展迅速，产品出口快速增长，但是出口产品中低技术、低附加值产品仍占主导地位。因此，我国提出要继续贯彻以质取胜战略，重视科技兴贸，优化出口商品结构。

据此，我国提出的出口商品战略是，继续贯彻以质取胜战略，重视科技兴贸，优化出口商品结构，增加产品的国际竞争力，努力保持对外经济贸易的可持续发展。

【拓展阅读】

当前的出口商品结构较 20 世纪末大为改善，这得益于当时制定的出口商品战略，读者可回顾商务网站 2001 年 5 月 18 日转载的《国际商报》文章《大力实施科技兴贸战略加快出口商品结构调整》，与当前情况做对照性分析。

http://www.mofcom.gov.cn/article/resume/n/200207/20020700022349.shtml

6. “十一五”计划时期（2006—2010 年）

在“十五”计划期末已经取得的成绩基础上进一步加快转变对外贸易增长方式，促进对外贸易由数量增加为主向质量提高为主转变，到 2010 年，货物贸易、服务贸易进出口总额分别达到 2.3 万亿美元和 4 000 亿美元。优化出口商品结构，着力提高对外贸易的质量和效益。扩大具有自主知识产权、自主品牌的商品出口，控制高能耗、高污染产品出口。继续发展加工贸易，着重提高产业层次和加工深度，增强国内配套能力，促进国内产业升级。大力发展服务贸易，不断提高层次和水平。完善公平贸易政策，健全外贸运行监控体系，增强解决贸易争端能力，维护企业合法权益和国家利益。

7. “十二五”规划时期（2011—2015年）

国际服务贸易已经成为推动世界经济贸易发展的重要力量，大力发展服务贸易将是“十二五”规划期间加快对外贸易发展方式转变的重要战略任务。在此期间，我国外贸发展的目标有以下四个方面。

一是稳增长促平衡取得实质进展。进出口平稳增长，总额年均增长 10%左右，到 2015年达到约 4.8 万亿美元。贸易平衡状况继续改善。

二是进出口商品结构进一步优化。机电产品进出口年均增长 10%左右，总额到 2015 年达到 2.5 万亿美元左右。劳动密集型产品出口附加值进一步提高。自有品牌和知识产权产品、大型成套设备出口比重显著提高。先进技术、关键零部件、国内短缺资源和节能环保产品进口比重进一步提高。消费品进口适度扩大。

三是发展空间布局更加完善。在巩固欧、美、日等传统市场的同时，着力扩大新兴经济体、发展中国家等新兴市场的贸易规模。到 2015 年，与新兴市场的贸易占全国外贸比重力争提高 5 个百分点左右，达到 58%。东部地区外贸发展质量和效益明显提高，中西部地区加快发展，到 2015 年，中西部地区占全国外贸比重力争提高 5 个百分点，达到 15%。

四是国际竞争力明显增强。以技术、品牌、质量、服务为核心的竞争新优势加快形成，贸易渠道控制力明显增强。在优势产业中形成一批具有全球资源整合能力的跨国企业。

案例 2.2

中国品牌惊艳纽伦堡门窗展

据2014年3月31日新浪网报道　中国自主品牌森鹰铝包木窗参加纽伦堡国际门窗展，一时间在德国乃至世界范围内同行业间引起轰动。纽伦堡会展公司自1988年起开始举办，是全球最知名的门窗展之一，两年一届。

森鹰有PASSIVE 120与PASSIVE A+两款节能铝包木窗，这两款产品获得了国际被动式房屋研究院的认证，也是中国首家通过此项认证的窗企。其中，PASSIVE 120达到B级标准，主要用于寒冷地区；而PASSIVE A+达到A级标准，用在严寒地区，是世界上最顶级的节能产品。目前能达到A级标准的窗产品在世界范围内为数不多，森鹰铝包木窗作为唯一一家获得此项殊荣的中国窗企，在技术上成功实现了与国际接轨。

新浪网《中国品牌惊艳纽伦堡门窗展　森鹰铝包木窗获国际最高认证》原文：http://jiaju.sina.com.cn/news/20140331/354056.shtml

引起轰动的是本届展会上森鹰推出更高标准的PASSIVE A+，它的整窗传热系数低于0.6，不仅代表了中国的最高水准，也吸引了欧洲同行的眼球，好评如潮。

点评：该企业的产品符合我国出口商品战略的要求，在已经受到好评的前提下，会得到国家更多的支持和认可，出口的市场前景非初级产品可比。如果读者就业时选择这类企业，职业生涯会得到更好的发展。

四、出口市场战略

出口市场战略是对我国出口贸易的市场格局做出的战略性规划。为加速我国外经贸的发展，我国从国内外政治经济条件的实际出发，在 20 世纪 90 年代初期提出了出口市场多元化战略。1990 年外经贸部提出实施外经贸市场多元化战略，并写入了多个重要文件中。

（一）市场多元化战略的背景

在我国实行改革开放后的一段时期，对外贸易进出口市场往往过分集中于少数国家和地区。20 世纪 80 年代末“七五”计划时期，我国的主要出口市场是中国港澳地区、日本、美国和欧盟，这些市场在我国总出口所占的比重为 74.8%。“八五”计划期间，我国外贸主要出口市场依次为中国港澳地区、日本、美国和欧盟，对这些市场的出口占我国出口总额的比重为 74.2%，与“七五”计划末期的 74.8%基本持平。进入“九五”计划时期，虽略有改观，但 1998 年以上四个市场所占比重仍高达 73.5%。这种过于集中的市场格局，不仅使我国对外经济贸易发展的回旋余地受到限制，而且也潜伏着一定风险。

乌拉圭回合多边贸易协定的签订和世界贸易组织的建立，为世界贸易的发展创造了一个更加开放和自由的贸易环境，世界市场的多元化趋势日益明显。但是由于贸易保护主义抬头和区域集团化的消极影响，歧视性贸易壁垒、反倾销诉讼加剧了国际贸易冲突，妨碍了贸易自由、健康地进行，单一的市场格局不利于我国外经贸事业的进一步发展。无论从世界形势的变化和我国经济发展的需要，还是从发展与第三世界国家友好关系等方面来看，我们都必须调整目前的这种出口市场格局，坚持实施市场多元化战略，以改善出口市场过于集中的状况，通过开辟新市场，促进对外经济贸易的进一步发展。

（二）市场多元化战略的主要内容

市场多元化战略就是根据国际政治经济形势的变化，充分发挥我国的优势，有重点、有计划地采取巩固、发展、开拓、辐射等多种渐次推进策略，调整出口市场结构，在巩固传统市场基础上努力开拓新市场，改变出口市场过于集中状况，逐步建立起我国出口市场合理的、多元化的总体格局。

（三）市场多元化战略的具体措施

根据我国出口市场分布的现状，结合各个市场需求的特点，总体上我国对发达国家市场的开拓以商品结构的优化为重点，对新兴市场的开拓要适应不同的消费层次，针对不同国家和地区制定相应的出口政策，逐步实现以新兴市场为重点，以周边国家贸易为支撑，发达国家和发展中国家市场合理分布的市场结构。

1. 深度开发日、美、欧和中国港澳地区等传统出口市场

日、美、欧和中国港澳地区等市场是我国传统的市场，这类市场具有较高的经济发展水平和消费水平，市场外汇充足，容量大，是我国产品的主销市场。长期的贸易往来，使我国在这些市场上建立了比较完整的经销网络。这些市场也是我国现代化建设所需资金、技术及重要物资的主要来源。我国应保持对这些国家和地区的出口规模，巩固和发展西方发达国家和中国港澳地区等传统市场，并对其进行深度开发。

首先，对该市场的深度开拓要以商品结构的优化为保证，在维持传统商品出口的同时，要提高出口产品的技术含量，增加技术、知识密集型产品的出口，逐步扩大参与水平分工的比重，获取更多的比较利益。其次，要进一步了解和研究发达国家和地区的贸易法规和惯例，充分运用其先进的贸易基础设施和经销网络，特别是要进入这些市场中深层次的销售系统，

如利用国外超市、连锁企业等直接进入其销售网络。最后，要改善售后服务，稳定和提高我国出口商品的市场占有率。

我国在深度开发和巩固传统市场时，还应根据各个市场的不同特点，制定相应的开拓策略。重点突破美国轻工业品、机电产品市场。调整对日本出口商品结构，在保持传统出口商品稳定增长的同时，积极扩大工业制成品，特别是机电产品对日本的出口。通过调整我国出口商品结构，提高出口商品质量，增加花色品种，增强商品的适销性，巩固和发展欧盟市场。港澳地区是内地主要的出口市场和最大的转口市场。应充分利用香港国际贸易和国际金融中心的地位，继续发挥其作为内地出口商品中转站的作用，推动内地与香港的经济合作向更高层次发展。同时，要加强对港澳地区出口的管理和协调工作，维护对港澳地区出口的良好秩序，保证对港澳地区出口的稳定增长。

2. 重点开拓亚洲、非洲、拉丁美洲发展中国家和地区市场

广大发展中国家和地区地域辽阔，资源丰富，人口众多，整体上是一个很有潜力的大市场。因此，我国实施出口市场多元化战略，必须加强同发展中国家和地区的经济贸易关系，使我国产品更多地进入这一市场。我国出口商品结构很适合发展中国家的消费水平，特别是我国的普通机电产品，操作技术要求不高，价格合理，与发展中国家的产业结构、生产力水平相配套，具有广阔的市场。

但与此同时，我国开拓这一市场也存在一些障碍和问题，如许多国家经济发展水平低，贸易规模不大，外汇短缺，有些市场交通运输不便，气候不利等，都会制约我国对这些市场出口的扩大。

因此，我国应做好市场调研，针对市场需要，组织适销对路的产品出口。同时我国应根据不同情况，采取灵活的贸易做法，将出口、援外、对外投资、承包工程和劳务合作等多种经济交往形式结合起来，对发展中国家和地区市场进行综合性开拓，以扩大对其出口。我们还应在政策上对发展中国家和地区出口有所倾斜，如提供优惠贷款、出口风险担保和运输担保等。

3. 积极扩大独联体、东欧国家市场

独联体、东欧国家自然资源丰富，科技水平较高，人口众多，消费需求量较大，是一个潜力巨大的市场。我国实施出口市场多元化战略，必须扩大独联体、东欧国家市场。不少独联体国家与我国相邻，发展双边经贸往来有着地理、交通上的便利。我国与独联体国家的经济结构、产业结构存在较大差异，双方在经济贸易上有着广泛的互补性。独联体国家的核电、航天技术、机械设备、运输工具、钢材等重要工业品及一些资源性产品是我国现代化建设所必需的，而我国丰富的轻纺产品和食品等又很受独联体和东欧国家的欢迎。这一地区在经历了 20 世纪 90 年代中后期的分化、改组后，现在政治经济体制改革已取得一定成效，都积极实行对外开放，大力发展对外经济关系，为我国产品和劳务进入这一市场提供了机遇。当然，我国对这一地区的出口还会面临着这一地区存在的动荡、通胀等不利局面的挑战，也会遇到西方国家对这一地区出口的竞争，此外，还会受到贸易方式不规范、银行结算系统不顺畅、信誉差、履约率低的影响。

开拓独联体、东欧国家市场，应采取如下措施。

首先，国家应采取鼓励扶持政策，支持我国有实力、信誉好的大公司、大企业开拓独联体、东欧国家市场，可以在贷款、配额等方面予以扶持，使其与独联体、东欧国家信誉好的大公司、大企业建立长期合作关系，开展有一定规模、有较深层次和有较宽领域的经贸合作

活动，促进对独联体、东欧国家出口贸易健康、稳定和持续发展。

其次，努力扩大名牌优质产品出口，提高中国商品的信誉。要采取有力措施，防止不法商贩向独联体国家、东欧市场输出假冒伪劣商品、败坏中国出口商品信誉的事发生。要依托我国有实力、信誉好的公司、企业，扩大优质名牌产品出口，提高中国出口商品的信誉。

最后，要加强对独联体、东欧国家的政策、法规和市场需求变化的调研，为公司、企业扩大出口提供导向服务，独联体和东欧国家在一些地方还存在不稳定性，政策、法规及市场需求都会有变化，因此，应加强调研，摸准情况，规避风险，抓住时机占领市场。

【课堂讨论 2.2】

假设同学们毕业后分别就职于轻工企业、机电企业、对外投资和工程承包企业，请分别为这几类企业各提出一个实施市场多元化的方案，并比较哪个方案更好。

（四）实施市场多元化战略的作用

实施市场多元化战略，对我国出口贸易的作用主要体现在以下几方面。

1. 减少贸易摩擦，规避市场风险

当今世界正向多极化发展，国际经济区域化、集团化日益明显。国际经济关系政治化倾向抬头，贸易保护主义盛行，一些发达国家与我国的贸易摩擦屡屡发生，对我国形成越来越强劲的竞争形势。在这种严峻的出口形势下，实施市场多元化战略，有助于我国分散外贸风险，摆脱对某些市场的过分依赖，减少摩擦，防止集中出现突然事件而遭受重大损失，因而有助于提高外贸整体经济效益。

2. 有利于出口贸易持续、健康、稳定发展

我国出口到一些发达国家市场的商品，往往受到出口配额等数量限制，并且不断遭到进口国的反倾销指控，扩大出口的阻力很大。如果将这些商品的一部分转向新市场，就可以摆脱传统出口市场的限制，扩大出口商品的规模，保持外贸出口的持续、稳定发展。

3. 争取有利的国际贸易条件

在竞争激烈的国际市场上，不能过于依赖少数几个国家和地区。如果我国出口贸易过于依赖几个市场，就容易形成买方垄断，造成对我国出口商品市场和价格的控制，甚至附加一些不合理的要求。市场过于狭小就只能受制人，处于不利的地位。实施市场多元化战略，能有效争取对等和公平的国际贸易条件，保证我国在国际交换和国际竞争中处于积极主动的竞争地位。

4. 提高在国际分工中的地位

出口贸易高度集中在少数几个市场，容易受制于固定的国际分工模式，不利于提升我国在国际分工中的地位。实行市场多元化战略，有利于全面参与国际分工，提高在国际分工中的地位。

5. 有利于加强同发展中国家的经贸往来与合作

发展中国家是潜力巨大的市场，分散在世界不同地域的100多个发展中国家，各自拥有不同的资源和产业结构，处于不同的经济发展阶段，形成了多层次的消费结构，与我国在经济贸易上有很强的互补性。我国与广大发展中国家在历史上有着共同的遭遇，在世界经济交往中有许多共同语言和共同利益，是反对大国强权政治和维护民族独立的同盟军。因此，实施市场多元化战略有利于我国加强同发展中国家的经贸往来，促进双方经济发展，有利于加强与发展中国家的团结、

合作和政治互信，维护和发展世界和平事业，为我国经济建设创造良好的外部环境。

案例 2.3

商务部：已选取约30个新兴市场国家作为外贸多元化战略重点突破市场

新华网南昌2012年2月21日电（记者程迪、雷敏） 商务部副部长钟山21日表示，我国今年将加大对新兴市场，尤其是发展中国家市场的开拓力度，目前已选取约30个国家，作为今年及未来若干年外贸多元化战略重点突破市场，力争到2015年，我国与欧、美、日及中国香港地区等传统市场以外的市场贸易占比提高5个百分点。

随着欧债危机愈演愈烈，过度依赖欧美市场的中国正寻觅应对措施。在此间召开的全国进出口工作会议上，钟山分析当前中国外贸形势时称，中国外贸对发达国家依赖程度高，与发展中国家外贸规模较小。当前，主要经济体受债务危机困扰，经济持续低迷，需求相对疲软，大力开拓发展中国家市场，有利于培育新的出口增长点，适应当前世界经贸调整格局。

“优化国际市场布局，重点是选择资源储量丰富、人口规模较大、双边贸易基数小、战略地位重要的发展中国家，作为重点优化市场。”钟山表示，已选取的新兴市场广泛分布于亚洲、欧洲、非洲和美洲，印度、南非、部分阿拉伯国家及其他一些资源丰富、战略地位重要的国家都包含在内。

钟山认为，积极开拓发展中国家市场，不仅能在短期内规避欧美债务危机带来的出口问题，从长远看，也是中国从贸易大国向贸易强国转型的突破口。

新华网电文原文：
http://news.xinhuanet.com/fortune/2012-02/21/c_111549880.htm

为实现这一目标，他表示，首先要加大政策、资金支持力度。加强进出口银行、信保等政策性金融机构对开拓重点市场的支持，适当降低保费；调整中小企业市场开拓资金支持方向，对中小企业开拓国际市场补助标准提高20%。

此外，加强国际营销网络建设。鼓励企业采取自建或与外方合作等形式，在重点发展中国家建立一批境外展示中心、批发市场和零售网点；积极扩大进口，通过进口贴息、减免关税、组织企业采购团等手段，积极扩大我国从重点发展中国家市场进口的份额。

【课堂讨论2.3】

为什么发展中国家市场是实施外贸多元化战略的重点突破市场？

第二节 进口贸易

案例 2.4

中国原油进口有望放开

据2014年4月9日《国际商报》报道（记者 沈娟） 我国是世界第四大原油生产国。工信部最新数据显示，2013年我国原油产量为2.08亿吨，同比增长1.65%。但过于庞大的国内需求量致使我国进口原油数量不断增长，海关数据显示，2013年我国原油进口量突破了2.8亿吨的关口，达到2.82亿吨，同比增长4%。即便如此，一些地方炼油企业仍长期处于“油荒”状态，开工率严重不足，国内屡次出现民营加油站停止供应以及汽柴油限制供应等现象。这主要是因为在我国原油是垄断行业，企业想进口原油，除了一定的资质，还必须要有“进口配额”，甚至即便两者都满足了，进口的原油，企业也无法自己使用。在原油进口权被垄断的情况下，无论自身的炼油能力如何，地炼企业都必须从拥有进口权的几个国企手中购买原油，长期处于“吃不饱”的状态。不过这种情况有望得以改变，业内人士透露，目前，国家发改委正在牵头研究原油进口资质管理办法，原油进口权新方案即将出台。

点评：原油进口对我国国民经济持续、快速、协调发展有重要意义，但对原油进口权的垄断等不合理限制阻碍了原油进口，导致了“油荒”和“吃不饱”的许多问题。因此应有针对性地采取打破进口权垄断，同时优化结构，提高贸易便利化水平和加强进口国内流通对接等相应进口商品战略，才能促进进口贸易的发展。

一、发展进口贸易的重要意义

1. 通过进口推动国民经济持续、快速、协调发展

发展进口贸易对推动国民经济发展，提高国际竞争力，实现进出口协调稳定，满足人民生活需要和增进国际关系发展都有重要意义。

进口贸易对国民经济有重要推动作用。通过进口国民经济发展中急需的技术、设备和原材料，有助于实现社会扩大再生产，并实现对国民经济的技术改造，促进国民经济产业调整和优化，提高劳动生产率，增强生产能力，保证国民经济持续、快速、协调发展。我国在经济建设的不同时期，根据国民经济发展规划和经济发展要求，在不同时期进口了大批先进的技术设备和有关建设物资，满足了经济建设需要，保证了生产和建设的顺利发展，取得了大大高于世界平均水平的高增长率，创造了中国经济持续快速发展的奇迹。

2. 通过进口提高出口商品的国际竞争力，促进进出口贸易协调稳定发展

提高出口产品的国际竞争力，要靠降低生产成本，提高产品质量，这些都需要以开发技术作为先导。通过进口引进先进技术，有利于提高我国出口商品的国际竞争力。同时进口的扩大还可以为出口商品开辟市场，促进出口扩大。另外只有进口与出口保持基本平衡，在出口贸易发展的同时相应加快进口贸易发展，才能保证对外贸易发展进入良性循环轨道，实现对外贸易的协调稳定发展。引例中所说的原油进口，为我国实现国民经济持续、快速、协调发展和满足人民不断增长的生活需求，都有重要意义。我国作为世界第二大经济体，第四大原油生产国，自产原油远不能满足需要，所需原油一半以上要靠进口，而且随着经济发展和人民生活水平的提高，对原油的需求还将进一步扩大。如果这种战略性物资的进口不能适应需求的增长，所带来的危害将是无法估量的。

3. 通过进口增加国内消费品生产，更好地满足人民生活需要

满足人民群众日益增长的物质和文化生活需要，是外贸行业的重要任务之一。通过进口，引进先进技术设备，有利于发展消费品工业的生产，有利于提高工业消费品的质量、性能，增加花色品种，改善国内市场供应，更好地满足人民群众的生活需要。

4. 通过进口，有利于增进我国同各国经贸关系的发展

我国国土辽阔，人口众多，国内市场庞大，对世界各国和地区都有着很大的吸引力。特别是那些拥有我国急需的先进技术与设备和能源、材料丰富的国家，其经济发展更是依赖中

国市场。希望扩大对中国的出口。我国“十一五”规划中提出要积极扩大进口和积极发展国际经济合作，实现互利双赢战略，这对于我国全方位地发展同世界各国之间的贸易和经济技术合作，促进扩大国际经济交流的深度和广度，全面参与国际分工将起到重要的推动作用。

二、我国进口贸易发展概况

1. 改革开放前我国进口贸易的发展

改革开放前，我国的进口贸易随着国家经济建设发展和出口的扩大，得到了相应的发展。新中国成立后，我国开始恢复国民经济，随后着手第一个五年计划的建设。由于新中国是在半殖民地半封建社会的废墟上建立起来的，工业基础十分薄弱，农业生产落后，恢复和发展经济所需的大部分物资要依赖进口。而当时以美国为首的主要资本主义国家对我国实行封锁、禁运，使我国进口物资、恢复经济面临着严重困难。针对这种情况，我们一方面开展反封锁、反禁运斗争，另一方面积极发展同苏联、东欧国家之间的经济关系，从苏联、东欧国家得到大力的支持，及时组织了我国所需短缺物资的进口，有力地促进了国民经济的恢复和发展。

1959 年，进口从 1950 年的 5.8 亿美元增加到 21.2 亿美元，增长了 2.66 倍，其中生产资料占 91.5%。消费资料只占 8.5%。进口生产资料中，属于生产手段的成套设备和机电产品占进口总值的 51%。此外，还进口了大量的工农业生产、交通运输和国防工业所需的物资，其中各种机床 3.4 万台，钢材 807 万吨，有色金属 62.3 万吨，橡胶 95 万吨，化肥 837.8 万吨，拖拉机 3.6 万台，各种车辆 11 330 辆，船舶 81 艘，以及飞机、仪器、石油等战略物资。上述各类物资的进口，不仅打破了以美国为首的世界主要资本主义国家对我国的封锁、禁运，而且对恢复和发展国民经济，增强我国的生产能力，改善人民生活，稳定市场物价，都起到了重要的作用。

进入 20 世纪 60 年代，国民经济面临严重困难和调整，由于“左”的错误和“文化大革命”的干扰，进口贸易发展出现波折和起伏。由于连续三年的自然灾害及中苏两党、两国政府之间产生的矛盾和摩擦，苏联政府终止了与我国签订的合同，撤走了专家，停止了对我国的援助。加上当时在经济建设指导思想上出现的“左”的错误，使国民经济的发展遇到了前所未有的困难。这一时期的进口贸易先上升继而下降。

1961 年针对大跃进中“冒进”的错误，党中央对国民经济的发展提出“调整、巩固、充实、提高”的八字方针。在这个方针指引下，根据当时国民经济的特殊需要，对进口商品结构进行了相应调整，使进口贸易得到了很大的发展。1966 年进口贸易总值达 22.48 亿美元，创新中国成立以来的最高水平。

20 世纪 60 年代后半期，由于“文化大革命”运动的干扰，进口贸易连年下降，由 1966 年的 22.48 亿美元下降到 1969 年的 18.25 亿美元。在进口商品结构方面，为了弥补因“文化大革命”造成的物资匮乏，消费资料的进口比重增加，生产资料进口的比重减少。消费资料的比重由 50 年代末期的 8.5%上升到 28.4%，增长了 2.3 倍，与 50 年代相比，人造纤维的进口增长了 4.7 倍，砂糖进口增长了 5 倍多，动植物油进口增长了 1.7 倍，棉花增长了 57%。这对于缓解国内市场物资匮乏，改善人民生活起到了巨大作用。与此同时，生产资料进口所占比重不断下降，由 50 年代的 91.5%下降到 71.6%。其中成套设备和机电产品的进口，由原来的 51%下降到 20.4%。当时的主要贸易伙伴是欧洲、日本、东南亚国家。

20 世纪 70 年代在我国政治、经济处于重大转折的时期，进口贸易起伏不稳。20 世纪 70 年代前期周总理狠抓外贸，随着我国对外关系的发展和国民经济第四个五年计划的实施，我国进口贸易获得了相应发展。1974 年进口总值达 76.19 亿美元，比 1970 年的 23.2 亿美元增长了 2 倍多。后来由于“四人帮”的破坏，在 1974 年以后进口贸易连续两年下降，1976 年下降到 65.8 亿美元，比 1974 年下降了 14%。

经过 1977 年和 1978 年的拨乱反正，进口贸易有了发展，1978 年进口总值达到 108.93 亿美元，比上年增长 51%。1979 年又创造了进口 156.73 亿美元的好成绩，相当于前 7 年进口的总和。1970—1979 年进口商品结构中，生产资源进口的比重达 81%，消费资料进口的比重为 19%。生产资料的进口中，工业生产所需原材料的进口比重由原来的 42%上升至 52%，是为了弥补因十年浩劫造成部门之间比例失调对原材料的短缺。1975 年进口钢材 400 万吨，比 1968 年增加 3 倍；有色金属为 43.5 万吨，比进口量最高的 1969 年增长了 50%。这一时期进口贸易主要伙伴是日本、欧洲经济共同体和东南亚国家。

2. 改革开放后我国进口贸易的发展

改革开放后，进口贸易得到了持续稳定的发展。进口总值连年增加：1979 年进口总值达到 156.8 亿美元，比 1978 年增长 43.9%；1980 年进口总值为 195.5 亿美元，比 1979 年增长 24.7%；1985 年达到 422.5 亿美元；1993 年突破 1 000 亿美元，达到 1 039.6 亿美元；2000 年突破 2 000 亿美元，达到 2 043.1 亿美元；2007 年突破 9 000 亿美元，达到 9 558 亿美元；2012 年达到 18 178.3 亿美元；2013 年突破 19 000 亿美元，达到 19 504 亿美元，增长了 7.3%[①]；2014 年达到 1.96 万亿美元，同比增长 0.4%。

这一时期，不仅进口总值连年增长，进口结构也在不断优化。交通、通信、能源等基础产业、基础设施进口和企业技术改造进口关键设备明显增加，小汽车及家电等消费品、国内可以生产的一般加工设备的进口大幅下降，不必要的重复引进和盲目引进得到有效控制。1979 年初级产品进口额为 44.22 亿美元，占当年进口的 28.2%；2011 年初级产品进口额为 6 043.8 亿美元，占当年进口的 33.2%。在初级产品中，矿物燃料、非食用原料等进口比重逐年上升，表明我国在这方面资源短缺和经济迅速增长、工业化进程推进对燃料和原材料的需求量增大；在食品和活动物方面的进口呈现下降趋势，表明改革开放以来，我国的农业、养殖业等行业发展迅速。

进口的工业制成品 1979 年为 112.53 亿美元，占当年进口的 71.8%；1990 年为 434.92 亿美元，占当年进口的 81.53%；1998 年为 1 172.1 亿美元，占当年进口的 83.6%；2007 年为 7 128.4 亿美元，占当年进口的 74.6%；2011 年为 12 134.5 亿美元，占当年进口的 66.8%。工业制成品进口比重多年来一直维持在比较高的水平上，尤其是化工类产品和机械运输设备的进口存在逐年攀升趋势。1998 年机电产品进口 638.7 亿美元，比 1980 年的 51.2 亿美元增加了 11 倍多。大量机电产品的进口加快了中国企业技术改造的步伐，促进了中国产业结构升级。机电产品进口对我国对外贸易和国民经济的发展影响力日益增强。国民经济对进口物资的依存度不断提高，20 世纪 50 年代平均依存度为 6.2%，20 世纪 80 年代为 8.1%，1992 年提高到 17.59%，表明我国改革开放以来的进口贸易发展在推动工农业生产发展，加快现代化经济建设方面发挥着越来越大的作用。

三、进口商品战略

进口商品战略是指根据国内生产、消费的需要，对一定时期进口商品的构成所做的战略

① 中华人民共和国 2013 年国民经济和社会发展统计公报 http://www.stats.gov.cn/statsinfo/auto2074/201407/t20140718_583965.html?keywords=2013。

性规划。进口商品战略是以生产需求和消费需求为依据的，具体又表现为一定时期内国家的经济和社会发展目标与产业结构调整目标。

（一）改革开放以前我国的进口商品战略（1949—1978 年）

解放前，我国的进口水平很低，进口的商品绝大部分是一般生活消费品和奢侈品。解放后，随着我国社会主义建设事业的发展，进口贸易也得到相应的发展。20 世纪 50 年代，是我国恢复国民经济和第一个五年计划建设时期，我国实行的进口商品战略是，大力组织国家经济建设所必需的机器设备、工业器材和原料以及其他重要物资的进口。这一时期的战略，不仅打破了以美国为首的世界主要资本主义国家的封锁禁运，而且对恢复和发展国民经济、增强我国的生产能力、改善人民生活，稳定市场价格起了重要的作用。

20 世纪 60 年代，是国民经济面临严重困难和调整的时期。三年自然灾害及中苏两党的矛盾和摩擦，加之当时经济建设指导思想“左”的错误，使国民经济的发展遇到了前所未有的困难。根据当时的特殊情况，进口商品战略调整了进口结构，在急需物资进口中，把粮食列为首位，依次安排化肥、农药、油脂、工业原料、设备等进口。进口贸易出现了上升继而下降的波动。

20 世纪 70 年代，是我国政治、经济发展史上极为复杂的时期，也是我国历史上重要的转折时期。在这个时期，中国再次从西方国家进口化肥、化纤、石油、化工、轧钢、采煤、火电、机械制造等方面的技术和成套设备共 222 个进口项目，但由于“四人帮”干扰，未能全面实现。进口贸易也经历了上升、下降及再上升的变化。

（二）改革开放后我国的进口商品战略（1979—2015 年）

20 世纪 80 年代以后，我国进入全面开创社会主义建设的新时期。在这个时期，党中央做出了实行对外开放、对内搞活经济的战略决策，明确了对外贸易在国民经济发展中的重要地位。

我国各个五年计划都对进口结构进行了规划，提出了相应的进口商品战略。

1. “六五”计划时期（1981—1985 年）

“六五”计划时期，我国实行的进口商品战略是：引进先进技术和关键设备；确保生产和建设所需的短缺物资的进口；组织好国内市场所需物资和以进养出物资的进口；对本国能够制造和供应的设备，特别是日用消费品，不能盲目进口，以保护和促进民族工业的发展。

2. “七五”计划时期（1986—1990 年）

我国在此时期的进口重点是引进软件、先进技术和关键设备，以及必要的、国内急需的短缺生产资料。

3. “八五”计划时期（1991—1995 年）

“八五”计划时期我国实行的进口商品战略是：按照有利于技术进步、增加出口创汇能力和节约使用外汇的原则合理安排进口，把有限的外汇集中用于先进技术和关键设备的进口，用于国家重点生产建设所需物资以及农用物资的进口，以促进民族工业的发展；国内能够生产供应的原材料和机电设备争取少进口或不进口；严格控制奢侈品、高档消费品和烟、酒、水果等商品的进口。

4. “九五”计划时期（1996—2000 年）

“九五”计划时期中国进口商品结构升级显著：大量进口了短缺的资源型商品；以信息、通信类产品为主的高新技术产品进口大增；技术引进项目和金额成倍增长；国内技术和生产能力逐步完善的进口商品大幅度减少。这一时期我国实行的进口商品战略是，积极引进先进技术，适当提高技术、设备和原材料产品的进口比例，努力发展技术贸易和服务贸易。

5. “十五”计划时期（2001—2005 年）

根据“十五”计划期间我国社会经济发展目标和我国产业结构和进口结构的状况，进口商品战略结构的重点是引进先进技术和关键设备，保证重要资源和加工贸易物资的进口，按照我国对国际社会承诺的市场开放进程和国内市场的需求，扩大消费品进口。

6. “十一五”规划时期（2006—2010 年）

“十一五”规划时期，实行进出口基本平衡的政策，发挥进口在促进我国经济发展中的作用。完善进口税收政策，扩大先进技术、关键设备及零部件和国内短缺能源、原材料的进口，促进资源进口多元化。积极发展对外贸易，优化进口商品结构，着力提高对外贸易的质量和效益。鼓励进口先进技术设备和国内短缺资源，完善大宗商品进出口协调机制。

7. “十二五”规划时期（2011—2015 年）

“十二五”规划期间将通过优化进出口结构、提高贸易便利化水平、加强进口国内流通对接等手段加强扩大进口工作。

我国以前的进口以中间产品、资源性产品和矿产品居多，而现在要加大资本品、关键零部件和消费产品的进口。在进口国别和企业上，要向贸易顺差较多的国家及拥有话语权的企业增加产品进口。通过商务部、海关等部门的合作，进口产品的通关效率及贸易便利化的水平要进一步提高；同时优化管理措施，进一步清除进口环节的不合理限制，降低进口成本。放开对原油等短缺资源的不合理限制，就能更好满足国内生产、建设和市场需求。

在进口国内流通的对接上，要鼓励大型的内贸易企业与国外消费品供应商建立长期合作机制，减少中间环节；还要鼓励有实力的企业把内贸物流等环节进行整合，使得国外产品顺利进入国内流通领域，鼓励发展直购式的消费平台，打破垄断。

应该通过“走出去”带动进口，利用国外成本优势来提高进口产品的竞争力。同时，进一步完善进口促进体系，以提高政策透明度，利用各种金融税收手段扩大进口，向企业提供更多信息及融资便利。

进口贸易持续、稳定的发展，使国民经济对进口的依存度也不断增长。总之，新中国成立以来，特别是改革开放政策实行以来，我国进口贸易对推动工农业生产的发展，加快现代化建设的步伐，起到了重要的推动作用。

【课堂讨论 2.4】

如果你在企业从事进出口业务，你会向企业领导建议怎样依据国家进出口商品战略组织进出口业务？

第三节 促进进出口贸易平衡发展

案例 2.5

外贸顺差越多越好吗？

改革开放初期，由于缺乏建设资金，出口创汇和引进外资曾是我国经济工作的重要内容。然而，随着20世纪90年代外资的大量进入以及加工贸易的兴起，截至2014年年底几乎年年都保持经常项目和资本项目的双顺差。

根据《中国统计年鉴》，1991—2005年我国进出口保持了年均17%的增长速度。除1993年外，15年来商品贸易一直保持顺差且顺差额持续加大，15年中商品贸易顺差累计达3 827.9亿美元。过大的贸易顺差，引发了诸多贸易摩擦。不仅欧美等发达国家对我国出口产品频频发难，一些发展中国家对中国产品的反倾销事件也越来越多。

值得注意的是，在巨额贸易顺差存在的同时，中国能从中取得的利益却少之又少。一个在美国售价为20美元号称“中国制造”的芭比娃娃，中国只能获得其中的35美分！中国生产的童鞋供应沃尔玛，在美国的售价最低是14.99美元，最高是29.99美元，而中国的出厂价只有5美元，扣除各种成本，一双鞋只能挣20美分！

与巨额贸易顺差相伴的还有巨额的外资流入。1991年我国实际利用外资只有115.5亿美元，2005年该数字已达638.05亿美元，15年实际利用外资年均增长12%，15年累计7 395.5亿美元。在带来一些先进的管理经验与生产技术的同时，外资的进入也使我国付出了高额的环境成本。

出于保持汇率稳定的需要，在巨额的双顺差压力下，央行不得不被动干预外汇市场，即发行人民币换回企业的外汇，如此积累了巨额的外汇储备。为了抑制投资过热和保持价格稳定，又不得不通过发行央行票据的方式收回部分流动性。迄今为止，央行未到期票据已超过3万亿元。而由于美元的贬值，外汇储备在不断缩水，同时央行还要负担巨额的票据利息，央行的负债成本在不断上升。

更令人感到忧虑的是，由于巨额双顺差的存在，人民币升值压力不仅未得到有效缓解，相反由于境外资本对人民币升值的预期带来了更多的顺差，以致央行的货币政策陷入了极为尴尬的境地。面对近年来的高投资增长率，央行虽几次提息和提高准备金率，但超额的流动性却使上述政策的效果大打折扣，并且升息还导致了更多热钱的流入。巨额的外汇储备中美国国债比例的不断攀升也不可避免地使我国在双边谈判中丧失了部分主动权。

> 本例整理自人民网2007年4月9日《外贸顺差愈多愈好吗？》一文，作者为中国社会科学院世界经济与政治研究所研究员何新华：http://theory.people.com.cn/GB/49154/49155/5583369.html
>
> 

国际收支不平衡实际上是我国内部发展不均衡的外在表现。集中反映在内需不足，国内产能相对过剩，更多地依靠出口来消化。维护国际收支平衡是趋利避害的需要，是一个长期、动态的过程，需要加快政府职能转变，推进体制创新，加强政策协调，充分发挥市场机制的作用。

点评：贸易顺差过大给国民经济带来的许多负面影响表明，外贸顺差不是越多越好，进出口贸易必须实现基本平衡。如何实现进出口贸易的平衡发展，是实现由贸易大国向贸易强国转变必须正确面对和尽快解决的重大问题。

针对我国进出口贸易不平衡发展带来的问题，国务院于2012年出台《关于加强促进对外贸易平衡发展的指导性意见》（以下简称《意见》），提出了促进进出口贸易平衡发展的基本原则、主要任务和相应政策措施。这些意见是当前和今后一个时期外贸工作必须贯彻实施的基本任务。

一、进出口贸易不平衡现状及问题

1. 进出口贸易不平衡的现状

一国对外贸易按出口大于、小于或等于进口的情况，分别构成贸易顺差、贸易逆差或贸易平衡。我国在改革开放初期，由于经济短缺，外汇储备不足，没有能力进口国家急需的国外技术产品和战略资源。1980 年到 1990 年有 8 年逆差，3 年顺差，累计逆差达 174.3 亿美元。为了满足外汇需求，我国实施了较长时期的“出口创汇”战略，积极鼓励外贸出口，甚至不惜加大出口成本，努力实现贸易顺差，多赚外汇，以解决国家经济建设急需。20 世纪 90 年代，出口贸易增长显著快于进口增长，除 1993 年是逆差外，其余年份均为顺差，顺差累计为 1 718.2 亿美元，年均顺差 171.8 亿美元。2001 年 11 月我国正式加入世界贸易组织之后，对外贸易环境进一步改善，同时我国顺应经济全球化趋势，依托自身比较优势参与国际分工，承接国际产业转移，从而成为世界第一制造业大国，出口竞争力迅速提高，进出口贸易持续高速增长，外贸顺差也随之迅速扩大，见表 2.2。

表 2.2 “入世”后我国对外贸易顺差额

年　份	顺差额（亿美元）
2002	303.53
2003	255.4
2004	319.8
2005	1 018.8
2006	1 774.7
2007	2 620.95
2008	2 954.7
2009	1 960.7
2010	1 845
2011	1 551
2012	2 000
2013	2 600
2014	3 825

2. 贸易顺差的作用

贸易顺差对我国经济发展有一定的作用。首先是促进了经济增长。我国自加入世贸组织以来，净出口对我国国内生产总值增长的拉动力逐年增加，从 2002 年的 1.3%增加到 2006 年的 37%。我国经济对外贸的依存度也逐年升高，从 1985 年的 23.05%增加到 2006 年的 65%。2007 年后依存度有所降低，到 2013 年，我国经济对外贸的依存度仍有 46%。其次，缓解就业压力。贸易顺差意味着出口增加，我国出口产品中劳动密集型产品占较大比重，贸易顺差越大就业人数就越多。因此出口有利于缓解劳动供求矛盾，增加就业。

3. 贸易顺差的负面影响

贸易顺差对我国的负面影响，一是加剧了我国与主要贸易顺差来源国或地区之间的贸易摩擦。2006 年共有 25 个国家和地区对我国发起反倾销、反补贴、保障措施和特保调查 86 起，同比增长 37%，涉及金额 20.5 亿美元。不仅发达国家与我国产生贸易摩擦，发展中国家如印度、土耳其、南非、哥伦比亚等国与我国也不断出现贸易摩擦新热点。贸易摩擦的不断蔓延和升级，不仅加大了我国出口企业的成本，失去部分国际市场，给出口持续发展带来重大威胁，而且还使我国外部贸易环境总体趋紧，形势严峻。

二是导致外汇储备剧增，人民币升值压力加大。高额的外贸顺差引发了外汇储备的大幅增加。1979 年中国外汇储备仅为 804 亿美元，1996 年中国外汇储备首次突破千亿美元，达到 1 050 亿美元，居世界第二位。2006 年年底中国外汇储备突破万亿美元大关，达到 10 663 亿美元，成为世界上外汇储备最多的国家。此后外汇储备加速增长，2014 年达到 3.84 万亿美元。高额的外汇储备使得中央银行不得不投放大量的基础货币，造成国内金融市场的流动性过剩，带来通货膨胀的压力。同时也给人民币升值带来巨大的压力。在预期人民币升值的情况下，大量投机热钱流入房地产市场或其他人民币资产市场，不仅使人民币汇率长期升值的潜在压力加大，也危及我国房地产等行业的长期健康发展。

三是不利于我国经济与资源环境之间的协调发展。我国贸易顺差的产生是以高昂的资源、环境和劳动力为代价的。我国贸易顺差里绝大多数来自加工贸易，其中大部分来自于外商在华投资企业。外商投资企业从国外进口中间产品，在我国加工后再出口，在这一进一出中，我国所获得的是少量的加工费用，却消耗了大量的资源，对我国的环境造成了很大的破坏。我国出口产品中劳动密集型产品所占比重较大，这些产品很多是用落后的生产设备生产出来的低附加值产品，不仅大量消耗和浪费了资源，还加剧了环境污染。

二、促进进出口贸易平衡发展的基本原则和主要任务

1. 促进进出口贸易平衡发展的基本原则

进一步加强进口，促进对外贸易平衡发展，对于统筹利用国内外两个市场、两种资源，缓解资源环境瓶颈压力，加快科技进步和创新，改善居民消费水平，减少贸易摩擦，都具有重要战略意义。因此，国务院《意见》提出了促进进出口贸易平衡发展的基本原则，即坚持进口与出口协调发展，促进对外贸易基本平衡，保持进出口稳定增长。

（1）坚持进口与国内产业协调发展，促进产业升级，维护产业安全。

（2）坚持进口与扩大内需相结合，推动内外贸一体化，促进扩大内需。

（3）坚持进口与“走出去”相结合，拓宽进口渠道，保障稳定供应。

（4）坚持市场机制与政策引导相结合，充分发挥市场主体作用，完善促进公平竞争的制度和政策。

2. 促进进出口贸易平衡发展的主要任务

促进进出口贸易平衡发展的主要任务有以下几项。

（1）要进一步优化进口商品的结构，稳定和引导大宗商品进口，积极扩大先进技术设备、关键零部件和能源、原材料的进口，适度扩大消费品进口。

（2）进一步优化进口国别和地区结构，在符合多边贸易规则的条件下，鼓励自最不发达国家进口，扩大自发展中国家进口，拓展自发达国家进口。

（3）进一步优化进口贸易结构，鼓励开展直接贸易，增强稳定进口的能力，支持具备条件的国内企业“走出去”。

三、促进进出口贸易平衡发展的政策

（一）财税政策

促进进出口贸易平衡发展的财税政策有下列两项。

1. 调整部分商品进口关税

根据国内经济社会发展需要，以暂定税率的方式，降低部分能源、原材料的进口关税，适当降低部分与人民群众生活密切相关的生活用品进口关税，适当调整部分先进技术设备、关键零部件进口关税，重点降低初级能源、原材料及战略性新兴产业所需的国内不能生产的或性能不能满足需要的关键零部件的进口关税。继续落实对最不发达国家部分商品进口零关税待遇，加快降税过程，进一步扩大零关税商品范围；结合自由贸易区降税安排，引导企业扩大从自由贸易区成员方的进口。

2. 增加进口促进资金

在现有外经贸发展专项资金的基础上，增加安排进口促进支持资金。为国家鼓励类产品的进口提供贴息支持，适当调整贴息产品支持范围。支持各类商务平台，拓展进口功能，鼓

励开展各类进口促进等公共服务。继续加大对自发展中国家进口支持力度。

（二）金融政策

促进进出口贸易平衡发展的金融政策有下列两项。

1. 提供多元化融资便利

对符合国家产业政策和贷款条件的进口合理信贷需求，积极提供信贷支持。鼓励商业银行开展进口信贷业务，支持先进技术设备、关键零部件和能源原材料的进口。鼓励政策性银行在业务范围内支持高新技术产品和资源类商品进口。进一步拓宽进口企业融资渠道，鼓励和支持符合条件的企业通过发行股票、企业债券、短期融资券、中期票据等扩大直接融资。研究完善战略性资源国家储备体系，支持和鼓励企业建立商业储备。

2. 完善进口信用保险体系和贸易结算制度

鼓励商业保险公司根据企业需要，研究开展进口信用保险业务，推出有利于扩大进口的保险产品和服务，降低企业进口风险。加强和改善跨境贸易人民币结算工作，便利、规划银行和企业开展进口贸易人民币结算业务。进一步推进货物贸易外汇管理制度改革，为企业贸易外汇收支提供更加便利的服务，出台海关特殊监管区域外汇便利化措施。

四、促进进出口贸易平衡发展的措施

（一）完善管理的措施

为促进进出口贸易平衡发展，在完善管理方面应采取下列措施。

1. 进一步优化进口环节管理

清理进口环节的不合理限制，降低进口环节交易成本。调减自动进口许可商品管理目录，积极推动开展网上申领。加快自动进口许可电子数据与海关的联网核查进程，提高联网核查效率，实行科学监管、有效监管。

2. 完善海关特殊监管区域和保税监管场所进口管理

鼓励企业在海关特殊监管区域和保税物流中心设立采购中心、分拨中心和配送中心，促进保税物流健康发展；支持企业通过海关特殊监管区域和保税监管场所扩大相关商品进口；进一步规范海关特殊监管区域流通秩序，营造公平的竞争环境。

3. 推动进口与国内流通衔接

鼓励支持国内流通企业参与国际贸易，支持具备条件的企业整合进口和国内流通业务，减少中间环节。鼓励国内商业企业经营代理国外品牌消费品，发展自营销售平台，打破垄断，实行充分竞争。参照国际通行做法，完善相关法律法规，支持离境免税业务发展。适当增加药品等特定商品进口口岸，扩大相关产品进口。对检验检疫合格的进口商品，进入国内市场流通后，国内其他单位不再检验、检测。

4. 推动加工贸易转型升级

保持加工贸易总体政策稳定，控制高能耗、高污染、低附加值加工贸易发展，引导加工贸易向产业链高端延伸、向中西部转移和向海关特殊监管区域集中。建立内销交易平台，引导有条件的企业培育自主品牌和内销渠道。在严格执行相关进出口税收政策和有效控制环境污染的前提下，研究推进海关特殊监管区域内企业开展内销货物返区维修业务。

5. 完善产业损害和进口商品质量安全预警机制

监测分析国际经济发展变化及进口异常情况对国内产业的影响，针对重点商品进口数量和价格走势，开展产业竞争力调查、产业安全应对与效果评估工作，促进公平竞争。进一步完善进口商品质量安全风险预警与快速反应监管体系。

（二）贸易便利化的措施

促进进出口贸易平衡发展，在贸易便利化方面应采取下列措施。

1. 进一步提高通关效率

改进海关、质检、外汇等方面的监管和服务。口岸及海关特殊监管区所在地的海关和出入境检验检疫机构实行工作日 24 小时预约通关和报验。给予高资信企业通关便利。不断完善进口商品归类、审价等管理办法。落实国家对企业收费优惠政策，严格执行收费项目公示制度，清理进口环节不合理收费，进一步规范收费行为。充实口岸监管力量。

2. 加强边境基础设施建设

进一步改善边境口岸基础设施、检验监管设施和边境经济合作区基础设施条件，构建集物资运输、仓储、加工为一体的现代物流体系，提高口岸吞吐能力。改善边民互市点配套设施，便利边民互市，全面落实促进边境地区经济贸易相关政策，扩大与周边国家和地区的经贸往来。

3. 加强电子政务信息平台建设

继续推进“大通关”建设，加快电子口岸建设。大力推动贸易单证标准化和电子化进程，促进各部门间贸易单证信息的互联互通和监管信息共享，在统一模式下实现进出口货物“一次录入，分别申报”。完善进口商品技术法规与合格评定信息咨询服务平台。发挥地方人民政府的主导作用，支持各地建立信息服务平台。

（三）加强组织领导的措施

促进进出口贸易平衡发展，在加强组织领导方面应采取以下措施。

1. 完善进口公共服务

推动建立进口促进专门网站等公共服务平台，加强信息发布、政策介绍、信息查询、贸易障碍投诉、知识产权保护等公共服务。培育国家进口贸易集聚区对扩大进口的示范和带动作用。定期兴办进口论坛，交流市场信息，加强进口政策宣传。支持与我国贸易逆差较大的国家和地区来华举办商品展览会、洽谈会等推介活动。

2. 发挥行业中介组织作用

鼓励支持贸易促进机构、进出口商会、行业协会等中介组织根据需要开展进口咨询和培训服务。发挥中介组织作用，加强同大宗商品出口国相关组织和企业的对话与沟通。加强与国际证券期货机构的联系、合作，提高大宗商品国际市场话语权和定价权。加强对重点进口企业和行业的指导，及时发布相关信息，加大进口促进力度。

3. 强化组织实施

各地区、有关部门要根据国务院《意见》精神进一步统一思想，调整“奖出限进”“宽出严进”的工作思路和政策体系，坚持进口和出口并重，坚持关税政策和贸易政策的紧密协调，按照各自职能分工，制定具体措施，认真落实财务金融和管理等方面的支持政策。进一步健全工作机制，加强在政策协调、信息通报等方面的互动合作，形成合力，积极扩大出口，促进对外贸易协调发展。

本章小结

1. 出口和进口是对外贸易的两个重要方面。它们互相制约、互相渗透、互为条件。只有出口，没有进口，出口就没有意义；只有进口，没有出口，进口就没有基础。既要大力发展出口贸易，也要积极开展进口贸易，使进出口保持基本平衡。

2. 出口贸易为我国增加进口、引进资金技术、开展对外经济合作提供外汇保障，为国民经济技术进步提供强大推动力，推动产业结构和国民经济调整与优化，促进国际环境改善。出口商品战略是一国根据自己经济发展的具体情况和国际市场需要，对出口商品构成做出的战略性安排。我国在不同时期制定了不同的出口商品战略。在出口市场战略上，我国提出了市场多元化战略。

3. 发展进口贸易可以推动国民经济持续、快速、协调发展；提高出口商品的国际竞争力，促进进出口贸易协调稳定发展；增加国内消费品生产，更好地满足人民生活需要；增进与各国经贸关系发展。进口商品战略是根据国内生产、消费的需要，对一定时期进口商品的构成所做的战略性规划，以生产需求和消费需求为依据，体现一定时期国家经济社会发展目标和产业结构调整目标。

4. 促进进出口贸易平衡发展的基本原则是要坚持进口与出口相协调发展，促进对外贸易基本平衡，保持进出口稳定增长。要进一步优化进出口商品结构、进口国别和地区结构、进口贸易结构，通过调整进口关税、增加进口资金规模，提供多元化金融，改善进口信用保险体系和贸易结算制度及采取完善管理、贸易便利化等措施，促进进出口贸易平衡发展。

综合练习

一、不定项选择题

1. 一国出口商品结构受（　　）的制约。

A. 国内经济发展水平　　B. 产业结构和发展政策

C. 国际市场和国际经济环境　　D. 国内消费水平

2. “十二五”时期出口商品战略是（　　）。

A. 稳增长促平衡取得实质进展　　B. 进出口商品结构进一步优化

C. 发展空间布局更加完善　　D. 国际竞争力明显增强

3. 市场多元化战略的具体措施包括（　　）。

A. 深度开发日、美、欧和中国港澳地区等传统出口市场

B. 重点开拓亚洲、非洲、拉丁美洲发展中国家和地区市场

C. 积极扩大独联体、东欧国家市场

D. 积极开展与国际经济组织的合作

4. “十二五”时期将通过（　　）手段加强扩大进口工作。

A. 优化进出口结构　　B. 提高贸易便利化水平

C. 加强进出口国内对接　　D. 提高居民消费水平

二、简述题

1. 简述发展出口贸易的重要意义。

2. 简述实施市场多元化战略的作用。

3. 简述发展进出口贸易的重要意义。

4. 简述促进进出口贸易平衡发展的基本原则和主要任务。

三、案例分析题

1. 通过网络查阅中美2012年以来的贸易不平衡数据，并以此为例分析以下问题。

（1）贸易不平衡带来的问题。

（2）实现贸易基本平衡发展的对策。

2. 据中铝网2010年6月25日报道　为了支持非洲国家扩大对华出口，实现贸易平衡发展，我国自2010年7月1日起开始对非洲赞比亚等33个最不发达国家原产的4 762个税目输华商品实施零关税。其中金属类商品多达几百种。关税调整无疑将促进矿产资源丰富国家加大对中国出口量。在有色金属方面，中国从非洲主要进口铜、精炼铜及少量铜精矿。从矿产资源来看主要集中在赞比亚、刚果（金）等非洲国家。其中赞比亚素有“铜矿之国”之称，铜蕴藏量达9亿多吨，约占世界总铜蕴藏量的6%。赞比亚不但是世界第四大铜生产国，同时其铜矿出口居世界第二位。

中国是一个主要的精炼铜生产国，但由于中国铜资源条件不够理想，影响了铜冶炼业务的增长，每年均需进口大量的铜精矿和粗铜原料，而此次减免非洲等国的进口关税无疑能够刺激铜原料进口的增长，缓解国内日益增长的资源需求。同时，减免关税，势必有利于降低中国企业的进口成本，拓宽进口渠道，促进矿产资源丰富的国家加大对中国的出口量。

在减免关税政策前，中国政府与相关企业也已广泛开展与非洲相关国家的资源类合作，如投资刚果加丹省的铜矿开发项目、参股赞比亚Munali镍矿项目，投资开发阿富汗艾娜克大型铜矿项目等。此次的零关税政策调整，无疑将与上述投资举措形成合力，从而保证中国在这些受惠国家享有大宗商品权益。

中吕网《非洲将扩大对中国铜出口》原文：http://news.cnal.com/industry/2010/06-25/1277439217181254.shtml

海关公布数据显示，2010年5月中国精炼铜总进口量为279 690吨，其中从赞比亚进口量为13 146吨，刚果为11 204吨，刚果（布）为1 723吨，另从赞比亚及刚果进口铜精矿4 611吨。

请分析：

（1）增加自最不发达国家进口实现贸易平衡有什么意义？应采取哪些措施？

（2）怎样坚持进口与“走出去”相结合，拓宽进口渠道，保障我国重要物资的稳定供应？

第三章 国际投资

【学习要求】

通过本章的学习，了解国际投资的特点和环境，懂得引进外资的作用、形式和方针政策，掌握对外投资的必要性与可能性、对外投资政策措施。

【主要概念】

国际投资　投资环境　引进外资　间接投资　政府贷款　国际金融组织贷款　国际商业贷款　直接投资　中外合资经营企业　中外合作经营　外商独资企业　合作开发　BOT 投资方式　对外投资

国际投资是国际货币资本与国际生产资本跨国流动的一种形式，包括吸收外国投资和开展对外投资。这是当今国际贸易中最重要、最活跃的经济交往形式，在世界经济发展中的主导作用越来越强。随着经济国际化的发展，国际投资规模不断扩大，对世界各国经济影响日益增强。有的国家借助国际投资取得了经济飞速发展的奇迹；有的国家则靠国际投资能力和水平的提升，确立了外贸大国和外贸强国的地位。我国在迈向外贸强国的进程中，必须在进一步扩大开放中抓住机遇，既要积极引进外资，吸收外国投资，又要开拓国际投资市场，开展对外投资。

第一节 国际投资的特点与环境

案例 3.1

识别和管理风险是中企必修课

据2014年4月30日《国际商报》报道（秦庚）　拉美国家市场一直是基础设施投资者关注的目标市场。丰富的自然资源、可观的人口规模和较落后的基础设施驱动了大规模的基建需求。但是，高风险和管理不力等问题抑制了投资者的信心。

据中国拉丁美洲学会副会长徐世澄介绍，近年来，中国企业在拉美投资遭遇了诸多障碍和挑战，如国家风险、经营风险和汇率风险等。他谈道，有投资环境方面的障碍，如基础设施、融资环境、税收政策和政府效能等；有语言文化方面的障碍；还有拉美对外资的一些限制、拉美劳工保护方面的强制性规定、拉美国家政府国有化的阻力等；此外，不少中国企业对拉美国家的外资政策、法规法律、文化习俗、市场状况等缺乏了解，自身管理不力等因素也使他们交了不菲的学费。

据承包商会权威人士分析，2014年，拉美地区市场总体将保持平稳发展，但典型的投资风险依然存在，不容忽视的是新一轮选举可能带来的社会动荡风险。据介绍，今年，哥斯达黎加、萨尔瓦多、巴拿马、哥伦比亚、巴西、乌拉圭和玻利维亚都将举行大选。尽管政府换届不会给基建市场带来翻天覆地的变化，但将对国内商业环境带来一定影响。除此之外，与基建项目相关的环评审批过程拖延、土地使用问题和当地社区的阻力等都被列入该地区基建项目面临的典型风险清单。“这些风险需要通过改善机制、管理以及加强沟通来循序渐进地解决。”权威人士提醒。

拉美地区与中国距离遥远，中国企业对其文化、语言、风俗习惯和经济社会的特殊性和多样性了解不多。承包商会会长刁春和指出，正确识别和有效管理环境和社会风险是中国企业进入拉丁美洲和加勒比地区市场的关键一环。

第五届国际基础设施投资与建设高峰论坛专门设置了“拉丁美洲和加勒比地区基础设施互联互通的社会许可与可持续发展”平行论坛。通过中外政府官员、金融家介绍拉美地区在环境和社会风险管理方面的政策、标准、指引和经验做法，给中国企业以借鉴，补上识别和管理风险的必修课。

点评：开展国际投资，首先应了解国际投资的特点与环境，识别和管理风险。通过平行论坛补上这一必修课就是方法之一。

国际投资作为跨国流动的资本，具有投资目的多样性、流动的双向性、投资环境的复杂性及风险的严峻性等特点。开展国际投资必须考察投资环境的因素，并采取相应的方法对其进行评价。

一、国际投资的特点

国际投资是将资本从一个国家和地区投向另一个国家或地区的经济活动。国际资本的跨国流动包括资本流入和资本流出。资本流入是指外国资本流入本国，即本国输入外国资本，也叫引进外资。资本流出是指本国资本流到外国，即本国输出资本，进行对外投资。这种跨国流动的资本投资具有如下几个特点。

1. 投资目的的多样性

与一般的国内投资比较起来，国际投资的目的多种多样。一般国内投资的主要目的是促进本国经济的发展，而国际投资目的，有的是为了使资本保值或增值，有的是为了开辟新的市场或原料来源，有的是为了获得某些核心技术和知识产权的使用，有的是为了改善投资国与东道国的双边经济关系，有的则是为了某种政治目的。

2. 投资资本流动的双向性

国际投资包括本国对外国投资和外国对本国投资两个方面。在当今世界，不论是发达国家，还是发展中国家，所进行的国际投资，都是既有对外投资，又有利用外资，因而存在着投资资本的双向流动。它们之间的差别只不过是投资资本双向流动的程度不同而已。一般来说，发达国家对外投资往往大于引进外资，而发展中国家对外投资往往小于引进外资。各个国家这种对外投资和引进外资的交叉运用，是为了适应当今国际经济技术协作、交流和国际化趋势的要求。

3. 投资环境的复杂性

投资环境是由政治、经济、法律、社会文化等方面因素而构成的，每一因素的不同都会使投资环境产生差异，每一因素发生变化都会导致投资环境的改变。各个国家的政治、经济、法律、社会文化都有很大差异，使得国际投资环境十分复杂。

4. 投资风险的严峻性

由于国际投资的环境比起国内投资要复杂得多，因此国际投资的风险十分严峻。这些风险包括政策风险、政治风险、法律风险、民族风险、经济风险、自然风险及其他风险。对外投资在执行过程中，往往受到诸多预期不到的因素影响，使其与预期的收益相距甚远，造成巨大的损失，面临严峻的风险。

二、国际投资环境

（一）国际投资环境概念辨析

国际投资环境是指决定和影响国际投资的各种政治因素、自然因素、经济因素和社会因素相互依赖、相互完善、相互制约所形成的矛盾统一体，是国际投资者进行投资时所面临的条件和环境。这些条件和环境对于投资者所期待的利益，可以产生有利或不利的影响。

国际投资环境有硬环境和软环境。硬环境是指与投资直接有关的物质条件，包括由地理位置、自然资源、环境气候、山水风景等自然或历史形成的自然地理条件，以及由交通、能源、通信、仓储、原材料供应、金融信息、给排水、工业厂房、生活设施、旅游娱乐、文化教育、医疗卫生组成的基础设施结构。

软环境是指对投资者有重大影响的社会人文方面的条件，包括政策、法规、社会风气、风俗习惯、风土人情、价值观、文化教育水平、宗教信仰、语言文字、金融与市场条件、管理水平、办事效率、人员素质、技术熟练程度等。

国际投资环境的概念包括以下几个含义。

第一，国际投资环境是一个综合概念。它是由多因素交织而组成的矛盾综合体，各个部分从不同角度起着不同作用，但各个部分相互连接、协调，互为条件，构成一个完整的投资环境系统。因此，评价投资环境要从整体出发，综合分析，统筹考虑，系统研究。

第二，国际投资环境是一个相对概念。投资环境的优劣程度是通过国际横向比较，对不同国家、地区的各种条件做总体的、综合的分析后，经权衡比较得出的结论。所以各国应该与国际投资市场的竞争者进行比较，来确定自身改善投资环境的目标。

第三，国际投资环境是一个动态概念。影响投资环境的各种因素处在不断变化之中，人们对投资环境的价值观也在变化，投资环境总是处在变化之中。因此，要发现各种因素变化的情况和规律性，根据投资环境的动态性特点，合理选择投资的规模和方式，决定投资的流向。

（二）国际投资环境的内容

考察国际投资环境至少要仔细考虑以下几个因素。

1. 币值稳定程度

币值稳定，投资者才能获得预期收益。如果币值贬值幅度过大，就会造成货币实际价值与名义价值的差距扩大，使投资者的投资贬值，带来损失。一般是将东道国的外汇汇价划分为四个等级，作为衡量币值稳定的标准：①官价与黑市价之差小于10%；②官价与黑市价之差为 10%～40%；③官价与黑市价之差为 40%～100%；④官价与黑市价之差大于 100%。差距越大，币值越不稳定。

2. 年通货膨胀率高低

通货膨胀率是从另一个角度反映币值稳定程度的。投资接受国的通货膨胀率越高，货币贬值程度越大。通常将通货膨胀率划分为 7 个档次：①通货膨胀率小于 1%；②通货膨胀率为 1%～3%；③通货膨胀率为 3%～7%；④通货膨胀率为 7%～10%；⑤通货膨胀率为 10%～15%；⑥通货膨胀率为 15%～35%；⑦通货膨胀率大于 35%。

3. 资本出入国境的流动性

资本（包括利润和利息收入）能否自由出入国境，是投资者考察资本流动性的重要标志。实行外汇管制的国家一般对外国投资者的资本转移有不同程度的规定。通常是将资本外调的限制程度分为六个等级：①无限制；②有时限制；③对资本外调有限制；④对资本与利润收入外调有限制；⑤严格限制；⑥完全不准外调。

4. 允许外国所有权比例

投资者掌握企业所有权和经营权的程度，要看东道国允许外国投资者在该国境内设立的股份公司中掌握多大比例的股份。这个比例的划分一般分为 7 个等级：①允许所有权占 100%，并表示欢迎；②允许所有权占 100%，但不欢迎；③允许占多数所有权，即可超过 50%；④允许最多占 50%；⑤只允许占少数；⑥只允许占 30%以下；⑦完全不允许占有。

5. 外国企业与本国企业之间的待遇差别

外国投资者在评价这种待遇差别程度时，一般分为 7 级：①外国与本地企业一视同仁；②对外国企业略有限制但无控制；③对外国企业不限制，但有若干控制；④对外国企业有限制并有控制；⑤对外国企业有控制，且有严格限制；⑥对外国企业严格限制与控制；⑦不允许外国企业投资。

6. 政治稳定程度

投资接受国的政治稳定，是外国投资者投资安全的重要保证。通常将政治稳定程度划分为 7 个等级进行评价：①长期稳定；②稳定，但须依赖某一重要人物；③稳定，但须依赖邻国的政策；④内部有纠纷，但政府有控制局势的能力；⑤有来自国内外的强大压力，从而对政策产生影响；⑥有发生政变或根本性变化的可能；⑦不稳定，极有可能发生政变。

7. 当地资本的供应能力

当地资本供应能力的强弱关系到投资者能否加速资本的周转，提高资本使用效率。衡量资本供应能力一般分为 6 个等级来评价：①有发达的资本市场和公开的证券交易市场；②有部分本地资本市场和证券投资市场；③有有限的资本市场；④缺乏长期资本，有短期资本；⑤对资本有严格限制；⑥资本纷纷外逃。

8. 给予投资者关税保护的态度

关税保护是为了保护国内工农业生产，对外国商品进口征收关税的做法。一般对本国需要保护生产的商品，要规定较高的进口税率。有时为了确保国内生产的需要，对本国工业所必需的某些国产原料要征收出口税，以限制出口。给予投资者关税保护的态度一般分为 4 个等级来评价：①全力保护；②有相当保护；③有些保护；④非常少或无保护。

（三）国际投资环境的评价

2014 年，时值周恩来总理访问非洲 50 周年，李克强总理出访非洲，对于推进中非新型战略伙伴关系继续向前发展具有重要意义。很多企业都在考虑前往非洲投资拓展业务。如果你接受了这方面的任务，要做出正确的投资决策，那就必须对投资环境进行分析和评价。评价时，要考虑哪些因素呢？建议你至少考虑这些因素：一是获利性；二是安全性；三是利润可汇性；四是竞争性。评价的方法一般是将总投资环境分解为若干具体指标，然后再综合评价。具体方法多种多样，但常见的评价方法有如下几种。

1. 国别冷热比较法

国别冷热比较法，即从政治稳定、市场机会、经济与成就、文化一元化、法令障碍、实质障碍与文化差异等七个方面来分析比较一国的投资环境。把各个因素的资料加以分析后做出"冷""热"差异的评价。在"冷""热"环境中又分别有大小程度的差别，不"冷"不"热"则居中。然后把各国的各种因素的评价，综合成一张表，从中经过比较分析，选出最佳的投资地点。

2. 多因素评分分析法

多因素评分分析法，又称等级尺度法，主张从东道国政府对外国投资者的限制和鼓励政策着眼，具体分析影响投资环境的各种因素。其具体做法是，对投资环境的 8 项内容逐一进行分析，并根据每项内容对投资环境的利与弊，给予不同的分类，各项内容分数相加即得总分。总分越高，表示投资环境越优越；当分数低于最低限度时，则认为不能投资。等级尺度法是目前国际上评价国际投资环境最流行的一种目标市场分析方法。

3. 加权等级分析法

加权等级分析法的具体做法是：首先，对各种环境因素的重要性进行排列；再根据各环境因素对投资产生不利影响或有利影响的程度进行等级评分，每个因素的评分范围都是从 0（完全不利的影响）；到 100（完全有利的影响）；最后，把各个环境因素的实际得分乘上相应的权数，并加总，按总分高低，对投资环境划分等级。可供选择的投资对象国被分为：①投资环境最好的国家；②投资环境较好的国家；③投资环境一般的国家；④投资环境较差的国家；⑤投资环境恶劣的国家。

4. 动态分析法

动态分析法，把投资环境视为一个动态系统，不仅考虑投资环境的过去和现在，而且要预测环境因素今后的变化及结果。首先对投资环境因素的实际情况进行评价；其次对可能引起环境因素变化的主要原因进行评价；再次，在前两项评价基础上，对有利因素和假设进行汇总，并找出 8～10 个使投资项目获得成功的关键因素，以便对其进行连续观察和评价；最后对投资环境进行分析后，提出 4 套预测方案，供决策参考。跨国公司多采用这种评价方法。

【课堂讨论 3.1】

试对到非洲某国（自选一国）进行某项（自己有兴趣的项目）投资的环境进行评价。

第二节 引进外资

案例 3.2

大亚湾核电运营管理有限责任公司网站：http://www.dnmc.com.cn/n244/n245/index.html

大亚湾核电站是我国首座引进外国技术和资金建设的大型商用核电站，其中引进法国核岛技术装备和英国常规岛技术装备进行建设和管理，并由一家美国公司提供质量保证。1994 年 5 月全面建成投入运行，年发电能力约 150 亿千瓦时，70%输往香港，30%输往南方电网。同年被国际电力杂志评选为全世界 5 个获奖电站之一。经济运行指标达国际先进水平。实现了中国核电建设跨越发展，后发追赶国际先进水平的目标。

点评：引进外资建设大亚湾核电站，追赶世界先进水平的成功经验告诉我们，引进外资对于一个发展中的国家要实现现代化该是多么重要。

引进外资是指借入非本国来源的资金、吸收国外投资和接受国外捐助等开展的经济活动，包括利用外国直接投资和利用外国间接投资。利用外国直接投资是接受外国投资者输入生产资本，直接在我国的厂矿企业予以投资，并由投资者直接参与经营管理。而利用外国间接投资则是通过证券投资和借贷资金输入利用国外资金，投资者不参与企业经营管理。我国进行社会主义现代化建设，必须立足于自力更生的基础之上，但同时还要实行对外开放，扩大对外经济技术合作和交流，这是我国必须长期坚持的一项基本国策。引进外资是对外开放的重要内容，是有效开展对外经济技术合作和交流的最直接方式。改革开放以来，我国引进外资取得了令世人瞩目的成就。通过外商直接投资、外国贷款和证券融资等形式，我国引进外资规模不断扩大，水平逐步提高，对于推进我国社会主义现代化建设发挥了重要作用。

一、引进外资的作用

引进外资在我国现代化建设中的作用，主要表现在以下几方面。

1. 弥补建设资金不足

我国是一个人口众多、经济落后的发展中国家，人均国民收入很低，经济建设资金不足是一个非常突出的问题。我国现代化建设的资金缺口很大，只有通过引进外资才能保证经济建设顺利进行。为此，党的十一届三中全会确立了对外开放的基本国策，制定了引进外资弥补经济建设资金不足的长期方针。1979—2012 年我国实际使用外商直接投资 12 761 亿美元。2013 年我国吸收外商直接投资 1 176 亿美元，2014 年实际使用外资 1 196 亿美元，增长 1.7%。通过引进外资，弥补了国内建设资金不足，增加了固定资产投资，扩大了生产能力。引进外资修建铁路、港口、机场，开发石油、煤炭，奠定了经济发展的能源、交通基础；挽救了一批签约后或建设中因资金不足而面临停建、缓建，对外不能履约的大型骨干企业。

2. 促进产业结构升级

我国企业原有的技术设备亟待更新改造，需要巨额资金。通过大量引进外资，并着重发展技术含量高的先进适用技术，使许多行业的大批产品更新换代，大批老企业得到技术设备改造。

改革开放以来，外商投资促进了我国汽车、电子、通信等重要产业的发展，使我国重要产业的技术水平提高了一大步，跨越了几十年，缩小了与国际先进水平之间的差距。现在我国生产的汽车、电子、通信产品以及家电、轻纺产品，不仅满足了国内市场的需要，而且大量出口到国际市场。

利用外资引进先进的技术设备，为我国工业新添了大批关键项目，带动了工业的技术进步，壮大了我国工业的综合实力，促进了产业结构升级，为我国经济快速发展奠定了坚实的基础。

3. 引进先进管理经验

吸收外商投资，不仅可以带来充足的资金和先进的技术，还可以引进先进的思想和管理经验。外商投资企业按照国外先进的管理方法组织生产经营，会带来先进的生产管理、质量管理、销售管理和售后服务管理、人才管理、财务管理等一系列管理经验，使企业的管理水平和劳动生产率大幅度提高，增强企业竞争能力。

外商投资企业先进的管理经验，还为国内的其他企业特别是集体企业和国有企业的经营体制改革，提供了可供借鉴的参考，促进了企业经济管理水平的提高。

4. 活跃市场，扩大就业

通过各种形式利用外资，扩大了生产能力，促进了经济快速发展，增加了市场供应，活跃了国内市场，满足了国内消费者不断增长的需求。同时利用外资增加了国家财政税收收入，为国家积累了资金，并创造了大量就业机会，加上为外商投资配套、提供服务的企事业单位，创造的就业机会更多。引进外资为我国这样一个人口众多的国家解决就业问题做出了重要贡献。

5. 扩大出口，增加外汇

利用外资，引进技术，可以建立出口创汇企业，既有利于发展技术密集型出口产品，也可以对传统出口产品不断注入新技术，促进其升级换代。出口产品适销对路，竞争力强，信息灵，应变快，质量高，交货及时，渠道畅通，出口产量大幅增长，为国家增加了外汇收入。

6. 推动人才培养开发

利用外资项目，其技术和管理都比较先进，参与建设和生产经营的中方技术人员、管理人员以及生产者，可以学习和掌握先进的技术、管理经验及生产技能，有利于提高我国技术人员、管理人员和生产工人的技术水平、管理水平和生产技能。

7. 促进经济体制改革

引进外资，建立三资企业，有利于促进全面深化经济体制改革。外资作为社会主义市场经济的有益补充，促进了我国所有制结构的改革，形成了多种所有制经济成分共同发展的经济格局。外资的流入推动了企业产权的流动和重组，形成了新型的混合所有制经济。外商投资企业的现代产权组织形式促进了我国国有企业产权制度的改革。

外商投资企业完全按市场机制经营，推动了使市场在资源配置中起决定作用的全面深化经济改革，促进了国内市场结构的发育和完善。

外资的流入使我国经济结构复杂化，资源配置市场化、国际化，经济生活中的新情况、新问题层出不穷，从而促使我们加快改革原来管理部门很不适应的管理手段和管理办法，努力转变政府职能，推进宏观管理体制改革的深化和完善。

二、利用外国间接投资

利用外国间接投资是通过证券投资和借贷资金的输入利用国外资金，投资者不参与企业的经营管理，主要有外国政府贷款、国际金融组织贷款、国际商业贷款等形式。

（一）外国政府贷款

政府贷款是指一国政府利用其财政预算资金向另一国政府提供的优惠性贷款，也称政府信用或政府信贷。政府贷款往往带有浓厚的政治色彩与援助的性质。一般是发达的资本主义国家给予发展中国家的优惠贷款。其优惠表现在利率低、还款期长、赠与成分比较高。贷款必须用于两国政府商定的项目，也可叫项目贷款。按照联合国的有关规定，发达的工业化国家和海湾石油输出国应把本国年国民生产总值的 0.75%拿出来作为政府贷款支援其他国家。西方国家一般都设有专门机构审查和发放此类贷款，美国国务院下设有“国际开发署”，日本政府经济企划厅下设有“海外经济协力基金”，科威特政府设有“阿拉伯经济发展基金会”等。我国从西方国家获得的政府贷款，通常都是由两国政府商定审查项目，一般提供该项投资的50%，其余由我方自筹。有的项目设有首先考虑购买借款国设备的条款。我国已经与日本、比利时、丹麦、法国、英国、意大利、西班牙、德国、奥地利、瑞士、卢森堡、荷兰、挪威、瑞典、芬兰、加拿大、澳大利亚、科威特、韩国等国建立了双边政府贷款关系。

我国利用的日本政府贷款有下列三种。

第一种是日本海外协力基金贷款。贷款主要用于农业、水利、电力（火电、水电）、交通（铁路、公路、港口、机场等）、通信、化肥、环保及城市基础设施等项目。贷款偿还期为30 年，含 10 年宽限期（宽限期内只付息不还本），年利率为 2.5%～3.5%。

第二种是日本能源贷款。该贷款由日本输出入银行提供，专门用于石油、天然气、煤炭等能源项目的开发。为我国能源行业提供的“资源开发项目贷款”，偿还期为 15～18 年，含5～7 年的宽限期，年利率为日本输出入银行在向日本大藏省筹资的成本上加一定手续费，目前为 4.55%。

第三种是日本“黑字还流”贷款。“黑字”是指外贸中的顺差。1987 年在威尼斯七国首脑会议上，日本首相中曾根提出在其后 3 年内，日本从贸易顺差中拿出 200 亿美元，以贷款形式提供给发展中国家。此项贷款被称作日本“黑字还流”贷款。日本政府向我国提供的“黑字还流”贷款，一部分是海外协力基金贷款，年利率 3%左右；一部分是输出入银行贷款，年利率 5%左右，可用于能源开发、技术改造、出口项目等。

我国利用其他国家政府贷款的形式有下列两种。

一种是政府政策性贷款。这种贷款一般无息或利息较低，还款期较长，并有一定宽限期。如科威特政府贷款年利率为 1%～5.5%，偿还期为 18～20 年，含 3～5 年宽限期。比利时政府贷款为无息贷款，偿还期为 30 年，含 10 年宽限期。第一批德国政府贷款年利率为 2%，偿还期为30 年，宽限期为 10 年。这种贷款一般侧重于非营利的开发性项目，如城市基础设施建设等。

另一种是混合贷款，它是由政府财政性贷款与商业性贷款混合而成的。大部分政府贷款采用这种形式。混合贷款具体有以下三类。

第一类为政府财政性资金与一般商业性资金混合起来的贷款，比一般商业性贷款优惠。如奥地利政府贷款年利率为4.5%，偿还期为20年，含宽限期2年。

第二类为一定比例的赠款和出口信贷混合而成，如澳大利亚、挪威、英国、西班牙等国政府贷款，其中赠款占25%～45%。

第三类为政府财政性资金和商业银行出口信贷混合的贷款，其中政府政策性贷款占30%～50%。法国、意大利、德国、瑞士等国贷款都采取这种形式。它以出口国政府作为后盾，以扩大出口为目的，是最普遍采用的一种贷款形式。

（二）国际金融组织贷款

向我国提供贷款的国际金融组织有如下几个。

1. 世界银行贷款

世界银行（WB）是世界上最有国际影响的国际金融组织之一，成立于1945年，正式名称是国际复兴开发银行，简称世界银行。后来随着国际形势发展，组建了世界银行集团，包括国际复兴开发银行（IBRD）、国际开发协会（IDA）、国际金融公司（IFC）和多边投资担保机构（MGA）。

我国从世界银行获取的贷款有两类，即软贷款和硬贷款。国际开发协会是世界银行专门为最不发达国家提供长期无息贷款的机构，其贷款习惯称为世界银行软贷款。软贷款条件最为优惠，利率为零，偿还期目前为35年，宽限期为10年，贷款项目一般为农业、水利、科技、教育、卫生、环保等。

国际复兴开发银行主要向发展中国家提供低于市场利率的中长期贷款，习惯上称为世界银行硬贷款。硬贷款期限为20年，宽限期为5年，利率定期调整。

世界银行贷款一般采用项目贷款的方式，近年世界银行日益强调搞综合性贷款、行业贷款、部门贷款等。现在农业和农村发展已成为最主要贷款对象，其次是交通、能源、社会事业、工业等。世界银行对我国交通行业的贷款主要是公路、铁路和港口项目，能源行业侧重于电力项目（包括火电和水电），社会事业主要包括教育、卫生、环境保护和城市建设，工业行业侧重机床、基础化工项目和工业领域政策性的改革。

国际金融公司贷款业务的目的是促进私人资本的建立和发展，贷款对象是成员国的私人企业，不需要政府担保。贷款利率比世界银行贷款利率高，偿还期一般为7～15年。除贷款外，国际金融公司还对发展中国家的私人企业直接投资或入股。

我国于1980年恢复在世界银行的合法地位后，1981年开始利用世界银行贷款。1981—1994年，我国已累计使用逾百亿美元世界银行贷款，并从1992年财政年度开始连续三年成为世界银行第一大借款国，世界银行已成为我国对外贷款的重要渠道。

2. 国际货币基金组织贷款

国际货币基金组织是与世界银行同样重要的国际金融组织，成立于1945年。其宗旨是促进国际货币合作，支持国际贸易的发展和均衡增长，稳定国际汇兑，提供临时性融资，帮助成员国调整国际收支的暂时失调。

国际货币基金组织不向成员国提供一般的项目贷款，只在成员国发生国际收支暂时不平衡时，通过出售特别提款权（国际货币基金组织创设的一种仅供官方结算或向其他会员国换取可兑换货币的记账单位和储备资产）或其他货币换取成员国货币的方式向成员国提供资金援助。贷款的条件比较严格，它要按成员国在基金中的份额、面临国际收支困难的程度及解决这些困难的政策是否可行等条件来确定贷款的数额。

我国在 1981 年和 1986 年出现较大国际收支不平衡的情况下，曾使用过国际货币基金组织的贷款，对克服当时的国际收支逆差，保持经济稳定起到了一定作用。

3. 亚洲开发银行贷款

亚洲开发银行是为促进亚洲及太平洋地区经济的增长与合作，于 1996 年成立的。亚洲开发银行的资金分为三类：一是普通资金贷款，即硬贷款；二是亚洲开发基金贷款，即软贷款；三是技术援助基金，即提供技术援助赠款。

亚洲开发银行普通资金贷款从 1986 年下半年起，实行每半年调整一次的浮动利率，偿还期为 10～30 年，包括 2～7 年宽限期，以项目贷款为主，同时还有部门贷款、规划贷款、中间金融机构贷款等。贷款的主要领域有农业、农产品加工业、能源、工业开发、金融机构、交通运输、通信、基础设施和社会发展。

我国从 1986 年开始借用亚洲开发银行贷款，主要是普通资金贷款和技术援助赠款。

4. 国际农业发展基金组织

国际农业发展基金组织是专门为发展中国家提供优惠贷款发展粮食生产的国际组织，于 1977 年根据世界粮食会议决议设立的联合国专门机构。它以优惠条件向发展中国家提供贷款，帮助他们发展农业。它的基本目标，一是加强粮食方面的生产，二是消除贫困及营养不良。

国际农业发展基金组织贷款在增加粮食生产方面，主要是用于扩大和改进现有灌溉设施，改良品种，改进耕作技术和土壤管理，兴修水利工程等。在消除贫困方面，它强调贷款项目要直接有利于经济条件差、贫困和无地农民，贷款原则上不能用于国营企业或作为私人资本发展营利性项目。

贷款条件分为三类：一是优惠贷款，偿还期为 50 年，含宽限期 10 年，每年收取 10%的服务费；二是中等贷款，偿还期为 20 年，含宽限期 5 年，年利率为 4%；三是普通贷款，偿还期为 5～18 年，含宽限期 3 年，年利率为 8%。

我国每年可获得国际农业发展基金组织贷款 1～2 个中型项目，采取 1%和 4%的利率交替使用办法。

（三）国际商业贷款

我国在国际金融市场上以借贷筹集资金的各种方式，总称为国际商业贷款。它包括国外商业银行和其他金融机构贷款、出口信贷、发行境外债券、国际金融租赁等。

1. 国外商业银行和其他金融机构贷款

国外商业银行和其他金融机构贷款，是一国国内机构向国外商业银行和其他金融机构以借贷方式筹措的资金。该类贷款包括两种形式：一种是由一两家国外金融机构提供的贷款；另一种是由一家金融机构牵头，多家国外金融机构组成银团，联合向某借款人提供较大金额的长期贷款，称为国际银团贷款或辛迪加贷款。

国际银团贷款已成为国际上筹集巨额中长期资金的主要形式。其金额少则几千万美元，多则几亿、几十亿美元。贷款一般用于购买成套设备、飞机或船舶等，借款人是各国中央政府或地方政府，中央银行、官方金融机构、开发银行、进出口银行和跨国公司等。利率有固定利率和浮动利率。浮动利率一般以国际银行同业拆放利率为基础利率。贷款时间分为短期贷款和中长期贷款两种。短期贷款为一年以下的贷款，中长期贷款为一年以上的贷款，少则二三年，长则达15年。

这类贷款方式灵活，手续简便，使用方向基本不受限制，但贷款利率无优惠，因此较少使用。如果项目效益明显，还款有保证，可以适当选用这类贷款。

2. 出口信贷

出口信贷是以出口国政府为后盾，通过银行对出口贸易提供的信贷。对外贸易中的成套设备出口，涉及金额巨大，付款期长，常常采用提供出口信贷的方式。出口信贷按接受对象的不同，可分为买方信贷和卖方信贷。买方信贷是出口方银行直接向进口商或进口方银行提供的商业信贷。卖方信贷是出口方银行向出口商提供的信贷，出口商利用这笔资金向国外进口商提供延期付款的一种信贷方式。使用买方信贷进口大型成套设备，只能用来购买债权国设备，而不能购买他国设备。

出口信贷的期限视合同具体情况而定，一般为18个月到10年，建设期为宽限期。出口信贷利率一般按经济合作与发展组织的规定执行。该组织协调各成员国出口信贷利率，半年调整一次，按签约时间固定利率计息。除利息外，借款人还要支付银行办理托收的手续费，支付贷款国出口信贷保险机构的保险费、承诺费和印花税等。

3. 发行境外债券

发行境外债券是一国政府、机构或企业等在境外向投资者发行的按期支付利息，到期返还本金的有价证券。通过这种方式筹集海外资金是我国利用外资的一条重要渠道。境外债券利率，可分为固定利率债券和浮动利率债券。按偿还期限，可分为短期债券（1年以下），中期债券（1～5年）、长期债券（5年以上）。

发行后的债券可在二级市场上流通，价格随着国际金融市场行情的变化而变化。如果债券在二级市场表现不佳，就会影响发债人的信誉。此外，还有以下两种债券。一种是可转换为股票的债券，简称可转换债券。在一定期间内，可以事先约定的价格，将该种债券转换成该公司发行的股票，如在转换期内未行使转换权利，可以在债券到期时收回债券本息。另一种是附认股权证债券，债券持有人可凭债券上附有的认股权证在一定时期内根据事先约定的条件购买发行人新发行的股票。

1982年中国国际信托投资公司在东京市场发行了100亿日元武士债券，标志着我国进入国际资金市场通过发行债券利用外资的开始。

4. 国际金融租赁

国际金融租赁是利用外国间接投资的一种新的形式。由外国租赁公司从国外商业银行获得贷款购买国内用户选定的设备，然后按照契约规定将设备租赁给国内承租人使用，承租人向出租人定期交纳一定的租金，取得设备使用权。租金实际上是在租赁期内分摊租赁公司购买设备的成本和利润。租赁业务实际上是租赁公司给予承租人的长期信贷，是商品信贷和货币信贷相结合的一种融资方式。这种租赁方式适宜办理长期、大型、巨额的设备租赁，如电子计算机、成套设备、建筑机械、飞机、轮船等。金融租赁有利于用户根据自己的需要确定设备、租期、租金支付方式等，争取早日获得经济效益，避免购置设备造成的资金占压，但租金往往相对较高，如设备使用不当，租金可能成为企业的负担。

我国的国际租赁通过两种渠道进行：一是通过外国租赁公司进口设备；二是通过我国租赁公司进口设备。不管是外国租赁公司还是我国租赁公司提供的国际租赁，购买设备所用资金都来源于国外商业银行的贷款，国内承租企业只按租赁协议按期支付租金，并不直接承担借款和偿还的责任。1979 年以来，我国在利用国际金融组织和外国政府贷款的同时，利用国际金融贷款办理了较大规模的设备租赁业务，取得了较好经济效益。目前我国已批准成立了 35 家外商投资租赁公司，这些公司已成为向国内企业提供国际租赁业务的主体。国际租赁业务在不断扩大。

5. 补偿贸易和对外加工装配

补偿贸易是技术贸易、商品贸易与信贷相结合的一种利用外资的方式。签订补偿贸易协议的双方在信贷条款的支持下，一方从另一方进口机器设备、技术和劳务，然后用双方商定的产品去清偿贷款。补偿贸易具有“三个结合”的特点：进口与出口相结合；贸易与信贷相结合；贸易与生产相合。清偿贷款的商品有直接补偿（又称返销）、间接补偿（又称互购）和综合补偿三种方式。我国在改革开放后大量采用了这种贸易方式，实现了对新的技术设备的引进和对原有设备技术的改造。

这种贸易方式具有许多优越性：一是可以缓解外汇资金不足的矛盾，扩大进口，加快建设步伐；二是随着技术设备的更新，可以提高产品质量，降低产品成本，增强产品在国际市场上的竞争能力；三是可以通过外商渠道扩大出口，开拓商品的世界市场；四是有利于发展经济，扩大就业，培养各类人才。

对外加工装配包括来料加工、来件装配，是由外商提供原辅材料、零部件、元器件、包装物料等，由我方企业按照外商要求加工装配，产品完成后运交对方，我方收取外汇缴费的对外经济合作方式。我方加工装配的设备，大多由外商提供，这些设备需要用外汇计价，采用劳务补偿的办法，扣除需付给我方工缴费后偿还。加工装配生产的产品大多是劳动密集型产品，正好可以扬长避短，发挥我国劳动力充裕的优势，这也是一种间接的劳务输出。这种对外经济合作方式受到我国企业的欢迎和政府的支持，国家对这方面的业务在税收、海关监管和进出口管理上都有优惠政策。

三、利用外国直接投资

利用外国直接投资是接受国外投资者输入生产资本，直接在我国的厂矿企业予以投资，并由投资者直接参与经营管理。外国直接投资有以下几种形式。

1. 中外合资经营企业

中外合资经营企业也称股权式合营企业，它是由外国公司、企业和其他经济组织或个人，经我国有关部门批准，在我国境内，与我国的公司、企业或是其他经济组织共同投资兴办的企业。其特点是合营各方共同投资，共同管理，共享利润，共担风险，共负盈亏。合营各方可以以货币出资，也可以以建筑物、厂房、机器设备、场地使用权、工业产权、专有技术出资。各方出资折算成一定出资比例，外国合营者的出资比例一般不低于 25%。中外合资经营企业的组织形式一般是有限责任公司，也可以采取股份有限公司形式，董事会为最高权力机构。中外合资企业是中国法人，受中国法律保护。中外合资经营企业是我国利用外商直接投资各种方式中最多的一种形式。

2. 中外合作经营企业

中外合作经营企业也称契约式合营企业。它是由外国公司、企业和其他经济组织或个人同中国公司、企业或其他经济组织在中国境内共同投资或提供合作条件兴办的企业。中外各方的投资一般不折算成出资比例，利润也不按出资比例分配，这是它与中外合资经营企业最大的不同之处。各方的权利和义务，包括投资或者提供合作条件、利润或者产品的分配、风险和亏损的分担、经营管理的方式和合同终止时财产的归属等事项，都在各方签订的合同中确定。

在我国境内兴办的中外合作企业大多是由外国合作者提供全部或大部分资金，中方提供土地、厂房、可利用的设备、设施，有的也提供一部分资金。合同期满，企业的全部财产归中方所有，外国合作者一般在合作期间已收回全部投资及所得利润。中外合作经营企业可以组成中国法人，也可以不组成中国法人。组成法人的成立董理会；不组成法人的，由合作各方组成联合管理机构。由董事会或联合管理机构任命总经理负责经营管理。

3. 外商独资企业

外商独资企业即外资企业，是指外国公司、企业、其他经济组织或者个人，依照中国法律，在中国境内设立的全部资本由外国投资者投资的企业。根据外资企业法的规定，设立外商独资企业必须有利于我国国民经济的发展，并应至少符合下列一项条件：采用国际先进技术和设备；产品全部或者大部分出口。外商独资企业的组织形式一般为有限责任公司，也可采用股份有限公司形式。

4. 合作开发

合作开发是指海上和陆上石油合作勘探开发。这是目前国际上在自然资源领域广泛采用的一种经济合作方式，它的特点是高风险、高投入、高收益。我国在石油资源开采领域一般都采用这种开发方式。1982 年 1 月和 1993 年 10 月，我国先后颁布了《中华人民共和国对外合作开采海洋石油资源条例》和《中华人民共和国对外合作开采陆上石油资源条例》，明确规定在维护国家主权和经济利益的前提下，允许外国公司参与合作开采中华人民共和国石油资源。

5. BOT 投资方式

BOT 是英文 build-operate-transfer 的简称，即“建设—经营—移交”的境外投资方式，是指企业与当地政府签订特许权协议，在一定期限内，按合同要求对东道国的某一基础设施项目进行建设和经营，所得收益用于偿还项目债务及投资回报，合同期满后，将该设施无偿移交给当地政府。BOT 投资方式主要用于发展收费公路、发电厂、铁路、废水处理设施和城市地铁等基础设施项目。

四、利用外资的方针政策

（一）利用外资的方针

改革开放以来，我国确立了利用外资的方针。从 1993 年起，我国就成为发展中国家利用外资最多的国家，并且取得了很好的效果。外资在弥补我国建设资金不足，引进先进技术，促进产业升级，加快发展等方面，发挥着越来越重要的作用。在 1996 年 3 月八届全国人大四次会议政府工作报告和 1997 年党的十五大报告中，将我国利用外资的方针概括为“积极合理有效地利用外资”。积极，是指在利用外资的指导思想上、战略上和行动上要积极，必须下功夫努力抓紧做好这方面的工作。合理，是指要根据不同情况，考虑国内综合配套能力和经济承受能力，合理把握“度”，利用外资的结构要合理，利用外资的投向要合理，利用外资的外债规模要合理。有效，是指利用外资的最终结果应当有利于促进我国产业升级、结构优化、经济健康发展，和经济效益提高。

积极合理有效地利用外资方针包括以下内容。

1. 优化外资结构

优化外资结构就是要安排合理的外资结构。

首先，在外资的优惠程度结构中，要积极争取引进优惠幅度大的外资。国际金融机构和外国政府贷款一般数额大，贷款期限长，利息低，赠与成分多，具有多边国际援助性质。尤其是国际金融组织的贷款，设备采购一般不受国别限制，可通过竞争性国际招标进行采购，因此，是我们积极争取的重点。而商业贷款则还款期较短，利息偏高，而且采用浮动利率，借款成本较大，应从严控制。

其次，在外资的投资形式结构上，间接投资即借用外债是有一定限度的，应把利用外资的重点放在吸收外商直接投资上，多建立一些中外合资、中外合作和外商独资企业。

再次，在利用外资的来源结构上，要改变外资来源比较集中在中国港澳台地区和美国、日本的状况，争取实现投资来源多元化，积极扩大加拿大以及欧洲、大洋洲的国家来华投资比重。

2. 引导外资投向

1992 年七届全国人大五次会议政府工作报告指出：“吸引外资的重点要放在先进技术以及国际市场上适销对路、有竞争力的项目上。”1995 年国务院公布了《指导外商投资方向暂行规定》，并定期编制适时修改《外商投资产业指导目录》。这就明确规定了外资投资的重点。

第一是先进技术。引进先进技术可以通过借用外资来购买和转移，也可以通过外商直接投资来获得。外商为了获得最佳经济效益，必然利用贷款购买引进先进技术，例如我国在机电、石化等领域所获得的先进技术就是通过这种方式引进的，都取得了很好的经济效益。

第二是出口创汇项目。利用外资的偿还，要依靠出口创汇。出口创汇项目可以保障利用外资的还债，因此出口创汇项目也是我们引进外资确定项目的投向重点。

第三是进口替代行业的项目。改革开放前我们要靠进口弥补我国钢铁、化肥、电子、化纤等行业生产的不足。改革开放后，我们利用外资重点发展这些行业，减少了这些产品的进口，满足了国内的需求，并且逐步转向扩大出口，增加了外汇，改善了国际收支。今后我们引进外资要根据国家新的进口替代项目需要，来确定外资投向的重点。

第四是基础设施部门和基础产业部门。我国是一个发展中国家，原有的基础设施和基础产业部门落后。但基础设施基础产业部门又是从事直接生产部门发展的基础，如电力、交通、运输、城市建设、原材料开发等。这些部门投资巨大，建设周期长，利用外国政府贷款或国际金融机构的贷款能够加快解决我国基础设施部门和基础产业部门落后的状况，从而为整个国民经济的发展打下基础，也为进一步引进外资创造条件。因此，基础设施部门和基础产业部门是我们引进外资投向的重点。

第五是农林牧渔业。农林牧渔业是我国经济的薄弱环节，也是利用外资的薄弱环节。我国作为世界上人口最多的国家，吃饭始终都是我们必须高度重视的最大问题。吃饭问题不能单纯依靠国际市场来解决。由于投入不足，我国农林牧渔业还相当落后。改革开放以来，我国农林牧渔业吸收外商直接投资较少。为了尽快摆脱农林牧渔业落后状况，实现工农业生产的协调发展，我们必须在加强对农林牧渔业投入的同时，大力引进外资实现对农林牧渔业的技术改造和经营创新，发展现代化的大农业。

第六是中西部地区。我国不同地区经济发展在梯度理论指导下，优先发展了东部，而后逐步向中西部推进，形成了东部、中部、西部三个发展程度差异的梯度。目前东部沿海地区占我国引资总额 85%，中部约占 10%，西部仅占 5%。今后引进外资投资重点应逐步转向中西部地区、少数民族地区和落后地区，以扭转这些地区的落后状况，实现全国地区经济的协调、平衡发展。

3. 控制外债规模

利用外资，对发展经济能起到积极作用。但利用外资并不是越多越好，而是要控制适当的规模，量力而行，同自己的偿还能力和消化能力相适应。如果欠债过多，就可能陷入债务陷阱而不能自拔。为了维护国际信誉，保证做到有借有还，我国依照“用多少借多少，借多少还多少”的原则来借用国外资金。

国际上通行的对偿还能力的衡量是用外债清偿比率，即本年度因借用外债而还本付息的总额与本年度商品及劳务出口收汇之比。国际上把这个比率定为三条线。一是安全线（15%），二是警戒线（20%），三是危险线（25%）。我国为了维护国际信誉，保证做到有借有还，将外债清偿率严格控制在 15%左右。此外，还有外债的规模与一国总投资之比，一般不要超过 10%；外债增长速度与国民生产总值增长速度之比要小于 1；外债余额不能超过外汇储备的 1 倍；在全部外债中短期债务（主要是商业贷款）不能超过 25%。我们要根据国际上通行的这些指标，从多种角度分析与观察我国的外债规模，避免因外债规模失控而影响整个国家的经济。

4. 改善投资环境

投资环境是影响外商投资效益的客观条件，是投资对象所处的自然的、技术的、经济和社会的各种条件的总称，具体包括以下几方面。

一是安全环境，即投资面临的政治因素和法律因素带来的风险的大小。政治因素包括政权的稳定性、政策的连续性，社会治安的安全性等。法律因素包括能否对投资者提供法律保护，资本和利润能否自由汇出等。

二是经营环境，即保障外商获取较高利润的客观环境，包括生产环境、地理位置、基础设施、办事效率、运输条件，原材料、能源动力和劳动力成本，人员素质，优惠措施、投资范围、控股比例、经营期限、银行利率等。

三是生活环境，即外商投资者在东道国的生活条件，包括生活基础设施、商业服务设施和文化娱乐设施、服务态度与服务质量、自然气候条件，以及当地人员对外商投资者的态度等。改革开放以来，我国各级政府十分重视改善投资环境，采取了多项重要措施，如制定和完善利用外资的法规，出台各种优惠政策，大规模进行基础设施建设，改革财税、金融、价格、外贸外汇体制，等等，使外商来华投资的环境不断得到改善。

5. 有效利用外资

利用外资要讲求有效性，争取在宏观上获取社会效益，在微观上获取企业经济效益。利用外资最重要的是科学用好外资。只有科学用资，才能提高利用外资的有效性。对利用外资的项目，必须认真进行可行性研究，既要从整体上、客观上评价外资流入对部门、地区发展的推动和对国民经济的补充和促进作用，也要从微观和具体项目的实现目标上考察项目投资金额的大小和收益水平，评价项目的创汇能力和偿还能力，以确保按时还本付息，维护投资者的利益，保持良好的国际信誉。

【课堂讨论 3.2】

举例说明如何有效利用外资。

（二）利用外资的政策

为了积极、合理、有效地利用外资，我国制定了利用外资一系列政策，主要体现在《中外合资经营企业法》《中外合作经营企业法》《外商投资企业法》《国务院关于鼓励外商投资的规定》《国家外汇管理规定》等100多件涉外法律、法规和章程中。利用外资的政策主要有如下几项。

1. 外债管理政策

我国在改革开放后确立了外债管理的目标。这就是在保证外债规模适度的宏观控制下，积极有效地利用国外资金，降低筹资成本，以满足国内经济建设对外资的需求；建立健全外债经营管理体制，保持较为合理的债务规模和债务结构，有效防范和控制外债风险；发挥外债的最大经济效益，具备及时还本付息的能力；促进国民经济的持续、快速、健康发展；维护国家外债信誉。为了确保这个目标的实现，我们采取的政策措施是“统一领导，分工负责，加强管理，从严控制”。

“统一领导，分工负责”是指由国务院统一领导，政府有关部门分工负责。国家发改委负责编制利用外资计划并决定外债规模；商务部负责外国政府贷款；财政部负责世界银行贷款；中国人民银行负责国际货币基金组织、亚洲开发银行和非洲开发银行的贷款；农业部负责国际开发协会贷款；中国银行负责日本输出入银行贷款。国家外汇管理局由国务院授权，按国家确定的方针和计划，统一管理外债的有关事项，全面掌握全国外汇、外债的信息和数额，并执行检查、监督国家机构对外借款和办理外债登记和统计。国家外汇管理局还负责审查国内企业所借国际商业贷款和发行外币债务。在境外发行债券必须由金融机构办理并经国家外汇管理局批准。

“加强管理，从严控制”是指加强对外债总量管理和控制，使外债总量适度，不超过本国吸收能力和偿还能力；加强对外债结构管理和控制，使外债的利率结构、币种结构、国别结构和投向结构优化；加强对外债借入、使用、偿还等过程的管理和控制。

对境外资金借用和偿还实行计划管理、金融条件审批和外债登记制度。外债偿还实行“谁借谁还”的原则，债务人应加强对借用外债的项目管理，提高项目的经济效益和创汇能力，为外债偿还打下基础。

2. 税收优惠政策

我国在吸引外商直接投资上贯彻了“税赋从轻，优惠从宽，手续从简”的原则，在税率从低的基础上，对外资企业实行了多方面的优惠政策。

一是所得税优惠政策。在我国境内的外商投资企业生产经营所得应纳税从2008年起，税率统一为25%，对于一些高科技企业及设在经济特区的企业和经济开发区的生产性企业所得税为15%。享受此种优惠的还有国家特殊规定的一些地区和一些产业。

二是减免税优惠政策。国家规定的某些项目，合营期十年以上的企业从开始获利年度起，第一、第二年免征所得税，第三至第五年减半征所得税。技术先进企业与出口创汇企业在此基础上还可以有更大的优惠。

三是利润和再投资优惠政策。外资企业所获利润可以自由汇出并免征所得税；外国合营者以分得的利润在中国境内再投资，期限不少于 5 年的可退还所得税款 40%。

四是先进技术设备进口优惠政策。1998 年 1 月 1 日起，国务院决定对国家鼓励和支持发展的外商投资和国内投资项目进口的设备，免征进口关税和进口环节增值税，以鼓励国外先进技术设备进口，促进产业结构调整和技术进步。

3. 外汇管理政策

外商投资企业可以直接向外国银行借贷外汇，融资渠道比国内企业更灵活方便。

外商投资企业出口产品或劳务所得的外汇，允许全部保留，直接存入境内的外汇账户。外商投资企业在国家规定允许范围内对外支付和偿还境内金融机构外汇贷款本息，可从其现汇账户余额中直接办理；超出现汇账户余额的生产、经营、还本付息和红利汇出的用汇，由国家外汇管理部门根据国家授权部门批准的条件及合同审核批准后，向外汇指定银行购买。

外资企业出口自己的产品所获外汇不足以求得外汇收支平衡时，可利用综合补偿政策，即购买和出口国内产品，但属于国家统一经营、有出口配额和许可证的商品要经国家主管部门批准。

外商投资企业可以用自有外汇或境外借入外汇做抵押，向国内银行申请办理人民币贷款。外商投资企业向国家鼓励的重点项目投资可以获得信贷倾斜优惠。

4. 自主经营政策

外商投资企业作为独立的企业法人，经政府审批并经工商行政管理机关登记注册后，即可自主经营。政府与外商投资企业没有行政隶属关系，政府按照有关法律法规和政策，对外商投资企业的生产经营活动进行指导和监督。各职能部门在其职能范围内，对外商投资企业进行管理，提供服务。对外商来华投资实行准入前国民待遇加负面清单的管理模式。

外商投资企业有权在批准的合同范围内自行制订生产经营计划，筹措资金，采购原材料和销售产品；自行确定机构设置和人员编制，聘用和辞退管理人员、技术人员和工人；自行确定工资标准、工资形式及奖励、津贴制度。

第三节 对外投资

案例 3.3

中国高铁就这样走向世界

据2014年6月6日《国际商报》报道（路虹） 经过20多年的砥砺奋进，中国高铁在不断吸取国际先进经验的同时，也摸索出了一条适合自身发展的道路。再加上中国领导人在多种国际场合大力推介中国高铁，吹响了中国高铁驶出国门走向世界的号角，这给原有的市场参与者带来很大的竞争压力。

为了保持市场份额，这些既得市场参与者希望通过设置各种障碍，阻止快速成长起来的中国高铁企业分享国际市场的大蛋糕。

但中国高铁拥有一个稳定而又巨大的国内市场，相关企业在采购成本上占据非常大的优势，其中包括产业链完整和供应链便捷的优势。另外，中国的人工成本相对低一些，这都有助于提升中国高铁在国际市场的竞争力。在国内大市场的支撑下，南车等领军企业将在海外市场获得更大的发展空间。

这需要以开放的思维和各种可能的合作方式，利用企业自身的优势，与当地企业开展合作，把竞争对手变成合作伙伴，满足国际市场的规则需求，共同做大蛋糕。

据了解，在马来西亚、土耳其、南非、哈萨克斯坦、阿根廷等众多海外市场，中国南车（编者注：2014年12月30日，中国南车、中国北车发布合并预案公告，合并后称中国中车股份有限公司）始终坚持走本土化发展道路。同时，巧借跨国并购做强自身实力。目前，中国南车已完成了对一家专做绝缘栅双极晶体管的英国企业、一家做工程机械的德国企业和一家澳大利亚企业的并购。

两年前，南车收购这家英国公司后，利用当地管理者实行完全本地化经营，第二年这家英国公司的业绩就翻了好几番。

这是为什么？“因为中国企业到海外投资并购，不仅是为了拓展海外市场，还能反过来帮助被并购的海外企业开拓中国的巨大市场，这就盘活了英国当地资源，使其有机会分享中国经济发展的成果。”中国南车海外部部长沈家骏说，利用中国制造成本低、国内巨大市场和经济稳定发展的优势，把竞争对手变成合作伙伴，这是南车深入开拓国际市场发展的经验之谈。

团结就是力量。联手本土企业，为中国高铁“走出去”规避了许多障碍。正如北车与阿尔斯通均注册过合资公司，中铁建与法国泰雷兹集团合作，这已经成为中国高铁企业进军海外市场的一条通衢大道。

点评：中国企业作为国际市场的后来者，如何规避障碍“走出去”开展对外投资，可以借鉴南车利用自身优势，与当地企业开展合作，使中国高铁走向世界的发展经验。

随着中国对外开放的扩大，不仅要引进外国资金技术，而且要开展对外投资，融入国际经济大循环，在国际经济大循环中加快中国经济发展。

一、对外投资的必要性与可能性

在经济全球化趋势不断加强和我国经济有了较大发展的条件下，为了使我国产业结构和进出口结构的调整置于广阔的国际空间，在国内外双向循环中进入良性轨道，必然要实施走出去战略，开展对外投资。

（一）对外投资的必要性

对外投资是我国更好地利用两个市场和两种资源的客观要求。

1. 适应经济全球化带来的生产资本和货币资本国际流动的需要

在经济全球化过程中，生产和资本的国际化必然会要求生产资本和货币资本的国际流动，产生对外投资活动。同时，在我们为解决现代化建设中资金和技术短缺而大量引进外资，开展合资、合作和外商独资经营中，也必然会引起资金的国际流动，开展对外投资活动。这是为了适应生产和资本国际化，满足国际市场需要，在与其他国家进行生产要素、技术、信息等方面的国际交流中，通过“平等互利，共同发展”而实现互利双赢的需要。

2. 在全球范围内优化配置资源实现经济动态平衡的需要

寻求在全球范围内优化配置资源，是一个国家实现现代化的必由之路。我国现代化建设过程中也需要通过与其他国家的资源交流，取得短缺资源，打破技术瓶颈，取得先进技术，寻求在全球范围内优化配置资源，在开放状态下取得动态平衡。实行对外开放后，我国国民经济应该是一个既有输入又有输出的双向循环的开放系统。如果只引进而没有输出，就会降低国内资金运用效率和技术创新能力。因此，我们不仅要引进外资，利用外资，还要对外输出，对外投资，双向流动，在全球范围内优化配置资源，以实现经济动态平衡，追求最佳效益。

3. 适应现代国际竞争，争取有利地位的需要

国际竞争过去集中在国际贸易领域，而现代国际竞争的焦点逐渐转向国际投资领域。许多新兴工业国通过直接投资方式参与国际竞争，用国际投资带动国际贸易发展，有效维持和扩大了出口市场的占有率。在当前对外贸易中面临着许多前所未有的困难而难有新的突破的情况下，实施“走出去”战略，到海外去投资，以投资带动贸易，就能绕过贸易壁垒，开拓新的市场，带动设备、技术和劳务出口，适应当代国际竞争的需要，在国际竞争中争取有利的地位。

4. 利用海外市场筹措资金和增加外汇收入的需要

对外直接投资可以利用东道国充裕的资金市场和多种金融手段筹措资金，满足企业国际化生产经营对资金的巨大需求。同时，海外企业的经营创汇也是增加外汇收入的重要途径。

5. 利用发达国家技术集聚地的反向技术外溢促进企业技术升级的需要

对外投资不仅可以有效输出过剩产能，而且还能反哺国内技术升级。如龙源电力公司于 2011 年在加拿大收购达弗林 10 万千瓦风电项目，就是通过发展“技术追赶型”对外投资，利用加拿大先进技术集聚地的反向技术外溢，来促进自身技术升级和创新能力的提高。

（二）对外投资的可能性

进入 21 世纪后，我国已具备大规模对外投资的条件。

1. 具备了对外投资的物质技术基础

经过改革开放以来三四十年的快速发展，我国综合国力大幅提高。2010 年国内生产总值超过日本，成为世界第二大经济体；2013 年超越美国成为第一贸易大国；2014 年在保持第二大吸收外资国地位的前提下，中国对外投资超过吸收外资成为资本净输出国。我国基础设施日趋完备，产业配套能力强大，具备了较为雄厚的物质技术基础，有条件对海外进行大规模投资。

2. 有充余的资金和外汇

我国货币坚挺，储蓄率高，2008 年年底，我国储蓄率为 51.3%，2009 年达到 55%，预计到 2025 年左右储蓄率才会开始下降。2013 年人民币存款余额达到 104.38 万亿元，同比增长 13.8%；2014 年人民币存款余额 113.86 万亿元。国内高储蓄率必然带来高投资率，推进对外投资的增长。我国外汇储备充足，是世界外汇储备最多的国家。2014 年年末，中国外汇储备接近 4 万亿美元，充足的外汇储备为我国企业开展对外投资创造了良好的条件。

3. 有强大的生产制造能力

我国新型工业化稳步推进，信息技术应用加速向各经济领域渗透，提高了工业自动化、

智能化和管理现代化水平。工业生产制造技术水平不断提高，设备趋于精良完善，各类专业人才队伍不断壮大，制造业整体竞争力得到极大提升，现已跃居全球第一大制成品出口国。

4. 有实力雄厚的跨国经营企业

我国企业不断壮大。2014 年美国《财富》杂志评出的“世界 500 强”中，我国有 100 家企业入强，仅次于美国，居世界第二位。企业的创新能力、生产能力、国际化经营能力不断增强。

5. 有政府的大力支持

我国早在 1999 年就提出了“走出去”战略。在“十二五”规划中又提出，将大力推进“走出去”战略，培养一批有竞争力的跨国公司。党的十八届三中全会《中共中央关于全面深化改革若干重大问题的决定》还提出，要扩大企业和个人对外投资，确立企业及个人对外投资主体地位，允许发挥自身优势到境外开展投资合作，允许自担风险到各国各地区自由承揽工程和劳务合作项目，允许以创新方式“走出去”开展绿地投资、并购投资、证券投资、联合投资。国家支持企业加快“走出去”的政策导向，必将推动我国对外投资迈上新台阶。

二、对外投资的现状与特点

我国在新中国成立初期，就有一些对外投资活动，曾在国外开办过一些海洋运输、金融、贸易等合营或独资企业。但把对外投资作为对外经济技术合作的重要方式而广泛开展起来则是在实行改革开放后，在对外开放政策指引下逐步发展起来。我国对外投资建立的第一家跨国企业是在 1979 年 11 月，由北京服务公司与日本丸红株式会社在日本东京合资组建的京和股份有限公司。改革开放以来，我国对外投资有了很大发展，经历了一个由简单到复杂，由初级到高级、由小到大的发展过程。

对外投资涉及的领域包括国际贸易、资源开发、工农业生产、加工装配、交通运输、医疗卫生等。投资项目以资源开发为主，我国与澳大利亚、巴西、巴布亚新几内亚、几内亚、加纳、苏里南、波利维亚合作开采铁、铜、金、钾盐、锡，共同进行铝、铁冶炼等。我国同南太平洋地区、北美和南美国家合作开发林业，与美国、巴西、菲律宾、坦桑尼亚、加蓬、斐济等国共同进行木材加工、纸浆生产。通过购买许可证方式，采取共同投资、共同经营、共负盈亏形式，与有关国家在大西洋西海岸、太平洋地区和印度洋沿海地区进行捕捞。我国与尼日利亚、喀麦隆、卢旺达、泰国、阿拉伯也门、阿联酋、瑞士、关岛，以及内地与港澳地区在承包工程、劳务合作项目上举办了合营或独资承包公司。对外投资项目主要分布在澳大利亚、泰国、新加坡、美国、日本、德国、瑞士、巴西、坦桑尼亚、毛里求斯、阿联酋及中国香港、澳门等国家和地区。

我国对外投资发展迅速，已从过去为获取能源、矿产品转向靠品牌、技术驱动开展对外投资。2003 年起，对外投资持续上升。2005 年达到 123 亿美元，2008 年达到 559 亿美元，2012 年为 878 亿美元，同比增长 17.6%。2013 年我国非金融公司的对外直接投资达到 902 亿美元，同比增长 16.8%，海外投资企业达 5 600 多家。2014 年为 1 029 亿美元，同比增长 1.7%。我国已成为仅次于美国和日本的第三大对外投资国。对外投资总额中有 90%左右流向商业服务、矿业、批发零售业、制造业、建筑业和交通运输业。2013 年对外承包工程业务完成营业额 1 371 亿美元，比上年增长 17.6%，对外劳务合作派出各类人员 52.7 万人，增长 2.9%。2014 年我国对外承包工程业务完成营业额 1 424 亿美元，比上年增长 3.8%；对外劳务合作派出各类劳务人员 56.2 万人，增长 6.6%[①]。

我国对外投资企业的发展有如下几个特点。

（1）起步晚，发展快，见效大。1979—1990 年，我国对外直接投资年均增长率为 9.9%。近十年，我国对外投资以年均 30%左右的速度高速增长，累计对外直接投资超过 5 000 亿美元，跻身对外投资大国。

（2）开始以小项目为主，现已转向大项目投资。我国对外投资从整体来看，由中小企业承办的中小投资项目较多，相当数量的中小企业投资额只有几十万美元，少的只有几万美元。随着新的一波对外投资热潮到来，我国对外投资的大项目不断增多，许多项目在亿美元、几十亿美元以上。

（3）地区分布广，达 178 个国家和地区。我国对欧美的投资一直保持高速增长。在我国对外投资发展的初期阶段，对外投资多选在亚洲尤其是东南亚、中东、非洲的一些发展中国家。随着投资效益的显露和企业实力的扩大，目前我国海外投资多分布在欧、美、日等地。

（4）投资范围广，以资源开发为主，制造业、服务业为辅。技术密集型项目在迅速增加，从 2005 年至 2013 年上半年对外投资额达 3 011 亿美元，能源与金属行业占同期对外投资总额的 70%。农业与技术产业的对外投资额涨幅巨大，占 2013 年上半年对外直接投资总额的 15%。

（5）投资方式以设备、技术、劳务及海外贷款等方式为主。通过国外贷款筹集我国对外投资所需资金有了长足发展。中信公司在澳大利亚波特兰炼铝厂的投资中，采用融资租赁的方式，即由 12 家银行组成银团提供全部所需资金，创下了充分运用先进的金融工具，全部资金都利用融资来筹集的对外投资先例。这种形式现已越来越多地被采用。

（6）民企成中国对外投资新贵。过去对外投资中，国有企业占到 50%以上，2013 年 1—11 月，民企对外投资首次超过国企，达到 50%以上。联想、华为和大连万达三家民企进入 2012 年前十位中国对外投资企业名单。

三、对外投资的政策和措施

国务院在《2007 年政府工作报告》中明确“要引导和规范企业对外投资合作，继续坚持和鼓励‘走出去’”。2006 年 10 月 25 日国务院常务会议讨论通过《关于鼓励和规范我国企业对外投资合作的意见》（国发[2007]10 号）。2013 年 11 月 25 日中共十八届中央委员会第三次全会通过《中共中央关于全面深化改革若干重大问题的决定》。根据这些文件精神，国务院有关部门制定了一系列对外投资政策和措施，主要包括以下几项。

（一）对外投资原则

我国海外对外投资的原则是“平等互利，讲求实效，形式多样，共同发展”。投资方与接受投资方处于平等地位，尊重所在国的主权，企业的一切活动都必须遵守所在国法律，尊重当地风俗习惯，开展项目投资合作要照顾双方的利益要求，实行互利共赢；双方都应从实际需要和各自优势及可能条件出发，力求投资少，产出多，效益好；在投资方式、投资比例和经营方式上，灵活多样；通过共同投资和共同经营，达到取长补短、互相受益、共同发展的目标。

① 数据摘自中华人民共和国 2013 年和 2014 年国民经济和社会发展统计公报 http://www.stats.gov.cn。

（二）对外投资政策

对外投资政策包括下列五项内容。

1. 产业政策

一是鼓励机电产品走出去。机电产品附加值大，创汇率高，连锁效应大，发展机电产品生产有利于我国产业结构的优化和调整。

二是在海外大力举办加工装配型企业。加工装配型企业所需投资少，进入困难少，退出也比较容易。

三是支持投资开发资源。生产和输入那些国内短缺的能源和原材料，可以更好地满足国内经济发展需要。

四是积极承包工程项目。承包国外工程项目，有利于带动国产机械设备、材料和技术、劳务出口。允许企业和个人发挥自身优势到境外开展投资合作，到各国各地区自由承揽工程和劳务合作项目。

五是重视有利于引进尖端技术与设备的工、技、贸结合项目的投资。允许以创新方式走出去开展绿地投资、并购投资、证券投资、联合投资等。

六是努力开展有比较优势的服务业投资。

2. 资金政策

对于对外投资较多的生产性企业，国家给予资金上的支持，投资者除自筹部分资金外，可向银行申请优惠贷款（包括外汇和人民币）。

3. 税收政策

对于对外投资者给予税收优惠。投资者从海外企业分得的利润或者其他外汇收益，自该海外企业正式设立之日起 5 年内全额留成，免征所得税。5 年后按国家规定，80%留成，20%上缴国家。资源开发等项目的产品，已纳入国家进口计划的，享有同等免税待遇和补贴。

4. 原材料供应政策

在设备和原材料的供应上，国家鼓励用国产设备和原材料作为海外企业的中方投资，凡属统配、部管产品的订货生产，可纳入国家计划。

5. 销售政策

凡属国内需要进口的，在同质同价的条件下，可申请纳入国家计划，优先安排进口。对于不能纳入国家进口计划或不属于专业外贸公司经营范围的产品，允许海外企业的国内投资者在自负盈亏的原则下自行销售。属于国家限制进口的产品，须经有关部门批准获得进口许可证后方可自行经销。对于国内投资者以利润形式分得的产品，允许运回国内自行销售。

（三）对外投资措施

我国政府为鼓励对外投资，采取了以下措施。

（1）改革对外投资的审批管理体制，下放权力，简化程序，提高效率，从注重事前审批转变为事后监管。

（2）制定对外投资的规划，明确对外投资的目标、重点地区与重点产业，引导企业开拓海外投资市场。

（3）建立完善的对外投资服务体系、统计体系和监测体系，强化对“走出去”企业在投资机遇、市场开拓、风险警示等方面的指导。

（4）加大对企业“走出去”的扶持力度，综合运用财政政策、政策性金融、政治外交等多方扶持手段，增强对“走出去”企业合法权益的保护。

（5）建立企业跨国经营的体制环境，在外汇管理、资金管理，税务制度、人员出入境管理等方面实行综合改革，加强部门间、各级政府间协调，方便企业开展对外投资。

四、企业“走出去”开展对外投资选择

作为国际投资市场上的后来者，我国企业怎样开展对外投资，在实践和理论两方面对这个问题的探索，为“走出去”开展对外投资的企业提供了可供选择的参考。

1. 对外投资形式选择

在对外投资的投资形式选择上，应以合资形式为主。投资者选定东道国有实力和信誉的企业或经济组织共同投资，共同经营，共担风险，共负盈亏。这样可以减少或避免政治风险；在享受东道国对外资企业特别优惠的同时，获得东道国对本国企业的优惠待遇；并且有利于及时了解东道国政治、社会、经济、文化等情况，增强生产经营的针对性，提高经济效益。

2. 对外投资行业选择

对外投资行业选择，应以适用技术的制造业为主，同时适当开展资源开发。这样可以对准广大发展中国家对适用型技术的巨大需求，又有利于我国企业发挥小规模生产和劳动密集型技术优势。向发展中国家输出适用技术的制造业是我国对外投资行业选择的主要目标，而对发达国家的投资则应考虑开展研究开发型投资，以便通过投资“窗口”获取发达国家的先进技术。

3. 对外投资区位选择

在对外投资区位选择方面，应积极开展对发达国家投资，以便得到大容量市场、自然资源、高新技术和管理经验等；要进一步加强和发展对亚太地区的投资，推动亚太经济一体化；增加向金砖国家和东欧国家的投资，这些国家资源丰富，资金短缺，潜力巨大，与我国经济互补性强，虽充满风险，但潜藏着巨大的商机；继续向非洲、拉丁美洲发展中国家投资，以增加出口创汇，体现平等互利、共同发展精神，并有利于构建国际经济新秩序。

4. 对外投资资金来源选择

在充分利用国内资金的同时，有步骤、有重点地在国际资本市场上融通资金。对外投资除了利用本国银行、政府或其他企事业单位提供的资金外，还应充分利用以国产设备、机器、材料等有形资产和专利权、技术、商标权等无形资产折股的对外投资参与形式，既可节省现汇资金，又可带动出口贸易增长。对外投资可利用的国外资金包括东道国、国际金融组织提供的资金，以及从国际资本市场上筹集的资金。我们要利用在国外投资的机会，充分利用国外资金来源多，且容易在短期内筹集到大额资金的条件，重点在国际资本市场上筹措海外生产经营所需的大量资金。

【课堂讨论 3.3】

试设想如何分别向非洲与欧美国家投资？

5. 对外投资技术选择

在对外投资技术选择方面，应利用我国技术上的某些竞争优势开展对外投资。可以利用

我国传统工艺、特色技术在国际市场上的独特性，创办有特色的海外投资企业；也可利用我国拥有的小规模生产、多功能和劳动密集型适用技术，到海外投资；还可利用我国已消化、改良和创新的引进技术到海外投资。此外，还要利用我国自主创新的具有国际先进水平的高新技术开展对外投资，占领对外投资中的科技高地。

6. 对外投资人才选择

对外投资是十分复杂、系统的国际化经营工作，需要大批高级的国际贸易人才、国际金融财会人才、科技研发人才、经营管理人才、国际经济法律人才以及工程技术人员。我们必须从战略上重视通过从国内外的学校和实践中培养对外投资人才，推动我国对外投资从依靠廉价资源和廉价劳动力的成本优势向以人才、技术、品牌为核心的综合竞争优势转变，以适应我国建设外贸强国的需要。

本章小结

1. 国际资本的跨国流动包括资本流入和资本流出，即引进外资和对外投资。国际资本跨国流动具有目的的多样性、流动的双向性、环境的复杂性和风险的严峻性特点。国际投资对于各国实现宏观经济目标、调整产业结构、促进生产国际化，促进发展中国家经济发展的作用日益明显。开展国际投资必须搞好投资环境的评价。

2. 引进外资对于弥补我国建设资金不足、促进产业结构升级、学习先进管理经验、活跃市场、扩大就业、扩大出口增加外汇、推动人才开发、促进经济体制改革都有重要作用。引进外资的形式包括利用外国直接投资和利用外国间接投资。利用外国间接投资有借用国外政府贷款、国际金融组织贷款、国际商业贷款等方式；利用外国直接投资有中外合资经营企业、中外合作经营企业、外商独资企业、合作开发、BOT 投资方式等。采取积极合理有效地利用外资的方针，与此相适应采取相应的外债管理政策、税收优惠政策、外汇管理政策、自主经营政策。

3. 对外投资是适应经济全球化带来的生产资本和货币资本国际流动的需要，是在全球范围内优化配置资源实现经济动态平衡的需要，也是适应现代国际竞争，争取有利地位和利用海外市场筹措资金及增加外汇收入的需要。我国现已具备对外投资的物质技术基础、资金、外汇、设备、技术和人才等方面的条件。要依据“平等互利，讲求实效，形式多样，共同发展”原则，采取适当的产业政策、资金政策、税收政策、原材料供应政策、销售政策以及相关的投资措施。我国企业实行对外投资要根据不同情况在对外投资的形式、行业、区位、资金、技术和人才上选择相应方案。

综合练习

一、不定项选择题

1. 国际投资包括（　　）。

A. 出口货物　　B. 进口货物　　C. 吸收外国投资　　D. 对外投资

2. 利用国外间接投资的形式有（　　）。

A. 外国政府贷款　　B. 国际金融组织贷款　　C. 国际商业银行贷款　　D. BOT 投资方式

3. 我国的国际租赁（　　）。

A. 通过外国租赁公司进口设备

B. 通过我国租赁公司进口设备

C. 购买设备所用资金都来源于国外商业银行贷款

D. 国内承租企业只按租赁协议按期支付租金，并不直接承担借贷和偿还的责任

4. 利用外国直接投资（　　）。

A. 是接受国外投资者输入生产资本　　B. 直接在我国的厂矿企业予以投资

C. 由投资者直接参与经营管理　　D. 投资者不直接参与经营管理

5. 优化利用外资结构的方针是指（　　）。

A. 积极争取引进优惠幅度大的外资　　B. 重点放在吸收外商直接投资上

C. 争取实现投资来源多元化　　D. 优先引进数额大的外资

6. 我国外债管理的政策措施是（　　）。

A. 统一领导　　B. 分工负责　　C. 加强管理　　D. 从严控制

二、简述题

1. 简述国际投资环境的内容。

2. 简述国际投资环境的常见评价方法。

3. 简述利用国外直接投资的形式。

4. 简述利用外资的方针和政策。

5. 简述对外投资的必要性和可能性。

6. 简述对外投资的政策和措施。

三、案例分析题

1. 试利用等级尺度法评价非洲的国际投资环境。

2. 以大亚湾核电站为例说明我国引进外资的作用。

3. 据 2013 年 12 月 11 日《长江日报》讯（记者裴道彰 通讯员阳柳）2013 年 12 月 10 日中国对外投资的泰国北斗基地增强站的北斗卫星导航系统接收了 14 颗北斗卫星信息（美国 GPS、俄罗斯格洛纳斯、欧盟加利略系统均只能接收连接在轨卫星 5～6 颗的信息），服务性能和定位精度具有明显优势。

请分析：在中泰地球空间合作项目中我国采取的对外投资选择，并说明这种对外投资选择对建设外贸强国的意义。

《长江日报》数字报纸《北斗“眼力”盖过 GPS》链接：http://cjrb.cjn.cn/html/2013-12/11/content_5261768.htm

北斗卫星导航系统官网：http://www.beidou.gov.cn/

四、拟定模拟投资方案

试拟定一份到某金砖国家（巴西、俄罗斯、印度和南非）投资的方案（包括投资形式、行业、区位、资金筹措、技术、人才选择的计划安排）。

第四章 技术贸易

【学习要求】

通过本章的学习，掌握国际技术贸易的概念、方式及其与商品贸易的区别点，了解我国不同时期技术引进和技术出口的概况，掌握我国引进先进技术的意义和作用，了解新时期我国做好引进技术工作的措施，了解我国实施科技兴贸战略扩大技术出口的政策，了解我国技术进出口管理制度。

【主要概念】

国际技术贸易　专利技术　商标　专有技术　计算机软件　国际许可贸易　国际技术服务与咨询　国际技术投资　国际租赁　国际工程承包　国际合作生产　国际合作开发　国际BOT方式　国际特许经营　国际补偿贸易

促进社会生产发展的前提和动力是科学技术。技术贸易可加速生产要素的国际转移，促进科学技术在世界范围内的普及和提高，促进国际技术贸易参与国的经济发展，缩短有关国家经济科技现代化的进程。国际技术贸易作为技术知识在国家间的转让已成为世界无形贸易的一个重要组成部分。它以工业产权、专有技术转让和许可、技术服务以及高技术产品和成套设备为载体，以技术的进出口为主要内容，并伴随着科学技术和生产力的发展而不断发展。随着以信息技术为主导的新技术革命突飞猛进，知识经济蓬勃兴起以及与贸易有关的知识产权协议的达成，世界贸易的发展和世界整体产业结构的调整，各种形式的技术贸易在国际贸易中所占的比重日益增大，成为国际经济活动的一个十分重要的组成部分。

第一节　国际技术贸易概述

案例 4.1

ITTN汇聚全球资源驱动创新发展

据2013年3月1日《科技日报》报道（康振国，关玲，廖涛）　北京作为全球跨国技术转移最为活跃的地区之一，日益成为中国乃至全球最重要的跨国技术转移枢纽和窗口。2011年北京技术合同成交额达1 890亿美元，占全国40%。其中技术进出口成交额有较大幅度增长。为迎接跨国技术转移的历史机遇，在科技部和北京市的支持下，由北京技术交易促进中心、中科院北京国际技术转移中心、清华大学国际技术转移中心、中国技术交易所、江苏省跨国技术转移中心、北美大学技术经理人协会AUTM、加拿大MaRS技术创新联盟、英国牛津大学ISIS创新有限公司等来自15个国家的40余家国内外知名技术转移与创新服务机构共同发起成立“国际技术转移协作网络（ITTN）”。

国际技术转移协作网络重点关注生物医药、现代农业、新能源与节能环保、新一代信息技术等战略性新兴产业，通过挖掘中国企业技术创新需求，开放分领域技术项目和技术需求信息库，举办多种形式的跨国技术转移活动，吸引全球优秀创新成果向中国转移及产业化，全面推进国内战略性新兴产业技术需求与海外优质资源实现双向对接。国际技术转移协作网络还为成员提供包括网络展示空间与在线协同商务合作平台、国际技术转移活动信息快讯、聚焦中国创新政策解读等服务。

2010年12月，国际技术转移协作网络成功举办中英现代农业技术转移合作论坛，通过组织、引导中英两国专业技术转移机构的联合协作，促成中英双边多个合作项目签约，为跨国技术转移服务于战略性新兴产业的发展需求，探索了一条可持续发展道路。

2011年，国际技术转移协作网络进一步完善协作机制，通过组织2011年跨国技术转移北京论坛、中英低碳技术转移合作论坛、中意技术转移创新论坛、中瑞清洁能源与环境保护技术合作论坛等跨国产学研对接与交流活动，搭建系列化、高水平的跨国技术转移平台，集聚更多国内外知名技术转移与创新服务合作伙伴，引导更多国际创新资源聚焦北京、聚焦中国，以跨国技术转移驱动区域创新发展。

点评：在21世纪全球经济重心东移和建设中国特色“世界城市”、打造全球科技创新中心的背景下，我国跨国技术转移迎来了全新的发展机遇。

发达国家及其跨国公司向我国的技术流动规模逐年增加，尤其是以专利购买和技术许可为主要形式的国际技术贸易规模越来越大。对我国来说，参与国际技术贸易，引进发达国家的先进技术，可以节约技术研发费用和研发时间，是迅速增强本国的经济技术实力，缩小与先进国家技术差距的重要渠道。

一、国际技术贸易的含义与内容

技术贸易的基础是知识产权，受知识产权法律保护的具有财产权利的成果及其创造者所享有的权利即成为技术贸易的对象。广义地看，技术贸易属于服务贸易的范畴，但是由于技术进步对经济发展的重要作用，技术贸易在国际贸易中占有特殊地位。

（一）国际技术贸易的含义

技术作为独立的生产要素在国与国之间流动和转移，就是国际技术转让或转移（international technology transfer）。国际技术转移有两种形式。一种是无偿的、非商业性的技术转移，主要与学术交流、技术信息传递和技术人员交往相关。通过国际无偿转让形式取得的技术一般是不完整的，往往不能达到经济目的。因此，现代技术转移绝大部分采用的是另一种形式，即有偿的、商业性的技术转让。

国际技术贸易即指有偿的、商业性的国际技术转移，是指在不同国家的经济组织、企业或个人之间，按一般商业条件授予、出售或购买技术使用权的行为。一般情况是，一国的技术供给方向另一国的技术需求方提供所需的技术，承担某些义务，并从需求方取得一定的报酬。

（二）国际技术贸易的内容

国际技术贸易以无形的技术知识作为主要交易标的，这些技术知识构成了国际技术贸易的内容，它既包括已被授予专利权的专利技术，也包括具有实用技术性的计算机软件和具有经营价值的商标等。

1. 专利技术

根据国际知识产权组织的定义，专利是对发明授予的一种专有权利。发明是指提供新的做事方式或对某一问题提出新的技术解决方案的产品或方法。由此可见，专利应是各国专利主管机关依法授予发明人或合法申请人在一定期限内对某项发明创造享有的使用、制造和销售产品的独占性权利。根据我国专利法的规定，专利有发明、实用新型和外观设计三种类型。通常情况下，一项发明创造必须向专利主管当局提出申请，经其审查、批准后方能获得专利权。一旦获得专利权，在一定期限内（通常为 20 年）该发明创造就拥有了专有权和独占权。

作为国际技术贸易标的的专利还应同时符合下列要求。①提供专利技术的一方当事人应保证其提供的专利技术享有合法、有效的专利权，即已由国家专利主管当局依法授予了专利权。②由于专利技术具有一定的保护期限，因此需方在引进专利技术时应确认供方提供的专利技术是专利权期限尚未届满而受法律保护的专利技术。超过专利权期限、专利权已被终止或者被宣告无效的技术，均不能称之为专利技术，当然也就不能作为国际技术贸易的标的。

2. 专有技术

专有技术（know how），又称技术诀窍或技术秘密，其范围十分广泛，很难给出一个确切、统一的界定，国际上的理解也不尽一致。世界知识产权组织认为，专有技术是来自经验和技艺，能够实际应用，特别是在工业上应用的工业情报、数据、资料和知识。国际商会则给出了一个更为广义的概念，认为除工业技术外，专有技术还包括生产管理和商业经营方面的知识，即为了制造某一特定产品或使用某一特定工艺所需要的一切知识、经验和技能，包括各种工艺流程、加工工艺、产品设计、图纸、技术资料、配方、技术规范等秘密的技术知识，在有的情况下，还包括有关管理、商业、财务等方面的知识。我国也是从广义角度对专有技术做的界定，即包括工业技术、生产管理和商业经营三个方面。

由于专有技术是由权利人通过保密措施来实现对技术的自我保护，并不受专利法的保护，因此，迄今为止，绝大多数国家都没有制定保护专有技术的专门法律。各国通常援引合同法、侵权行为法、反不正当竞争法、刑事立法中的有关规定对专有技术进行保护。

以合同法为例，合同法对专有技术的保护主要体现在对专有技术转让合同的保护和通过对与专有技术相关人员的劳动合同的规范实现对专有技术的保护。之所以通过劳动合同进行保护，是因为专有技术对直接使用它的技术人员是无法实现有效保密的，而这些熟练使用该技术的劳动人员如果泄露技术信息，将造成严重的不良后果。

侵权行为法和反不正当竞争法对专有技术的保护主要是通过确认和保护专有技术的权利人有权采取保密措施以行使对技术的占有权和独占权来实现的。

3. 商标

商标（trade mark）是指生产经营者为了使人们识别其商品，以区别于其他人所生产或销售的同种或同类的商品而使用的一种特定商业标志。商标通常由文字、图形、字母、数字、三维标志和颜色以及上述要素组合而成。商标除用于商品外，还用于服务。服务业使用的商标称为服务商标或服务标记（service mark）。商标是根据人类生产、生活实践的需要应运而生的，它既是一种知识产权，又是工业产权的一部分，当然也是企业的一种无形财产。

在市场经济条件下，商标具有越来越强大的经济功能，成为成功企业不可缺少的经营手段，因而商标也就涉及注册者和使用者等相关者的重大利益问题，即商标权人对于法律赋予的注册商标的使用与转让构成了国际技术贸易的重要标的。

为了更好地维护和保障商标所有人的利益和促进以商标权为标的的国际技术贸易的发展，世界上绝大多数国家都制定了商标法，对商标实施进行法律保护。商标法就是关于商标权确立、使用、维持和保护的一系列法律规范，是国家强制调整与商标相关的社会关系的工具，需要调整的社会关系主要包括商标权人与他人的关系以及商标与社会公众的关系等。我国于 1982 年颁布的《商标法》中明确规定："经商标局核准注册的商标为注册商标，包括商品商标、服务商标、集体商标和证明商标；商标注册人享有商标的专有权，受法律保护。"

案例 4.2

据腾讯汽车报道（傲敦） 特斯拉发动机有限公司（Tesla Motors, Inc.）成立于2003年，总部位于美国加州硅谷，刚进入中国市场不久，因广东商人占某已经在12类汽车等商品上申请注册第5588947号"TESLA"商标开始与其打官司。据了解，在2013年3月，特斯拉公司针对第5588947号"TESLA"商标向商标局提出连续三年停止使用撤销申请；随后于2013年4月，特斯拉公司针对该商标向商标评审委员会提出争议申请，请求撤销该商标。2013年9月3日，特斯拉公司针对占某向法院提起两起诉讼，分别主张占某侵害著作权和构成不正当竞争。特斯拉公司主张，其对'TESLA'享有著作权，"TESLA"和"特斯拉"是其字号，占某及其委托生产商在其商品、网站、微博、报纸上使用上述作品和字号，侵害其著作权，并构成擅自使用他人字号的不正当竞争行为，故请求法院判决占某等人停止侵害，刊登声明消除影响，并因侵害著作权和不正当竞争分别赔偿经济损失110万元和310万元。

2014年6月30日，占某针对特斯拉公司、拓速乐汽车销售（北京）有限公司向北京市三中院提起侵害商标权诉讼，主张特斯拉公司及其销售商拓速乐公司销售"TESLA"牌电动汽车侵害其第5588947号"TESLA"注册商标专用权，请求法院判决特斯拉公司及拓速乐公司立即停止销售"TESLA"牌电动汽车，关闭展厅、服务中心、超级充电站，停止有关宣传行为，赔礼道歉并赔偿经济损失2 394万元。

腾讯汽车《商标侵权案落幕 特斯拉与占宝生和解》报道原文：http://auto.qq.com/a/20140805/073383.htm

北京三中院受理上述案件，最终双方握手言和，占某放弃使用"TESLA"等有关标识，其名下与特斯拉相关的互联网域名，如tesla.cn及teslamotors.cn将会正式转到特斯拉公司名下，特斯拉公司放弃向占某主张赔偿损失。

点评：双方激烈的商标争夺战和平落幕对我国新能源汽车行业影响重大，不仅妥善化解了受理的三起案件，同时其他法院正在审理的一系列案件也都"一揽子"得到了解决，为特斯拉公司进入中国市场扫清了商标障碍，取得了良好的法律效果和社会效果。

4. 计算机软件

计算机软件，是指计算机程序及其有关文档。计算机程序，是指为了得到某种结果而可以由计算机等具有信息处理能力的装置执行的代码化指令序列，或者可以被自动转换成代码化指令序列的符号化指令序列或者符号化语句序列。计算机程序一般包括源程序和目标程序两类不同的表现形式，因此，同一计算机程序的源程序和目标程序应视为同一作品。文档，是指用来描述计算机程序的内容、组成、设计、功能、规格、开发情况、测试结果及使用方法的文字资料和图表，如程序设计说明、流程图、用户手册等。

由于计算机软件的作品属性，世界各国均将其纳入著作权法的保护范围。但是，同传统的文学艺术作品相比，计算机软件具有很强的技术性和实用性，不仅需要遵循一定的技术法规和标准，而且可用于工业生产或商业经营，并带来较高的经济利益。这就需要进行专门立法，以弥补和完善版权法对计算机软件保护的不足。

因此，在实践中，计算机软件受版权法和计算机软件专门立法的双重保护。我国也通过版权法确认计算机软件为版权法保护的作品。同时，国务院又于 1991 年另行颁布了《计算机软件保护条例》，以强化对计算机软件的保护力度。

自 20 世纪 50 年代末期开始，计算机软件便进入商业领域，并逐渐成为国际技术贸易的重要标的。虽然在国际计算机软件转让中，双方当事人的权利和义务因计算机软件标的性质的不同而不同，但整体来说，不断完善国际技术贸易法律规范并通过这些规范对计算机软件转让贸易进行调整和约束是十分必要的。

二、国际技术贸易与一般商品贸易的区别

国际技术贸易是以技术作为交易内容在国际发生的交换行为，必然遵循商品交换的一般规律。但是，由于技术这类商品有自己的特点，在某些方面不同于物质商品，因此，技术贸易也不同于一般的商品贸易，形成了相对独立的世界技术贸易市场。

1. 贸易标的物内容不同

一般商品贸易是以“物质产品”作为贸易标的，这些物质产品具有明显可见的形状，可以进行计量和检测。而技术贸易的标的是“知识产品”，这些知识产品很难用直观的有形物体表现出来。尽管为了便于积累、使用和传播，人们往往用文字、图表等方式将技术记录下来，形成各种技术资料，但这些技术资料并非技术本身，只是反映了技术的内容，而且许多技术是无法用文字表达出来的。所以，技术贸易被称为无形贸易。尽管在技术服务贸易中，往往将无形的技术知识和相关的机器设备结合起来进行，并将前者称为软件，后者称为硬件，但是，如果在交易中只有机器设备而无技术知识，则只能称其为商品贸易。

2. 贸易双方当事人之间的关系不同

一般商品贸易比较简单，在通常情况下，一笔商品贸易达成后，买卖双方银货两讫，双方的主要合同义务即告终结，不具有长期的合作关系。技术贸易涉及的问题远比普通商品贸易的范围广，其难度和风险也大，合同执行期一般也较长。合同的内容除支付合同价款、交付设备及技术资料外，还涉及技术的传授、侵权和保密责任，技术的发展与合同回授等一系列复杂的法律和技术问题。而且仅就合同的价格和支付条款而言，也比普通商品贸易复杂得多。因此，在一般情况下，技术贸易合同的一方交付了技术资料、提供了相关的技术设备，

另一方支付了合同价款后，合同关系并未完全解除，双方还要履行各自承担的其他合同义务，这些义务有时会延续到合同有效期满后若干年。

另外，商品贸易中一件商品只能有一个买主，即货卖一家，而技术服务贸易则可以同时将技术商品的使用权转让给两个以上的买方，或买方购得某项技术后，在一定条件下还可以向别的企业转让，即技术贸易具有多次转让的性质。

3. 贸易标的物的使用权与所有权不同

一般商品贸易在交易的过程中，卖方将商品的所有权与使用权同时转让，商品的购买者总是同时得到商品的使用权和所有权。技术贸易双方当事人之间的关系并非简单的等价交换关系，通常情况下的技术贸易中，技术提供方在一定条件下将技术的使用权转让给受让方，受让方只能获得技术的使用权，而无法获得所有权。如无特别约定，技术许可方仍有权将此项技术再次转让给其他人。所以，技术服务贸易多数是一种贸易标的的所有权与使用权相分离的贸易。而且，一项技术从许可方转移到引进方，仅靠简单的买卖关系是无法实现的，需要当事双方密切合作、相互配合才能完成。同时，由于技术贸易的当事人双方往往是同行，许可方在转让技术时又培养了一个潜在的竞争对手，因此，通过技术贸易所建立起来的当事人双方之间的关系，是基于使用权许可基础上的竞争与合作关系。

4. 贸易标的物的作价原则不同

技术贸易接受方通常采用一种利润分成原则作为技术贸易标的物的作价原则。即技术接受方在使用该技术后的经济效益高、利润大，则技术使用费（价格）也高；反之，如使用该技术后的经济效益低、利润小，则技术使用费低。而商品贸易标的物的作价原则通常是商品生产成本加上一定的利润。

5. 受法律调整和政府管制的程度不同

一般商品贸易合同主要适用各国合同法等法律，所涉及的法律比较简单，而技术贸易除合同法外，还涉及工业产权法、专利法、商标法、反托拉斯法和反不正当竞争法等多项法律以及其他各方面的问题，因此，在交易过程中投入的人力、物力和时间远远超过商品贸易，技术转让费占总成本的比例较高。特别是在现代社会，技术已成为支撑一个国家经济的主要资源，技术贸易本身不仅涉及有关企业的利益，而且还与有关国家的政治、经济利益有密切关系。随着国际技术贸易的发展，不少国家相继制定了调整国际技术贸易的法律，不同程度地对技术贸易实施国家管理。即使在一些提倡贸易自由的资本主义国家，对于高精尖技术的出口也实行严格的政府管理。

6. 在贸易收支平衡表中的表示方式不同

商品贸易收支是一个国家对外贸易收支平衡表中的重要项目；而一个国家的技术贸易收支一般不列入该国的对外贸易收支平衡表，而是反映在该国的国际收支平衡表中经常项目的无形贸易项目中。

三、国际技术贸易的方式

国际技术贸易的方式多种多样，整体来说，可分为两种类型：①单纯的技术贸易，如国际许可证贸易、国际技术服务与咨询；②非单纯的技术贸易，即伴随其他标的或行为的技术贸易，如国际技术投资、国际租赁、国际工程承包、国际合作生产和开发、国际 BOT、特许经营、补偿贸易等。

1. 国际许可贸易

国际许可贸易（international licensing trade）是技术贸易最基本的也是最重要的方式。它是交易双方以签订技术使用许可协议的形式所进行的技术贸易。知识产权的所有方称为许可方（licensor）或供方，引进技术的一方称为被许可方（licensee）或受方。许可贸易就是技术的许可方允许被许可方取得其拥有的专利、商标或专有技术的使用权以及制造、销售该技术项下的产品的权利，并由被许可方支付一定数额的报酬。单纯的许可贸易包括专利许可、商标许可和专有技术许可以及计算机软件技术的许可。以上这几种方式还可以与国际工程承包、BOT 等方式相结合进行交易，即构成间接技术贸易。

许可贸易与工业产权、非工业产权转让不同。许可贸易的特点在于许可方允许被许可方使用其技术，而不转让其技术的所有权。而工业产权、非工业产权的转让则是将所有权和使用权全部让渡给受方。

另外，需要注意的是，许可贸易必须由贸易双方通过谈判共同签订许可贸易协议，协议中除了具有一般商品合同具备的内容外，在价格条款、支付条款、技术服务等方面与一般商品合同存在较大区别，尤其是涉及保密的问题。

2. 国际技术咨询与服务

技术咨询与服务（technical consulting and service）是指受托方应委托方的要求，针对某一特定技术课题，通过调查研究，运用所掌握的理论知识以及专业的技术技能和经验、情报等进行分析、评价、预测，为委托方提供建议或者可供选择的方案及相关知识性服务，并从中获得报酬的技术贸易方式。如果这种技术咨询与服务是跨越国境提供的，即为国际技术咨询与服务（international technical consulting and service）。国际技术咨询与服务主要适用于工业、农业、交通运输、矿业、电信工程、桥梁港口工程等领域的大中型项目的新建、扩建或技术改造，内容包括项目的可行性研究、工程计划、施工方案、生产培训、质量监督等方面。技术咨询和技术服务类似，本书把它们合为一个概念，其实二者有一些区别，如技术咨询通常是在项目建成之前提供的帮助，具体以提供咨询报告或建议书的形式来给出相关建议；而技术服务通常是在项目建设中，尤其是项目完成后进行的指导和协助相关设备正常运转，使工作任务正常进行。

3. 国际技术投资

国际技术投资（international technical investment），是指国籍不同或营业地位于不同国家或地区的当事人，以自己有权处置的技术作为资本，进行跨国直接投资，参与投资企业的经营管理，并获取报酬的行为。随着世界经济的不断发展，国际直接投资的规模和比重不断增长，投资形式也多种多样。在国际技术投资实践中，主要包括合资经营、合作经营和独资经营三种方式。

4. 国际租赁

国际租赁（international leasing）是指一国的出租人按一定的租金和期限把租赁物租给另一国承租人使用，租赁人按租约缴纳租金，获取租赁物使用权的一种经济合作方式。国际租赁的方式有融资租赁、经营租赁和综合租赁。融资租赁是指出租人根据承租人的选择出钱购买租赁物，然后提供给承租人使用，承租人向出租人支付租金的融资方式。合同期满，出租人通常将租赁物低价售予承租人或他人。我国国际租赁业务就是以融资租赁为主。经营租赁是指租赁公司将自有的租赁物提供给承租人，并负责设备的保养和维修，用户按租赁期缴纳租金，租用期满后退回设备的租赁方式。综合租赁是与合资经营、合作经营、对外加工装配、补偿贸易及包销等贸易方式相结合的一种租赁方式。具体做法是，由出租人将机器设备租给承租人后，承租人用租赁的设备生产出产品偿付租金，或用加工装配所获得的工缴费顶替租金的分期偿付，或把产品交给出租人包销并在包销价款中扣除租金。

5. 国际工程承包

国际工程承包（international contracting for construction）是指某一国家的工程项目承包商按照合同的约定，为另一国项目所有人（可能是外国政府或企业，也可能是国际组织）完成某项工程建设任务，而由另一国当事人给付报酬的国际经济合作方式。因其通常包括大量的技术转让内容，所以属于国际技术贸易的一种。但如果承包项目只是劳务合作加上材料和设备的买卖，而不涉及技术转让的话，则属于国际服务贸易。国际工程承包分为分项工程承包和“交钥匙”工程承包两种类型。在实践中，国际工程承包主要适用于大型新建、扩建项目，如矿山开采、石油钻探、大型发电站建设和各类成套生产线的新建和扩建。

6. 国际合作生产和国际合作开发

国际合作生产（international cooperative production）是指分属不同国家的企业通过订立合作生产合同，在某项产品的研究、生产和销售方面采取联合行动，相互提供有关生产技术和零部件，共同进行产品的生产和销售，并由双方共负盈亏的方式。合作生产的产品或工程，通常是由于技术、材料或设备方面的原因，一方无力单独完成，需要外国合作者共同完成目标。这样有助于利用各方在设备、技术、劳动力等方面的不同条件，发挥各自的优势，从而比任何一方单独完成全部生产更有优越性。

国际合作开发是指不同国家的自然人、法人或其他组织，为了完成某项研究开发工作而由当事各方共同投资、共同参与研究开发活动，共同承担研究开发风险并共同分享研究开发成果与利益的活动方式。国际合作开发的内容可以是新技术、新产品、新材料、新工艺及其系统与流程等。

案例 4.3

据2014年7月4日中关村在线网报道（徐鹏） 高通日前宣布将联手中国代工厂商中芯国际，共同生产骁龙处理器。目前，高通的骁龙处理器被广泛应用于多家厂商的智能手机。高通之所以会与中芯国际合作，不仅是为了扩大产能以满足日益增长的需求，还有就是希望能够处理好与中国政府的关系。中国已经成为高通最关键的市场之一，不过其近期却面临着中国方面的反垄断调查。

高通表示，该公司将携手中芯国际，把28纳米制造技术应用于被智能手机广泛采用的骁龙处理器。此前，中芯国际曾为高通代工电源管理和其他芯片，通过代工骁龙处理器，将加强两家公司的合作关系。

数据显示，中芯国际是全球第五大芯片代工制造商，在技术方面落后于排名榜首的台积电。此次，高通将帮助中芯国际建设28纳米生产线，后者也将有机会向其他客户提供代工服务。目前，台积电正在开发更新的20纳米制造工艺。

前不久，中国的反垄断监管部门曾指控高通对客户收取的专利授权费过高，并且滥用市场地位，高通可能会因此面临超过10亿美元的罚款。

中关村在线《高通与中芯国际合作 共同生产骁龙处理器》原文：http://news.zol.com.cn/464/4648268.html

课堂讨论：中国代工厂商中芯国际是自己研制28纳米生产技术，还是与高通合作采用其现有的28纳米生产技术共同生产骁龙处理器？试比较两种不同方式在提高技术水平和竞争能力方面的优劣势。

7. 国际 BOT

BOT（build-operate-transfer），是“建设—经营—移交”的简称。国际 BOT（international build-operate-transfer）是指一国的公共工程建设，由另外一国的企业参与建设的合作方式。在 BOT 项目中，由于私营公司参与了全部项目的建设、经营和管理，必然涉及先进技术、工艺诀窍和机械设备的转让，从而与国际技术贸易紧密结合在一起。

8. 特许经营

特许经营（special permission management）是指有一家已经取得成功经验的企业（特许方），将其商标、商号名称、专利、专有技术、服务标志和经营模式等授权另一家企业（被特许方）使用，特许方对被特许方的经营提供资金、技术、商业秘密、人员培训、管理等方面的援助和支持，而被特许方向特许方提供连续的提成费或其他形式补偿的贸易形式。

特许经营的优点是被特许方购买特许经营权时一并获得了特许方多年的业务经验，同时获得特许方全方位的支持。换句话说，只要特许方有的优势，大部分可分享给被特许方，双方最终实现双赢。特许经营的缺点是被特许方的经营自主权、经营期限受到特许方的严格限制，因而受制于特许方，而且被特许方对特许方依赖较大，被特许方的长期发展前途不容乐观。

9. 国际补偿贸易

补偿贸易（compensation trade）是指交易的一方向另一方提供技术、设备，而引进技术或设备的一方在约定的期限内以使用该机器设备或技术生产出来的产品或获得的收益偿还机器设备的价款或技术使用费的贸易方式。跨越国境的补偿贸易，即为国际补偿贸易。

补偿贸易是在 20 世纪 60 年代初期开始出现的一种国际贸易形式。其最大的特点是，以信贷为基础，是货物贸易、技术贸易和信贷业务相结合的产物，即出口设备的一方或银行等第三方提供了信贷，进口方再以产品偿还。用于补偿的产品可以是引进设备生产的，也可以是双方商定的其他商品。

四、国际技术贸易的迅速发展及其原因

（一）国际技术贸易的发展

国际技术贸易的发展源远流长。早在公元 6 世纪，中国的养蚕和丝绸技术就曾通过丝绸之路传到中亚、西亚和欧洲各国。公元 10～15 世纪，中国的造纸、火药、印刷术相继传到西方。16 世纪初，德国的机械表制造技术和意大利的眼镜制造技术也先后传到日本和中国。现代意义的技术贸易是伴随着资本主义商品经济的发展而逐步发展起来的。其发展历史可分为三个阶段。

1. 缓慢发展阶段（17 世纪以前）

17 世纪之前，由于交通工具落后，语言、文字较简单，技术转移主要通过技术人员往来和商品交换进行，因此，技术转移速度非常缓慢，数量也较少，并且大多是无偿的。技术转移的主要特点是以技术的产生地为中心，像水波一样向四周逐渐扩散，有的学者称之为梯度式技术转移。

2. 进一步发展阶段（从 17 世纪到第二次世界大战）

17—18 世纪，英、法等国相继发生产业革命，随着工业革命和资本主义商品经济的发展，开始了商业性的有偿的技术贸易。为保护发明创造者的利益并最终促进整个人类的技术水平提高，专利制度应运而生。世界上最早的《专利法》产生于英国，1624 年英国颁布了相应的

法律，创立了现代专利制度。由于交通工具和通信工具的发展，特别是现代专利制度的建立，技术转移的速度加快，数量明显增加，转移的主要特点也由梯度式发展到跳跃式，即不是按地理位置的远近，而是借助于先进的交通工具和通信工具，在很短时间内从一国转移到另一国。

3. 高速发展阶段（第二次世界大战后）

第二次世界大战后，国际技术贸易空前发展，从全世界看，表现在以下几方面。

（1）国际技术贸易规模迅速扩大。全世界技术贸易总额，20 世纪 50 年代中期仅为 5 亿～6 亿美元，60 年代中期达到 25 亿美元，70 年代中期达 120 亿美元，80 年代中期为 500 亿美元，2003 年即越过万亿美元大关，平均每 5 年翻一番，增长速度超过同期商品贸易增长速度。

（2）国际技术贸易主要在发达国家之间进行。一国工业化水平越高，输出入的技术就越多。2014 年，美国、日本、欧盟仍是国际技术贸易的主要市场，它们占世界技术贸易总额的 80%。

（3）跨国公司控制绝大部分国际技术贸易。发达国家的资本和技术输出大多靠跨国公司实现。跨国公司经济实力雄厚，科技力量强大，在国外建立子公司和合营公司，在发达国家之间和发达国家向发展中国家的技术输出中起主导作用，成为国际技术贸易中最活跃、最有影响力的因素。

（4）发展中国家积极发展国际技术贸易。传统上发展中国家主要以引进技术为主，他们大量引进发达国家先进技术以发展自身的经济。20 世纪 70 年代以后，发展中国家之间也日益加强技术贸易，一些新兴工业化国家和地区开始输出技术。

（二）国际技术贸易迅速发展的原因

1. 科技进步是推动技术贸易迅速发展的原动力

第二次世界大战后第三次科技革命的突飞猛进，使世界许多国家，特别是发达国家的新兴工业（如原子能工业、半导体工业、电子计算机工业，家用电器工业、高分子合成工业、宇航工业等）蓬勃发展，促进产业结构不断升级。但是，由于各国的科学技术基础、自然资源及经济实力等条件不同，在新兴工业技术层次上具有各自的长处和短处，彼此需要相互利用，取长补短，因此，必须积极进行国际技术交流和技术贸易，广泛吸收其他国家的先进技术。

2. 输出技术对技术输出国有很大的经济利益

（1）当代科技研究费用很高，通过技术输出获取赢利，可以补偿日趋膨胀的科技开发费用。

（2）世界科技迅速发展情况下，技术更新速度加快，产品转换周期缩短，因此，发达国家在不失去自己竞争优势的前提下，加强技术输出，有助于延长技术的生命。

（3）技术输出能获取较高的外汇收入，有利于国际收支平衡，因此常得到政府的支持与鼓励。以美国为例，其每年商品贸易的巨额逆差，有相当一部分靠技术贸易的顺差来弥补。

3. 引进技术有利于引进方国内经济和科技的发展

引进技术对于一国经济和科技发展的作用表现在以下方面。

（1）可以节省研制费用，引进现成的技术固然要付出代价，但要比自己从头研制省得多。

（2）可以节省掌握先进技术的时间。引进现成的技术就不必重复别人已经做过的研究开发工作，直接掌握应用这一技术，比自己从头研制要快得多。一般来讲，如果购买一项技术，只需要 2～3 年就可以完全掌握，而如果要从头开始立项研究，大约需要 10 年。

（3）可以提高国内生产发展水平，扩大生产能力，从而有利于提高劳动生产率，增加产品产量，降低成本，提高质量，增强出口竞争能力。

（4）通过引进先进技术，吸收、消化和创新，推动本国科技进步，培养和壮大技术力量，提高自主开发能力。

第二节 技术引进

案例 4.4

据证券时报网2014年7月24日快讯 7月24日晚间，江铃汽车公告称，江铃重型汽车有限公司拟与福特汽车公司、福特环球技术公司、福特奥托桑公司签署“江铃品牌J19重卡项目技术许可合同”，将授权执行副总裁熊春英代表公司，江铃重汽总经理廖赞平代表江铃重汽签署该合同。

证券时报网《江铃汽车旗下江铃重汽获福特技术许可》原文：http://kuaixun.stcn.com/2014/0724/11591062.shtml

“合同技术”指与特定的福特品牌重卡底盘、驾驶室及其零部件的设计、制造、服务相关的技术，包括许可底盘技术和许可驾驶室技术。“合同产品”指江铃汽车依据本技术许可并基于该合同技术制造和生产的江铃品牌重卡。

许可费方面，江铃重汽将向福特奥托桑支付800万欧元入门费；对于在每一年内销售的每一台装配有许可底盘的合同产品，江铃汽车应根据不同的销量区间每套支付485欧元至330欧元不等的许可费；对于在每一年内批售的每一台装配有许可驾驶室的合同产品，江铃汽车应根据不同的销量区间每套支付40欧元至20欧元不等的许可费。

点评：江铃汽车公司通过与福特签订技术许可合同，获得了特定的福特品牌重卡底盘、驾驶室及零部件的设计、制造、服务相关的先进技术，节省了研制费用，争取了时间，提高了效率，扩大了出口，并培养出一批技术人才。

技术引进是适应技术商品国际化，迈向外贸强国，加快我国现代化建设的重要举措。

一、技术引进的含义和作用

技术引进是国际技术贸易的重要组成部分。这是技术商品化和国际化的必然趋势，也是发展中国家赶超发达国家，实现现代化的必由之路。

（一）技术引进的含义

技术引进也称技术输入（进口），是指一个国家通过国际贸易或经济技术合作的途径，利用各种方式从外国获得本国所需的先进技术的经济活动。我国《技术引进和设备进口工作暂行条例》把技术引进定义为：技术引进是通过国际技术贸易、科技合作等途径，以各种不同的方式，从国外获得发展我国国民经济和提高我国科学技术水平所需的先进技术。技术引进的对象主要是适用的工业生产技术知识，即软件，也包括一些硬件在内，具体内容主要有以下五项：①专利权或其他工业产权的转让或许可；②以图纸、技术资料等形式提供的工业流程、配方、产品设计、质量控制及管理等方面的专有技术；③技术服务；④聘请专家指导和人员培训；⑤与外国企业合作设计等。单纯的散件装配、来料来样加工，以及单纯购买或租赁机器设备仅提供随机操作、一般维修服务内容，则不包括在技术引进之内。

（二）技术引进的作用

科学技术发展是多层次的、不平衡的和跨国界的，每个国家都必须取长补短，利用国外先进科技成果，来促进本国经济发展。尤其在当前科技迅猛发展和国际技术市场与国际技术贸易大发展的形势下，引进技术更为迫切和重要。

1. 有利于节省资金

先进的、高、精、尖科技所需的研究试验费用很大。如果能有目的地、有选择地引进一些适合本国所需的先进技术，无疑可以为自己节约许多人力、物力、财力，而将这部分资金转移到其他领域，就可促进本国经济的发展。

2. 有利于争取时间，加速我国现代化建设

据估算，一项基础技术的发明与运用，一般需经历十年左右的时间，而引进国外先进技术，只需两三年时间。这就可以大大缩短各部门技术改造的时间，直接开发和运用世界先进技术，发展新的产业部门，赶超世界先进科技。

3. 有利于提高劳动生产率和扩大出口

劳动生产率是衡量一国经济发展水平的重要标志。而劳动生产率的提高主要依赖于科技发展水平。科技越发达，劳动生产率越高，反之，则越低。因此，积极引进各类先进技术并运用到各部门，将有利于大大提高劳动生产率水平，促进生产力发展。同时，劳动生产率的提高，以及先进科技的运用，会生产出更多的物美价廉的商品，增强出口创汇能力，提高商品的国际竞争力。

4. 有利于培养一批技术人才和科技管理人才

引进先进技术的同时，也引进了一些先进设备、工艺、技术诀窍、技术培训与管理人才等。先进技术的引进，一方面为本国培养了掌握这些先进技术的技术人才和科技管理人才；另一方面，也促使本国技术人员和经济管理人员努力提高自己的技术水平和经济管理能力。

二、技术引进概述

我国的技术贸易长期以来主要是以引进国外先进技术为主，从 1950 年开始，整个引进技术工作可分为以下三个发展阶段。

（一）初始阶段（1950—1978 年）

从 1950—1978 年，我国总共签订技术引进合同 845 项，合同总额为 119.72 亿美元。该阶段又可以分为以下不同的发展时期。

20 世纪 50 年代为引进成套设备、奠定基础时期。这一时期我国引进了约 450 项技术，总金额为 37 亿美元。其中“一五”时期的 156 个大项目成套设备为该时期的重点项目。我国与苏联签订贸易合同 116 项。

20 世纪 60 年代为引进技术填补空白时期。由于我国经历了三方面的变化，即三年自然灾害、文化大革命和中苏关系恶化，因此我国从 1963 年起转向从日本、西欧各国引进技术。

该时期我国引进技术约 84 项，总金额为 14.5 亿美元。另外技术引进的产业结构也发生了变化，过分重视重工业的现象有所改变，开始用于冶金、化纤、石油、化工、纺织等行业。

20 世纪 70 年代为扩大引进技术规模时期。我国开始从美国、德国、日本、英国和法国进行技术引进。该时期我国引进了约 310 项技术，总金额为 68.22 亿美元，其中 90%以上是用于成套设备的技术引进。

在我国技术引进的初始阶段，技术引进的特点如下。

（1）技术引进的基本目标是进口成套设备，主要用于建立大型企业。

（2）对引进项目的实施中央实行高度的计划管理：技术引进的谈判、签约和合同的执行，全部由中国技术进出口公司负责；技术引进的用汇主要靠国家调拨。

（3）在技术引进的方式上主要以成套设备为主，到 20 世纪 70 年代后期开始使用国际技术许可。

（二）发展阶段（1979—2015 年）

进入改革开放新时期后，中国的技术引进发生了本质性的变化，对技术进口的需求也在不断加大，技术引进的战略也相应进行了较大调整。我国总结了以往盲目大规模进口成套设备的教训，调整了技术引进工作的重点，强调从进口大型成套设备转向引进单项技术，并鼓励以灵活多样的方式进口国外先进技术。中国的技术引进工作开始稳步前进，并扩大发展，这一阶段又可划分为以下三个时期。

1. 改革开放初期（1979—1990 年）

1978 年 12 月举行的党的十一届三中全会，提出了具有深远影响的改革开放方针，并指出“在自力更生的基础上积极发展同世界各国平等互利的经济合作，努力采用世界先进技术和先进设备”。在以后的十多年里，经过“六五”“七五”时期，随着国内外经济、社会环境的变化和科学技术的发展，我国技术引进的规模和领域不断扩大。技术引进由以往单一的生产领域，转向生产领域与生活领域并举。除了从国外引进经济建设所需的技术装备外，还大量引进了消费品（如电视、冰箱、洗衣机等）的生产技术和生产线，技术来源也开始向多元化转变。我国与世界上越来越多的国家建立了经济合作和技术合作关系，能够根据自身需求，有选择地引进所需技术与装备。引进技术内容也由单一的成套装备引进，转向技术与装备引进相结合；在引进国民经济建设所需设备的同时，还引进了设计、制造和工艺技术；引进主体也由政府逐步转向政府与企业相结合。

值得指出的是，我国在这一时期加强了技术引进的法制化管理工作。1985 年和 1987 年，国务院先后颁布了《技术引进合同管理条例》和《技术引进合同管理条例实施细则》。这两个法规的颁布，在技术的引进、消化、吸收、考核、验收等方面形成了严格的程序，建立了技术引进合同审批生效制度，从而成为我国技术引进工作法制化建设的一块重要基石。

据统计，1980—1990 年，我国共签订 4 000 多项技术引进合同，对外签约总金额约 300 亿美元。这一时期，以引进软件技术为特征的许可贸易等与 70 年代相比有了明显增加。1980—1989 年，许可贸易、顾问咨询、技术服务、合作生产等软件引进合同的金额，约占全部技术引进合同金额的 21%，比重扩大了 13 倍。

2. “八五”计划与“九五”计划时期（1991—2000 年）

1991 年的“八五”计划中要求“按照有利于技术进步、有利于增加出口创汇能力和有利于节约使用外汇的原则，合理安排进口。积极引进先进技术，并加强消化、吸收和创新”，并且“要逐步增加技术引进的投入，并提高进口软件在技术引进中的比重”。1996 年的“九五”计划中又进一步规定，要“改革进口体制，建立有利于改善进口结构，促进技术引进、消化、创新的机制”。1999 年以后，国家开始实施科技兴贸战略。在一系列政策的指导下，我国技术引进规模逐步上升，跨上了一个新的台阶。这一时期共引进技术约 37 770 项，合同金额共计 1 159.95 亿美元。在技术引进中，我国除增加自有外汇投入外，还积极争取和利用国际金融组织及外国政府贷款，贷款项目涉及国民经济各个领域，技术来源包括欧洲、美国、日本等 50 多个国家和地区。其中的主要项目有上海地铁一、二、三期工程，三峡工程，广州地铁，黄河小浪底水利枢纽，天津石化公司聚酯工程等。

这一时期技术引进的主要特点包括以下方面。

一是技术引进方式日趋合理，成套设备和关键设备引进比例稳步下降，技术许可、技术服务、技术咨询等已成为主要的引进方式。据统计，1998 年成套设备的进口比例为 33.16%。到了 2000 年，该比例下降到 19.18%。技术许可引进比例则由 1998 年的 9.81%上升到 2000 年的 18.68%。

二是技术引进主体实现多元化。不仅仅局限于国有大中型企业，外商投资企业和民营企业也逐渐加入到技术引进行列中来。

三是引进规模逐渐扩大。“九五”计划时期，技术引进规模每年都在 150 亿美元左右。

3. “十五”计划与“十一五”“十二五”规划时期（2001—2015 年）

自 2001 年 12 月加入世界贸易组织后，中国技术引进发展迅速，引进规模频频创历史新高。这一时期的技术引进主要有以下几个特点。

其一，在技术引进合同数量明显增长的同时，引进金额稳步提高。技术引进合同数量从 2001 年的 3 900 项增加到 2007 年的 9 773 项，合同金额从 2001 年的 90.9 亿美元增加到 2007 年的 254.15 亿美元。

2010 年，全国共登记技术引进合同 11 253 份，合同金额 256.4 亿美元，同比增长 18.8%。其中，通信设备、计算机及其他电子设备制造业是技术引进金额最大的行业，共引进技术 1 061 项，合同金额 58.4 亿美元，占全国技术引进合同总金额的 22.8%；交通运输设备制造业技术引进金额 38.4 亿美元，金额占比为 14.98%。

2012 年中国信息通信技术产品进口额约为 3 555.6 亿美元，占全球信息通信技术产品进口额的 18%。中国香港和中国台湾的进口额分别占据全球第 3 位和第 11 位。2013 年，我国共登记技术引进合同 12 449 份，合同金额 433.65 亿美元，其中技术费达到 410.96 亿美元。

其二，引进主体以国有企业和外资企业为主，各类企业技术引进金额均有所上升。中国加入世界贸易组织后，外资企业技术引进项目逐年增加，技术引进合同金额位居各类企业首位。2002 年，外资企业技术引进合同金额占全国技术引进合同金额的比重为 71.39%，2003 年后，该比重虽有所下降，但仍保持在 50%左右。2010 年，外资企业引进技术金额为 153.7 亿美元，占全国技术引进总金额的六成；国有企业技术引进总额为 62.7 亿美元，金额占比为 24.5%；民营企业技术引进金额为 21.4 亿美元，金额占比为 8.3%。

其三，欧盟、美国和日本等发达国家和地区是中国技术引进的主要来源地。2006 年至 2014 年，欧盟一直是中国技术引进的最大来源地。2008 年上半年，由于汽车、电子等相关技术的引进，我国自韩国的技术引进增长迅速，引进金额达 21.2 亿美元，占技术引进总金额的 16.8%。

韩国超越美国，在我国技术引进来源地中居第三位，而日本和美国分列第二、第四位。2010年，我国技术引进的来源国家和地区达 71 个。其中，与欧盟签订技术引进合同 3 058 份，合同金额为 78.2 亿美元，占技术引进合同总金额的 30.5%；自美国和日本技术引进金额分别为 57.5 亿美元和 45.6 亿美元，金额占比为 22.4%和 17.8%，分列第二、第三位；自韩国技术引进金额 21 亿美元，列第四位。

其四，技术引进质量明显提高。传统的以关键设备、成套设备为主的技术引进格局已经被打破，取而代之的是专有技术许可或转让、技术咨询、技术服务等多种技术引进方式相互交织的新局面。2010 年，专有技术许可合同成交额为 94.1 亿美元，占技术引进总金额的 36.7%，是我国技术引进的最主要方式；技术咨询、技术服务合同金额为 74.7 亿美元，占合同总金额的 29.2%，列第二位。上述两项技术引进金额占技术引进总金额的六成。值得关注的是，计算机软件进口金额占比也呈稳定增长之势，从 2007 年的 3.4%，增长到 2010 年的 9%。这表明软件技术已经占据中国技术引进的主导地位，引进技术质量有了明显改善。

其五，技术引进主要集中在东部发达地区。2007 年，上海、北京、天津、江苏、广东、浙江等省市居技术引进的主体地位，中部地区的湖南、河北、湖北等省市的技术引进合同金额占比不足 1%，山西、内蒙古、宁夏和新疆等则不足 0.1%。2008 年上半年，合同金额排在前五位的省市仍为上海、北京、广东、天津和江苏。上述省市登记的合同金额占所有地方管理部门登记合同金额的 72.6%。河南、山西、湖南等的技术引进尽管在全国所占比重不高，但呈现出较快的增长势头。

三、技术引进的目标与基本原则

1. 现阶段我国技术引进的总体目标

现阶段我国技术引进的总体目标是，优化技术引进结构，提高技术引进质量和效益，引进技术的消化吸收配套资金比例有所提高，逐步建立以企业为主体，以市场为导向，政府积极引导推动，各方科技力量支持的技术引进和创新促进体系，实现“引进技术—消化吸收—创新开发—提高国际竞争力”的良性循环。

2. 现阶段我国技术引进的基本原则

技术引进，既关系到一国经济的发展和科技的进步，又关系到一国专利和专有技术转让的权益，内容复杂，计价困难，方式不一，涉及的问题较多。现阶段我国从国外引进技术遵循以下基本原则。

（1）把大力引进先进技术和优化引进结构结合起来，提高产品设计、制造工艺等方面的专利或专有技术在技术引进中的比例。

（2）把引进技术和开发创新结合起来，强化技术引进与消化吸收的有效衔接，注重引进技术的消化吸收和再创新，使企业在核心产品和核心技术上拥有更多的自主知识产权。

（3）把发展高新技术产业和改造传统产业结合起来，选择重点领域和产业，扩大引进规模，实现传统产业结构优化和技术升级。

（4）把整体推进和重点扶持结合起来，培育技术引进和消化创新的主体。

（5）把提高引进外资质量和国内产业发展结合起来，鼓励外商投资高新技术企业发展配套产业，延伸产业链，培育和支持出口型企业的发展。

四、技术引进管理

为维护我方利益，根据我国实践经验并参考一些国家的做法，我国规定引进合同中不得含有下列不合理的限制性条款。

（1）要求受方接受同技术引进无关的附带条件，包括购买不需要的技术、技术服务、原材料、设备或产品。

（2）限制受方自由选择从不同来源购买原材料、零部件或设备。

（3）限制受方发展和改进所引进的技术。

（4）限制受方从其他来源获得类似技术或与供方竞争的同类技术。

（5）双方交换改进技术的条件不对等。

（6）限制受方利用引进的技术生产产品的数量、品种或销售价格。

（7）不合理地限制受方的销售渠道或出口市场。

（8）禁止受方在合同期满后，继续使用引进的技术。

（9）要求受方为不使用的或失效的专利支付报酬或承担义务。

依照我国法律规定，合同的引进方应自合同签订之日起的30天内，向审批机关报批。审批机关应在收到报批申请书之日起的60天内决定批准或不批准。审批机关逾期未予答复的，视为合同获得批准。经批准的合同自批准之日起生效，并由审批机关发给"技术引进合同批准证书"。在技术引进合同的履约过程中涉及税收和用汇问题，分别统一由国家税务局（涉及关税的由海关总署）和国家外汇管理局负责解决和管理。

第三节 技术出口

案例 4.5

上海贝尔——走出去的标杆企业

据人民网2012年8月22日报道 作为中国首批合资企业的一面旗帜，上海贝尔自成立之日起，便开始在国际化经营道路上逐步创新探索，并走出了一条独特的成功发展之路。成立28年来，上海贝尔在国际化经营模式上不断创新，先后经历了"引进来""走出去""合作共赢""接管海外区域市场""全球业务收购"等具有里程碑意义的重要阶段。上海贝尔是国内通信企业最早实现出口的企业，在开拓国际市场的过程中，公司不仅致力于拓展地域市场，更积极探索产品、项目、合作伙伴多元化的出口业务模式，逐步加强针对国际市场的抗风险能力和竞争力。上海贝尔在自主出口的同时，还与国内外数十家国际贸易公司建立了合作出口或代理代销关系，充分借鉴国际贸易公司的外贸优势来开拓海外市场。目前，上海贝尔的出口市场已经从传统的东南亚、南亚地区发展到覆盖中亚、欧洲、南北美洲、非洲、大洋洲等几十个国家和地区。另外，上海贝尔还加强联合出口合作机制，与其他公司如国内运营商、进出口公司，特别是央企，结成战略联盟，提供端到端解决方案，实现资源共享、风险共担，合作开拓海外市场。在打下良好的国际化管理和运作基础之后，凭借资源和成本效率优势，上海贝尔尝试接管外方股东在亚太部分区域的业务，积极探索海外经营模式创新，实现国际业务模式转型的突破。

本文整理自《央企成就展播》之七《上海贝尔　走出去的标杆企业》，该专题链接：http://ccnews.people.com.cn/GB/87473/348048/index.html

近年来，在国资委的大力支持下，上海贝尔探索并尝试通过全球直接收购兼并，运营国际业务，实现海外业务的跨越式发展和经营模式的全新突破，同时寻找公司新的业务增长点，并借此积累更加丰富的国际业务运营和公司外延式发展的经验。2012年，上海贝尔顺利完成收购安弗施（RFS）无线射频系统业务，迈入拓展全球化业务的新纪元。通过"全球业务收购"和运营全球业务，上海贝尔的国际化进程将在"质"和"量"上取得重大突破，公司海外业务将再上新台阶，并为成长为"具有国际竞争力的世界一流企业"的目标打下坚实的基础。

请思考：上海贝尔采取何种技术出口方式开拓市场？

技术出口是指中华人民共和国境内的公司、企业、团体或个人（不包括外资企业、中外合资经营企业、中外合作经营企业），通过贸易或经济技术合作途径（不包括对外经济技术援助项目和政府间科技合作项下的科技交流），向中华人民共和国境外的公司、企业、团体或个人进行的专利权或其他工业产权的转让或许可、专有技术服务，以及含有上述三项内容中任何一项内容的成套设备、生产线和关键设备出口及合作生产、合作设计、合作开发。通过扩大技术出口，可以增加出口创汇能力，改善贸易条件，扩大贸易规模，提高外贸对经济增长的推动作用，促进国民经济的高效增长，从而在世界经济发展和国际分工中处于有利地位。

一、技术出口概况

新中国成立后一个很长时期，我国的对外技术贸易处于只进口不出口的单向流动局面。20 世纪 50 年代末期到 70 年代，我国的技术出口主要是通过对外经济援助的方式进行的，并且技术出口的对象是第三世界发展中国家，出口的技术主要是关于某些技术和成套设备，并用于农业、铁路、公路、水利等项目。而真正具有商业性质的技术出口始于 20 世纪 80 年代，进入 90 年代发展加快，出口项目和金额逐年增加。我国的技术出口经历了以下四个发展阶段。

（一）探索阶段（1981—1985 年）

我国的技术出口起步较晚，开始于 1981 年。1981—1985 年，我国技术出口属于缺乏国家宏观管理的自发阶段。当时我国在技术出口方面，没有专门的法规和政策，也没有明确的管理部门。在这个阶段中，我国共签订技术出口合同 40 项，总金额为 0.67 亿美元。1981 年，我国的技术仅出口到联邦德国、美国和巴基斯坦三个国家。

该时期我国技术出口的主要特点如下。

（1）技术出口无计划，无组织，纯属自发性质。

（2）没有专门的技术管理部门，没有专门的法规和政策。

（3）出口金额小，每年约 1 000 万美元左右。

（4）出口的主要市场是美国、英国、瑞士等发达国家。

（5）出口的项目多为新技术、新工艺等软件技术。

（二）起步阶段（1986—1989 年）

从 1986 年开始，我国的技术出口开始走向有组织、有管理的阶段。1986 年 10 月，国家就技术出口措施等方面做了原则规定，另外经贸部和国家科学技术委员会作为技术出口的管理部门，还明确规定了技术出口的政策、技术审批和合同审批权限与审批程序。1986—1989年，我国技术出口约389项，总金额为11.73亿美元。

该时期我国技术出口的主要特点如下。

（1）技术出口规章开始建立。

（2）建立技术出口的管理机构，并批准一批公司获得技术出口的经营权。

（3）出口的国别多元化，但发达国家是主体，此外还包括发展中国家。

（4）出口的技术除单纯转让“软件”技术以外，成套设备出口、技术服务等方式开始出现。

（三）初级发展阶段（1990—1997年）

该阶段我国签订技术出口合同6 269项，总金额为203亿美元，同起步阶段相比，我国技术出口进入一个新阶段。1991年我国技术出口猛增到12.27亿美元，1993年达到了21.74亿美元。1990年国务院颁布了《技术出口管理暂行办法》对我国技术出口的发展起到了积极的推动作用。

该时期我国技术出口的主要特点如下。

（1）技术出口走上了法制化的道路。

（2）技术出口速度明显加快。

（3）成套设备出口在技术出口中的比重不断增加。例如1997年大型成套设备出口占当年技术出口总额的55%，1995年高达94%。

（4）出口市场多元化取得进展。到1997年我国技术出口的国别和地区已经达到110个，对发展中国家的出口份额达到70%。

（5）技术含量不断提高，技术出口已经初具规模。成套设备的出口从小型成套设备逐步转向大型成套设备，我国已经拥有多层次的技术资源，机电产品的出口占有一定比重。

（四）快速发展阶段（1998年至今）

自1998年开始，中国技术出口开始步入发展阶段。1999年年初，外经贸部提出“科技兴贸”战略，并与科学技术部、信息产业部等部门建立了联合工作机制，制订了《科技兴贸行动计划》。随着对外贸易体制改革的深入进行，越来越多的国内科研院所也获得了技术出口经营权。国家还制定了一系列鼓励技术出口的优惠政策，如给予信贷、税收等政策优惠或给予一定的补贴，以及鼓励企业到境外注册商标或出国参展等。2001年12月，中国成功加入世界贸易组织。上述这些因素为我国的技术出口增强了后劲，提供了更大的发展空间。

该阶段的中国技术出口主要有以下几个特点。

> 本部分数据取自海关信息网《我国高新技术产品出口竞争力仍有待提高》电文：http://www.haiguan.info/files/HotCare/253.aspx
>
> 

1. 高技术产品成为技术出口增长的重要力量

“十五”计划期间，我国高技术产品出口即表现出前所未有的增长势头。2000年，高技术产品出口额为370.43亿美元，比1999年增长50.0%，在此后的四年时间里，其年均增长幅度大致在44%左右。“十一五”规划时期，中国高技术产品出口增势更是明显，出口额连续五年保持世界第一。2010年，我国高技术产品出口一扫2009年的低迷，出口额强劲增长到 4 924.1 亿美元，较“十五”计划末的 2005 年翻了一番多。2013 年，我国高新技术产品全年出口规模达到了 6 602.2 亿美元，同比增长了 9.8%，净出口规模也进一步扩大，达到了 1 020.9 亿美元，同比增长了 8%。

2. 企业是技术的最主要输出方

本部分数据取自新华网《我国高新技术产品出口竞争力仍有待提高》电文：http://news.xinhuanet.com/fortune/2014-11/05/c_1113132825.htm

2006 年企业输出技术交易额首次超过吸纳技术交易额。据统计，包括国内外市场在内，2006 年企业共签订技术合同 130 125 项，输出技术交易额为 1 528.0 亿元，较上年增长 66.3%，占技术合同成交总金额的 84.0%；科研机构输出技术项目 44 079 项，输出技术交易额为 141.0 亿元；高等院校输出技术项目 18 401 项，输出技术交易额为 65.0 亿元。2007 年企业输出技术交易额又创新高。2007 年，企业输出技术合同项目 135 922 项，输出技术交易额 1 923 亿元，较 2006 年增长 25.9%，占全国成交总金额的比例较 2006 年进一步增长，达到 86.4%。同时很多商品核心技术掌握在外方手中，2013 年我国机电产品 61.2%是外资企业生产的，51.1%是加工贸易方式出口的；高新技术产品 73%是外资企业生产的，65.3%是加工贸易方式出口的。

3. 技术出口市场多元化

随着市场多元化战略的实施，中国技术出口的国别、地区呈多元化趋势，既包括发展中国家，也包括发达国家。东南亚、西亚、中国香港地区是技术出口稳固发展的重点市场，对非洲及欧美发达国家的出口也有较大增长。自 1996 年以来，中国香港、欧盟和美国一直是我国高技术产品出口市场前三位，对这三个市场的高技术产品出口占我国高技术产品出口总额的比重一直保持在 50%以上，2009 年该比重超过 60%。2012 年，机电类高新技术产品出口中国香港地区占比 29.2%，美国占比 19.1%，欧盟占比 16.8%。2013 年以一般贸易方式出口的高新技术产品销往中国香港、欧盟和美国三者合计 560.5 亿美元，占一般贸易方式下我国新技术产品出口总额的 50.6%。其中，对美国的出口额首次突破了百亿元大关，达到了 105.4 亿美元。

4. 技术出口领域广泛

我国技术出口涉及计算机、通信、软件、机械、汽车、化工、冶金、农业、医药等诸多领域。如中铝国际工程有限责任公司对印度、伊朗、越南、俄罗斯、沙特、卡塔尔等国的多家铝公司进行技术转让，标志着我国已成为重大铝技术的输出国。中国中医研究院西苑医院则以知识产权形式，向日本输出了中药技术。2009 年，计算机与通信技术、电子技术、光电技术和生命科学技术成为我国高技术产品出口最多的 4 个技术领域。这 4 类技术领域的出口总额占高技术产品出口总额的比重高达 96.97%。2012 年，中国信息和通信技术产品出口额为 5 543.1 亿美元，占中国出口商品总额的 27%，占全球信息和通信技术产品出口总额的 30%。在所有主要的信息和通信技术产品分类中，中国的出口额都位居世界第一。2013 年，我国高新技术产品出口比重已经达到 57.3%。

本部分数据取中国经济网/《经济日报》讯《全球信息技术产品 进口额近 2 万亿美元》：http://intl.ce.cn/specials/zxgjzh/201402/17/t20140217_2310880.shtml

二、技术出口管理

我国以贸易渠道出口技术是从 20 世纪 80 年代开始的。1986 年国家开始制定技术出口的方针、原则和管理制度。

（一）技术出口的基本原则

我国技术出口主要遵循以下原则。

1. 有管理的自由出口

"国家准许货物与技术的自由进出口。但是，法律、行政法规另有规定的除外。"（2004 年 4 月 6 日《中华人民共和国对外贸易法》第 4 条）这项规定说明，技术出口一般是自由的，但并非完全自由。世界任何国家都不允许技术自由出口，因为完全自由出口不符合国家的根本利益。各国在提倡技术自由出口的同时，又都以专门法规或行政措施对技术出口加以管理。

2. 技术出口项目实行分类管理

按技术出口项目对国家外交、外贸、科技政策以及人类和动植物健康的影响，技术出口项目分为禁止出口、限制出口和自由出口。根据《中华人民共和国对外贸易法》第 16 条、第 17 条，技术出口项目分类的目的主要是：

（1）维护国家安全、社会公共利益和公共道德；

（2）保护人的健康、安全，保护动物、植物的生命、健康；

（3）实施与黄金或者白银进出口有关的措施；

（4）有效保护国内供应短缺或者可能用竭的自然资源；

（5）考虑输往国家（地区）的市场容量；

（6）防止出口秩序出现严重混乱；

（7）建立和加快建立国内特定产业；

（8）保护农业、牧业、渔业产业；

（9）保证国家金融地位和国际收支平衡；

（10）依照法律、行政法规的规定，其他需要限制或者禁止出口的；

（11）根据我国缔结或者参加的国际条约、协定的规定，其他需要限制或者禁止出口的。

3. 国家鼓励成熟的产业化技术出口

产业化技术（特别是成熟的产业化技术），是指脱离了实验室阶段的，具有专业化、规模化、市场化的，在生产中广泛应用的技术。我国经过几十年的建设，产业化技术资源丰富，技术比较成熟，国内配套比较完备，国外需求较多，有利于技术出口的发展。

（二）技术出口的法律、法规

我国为了保证技术出口的健康发展，制定了一系列法律、法规，主要有以下几种。

（1）《中华人民共和国对外贸易法》和《中华人民共和国技术进出口管理条例》，这两项法规是管理我国技术出口的主要法律、法规。此外，在其项下外经贸主管部门还制定了一些具体管理办法。

（2）《禁止出口限制出口技术管理办法》。该《办法》根据《中华人民共和国对外贸易法》和《中华人民共和国技术进出口管理条例》制定，由外经贸部、科技部以 2001 年第十四号令发布，2002 年 1 月 1 日起施行。该《办法》具体规定了限制出口技术和禁止出口技术的审查标准和具体管理程序。《办法》是为了加强政府对技术出口的调控权，增加管理的透明度，进一步促进技术自由出口。《办法》包括立法依据和目的、适用范围、管理机关，规范技术出口经营者和管理者的行为，明确对限制出口的技术实行许可证管理，以及国家保密技术出口规定等。

（3）《国家秘密技术出口审查规定》。该《规定》1998 年 10 月 30 日由科学技术部、国家保密局和外经贸部发布。

（4）《中国禁止出口、限制出口技术目录》，由中华人民共和国对外贸易经济合作部、中华人民共和国科学技术部以联合文件[1998]外经贸技发 803 号发布。《目录》包括 48 类 183 个技术名称的近 600 条禁止出口和限制出口的技术。《目录》不是一成不变的，它会随着国内外政治、经济和科技发展情况而调整。

（三）技术出口的程序

我国技术出口按照以下程序办理。

（1）技术出口经营者提出技术出口申请书，对于限制出口的技术及相关产品，提出中国限制出口技术申请书，报送外经贸主管部门办理出口手续。

（2）对于外经贸主管部门和相关部门审查批准的技术出口项目，发给技术出口许可意向书。

（3）技术出口经营者签订合同后，属于限制出口的技术，凭有关文件申领“技术出口许可证”，合同自颁发“技术出口许可证”之日起生效，属于自由出口的技术，向外经贸主管机构进行合同登记，领取“技术出口合同登记证”，合同依法生效。

三、扩大技术出口对策

（一）技术出口存在的问题

我国技术出口发展较弱，主要表现在：专有权许可费占比过小，以加工贸易方式出口额占比过大；技术出口主体仍以外资企业为主，国有企业、民营企业和集体企业等技术出口规模较小；技术出口市场比较单一，忽视了对发展中国家市场的开拓，没有发挥我国成熟产业和技术对发展中国家的比较优势。造成这种情况的主要原因有以下方面。

（1）科技成果转化率低，影响技术出口的来源。一直以来，我国科技水平综合实力不断提高，但是生产水平却相对滞后，原因是我国科技成果转化为现实生产力的能力比较低。我国科技成果转化率仅有 8%左右，远远低于发达国家 50%左右的水平，这说明我国的科技资源存在着巨大的闲置和浪费。

（2）技术创新不足，许多技术发明真正价值不高，影响出口技术在国际市场上的竞争力。

（3）由于贸易惯性的存在，过度依赖劳动密集型加工贸易方式。尽管我国技术出口总额中高新技术产品所占比重在迅速增加，但大多只是专业化于其中的劳动密集型加工环节，这种局面严重制约贸易结构的优化。

（4）最重要的原因是我们对技术出口贸易的认识不足。长期以来，我们对技术贸易缺乏全面完整的统计制度和有效的统计手段，使得对技术出口缺少全面和及时的了解。尽管我国出台了一些鼓励成熟技术和含有技术的机械设备出口的优惠政策，但优惠政策宣传不到位，对企业不能起到很好的政策鼓励和引导作用。对技术贸易人才培养缺乏长远的战略目标和科学的专业培养方式。

此外，人们对技术转让中的知识产权保护意识普遍不足。上述问题严重影响我国技术出口贸易的发展，不利于对外贸易增长方式的转变和结构优化。

（二）扩大技术出口对策

扩大技术出口的对策主要有以下方面。

1. 积极培育和完善技术出口促进和服务体系

确定一批具有技术研发优势，或者产业基础优势，或者市场开拓优势的重点扶持企业，充分发挥技术优势企业的示范带头作用，提高我国企业总体技术出口实力。同时进一步完善我国公共技术服务平台、公共商务信息平台、境外知识产权咨询服务中心等建设，及时全面地做好技术贸易统计工作，进一步提高国家对技术出口企业的服务水平。

2. 完善税收扶持政策

继续对高新技术企业实行税收优惠政策，同时要加强对技术出口现行优惠政策的宣传，充分发挥政策的引导和扶持效应。根据技术发展趋势和国际市场的预测适时推出新的适用的税收鼓励政策，简化管理程序。对技术出口所必需的进口货物，可以考虑给予延期出境或出口退税等优惠政策。

3. 资金信贷的扶持和金融创新

从发达国家的经验来看，没有资金信贷的参与，没有融资的支持，就没有高新技术持续研发与迅速的产业化，也就无法形成新的增长点，无法推进产业结构的升级。中国的风险投资业只占国内生产总值的 0.025%，与美国的风险投资业占国内生产总值的 1%相比，发展空间巨大。我国应当大力鼓励、支持发展风险投资业，实现风险资本与高科技的融合，把社会游资引导到高新技术产业中来。

4. 加强知识产权保护，促进技术创新和技术转让

技术贸易是以知识产权为主要交易内容的贸易活动，如专利权、商标权、专有技术和计算机软件著作权已经成为国际技术贸易的主要标的。因此，知识产权与技术贸易之间存在着紧密的联系。对知识产权保护的加强可以促进技术贸易的发展。随着世界范围内科技成果向商品化、产业化和国际化趋势发展，知识产权制度成为现代国际社会经济与科技合作的基本条件之一。不仅是在国际技术贸易领域，在国际货物贸易、国际服务贸易及其他领域都需要加强对知识产权的保护。我国应借助已经加入的国际知识产权保护公约和世界贸易组织知识产权协议作用，为技术的跨国移动创造良好的环境。

5. 培养和引进技术人才

企业在技术出口和“走出去”参与国际市场的竞争中普遍感到国际化商务人才缺乏，尤其是缺乏透彻了解并娴熟运用国际贸易、企业财务、国际商法、国际运输、国际金融、国际税务、国际旅游、国际展览和电子商务等知识，而且有很高的外语沟通能力和很强的竞争与团队意识的人才。我国在技术贸易发展方面与发达国家的差距，说到底就是这方面人才的差距。无论是远期目标还是近期目标的实现都离不开人才，我们需要自己培养人才，同时也要大量引进国外人才。通过国际合作与交流、请进来与派出去的方式，大力引进海外智力，促进高校教育水平的全面提高，进而培养出更多适应国际化发展需要的创新型国际技术贸易人才。

本章小结

1. 国际技术贸易是不同国家的企业、经济组织或个人之间，按照一般商业条件，向对方出售或从对方购买软件技术使用权的一种国际贸易行为。其内容包括专利、商标、专有技术等。它交易的标的物、所有权转换、贸易关系、作价和价格构成与一般商品贸易是不同的。

2. 国际技术贸易的最典型交易方式是国际许可贸易。国际许可合同，又称国际许可协议，指的是不同国家或地区的当事人依据相关法律所签订的，一方当事人准许另一方当事人使用其所有或持有的工业产权或专有技术，而由另一方当事人支付使用费的协议。国际许可合同的内容主要是规定许可方与被许可方的权利和义务，它是双方履行协议以及解决协议争端的依据。

3. 我国的技术引进关系到我国经济的发展、科技的进步，以及专利、专有技术转让的权益，既要优化结构，提高质量和效益，又要实现“引进技术—消化吸收—创新开发—提高国际竞争力”的良性循环。

4. 我国技术出口的基本方针是积极鼓励，努力开拓，加强管理，讲求实效。为贯彻这一基本方针，维护国家的政治和经济利益，我国技术出口应遵循有管理的自由出口、出口项目分类管理，以及鼓励成熟的产业化技术出口三项原则。

综合练习

一、不定项选择题

1. 国际技术贸易的形式包括（　　）。

A. 国际合作生产　　B. 国际许可证贸易

C. 国际技术咨询与服务　　D. 国际技术工程承包

2. 国际技术贸易的标的有（　　）。

A. 工业产权法保护的技术　　B. 专有技术

C. 公开的技术　　D. 版权法保护的技术

3. 国际技术贸易合同应采取的形式是（　　）。

A. 电子形式　　B. 书面形式　　C. 任何形式　　D. 正式书面形式

4. 我国对技术引进管理的主要内容包括（　　）。

A. 立项与项目管理　　B. 合同管理　　C. 外汇管理

D. 税务管理　　E. 实施管理

5. 我国技术出口的国家管理部门有（　　）。

A. 国家发展和改革委员会　　B. 商务部　　C. 国家保密局

D. 科学技术部　　E. 海关总署

二、简述题

1. 什么是国际技术贸易？其与一般商品贸易有何区别？

2. 什么是许可合同？

3. 商标许可的方式主要包括哪几种？

4. 什么是技术咨询与服务？什么是合作生产？

5. 我国对技术贸易的引进和出口管理应遵循哪些原则？

三、案例分析题

1. 在某项技术引进合同谈判时，输出方要求我引进方在合同中加入这样一个条款："为保持许可专利在许可协议有效期限内的有效性，在许可方不向专利局缴纳维持费的情况下，应由被许可方缴纳这项费用。"请问，这种要求是否合理？为什么？

2. 某主管机关在审查技术引进合同时，发现有一份合同的税收条款规定，凡是在引进方国家境内征收的税费，全部由引进方负担，在引进方国家境外的税费全部由输出方负担。请问这个条款有无问题？为什么？

3. 据飞象网2013年12月23日讯（编译 文慧） 据国外媒体报道，美国国际贸易委员会否决了InterDigital公司对华为、诺基亚和中兴等三家公司侵犯其专利权的指控。InterDigital于2011年提起诉讼，试图申请禁止美国进口上述三家手机厂商生产的旧版3G手机。InterDigital公司对于美国国际贸易委员会的裁定表示失望，并决定上诉。

人民网转载飞象网讯时加入了更多背景介绍，读者可参考：http://ip.people.com.cn/n/2014/0122/c136655-24196436.html

InterDigital公司还针对华为、诺基亚、中兴和三星生产的3G及4G产品向美国国际贸易委员会发起诉讼，目前这一案件仍处于搁置中。InterDigital公司于去年1月提交诉状，指控这4家公司侵犯了该公司7项与蜂窝相关的专利。InterDigital在诉讼中要求美国国际贸易委员会禁止美国进口三星Galaxy S III、诺基亚Lumia 920，以及这4家手机制造商生产的其他智能手机，该委员曾在其他专利侵权案件中予以批准。

InterDigital公司是一家美国研究公司，从事无线标准开发，并拥有20 000多项专利。不过该公司饱受业内批评，并被冠以"专利流氓"的恶名，但InterDigital辩称，公司有200名工程师从事新技术研发工作。并不是所有人都相信它的说法——2013年9月，中国政府针对InterDigital公司发起反垄断调查，而该公司则表示，这是它对华为发起专利诉讼的结果。

中国国家发改委目前尚未对此发表评论。与InterDigital公司的境遇类似，美国知名芯片制造商高通公司也面临着来自中国监管机构的反垄断调查。

（资料来源：http://tech.sina.com.cn/t/2014-01-22/09539118410.shtml

请分析：

（1）此案到底谁胜谁负？理由是什么？

（2）该案对中国企业具有哪些启示作用？

第五章 服务贸易

【学习要求】

通过本章的学习，了解国际服务贸易的概念、分类，把握世界贸易组织框架下服务贸易通行规则——《服务贸易总协定》的内容、基本原则和协定,及其给我国经济带来的影响，掌握我国加入世界贸易组织后关于服务贸易方面的主要承诺，以及我国对外服务贸易的发展状况及战略思路。

【主要概念】

服务　国际服务贸易　跨界提供　过境消费　商业存在　自然人流动　服务贸易总协定

服务贸易的迅速发展是 20 世纪经济发展的主要特点之一,服务贸易水平的高低是国家经济发展水平高低的重要标志之一。经济越发达的国家，服务贸易也越发达。特别是自“乌拉圭回合”达成《服务贸易总协定》以来，各国的服务贸易更是得到长足的发展。我们可以看到，长期以来，国际服务贸易格局始终是发达国家占据较大的国际市场份额，具有较高的服务贸易顺差。中国实行改革开放以来，对外服务贸易高速发展，但由于基数小、底子薄，对外服务贸易的相对地位仍有待提高。促进我国服务贸易的发展是一个非常迫切的问题。

第一节 国际服务贸易概述

案例 5.1

3万亿美元服务贸易市场或拯救中国外贸

据2013年2月4日《北京商报》报道（张慧敏） 在外贸发展面临增长困境的当下，服务贸易的发展被寄予厚望。商务部原副部长、中国国际经济交流中心秘书长魏建国在中国商务竞争新优势报告会上透露，据测评，未来3～5年，中国将迎来3万亿美元的世界服务贸易市场，如果中国不积极承接，菲律宾、印度、马来西亚等国家就会抢先承接过去。因此，要认清当前的形势，同时采取更大的措施来主动争取这块蛋糕，服务贸易更有可能在货物贸易遇阻的当下成为拯救中国外贸的有力拉手。

“当前，国际产业转移中心由制造业转向服务业，我们应紧紧抓住当前国际转移的契机，把大力发展服务贸易作为转变外贸增长方式、提升对外开放水平的重要内容，进而推动服务业乃至整个第三产业的发展。”魏建国表示，以服务外包、现代服务业为主要内容的国际性服务产业转移，正在成为全球产业转移趋势，这也为新兴经济体提供了新的机遇。印度、巴西、俄罗斯、南非、印度尼西亚、菲律宾都积极制定措施，竞相承接这一产业从发达国家的转移。

主要从事软件服务外包人才培训的北软教育副校长孙述龙预计，单纯在国际服务外包业务方面，2013年我国的市场份额就将达到300亿美元，这也将带来更多的就业机会。但由于目前相关行业缺乏合格的从业人才，未来5年将有34万的离岸服务外包人才缺口。商机无限的同时，也对我国的服务贸易环境提出了更高的要求。

北京商报网《3万亿美元服务贸易蛋糕待分 或成拯救中国外贸有力拉手》电子报刊：http://www.bjbusiness.com.cn/site1/bjsb/html/2013-02/04/content_203304.htm?div=-1

商务部研究院国际市场研究部副主任白明告诉记者，由于我国服务业和服务贸易起步较晚且相对落后，导致我国服务贸易竞争力相对落后，短期内扭转逆差局面不太现实，但可以通过大力发展与货物贸易衔接的运输服务贸易以及旅游、计算机信息服务等领域来尽量缩小逆差。

继以货物贸易为主的广交会后，以服务贸易为主的京交会从2012年起永久落户北京，在服务立国的道路上迈出一大步。

点评：国际产业转移中心由制造业转向服务业，将形成3万亿美元的世界服务贸易市场。紧紧抓住这个契机，把大力发展服务贸易作为转变外贸增长方式，提升对外开放水平的重要内容，服务贸易就可能在货物贸易遇阻的当下，成为拯救中国外贸的有力拉手。

服务产业是服务贸易的基石，一国对外服务贸易的竞争能力与国际地位在很大程度上取决于该国服务产业的发展水平。我国服务业的总体发展水平与发达国家相比还存在很大差距，通过发展服务贸易，吸收和借鉴大量国外的先进管理经验和技术，将对推动中国的经济建设发展起到重大作用。

一、国际服务贸易的概念与分类

（一）国际服务贸易的概念

服务，一般来说，是指以提供活劳动的形式满足他人一定需要并索取报酬的特殊的劳动产品。服务本身具有价值与使用价值，因此，其本身具有商品的属性。服务往往不像货物一样具有物质形体，其生产与消费以及交换常常同时发生，并且某些服务的消费具有不可排他性。因此，它是一种特殊的商品。

服务贸易是乌拉圭回合的三大新议题之一。新议题所涉及的服务贸易概念专指国际服务贸易，即国家间的服务输入或服务输出这样一种贸易形式，而不包括国内服务贸易。乌拉圭回合达成的《服务贸易总协定》第一条对国际服务贸易的定义从四个方面进行了规定。

（1）跨界提供，即由一个成员境内向另一个成员境内提供的服务。在这种形式下，服务提供者和被提供者分别在本国境内，并不移动过境。所以，这种服务提供方式，往往要借助于远程通信手段，或者就是远程通信服务本身。例如，国际电话通信服务。

（2）过境消费，即在一个成员境内向任何其他成员的消费者提供的服务。在这种服务提供形式下，服务的被提供者，也就是消费者跨过国境进入提供者所在的国家或地区接受服务。出国旅游、出国留学实际上接受的都是这种服务提供方式。

（3）商业存在，即通过一个成员的商业实体在任何其他成员境内的存在而提供的服务。这种商业实体或商业存在，实际上就是外商投资企业。其企业形式可以采取独立的法人形式，也可以仅仅是一个分支机构或代表处。在这里，服务的提供是以直接投资为基础的，其提供涉及资本和专业人士的跨国流动。例如，外资银行提供的服务就属于这种形式。

（4）自然人的流动，即由一个成员在任何其他成员境内作为个人提供的服务。这种形式涉及提供者作为自然人的跨国流动。与商业存在不同的是，它不涉及投资行为。例如，我们请一个国外著名会计师事务所的注册会计师前来做财务咨询以及进行讲学，可以被看作“自然人的流动”，但如果该所来中国开设了一家分支机构，就是“商业存在”了。

“服务贸易”作为一个在经济领域被广泛引用的概念，并没有一个完全公认的定义与范围。世界贸易组织《服务贸易总协定》对服务贸易的定义主要是针对服务的不同提供方式而给出的外延式定义。

国际服务贸易是服务提供者从一国境内，通过商业区现场或自然人现场向消费者提供服务并获得外汇收入的交易过程，也可以说是国家间服务输入（进口）和服务输出（出口）的一种贸易形式。

（二）国际服务贸易的分类

乌拉圭回合服务贸易谈判小组在乌拉圭回合中期评审会议后，加快了服务贸易谈判进程，并在对以商品为中心的服务贸易分类的基础上，结合服务贸易统计和服务贸易部门开放的要求，在征求各谈判方的提案和意见的基础上，提出了以部门为中心的服务贸易分类方法，将服务贸易分为 12 大类，分别介绍如下。

1. 商业性服务

商业性服务是指在商业活动中涉及的服务交换活动，服务贸易谈判小组列出六类这种服务，其中既包括个人消费的服务，也包括企业和政府消费的服务。

（1）专业性（包括咨询）服务。专业性服务涉及的范围包括法律服务、工程设计服务、旅游机构提供服务、城市规划与环保服务，以及公共关系服务等。专业性服务具体包括：涉及上述服务项目的有关咨询服务活动；安装及装配工程服务（不包括建筑工程服务），如设备的安装、装配服务；设备的维修服务，指除固定建筑物以外的一切设备的维修服务，例如成套设备的定期维修、机车的检修、汽车等运输设备的维修等。

（2）计算机及相关服务。这类服务包括计算机硬件安装的咨询与服务、软件开发与执行服务、数据处理服务、数据库服务及其他。

（3）研究与开发服务。这类服务包括自然科学、社会科学及人类学中的研究与开发服务等。

（4）不动产服务。不动产服务指不动产范围内的服务交换，但是不包含土地的租赁服务。

（5）设备租赁服务。设备租货服务主要包括交通运输设备如汽车、卡车、飞机、船舶等和非交通运输设备如计算机、娱乐设备等的租赁服务，但是，不包括其中有可能涉及的操作人员的雇用或所需人员的培训服务。

（6）其他服务。其他服务包括生物工艺学服务，翻译服务，展览管理服务，广告服务，市场研究及公众观点调查服务，管理咨询服务，与人类相关的咨询服务，技术检测及分析服务，与农、林、牧、采掘业、制造业相关的服务，与能源分销相关的服务，人员的安置与提供服务，调查与保安服务，与科技相关的服务，建筑物清洁服务，摄影服务，包装服务，印刷、出版服务，会议服务，以及其他服务等。

2. 通信服务

通信服务主要是指所有有关信息产品、操作、储存设备和软件功能等的服务。通信服务由公共通信部门、信息服务部门提供，或者是关系密切的企业集团和私人企业间进行信息转接和服务。通信服务主要包括：邮电服务；信使服务；电信服务，其中包含电话、电报、数据传输、电传、传真；视听服务，包括收音机及电视广播服务、其他电信服务。

3. 建筑服务

建筑服务主要指工程建筑从设计、选址到施工的整个服务过程。建筑服务具体包括：选址服务，涉及建筑物的选址，如桥梁，港口、公路等的地址选择等；建筑物的安装及装配工程；工程项目施工建筑；固定建筑物的维修服务；其他服务。

4. 销售服务

销售服务指产品销售过程中的服务交换，主要包括：商业销售，主要指批发业务；零售服务；与销售有关的代理费用及佣金等；特许经营服务；其他销售服务。

5. 教育服务

教育服务指各国间在高等教育、中等教育、初等教育、学前教育、继续教育、特殊教育和其他教育中的服务交往，如互派留学生、访问学者等。

6. 环境服务

环境服务指污水处理服务、废物处理服务、卫生及相似服务等。

7. 金融服务

金融服务主要指银行和保险业及相关的金融服务活动。金融服务包括以下内容。①银行及相关的服务；银行存款服务；与金融市场运行管理有关的服务；贷款服务；其他贷款服务；与债券市场有关的服务，主要涉及经纪业、股票发行和注册管理、有价证券管理等；附属于金融中介的其他服务，包括贷款经纪、金融咨询、外汇兑换服务等。②保险服务。保险服务包括：货物运输保险，其中含海运、航空运输及陆路运输中的货物运输保险等；非货物运输保险，具体包括人寿保险、养老金或年金保险、伤残及医疗费用保险、财产保险服务、债务保险服务；附属于保险的服务，例如保险经纪业、保险类别咨询、保险统计和数据服务；再保险服务。

8. 健康及社会服务

健康及社会服务主要指医疗服务、其他与人类健康相关的服务；社会服务等。

9. 旅游及相关服务

旅游及相关服务指旅馆、饭店提供的住宿、餐饮服务、膳食服务及相关的服务；旅行社及导游服务。

10. 文化、娱乐及体育服务

文化、娱乐及体育服务指不包括广播、电影、电视在内的一切文化、娱乐、新闻、图书馆、体育服务，如文化交流、文艺演出等。

11. 交通运输服务

交通运输服务主要包括：货物运输服务，如航空运输、海洋运输、铁路运输、管道运输、内河和沿海运输、公路运输服务；航天发射以及运输服务，如卫星发射等；客运服务；船舶服务（包括船员雇用）；附属于交通运输的服务，主要指报关、货物装卸、仓储、港口服务、起航前查验服务等。

12. 其他服务

（略）

二、国际服务贸易的发展及其特点

（一）国际服务贸易的发展

20 世纪 60 年代以来，世界经济重心开始转向服务业。在 1999 年世界国内生产总值中，服务业的产值占 61%，制造业占 34%，而农业仅占 5%左右。服务业在各国就业和国内生产总值中的比重也在不断加大。发达国家服务业占国内生产总值的比重由 1970 年的 58.2%提高到 1999 年的 65.3%，服务业就业人数占国内就业总数的比重在 55%～75%之间。同期发展中国家服务业占国内生产总值的比重也从 42.5%上升到 48.1%，服务业就业人数占国内就业总数的 30%～55%。服务业已经成为世界各国国民收入和就业增长的重要来源。

服务业的发展相应地推动了国际服务贸易的增长。全球服务贸易总额在 1970 年为 700 多亿美元，1980 年为 3 800 亿美元，1990 年是 8 660 亿美元。如果将其中的政府服务剔除，仅考虑商业服务，根据有关的世界经济组织的统计，1986 年国际商业服务出口额为 4 496 亿美元，1990 年为 7 827 亿美元，1994 年为 10 550 亿美元，1998 年是 13 320 亿美元，2000 年是 14 150 亿美元，2002 年是 15 400 亿美元。其年平均增长速度达到 7%左右，超过了同期的货物贸易 6%左右的增长速度。而 2011 年国际商业出口额达到了 41 500 亿美元，同比增长 11%。2012 年，全球货物和服务贸易总额为 22.5 万亿美元，较 2011 年仅增长 1%。其中，服务贸易额为 4.3 万亿美元，同比增长 2%。

（二）国际服务贸易的特点

国际服务贸易在其快速发展中呈现出以下几个新的特征。

1. 服务贸易在国际贸易中的比重加大

20 世纪 70 年代以前，国际服务贸易在世界经贸关系中还不是一个引人注目的领域。关税及贸易总协定组织的多轮谈判都没有涉及这一议题。只是在这以后，国际服务贸易的发展潜力和重要性才开始为人们所重视。进入 20 世纪 70 年代，国际服务贸易有了突飞猛进的发展。据世界贸易组织的统计，1990—2000 年间国际服务贸易额年均增长率为 7%，高于同期世界货物贸易 6%的增长率；2000—2010 年，世界服务进出口额从 2.87 万亿美元增加到 7.17 万亿美元，增长了 1.5 倍。2010 年世界服务出口额约是 2000 年的 2.55 倍，其中，2000—2005 年二者年均增长率均为 10%；2005—2010 年二者年均增长率均为 8%。十年间，世界服务贸易与货物贸易保持同步增长，世界服务出口额占世界贸易总额（货物加服务）的比重基本维持在 20%的水平（见表 5.1）。

随着知识经济时代的来临，新的服务部门不断涌现，越来越多的劳动者从实物生产转移到服务生产。与此相适应，国际服务贸易也将进入一个高速发展的时期。2011 年，世界服务进出口继续保持稳定增长态势，在同期货物贸易增速下滑的背景下，服务进出口增速仍略有提高。2011 年世界服务进出口总额为 80 150 亿美元，比 2010 年增长 10.6%。2013 年，在全球货物贸易总额下滑的背景下，服务贸易依旧保持着稳步增长，服务进出口总额接近9万亿美元，增速较去年提升了4.1个百分点。联合国贸发会议发布的全球价值链研究结果显示，虽然服务贸易仅占全球贸易的五分之一左右，但服务部门贡献了全球贸易增值部分的近一半。

表 5.1　2000—2010 年世界服务贸易占世界贸易的总额比重

年份	世界服务出口额（10 亿美元）	世界货物出口额（10 亿美元）	世界服务出口在世界贸易中的占比（%）
2000	1 435	6 186	18.8
2001	1 460	5 984	19.6
2002	1 570	6 272	20.0
2003	1 795	7 294	19.7
2004	2 125	8 907	19.3
2005	2 415	10 159	19.2
2006	2 755	12 083	18.6
2007	3 290	13 950	19.1
2008	3 780	16 070	19.0
2009	3 350	12 490	21.1
2010	3 665	15 238	19.4

资料来源：WTO，International Trade Statistics，2001—2010；WTO Press/628，World trade 2010，Prospects 2011，7 April 2011。

2. 以新兴行业为代表的其他商业服务出口增长最快

自2000年以来，以新兴服务行业为代表的其他商业服务出口一直保持快速增长态势，其历年增速均高于同期运输和旅游服务出口增速。2000年运输服务在世界服务贸易中所占比重为23.4%，2009年略降到20.9%，2010年回到21.4%；旅游服务所占比重呈下降之势，由2000年的32.1%下降到2005年的27.7%，2010年为25.5%。而2000—2010年间其他商业服务所占份额显著提升，2000年为44.5%，2006年占比首次超过50%，2009年和2010年进一步提高到53.1%。其间，2000—2009年，其他商业服务出口年均增长12%，高于同期世界服务贸易整体9%的平均增幅，比年均增长8%的运输服务、年均增长7%的旅游服务分别高出4个和5个百分点。2005—2010年间，世界服务出口额年均增长8%，其中运输服务增长7%，旅游服务增长6%，其他服务贸易增长9%（见表5.2）。

表 5.2　2000—2010 年世界服务贸易分类别的增长情况

	2010 年出口额（10 亿美元）	出口年均增长率（%）					
		2000—2009 年	2005—2010 年	2007 年	2008 年	2009 年	2010 年
世界服务贸易	3 663.8	9	8	20	13	−12	8
运输	782.8	8	7	20	16	−23	14
旅游	935.7	7	6	15	10	−9	8
其他商业服务	1 945.3	12	9	23	13	−8	6

资料来源：WTO，International Trade Statistics，2010；WTO Press/628，World trade 2010，Prospects 2011，7 April 2011。

3. 国际服务贸易的重要性日益加强

服务逐渐成为多数产品增值的主要来源，世界市场的竞争也相应地由价格竞争转向非价格竞争。诸如金融、技术、运输、通信、信息等生产性服务上升为服务贸易的主体，它们的发展状况成为衡量一个国家的经济发展和国际竞争力的重要标志。由于通信和信息技术与服务贸易的日趋融合，服务贸易正成为当代国际信息流动的主渠道。一方面，关系到国家经济命脉和主权安全的关键领域被日益加深的经济全球化的浪潮引入了国际市场，服务贸易发展与国家战略利益紧密相连，致使各国都给予本国的服务贸易以高度的关注；另一方面，信息、技术和金融资源获得了更有效地发挥它们功效的传播途径，服务贸易对物质生产和国民经济增长起着越来越重大的调节作用，服务贸易已经成为一国竞争优势的重要组成部分。

4. 发达国家在国际服务贸易中的主导地位日益加强

从地理分布上讲，西欧和北美的国际服务贸易较为活跃。自 2003 年以来，美国、英国和德国一直是世界排名前三位的服务出口国和进口国。2007 年，美国、英国、德国出口额分别为 4 540 亿美元、2 630 亿美元、1 970 亿美元，占世界服务贸易出口总额的比重依次为 13.9%、8.1%、6.1%。其进口额分别为 3 360 亿美元、2 450 亿美元、1 930 亿美元，占世界服务贸易进口总额的比重依次为 11%、8%、6.3%。2010 年，世界服务贸易前十位中的中国、印度、新加坡在世界服务贸易总额中的比重合计 10.6%，仍低于美国占比 14.1%。2011 年，世界服务进出口美国排名居首，服务进出口总额为 9 690 亿美元，继续以较大优势领先；德国、英国服务进出口总额分别为 5 370 亿美元、4 450 亿美元。2013 年美国排名居首，实现服务进出口总额 10 890 亿美元，英国、德国服务进出口总额分别为 4 630 亿美元和 6 020 亿美元，分别位列第二位和第四位。2013 年世界服务出口前四位分别是美国、英国、德国和法国，世界服务进口前五位分别是美国、中国、德国、法国和英国，中国首次超越德国跃居服务进口第二位。

5. 国际服务贸易的发展以高新技术为核心

高新技术的发展和应用，促进了世界经济发展中以服务生产为核心的新的国际分工格局的形式，同时扩大了服务的领域，改变了传统的服务提供方式，在一定程度上增加了服务的可贸易性。现代的电信和传递技术，使时间和空间这样的距离概念在经济生活中逐渐失去了它们本来的制约性色彩，导致服务的不可储存性和运输的传统特性都发生了改变。银行、保险、医疗、咨询和教育等原来需要供需双方直接接触的服务，现在可以采用远距离信息传递的方式。服务贸易的主要内容从运输、工程建筑等传统领域转向知识、技术和数据处理等不断涌现的新兴领域。现代科技的发展使得物质生产和服务生产中的知识、信息投入比重不断提高，从而推动了服务贸易结构的变化。以劳动密集为特征的传统服务贸易地位逐渐下降，以资本密集、技术密集和知识密集为特征的新兴服务贸易逐渐发展壮大。

三、国际服务贸易的地区分布格局

现代服务贸易多是资本密集型和知识、技术密集型的，这对于已进入服务社会的发达国家而言必然占据优势。因此，世界服务贸易主要集中在北美、欧盟及东南亚三个地区，欧洲的地位较 19 世纪已有所下降，亚洲、北美的地位则相对提高。新的贸易格局已呈现出欧、美、亚三足鼎立之势。

1. 发达国家的服务贸易

世界服务贸易的 85%左右集中在发达国家和亚洲新兴经济体。从地区结构看，世界服务贸易主要集中在欧洲、北美和亚洲三大地区，欧洲则保持服务贸易额最大的地位。2010 年，世界服务出口额与货物出口额之比为 1：4.1。英国、美国的这一比例则大大高于世界平均水平，英国为 1：1.8，美国为 1：2.5。同年德国为 1：5.5，日本为 1：5.6。2010 年，欧洲、北美和亚洲的服务出口占世界服务出口总额的 88.8%，其中欧洲占 47%；同年三大地区服务进口占世界服务进口总额的 83.8%，其中欧洲占 42.9%。发达国家处于世界服务贸易的高端，在知识、技术密集型服务贸易上具有很强的竞争优势。发达国家的计算机和信息服务、金融、保险等服务进出口增长最快，而旅游、建筑、通信等服务进出口增长相对缓慢。不过，即使在传统服务项目上，发达国家仍占有绝对优势。尤其是美国在世界运输服务贸易中居绝对主导地位，服务出口和进口均雄居世界榜首。

2. 发展中国家的服务贸易

亚洲和拉美新兴工业化国家和地区的发展中国家也纷纷调整发展战略，加快服务贸易发展。2005—2010 年间，中南美洲、独联体、非洲和亚洲地区的服务出口年均增长率分别为 10%、14%、9%和 12%，均高于同期 8%的世界平均水平；而北美洲和欧洲地区的服务出口年均增长率分别为 7%和 6%，均低于同期世界平均水平。2010 年，亚洲服务出口和进口增长接近，成为世界增长最快的地区。其中，运输服务是最具活力的部门，进、出口均增长 26%；旅游出口增长迅速，达到 25%；其他商业服务出口增长 17%，占据亚洲服务出口的半壁江山。发展中国家南南服务贸易占有相当大的比重，约占其服务出口市场的近 70%。发展中国家最常用的服务提供方式是境外消费以及自然人流动。随着服务外包逐渐发展为新的服务贸易方式，印度、巴西、中国、墨西哥、菲律宾等发展中国家承接服务外包与离岸服务贸易的能力迅速提高，世界服务贸易的世界格局正发生着变化和调整。

当然，与发达国家相比，发展中国家整体服务贸易发展滞后，在贸易规模、贸易结构、贸易方式等方面还有相当大差距，在国际分工中仍处于相对劣势。发展中国家在世界服务贸易中所占比重远低于在世界货物贸易中的水平。金砖国家的服务贸易实力与其经济规模及对世界经济的贡献并不相称。在多数发展中国家，服务贸易处于逆差状态，其中最大的逆差项目就是其他商业服务。

第二节　国际服务贸易规则与中国“入世”的承诺

案例 5.2

广电总局加强境外影视剧管理

据《北京日报》2012年2月14日报道（韩亚栋）《广电总局关于进一步加强和改进境外影视剧引进和播出管理的通知》已于2月9日下发。通知规定，应优先引进高清版本的境外影视剧，引进境外影视剧的长度原则上控制在50集以内，且不得在黄金时段播出。

通知指出，各省级广播影视行政部门应认真履行初审的管理职责，严格把握导向和格调，从立项环节开始加强对题材和内容的审查，不得引进涉案题材和含有暴力低俗内容的境外影视剧。

通知明确规定，境外影视剧不得在黄金时段（19:00—22:00）播出。各电视频道每天播出的境外影视剧，不得超过该频道当天影视剧总播出时间的25%。各级电视台申报并获得总局批准引进的境外影视剧必须在本台首播，首播之后才可以再次发行在其他电视频道播出。另外，各电视频道不得以栏目短剧或介绍境外影视剧的形式变相完整播出未经广电总局审批并获得发行许可证的境外影视剧。每期栏目中插播境外影视剧的时长不得超过3分钟，累计使用境外影视剧片段的时间不得超过10分钟。介绍境外影视剧的资讯类栏目，使用境外影视剧片段时长不得超过1分钟。通知还表示，要进一步加强境外影视剧播出国别比例的管理，避免个别电视频道在一段时期内集中播出某一国家或地区的境外影视剧。

《北京日报》网络版《广电总局加强境外影视剧管理》原文：http://bjrb.bjd.com.cn/html/2012-02/14/content_48431.htm

点评："入世"后，相关部门陆续出台《关于加强引进剧规划工作的通知》（广发外字［2002］948号）和《广电总局关于禁止以栏目形式违规播出境外影视剧的通知》（广发［2009］82号），对丰富人民群众精神文化生活，增进对世界各民族优秀文化的了解发挥了积极作用。

随着国际服务贸易飞速发展，世界各国不同地区的区域自由贸易区谈判越来越多地涉及服务贸易领域。在多哈回合进程中，服务贸易谈判是一个十分重要的议题，引起有关各方的密切关注。世界贸易组织框架下的《服务贸易总协定》成为世界服务贸易正常进行的基石和保障，是全球庞大的服务贸易体系赖以运转的规制基础。

一、国际服务贸易规则

（一）国际服务贸易规则的产生

第二次世界大战之后，世界服务贸易发展十分迅速，其在世界贸易中的地位也不断提高。但是，由于服务业的一些重要领域涉及各国经济的命脉，世界各国都对服务业实行相对封闭和保护的政策，使服务贸易的发展受到各国经济政策调节、国家财政干预和特殊限制等措施的阻碍。

1971年，世界经济合作组织的一份报告中首次提出了"服务贸易"一词，并在报告中首次提出应在《关贸总协定》谈判中关注服务贸易问题。1974年，美国在其贸易法第301条款中使用了"世界服务贸易"的概念，并提出要把服务贸易纳入《关贸总协定》谈判议程的内容。此后，美国和欧共体都积极要求将服务贸易纳入《关贸总协定》乌拉圭回合谈判，发展中国家在服务贸易谈判中也由最初的反对转为同意将服务贸易纳入《关贸总协定》谈判。1986年9月，在乌拉圭的埃斯特角城的部长级会议宣言中，明确将服务贸易谈判作为宣言的第二部分。以后，随着《关贸总协定》乌拉圭回合谈判的开始和不断深入，理论界和各国政府部门都开始重视对服务贸易进行研究和探讨。

与货物贸易相比，服务贸易不仅内容十分广泛，而且贸易保护更加严格，标准更高，限制更多，从而妨碍了服务贸易的正常顺利发展。因此，经过国际社会大量的协调工作和连续几年的谈判，在服务贸易谈判和立法方面达成了最富有成果的《服务贸易总协定》。到1993年12月乌拉圭回合谈判结束之际，除了少数几个部门外，服务贸易谈判实质上已经结束，各国均提出了自己的承诺表并附在《服务贸易总协定》之后，作为乌拉圭回合谈判成果的一部分，与《关贸总协定》《与贸易有关的知识产权协议》等一起成为国际贸易规则的重要内容。

但是，由于各国对服务贸易的认识仍存在一定的差距，再加上各国对本国服务业的保护政策措施，从而在自然人流动、金融、基础电信和海运四个部门的谈判，尚未达成令人满意的协定。因此，在埃斯特角城部长级会议上决定，在乌拉圭回合谈判结束后仍将继续对这些部门进行谈判，并规定应在世界贸易组织正式成立并开始运行后的一定时间内，尽快完成对这些部门的谈判，以达成统一的国际协定。

（二）国际服务贸易规则的内容

国际服务贸易规则的内容，主要体现在《服务贸易总协定》中，并由三方面内容所组成。一是《服务贸易总协定》的主件，包括协定的序言和6个部分共29条条款；二是《服务贸易总协定》的8个附件和部长会议决议，是对条款部分的补充，也是处理具体服务贸易所适用的规则；三是承诺减让表，是各缔约国对服务部门和分支部门贸易自由化所做的具体承诺，也是各缔约国具体承诺提供市场准入的机会等。

1. 《服务贸易总协定》的序言和正文

协定的序言部分阐述了建立《服务贸易总协定》的重要性。其中，第一部分包括第 1 条条款，阐明了服务贸易的范围和定义；第二部分包括第 2～15 条条款，是协定的核心内容，阐明了服务贸易的一般责任和纪律，包括最惠国待遇、透明度、发展中国家参与、经济一体化、国内规定、承让（资格/许可）、垄断及专营服务提供者、商业惯例、紧急保障措施、支付和转让、对保障国际收支平衡的限制、政府采购、一般例外和安全例外、补贴等条款；第三部分包括第 16～18 条条款，阐明了服务贸易应承担的特定义务，包括市场准入、国民待遇及附加承担的义务；第四部分包括第 19～21 条条款，规定了服务贸易逐步自由化的目标和方式，以及服务贸易具体承诺的谈判、承诺表及有关承诺表的修改等；第五部分包括第 22～26 条条款，是服务贸易的制度条款，对有关磋商、争端解决和实施、服务贸易理事会、技术合作、与其他国际组织关系等做出规定；第六部分包括第 27～29 条条款，是服务贸易的最后条款，规定了缔约方可对协定利益予以否定的若干情况、有关概念的定义及规定协定附件是总协定不可分割的组成部分等内容。

2. 《服务贸易总协定》的附件和决议

《服务贸易总协定》的附件和决议，主要包括 8 个附件、9 个决议和 1 个谅解书。8 个附件分别是，关于免除最惠国待遇义务的豁免附件，自然人流动附件，空运服务附件，金融服务附件，金融服务第二附件，海运服务附件，电信服务附件和基础电信谈判附件等；9 个决议分别是《服务贸易总协定》机构安排的决议，《服务贸易总协定》某些争端处理程序的决议，有关服务贸易与环境的决议，关于自然人流动谈判的决议，关于金融服务的决议，关于海运服务的决议，关于基础电信谈判的决议，关于专家服务的决议，关于贸易与环境的决议等；一个谅解书，就是关于金融服务承诺的谅解书。

3. 《服务贸易总协定》的减让表

根据《服务贸易总协定》第 20 条规定，每一缔约方都应该制定承担特定义务的承诺表，详细说明市场准入和国民待遇的范围、条件、限制及适当时间的内容。承诺表附于《服务贸易总协定》之后，作为其整体组成部分之一。同时，《服务贸易总协定》还规定了世界贸易组织成员对各服务业的开放承诺内容，并按照以下进行分类：商业服务（六方面 46 项），通信服务（五方面 25 项），建筑及相关工程服务（五方面），销售服务（五方面），教育服务（五方面），环境服务（四方面），金融服务（三方面 17 项），与卫生有关的服务及社会服务（三方面），旅游与相关服务（四方面），娱乐、文化与体育服务（五方面），运输服务（九方面 33 项）。

（三）国际服务贸易的基本原则

《服务贸易总协定》从法律框架和各国承诺表的构成角度，规定了各成员方开展服务贸易必须遵守的基本原则，主要有最惠国待遇原则、透明度原则、市场准入原则、国民待遇原则、逐步自由化原则、增加发展中国家成员逐渐参与原则、收支平衡保障的限制原则、一般例外与安全例外原则等 8 个原则。

1. 最惠国待遇原则

最惠国待遇原则（most favoured nation treatment）是指在《服务贸易总协定》项下的任

何措施方面，每一成员方给予任何一个其他成员方的服务和服务提供者的待遇，应立即和无条件地不低于给予任何其他成员方相同服务和服务提供者的待遇。与多边货物贸易协定的原则一样，无条件的最惠国待遇也是《服务贸易总协定》最重要的基本原则，它代表了《服务贸易总协定》作为多边贸易协定倡导自由化和开放的特征，是整个协定得以实施的必要条件。按照规定，最惠国待遇原则适用于服务贸易的各个部门，不论成员方是否将某一个服务贸易部门对外开放，在采取有关的管理措施时，都必须遵循最惠国待遇原则的要求。

2. 透明度原则

透明度原则（transparency principle）要求每一成员方必须将其所制定的，能够影响《服务贸易总协定》实施的有关法律、法规、政令和措施，最迟于其生效之时予以公布，并且每年应向服务贸易理事会报告新的或更改的法律、法规、政令和措施，包括涉及或影响服务贸易的有关国际协定或协议，同时设立咨询点答复任意一个成员方请求提供的详细情况。由于情况紧急而不能按时公布有关规定的，也应该及时做出说明。

3. 市场准入原则

市场准入原则（market access principle）是指当每一成员方承担对某一个服务部门的市场准入义务时，其给予其他成员方的服务和服务提供者的待遇，应不低于其在具体义务承诺表中所承诺的待遇，包括规定的期限、限制和条件，并应承担义务以保证其他成员方的服务或服务提供者进入本国的服务市场。任何一个成员方对做出承担义务的服务部门或分部门，除了在其承担义务的承诺表中列出外，不得维持或采取任何限制的措施。

4. 国民待遇原则

国民待遇原则（national treatment principle）要求每一成员方在其承担服务贸易开放的承诺表中所列的部门，除表中所述的各种条件和资格限制外，给予其他成员方的服务或服务提供者的待遇应不低于给予本国相同的服务和服务提供者的待遇。《服务贸易总协定》对于国民待遇的适用义务是非常宽容的，允许成员方在其承诺表中就国民待遇资格具体适用于哪些部门和不适用于哪些部门做出承诺，但是这种承诺做出后，就不能维持差别待遇，除非在谈判中获得同意并记录在减让表中。

5. 逐步自由化原则

世界各国的服务贸易发展不平衡，并且服务行业众多，各部门情况复杂，不可能在一次谈判中解决各个成员方的一切服务贸易问题。因此，《服务贸易总协定》规定了逐步自由化原则（principle of progressive liberalization）。即在《服务贸易总协定》建立后，可按照轻重缓急对各种服务贸易内容分别进行谈判，以制定并逐步减少，直至最后消除对服务贸易市场准入不利的措施，同时要逐步完善国际规则的内容，以最终实现服务贸易的自由化。

6. 增加发展中国家成员参与原则

增加发展中国家成员参与原则（increasing participation of developing countries），承认发达国家成员与发展中国家成员之间服务业发展的不平衡性，并规定发达国家成员应采取具体措施，包括通过获得商业性技术等方面，提高发展中国家成员服务业的能力和效益，促进发展中国家成员销售渠道与信息网络的改善，在其具有出口利益的部门及提供方式上实现市场准入的自由化等，来加强发展中国家成员服务部门的竞争力，使发展中国家成员的服务能有效地进入发达国家成员的市场。

7. 保障国际收支平衡的限制原则

保障国际收支平衡的限制原则（restrictions to safeguard the balance of payments）规定，为了保证服务贸易自由化，在一般情况下，任何一个成员方不得对其承诺开放服务贸易部门的国际支付及转移设置限制；但是，如果某一成员方在发生严重国际收支不平衡和对外财政困难及其威胁的情况下，可对已做出具体承诺的服务贸易采取或维持限制措施，包括对与这类承诺义务有关的支付和汇兑等，不过这类限制应符合《服务贸易总协定》第 12 条所规定的 7 个条件。

8. 一般例外与安全例外原则

考虑到一些特殊的情况，如涉及军事、国家安全等方面的服务贸易不适用于《服务贸易总协定》，因此，《服务贸易总协定》第 14 条规定，各成员在五种特定情况下，可以采取不遵从协定条款的一般例外（general exceptions）和安全例外（security exceptions）措施。但是，任何一个成员方在为上述原因而采取例外措施时，不得在相同条件的成员方之间，以构成武断的或非公正的歧视方式适用这些措施，或使这些措施对服务贸易构成隐蔽限制。

案例 5.3

中美银行卡准入制度争端

据中广网北京2012年7月17日消息（记者陈亮） 北京时间昨天深夜，世贸组织发布专家报告，就美国对于中国的银行卡准入制度存在垄断行为的指责进行了裁决。这场打了两年多的官司现在有了一个初步的结果。

在银行卡跨行交易方面，国外有VISA，中国主要是银联。在2010年的9月，美国提起了世贸组织争端机制下的磋商请求，指控中国银联成为中国国内唯一的电子支付卡提供商，其他公司无法进入中国市场。中方违反了在加入世界贸易组织时在《服务贸易总协定》中的有关规定。半年后，也就是2011年3月双方磋商失败后，美国贸易代表办公室又正式提请世界贸易组织启动争端解决机制，当时预计需要12至18个月的时间进行调查。这样，也就是在16个月之后，北京时间昨天深夜，世贸组织争端解决机构正式发布了专家组报告。

在本案中，美国提出的诉讼请求一共提了24个点，专家组的裁决中支持了中方13个法律点的主张，支持了美方11个法律点的主张。

主要内容体现在三个方面。

第一，专家组驳回了美方关于银联市场垄断地位的指控，认定中国并没有禁止外国服务提供商进入中国市场。

第二，在电子支付归类上，专家组支持了美方的观点，中方应该遵守承诺，给予市场准入机会与国民待遇。

第三，认定外国服务提供商，如VISA，要想在中国设立商业实体，必须满足中方服务贸易的条件，先经营三年的外币业务，在申请这个业务之前，要连续两年营利等。这实际上也是一个利好消息。所以总体来看，这份报告结果好于预期。

历时近一年半，世贸组织争端解决机构专家组报告结果终于出炉，那么接下来，案件将如何发展？中国商务部条法司司长李成钢在接受中国之声专访时表示，目前双方正在评估这个报告。主要基于成员对结果

中广网《WTO 裁决中美银行卡准入制度争端 驳回美方垄断指控》消息原文：
http://china.cnr.cn/yaowen/201207/t20120717_510244270.shtml

的评估，认为结果是否符合自己的预期，对自己利益的影响如何，当然还要考虑到产业的期待，进行综合评估。根据世界贸易组织争端解决的程序还有上诉与执行阶段。如果说双方决定上诉了，那么就要按照世界贸易组织的规则走上诉的程序。

课堂讨论：世界贸易组织协定的解释本就是一个复杂的问题，而服务贸易具体承诺表的解释因其特殊性而更具有争议，有文本解释方法、上下文解释方法、条约之目的及宗旨解释方法等。试分析本案中专家组对《服务贸易总协定》具体承诺表使用了什么样的解释方法，对我国的启示是什么？

（四）国际服务贸易规则的后续谈判进展

1994 年的“乌拉圭回合”谈判中，各国就服务贸易市场开放的谈判是初步的。因此，在“乌拉圭回合”以后，各国政府同意在《服务贸易总协定》框架下，继续就自然人流动、海运服务、金融服务、基础电信服务、商业信息服务等领域开放市场问题进行谈判。尽管在自然人流动和海运服务方面没有取得实质性的进展，但在基础电信业、金融业和商业信息业三个领域取得了突破性成果。

1. 关于自然人流动的谈判

对自然人流动提高开放承诺的谈判，在 1995 年 7 月告一段落，有关的承诺表作为《服务贸易总协定》附件的补充，向所有感兴趣的谈判方开放，同时各国还可在 1996 年 6 月 30 日前决定是否接受该附件的补充内容。其结果是，除了极少数发达国家对自己的开放承诺表做了极为有限的改动外，大多数有关自然人流动的承诺，都受限于配额限制，从而使该项谈判最终未取得较大的进展。

2. 关于海运服务谈判

关于海运服务谈判，在“乌拉圭回合”以后的谈判中，经过两年多并历经 16 次的艰苦谈判，尽管一些国家已经对部分海运服务做出了承诺，但终因谈判各成员方意见分歧较大，仍然未能就一揽子承诺达成协议，使海运谈判最终未取得实质性进展。虽然海运谈判失败，但它倡导的海运自由化和市场化仍将是未来海运业发展的方向，因此在 1996 年终止谈判时，谈判各方同意在下一轮多边服务贸易谈判时，再就海运服务进行谈判。

3. 关于基础电信服务贸易的谈判

关于基础电信服务贸易的谈判，经过“乌拉圭回合”以后近 3 年的艰苦谈判，到 1997 年 2 月达成《全球基础电信协定》，有 69 个国家和地区提交了 55 份承诺表，最终被附在《服务贸易总协定》下。由于这 69 个国家和地区的电信收入占了 1995 年世界电信市场的 90%，从而成功地结束了关于基础电信市场准入的谈判。《全球基础电信协定》的达成和实施，意味着垄断和封闭了 60 多年的世界电信市场终将开放，并为 21 世纪电信市场的开放奠定了法律基础，从而有助于世界经济和信息革命的发展。

4. 关于金融服务贸易的谈判

关于金融服务贸易，经过近 9 个月的艰苦谈判，在 1997 年 12 月 13 日达成了《全球金融服务贸易协定》，参与谈判的 70 个成员方同意对外开放银行、保险、证券和金融信息市场。该协定涉及全球 95%的金融服务贸易领域，具体包括全球 18 万亿美元的证券资产、38 万亿美元的银行贷款和 2.5 万亿美元的保险费。

5. 关于商业信息服务谈判

由于世界范围内信息技术产品和信息服务的迅猛发展，使信息服务贸易急剧上升，到1995年已经突破了1万亿美元。因此，1996年12月，在新加坡世界贸易组织部长会议上通过了《信息技术产品贸易协议》，规定分4个阶段将信息技术产品进口关税降为零，平均每一阶段降幅为25%。到1997年，已经有40个国家和地区参与这一协议，并在1998年最终确定了信息技术产品自由化贸易的范围，以使关税减让时间表在1999年1月1日前完全生效。

综上所述，服务贸易主要领域的谈判已经进入了世界贸易谈判的框架之内，在服务贸易领域更加深入地贯彻“国民待遇”原则和扩大“市场准入”是一个趋势方向，服务贸易主要领域的市场开放必将会得到进一步的发展。

二、中国“入世”关于服务贸易的承诺

（一）“入世”涉及服务贸易的法律文件

中国入世法律文件中大部分文件都涉及服务贸易，但最主要、最直接的是《中华人民共和国加入议定书》及其附件以及《中国加入工作组报告书》等文件。

《中国加入工作组报告书》对服务贸易的说明如下。

（1）服务贸易中的许可问题。一是自加入日起，我国将在官方刊物上公布所有与服务贸易有关的许可程序和条件，并将保证中国的许可程序和条件不构成市场准入的壁垒，且对贸易的限制作用不超过必要的限度。二是对于包括在具体承诺减让表中的服务部门，政府管理机关将独立于其所管理的服务提供者，但快递和铁路运输服务除外。三是将制定无固定地点销售的法规。四是关于保险问题的澄清和承诺，包括“统括保单”和“大型商业险”的定义、法定保险的范围以及外国保险公司设立分支机构的方法。

（2）合资伙伴选择。外国服务提供者可以自由选择中国合资伙伴，只要它是在中国合法设立的。此种合资企业应在与国内企业相同的基础上，满足审慎要求和具体部门要求。

（3）股权的调整。合资企业可以在减让表的承诺的范围内修改参股水平。

（4）保险部门中设立商业机构的资格要求。外国保险公司的合并、分拆、改组或法律形式的其他变更不会影响中国具体承诺减让表所包含的资格要求。

（5）检验服务。除非服务贸易减让表中另有规定，我国将不再保留对外国和合资商品检验机构的经营构成壁垒作用的要求。

（6）市场调查。自加入时起，我国将取消对市场调查服务的预先批准要求，市场调查公司只需将调查方案和问卷表格向省级以上政府统计部门备案。

（7）法律服务。服务贸易减让表中法律服务所列的“中国执业律师”是指获得律师资格证书、持有中国执业许可并在中国律师事务所注册执业的中国公民。

（8）少数股持有者的权利。合资企业中的少数股持有者可根据中国的法律、法规及其他措施行使其在投资中的权利。

（二）具体领域市场准入和国民待遇方面的规定

我国加入议定书附件《服务贸易具体承诺减让表》，对我国加入世界贸易组织后服务贸易的市场准入和国民待遇问题，也就是不同服务领域的市场开放问题做出了规定。

（1）电信。增值电信和寻呼业务，加入后两年内取消地域限制，外资比例不超过50%。

基础电信业务，移动话音和数据服务在加入后5年内取消地域限制，其他业务在加入后6年内取消地域限制，外资比例不超过49%。所有国际通信业务必须经由中国电信主管部门批准设立的出入口局进行。

（2）银行。加入时允许外资银行向所有中国客户提供外汇服务，加入后5年内允许外资银行逐步在全国向所有中国客户提供人民币本币业务，允许外资非银行金融机构提供汽车消费信贷。

（3）保险。加入时，允许设立外资比例不超过50%的合资寿险公司，加入后两年内允许设立独资非寿险公司，加入后3年内取消地域限制，加入后4年内取消强制分保要求，加入后5年内允许设立独资保险经纪公司。

（4）证券。加入时允许设立合资证券投资基金管理公司，加入后3年内允许外资比例达到49%。加入后3年内允许设立合资证券公司，外资比例不超过33%，可以从事A股的承销，以及B股和H股及政府和公司债券的承销与交易。

（5）音像。在不损害中国审查音像制品内容的权利的情况下，允许设立中外合作企业，从事除电影以外的音像制品的分销和录像带的出租。允许每年以分账形式进口 20 部外国电影，允许外商建设或改造电影院，但外资比例不得超过49%。

（6）分销。加入后3年内，取消对外资参与佣金代理及批发服务（盐及烟草除外）和零售服务（烟草除外）的地域、股权、数量限制，取消对外资参与特许经营的所有限制。加入后5年内取消对外资参与分销领域的所有限制，但销售多个供货商的不同种类和品牌产品的连锁店，如其分店数量超过30家，且销售粮食、棉花、植物油、食糖、图书、报纸、杂志、药品、农药、农膜、成品油、化肥，不允许外资控股。

（三）中国“入世”关于服务贸易的具体承诺

《中国入世议定书》及其附件9《服务贸易具体承诺减让表》和第2条最惠国豁免清单等法律文本集中体现中国所做出的相关承诺减让。

1. 法律服务

在市场准入限制方面，境外消费的服务提供方式没有限制，在商业存在方面，外国律师事务所只能在北京、上海、广州、深圳、海口、大连、青岛、宁波、烟台、天津、苏州、厦门、珠海、杭州、福州、武汉、成都、沈阳和昆明以代表处的形式提供法律服务，代表处可从事营利性活动。驻华代表处的数量不得少于截至中国加入之日已设立的数量。一外国律师事务所只能设立一个驻华代表处。上述地域限制和数量限制将在中国加入世界贸易组织后一年内取消。

外国代表处的业务范围仅限于下列内容：①就该律师事务所律师允许从事律师业务的国家和地区的法律及就国际公约和惯例向客户提供咨询；②应客户或中国法律事务所的委托，处理该律师事务所律师允许从事律师业务的国家和地区的法律事务；③代表外国客户，委托中国律师事务所处理中国法律事务；④订立合同以保持与中国律师事务所有关法律事务的长期委托关系；⑤提供有关影响中国法律环境的信息。按双方议定，委托允许外国代表处直接指示受委托的中国律师事务所的律师。

外国律师事务所的代表应为执业律师，为世界贸易组织成员的律师协会或律师公会的会员，且在中国境外执业不少于两年。首席代表应为世界贸易组织成员的律师事务所的合资伙伴或相同职位人员（如有限责任公司律师事务所的成员），且在中国境外执业不少于3年。自然人流动除水平承诺中内容外，不做承诺。

在国民待遇方面，跨境交付和境外消费方面没有限制，在商业存在方面，所有代表在华居留时间每年不得少于6个月。代表处不得雇佣中国国家注册律师。

2. 会计、审计和簿记服务

在市场准入限制方面，跨境交付和境外消费方面没有限制。在商业存在方面，合伙或有限责任会计师事务所只限于中国主管机关批准的注册会计师。自然人流动部门或分部门除水平承诺中内容外，不做承诺。

在其他承诺方面，允许外国会计师事务所与中国会计师事务所结成联合所，并与其在其他世界贸易组织成员中的联合所订立合作合同。自加入世界贸易组织时起，在对通过中国注册会计师资格考试的外国人发放执业许可方面，应给予国民待遇。申请人将在不迟于提出申请后30天以书面形式被告知结果。现有中外合作会计师事务所不限于中国主管机关批准的注册会计师。

3. 税收服务

在市场准入限制方面，跨境交付和境外消费方面没有限制。在商业存在方面，仅限于合资企业形式，允许外资拥有多数股权。中国加入后6年内，取消限制，外国公司将被允许设立外资独资子公司。自然人流动部门或分部门除水平承诺中内容外，不做承诺。

在国民待遇方面，跨境交付、商业存在和境外消费方面没有限制，自然人流动部门或分部门除水平承诺中内容外，不做承诺。

4. 建筑设计、工程、集中工程、城市规划（城市总体规划服务除外）

在市场准入限制方面，跨境交付要求对于方案设计没有限制，要求与中国专业机构进行合作，方案设计除外。境外消费没有限制。商业存在方面的服务提供方式仅限于合资企业形式，允许外资拥有多数股权。中国加入世界贸易组织后五年内，允许设立外商独资企业。自然人流动部门除水平承诺中内容外，不做承诺。

在国民待遇方面，跨境交付和境外消费没有限制，商业存在的服务提供方式中，外国服务提供者应为在其本国从事建筑、工程、城市规划服务的注册建筑师、工程师或企业。自然人流动部门除水平承诺中内容外，不做承诺。

5. 医疗和牙医服务

在市场准入限制方面，跨境交付和境外消费的服务提供方式没有限制。在商业存在方面，允许外国服务提供者与中国合资伙伴一起设立合资医院或诊所，设有数量限制，以符合中国的需要，允许外资拥有多数股权。自然人流动的服务提供方式除水平承诺中内容和下列内容外，不做承诺，应允许持有其本国颁发的专业证书的外国医生，在获得卫生部的许可后，在中国提供短期医疗服务，服务期限为6个月，并可延长至1年。

在国民待遇限制方面，跨境交付和境外消费没有限制。在商业存在的服务提供方式中，合资医院和诊所的大多数医生和医务人员应具有中国国籍。对于自然人流动的服务提供方式，除水平承诺中内容外，不做承诺。

6. 计算机及其相关服务

（1）与计算机硬件安装有关的咨询、数据处理制表和服务。

在市场准入限制方面，对于跨境交付、商业存在和境外消费的服务提供方式没有限制，对于自然人流动的服务提供方式，除水平承诺中内容外，不做承诺。

（2）软件实施、系统和软件咨询、系统分析、系统设计、编程、系统维护、数据处理。

在市场准入限制方面，对跨境交付和境外消费的服务提供方式没有限制。在商业存在方面，仅限于合资企业形式，允许外资拥有多数股权。自然人流动的服务提供方式除水平承诺中内容外，不做承诺。

在国民待遇限制方面，跨境交付、商业存在和境外消费的服务提供方式没有限制，对于自然人流动的服务提供方式中要求具备以下资格：注册工程师或具有学士（或以上）学位并在该领域有 3 年工作经验的人员。

7. 房地产服务

（1）涉及自有或租赁资产的房地产服务

在市场准入限制方面，跨境交付和境外消费的服务提供方式没有限制。在商业存在方面，除下列内容外，没有限制：对于高标准房地产项目如公寓和写字楼，不允许设立外商独资企业，但不包括豪华饭店。自然人流动的服务提供方式除水平承诺中内容外，不做承诺。

在国民待遇限制方面，跨境交付、商业存在和境外消费的服务提供方式没有限制，对自然人流动的服务提供方式除水平承诺中内容外，不做承诺。

（2）以收费或合同为基础的房地产服务

在市场准入限制方面，跨境交付和境外消费的服务提供方式没有限制。在商业存在方面，仅限于合资企业形式，允许外资拥有多数股权。自然人流动的服务提供方式除水平承诺中内容外，不做承诺。

8. 其他商业服务

1）广告服务

在市场准入限制方面，跨境交付仅限于通过在中国注册的、有权提供外国广告服务的广告代理。境外消费的服务提供方式仅限于通过在中国注册的、有权提供外国广告服务的广告代理。在商业存在方面允许外国服务提供者仅限于以合资企业形式，在中国设立广告企业，外资股权不超过 49%。中国加入世界贸易组织后 2 年内，将允许外资拥有多数股权。中国加入后 4 年内，将允许设立外资独资子公司。自然人流动的服务提供方式除水平承诺中内容外，不做承诺。

2）管理咨询服务

在市场准入限制方面，跨境交付和境外消费的服务提供方式没有限制。在商业存在方面，仅限于合资企业形式，允许外资拥有多数股权。中国加入世界贸易组织后 6 年内，取消限制，允许外国公司设立外资独资子公司。

3）技术测试和分析服务及货物检验服务

在市场准入限制方面，对跨境交付和境外消费的服务提供方式没有限制。在商业存在方面，允许已在本国从事检验服务 3 年以上的外国服务提供者设立合资技术测试、分析和货物检验公司，注册资本不少于 35 万美元。中国加入世界贸易组织后 2 年内，允许外资拥有多数股权。中国加入后 4 年内，允许设立外资独资子公司。自然人流动的服务提供方式除水平承诺中内容外，不做承诺。

4）与农业、林业、狩猎和渔业有关的科学技术咨询服务

在市场准入限制方面，对跨境交付和境外消费的服务提供方式没有限制。在商业存在方面，仅限于合资企业形式，允许外资拥有多数股权。自然人流动的服务提供方式除水平承诺

中内容外，不做承诺。

在国民待遇限制方面，自然人流动的服务提供方式除水平承诺中内容外，不做承诺，对跨境交付、商业存在和境外消费的服务提供方式没有限制。

5）近海石油服务，地质、地球物理和其他科学勘探及地下勘测服务

在市场准入限制方面，对跨境交付和境外消费的服务提供方式没有限制，在商业存在方面，仅限于与中国合资伙伴合作开采石油的方式。对自然人流动的服务提供方式除水平承诺中内容外，不做承诺。

6）陆上石油服务

在市场准入限制方面，跨境交付和境外消费的服务提供方式没有限制。在商业存在方面，仅限于以与中国石油天然气总公司合作在经中国政府批准的指定区域内开采石油的方式。为执行石油合同，外国服务提供者应在中华人民共和国领土内设立分公司、子公司或代表处，并依法完成注册手续。上述机构的设立地点应通过与中国石油天然气总公司协商确定。外国服务提供者应在经中国政府批准在中国领土内从事外汇业务的银行开设银行账户。对自然人流动的服务提供方式除水平承诺中内容外，不做承诺。

在国民待遇限制方面，跨境交付和境外消费的服务提供方式没有限制。在商业存在方面，外国服务提供者应准确并迅速地向中国石油天然气总公司提供关于石油经营的报告，并应向中国石油天然气总公司提交与石油经营有关的所有数据和样品以及各种技术、经济、会计和管理报告。中国石油天然气总公司应对在实施石油经营过程中获得的数据记录、样品、凭证及其他原始信息拥有所有权。外国服务提供者的投资应以美元或其他硬通货支付。对自然人流动的服务提供方式除水平承诺中内容外，不做承诺。

7）摄影服务

在市场准入限制方面，对跨境交付和境外消费的服务提供方式没有限制。在商业存在方面，仅限于合资企业形式，允许外资拥有多数股权。对自然人流动的服务提供方式除水平承诺中内容外，不做承诺。

8）包装服务

在市场准入限制方面，对跨境交付和境外消费的服务提供方式没有限制。在商业存在方面，允许外国服务提供者在中国设立合资企业。中国加入世界贸易组织后 1 年内，允许外资拥有多数股权。加入后 3 年内，允许外国服务提供者设立外资独资子公司。对自然人流动的服务提供方式除水平承诺中内容外，不做承诺。

在国民待遇限制方面，对跨境交付和境外消费的服务提供方式没有限制。商业存在服务提供方式仅限于合资企业形式，允许外资拥有多数股权。对自然人流动的服务提供方式除水平承诺中内容外，不做承诺。

9）会议服务

在市场准入限制方面，对跨境交付和境外消费的服务提供方式没有限制。商业存在服务提供方式仅限于合资企业形式，允许外资拥有多数股权。自然人流动的服务提供方式除水平承诺中内容外，不做承诺。

10）笔译和口译服务

在市场准入限制方面，对跨境交付和境外消费的服务提供方式没有限制。商业存在服务提供方式仅限于合资企业形式，允许外资拥有多数股权。对自然人流动的服务提供方式除水

平承诺中内容外，不做承诺。

在国民待遇限制方面，对跨境交付和境外消费的服务提供方式没有限制。商业存在服务提供方式仅限于合资企业形式，允许外资拥有多数股权。对自然人流动的服务提供方式除水平承诺中内容外，不做承诺。自然人流动的服务提供方式要求具备如下资格：3 年笔译或口译工作经验，熟练掌握工作语言（一种或多种）。

11）办公机械和设备（包括计算机）维修、租赁

在市场准入限制方面，对跨境交付和境外消费的服务提供方式没有限制。商业存在服务提供方式仅限于合资企业形式。中国加入世界贸易组织后 1 年内，允许外资拥有多数股权。中国加入后 3 年内，允许设立外资独资子公司。租赁服务要求服务提供者的全球资产达到 500 万美元。对自然人流动的服务提供方式除水平承诺中内容外，不做承诺。

9. 通信服务

1）速递服务（现由中国邮政部门依法专营的服务除外）

在市场准入限制方面，对跨境交付和境外消费的服务提供方式没有限制。商业存在服务提供方式中，加入世界贸易组织时，允许外国服务提供者设立合资企业，外资股权不超过 49%。中国加入后 1 年内，允许外资拥有多数股权。中国加入后 4 年内，允许外国服务提供者设立外资独资子公司。对自然人流动的服务提供方式除水平承诺中内容外，不做承诺。

2）电信服务、增值电信服务

电信服务、增值电信服务包括电子邮件、语音邮件、在线信息和数据检索、电子数据交换、增值传真服务（包括储存和发送、储存和检索）、编码和规程转换、在线信息和数据处理（包括交易处理）。在市场准入限制方面，对境外消费的服务提供方式没有限制。在商业存在方面允许外国服务提供者在上海、广州和北京设立合资增值电信企业，并在这些城市内提供服务，无数量限制。合资企业中的外资股权不得超过 30%。中国加入世界贸易组织后 1 年内，地域将扩大至包括成都、重庆、大连、福州、杭州、南京、宁波、青岛、沈阳、深圳、厦门、西安、太原和武汉，外资股权不得超过 49%。中国加入后 2 年内，将取消地域限制，外资股权不得超过 50%。对自然人流动的服务提供方式除水平承诺中内容外，不做承诺。

3）基础电信服务、寻呼服务

在市场准入限制方面，对境外消费的服务提供方式没有限制。在商业存在方面，允许外国服务提供者在上海、广州和北京设立合资企业，并在这些城市内及其之间提供服务，无数量限制。合资企业中的外资股权不得超过 30%。中国加入世界贸易组织后 1 年内，地域将扩大至包括成都、重庆、大连、福州、杭州、南京、宁波、青岛、沈阳、深圳、厦门、西安、太原和武汉，允许外国服务提供者在这些城市内及这些城市之间提供服务，外资股权不得超过 49%。中国加入后 2 年内，将取消地域限制，外资股权不得超过 50%。对自然人流动的服务提供方式除水平承诺中内容外，不做承诺。

4）移动话音和数据服务（模拟、数据、蜂窝服务，个人通信服务）

在市场准入限制方面，对境外消费的服务提供方式没有限制。在商业存在方面，自中国加入世界贸易组织时起，允许外国服务提供者在上海、广州和北京设立合资企业，并在这些城市内及其之间提供服务，无数量限制。合资企业中的外资股权不得超过 25%。加入世界贸易组织后 1 年内，地域将扩大至包括成都、重庆、大连、福州、杭州、南京、宁波、青岛、沈阳、深圳、厦门、西安、太原和武汉，允许外国服务提供者在这些城市内及这些城市之间

提供服务，外资股权比例不得超过 35%。加入后 3 年内，外资股权不得超过 49%。加入后 5 年内，将取消地域限制。对自然人流动的服务提供方式除水平承诺中内容外，不做承诺。

5）话音、分组及电路交换数据传输业务、传真服务

在市场准入限制方面，对境外消费的服务提供方式没有限制。在商业存在方面，中国加入世界贸易组织后 3 年内，允许外国服务提供者在上海、广州和北京设立合资企业，并在这些城市内及其之间提供服务，无数量限制。合资企业中的外资股权不得超过 25%。中国加入后 5 年内，地域将扩大至包括成都、重庆、大连、福州、杭州、南京、宁波、青岛、沈阳、深圳、厦门、西安、太原和武汉，允许外国服务提供者在这些城市内及这些城市之间提供服务，外资股权不得超过 35%。中国加入后 6 年内，将取消地域限制，外资股权不得超过 49%。对自然人流动的服务提供方式除水平承诺中内容外，不做承诺。

6）视听、录像的分销服务，包括娱乐软件及录音制品分销服务

在市场准入限制方面，对境外消费的服务提供方式没有限制。在商业存在方面，自加入世界贸易组织时起，在不损害中国审查音像制品内容的权力的情况下，允许外国服务提供者与中国合资伙伴设立合作企业，从事除电影外的音像制品的分销。对自然人流动的服务提供方式除水平承诺中内容外，不做承诺。

在其他承诺方面，在不损害与中国关于电影管理的法规的一致性的情况下，自加入世界贸易组织时起，中国允许以分账形式进口电影用于影院放映，此类进口的数量应为每年 20 部。

10. 电影院服务

在市场准入限制方面，对境外消费的服务提供方式没有限制。在商业存在方面，自加入世界贸易组织时起，允许外国服务提供者建设或改造电影院，外资股权不得超过 49%。对自然人流动的服务提供方式除水平承诺中内容外，不做承诺。

11. 建筑及相关工程服务

在市场准入限制方面，对跨境交付不做承诺。对境外消费没有限制。商业存在仅限于合资企业形式，允许外资拥有多数股权。中国加入世界贸易组织后 3 年内，允许设立外商独资企业。外商独资企业只能承揽下列四种类型的建筑项目。①全部由外国投资或赠款资助的建设项目。②由国际金融机构资助并通过根据贷款条款进行的国际招标授予的建设项目。③外资比例等于或超过 50%的中外联合建设项目，及外资少于 50%但因技术困难而不能由中国建筑企业独立实施的中外联合建设项目。④由中国投资但中国建筑企业难以独立实施的建设项目，经省政府批准，可由中外建筑企业联合承揽。自然人流动的服务提供方式除水平承诺中内容外，不做承诺。

在国民待遇限制方面，跨境交付和境外消费的服务提供方式没有限制。在商业存在方面，跨境交付不作承诺，境外消费没有限制，商业存在除下列内容外，没有限制：①现行合资建筑企业注册资本要求与国内企业的要求略有不同；②合资建筑企业有承揽外资建筑项目的义务。中国加入世界贸易组织后 3 年内，取消限制。自然人流动的服务提供方式除水平承诺中内容外，不做承诺。

12. 分销服务

1）佣金代理服务（不包括盐和烟草）及批发服务（不包括盐和烟草）

在市场准入限制方面，对跨境交付不做承诺，对境外消费没有限制。在商业存在方面，中国加入世界贸易组织后一年内，外国服务提供者可设立合资企业，从事所有进口和本国产

品的佣金代理业务和批发业务，但部分产品除外。对于这些产品，将允许外国服务提供者在中国加入后 3 年内，从事图书、报纸、杂志、药品、农药和农膜的分销，并在中国加入后 5 年内，从事化肥、成品油和原油的分销。中国加入世界贸易组织后两年内，允许外资拥有多数股权，取消地域或数量限制。中国加入后 3 年内，取消限制，但对于化肥、成品油和原油在加入后 5 年内取消限制。对自然人流动的服务提供方式除水平承诺中内容外，不做承诺。

在其他承诺中，允许外商投资企业分销其在中国生产的产品，包括在市场准入部门或分部门栏中所列产品，并提供附件 2 中定义的附属服务。允许外国服务提供者对其分销的产品，提供按附件 2 定义的全部相关附属服务，包括售后服务。

2）零售服务（不包括烟草）

在市场准入限制方面，对跨境交付除邮购外，不做承诺。境外消费没有限制在商业存在方面，外国服务提供者仅限于以合资企业形式在 5 个经济特区（深圳、珠海、汕头、厦门和海南）和 6 个城市（北京、上海、天津、广州、大连和青岛）提供服务。在北京和上海，允许的合资零售企业的总数各不超过 4 家。在其他城市，允许的合资零售企业各不超过 2 家。在北京设立的 4 家合资零售企业中的 2 家可在同一城市（即北京）设立其分支机构。自中国加入世界贸易组织时起，郑州和武汉向合资零售企业开放。中国加入世界贸易组织后 2 年内，在合资零售企业中允许外资持有多数股权，向合资零售企业开放所有省会城市及重庆和宁波。允许外国服务提供者从事除下列产品外的所有产品的零售：加入后 1 年内允许从事图书、报纸和杂志的零售；加入后 3 年内，允许从事药品、农药、农膜和成品油的零售；加入后 5 年内，允许从事化肥的零售。中国加入后 3 年内，取消限制，但下列情况除外：化肥的零售，加入后 5 年内，取消限制；超过 30 家分店、销售来自多个供应商的不同种类和品牌商品的连锁店。对于此类超过 30 家分店的连锁店，如这些连锁店销售任何下列产品之一，则不允许外资拥有多数股权：汽车（期限为加入后 5 年，届时股比限制将取消），及以上所列产品和《中国加入议定书》附件 2A 中所列产品。外国连锁店经营者将有权选择根据中国法律和法规在中国合法设立的任何合资伙伴。对自然人流动的服务提供方式除水平承诺中内容外，不做承诺。

在其他承诺中，允许外商投资企业分销其在中国生产的产品，包括在市场准入部门或分部门栏中所列产品，并提供附件 2 中定义的附属服务。允许外国服务提供者对其分销的产品，提供按附件 2 定义的全部相关附属服务，包括售后服务。

3）特许经营

在市场准入限制方面，对跨境交付和境外消费的服务提供方式没有限制。对商业存在服务提供方式，中国加入世界贸易组织后 3 年内，取消限制。对自然人流动的服务提供方式除水平承诺中内容外，不做承诺。

4）无固定地点的批发或零售服务

在市场准入限制方面，对跨境交付和境外消费的服务提供方式没有限制，对商业存在服务提供方式，中国加入世界贸易组织后 3 年内，取消限制。对自然人流动的服务提供方式除水平承诺中内容外，不做承诺。

13. 教育服务（初等教育、中等教育、高等教育、成人教育、其他教育（不包括特殊教育，如军事、警察、政治和党校教育）

在市场准入限制方面，对跨境交付不做承诺。对境外消费没有限制。在商业存在方面，允许中外合作办学外方获得多数拥有权。对自然人流动的服务提供方式除水平承诺中内容和下列内容外，不做承诺：外国个人教育服务提供者受中国学校和其他教育机构邀请或雇佣，可入境提供教育服务。

在国民待遇限制方面，对跨境交付和商业存在不做承诺，对境外消费没有限制。对自然人流动的服务提供方式要求具备如下资格：具有学士或以上学位；具有相应的专业职称或证书；具有两年专业工作经验。

案例 5.4

留学和回国数同步增长

据2013年3月7日《广州日报》报道（李琼） 日前，教育部举行新闻发布会介绍了教育对外合作与交流情况。2012年度中国出国留学人员总数为39.96万人，各类留学回国人员总数为27.29万人，与2011年度的统计数据相比较，我国出国留学人数和留学回国人数均有进一步增加。其中，出国留学人数增加5.99万人，增长了17.65%；留学回国人数增加8.67万人，增长了46.57%。

从1978年到2012年年底，各类出国留学人员总数达264.47万人。截至2012年年底，以留学身份出国，在外的留学人员有155.34万人，其中113.69万人正在国外进行相关阶段的学习和研究。

与此同时，来华留学生总数、生源国家和地区数、中国接收留学生单位数及中国政府奖学金学生数4项均创新高。2012年来华留学生总数增加35 719人，同比增长12.21%。日本、泰国、印度尼西亚稳占留学生增长数前三甲。

教育部指出，过去一年国家大力支持高水平中外合作办学，高质量中外合作办学作为全面、系统引入境外优质教育资源的主渠道作用不断加强。截至2013年1月，实施本科以上高等学历教育的项目有732个；实施本科以上高等学历教育的机构有43个，其中5个机构具有法人资格，分别是上海纽约大学、宁波诺丁汉大学、西交利物浦大学、长江商学院、北京师范大学—香港浸会大学联合国际学院。

课堂讨论：出口留学和来华留学分别属于国际服务贸易中的哪种方式?如果一个国家对接受外国留学生进行限制，请问其他相关国家可以根据世界贸易组织《服务贸易总协定》对之提出磋商请求吗?

14. 环境服务

在市场准入限制方面，对跨境交付除环境咨询服务外，不做承诺。对境外消费没有限制。商业存在方面允许外国服务提供者仅限于合资企业形式从事环境服务，允许外资拥有多数股权。

15. 金融服务

1）所有保险及其相关服务

在市场准入限制方面，对跨境交付除下列内容外，不作承诺：①再保险；②国际海运、空运和运输保险；③大型商业险经纪，国际海运、空运和运输保险经纪及再保险经纪。

境外消费中对保险经纪不做承诺，对其他服务没有限制。在商业存在方面允许外国非寿险公司设立分公司或合资企业，外资占 51%。中国加入世界贸易组织后 2 年内，允许外国非寿险公司设立外资独资子公司，取消企业形式限制。自加入时起，允许外国寿险公司设立外资占 50%的合资企业，并可自行选择合资伙伴。合资企业合资伙伴有权议定合作条款，只要它们不超过《服务贸易具体承诺减让表》所包含承诺的限度。对于大型商业险经纪，国际海运、空运和运输保险和再保险经纪，自加入时起，允许设立外资股比不超过 50%的合资企业。

中国加入后 3 年内，外资股比增至 51%。中国加入后 5 年内，允许设立外资独资子公司。对于其他经纪服务，不做承诺。允许保险公司随着地域限制的逐步取消设立内部分支机构。

在地域范围上，自加入时起，允许外国寿险和非寿险公司及保险经纪公司在上海、广州、大连、深圳和佛山提供服务。中国加入后 2 年内，允许外国寿险和非寿险公司及保险经纪公司在下列城市提供服务：北京、成都、重庆、福州、苏州、厦门、宁波、沈阳、武汉和天津。中国加入后 3 年内，取消地域限制。

在业务范围上，自加入时起，允许外国非寿险公司提供无地域限制的“统括保单”大型商业险保险，依照国民待遇，允许外国保险经纪公司不迟于中国保险经纪公司，并以不低于中国保险经纪公司的条件提供“统括保单”业务。允许外国非寿险公司自加入时起向境外企业提供保险，并向在中国的外商投资企业提供财产险、相关责任险和信用险。中国加入后 2 年内，允许外国非寿险公司向外国和国内客户提供全部非寿险服务。允许外国保险公司向外国人和中国公民提供个人（非团体）险服务。中国加入后 3 年内，允许外国保险公司向外国人和中国人提供健康险、团体险和养老金/年金险。自加入时起，允许外国保险公司以分公司、合资企业或外资独资子公司的形式提供寿险和非寿险的再保险服务，无地域限制或发放营业许可的数量限制。

在许可上，自加入世界贸易组织时起，许可的发放没有经济需求测试或许可的数量限制。设立外资保险机构的资格条件如下：投资者应为在某一世界贸易组织成员中有 30 年以上设立商业机构经验的外国保险公司；应连续 2 年在中国设有代表处；在提出申请的前一年年末总资产应超过 50 亿美元，但保险经纪公司除外。对保险经纪公司的总资产要求是：自中国加入世界贸易组织时起，应超过 5 亿美元；加入后 1 年内，其总资产应超过 4 亿美元；加入后 2 年内，其总资产应超过 3 亿美元；加入后 4 年内，其总资产应超过 2 亿美元。

在国民待遇限制方面，对跨境交付和境外消费的服务提供方式没有限制。对商业存在服务提供方式除下列内容外，没有限制：外国保险机构不得从事法定保险业务；自加入世界贸易组织时起，要求就非寿险、个人事故和健康险的基本风险的所有业务向一家指定的中国再保险公司进行 20%的分保，加入后一年分保比例应为 15%，加入后 2 年分保比例应为 10%，加入后 3 年分保比例应为 5%，加入后 4 年不要求任何强制分保。

2）银行及其他金融服务（不包括保险和证券）

银行服务如下所列：①接收公众存款和其他应付公众资金；②所有类型的贷款，包括消费信贷、抵押信贷、商业交易的代理和融资；③金融租赁；④所有支付和汇划服务，包括信用卡、赊账卡和贷记卡、旅行支票和银行汇票（包括进出口结算）；⑤担保和承诺；⑥自行或代客外汇交易。

在市场准入限制方面，对跨境交付除下列内容外，不做承诺：①提供和转让金融信息、金融数据处理以及与其他金融服务提供者有关的软件；②就协议所列各项银行和其他金融服务项目提供咨询、中介和其他附属服务，包括资信调查和分析、投资和证券的研究和建议、关于收购的建议和关于公司重组和战略制定的建议。对境外消费的服务提供方式没有限制。

在地域限制上，对于外汇业务，自加入世界贸易组织时起，无地域限制。对于本币业务，地域限制将按下列时间表逐步取消：自加入时起，开放上海、深圳、天津和大连；加入后 1 年内，开放广州、珠海、青岛、南京和武汉；加入后 2 年内，开放济南、福州、成都和重庆；加入后 3 年内，开放昆明、北京和厦门；加入后 4 年内，开放汕头、宁波、沈阳和西安；加入后 5 年内，取消所有地域限制。

在服务客户方面，对于外汇业务，允许外国金融机构自中国加入世界贸易组织时起在中国提供服务，无客户限制。对于本币业务，加入后 2 年内，允许外国金融机构向中国企业提供服务。加入后 5 年内，允许外国金融机构向所有中国客户提供服务。获得在中国某一地区从事本币业务营业许可的外国金融机构可向位于已开放此类业务的任何其他地区的客户提供服务。

在营业许可上，中国金融服务部门进行经营的批准标准仅为审慎性的（即不含经济需求测试或营业许可的数量限制）。加入后 5 年内，取消现在的限制所有权、经营及外国金融机构法律形式的任何非审慎性措施，包括关于内部分支机构和营业许可的措施。满足下列条件的外国金融机构允许在中国设立外国独资银行或外国独资财务公司：提出申请前一年年末总资产超过 100 亿美元。满足下列条件的外国金融机构允许在中国设立外国银行的分行：提出申请前一年年末总资产超过 200 亿美元。满足下列条件的外国金融机构允许在中国设立中外合资银行或中外合资财务公司：提出申请前一年年末总资产超过 100 亿美元。从事本币业务的外国金融机构的资格如下为，在中国营业 3 年，且在申请前连续 2 年赢利。其他没有限制。

在国民待遇限制方面，对跨境交付和境外消费的服务提供方式没有限制。在商业存在方面，除关于本币业务的地域限制和客户限制（列在市场准入栏中）外，外国金融机构可以同外商投资企业、非中国自然人、中国自然人和中国企业进行业务往来，无个案批准的限制或需要。其他没有限制。

在其他承诺方面，对于金融租赁服务，允许外国金融租赁公司与国内公司在相同时间提供金融租赁服务。

3）非银行金融机构从事汽车消费信贷

在市场准入限制方面，除下列内容外，对跨境交付不做承诺：提供和转让金融信息、金融数据处理以及与其他金融服务提供者有关的软件；就银行服务及提供和转让金融信息、金融数据处理以及其他有关金融服务提供者的软件服务进行的咨询、中介和其他附属服务，包括资信调查和分析、投资和证券研究和建议、关于收购的建议和关于公司重组和战略制定的建议。对境外消费没有限制。在商业存在方面的服务提供方式中，没有限制。对自然人流动的服务提供方式除水平承诺中内容外，不做承诺。

4）其他金融服务

其他金融服务如下：提供和转让金融信息、金融数据处理以及与其他金融服务提供者有关的软件；包括资信调查和分析、投资和证券研究和建议、关于收购的建议和关于公司重组和战略的建议。

在市场准入限制方面，对跨境交付和境外消费没有限制。在以商业存在提供服务的方式中，中国金融服务部门进行经营的批准标准仅为审慎性的（即不含经济需求测试或营业许可的数量限制），允许外国机构设立分支机构。

5）证券服务

在市场准入限制方面，对跨境交付除下列内容外，不做承诺：外国证券机构可直接（不通过中国中介）从事 B 股交易。对境外消费没有限制。在商业存在方面，除下列内容外，不做承诺：自加入世界贸易组织时起，外国证券机构在中国的代表处可成为所有中国证券交易所的特别会员；自加入时起，允许外国服务提供者设立合资公司，从事国内证券投资基金管理业务，外资最多可达 33%，加入后 3 年内，外资股比限制增加至 49%；中国加入后 3 年内，允许外国证券公司设立合资公司，外资拥有不超过 1/3 的少数股权，合资公司可从事（不通过中方中介）A 股的承销、B 股和 H 股及政府和公司债券的承销和交易、基金的发起。

16. 旅游及与旅行相关的服务

1）饭店（包括公寓楼）和餐馆

在市场准入限制方面，对跨境交付和境外消费没有限制。在商业存在方面，外国服务提供者可以合资企业形式在中国建设、改造和经营饭店和餐馆设施，允许外资拥有多数股权。中国加入世界贸易组织后 4 年内，取消限制，允许设立外资独资子公司。对自然人流动的服务提供方式除水平承诺中内容和下列内容外，不做其他承诺：允许与在中国的合资饭店和餐馆签工作合同的外国经理、专家包括厨师和高级管理人员在中国提供服务。

2）旅行社和旅游经营者

在市场准入限制方面，对跨境交付和境外消费没有限制。在商业存在方面，满足下列条件的外国服务提供者可以自中国加入世界贸易组织时起以合资旅行社和旅游经营者的形式在中国政府指定的旅游度假区和北京、上海、广州和西安提供服务：①旅行社和旅游经营者主要从事旅游业务；②全球年收入超过 4 000 万美元。③合资旅行社/旅游经营者的注册资本不得少于 400 万人民币。中国加入后 3 年内，注册资本不得少于 250 万人民币。加入后 3 年内，允许外资拥有多数股权。加入后 6 年内，允许设立外资独资子公司，取消地域限制。

旅行社/旅游经营者的业务范围如下：①向外国旅游者提供可由在中国的交通和饭店经营者直接完成的旅行和饭店住宿服务；②向国内旅游者提供可由在中国的交通和饭店经营者直接完成的旅行和饭店住宿服务；③在中国境内为中外旅游者提供导游；④在中国境内的旅行支票兑现业务。加入后 6 年内，将取消对合资旅行社/旅游经营者设立分支机构的限制，且对于外资旅行社/旅游经营者的注册资本要求将与国内旅行社/旅游经营者的要求相同。

在国民待遇限制方面，合资或独资旅行社和旅游经营者不允许从事中国公民出境及内地居民赴中国香港、中国澳门和大陆居民赴中国台湾的旅游业务，除此之外没有限制。

17. 海运服务

1）国际运输（货运和客运）（不包括沿海和内水运输服务）

在市场准入限制方面，对跨境交付中的班轮运输（包括客运）和散货、不定期和其他国际船运（包括客运）没有限制。对境外消费没有限制。在商业存在方面，①设立注册公司，以经营悬挂中华人民共和国国旗的船队，允许外国服务提供者设立合资船运公司，外资不得超过合资企业注册资本的 49%，合资企业的董事会主席和总经理应由中方任命；②提供国际海运服务的其他商业存在形式不作承诺。

2）辅助服务、海运理货服务、集装箱堆场服务和海运报关服务

在市场准入限制方面，对跨境交付不做承诺。对境外消费方式没有限制。在商业存在方面，仅限于合资企业形式，允许外资拥有多数股权。对自然人流动的服务提供方式除水平承诺中内容外，不做承诺。

3）海运代理服务

在市场准入限制方面，对跨境交付和境外消费方式没有限制。在商业存在方面，仅限于合资企业形式，外资股比不超过 49%。对自然人流动的服务提供方式除水平承诺中内容外，不做承诺。

4）内水运输（货运）

在市场准入限制方面，跨境交付只允许在对外国船舶开放的港口从事国际运输。对境外

消费方式没有限制。在商业存在方面，不做承诺。自然人流动的服务提供方式除水平承诺中内容外，不做承诺。

18. 航空运输服务

1）航空器的维修服务

在市场准入限制方面，对跨境交付不做承诺，对境外消费方式没有限制。在商业存在方面，允许外国服务提供者在中国设立合资航空器维修企业。中方应在合资企业中控股或处于支配地位。设立合资企业的营业许可需进行经营需求测试。对自然人流动的服务提供方式除水平承诺中内容外，不做承诺。

在国民待遇限制方面，对跨境交付不做承诺，对境外消费方式没有限制。商业存在方面，中外合资、合作航空器维修企业有承揽国际市场业务的义务。

2）计算机订座系统服务

在市场准入限制方面，在跨境交付方式中，外国计算机订座系统如与中国航空企业和中国计算机订座系统订立协议，则可通过与中国计算机订座系统连接，向中国空运企业和中国航空代理人提供服务。外国计算机订座系统可向根据双边航空协定有权从事经营的外国空运企业在中国通航城市设立的代表处或营业所提供服务。中国空运企业和外国空运企业的代理直接进入和使用外国计算机订座系统须经中国民航总局批准。对境外消费方式没有限制。在商业存在方面不做承诺。

19. 铁路运输服务、公路运输、铁路货运、公路卡车和汽车货运服务

在市场准入限制方面，对跨境交付和境外消费没有限制。商业存在仅限于合资企业形式，外资股比不超过49%。对于铁路运输，中国加入世界贸易组织后3年内，允许外资拥有多数股权，中国加入后6年内，允许设立外资独资子公司。对于公路运输，中国加入后1年内，允许外资拥有多数股权，中国加入后3年内，允许设立外资独资子公司。对自然人流动的服务提供方式除水平承诺中内容外，不做承诺。

20. 所有运输方式的辅助服务（仓储服务）

在市场准入限制方面，对跨境交付和境外消费没有限制。商业存在方式自中国加入世界贸易组织时起，仅限于合资企业形式，外资股比不超过49%。中国加入后1年内允许外资拥有多数股权。中国加入后3年内，取消限制，允许设立外资独资子公司。对自然人流动的服务提供方式除水平承诺中内容外，不做承诺。

21. 货物运输代理服务（不包括货检服务）

在市场准入限制方面，对跨境交付和境外消费没有限制。对商业存在方式允许有至少连续3年经验的外国货运代理在中国设立合资货运代理企业，外资股比不超过50%；中国加入后1年内，允许外资拥有多数股权；中国加入后4年内，允许设立外资独资子公司。合资企业的最低注册资本应不少于100万美元。加入后4年内，在这方面将给予国民待遇。合资企业的经营期限不得超过20年。在中国经营1年以后，合资企业在双方注册资本均已到位后，可设立分支机构。每设立一个分支机构，合资企业原注册资本应增加12万美元。中国加入世界贸易组织后2年内，这一额外注册资本要求将在国民待遇基础上实施。外国货运代理在其第一家合资企业经营5年后，可设立第二家合资企业。中国加入世界贸易组织后2年内，这一要求将减至2年。

三、“入世”对中国服务贸易的影响

世界经济已进入后工业社会，以产品为基础的经济正转化或已转化为以服务为基础的经济，《服务贸易总协定》的签署推动着世界服务业和服务贸易的发展。中国和世界各国一样，在一种新的规则下进行服务贸易活动，在承诺得到其他成员方确认的基础上，应充分利用机遇，做好应战的准备。

（一）“入世”给中国服务贸易发展带来的机遇

“入世”给中国服务贸易发展带来的机遇体现在以下方面。

1. 可以抓住新一轮服务业跨国转移的重大机遇，提高我国承接世界服务外包的能力和竞争力

从20世纪70年代开始，服务外包以其有效降低成本、增强企业核心竞争力等特性成为越来越多企业采取的一项重要的商业措施。由外国直接投资产生并通过境外商业存在形式，即服务外包形式实现的国际服务贸易规模迅速扩大，在一些发达国家已经超过了跨境交付方式的服务贸易。

随着跨国公司基本竞争战略调整以及系统、网络、存储等信息技术的迅猛发展，很多跨国公司不断扩大服务外包业务范围，由业务流程外包和信息技术外包组成的服务外包，正逐步成为服务贸易的重要形式。

有数据表明，美国是全球服务外包最大的发包国，占据了全球市场的64%，欧盟占全球市场的18%，日本占全球市场的10%。

据媒体报道，我国承接国际服务外包合同金额2008—2013年年均增幅超过60%，由46.9亿美元增长至623.4亿美元，份额由7.7%增长至近30%，跃升为全球第二大服务外包接包国，仅次于印度。

据分析，服务外包对国内增加值的贡献是来料加工的20倍，曾有数据表明印度500亿美元软件的出口额，给国内创造的增加值相当于中国制造业1万亿美元创造的价值。两种贸易形态，创造了完全不同的价值量，对资源能源和生态环境的影响也相差很大。在上一轮全球制造业转移中，中国是最大的受益国之一。我们必须充分认识承接服务业国际转移的重要性，抓住全球兴起的离岸服务外包的历史机遇，采取综合的、配套的措施提高承接服务业国际转移的能力，以赢得这一场新的国际竞争。

2. 可以促进对外贸易增长方式的转变，推动我国从贸易大国向贸易强国迈进

改革开放30多年来，我国积极扩大制造业领域的对外开放，抓住第三次国际制造业跨国转移的重大机遇，大力发展货物贸易，成为一个名副其实的货物贸易大国。但在对外贸易快速增长的过程中，我们既过度支付了能源原材料消耗的成本、过度支付了生态和环境的代价和过度压低了劳动者福利，又容易引发国际贸易摩擦。我国对外贸易增长，总体上看是规模的扩张、速度的扩张、外延的扩张和数量的扩张，这种粗放型的对外贸易增长方式，难以支撑我国对外贸易的持续增长。

发展服务贸易，能够减少资源和能源的消耗，获得产业高端附加值的服务品。从整体上看，世界服务贸易规模在不断扩大。占世界贸易出口的比重从1/7增长到近1/5。2000—2011年间，世界服务贸易进出口年均增长18.3%，世界服务贸易额与货物贸易额之比达到1∶4.5。

这预示着在全球经济转向服务经济的过程中，服务贸易的发达程度，标志着一个国家对外贸易增长的协调性和持续性，也标志着一个国家贸易增长方式的科学性和合理性。

3. 可以加快推进工业化发展进程，提升我国制造业在国际产业分工和价值链中的层次和地位

改革开放以来，我国的贸易结构之所以以获得附加值较少的加工贸易为主，就是因为我们的工业化程度低，产业化程度低，组织化程度低和现代化程度低，制造业发展主要是采用了加工组装型、生产主导型、模仿型和粗放型的模式。过去我国主要是世界的“加工厂”、世界的“组装车间”，将来应该是世界的现代化“大工业制造基地”，应该是世界“办公室”和世界的“创造基地”，成为资本密集、技术密集和人才密集的区域。过去我国制造业在国际产业链和价值链中处于低端，今后主要是向高端发展，就是蕴涵在高水平服务能力中服务品转化为贸易品的能力。

提升我国制造业发展水平，应该特别注重生产性服务贸易的发展，促进现代制造业与现代服务业高度融合，细化深化专业分工，把生产过程中的服务流程部分分离出去，通过服务流程的再造，提高制造业资源整合和利用的水平。生产性服务贸易在服务贸易中的比重，直接反映了一个国家制造业的工业化程度和现代化程度。我国服务贸易不发达，就在于我国制造业中的高端服务环节尚未形成，高端服务无法分离出来成为可贸易的服务产品。如我国的工业设计服务能力很低，难以创造出具有自主知识产权的专利、品牌等价值量高的服务品。据国家统计局和世界知识产权组织的数据，目前在我国制造技术领域，发明专利数只有美国、日本的 1/30。我国高新技术产业用于技术引进与消化吸收的收支比仅为 1∶0.1，作为计算机制造的 IT 核心企业，只有 1∶0.01。

我国制造业发展到了一个重要的转型时期，到了需要进行设计研发创造、品牌价值创造和营销渠道创造等高端服务环节创造利润、创造附加值的阶段。服务贸易的发展对提升我国的产业层次和地位具有重要的作用，必须抓住国际资本向服务业和高技术产业转移的历史契机，积极吸引优质高效的跨国公司，形成跨国公司在我国的先进服务业基地、先进制造业基地、研发中心和地区总部。通过服务外包的“溢出效应”，推动我国进入全球产业链的高端，在利润创造、效率提高和创新方面赶上世界水平。

4. 可以提升我国现代服务业发展水平，开辟崭新的财富创造方式

世界各国产业结构变动的一般规律，是农业在国民经济中所占份额持续下降，工业份额在工业化阶段迅速增长，服务业份额在工业化中后期持续上升，劳动力从农业先转移到制造业，继而转移到服务业，最终形成服务业在国民经济增长中占据主要份额的局面。一个国家或地区向国际市场提供服务的能力，直接受国内服务业发展水平的影响。20 世纪 70 年代后，发达国家服务业加速发展，制造业随着在全球配置资源而在国际市场比重相对降低，日益兴起的现代服务业，在发达国家经济增长中成为新动力。服务业发展水平成为衡量一个国家现代化程度和社会经济发达程度的重要标志，也成为发展服务贸易的基础和支撑。

我国“十二五”规划纲要指出，2015 年服务业产值占国内生产总值的比重要从目前的 42.6%提高到 47%，提高 4 个百分点。第三产业的规模届时将达到 26 万亿人民币，复合增长率将达到 8.9%，明显高于同期预期 7%的国内生产总值增长率。中国服务业的发展潜力巨大。我国服务业正面临与我国当初制造业发展相类似的机遇。大力发展服务贸易，成为发挥现代流通对经济运行先导性作用的高端和前端，也成为通过服务贸易带动和提升现代服务能力，形成在国际市场交易和交换、创造增值价值的财富实现方式。尽快使服务业成为国民经济的主导产业，是提高我国服务贸易水平的根本措施，是推进经济结构调整、加快转变经济发展方式的必由之路，是有效缓解能源资源短缺的瓶颈制约、提高资源利用效率的迫切需要。

5. 可以解决大量高素质人才的就业问题，把高端劳动力转变为创造力最强的人力资本

服务贸易特别是离岸外包转移的工作岗位主要集中在知识密集型和服务技术密集型行业。发展服务贸易，关键是把高端劳动力变为有竞争力的人才，变为有效的人力资本。越来越多的精通英语、掌握世界前沿科技、与海外市场联系广泛的人才脱颖而出，将为中国发展服务贸易的高端奠定重要基础。中国要素价格的比较优势明显，特别是劳动力价格，不仅普通产业工人的劳动力价格具有明显优势,高级设计师和高端人才的劳动力价格同样具有比较优势。

承接外包服务可以拓展更多的现代服务业，创造更多的高端人才就业岗位，把我国的高端劳动力造就为可以创造更多财富的人力资源，同时缓解我国目前存在的就业压力，特别是解决高素质人才的就业问题。自 2003 年开始，中国就是世界上应届毕业大学生最多的国家。当今高素质人才就业难的关键原因不仅仅是教育问题，还在于没有合理的产业来吸收他们，发挥他们的智力优势。专家认为，服务外包对大学生就业的拉动会很大，因为其许多业务来自于金融、电信、医疗、制造等行业，服务外包所提供的就业规模将是很大的，不亚于当年的制造业向中国转移所创造的机会。因此，解决中国高端人才就业问题，发展服务贸易也是最好的选择。

【课堂讨论 5.1】

你认为我们应如何抓住机遇发展服务业?

（二）“入世”给中国服务贸易造成的冲击

“入世”给中国服务贸易所造成的冲击，主要表现在以下方面。

1. 重新审视服务贸易的相对优势

改革开放以来，我国货物贸易发展很快，但就总体而言，我国货物贸易产品档次较低，劳动密集型和资源密集型产品所占比重大，发展后劲不足，在近期内尚难发现潜力较大的产品。相反，卫星发射、远洋运输、国际旅游、工程承包等服务领域都具有较强的国际竞争力。我国拥有一大批质量高、价格廉的专业人员和熟练劳动力，发达国家在华的服务机构大量雇用我国专业人员，发展中国家的技术人员比发达国家的技术人员具有更强的适应能力。所以，在制定我国对外贸易战略时应该把服务贸易的出口置于更重要的地位，给予更多的重视。

2. 加速服务贸易领域的体制改革进程

进一步加强体制改革，是增强我国服务行业竞争力的必要条件。如金融领域，《服务贸易总协定》在开放银行业方面十分强调国民待遇。我国一方面对外资银行在业务范围上进行限制，使其不能得到完全的国民待遇；另一方面，外资银行却又在许多领域享受超国民待遇，例如，如果把上缴利润计算在内，本地银行的总负担超过 70%，而外资银行的综合税率只有 30%左右。

再如，本地银行在购置计算机及其设备时，费用要从税后利润中扣除，且需上级部门审批，而外资银行在这方面就灵活得多。此外，外资银行在业务范围方面虽然受到一定限制，但业务种类很全，甚至超过本地银行，如外资银行可做外币投资业务，而本地银行却不能。尤为突出的是，外资银行不必对国家承担政策性义务，这样在竞争中本地银行就处于十分不利的地位，很难说是公平竞争。这些都严重束缚了我国银行的发展，必须通过体制改革来达到公平竞争，挖掘我国企业的潜力。

3. 发挥企业和行业组织保护市场的作用

（1）加强服务销售网络的一体化，增强市场进入的难度。日本虽然公开的保护政策已明显减少，但日本仍是最难进入的市场，其经验在于有十分完善的一体化网络，国外企业进入很困难。我国也应加强一体化网络的建设，不要自我竞争，如我国各商业银行各搞各的信用卡，外国大银行就会趁机进入。

（2）提高国内市场的竞争强度，提高进入成本。因为竞争迫使企业提高技术、效率和服务水平，也就没有现成的市场空间留给新进入者。同时，国内企业竞争力较强，受到的冲击也就较小。

（3）充分发挥行业组织的作用。行业组织在保护本国企业和促进进出口方面有重要作用。在发起反倾销和反补贴时，1994 年关贸总协定要求提供整个行业因进口而受到损害的情况；在碰到其他国家的反倾销反补贴时，进行答辩和应诉需要行业组织出面协调；行业组织还能协调国内企业保护本国市场和开拓国际市场的行为，如协调价格等。

4. 中国服务贸易立法需加强，政策的透明度需增强

就服务贸易而言，基本法就是外贸法与各行业的基本法，与之相关的还有国民经济活动基本法，如民法、价格法规、审计统计法、知识产权法、劳资纠纷法、国家安全法、海关法、商检法、税法等。为了促进服务贸易沿着正常、健康的轨道发展，应尽快把对服务贸易的投资、税收及优惠条件以法律的形式固定下来。此外，我国服务市场的开放并非是全方位的，有关国家利益的服务部门不包括在内，如涉及国防、国家机密、环境保护、不正当的文化服务等，均不应包括在内。对保障的范围和程度应予规定，防止其他国家以此为借口采取相应的报复措施。

同时，在不影响国家安全及机密的前提下，对有关各项服务贸易的政策及对外服务的提供的有关规定应予以公开。如公布金融、外汇、通货膨胀等的管理制度与统计数字，以便外国服务提供者更加了解中国服务市场的情况，寻求合作机会，同时我国服务业可借此要求其他国家增加制度和统计的透明度，扩大我国服务的出口。

5. 学会运用《服务贸易总协定》的例外原则，保护我国服务贸易利益

《服务贸易总协定》在规定最惠国待遇、国民待遇等义务的同时，还规定了一些例外条款，我国应灵活运用例外条款保护服务贸易利益。因为如果申请例外成功，就意味着一定时间内，可以免除应承担的义务。如国际收支平衡的例外规定，当一国的国际收支因进口而受到危害时，可以申请对进口进行限制。

案例 5.5

扩大金融服务业对外开放

据《21世纪经济报道》2014年3月22日报道（中国金融四十人论坛研究部）　近日，中国金融四十人论坛“扩大金融业准入和业务对外开放”内部研讨会与会专家指出，扩大金融服务业开放是我国改革和发展的要求，也符合我国经济的全球战略、金融服务业发展和消费者福祉。同时应处理好对内、对外开放的协调推进并做好配套改革。

扩大金融服务业开放的模式、目标和路线图

专家提出，新形势下金融服务业开放的模式是准入前国民待遇和负面清单，要分三步走，最终实现将金融服务业从负面清单中剔除，用审慎监管替代对外资的准入和业务限制。第一阶段，建立准入前国民待遇和负面清单管理模式，同时清除“玻璃门”或“弹簧门”的限制措施；第二阶段，逐步缩

短负面清单，用审慎监管代替准入要求；第三阶段，将金融业整体从负面清单中移除。

扩大金融服务业开放需采取的具体措施。银行业准入方面，应该取消建立外资银行的年限要求，资产要求短期内做到与中资一致，长期取消资产要求，统一用审慎指标代替；银行业业务中，给予外资子行国民待遇，对外资分行的监管可以更严格，某些高风险业务可不给国民待遇。证券业方面，可允许外资设立独资证券公司，对合资、独资公司给予国民待遇。保险业方面，外资保险公司应给予国民待遇，法定保险如允许商业保险公司参与，则也应对外资保险公司开放。在持股比例方面，可以逐步将金融机构外资股比提升至50%、51%，最终取消股比限制。除针对中国港、澳、台地区可以有特殊政策外，其他国家和地区的外资机构应当一视同仁。

金融服务业开放不等于自由进入

21世纪网《扩大金融服务业对外开放的模式、目标和路线图》原文：http://finance.21cbh.com/2014/3-22/1NMDAzNzFfMTEwNjI1NA.html

放开准入不等于自由进入。专家指出，没有任何一个国家的金融服务业是自由进入的，区别在于管理方式。我国目前的管理方式是用行政手段直接限制外资进入和开展业务，而国际上通行的方式是设立一定的审慎标准，达不到标准的金融机构，无论是内资还是外资都无法进入。中国的金融服务业即使实现了完全开放，仍然会有内外一致的审慎监管标准，达不到标准的外资金融机构仍然不能进入。

专家指出，金融服务业开放不等于资本项目开放，两者没有必然联系。前者属于服务业开放，后者是允许资金在资本项目下跨境流动。前者的风险较小，后者的风险更大。我国在加入世界贸易组织承诺开放金融服务业时，就并没有对资本账户开放做出任何承诺。

【课堂讨论 5.2】

试分析我国金融服务业采取的开放模式及其对服务贸易发展的影响。

第三节 中国服务贸易发展的问题与对策

案例 5.6

服务业对外开放成效初显

据2014年2月19日《国际商报》报道（黄玫，冯璐，商意盈） 深圳希玛林顺潮眼科医院是一家港资独资专科医院。走进该医院，诊室设置成家庭书房的形式，柔和的灯光、木质地板、书柜等都带给人放松之感，摆满了玩具的儿童娱乐室也引人注目。“与内地医院不同，这里实行诊金打包收费，将电子验光、角膜曲率等五个检查项目都囊括其中，没有挂号费和诊断费之分，且体征正常即可回家，医生建议我尽量不住院。”来看右眼视网膜脱落的郑女士说，很妥帖的是，治疗并非单右眼进行，而是双眼同时检查，以此为依据开展激光手术，平衡双眼视力。

外资消费金融公司捷信也带来了新的服务体验。“针对银行无法覆盖的中低收入个人消费、小额无抵押、办理快捷高效是这一消费方式的特点，中国消费金融市场需求十分广阔，捷信的业务覆盖面和规模都在不断扩大。”捷信中国首席执行官迈克·史国奇说。捷信提供的服务涉及贷款额度最低为540

元，最高为40 000元，平均额度为2 500元；目前捷信中国业务在9个省和二个直辖市开展，约500万客户，2013年中国营业额约为80亿元人民币。

在服务业对外开放的大框架下，中国服务业利用外资步伐不断加快。截至目前，商务部已分别与德国、澳大利亚、英国、爱尔兰、印度和新加坡有关部门就双边服务贸易促进合作签署了6个协议。据商务部最新数据，2013年中国服务业实际使用外资614.51亿美元，同比增长14.15%，在全国总量中的比重为52.3%，首次占比过半。其中社会福利保障业、电气机械修理业、娱乐服务业增长较快，分别增长368.63%、308.8%和117.42%。按世界贸易组织划分的服务业的160个部门，中国已经开放了104个部门。内地与港澳更紧密经贸关系安排中有145个部门开放，涉及保险、证券、银行、通信、邮政、快递、能源、会计、卫生、社会服务、旅游、建筑、房地产、环境等行业。

外资流入的领域一定程度上是中国经济效率高的领域，反过来外资进入也将加快这一领域的经济结构调整。以养老服务业为例，雍柏荟老年护养（杭州）有限公司是一家外资养老机构，“除了生理上的照顾，我们希望给予不能自理的老人更多关怀和尊严，所以他们每人将平均得到8个人的服务，包括老年医生、语言治疗师、心理辅导师等。”公司首席执行官马克·斯皮托尼克说：“外资的趋利避害性是最强的，他们的积极投入印证了中国服务业发展向好的势头，养老服务业涵盖老年人衣食住行、用品生产、医疗服务、健身文娱等多个领域，产业链长。”长城基金策略总监向威达认为，在当前一些经济投资领域趋于饱和的背景下，鼓励境外资本进入养老等服务业，有助于调整投资结构、拓展消费需求，同时增强中国经济转型升级的动力。

国际商报网《服务业对外开放成效初显》原文：http://www.shangbao.net.cn/epaper/gjsbs/255981.html

点评：随着经济全球化的加速发展，中国服务业对外开放的空间也在不断拓展，外资渗透到中国金融、医疗、科研等服务领域各行各业，产生了提高经营效益、提升本土技术、拓宽服务领域等全方位影响。在中国低端加工制造优势逐渐式微的大趋势下，现代服务业是外资在中国的生产制造合作领域补位发展的方向之一，为经济长远发展再造“开放红利”。

中国服务贸易在获得迅速发展的同时，也面临着许多严峻的问题，因此，必须采取得力措施，大力发展服务贸易，增强服务贸易的国际竞争力。

一、中国服务贸易发展概况

我国服务贸易起步于20世纪80年代，最早是1979年开展的海外工程承包。1982年，我国服务贸易进出口总额为44亿美元，在世界服务贸易中的比重为0.6%，贸易差额为顺差6亿美元；到1992年我国服务贸易进出口总额为183亿美元，在世界服务贸易中的比重为1.0%，首次出现贸易逆差，贸易逆差额为1亿美元。此后我国服务贸易一直处于逆差，并且逆差不断扩大。

“十一五”时期以来，我国服务贸易进出口总额从2005年的1 571亿美元增长到2011年的4 191亿美元，年均增长18.3%，高于货物贸易年均增长2.3个百分点，高于世界服务贸易年均增长近10个百分点，全球占比从3.2%增长到5.2%。同时，我国服务贸易的世界排名基本保持每年上升一位的发展速度，2011年我国服务进出口总量在世界排名第四位，服务出口和服务进口分别位居世界第四和第三位。2012年中国服务贸易增长了12%，比货物贸易增速高出近一倍，服务贸易占我国对外贸易总额的比重因此较上年提高了1.1个百分点。2013年，中国服务进出口总额达到5 396亿美元，同比增长14.7%，跃居世界服务进出口总额第三位。

2014 年中国服务贸易进出口总额达到 6 043 亿美元，比上年增长 12.6%。

而且计算机和信息服务、金融服务、咨询等高附加值新兴服务贸易快速起步，竞争优势不断提升，这一部分的进出口总额从 2005 年的 152.7 亿美元上升到 2011 年的 646 亿美元，年均增长 27.2%，占服务进出口总额的比重从 9.7%上升到 15.4%；运输、旅游、建筑等传统服务贸易稳步发展，规模优势继续巩固，这一部分的进出口总额从 2005 年的 991.4 亿美元上升到 2011 年的 2 555.2 亿美元，年均增长 17.1%。与 2011 年同比，2012 年高附加值服务出口快速增长，其中咨询服务增长 17.8%，计算机和信息服务增长 18.2%，广告宣传增长 18.6%，金融服务增长 122.5%，专有权利使用费和特许费增长 40.1%；高附加值服务的进口同样快速增长，比如金融服务增长 158.4%，通信服务增长 38.6%，专有权利使用费和特许费增长 20.7%。2013 年，我国咨询、计算机和信息服务、金融服务、专有权利使用费和特许费等高附加值服务进出口增幅分别为 19.9%、17%、66.2%、16.7%。

（一）我国服务贸易进口概况

1. 起步阶段（1982—1991 年）

从 1982—1991 年，我国服务贸易进口总额为 278 亿美元，在世界服务贸易进出口中的比重占 0.5%。在 1982 年我国服务贸易进口额为 19 亿美元，到 1990 年增加到 41 亿美元。

2. 发展阶段（1992—1999 年）

从 1992—2000 年，我国服务贸易进口总额为 1687.59 亿美元，在世界服务贸易进口中的比重占 1.95%。在 1992 年我国进口贸易额为 92 亿美元，在世界进口中的比重为 1%，到 1997 年增加到 277.25 亿美元，在世界进口中的比重增加到 2.1%；到 1999 年增加到 309.66 亿美元，在世界进口中的比重为 2.2%。

3. 快速发展阶段（2000 年至今）

2000 年我国服务贸易进口总额为 358.58 亿美元，占世界服务贸易比重仅 2.4%，到 2011 年进口额达到 2 370 亿美元，占世界服务贸易比重上升到 5.2%，服务贸易进口世界排名位居第三位。2012 年我国服务贸易进口额达到 2 805 亿美元，增长 17.8%。2013 年我国服务进口增速高于出口，实现服务进口总额 3 290.5 亿美元，同比增长 17.3%，增幅与上年基本持平，进口额世界排名位居第二位。2014 年我国服务贸易出口 2222 亿美元，增长 7.6%

（二）我国服务贸易出口概况

我国服务贸易出口起步于 20 世纪 80 年代，最早的是 1979 年开展的海外工程承包。我国的服务贸易出口从 1982 年的 25 亿美元，到 1992 年的 90.5 亿美元，到 2007 年的 1 216.5 亿美元，再到 2013 年的 2 105.9 亿美元，发展十分迅速（见表 5.3）。2014 年我国服务贸易进口 3821 亿美元，比上年增长 15.8%。

表 5.3　我国服务贸易总体概况

年份	中国进出口额			中国出口额			中国进口额		
	金额（亿美元）	同比增长（%）	占世界比重（%）	金额（亿美元）	同比增长（%）	占世界比重（%）	金额（亿美元）	同比增长（%）	占世界比重（%）
1982	44	—	0.6	25	—	0.7	19	—	0.5
1983	43	−2.3	0.6	25	0.0	0.7	18	−5.3	0.5
1984	54	25.6	0.7	28	12.0	0.8	26	44.4	0.7

续表

年份	中国进出口额			中国出口额			中国进口额		
	金额（亿美元）	同比增长（%）	占世界比重（%）	金额（亿美元）	同比增长（%）	占世界比重（%）	金额（亿美元）	同比增长（%）	占世界比重（%）
1985	52	−3.7	0.7	29	3.6	0.8	23	−11.5	0.6
1986	56	7.7	0.6	36	24.1	0.8	20	−13.0	0.4
1987	65	16.1	0.6	42	16.7	0.8	23	15.0	0.4
1988	80	23.1	0.7	47	11.9	0.8	33	43.5	0.5
1989	81	1.3	0.6	45	−4.3	0.7	36	9.1	0.5
1990	98	21.0	0.6	57	26.7	0.7	41	13.9	0.5
1991	108	10.2	0.6	69	21.1	0.8	39	−4.9	0.5
1992	183	69.4	1.0	91	31.9	1.0	92	135.9	1.0
1993	226	23.5	1.2	110	20.9	1.2	116	26.1	1.2
1994	322	42.5	1.5	164	49.1	1.6	158	36.2	1.5
1995	430	33.5	1.8	184	12.2	1.6	246	55.7	2.1
1996	430	0.0	1.7	206	12.0	1.6	224	−8.9	1.8
1997	522	21.4	2.0	245	19.0	1.9	277	23.8	2.2
1998	504	−3.4	1.9	239	−2.5	1.8	265	−4.5	2.0
1999	572	13.5	2.1	262	9.6	1.9	310	17.0	2.3
2000	660	15.4	2.2	301	15.2	2.0	359	15.8	2.5
2001	719	9.0	2.4	329	9.1	2.2	390	8.8	2.6
2002	855	18.9	2.7	394	19.7	2.5	461	18.1	3.0
2003	1 013	18.5	2.8	467	17.8	2.5	549	19.0	3.1
2004	1 337	32.0	3.1	621	33.8	2.8	716	30.5	3.4
2005	1 571	17.5	3.2	739	19.1	3.0	832	16.2	3.5
2006	1 917	22.0	3.5	914	23.7	3.2	1003	20.6	3.8
2007	2 509	30.9	3.8	1 217	33.1	3.6	1 293	28.8	4.1
2008	3 045	21.4	4.1	1 464	20.4	3.8	1 580	22.2	4.4
2009	2 867	−5.8	4.3	1 286	−12.2	3.8	1 581	0.1	4.9
2010	3 624	26.4	5.0	1 702	32.4	4.6	1 922	21.5	5.5
2011	4 191	15.6	5.2	1 821	7.0	4.4	2 370	23.3	6.1
2012	4 706	12.3	5.6	1 904	4.6	4.4	2 805	17	6.8
2013	5 396	14.7	6	2 105.9	10.6	—	3 290.5	17.5	—

注：①遵循世界贸易组织有关服务贸易的定义，中国服务进出口数据不含政府服务。②数据来源：世界贸易组织国际贸易统计数据库（international trade statistics database）；中国商务部。

按照我国的服务贸易出口在世界服务贸易出口中的位次，可以将我国的服务贸易出口分为以下几个发展阶段。

1. 起步阶段（1982—1991 年）

1982—1991 年间，我国服务贸易出口总额为 400.8 亿美元，在世界服务贸易出口中的位次是第 25 位左右。

2. 发展阶段（1992—2000 年）

1992—2000 年间，我国服务贸易出口总额为 1 489.3 亿美元，在世界服务贸易出口中的位次是第 16 位左右。

3. 快速发展阶段（2001 年至今）

从“十五”计划开始我国服务贸易进入快速发展阶段。2003 年出口额为 467.3 亿美元，

2005 年为 739.09 亿美元，2007 年增加到 1 216.5 亿美元，2011 年服务贸易出口上升到 2370 亿美元。2012 年，我国服务贸易出口额为 1904 亿美元，比上年同期增长 4.5%；进口达到 2805 亿美元，增长 17.8%。2013 年，我国服务出口总额达 2 105.9 亿美元，比上年增长 10.6%，实现了 2011 年以来的首次两位数增长，增速比上年提升 6 个百分点，出口额世界排名位居第五位。

（三）我国服务贸易发展的特点

过去 20 多年中，国际服务贸易平均增长速度高于货物贸易，在这一国际背景下，中国服务贸易保持了快速发展，到 2013 年服务贸易突破 5 000 亿美元大关。

1. 服务贸易规模迅速扩大

1982—2011 年，我国服务贸易占全球服务贸易的比重从 0.6%增长到 5.2%，服务贸易出口占全球服务贸易出口总额的比重由 0.7%增长到 4.4%。出口世界排名由 1982 年的第 28 位上升到 2011 的第 4 位（前三位依次为美国、英国、德国），进口世界排名由第 40 位上升到第 3 位（前两位依次为美国、德国）。2011 年、2012 年、2013 年服务贸易在对外贸易中的比重占比分别为 10.3%、10.8%、11.5%。服务贸易的全球占比也从 2012 年的 5.6%上升到 2013 年的 6%。

2. 服务贸易增速远高于世界平均水平

20 世纪 80 年代以来，除个别年份外，我国服务贸易出口增速一直高于同期世界服务贸易平均出口增速和全球服务贸易主要出口国家（地区）平均水平。我国服务贸易进出口总额年均增长 18.3%，高于货物贸易年均增长 2.3 个百分点，高于世界服务贸易年均增长近 10 个百分点，全球占比从 3.2%增长到 5.2%。2012 年服务进出口总额增速超过世界服务进出口平均增幅 10.3 个百分点。2013 年中国服务进出口总额增速比全球 6.1%的增速高出 8 个多百分点，位居全球服务出口的第五位，前四位美国、英国、德国和法国都是发达国家，进口首次超越德国。

3. 服务贸易逆差持续扩大

1982—1991 年中国服务贸易一直保持顺差。自 1992 年开始，中国服务贸易出现逆差，除 1994 年略有顺差外，其他年份均为逆差，而且逆差额持续扩大，2004 年达到 95.46 亿美元，2005 年开始回落，2005—2010 年逆差分别为 93 亿美元、89 亿美元、76 亿美元、116 亿美元、295 亿美元、220 亿美元。2011 年，中国服务贸易逆差由 2010 年的 220 亿美元扩大至 549 亿美元，同比增长 1.5 倍，逆差主要集中于运输服务、旅游、保险服务及专有权利使用和特许费等服务类别。2012 年贸易逆差规模继续扩大，较上年增长了 62%。2013 年，服务贸易逆差由上年的 897 亿美元扩大至 1 184.6 亿美元，同比增长 32.1%。逆差主要集中于旅游、运输服务、专有权利使用费和特许费、保险服务领域，逆差金额分别为 769.2 亿美元、566.8 亿美元、201.5 亿美元和 181 亿美元。

4. 与货物贸易相比服务贸易发展水平偏低

2006—2012 年，中国服务贸易额占贸易总额（货物和服务进出口总额之和）的比重一直在 10%左右，2012 年这一比重为 10.54%，同期世界服务贸易占贸易总额之比在 20%左右。从中国服务贸易总额占世界服务贸易总额的比重来看，水平也较低，2012 年该比值仅为 5%左右，同期中国货物进出口总额占世界货物进出口总额的比重则超过 20%。

5. 服务贸易国际市场结构不平衡

我国服务进出口主要集中于中国香港、欧盟、美国、日本、东盟等国家和地区。其中，中国香港一直是内地最大的服务出口目的地、进口来源地和顺差来源地，双边服务贸易占我国服务贸易进出口总额的比重达到四分之一。2011 年，与中国香港、欧盟、东盟、美国、日本等国家和地区的服务贸易额占我国服务贸易总额的 64%。2012 年，我国与前五大服务贸易伙伴中国香港、欧盟（27 国）、美国、东盟和日本实现的服务进出口额超过 3 100 亿美元，占我国服务进出口总额的近 2/3。同年，中美服务进出口总额为 415.1 亿美元，比上年增长 9.2%。其中，我对美出口 122.8 亿美元，自美进口 292.3 亿美元，同比增长 9.5%。中美服务贸易逆差规模继续扩大，由上年的153.7亿美元增至169.5亿美元，同比增长10.3%。

从总体上看，我国服务业的发展不仅总体水平较低，而且其行业结构也属于明显的低发展阶段结构。其基本特征是，劳动密集型服务业企业居主导地位，技术和知识密集型服务业企业所占比重十分低。尽管如此，我国服务业在某些部门也具有一定的优势，如在航运、工程建设服务等部门都有着相当的优势和发展潜力。劳动力便宜且训练有素是我国拓展海外服务市场的最大优势。

二、中国服务贸易存在的问题

1. 对外服务贸易管理体制和服务政策滞后

首先，有关经济法律有待进一步完善、配套。中国颁布的《外贸法》已经把服务贸易作为一项重要内容纳入其中。但在《公司法》《反不正当竞争法》《统计法》《票据法》等综合性法律中缺乏与之配套的涉外经济条款，其他配套法律也不健全。此外，还有众多服务部门或行业还没有专项法规，而现有的部门法、行业法规和需要制定的专项法，都应有相应的涉外经济条款，与《外贸法》相配套。同时，《外贸法》也应根据国内各服务部门对外开放的实际经验，进一步加以修订。特别要增加反对外国对中国的服务贸易设置壁垒、实行歧视性待遇和不公正贸易等专项条款，使其具有与国际法衔接的效力，成为中国企业在国际贸易争端中争取有利地位的法律手段。

其次，服务部门众多，涉外环节的多头管理，与社会主义市场经济体制和对外开放的要求有诸多不适应。这使对外服务贸易很难形成良好的经营秩序，造成中国服务出口竞争力的下降和经济利益的流失。因此，需要政府有相应的部门和机构对服务贸易的涉外环节进行监测、协调、规划和管理。

最后，服务贸易属于无形贸易，很难通过海关、税务进行统一和严密的监管。目前，除了国际收支表反映的情况外，各相关服务部门尚无统一的统计口径，这更增加了宏观监测和调控的困难。随着新信息技术的发展和知识、信息数字化的趋势，国际间的电子商务、网上交易和网上结算等新的贸易方式也在迅速普及，这既增加了监控服务贸易的复杂性，又为我们提供了监控服务贸易的新手段和新方式。这就要求我们必须适应服务贸易的特点和发展趋势，建立、健全有效的监控体系。现在亟须围绕对外支付工具，制定一套服务贸易的统计指标体系和统计管理办法，以利于加强对服务贸易的宏观监测和调控，统一对外口径，减少在国际服务贸易领域发生的贸易摩擦，维护我方经济利益。

2. 服务业的产业结构失衡

我国服务业结构失衡主要体现在新兴产业少，生产性服务行业发展不足。在世界贸易组织划分的 43 个行业中，商业化的税务服务、民意测试服务、信息查询和分析服务等行业基本上处于空白状态，特别是与高科技发展密切相关的技术贸易、专业服务等新兴行业尚很薄弱。新兴产业的发展受制于人员素质、服务意识、技术水平和技术装备等方面的因素，我国新兴产业与国际水平相比还存在很大的差距。信息查询方面，为企业提供信息和咨询的服务部门缺乏且规模小，部门间信息封锁、信息闭塞和信息失真的现象还很普遍。保险业起步较晚，社会保障体系还不健全。运输、旅游、建筑等传统服务贸易仍占据我国服务贸易的主导地位。

以 2011 年和 2012 年为例，运输、旅游、建筑三项服务贸易额占中国服务贸易的比重分别为 60.7%和 62%。尽管近年来中国在计算机和信息服务、保险服务、金融服务、咨询服务等高附加值服务贸易出口方面的增长较快，但其占服务进出口总额的比重仍然偏低。2011 年和 2012 年上述四项服务贸易额占中国服务贸易的比重仅为 20.7%和 20.8%。以软件服务为例，近年中国的软件出口增长较快，2009—2011 年，软件出口分别增长 20.8%、36.5%和 29.5%，但与发达国家相比差距依然很大。例如，在软件即服务贸易中，北美和西欧所占的比重虽然呈下降的趋势，但其所占份额依然高达 80%左右。

3. 服务业的地区发展不平衡

从整体看，农村服务业落后于城市，内地服务业落后于沿海，人口密集的地区服务业比较发达。从社会需求来看，影响服务业发展的因素包括人均生产总值、城市化水平、人口密集和服务的出口状况。我国农村的城市化水平还很低，人口密集度不及城市，收入增长缓慢，导致对服务的需求不足，制约了服务业的发展。由于劳动力不断从欠发达地区向发达地区流动，经济发展水平较高的沿海地区人口密度越来越大，加之沿海地区的人均收入普遍较高，对外贸易发达，服务资源丰富，因此东部沿海地区的服务业发展非常迅速。

4. 服务市场体系发育不健全

我国的服务市场还未建立，市场体系还不健全。商业、金融保险业增长乏力是目前我国服务业增速缓慢的主因。商业流通体系不够发达会增加对流动资金的需求，降低企业资金的利用率。此外，长期以来部分企业行为带有政府行为的性质，有一部分服务企业依靠财政拨款和财政补贴，不仅增加了财政负担，还不利于第三产业的发展。

5. 服务业设施落后，资金投入不足

长期以来，第三产业在我国国民经济中所占的比重偏低，第三产业的就业人口占整个就业人口的比重不足 20%，使得我们对服务业的重视不够，投入不足，硬件设备陈旧落后，难以满足服务业发展的客观需要。服务业与第一产业和第二产业相比，在吸引国内外投资方面也显得底气不足。资金的缺乏必将阻碍服务业硬件和软件的开发，企业的发展也就缺乏内在的动力。面对那些资金雄厚、装备精良、手段精明的外国企业的入侵，我国某些服务业企业存在被淘汰出局，甚至被“鲸吞”的危险。

随着人民生活水平的日益提高，家务劳动的社会化及假日经济的形成，服务业的地位不断提高，社会对服务业也提出了新的要求。原有的福利性自我服务体系将加速解体，代之以高效率、商业化、社会化的服务体系；传统服务业结构需要调整，信息咨询、租赁服务、旅游、休闲娱乐等新兴服务行业将加速发展；仓储、运输、安置、维修等生产服务领域的高科技含量和专业化水平将提高；随着今后国家发展重心的转移，中西部将成为服务业发展新的切入点；农村的生产、生活服务体系将成为整个服务业发展的重要增长点。

三、中国服务贸易发展目标与策略

进一步扩大对外开放，增强服务贸易的国际竞争力是我国的一项重要任务，不是一件可以一蹴而就的事情。服务贸易的发展比货物贸易的发展的涉及面更广，政策、策略等因素更为复杂，必须采取综合措施全方位推进。

（一）中国服务贸易发展目标

《服务贸易发展“十二五”规划纲要》就“十二五”时期中国服务贸易发展的总体目标做出了明确部署。

一是贸易规模要稳步扩大。2015 年，服务进出口总额达到 6 000 亿美元，年均增速超过 11%；服务贸易占对外贸易总额和全球服务贸易总额的比重稳步提高。

二是贸易结构要不断优化。2015 年，通信、计算机和信息服务、金融、文化、咨询等智力密集、技术密集和高附加值服务贸易占服务出口总额的比重超过 45%；对外工程承包、劳务合作、运输、旅游、分销等服务出口规模进一步扩大。

三是对外开放水平要日益提升。逐步提高服务贸易领域开放度，扩大通信、金融、计算机和信息服务、商业服务等行业的商业存在规模，提升经营服务水平，带动、培育和壮大国内产业。

四是国际竞争力要不断增强。对外承包工程、劳务合作、运输、旅游、通信、计算机和信息服务、金融、文化、咨询、分销、研发等行业服务出口规模显著扩大，需培育一批拥有自主知识产权和知名品牌的重点企业，打造“中国服务”。境外商业存在数量明显增加，需加快培育一批具备国际资质和品牌的服务外包企业，国际市场开拓能力逐步提升。

五是服务贸易区域发展更加协调。实施区域差异化发展战略，充分发挥东、中、西部各地比较优势，服务贸易发展较快的地区充分发挥辐射带动作用，实现良性互动、优势互补，构建充满活力、各具特色、区域协调的服务贸易发展格局。

（二）中国服务贸易发展策略

1. 根据承诺开放时间表，适度、稳妥、有序地开放国内服务部门

中国是发展中国家，必须坚持“逐步自由化”原则。对可能危害国家安全的服务部门，必须禁止对外开放；对已具备一定竞争力的服务部门，应逐步开放；对服务业中的幼稚部门，特别是对具有战略意义的幼稚部门要予以适度保护，并参照国际通行办法，在市场准入、国民待遇、投资、雇工、税收、分配等不同环节，设置相应的附加条件和限制措施；对国内处于空白、亟须发展的新型服务贸易领域，应视国内需求采取积极措施，引进先进技术、资金和管理，迅速发展这类服务项目。在各缔约方向世界贸易组织提出的 150 多个服务贸易部门中，我国目前只能提供 40 多个部门的服务，对我国尚未经营过的服务部门，一定要加强调查研究，慎重对待。

在开放我国服务贸易和市场的同时，要遵从对等互惠原则，要求外国开放于我有利的服务部门和行业，反对歧视性的贸易壁垒和不公正贸易。此外，还要充分利用《服务贸易总协定》中的例外条款保护国内服务贸易。如果申请例外成功，就意味着一定时间内，可以免除应承担的义务，为发展国内服务业赢得时间。

2. 采取促进措施，为服务业的发展营造良好的外部环境

我国的经济改革主要是从传统的计划经济体制转变为社会主义市场经济体制，且这一

进程尚未完成，所以，从政府到服务业企业，在许多方面都还未完全按照市场经济规则来运转。而我国服务业的发展起步较晚，许多服务业的对内和对外开放到90年代才逐步开始试点。所以，我国服务业的自由化进程，无论是对内还是对外，都落后于我国制造业。因此，我国目前必须大力增强服务业的竞争能力，花大力气为服务业的发展创造良好的外部环境。

首先，应进一步完善社会主义市场经济体制，从而使服务业的发展能够真正按照市场经济规则来运作。其次，应该创造条件打破目前我国存在的严重的服务业市场分割局面，尽快实现全国统一的服务业大市场，并推动所有产业统一大市场的形成。最后，尽力改善服务业发展的基础环境，比如大力发展信息和电信技术设施，加强人员培训和教育投资，设立风险投资基金等。印度为发展软件出口而设立软件技术园的某些经验值得我国学习。

3. 利用比较优势，推动服务贸易的发展

我国在资源密集型的旅游业和劳动密集型的对外工程承包和劳务输出等服务产业拥有比较优势，应该继续积累和扩大在这些领域服务贸易的比较优势，增加服务贸易出口，推动服务贸易的发展。如我国已经在不少工业和技术工程领域具备相当的实力，应该借鉴印度、韩国和巴西等国在这方面的经验，注意培育和积累在工程和工业项目方面的比较优势，向其他发展中国家出口相关的技术、咨询等服务。还可以在一些我国具有比较优势或潜在比较优势的技术劳动密集型服务贸易领域，如软件出口、银行服务等方面，拓展我国的服务贸易出口。

【课堂讨论 5.3】

你认为我们应怎样利用比较优势，推动服务贸易发展?

4. 改革政府管理方式，大力提高监管水平

继续深化改革，建立和完善社会主义市场经济体制，使政府和企业尽快按市场经济规律办事。在监管方面，首先，应明确凡能运用市场进行监管的领域，都应创造条件让市场去行使管理职能，凡不能由市场管理的领域，政府则应该用规则去管理；其次，应加强政府在维护市场秩序、创造公平竞争环境方面的能力，要提高对某些关键服务业的监管水平，如金融监管、电信管制等。

值得注意的是，我国加入世界贸易组织后，实力雄厚、技术和管理先进的外国服务业跨国公司大量涌入我国。由于这些跨国公司的公司利益和我国的国家利益不尽一致，有时会发生利益冲突，所以，它们在带来先进技术和管理经验、促进我国服务业发展的同时，也有可能对我国的国家利益造成损害。因此，我国必须加紧研究对策，提高对外国跨国服务企业的监管水平，趋利避害，使之最大限度地符合我国的国家利益。

5. 建立和完善有关服务业和服务贸易的法律法规

目前，我国服务业和服务贸易的立法工作，普遍存在着法律覆盖面窄、法规内容不规范，甚至法律、法规相互冲突等多方面的问题。不少服务行业缺乏基本的行业性法规，法律真空地带比较多。例如，截至2014年年底我国电信法尚未正式出台，另一些服务行业虽有法规，但与国际有关法律和规则相差甚远。所以，我国应集中力量对此加以分析和研究，立足国情，参照国际上的相关规则和惯例，尽快建立、修订和完善服务业和服务贸易的有关法律法规，包括制定各行业的基本法律、行政法规和规章，加强与服务业和服务贸易相关的行政、刑事和经济立法，建立和完善内容齐备，能够维护服务贸易自由、公平竞争且与国际规则和惯例相符合的服务业和服务贸易法律法规体系。

【拓展阅读】

中国贸易救济信息网《美国发布2013年恶意市场名单》:

http://www.cacs.gov.cn/cacs/newcommon/details.aspx?articleid=121977

6. 加强沟通与合作，赢得更大发展空间

作为世界贸易组织成员，我国可以充分利用自己作为一个发展中大国和国际贸易大国的地位，与其他成员积极沟通与合作，为我国的服务业和服务贸易赢得更大的发展空间。一方面可以与美国等主要发达国家充分沟通，使其增加对我国服务业和服务贸易状况和做法的了解，以获得它们的支持和理解。另一方面，我国应团结广大发展中国家，特别是在服务贸易的许多方面与我国有共同或相近利益的发展中大国，如印度和巴西等国，努力争取和维护发展中国家在服务贸易方面的利益。虽然美国等发达国家在制定服务贸易国际规则和推动服务贸易自由化谈判中占据主导地位，但中国、印度和巴西等具有一定实力的发展中国家，在上述方面也具有一定的影响力，可以在发展中国家的服务业对外开放水平、服务贸易自由化力度和速度等方面争取自己的权利。此外，我国还可以在亚太经合组织等机构中发挥影响力，为我国的服务业和服务贸易争取更为有利的发展空间。

本章小结

1. 国际服务贸易是指国家间的服务输入或服务输出的一种贸易形式，是在一个国家内部服务经济基础上，通过服务业的国际化和国际分工而发展起来的。乌拉圭回合提出以部门为中心的服务贸易分类方法将服务贸易分为12大类。

2. 20世纪60年代以来，世界经济中心开始转向服务贸易。国际服务贸易迅速发展的原因是多方面的。其中，基本动因是生产力的发展，直接动因是直接投资与跨国经营的需要，此外，世界经济发展的不平衡性、各国政府的鼓励政策、市场的国际化等也是导致战后国际服务贸易发展的重要原因。

3. 20世纪80年代以来中国服务贸易有了长足发展，对外承包工程、劳务合作、国际科技合作与交流等不断扩大，特别是国际旅游业发展较快；近年来，除传统行业，如商业、餐饮业等有较大发展外，金融、保险、邮电、通信等新兴行业也有飞快的发展。

4. 扩大服务贸易有利于优化中国外贸结构，充分发挥中国劳动力比较优势。“十二五”期间，我国将扩大服务贸易规模，优化服务贸易结构，形成更加开放的格局，大幅提高市场开拓能力。发展我国服务贸易的相应对策是构建服务贸易促进体制，加强服务贸易领域的立法，实现货物贸易与服务贸易的协调发展等。

综合练习

一、不定项选择题

1. 我国对外贸易法规定，在服务贸易方面，我国根据缔结的或者参加的国际条约、协定中所做的承诺，给予其他缔结方、参加方市场准入和（　　）。

A. 国民待遇　　B. 优惠待遇　　C. 最惠国待遇　　D. 不歧视待遇

2. 我国根据参加或者缔结的国际条约或者协议，在国际服务贸易方面给予其他缔约方、参加方市场准入和国民待遇。但是，基于（　　）原因，可以限制国际服务贸易。

A. 为保护生态环境　　B. 为保障国家外汇收支平衡

C. 为建立或加快国内特定服务行业　　D. 为维护国家安全

3.《中华人民共和国对外贸易法》不适用于下列哪种情况？（　　）

A. 货物进出口　　B. 技术进出口

C. 国际服务贸易　　D. 我国香港地区的货物进出口

4. 香港迪士尼公园吸引了不少内地的旅游者，下列说法中正确的是（　　）。

A. 旅游者是通过自然人存在的方式接受服务的

B. 香港迪士尼公园是服务的出口商

C. 由于内地旅游者到香港参观，通过关境，是通过跨国提供这种方式接受服务的

D. 香港迪士尼公园是通过商业存在的方式提供服务的

5. 香港汇丰银行与中国银行在中国内地根据中国外商投资相关法规合资成立了一家银行，其中香港汇丰银行所占股本为51%，下列说法正确的是（　　）。

A. 按照中国相关法律，该合资银行属于外国法人

B. 该合资银行是中国银行业的组成部分，提供境内服务

C. 该合资银行尽管是中国法人，提供的却是外国服务，是外国的服务提供商

D. 该合资银行提供的服务是通过跨境提供的方式进行的

6. 在乙国设立的甲国保险公司向乙国的消费者出售保险，该服务贸易通过下述（　　）方式提供的。

A. 境外消费　　B. 自然人移动　　C. 跨境提供　　D. 商业存在

二、简答题

1. 如何理解服务业与服务贸易之间的关系？
2. 试述《服务贸易总协定》的基本规则和意义。
3. 分析当代国际服务贸易发展的特征。
4. 试析当代国际服务贸易的发展动因。
5. 分析中国对外服务贸易开放的战略思路。

三、案例分析题

印度IT之王：软件外包的不死之术

在全球软件技术与服务外包行业中，“离岸外包”供应商主要来自中国和印度，仅在中国就有超过2万家从事服务外包的公司。印度堪称“世界办公室”，长期在全球软件外包市场如执牛耳，并造就Infosys、Wipro和Cognizant等市值超过300亿美元的大型IT企业，65%以上的企业都具备承接国际大型软件项目开发的能力。2001—2002年度印度占全球商务流程外包的比重为39%，而2005—2006年度上升到45%，2009年达到51%，2010年进一步上升到55%。以Infosys为例，其62%的利润来自美国，24%来自欧洲，澳大利亚、印度、日本分别仅为5%、1%、1%，而中国还不及2%。

Infosys全球具备庞大的规模优势，处在外包产业链的最高端，总包能力强大，有能力接到利润最

高的项目，商务流程外包、咨询服务等高端业务成熟。但上述优势能否平移至中国尚是疑问。长久以来，Infosys中国营业收入徘徊在一亿美元左右，究其原因在于印度企业在中国和东亚地区的接受程度并不高，此外很多中国公司的IT业务混杂，若外包就必须将其剥离，变成可外包的业态交给外包商，并且要实现从管理IT技术人员到管理供应商的转变。如此一来，公司的管理结构也需因之而变。而在组织管理上，Infosys优势颇多。其每条产品线均被视作创业团队，交付经理都被要求拥有产品愿景、负责产品规划和商业化，管理层则扮演风险投资者的角色，职业经理人制度亦提供了试错的机会。而对于本土外包企业来说，因历史原因很多企业所为均为被动的离岸外包，技术积累被严重分割，工作性质亦多临时。“很少有公司能把大部分系统集成和管理知识进行简化或规格化，这正是Infosys的优势。它开发出一套能满足跨国公司和本地公司需要、对接全球的营运模式。”Infosys中国管理咨询服务部总经理林文彬对《环球企业家》说。

较之于国内企业，Infosys全球的另一大优势是拥有超过3 000名年龄在45～55岁、在某一行业从业20~25年的复合型专家，这是Infosys拓展面向不同用户群创新产品的基础。传统的外包项目不仅帮助Infosys完成原始资源积累，同时亦储备了创新基因，支撑其从“技术伙伴”转型为“商业伙伴”。“西方公司热衷于管理细化，讲究精益求精，而中国客户更在意如何迅速提升业绩和规模。”Infosys中国咨询与系统集成负责人杨惠琦对《环球企业家》说。受困于语言和文化背景差异，Infosys专家优势移至中国尚待时日。“最大的挑战不是招募本科毕业生，而是能够与高层接触的复合型专家，这一类人在中国很少，很多做甲方，愿意做乙方的就更少了。例如在印度你能找到很多既懂IT又懂金融的人，但在中国这种人几乎没有。”Infosys中国人力资源总监周风华对《环球企业家》说。

Infosys全球首席执行官希布拉尔认为中国的当务之急是迅速本地化，并提升其全球业务占比。以下四件事至关重要。第一，建设扩展合作体系，最重要的是要让不同文化背景的员工协同工作——Infosys中国员工来自16个不同国家和地区。第二，将已有的基础规模化，使它效用最大化。第三，中国成为Infosys在印度之外最大的研发中心之一。第四，坚持核心价值观。

本文节选自《环球企业家》2013年6月（上）《顶级幸存术》（岳淼），其官网GE环企网本文链接如下：http://www.gemag.com.cn/8/32516_1.html

请分析：

（1）发展服务外包对于我国有什么意义？应采取哪些措施？

（2）我国企业应如何借鉴Infosys国际市场软件外包的成功经验？

四、拟定模拟题

调查学校所在地区的统计资料，分析当地的服务贸易现状，并写一份关于发展当地服务贸易的建议书。

第六章　文化贸易

【学习要求】

通过本章的学习，了解文化贸易的概念、文化贸易的特点，以及文化贸易的世界格局和发展趋势，掌握中国文化贸易大国的特点、文化贸易的战略需求和竞争能力，以及文化贸易的发展方向，掌握中国建设文化贸易强国的战略目标和措施。

【主要概念】

文化产品　文化服务　国际文化贸易　协调制度　文化例外　文化折扣　文化强国

作为国际服务贸易的一个重要组成部分，国际间文化贸易已成为当今全球服务贸易竞争的重点领域之一，而文化产业在发达国家国民经济产值中亦占有很大比重，正成为其出口支柱产业之一。正如美国学者沃尔夫所言："文化、娱乐——而不是那些看上去更实在的汽车制造、钢铁、金融服务业——正在迅速成为新的全球经济增长的驱动轮。"对一个国家来说，发展对外文化贸易意义重大。文化产品的生产和贸易附加值高，能够加快国民财富积累，实现可持续发展，还能够增加其他产业的文化附加值，为其他产业的外贸出口打开广阔的市场，传播文化理念，提升国家文化形象，提高国家的整体竞争力。

第一节　国际文化贸易概述

案例 6.1

新兴文化业态改变行业格局

据2013年12月14日《中国文化报》报道（苇杭）　文化与科技融合开始成为文化产业发展的主角。2012年8月，《国家文化科技创新工程纲要》的颁布意味着国家文化科技创新工程正式启动。十八大报告强调了科技与文化融合的重要性，指出要增强文化整体实力和竞争力，促进文化和科技融合，发展新兴文化业态，提高文化产业规模化、集约化和专业化水平。从目前所掌握的行业发展数据和资料来看，最显著的特征就是数字技术、互联网、移动通信技术和社交媒体的广泛覆盖与强力渗透促使整个文化产业的有效增量几乎全部集中在各个子行业的新兴业态的收入上，并通过刺激传统行业的转型变革与融合创新，逐步改写行业的整体格局和走向。新兴文化业态突出表现在以下三大领域。

一是数字出版。数字出版在2012年迎来了用户规模和收入规模高速增长，新兴技术应用愈加广泛，赢利模式日渐清晰；已步入“十二五”时期的快速发展阶段。数字出版在整个新闻出版产业16 635.3亿元的总收入中占比首次突破10%，达到1 935.5亿元，比去年同期增长40.5%。其中电子书、数字期刊、数字报纸的营业收入增长速度达到52.6%，以网络动漫和在线音乐为代表的新兴数字内容服务形态增速更是高达291.2%。截至2012年底，我国数字出版产业的累计用户规模达到11.82亿人。今后几年，将是我国数字出版发展的关键时期。管理机构合并将进一步推动媒介融合，科技与新闻出版融合的趋势进一步加强，传统新闻出版单位数字化转型将进一步深化，社交化传播成为数字出版的重要方式，大数据分析与挖掘将走进数字出版，微传播的角色地位越来越高。

二是视听新媒体。由传统广播影视与互联网等新兴传播载体融合发展而来的新兴产业——视听新媒体，以前所未有的创新能力和对用户的“友好”体贴，创造出新一代视听节目服务，成为视听市场重要的服务主体。网络视听节目、互联网电视、手机电视等多种形态不断涌现和日益壮大，移动化、社交化、平台化正在成为这一产业的时代主题。截止到2012年12月，移动多媒体广播电视已经初步形成了覆盖全国的网络体系，已完成330多个地级以上城市的信号基础覆盖，总覆盖人口数超过5亿，成为全球最大的移动广播电视覆盖网络。在2013年5月Alexa的全球综合排名中，中国互联网企业（视频是其中的重要业务之一）有百度、腾讯两家进入前十位，有12家进入前百位。截至2012年年底，中国共有酷6网、乐视网、优酷土豆集团三家商业视听网站公司上市，其中两家在美国证券市场公开募股。在全球视听新媒体发展的版图中，中国视听新媒体产业快速成长，已成为重要一极，但对比发达国家，还处于在学习模仿的基础上进行本土化二次创新的阶段，企业自身创新能力、后续发展能力都显不足，整体实力和影响力还处于相对滞后状态。同时，这也表明中国视听新媒体发展潜力和上升空间巨大。

三是网络游戏和移动游戏。中国互联网信息中心发布的第31次中国互联网发展状况统计报告显示，截至2012年12月底，我国网民规模达5.64亿人，全年新增网民5 090万人，互联网普及率为42.1%，手机用户规模为4.2亿人。这为网络游戏和移动游戏市场的繁荣提供了重要土壤。中国游戏产业逐步发展成为市场实际销售收入规模602.8亿元的新兴产业，已经是中国文化产业中的重要门类。2012年，中国游戏市场实际销售收入602.8亿元，同比增长率为35.1%。其中，网络游戏市场实际销售收入569.6亿元，占有率高达94.5%；移动游戏市场销售收入32.4亿元，占比5.4%，比2011年增长了90.6%；而单机游戏市场销售收入0.75亿元，占比仅为0.1%。网络游戏和移动游戏已经成为拉动游戏产业用户和市场规模扩大的“双引擎”。

《中国文化报》数字报《新兴文化业态改变行业格局》全文：http://epaper.ccdy.cn/html/2013-12/14/content_113689.htm

点评：文化与科技融合促使我国文化整体实力和竞争力增强，必将带来文化贸易大发展。

近来的通信技术革命和经济全球化，使得在国际贸易领域中，文化一词出现的频率突然增加。在这个过程中，世界经济的发展和文化交流的增加为文化产业发展创造了更多的市场需求；反过来，文化产业供给的增加又进一步促进了国际贸易中文化贸易往来的发展，更加推动了经济一体化进程和国际间的文化交流。

一、国际文化贸易概念

随着经济与文化一体化趋势的加强，以知识、信息、娱乐、休闲为主要特征的国际文化贸易得到了迅速发展，为我们营造了一个国际化的文化空间。对于在全球范围内的快速发展，有关国际文化贸易的理论研究和探讨却刚刚起步，理解国际文化服务贸易必须先了解文化产品、文化服务以及文化贸易的内涵。

1. 文化产品

文化产品是文化创造的结果，它包括文化精神产品和文化物质产品两种形式。前者不具有物质形式，直接体现在人们的精神生活之中，并作为人的文化素质得以保存和巩固；后者则具有一定的物质表现形式，以一定的物质材料作为自己的载体，如书刊、博物馆、文化制度等。不同文化产品具有不同的社会作用，有进步的文化产品，也有落后的文化产品。如在社会发展中起阻碍作用的规章制度、风俗习惯、兴趣爱好，就是落后的文化产品。只有进步的文化产品，才能成为社会的文化财富。作为一种与众不同的商品，文化产品具有以下五个特点。

（1）文化产品能够满足人们的精神需要，人们对文化产品的消费是随着人们消费能力的增加而增长的。

（2）文化产品的生产者，是文化人力资本的拥有者，是具有创作才能的人才。生产文化产品中的劳动支付，一般是脑力的支付。

（3）文化产品的产生是具有自主知识产权的原创性研究和发明的过程。每一件文化产品都具有不可重复性、不可替代性和不可再生性。

（4）文化产品创造的是无形资产，积累的是品牌效应。同一产品被复制的次数越多，其产生的产值就越高。

（5）文化产品没有明确的消费对象，投资文化产品必定要承担市场的高风险。

2. 文化服务

文化服务业是文化和服务相相合，为社会公众提供文化、娱乐产品和服务的活动，以及与这些活动有关联的活动的集合。作为一种体现社会契约或经济契约关系的服务活动，与货物贸易相比，文化服务有以下方面的特点。

（1）无形性。顾客消费文化服务时只能依赖对服务提供者的认知程度或即时感受。

（2）需求决定性。文化服务不可能按计划生产，受传递中需求变化的全面影响。

（3）异质性。文化服务是观点、概念与感知，主体与环境的不同将导致服务品质的差异。

（4）即时性。文化服务的生产和消费同时发生，不可能储存和运输。服务提供者与服务消费者只有在同一场所同时进入服务程序，才能顺利地完成服务交易。

由于文化产品和文化服务的特殊性，使得它们中很大一部分，具有公共产品和公共服务的性质。尤其是公益性文化事业直接为公众服务，具有全民性和健康文化价值的导向性，它的存在和发展对于满足社会成员的精神文化需求，提高民族素质，促进经济发展和社会全面进步，具有十分重要的作用。

3. 国际文化贸易

对于国际文化贸易的概念界定，国内外诸多学者从不同视角进行了辨析。

国内学者李怀亮等（2007）认为文化贸易是国际贸易的一部分，是指世界各国（或地区）之间所进行的以货币为媒介的文化交换活动，它既包括有形商品的一部分，也包括部分无形商品。周成名（2006）认为，文化贸易属于国际贸易中的一种特殊的服务贸易，它是与知识产权有关的文化产品和文化服务的贸易活动。文化产品不仅具有商品属性，同时也具有精神和意识形态属性。文化贸易作为国际贸易的一个不可或缺的组成部分，是文化经济链条上的重要环节。与文化产业直接关注文化产品的生产不同，文化贸易则关注文化产品的下游环节，关注与文化产品制造紧密连接的文化产品的流通、交易和销售领域（李怀亮，阎玉刚，2005）。李小牧和李嘉珊（2006）认为，国际文化产品和服务是跨境产物，是文化产业国际化经营的必然，其中，"文化产品"属于产品范畴，而"文化服务"属于服务范畴。

国际上一些组织和专家对文化贸易概念也进行了一定的探讨。国际货币基金组织把国际文化贸易界定为"居民与非居民之间，有关个人、文化和娱乐服务的交易"。一些国际上的贸易研究机构和相关学者将文化贸易笼统地分为硬件贸易和软件贸易。硬件贸易是指用来生产、储存、传播文化的器物工具和物态载体，如视听设备、影视器材等；而软件贸易则是指文化内容和文化服务，如广播电视节目、电影动画和故事片、表演艺术等。Van Grasstek（2005）则间接地表达了自己对国际文化贸易的观点。他认为："从概念品和服务，这些产品和服务能通过音乐、文学、戏剧、喜剧、文档、舞蹈、绘画、摄像和雕塑等艺术形式娱乐大众或激发其思考。这些艺术形式，有的能以现场表演的方式（如音乐厅和舞台剧）展示给大家，有的却是先被存储记录下来（如在压缩光盘里）再卖给大众。它们有的以公共服务的形式存在（如图书馆和博物馆）；有的以商业的形式存在（如电视台和美术馆）；有的则是两者兼而有之。"

总体上看，对于文化贸易概念的内涵国内外较为一致地认同，国际文化贸易是指国际间文化产品与服务的输入和输出的贸易方式。贸易一方向另一方提供文化产品和服务并获得收入的过程称为文化产品和服务出口或文化产品和服务输出，购买外方文化产品和服务的过程称为文化产品和服务进口或文化产品和服务输入。

二、国际文化贸易发展状况

由于传播技术等方面的限制，古代国际的文化产品贸易十分稀少。20 世纪以来，传播技术、交通等的发展为国际文化贸易提供了便利条件，国际文化贸易逐渐发展起来。在 20 世纪中叶以前，世界主要处于以美国为首的资本主义阵营和以苏联为首的社会主义阵营之间的对立之中，当时的文化被更多地赋予了意识形态色彩。全球化代替"冷战"后，世界各国文化贸易深入发展。

1. 服务贸易的比重增大

文化贸易中包括商品贸易和服务贸易。按照日内瓦世界贸易组织统计和信息系统提供的文献，经过世界贸易组织服务贸易理事会评审认可，全球的服务部门按照国际服务贸易分类表，可以分为 11 个大类 142 个服务项目，其中第 10 大类是娱乐、文化与体育服务。这个大类包括娱乐服务（含剧场、乐队与杂技表演等）；新闻机构，图书馆，档案馆，博物馆及其他文化服务；体育及其他娱乐服务。此外，文化服务贸易还有包括在第一大类商品服务中 F 类的印刷、出版及第二大类通信服务中 D 类的视听服务，如电影与录像带的生产与批发服务、电影放映服务、无线电视与电视服务、录音服务等。可见在世界贸易组织成员之间的谈判和达成的协议中，文化产品的引进和输出不仅仅作为一种文化交流活动，而且是国际贸易的一个重要组成部分。随着知识经济时代的到来，知识在全球范围内的交流频率和密度越来越高，高知识含量的文化服务贸易的比重不断提升。以版权为核心的"软性"贸易即文化服务贸易对于文化产业的重要性越来越突出，已经在当代的国际贸易中占有重要地位。

2. 贸易格局的不平衡性

随着全球文化贸易规模的增大，文化贸易的集中度也在逐步提高，因为一个国家的文化生产能力，与它的资本运作能力、科技创新能力、外贸依存度是相互关联的。20 世纪 90 年代前期，日、美、德、英是最大的文化商品出口国，占了全球文化商品出口总额的 55.4%，而同时，美、德、英、法又是最大的文化商品进口国，占世界文化商品进口额的 47%，并且这种文化产品贸易主要在少数发达国家之间进行。2002 年，拉丁美洲和加勒比地区在全部文化产品贸易中仅占 3%，而大洋洲和非洲在这方面没有任何进展，两地的份额加起来还不到 1%。2005 年 12 月 15 日，联合国教科文组织在对 120 个国家的文化贸易产品生产情况进行调查的基础上得出结论，2002 年，英国、美国和中国生产了全球 40%的文化贸易产品（调查的产品主要是跨境贸易的书籍、CD、VCD、DVD 和其他文化产品）。

又如，有“大众传播媒介”之称的传媒产业也是以美国为首的西方发达国家占据了绝对优势。四大西方主流通讯社美联社、合众国际、路透社、法新社每天发出的新闻量占据了整个世界新闻发稿量的五分之四。西方 50 家媒体跨国公司占据了世界 95%的传媒市场，美国控制了全球 75%的电视节目的生产和制作，许多第三世界国家的电视节目有 60%～80%的栏目内容来自美国。美国电影产量仅占全球影片产量的 6.7%，却占领了全球 50%以上的总放映时间。目前世界文化市场上，美国占比 43%，欧盟占比 34%，日本约占 10%，韩国占 5%，其他国家均占比不到 4%。在世界发达国家和地区，无论其文化产品的生产能力还是文化市场需求，都远远高于经济欠发达国家和地区，其在国际文化贸易中所占的比例也比较大。

3. 跨国集团垄断国际市场

当今的国际文化市场已经不再是自由竞争的时代，而是一个垄断竞争的时代。随着新的数字技术的发展及国家、地区和国际性的政策调整，在整个 20 世纪 90 年代，世界范围内的文化产业结构格局迅速重新调整。文化产业经历了一个“国际化—重新调整—主动集中”的过程，最终导致了时代华纳、新闻集团、迪士尼集团、维亚康姆集团、贝塔斯曼集团、美国电信公司等几个超大型综合媒体公司的出现。在电影、电视节目、音像制品、图书报刊等可复制的文化行业中，全球性垄断寡头已经形成。控制全球媒体系统的是 30～40 家大型跨国公司，而雄踞全球市场顶峰的是不到 10 家媒体公司，且其中大多数集团公司都把基地设在美国。

大型媒体娱乐集团基本控制了全球的媒介文化市场，并且按照自己的运营规则来不断地开发国际文化资源，通过全球本土化策略，逐步将文化产品中的一系列内容标准树立为国际化标准，将企业经营和管理的标准树立为国际性的文化企业标准。先入者已经制定好了游戏规则，后来者如果不以这种国际化的标准来包装自己的文化资源和文化内容，就很难出现在被跨国公司和国际文化娱乐传媒垄断的国际文化市场中。国际文化经济的竞争在很大程度上将表现为文化产品的内容标准和文化企业的经营管理标准之争。这种全球化的标准已经成为文化企业走向世界的门槛。如果不充分借助和利用这种标准的话，即使有着丰富的文化资本，在走向世界文化市场、参与国际文化竞争时也会遇到重重困难。

4. 世界贸易组织条款成为规范文件

在乌拉圭回合的最后一轮谈判中，一些国家表示，关贸总协定对于商品、服务及受版权保护的产品的原则的实施，特别是最惠国及国民待遇原则，侧重于商业方面的考虑，会破坏这些国家的文化独特性及其独特地位。经过激烈的争论之后，美国表示不再坚持把关贸总协定的所有规定适用于电影及视听产品和服务。这种默认的理解被称为“文化例外”。但是，作为一种主张，“文化例外”却没有任何法律地位，因为它没有在任何协议或条约中得到落实。直到 1999 年情况才有所改变，联合国教科文组织召集专家进行研讨，并得到一个共识，即“文化不仅仅是一个经济事件或一个经济学概念”。

自从 20 世纪中期以来，联合国教科文组织始终是文化多样性的坚定的捍卫者。但是，世界贸易组织最终目的是促进产品和服务跨越国界自由流动，保护各国的文化身份和文化多样性不是世界贸易组织要考虑的事情。相反，它要求各个国家根据它所制定的多边贸易协定来调整各自国内的文化政策，为文化产品和文化服务的跨国流动扫除障碍。世界贸易组织仲裁机构首先考虑的是经济利益的动因而不是文化的动因，而且它的裁决是强制性执行的，不履行就会得到制裁。美国就曾经在世界贸易组织的框架内强制土耳其和加拿大修改了不利于外国资本进入本国文化市场的政策。“文化例外”的主张没有写进世界贸易组织的任何条款，只是一种“学说”。许多国家都主动地接受或被迫适应世界贸易组织的规则，在世界贸易组织的框架内来调整自己国内的文化政策。

案例 6.2

法国将“文化例外”坚持到底

据2013年7月12日《环球时报》报道（记者　黎文宇）　美国与欧盟8日在华盛顿开启《跨大西洋贸易和投资伙伴关系协定》的首轮谈判。这个旨在建立全球最大自贸区的谈判内容涉及货物、服务、投资等多个方面，唯独“文化例外”。6月14日，欧盟27个成员国商务部长达成一致，响应由法国文化部长提出的“文化例外”倡议，宣布将把影音产业排除出此次欧美自贸谈判的范围。一时间“法国在给欧美自贸谈判设障碍”“法国仇视英美文化”等论调充斥于全球媒体，美国谈判方也撂下狠话“也有权不谈美国不愿谈的领域”，文化之争成为这场本不被看好的欧美自贸谈判的头一个雷区。

电影作为法国文化的重要组成部分，是法国“文化保护”重头。“一战”结束以来，法国就有限制外国电影进口和扶持本国电影发展的举措。如1928年2月实施的互惠配额制，要求美国购买与放映法国电影，作为在法国发行美国电影的先决条件；1932年推行的配音配额制限制了为在法国放映而进行配音的外国电影数量；1946年实行的“布鲁姆—贝尔纳斯”协议推行了银幕配额政策，即每年每个季度至少要放映四个星期的法国电影。

在图书税收方面，奥朗德政府的做法是将图书增值税由萨科齐任内的7%回落到以前的5.5%，并设法保持独立书店的存在和运转。独立书店是法国传统文化的重要象征。据统计法国共有3 500多家书店，其中有3 000家为独立书店。为了避免被大型连锁店竞争淘汰，法国政府创设了特殊担保基金机制，以低利率或者延长贷款期限等方式帮助独立出版商和独立书店从银行获得更优惠的贷款。同时政府在2013年决定追加900万欧元扶持实体书店的发展和帮助发展有困难的独立书店。

从电视行业来看，法国电视台采取严格的份额制度，至少40%的法国本土自制节目，优先引进欧盟其他国家的节目，之后才是美国节目。

不同于美国，法国文化行业的发展一般都是由政府主导的。奥朗德在任期间奉行“文化服务于大家”的文化新政，重点在于艺术的发展和文化的民主。法国文化政策的核心价值就在保障文化的多样性。以电影为例，除了每年举行的戛纳电影节，法国各个地方政府也会举行各式各样的电影节，旨在发掘与支持故事长片以外的电影创作，包括短片、纪录片、实验电影等。同时也有影展致力于发掘其他法语区、亚非地区的优质影片，如南特市的“亚非电影节”就是亚洲电影在法

《环球时报》电子版《法国将“文化例外”坚持到底》：http://www.ckxxbao.com/huanqiushibaodianziban/0G25G32013_13.html

国行销的重要推手。

已故英国历史学家托尼·朱特曾表示，“对文化的支持是公众生活的最后一块重要阵地，在这里，应该让民族国家而不是欧盟或其他私营企业承担一个近乎垄断供应商的角色”。这个观点与法国政府现行的政策不谋而合。20年来，法国因实行以政府主导的“文化例外”，有效支持了其文化产业发展，阻止了文化的商业化和低俗化，同时也没有采取向美国文化产品关闭市场的行动。事实上，排斥他国文化根本不是“文化例外”的真实用意，而且大部分法国人也开始接受生活在一个英语主导的世界。

【课堂讨论6.1】

作为一种“主张”，“文化例外”是怎样具体运用的呢？

三、国际文化贸易的形式

作为一种特殊的服务贸易，文化贸易既涉及文化产品又涉及文化服务。国际文化贸易具有国际货物贸易和国际服务贸易的共性，同时又具有新的特征。根据不同的划分标准，可对国际文化贸易的形式做不同的分类。

1. 以文化产品和文化服务为划分标准

在服务贸易总协定的《国际服务贸易分类表》中对文化服务做了如下的划分：在商业服务中，有法律服务、软件服务、数据处理和数据库服务、广告服务、摄影服务、包装服务、印刷和出版服务；在视听服务中，有电影和录像的制作和分销服务、电影放映服务、广播和电视服务、广播和电视传输服务、录音服务；在娱乐、文化和体育服务（视听服务外）中，有文娱服务，新闻社服务，图书馆、档案馆和其他文化服务，体育和娱乐服务。此外，近几年涌现出的文化会展服务、文化中介服务、文化咨询服务等新兴服务以及相关的文化产品也属于文化服务的范围。

在国际货币基金组织的国际收支手册中，对国际文化贸易有以下这样的描述。居民与非居民之间，有关个人、文化和娱乐服务交易细分为下面两类，一是声像和有关服务，二是其他文化和娱乐服务。第一类包括同（影片或录像带形式的）电影、收音机、（实况或提前录制的）电视节目和音乐录制品有关的活动。这里还包括租用费用的支出和收入，演员、导演、制片人等（或编表经济体中非居民）从作品在国外播放而得到的报酬，以及卖给传播媒介，在指定地点上映次数有限的播映权费用。有关戏剧、音乐作品、体育活动、马戏等活动的演员、制片人收到的费用，以及这些活动（电视收音机节目等）的放映权费用也包括在内。第二类包括其他个人、文化和娱乐活动，如同博物馆、图书馆、档案馆以及其他文化、体育和娱乐有关的活动。这里还包括国外教师或医生提供的函授课程的费用。

协调制度（the harmonized system，HS）系统的分类法主要是依据商品的物理性质和被加工的程度，而不是依据商品的用途进行分类。在协调制度的分类系统中没有一个分类叫“文化产品”，属于这一分类的产品只是散落在这个拥有 99 个分类的分类系统的其中几类。而其中有关文化软件的最重要的分类包括第 49 类（书籍、报纸、图画以及其他印刷业产品）和第 97 类（艺术品、收藏品和古董）。文化硬件则能见于协调制度分类系统的各个角落，从第 37 类（摄影和录像产品）到第 92 类（乐器）。

文化服务在临时中央产品分类（provisional central product classification，CPC）中由两大

部分组成。作为信息服务的一个分支，视听服务又被分为几个小分类，现场表演被包含在“文化、娱乐和体育服务”分类里。其中一些服务的分类与我们对于文化服务的分类是一致的，如图书馆、档案馆和博物馆。新闻服务等则没有包含在内，体育服务等还有待商榷。出现在临时中央产品分类法中的其他服务也可以被定义为文化服务。

作为国际收支的标准组成部分，前述国际货币基金组织有关国际服务交易的分类记录了所有国际文化贸易。该项分类不如临时中央产品分类那样详细，其主要原因是，临时中央产品分类适应的对象是总的生产结构，它不仅包括国际交易，还包括国内交易。在建立具有分析价值的分类时，临时中央产品分类补充了一些合适的项目，虽然这些项目在国内交易中十分重要，但在国际交易中其相对的重要性要弱一些。

2. 以文化硬件和文化软件为划分标准

国际上一些贸易研究机构和专家，把文化贸易分为硬件贸易和软件贸易。一般来说，文化硬件指用来生产、储存、传播文化内容的器物工具和物态载体，如摄影器材、视听设备、影视器材、舞美设备、游戏和娱乐器材、艺术创造和表达的工具等；文化软件则指包含文化内容的产品和文化服务，包括广播电视节目、电影动画片和故事片、印刷品、出版物、视听艺术、表演艺术，载有文化艺术内容的光盘、视盘和多媒体，以及娱乐、会展等文化服务活动。对于这种划分方法，从定义看，硬件是器物工具或载体，是器材类，属于制造业，唯一特别的地方就是它是用来生产、储存、传播文化内容的。在进行实际的贸易情况统计时，对硬件部分划分类型会引起混乱，例如，是将硬件部分纳入制造业还是文化产业，因为产业贸易的计算是以产品的贸易量为依据的，而不是以其使用的用途为依据的。

从文化产品和文化服务概念上看，有着明显的区别，但从常态上很难截然分开，其中的区别也有些模糊，因为有些软件同时具有产品和服务的特性。文化软件中可以被划分为服务的是现场表演，包括音乐和戏剧表演；而文化软件中的古董、原创字画和雕塑等则被明确地划分为产品，尽管它们也和服务有一定的联系。还有一部分以软件形式存在的商品很难说它们是产品还是服务。它们有时是产品，有时又是服务，完全取决于它们的存储和运输工具，如书籍、电影和音乐。当一本印刷书籍以传统的方式传播知识时被认为是文化产品，而当它以电子书的形式出现时，有的世界贸易组织成员认为它们是文化服务，应该受服务贸易总协定的保护和规范；而其他成员承认这样的电子书籍仍然是文化产品，认为应该服从于关税与贸易总协定中的进出口责任和其他条款；还有一些成员认为这类商品应该被划分为除文化产品和服务以外的第三类，因此应该为它们制定专门的条款。类似地，当音乐以现场表演的形式再现时，毫无疑问它属于文化服务；而当它以电子信号的形式被广播或存储时，就很难说它是一种产品还是服务了。当涉及适用的法律条文时，一种商品到底是产品还是服务会对结果产生重要的影响。

我们在观察经济一体化的过程当中，把很多的注意力都放在经济协定当中，不管是在世贸组织还是在其他国际组织当中，都是如此，这也包括这些实物的贸易。而现在这种实物的交换远远不能满足全球化时代越来越多的网络交易。现在这个世界正在走向这样一个趋势，就是我们文化产品的生产以及知识产权将越来越多地主导我们的贸易，大众媒体也扮演着非常重要的角色，使全球化背景下的各个国家能够交流，可以交易我们的实物和概念以及其他的信息。

第二节　中国文化贸易发展状况与存在问题

案例 6.3

"文化折扣"让海外票房遇冷

据2014年10月5日《南京日报》报道（记者　罗薇薇）"《泰囧》获得内地票房12亿元人民币，北美票房仅5万多美元，今年内地横扫7亿票房的黑马电影《致青春》海外票房仅9 900美元，同样境遇的还有《让子弹飞》及冯小刚所有卖座喜剧……"在日前闭幕的金鸡百花电影节中国电影论坛上，专家将焦点对准了中国电影"走不出去"的境况。中国电影海外推广公司总经理周铁东有着30多年的电影进出口的经验。他告诉记者，目前能打入海外市场的仅限于商业武侠大片和文艺类的小众化影片。2002年，张艺谋的《英雄》在北美获得5 800万美元的票房，被评价为中国最成功的一次文化出口。随后，《十面埋伏》《无极》《夜宴》等国产影片相继走出国门，积极拓展国际市场。但近些年来国产古装片多是堆砌视觉元素，加上海外观众对古装片新鲜度大大降低，国内大卖的《让子弹飞》《泰囧》《致我们终将逝去的青春》北美票房惨淡。

《泰囧》《致青春》《小时代》等海外票房不佳，周铁东觉得这并不代表华语片的失败。在他看来，电影作为一种文化产品，输出海外必然会造成一定程度上的"文化折扣"。"冯氏喜剧在中国本土都要打折扣，北方人喜欢，南方人未必。就算美国电影，也只是花大价钱拍十几部全球电影，其余也都是本土电影——而且是年轻人爱看的老年人不看，黑人看的白人不看。"至于借用美国类型片模式，灌以中国内容的《泰囧》，"美国票房57 000多美元，海外总票房30多万美元，这个成绩并不算'囧'了。"周铁东表示，这两年票房不错的国产片，基本都是在好莱坞类型片的架构上加入国人熟悉的故事，除了《泰囧》，还有《北京遇上西雅图》《一夜惊喜》，"打一个极端的比方，你要是把山寨苹果手机卖回美国，也不会有人买账的"。

《南京日报》网络版《"文化折扣"让海外票房遇冷》原文：
http://njrb.njdaily.cn/njrb/html/2013-10/05/content_84432.htm

周铁东表示，近年来所谓华语片在海外创造的高票房，大部分来自合拍片的收益。以2010年为例，当年中国电影海外总票房收益是35.17亿元，但其中，威尔·史密斯之子贾登·史密斯和成龙主演的《功夫梦》就占据了80%以上。"因此，一些想要走出去的华语电影，最有效的办法还是走合拍这一条路，在合拍这条路上，这类电影要讲人类故事，而不仅仅是中国故事。"

点评：突破"文化折扣"的困境，是中国文化贸易快速发展需要认真解决的突出问题。

进入 21 世纪，文化贸易呈现出迅猛发展的强劲势头，不仅创造了大量的就业机会，而且成为某些国家经济发展的引擎。中国文化贸易也迅速发展，但相对世界来说起步较晚，不同文化产品的贸易发展水平差异较大，且与中国强大的货物贸易相比，在贸易规模、收支状况、贸易对象和贸易效益等方面均处于弱势地位。

一、中国文化贸易发展状况

改革开放以来，随着对文化产业和文化市场的观念转变，我国的文化产业逐渐脱离了政府意识形态加行政事业管理体制的模式，由自发、无序和混乱向自觉、有序转变。文化产业整体上呈现出蓬勃的发展态势。

1．文化贸易规模迅速扩大

随着国民经济的快速增长，我国的文化产品贸易发展迅速，2003—2013 年，中国文化产品进出口从 60.9 亿美元攀升至 274.1 亿美元，年均增长 16.2%；文化服务进出口从 10.5 亿美元增长到 95.6 亿美元，年均增长 24.7%。尤其是中国的核心文化商品贸易总额增长迅速，2006 年达到的 103.2 亿美元，比 2005 年增长 23.3%，为 2001 年的 2.9 倍。核心文化服务贸易也有了较大增长，2001 年进出口贸易总额为 29.32 亿美元，2002 年为 51.44 亿美元，而到 2003 年年底达到 58.69 亿美元。2011 年，我国核心文化产品进出口总额达 198.9 亿美元，同比增长 21.4%。其中，出口 186.9 亿美元，同比增长 22.2%；进口 12.1 亿美元，同比增长 10.4%；贸易顺差 174.8 亿美元。

但是，同世界文化产业的发展状况相比，中国的文化贸易的整体规模还很小，2010 年中国核心文化产品进出口总额仅为 143.9 亿美元，不足贸易总额的 1%。国际文化贸易绝大部分在少数发达国家之间进行，虽然我国和美国、日本、英国和法国一起，并列世界文化贸易的五强，但世界文化贸易额却有 50%以上是在发达国家之间进行的，而中国对美国的文化输出，在美国的文化贸易统计里所占比重不足 1%，基本上可以忽略不计。

2．文化贸易收支存在逆差

中国在文化贸易过程中，进出口数量悬殊，逆差严重。2008 年，我国文化产品引进与走出去的比例为 7∶1，即引进花 7 元钱，出去只得1元钱；2009 年这一比例基本达到了 2∶1。据海关统计，2011 年前 11 个月，我国累计进出口文化产品 182.2 亿美元，较上年同期增长 24%。其中，出口 171.4 亿美元，增长 25.2%；进口 10.8 亿美元，增长 8.3%。海关总署有关负责人表示，2011 年以来，我国文化产品出口总体呈快速增长态势，年内除 2 月份受春节因素影响出口规模有所下滑外，其余 10 个月份同比均保持两位数增长，特别是 6 月份以来出口加速攀升，11 月份当月达 22.8 亿美元，创单月出口规模历史新高，同比增长 33%。2011 年 1 月至 11 月，我国出口视觉艺术品增长迅速，达到 83.6 亿美元，增长 39.8%，增速高于同期全国总体增速 14.7 个百分点，占同期我国文化产品出口总值的 48.8%。在促进文化产品进出口的同时，海关也加大了知识产权保护力度。但是，文化产品和服务出口渠道还比较狭窄，我国输出的文化产品单价还远远低于引进的同类产品。以演艺产品为例，我国引进和输出的文艺演出每场收入比约为 10∶1。

3．文化贸易进出口地集中

我国文化产品的进出口区域均较为集中，且主要针对发达国家。2006 年我国与美国、欧盟和中国香港三大市场的文化产品进出口总额分别为 35 亿美元、30.5 亿美元和 22.1 亿美元，远超其他国家和地区。2011 年，美国、德国、中国香港和英国为我国前四大核心文化产品贸易伙伴，分别实现进出口额 66.4 亿美元、17.7 亿美元、13.8 亿美元和 12.3 亿美元，占我国核心文化产品进出口总额的比重依次为 33.4%、8.9%、6.9%和 6.2%。2012 年我国文化产品的主要贸易伙伴是美国、欧盟和东盟，三者进出口总额合计占我国文化产品贸易总额的 57.4%。

其中，中国文化对外出口主要面向亚太地区，产品主要进入中国港澳台地区，以及日本、韩国、新加坡等地，一部分产品也进入欧美地区，其他地区则很少。在出口产品中，50%以上是游戏、文教娱乐和体育设备及器材等硬件产品，占据世界此类产品贸易的第二位。而文化软件产品（文化内容和文化服务，包括广播电视节目、电影、印刷品、出版物、视听艺术、表演艺术、载有文化艺术内容的音像制品、多媒体、娱乐、会展等）的出口还是一个薄弱环节。即使在出口的软件产品中，中国的文化产品仍以国产电视剧、老电影、民族音乐、戏剧戏曲等为主，其消费对象大多是旅居海外的华人群体。这样的产品没有进行深加工，也不适合输入国的市场需求和消费者的欣赏习惯，自然不可能带来大的市场利润和文化影响。其他的品种也往往因为地域性太强、国际认同感差而很难走出国门。

我国文化贸易进口地则包括了亚洲、欧洲、北美洲在内的诸多国家，主要来源还是西方发达国家。2007 年我国对图书版权的进口中，19.15%来自于美国，英国更是占到了 57.44%。2011 年我国自印尼进口大幅上升，进口金额为 0.3 亿美元，同比增长 92.8%，占比为 2.1%；乐器是我自印尼进口的主要产品，进口金额为 0.2 亿美元，同比增长 97.6%。2012 年我国文化产品的进口主要来源于中国台湾地区，以及欧盟、美国和日本，4 者进口总额合计占我国文化产品进口总额的 66.6%。

4. 文化贸易经济效益较低

中华文化与其他国家民族文化（特别是西方文化）相比，具有显著的差异性和稀缺性，其民族特色非常明显，丰富的、神秘而富有魅力的中华文化资源对其他（民族）文化背景的人们具有相当的吸引力，从而大大激发出他们对中国文化产品的消费需求，如中国功夫、京剧、杂技、书法、儒家文化等。值得一提的是，中国准备在国外建立 100 所“孔子学院”，反映出外国人对中华文化的消费需求和浓厚兴趣。但我们输出的文化产品获利低微甚至无利可获。以杂技为例，在国外的每场演出价格为 1 000～6 000 美元不等，全国还约有一万名杂技从业人员为海外马戏团“贴牌打工”，即使是海外演出价最高的杂技芭蕾《天鹅湖》，每场也只有 3 万美元的收入。而柏林爱乐乐团在上海的演出价达到每场 33 万欧元。我国具有国际水平的演出团体出国演出的平均收入不到 4 000 美元，我国全部海外商业演出的年收入不到 1 亿美元，不及加拿大太阳马戏团 1 年的海外演出收入。而引进演出费用惊人，如 2001 年“世界三大男高音”来我国演出，出场费高达 300 多万美元，欧美音乐剧、交响乐团等演出最高票价也卖到 5 000 元人民币。

二、中国文化贸易发展存在的问题

我国有着五千多年的文明，有着丰富的文化资源，却没有在国际文化贸易，尤其是国际软文化贸易中处于优势地位，其中存在的问题主要有以下六个方面。

1. 世界政治格局限制中国文化贸易发展

政治格局的多极化、经济全球化和文化的多元化是未来世界发展的三大趋势。当前世界政治格局正朝着多极化的方向发展，而美国的霸权主义和构建单极世界的图谋，是多极化趋势发展的最大障碍。美国若想实现其野心，其中一个重要的战略就是阻止世界文化朝着多元化的方向发展，使其他国家都接受并融合在美国的意识形态和价值观之中，由此也就不难解释为什么美国大力发展本国的文化产业，并积极地向世界大量输出本国文化产品，其背后的战略图谋就是使世界其他国家的价值观和意识形态“美国化”。受到美国构建单极世界战略的影响，中国若想提高本国文化产品的国际市场份额势必要受到来自美国和美国文化产业的排挤和压制，而其中问题的根源就是中国文化产业的发展会动摇美国在国际文化市场上的霸主地位，进而妨碍美国在政治上的野心和战略图谋。

2. 东道国为保护本国文化产业设置贸易壁垒

世界文化贸易发展迅速，许多国家尤其是发达国家在积极引导本国文化产业走向国际市场的同时，又出台相应的政策以保护本国文化产业防止其受到外来产品的冲击。如世界贸易组织自由贸易框架下的“文化例外”就是许多国家用以保护本国文化市场在理论上所持有的一种强有力的武器。利用“文化例外”，东道国可以抵制国际产品在本国无限蔓延，以保证本国的传统文化价值观不至于向着其他国家文化趋同。由此可见，由于其他国家对本国文化产业实施保护的政策，中国文化向世界传播受到了很大限制，尤其是当中国文化产品在国际市场上的占有率加大时，其他国家对中国文化产品的抵制情绪就会加大，出台的贸易保护政策也就会越多，这些都是未来阻碍中国文化贸易发展的不利因素。

3. 国内文化产业的发展机制不完善

中国文化产业的发展机制不完善主要体现在文化产业的体制和制度上的不完善。而文化产业体制上的不完善又体现在国内缺少有竞争力的文化企业或上市公司，许多能充分反映中国历史文明的产品只能通过一些简单的方式流通到消费者的手中。如我们在许多名胜古迹的周围都会发现一些路边摊，将文化产品以纪念品的形式销售到中外游客的手中，这种简单的、被动的和缺乏统一管理的营销模式不可能实现中国文化产业国际化。此外，中国文化产业还存在制度上的不完善，这主要体现在关于文化产业的相关政策、法规还不成熟、不完善。如美国是世界上较早实行知识产权保护制度的国家之一，早在1790年美国就颁布实施了第一部《版权法》；而中国第一部保护知识产权法《著作权法》在1990年才正式生效，比美国晚了近200年。并且中国对知识产权的保护意识和打击盗版的力度明显不足，在市场上时常能够发现盗版的中国文化产品。

4. 政府的支持力度不够

改革开放后，为了弥补外汇缺口和增强本国在国际市场上的购买力，中国政府制定了以加工贸易为主的出口导向型战略，而国内发展相对落后、规模较小的文化产业并没有得到政府的足够重视，并且发展文化贸易也与当时的国家战略不符。截至2014年年底中国的外汇储备已接近4万亿美元，充足的外汇储备和国际购买力的增强使得中国的出口导向型战略逐步退出经济发展的历史舞台，取而代之的将是转变经济增长方式战略。十七大报告中也指出，要推动社会主义文化大发展大繁荣，提高国家的软实力，力求把文化产业的发展作为中国经济的新的增长点。而作为新战略的一个重要组成部分，文化贸易的发展并没有被很好地贯彻落实，以市场为导向、企业为主体、政府保驾护航的发展模式还没有形成。

5. 国内文化产品的出口结构单一

对外文化贸易的结构不平衡，体现为“硬强软弱”的格局。硬是指游戏、文教娱乐和体育设备及器材等硬件贸易，这是我国的对外文化贸易的强项，占到我国文化贸易总额的50%以上，居世界这类产品贸易的第二位。软是指文化内容和文化服务的软件贸易，包括广播电视节目、电影、印刷品、出版物、视听艺术、表演艺术、载有文化艺术内容的音像制品、多媒体、娱乐、会展等，这方面是我国对外文化贸易的薄弱环节。中国电影能在海外取得较好票房成绩的大多是武侠、动作类影片。在李安的《卧虎藏龙》受到奥斯卡青睐之后，中国导演更是将商业大片的题材全部锁定在动作类大片上。《英雄》《十面埋伏》《无极》《夜宴》《满城尽带黄金甲》等，几乎全部走武侠、动作路线，依靠高投入打造视觉效果。

对国外观众而言，单一化的题材和内容会导致“审美疲劳”。图书版权方面，中国图书版权输出内容主要集中在中医、武术和古典文学等中国传统文化及汉语学习、普及性中国读本方面，科技、教育以及反映当代中国建设成就等方面的图书版权出口极少。演出方面，中国演出团体的海外演出在节目类型上主要以杂技等动作类为主。据驻外使馆和中国对外演出总公司的统计，在数量上，杂技占据了我国所有对外演出项目的30%以上。动作类文化产品是中国文化贸易出口的排头兵，但是，其蕴涵的文化内容、所产生的文化附加值都十分有限，难以提升中国文化的影响力，难以充分反映中国当代取得的巨大成就。

6. 国内文化产业科技含量低，创新能力不足

中国出口的文化产品大多是初级加工的文化产品，目前处于世界文化产品生产价值链的较低端，文化产品的科技含量低和创新能力的不足直接导致产品的附加价值降低，延续这种粗放式的发展模式只能使中国的文化产业逐步被阻挡在世界市场的大门之外。美国的文化产业非常注重加大对科技的投入和应用，网络传输、数字化、通信卫星、数字电视等高新技术的广泛应用，使美国文化产业拥有了向全世界扩展的“桥梁”和“利器”；在创新方面美国十分注重吸收世界其他国家文化的精髓再经过创新发展为己所用，如《花木兰》《角斗士》《3 000勇士》等由外国传统文化改编的好莱坞电影在全球热卖。

案例 6.4

“功夫熊猫”是谁的文化符号？

按照一些人的说法，《功夫熊猫》系列电影是拿中国瓶装美国酒。《功夫熊猫》的制作团队本身就具有跨国性，包括很多华裔、亚裔、拉丁裔，包含不同文化背景的介入。熊猫始终是中国文化符号，并不会因为被好莱坞生产，就变成了美国符号。正如iPhone手机不会因为在中国制造，就变成中国品牌一样。

> 对《工夫熊猫》更多的探讨见新华网《中国文化输出还是美国文化入侵，中国“熊猫”如何应对？》专题页面：
> http://news.xinhuanet.com/forum/2011-06/24/c_121571428.htm
>
> 

《功夫熊猫》为熊猫赋予了新的文化内涵，尤其是那种夸张的喜剧感，完全颠覆了熊猫的传统形象。阿宝在第二集里解开了自己的身世之谜，这个故事本身就是关于自我身份的塑造和认同，既涉及个人成长、奋斗、勇气、成功这些现代性的价值观，也包含亲情、父子、师徒这些传统伦理情感的元素，甚至还有点虚空、平静、内圣外王的禅意和东方哲学。这些文化和价值诉求尽管有着不同的来源，但大多都能在全球范围内形成共识。不同文化背景的人可以在影片中看到他们各自熟悉的东西，从而各取所需，并行不悖。这正是好莱坞全球文化策略的要义，你很难说它是美国制造，价值观就一定是美国式的。为什么中国观众喜欢《功夫熊猫》？因为它给人们带来了欢乐。

【课堂讨论6.2】

中国文化如何有效走出去？“功夫熊猫”的启示是什么？

第三节 中国文化贸易发展目标与对策

案例 6.5

韩国文化全球输出背后的政府推手

据2012年10月30日《中国经济周刊》报道（记者 孙冰）

韩流冲出亚洲

仅用一个月的时间，韩国歌手PSY的《江南Style》，一首只有一句英文歌词的韩文歌便成为这个星球上最火的流行歌曲，并由此引发了新一轮全球性的韩流热潮……还没有任何一种来自亚洲的流行文化，能够这样迅速地产生如此巨大的国际影响力。如果说10年前第一波韩流的影响力还局限在亚洲，那么，今天已经是全世界人民都在跳Nobody和江南Style的韩流新时代了。

在中东的以色列、阿联酋，韩剧可以创下超过五成的收视率；在拉美小国秘鲁，即使票价相对于当地消费水平已十分昂贵，韩国人气组合JYJ的演唱会门票还是被抢购一空，而厄瓜多尔、委内瑞拉等国的粉丝甚至发表联合声明，抗议韩国广播公司（Korea Broadcasting System，KBS）因JYJ要赶赴北美演出而取消在本国的演唱会。

在印度北部偏远的内陆小邦曼尼普尔（Manipur），文化保护主义使宝莱坞的国产电影在当地受到限制，但Oba，sarang-haeyo（哥哥，我爱你）却成为年轻人的时髦流行语。

即使在文化优越感很强的法国，也有数量庞大的韩剧粉丝。韩国SM集团群星演唱会的万余张门票15分钟内就被"秒杀"，法国媒体甚至将其与当年披头士乐队在巴黎的演唱会比较。在韩流势力已经非常强大的美国和澳大利亚，Hallyu（韩流）不仅成为一个新生的英文词汇，而且已是主流文化现象之一……

第一个产生全球性文化影响力的亚洲国家当属日本，但日本的文化输出和文化产业经历了渐进的发展和长时间的积累，而韩国文化产业则"忽如一夜春风来"，似乎在最近十年爆炸性增长而来。韩流何以迅速席卷全球？

鼓励民资发展文化产业

1998年，时任韩国总统的金大中一上任便提出了"21世纪韩国的立国之本是高新技术和文化产业"的经济发展思路。这位被认为是韩国历史上"最懂经济的总统"认为，文化产业是未来的朝阳产业，振兴文化产业不仅会带来可观的收益，还会带动众多产业甚至整个国民经济的发展，对帮助韩国摆脱金融危机，找到更健康的经济发展模式具有重要作用。

从1999年开始，韩国将发展文化产业上升为国家战略，逐步放松管制进程，鼓励民间资本和企业发展文化产业。"文化产业不仅不会像传统产业那样，常受到整个世界宏观经济形势的影响，更重要的是，除了带来巨大的经济收益，文化产业还会带来巨大的就业机会，增强国民的自豪感，同时会扩大国家的国际影响力，提升国家形象和软实力。"申钟弼表示。

韩国的成效也非常显著。20世纪60年代到90年代，韩国本土文化几乎被强势的美国、日本、中国香港和台湾文化所淹没。但是，随着韩国"文化立国"战略的提出和推进，韩国文化产业不仅在本土实现反超，而且开始对外输出。到2004

经济网—《中国经济周刊》《从风靡亚洲到High翻全球"韩流"背后的政府推手》原文：http://www.ceweekly.cn/html/Article/2012102992336.html

年，文化产业已成为仅次于汽车的韩国第二大出口创汇产业，韩国也成为世界第五大文化产业强国。

【课堂讨论6.3】

“韩流”背后最强大的推动因素是什么？中国如何借鉴其经验发展文化产业和贸易？

文化贸易不仅是一种商业活动，而且是一种文化活动。文化贸易的世界强国，不仅影响世界文化生活，而且影响世界文化潮流。研究制定和实施文化贸易强国战略，提高人均文化贸易量及其世界地位，提高文化贸易竞争力，建设文化贸易强国，既是中国文化现代化的战略需要，也是提高中国文化竞争力的战略需要。

一、中国文化强国发展目标

中国的文化有着巨大的影响力，悠久的历史文化除在中国境内，还在东南亚、北美及欧洲的华人区具有广泛的影响。世界上使用华语的人口为世界之最，这样中国文化产业在其走向世界的过程就减少了一层阻力。这应该说是中国的文化企业进行市场开拓的最有利条件，因为语言和文化的差异被认为是经济全球化和国际交往中最大的消极因素。

第一，中国传统文化历史悠久，源远流长，一脉相承。世界古代几大文明如埃及文明、苏美尔文明、古希腊罗马文明、印度河流域文明和印加文明等都被埋入历史的尘埃中，唯有中国文明长盛不衰从远古一直延续到现代。这一历史事实表明，中华文明具有强大的生命力和世界其他文化所不具有的独特文化价值，其生存智慧和文化魅力本身就是一个极富吸引力的谜，具有吸引文化市场目光和思维的奇异性。

第二，传统文化在其演化的历史过程中留下了大量的文化瑰宝。这些珍奇的文化遗产从上古时代一直排列到现代的整个中国文明史系列，而且分布在从新疆到台湾、从漠河到海南的山山水水之间，故宫、长城、秦皇陵、三星堆及布达拉宫等古迹都是中国独有的品牌资源。

第三，传统文化在其发展过程中，兼收并蓄，融合外来文化。在六朝以后以儒释道为主流的文化形态，遗留下许多灿烂的文化圣地，儒教的文庙、佛教的寺院、道教的宫观，成为文化旅游的热点。

第四，传统文化的生存智慧、价值理论和技术系统几乎完整地保存在儒家的经典、道教的《道藏》和佛教的《大藏经》中。这其中也蕴涵着巨大的文化商机。

第五，中国56个民族既吸取着传统文化的营养，又在各民族的地理环境中保有和发展着自己的传统，其民情风俗、工艺技术和宗教信仰构成一道道多姿多彩的文化风景线。凭借中国丰富而且富有民族特色的文化资源和文化背景，完全可以生产出有中华文化特色的差异化文化产品。在国际文化服务贸易中，应该遵循“越是民族的东西，越是世界的东西”的原则。如电影《卧虎藏龙》和《英雄》等由于大量注入“中国功夫”元素，在西方国家获得很好的票房；云南的《云南映象》和江西的《瓷魂》，以其绚丽多彩的民族特性，而成功走上世界舞台。

但目前，中国人均文化贸易、人均文化商品贸易、人均文化服务贸易、人均文化出口、人均文化商品出口和人均文化服务出口指标达到2005年发达国家水平大约需要18～41年；文化贸易份额、文化商品贸易份额、文化服务贸易份额和文化服务出口份额达到2005年美国水平大约需要31～45年；音像、音乐和出版出口比例比较低，中国文化商品进口比例很小。归纳起来，中国文化贸易的主要挑战包括提高人均文化贸易、提高人均文化服务贸易、优化文化贸易结构等。文化贸易强国的基本要求包括：人均文化贸易、人均文化商品贸易、人均文化服务贸易和文化贸易比例等核心指标达到世界先进水平；文化贸易份额、文化商品贸易份额和文化服务贸易份额位居世界前列。

文化贸易强国的基本目标是：2020 年左右，人均文化贸易、人均文化商品贸易和人均文化出口等超过世界平均水平，人均服务贸易有所提高，成为文化贸易的世界中等强国；2050 年前，人均文化贸易的主要指标达到世界先进水平，文化进口指标大幅度改善，成为文化贸易的世界强国。未来 40 年左右，人均文化贸易、人均文化商品贸易和人均文化服务贸易保持 8%左右的年均增长率，人均文化出口、人均文化商品出口和人均文化服务出口保持 7%以上的年均增长率，文化进口指标保持 8%左右的年均增长率；人均文化贸易和人均文化商品贸易翻三番以上，人均文化服务贸易提高 10～20 倍等。

二、中国文化贸易发展政策

国际文化贸易政策事关文化和经济两个方面，是一类超越一般经济意义的特殊的贸易政策。它必须建立在对文化与经济关系正确认识的基础上。在文化贸易中，文化考虑与经济考虑是不可偏废，不能分离的。实施文化贸易强国战略，需要同时尊重国家利益和市场竞争两个原则，其中，国家利益占主导地位。文化贸易的发展，其一要遵循文化贸易的发展规律；其二要准确理解和把握国际文化贸易的国际法规；其三要系统分析国际文化市场的需求和结构；其四要有具有国际竞争力的文化企业和文化产品；其五要有良好的文化贸易环境；其六要有合理的文化贸易战略。文化贸易强国战略政策可以大致分为三个方面。

首先，文化贸易战略的政策。在国家层面，文化贸易战略要求：遴选和重点支持文化贸易的重点领域、重点对象和重点渠道；扶持文化贸易的骨干企业、拳头产品和专业人才；优化文化贸易的投融资、税收和市场准入政策，扩展文化贸易的信息、市场和网络容量；丰富文化贸易的形式、层次和手段的多样性等。

具体政策包括：①研究、制定“中国文化贸易发展政策纲要”，提升文化贸易的战略地位；②继续配合中国外交需要，组织开展多种形式的对外文化交流活动；③继续实施“中华文化传播工程”，促进中华文化的海外传播；④继续遴选、组织和实施文化“走出去”战略的重大项目；⑤鼓励在国外举办各种形式的中国文化节和文化活动；⑥鼓励在国内举办各种形式的国际文化节和文化活动；⑦鼓励和扶持对外文化中介机构的发展；⑧积极参与联合国教科文组织和世界贸易组织等的文化活动，参与相关国际规则的制定；⑨注意发挥海外华侨和友好人士的积极作用；⑩注意发挥驻外文化机构的积极作用等。

其次，文化出口战略的政策。文化出口战略是文化贸易战略的一个子战略。文化出口战略不仅要提高中国文化和文化产业的国际竞争力，而且要弘扬中华民族的优秀文化，改善中国现代化的国际环境。文化出口战略的基本目标包括：塑造中华文化的国际形象，成为文化出口的世界强国；让中华文化惠及世界，让中国企业造福世界。

具体政策包括：①研究、制定和定期更新“中国文化出口指南”，发挥政府的引导和服务功能；②扶持文化出口骨干企业，支持民族文化的名牌产品的国际化；③建立文化内容出口优惠税收制度，包括出口退税制度等；④鼓励和支持建立国际性的文化营销网络、海外中国文化中心等；⑤充分利用国外著名的文化平台和文化组织，推介中国文化产品和文化服务；⑥拓宽文化出口渠道，发挥地方政府、非政府组织和个人的积极作用等。

最后，文化进口战略的政策。文化进口战略是文化贸易战略的一个子战略。文化进口战略不仅要丰富中国公民的文化生活，而且要有利于丰富中华文化、提高中国文化和文化贸易竞争力。文化进口战略的基本目标包括：海纳世界先进文化，欣赏世界经典文化，丰富国民的健康文化生活；让世界先进文化造福中国，让世界经典文化丰富中国。具体政策包括：①研究、制定和定期更新“中国文化进口指南”，发挥政府的引导和服务功能；②完善文化内容进口专家评估制度，积极进口内容健康的文化产品；③实施文化互惠战略，主动引进世界先进文化和经典文化产品；④完善和拓宽文化进口渠道，提高文化进口产品的使用效率等。

就中国而言，文化贸易不仅应着眼于文化产业的发展，同时应着眼于文化事业的发展；不仅应重视文化贸易的经济效益，同时应重视文化贸易的文化效益。而且应当做到，文化效益是前提，经济效益是核心。文化贸易强国战略也不是一个孤立战略，而应与其他战略政策措施相互呼应。如，文化人才强国战略政策措施为文化贸易强国战略提供优秀文化人才，文化出口战略政策措施与文化产业国际化紧密相关，文化进口战略政策措施与文化互惠战略紧密相关等。

案例 6.6

对外文化贸易之知识产权

国家知识产权局2014年3月18日综合消息　日前，中国政府网公布《国务院关于加快发展对外文化贸易的意见》(以下简称《意见》)。为加快发展对外文化贸易，在《意见》推出的政策措施中包含多项知识产权内容。

在明确支持重点方面，《意见》指出，支持文化和科技融合发展，鼓励企业开展技术创新，增加对文化出口产品和服务的研发投入，开发具有自主知识产权的关键技术和核心技术。支持文化企业积极利用国际先进技术，提升消化、吸收和再创新能力。

在强化金融服务方面，《意见》提出，鼓励保险机构创新保险品种和保险业务，开展知识产权侵权险，演艺、会展、动漫游戏、出版物印刷复制发行和广播影视产品完工险和损失险，团体意外伤害保险，特定演职人员人身意外伤害保险等新型险种和业务。对国家文化出口重点企业和项目，鼓励保险机构提供出口信用保险服务，在风险可控的前提下可采取灵活承保政策，优化投保手续。

在完善服务保障方面，《意见》强调，加强相关知识产权保护，研究开展文化知识产权价值评估，及时提供海外知识产权、法律体系及适用等方面咨询，支持文化企业开展涉外知识产权维权工作。加强对外文化贸易公共信息服务，及时发布国际文化市场动态和国际文化产业政策信息。着力培养对外文化贸易复合型人才，积极引进各类优秀人才。建立健全行业中介组织，发挥其在出口促进、行业自律、国际交流等方面的作用。

《意见》还确立了发展目标，即力争到2020年，培育一批具有国际竞争力的外向型文化企业，形成一批具有核心竞争力的文化产品，打造一批具有国际影响力的文化商标品牌，搭建若干具有较强辐射力的国际文化交易平台，使核心文化产品和服务贸易逆差状况得以扭转，对外文化贸易额在对外贸易总额中的比重大幅提高，我国文化产品和服务在国际市场的份额进一步扩大，我国文化整体实力和竞争力显著提升。

国家知识产权局网站《国务院发布加快发展对外文化贸易意见含多项知识产权政策措施》原文：http://www.sipo.gov.cn/yw/2014/201403/t20140318_918854.html

【课堂讨论6.4】

为了促进中国的文化发展和经济发展，壮大中国的文化事业与文化产业，中国的国际文化贸易政策应重点考虑哪些问题？

三、中国文化贸易发展对策

1. 提供具有自主知识产权的优秀产品

在全球的四大文明古国中，我国的文化传统是唯一没有中断过的。我国五千年的文化脉络，从兵马俑、紫禁城到孔雀舞，从大唐歌舞到海派文化，中华民族的文化积累极为深厚，获得了世界的尊重。目前，我国迫切需要向世界传播新的形象，发展更多的国际文化合作。但是，我国的大部分文化资源还不能直接变成国际市场上有竞争力的产品，我国的许多文化遗产，也不能直接成为21世纪的社会财富。我国的文化工作者，还需要根据国际主流文化市场的要求，在深入发掘的基础上进行再创造。

从知识产权与文化贸易的关系可以看出，要发展我国文化贸易，必须对知识产权有足够的认识，一方面可以很好地利用知识产权以避免贸易纠纷，另一方面可以保护我国文化企业的权利。世界上任何一个高知识、高创意的产业发展都离不开知识产权的保护，因为只有对知识产权的尊重，才能更好地鼓励创新和创意。而我国自改革开放以来一直存在着损害知识版权的现象，尽管政府做出了各种努力，但盗版的隐蔽性和集团化等因素，使这一现象一直没能得到实质性的改善。因此，政府应加强打击盗版的力度，同时还应注重培养消费者抵制盗版的消费习惯，为文化产业的发展提供良好的市场环境。

2. 发展具有中国特色的多元文化产品和服务体系

随着人类社会进入信息化时代，以电脑、通信和网络技术为代表的现代信息技术，本身就是一种新的生产力，也是知识经济时代的一种生产关系。它深刻地改变了人类的生产方式和生活方式。它的参与者越多，服务越方便，信息交换的容量越大，信息产品的价格就越便宜，创造的社会财富也越多。所以我国的对外文化贸易必须抓住这个技术平台，使我国的文化资源转化为信息化的产品，得以最大程度地获得传播，成为人类共享的财富，进而使得我国古老的文化资源，在与现代科技结合后获得新的表现形式和传播方式，最终在21世纪国际文化市场上绽放光芒。

目前，一些文化企业致力于向国外市场推广大制作、大成本并糅合某个中国元素的文化产品，但国外的消费者更期待原生态、真实的，能体现中国文化真谛的多元化文化产品。任何企业都必须立足于真实、有效的消费需求，提供符合消费者偏好的文化产品和服务。因此，一方面，文化企业可以从漫漫五千年的历史中提炼出符合西方思维方式的文化素材，进行再加工和再创造；另一方面，可以着力于推广中国的少数民族文化，尤其是一些具有艺术价值、欣赏价值和市场价值的文化产品。文化企业可以增加文化产品及服务的原创性及吸引力，并提供多元化产品及服务以增加竞争力。

3. 推进对外文化贸易体制创新来积累竞争优势

文化贸易大国如美国、日本和法国等，都具有一整套经常调整的、重在促进的法律和政策，包括文化贸易的外汇管理、项目审批、税收优惠政策等。如作为世界电影产业第一大国的美国，为了通过竞争增加产业活力，美国政府严格限制国内电影产业的垄断，以免扼杀国内电影产业的竞争活力，却大力支持和鼓励国内电影企业向国际市场扩张。

目前我国尚缺乏完整的文化贸易法律和政策框架。例如，由于境内外音像制品的原创和制作水平存在差异，我国许多音像制品的发行销售商，对引进境外热门音像制品的版权热情很高，经济效益也很显著，但是对于版权出口却因缺乏经验、人才和出口渠道而害怕风险，裹足不前。因此，我们应该尽快把鼓励版权出口与调整进口配额结合起来，给予出口版权成绩显著的企业以适当的进口版权配额，即“谁的文化商品出口更多，谁就拥有资格引进更多”，让文化企业在努力开拓海外市场的同时，有条件引进海外的热门影视、出版物、音像制品，从而增加企业的生存能力和抗风险能力。另外，我国的印刷企业近年来获得了巨大的发展，在成本价格、印刷技术、品牌效应和服务质量等方面逐渐形成了国际竞争优势。然而，由于印刷业务涉及内容等敏感问题，受到政策限制，难以大规模地开展加工出口业务，扩大在国际印刷市场的占有率。这些问题，都亟待要求有关部门进行体制改革，开展机制创新。

4. 强化政府的“引导性”角色，完善配套设施

经济全球化的浪潮中，我国的文化企业也走上了良性发展的道路，然而与国际知名的文化企业巨头相比，仍存在着很大的差距，主要体现为缺乏核心品牌、公司规模较小、创新性不足等。文化产业属于知识创意型产业，与其他传统产业相比，对创造力和想象力要求更高。这就要求社会和政府更具包容力和忍耐力，扶持一批重点文化产品和文化企业，为文化产业提供自由创作的土壤。政府可以根据企业所在区域特点、企业原有的优势等有选择性地扶持一批龙头企业和明星产品，生产和提供具有较高国际知名度的文化产品及服务，带来示范效应，实现上下游产业链中的产品相互促进发展。毫无疑问，企业规模的扩大必然会带来成本的降低，实现规模经济；同时，文化企业多元化的衍生品可以分摊高额的创意成本，实现范围经济。

对政府而言，更多强调的是引导文化产业发展和确定文化产业发展方向的功能，保证文化产业的发展方向不偏离，减少行政干预。即在文化市场失灵时，才会动用政府这只有形的手对其进行干涉、纠正。政府还应完善文化企业所需的配套设施，为其发展提供必需的硬件设施，为文化企业的集群创造条件；增加对文化企业的投资比例和范围，积极鼓励民间资本、外资等各种形式的资本以各种方式投资于文化企业，鼓励文化企业之间的兼并、收购等，以优化企业资源；引进创业风险投资机制，降低文化企业进行债务融资的门槛；形成以政府资本为引导，以企业内源融资、债务融资和股票融资为主要渠道，以风险基金、个人投资和境外投资为补充的多元化的文化产业投融资体系。

本章小结

1. 文化产品一般是指传播思想、符号和生活方式的消费品，它能够提供信息和娱乐，进而形成群体认同并影响文化行为。图书、杂志、多媒体产品、软件、录音带、电影、录像带、视听节目、手工艺品和时装设计组成了多种多样的文化商品。

2. 文化服务是指满足人们文化兴趣和需要的行为。这种行为通常不以货物的形式出现，它是指政府、私人机构和半公共机构为社会文化实践提供的各种各样的文化支持。这种文化支持包括举行各种演出、组织文化活动、推广文化信息以及文化产品的收藏（如图书馆、文献资料中心和博物馆）等。

3. 文化贸易不仅具有经济意义，同时还具有文化意义。它通过文化产品与服务，向进口国进行“价值观、信仰、传统和生活方式”的传播、扩展和影响。文化贸易有着与一般贸易的不同之处，即市场高度垄断性、保护方式隐蔽性、自由化的例外性、约束条例相对灵活性，以及与其他产业的强烈交融性。

4. 国际文化贸易态势可以归结为发达国家普遍对发展中国家占据相当大的文化贸易优势以及美国

在世界流行文化市场上占据压倒性优势。美国的优势，既表现于发展中国家，也表现于其他发达国家。美国对世界文化市场的垄断性与国际文化市场的不平衡性，是国际贸易其他行业中所未见的。

5. 国际文化贸易的发展既要遵循世界贸易规则，也要维护国家文化权益，因为文化商品具有商品属性和文化形象的双重性质。实施文化贸易强国战略，需要加强政府的政策引导和公共服务功能，需要发挥文化企业的积极性，需要调动各个有关方面和各个层次的积极性。

综合练习

一、不定项选择题

1. 在《服务贸易总协定》的《国际服务贸易分类表》中，文化服务可划分为（　　）。

A. 商业服务　　B. 试听服务

C. 娱乐、文化和体育服务　　D. 文化会展服务

2. 在国际货币基金组织的国际收支手册中，声像和有关服务包括（　　）。

A.（影片或录像带形式的）电影、收音机、（实况或提前录制的）电视节目和音乐录制品

B. 租用费用的支出和收入、演员、导演、制片人等（或编表经济体中非居民）从作品在国外播放而得到的报酬

C. 卖给传播媒介，在指定地点上映次数有限的播映权费

D. 戏剧、音乐作品、体育活动、马戏等活动的演员、制片人收到的费用，以及这些活动（电视、收音机等）的放映权费用

3. 文化软件服务贸易是指包含（　　）的贸易。

A. 广播电视节目、电影动画片　　B. 故事片、印刷品、出版物

C. 视听艺术、表演艺术　　D. 载有文化艺术内容的光盘、视盘和多媒体

4. 文化硬件服务贸易是指包含（　　）的贸易。

A. 摄影器材　　B. 视听设备　　C. 舞美设备　　D. 游戏和娱乐器材

5. 国际文化贸易包括（　　）贸易类型。

A. 国际性文化演示与展示　　B. 文化产品、用品的跨国销售

C. 国际文化旅游　　D. 产权的跨国转让

二、简述题

1. 什么是国际文化贸易？它具有哪些特点？
2. 国际文化贸易发展具有怎样的特点？
3. 我国文化贸易发展状况如何？如何才能促进我国文化贸易的发展？
4. 为什么说文化竞争已经成为全球化时代的重大主题？
5. 简要论述发展对外文化贸易的意义所在。

三、论述题

1. 在确立文化贸易政策时，中国更应当向哪个国家学习？
2. 什么是国家文化软实力？发展文化软实力有何战略意义？
3. 如何大力发展文化产业，消解中国“文化赤字”？
4. 深受中华文化影响的日本和韩国为什么却在文化输出上占尽先机？

四、案例分析题

据“俄罗斯之声”广播电台2013年10月7日文章　正在中国上映的俄罗斯战争巨片《斯大林格勒》接连创下票房纪录。影片于10月30日开始在中国各大影院上映，仅在首周观影人次就已超过700万。据当地媒体报道，观影人数之多创下历史纪录。费奥多尔·邦达尔丘克的新影片《斯大林格勒》把与它同时上映的好莱坞影片《金刚狼：武士之战》和《精灵旅社》远远地甩在后面。

《斯大林格勒》在中国的上映先于11月10日将在罗马举行的国际首演。中国观众对这部描写扭转二战局面战役的影片的反应异常强烈。仅在影片上映的头4天票房收入已超过800万美元。而且如同在俄罗斯一样，《斯大林格勒》在中国同样不仅受到年青人的喜爱，而且也受到把斯大林格勒战役看成是一次重要战斗的老一代人的欢迎。

影片导演费奥多尔·邦达尔丘克就此解释道：“当代年轻人更喜欢IMAX 3D不是什么秘密。科幻和动画影片、连环漫画都用三维画面表现过。我们试图进入一个试验领地——利用最新技术表现人类历史上两天最残酷的战争戏剧。这种表现形式得到了大家的认可。一些人喜欢画面，另一些年纪大的人则喜欢其内容。首先是想制作一部反战争的人道主义影片。《斯大林格勒》不是故事片，也不是简单的军事片。这是一段不长的历史——讲述真实的阵地。对我来说重要的是，全方位表现战争，能被每一个国家的观众所理解。要知道，今天世界上战争仍在继续。”

在中国观众眼里，影片的独到之处在于视觉与音乐的和谐结合以及对细节的特别关注。费奥多尔·邦达尔丘克认为，影片在中国上映所取得的巨大成功对摄制组来说绝对是个意外。他说：“我们曾期盼着能得到中国观众的肯定。至于现在取得的成功以及高分对我们来说当然是个大喜事。在中国电影网站上《斯大林格勒》获得8.2分，满分为10分。我们根本就没想到!在国际首映之前两周向中国观众展示这部影片对我们大家来说也是一种试验。试验成功了。我想，不能就此停止不前。利用《斯大林格勒》的经验，还需要向国外推出其他国产影片。《斯大林格勒》在中国的成功打破了那种不可能渗透到别国境地的教条。”

本例转引自环球网《俄媒：〈斯大林格勒〉让好莱坞影片在华遇冷》一文：http://oversea.huanqiu.com/entertainment-Articles/2013-11/4543697.html

打入仅次于美国位居全球第二的中国电影市场绝非易事。中国限制外国影片上映数量每年为34部。此外，还有所谓的“禁止”期，即没有一部外国影片上演。《斯大林格勒》在中国拷贝投放量最大，为在中国上演制作了7 000多个拷贝。如果考虑到中国拥有12 000个影院的话，那么有一半以上的影院是邦达尔丘克影片的观众。对当代俄罗斯影片来说这的确是真正意义上的突破。

请分析：

（1）美国流行文化垄断是否面临挑战了？原因是什么？

（2）俄罗斯是怎样“突围”的？俄罗斯的成功对中国文化品牌“走出去”的启示是什么？

第七章 外贸价格

【学习要求】

通过本章的学习，了解进出口商品价格的含义、国内外商品市场价格的区别与联系，掌握我国处理商品国内外价格关系的各项政策，并系统地把握我国进出口商品价格的作价原则及影响价格的各项因素。

【主要概念】

进出口商品价格　国别价值　国际价值　商品价格体系　出口商品换汇成本　出口商品盈亏率

在市场经济条件下，价格在引导资源配置方面发挥了基础性的作用，并促使资金、劳动、技术等资源从收入低的行业和部门流向收入高的行业和部门，进而导致产业结构不断优化。另外价格还可作为对商品和劳务的社会评价标准，价格的高低决定生产者、经营者的收益多寡，并激励企业努力降低成本，提高生产效率，以取得较大的收益。因此，在我国的对外贸易工作中，对外贸易价格已成为一个研究的核心对象。

第一节　进出口商品的国内外市场价格

案例 7.1

数字解构车价

2013年，经中国海关共进口119.54万辆汽车，同比增长5.57%，进口金额489.74亿美元，同比增长2.99%。

据2010年7月7日《汽车007周报》报道（刘玲玲）　“一款奥迪Q7在德国落地价70万元，到了中国香港就已经90多万元，回到国内摇身一变竟飙升到120万元。”进口车利润的多少与车型排量大小息息相关。如排量为3.6L的某品牌进口车，在美国的售价折合成人民币在33万元上下（美元与人民币汇率按6.8计算），而国内价格为88万元。以奔驰S600为例，国内的指导价为260万元左右，在美国的售价为12万美元，折合人民币也只有82万元（美元与人民币汇率按6.8计算），约为国内价格的三分之一。其价腾讯网转载本例报道《进口车价"稳高"的三个原因》链接：http://auto.qq.com/a/20100706/000269.htm

格主要为美国国内生产价格178万元，加上43%的税费，如25%关税、40%消费税以及17%增值税等等以及物流、仓储等国内各个消费环节中的费用，构成奔驰在我国内市场价格。显然，国内豪华车的高利润让国际车企"眼馋"。自2008年开始，英菲尼迪M45、欧宝Antara、沃尔沃XC60、雷克萨斯LX570、大众EOS、奥迪Q7等车型蜂拥而至，中国已经成为进口豪华车的淘金地。

点评：进出口商品的国外价格与国内价格之间既有区别，又有联系，它们在各自价格体系内的波动状况牵涉到对外贸易的经济效益，是我们从事外贸工作必须十分关注的问题。

进出口商品价格，即对外贸易价格，是指一定时期内，某国进出口商品的国内外价格，包括进口商品的国外价格、国内价格和出口商品的国内价格及国际价格。在对外贸易活动中，对外贸易价格是联结国内外经济的重要纽带，也是联系国内外商品市场的重要桥梁。

一、国内外市场价格的区别

因为在价格形成基础、价格构成和价格体系等诸多方面存在差异，所以进出口商品的国内外价格间形成了一系列的区别。

（一）国内外价格的内涵形成基础不同

商品价格的内涵是价值，商品买卖活动中应按照商品价值进行交换，即按照社会必要劳动时间进行交换。所谓社会必要劳动时间，是指在现有的社会标准生产条件下，用社会平均的劳动熟练程度和强度生产某种使用价值所需要的劳动时间。这是商品价格形成的一般规律，但是进出口商品的某一国国内价格是由该国国别价值决定的，而国际价格则是由国际价值决定的，这构成了国内外价格的根本性区别。

商品的国别价值和国际价值作为一般人类劳动的凝结物，本质是完全相同的，但在量上却存在不同。国别价值是由某国国内生产该商品的社会必要劳动时间决定的，而国际价值则是由世界劳动力的平均单位决定的。在世界市场上，国家不同，劳动的中等强度也不同，有些国家高，有些国家低。于是各国的平均劳动即世界经济在一般条件下生产某种产品时所需的特殊社会必要劳动时间，成为衡量商品国际价格高低的内在标准。

（二）国内外价格的构成不同

由于流通的范围和流通环节不同，因此商品的国内外价格构成也出现了差异。具体看来，商品的国内价格的构成主要包括生产成本、利润、各项税款和国内流通费用等，结构相对比较简单。但当商品进入国际市场后，随着流通领域扩大，交易风险和流通环节都变得相对复杂，从而增加了商品国际价格制定时需要考虑的因素。一般而言，国际价格中除了包括国内商品价格的构成因素外，还要包括国际间的运费、包装费、仓储费、保险费、商检费、关税、外贸企业的代理手续费、中间商的佣金、港务费及其他杂费，这些费用的增加导致了商品的国际价格远远高于其国内价格。

（三）国内外价格的体系不同

在商品交易市场中，不同的国家、不同的企业和消费者必须遵守价值规律，服从等价交换的原则，形成了各种不同商品的价格和劳务收费，这就构成了商品国内价格体系。但在一体化的世界经济中，价值规律的作用范围也超出了国界，使得国内价值转化为国际价值。这样，任何一个国家的价格已经不可能自成体系，都要与国际市场价格发生联系，尽管联系的紧密程度随着这个国家的对外贸易的依存度、进口的商品结构和外国资本的流向等因素而变化，但最终构成了一个完整的、统一的商品国际价格体系。

1. 我国的商品价格体系

商品价格体系包括各种商品的比价体系和差价体系。我国的商品价格体系是指在国别价值基础上，按照计划经济与市场经济相结合的理论，考虑整个社会再生产过程和国民经济各部门的均衡发展而建立起来的一套具有紧密联系的、统一的国民经济价格体系，具体包括计划价格和非计划价格，各经济部门价格，商品流通环节价格等方面。

以上不同环节的价格间及同种商品在不同地区、不同季节间存在的差价关系，构成了差价体系。经过 1979 年的价格体制改革，我国价格体系中的某些不合理的价格差别情况已有所改善，但总的说来，我国的价格体系还是存在一定的不合理性。建立合理的价格体系，应该使商品的价格既反映价值，又反映供求关系，而且要使价格体系促进社会再生产发展和满足人民需要的职能得到更好的发挥。具体地说，就是要使物价总水平有利于社会生产的发展和经济效益的提高；城乡居民收入水平与物价水平相适应，劳动生产率上升幅度高于工资上升幅度，工资上升幅度高于物价上升幅度；多数重要商品价格大体接近价值，实现等价交换等。但目前，我国的商品价格体系离这些要求还存在一定的差距。

2. 国际商品价格体系

商品的国际价值量是确定国际商品交换价格的基础，商品的国际价格是商品国际价值的货币表现，是国际价值的转化形态，因此国际生产价格是由各国的平均成本和各国平均利润之和的多少决定的。在全球范围内，伴随商品的国际交换，逐渐形成了国际商品的价格体系。与商品的国内价格体系相比，国际价格体系最大的特点是市场调节价格占据主导地位，其形成是不可控的。

二、国内外市场价格的联系

国内外市场价格虽然在内涵、构成和体系等方面存在区别，但两者间也存在联系。当一国经济对国际市场的依赖程度逐渐增强时，其国内价格同国际价格的联系也将越来越紧密。一般而言，国内外市场价格间的联系及紧密程度主要取决于下列因素。

1. 生产率水平的差异

商品的国内外价格分别由该国的国别价值和国际价值决定，而国别价值和国际价值又分别由一国的生产率和国际平均生产率水平决定，因此生产率水平将直接影响国内外价格的相互联系。国内生产率与国际平均生产率越接近，国内价值和国别价值也就越接近，而商品的国内外价格水平就差距越小，反之，则差距越大。

2. 一国参与国际分工的程度

一国参与国际分工的程度越高，意味着其经济的对外贸易依存度相对较高，其进出口额占该国工农业总产值的比重越大，因此，商品的国内外价格的联系也就越紧密。

3. 一国国内市场与国际市场的供求变动是否一致

由市场供求关系的变化引起的价格变动对社会经济活动进行的调节，是价值规律调节商品生产和商品流通的表现形式。当商品的生产超过需要时，市场上供过于求，价格下跌，利润减少；当价格跌到价值以下时，利润率低于平均水平，商品生产者就会缩减生产，使市场上供给开始减少，逐渐接近于需求水平。价格以价值为中心上下波动，使社会劳动在各部门之间的分配得到调节，使生产和需要趋向平衡。因此一国国内市场的供求变动与国际市场的变动趋势越趋于一致，商品的国内外价格的变动也就越相似，两种价格的联系也就越紧密了。

4. 商品自由流动障碍大小

商品的国内外价格产生联系的前提是商品可以在国内外市场间自由流动。若一国采用了一些阻碍商品自由流动的贸易政策，将会导致国内外市场的人为割裂，降低该国参与国际分工的程度，破坏两个市场间供求变动的一致性，从而弱化商品的国内外价格的联系。

5. 经济机制差别

经济机制对商品价格的形成具有指导作用。若一国实行计划经济机制或正处在由计划经济机制向市场经济机制的转变过程中，那么就无法与国际市场的市场经济机制完全适应，导致商品的国内外价格出现割裂。反过来，若一国实施市场经济机制，则会为国内外价格的联系创造客观条件。

【课堂讨论 7.1】

举例说明国内外市场价格的联系。

第二节　中国处理国内外价格关系的政策

案例 7.2

国家开始推行棉花目标价格改革

据新疆日报2014年8月26日讯（记者张雷）　由于国内外棉花价格的差价过高，导致国内棉企一直在争抢购买国外棉花的配额，希望能买上国外进口的低价棉。国内棉花由于生产成本较高导致棉花价格居高不下，而棉农为生存不得不改种其他农作物。2014年9月22日，国家开始推行棉花目标价格改革，改革主要是应对国内外棉价差。由于国内外棉花差价较大导致企业成本过高，产品价格没有竞争力。而这也导致众多棉企开始争抢不多的国外棉花进口配额。在这种大背景下，国家开始展开了棉花目标价格改革的试点和市场调控。

点评：国家对棉花价格改革政策的实施，促使棉花价格市场化，使得棉价同国际接轨，对于提高纺织企业的竞争力，特别是以出口为主的纺织企业会有一定好处，让他们处在相对公平合理的竞争环境之中。

新疆日报网《我区今年实行棉花目标价格改革 取消临时收储制度，按目标价 19 800 元/吨实行差价补贴》链接：http://xjrb.xjdaily.com/jryw/1116944.shtml

正确处理好国内外价格关系，对增强一国经济与国际经济的联系，促进其发展具有非常

重要的意义。

一、正确处理国内外价格关系的意义

商品国内外价格的联系，从侧面反映出一国生产率水平与国际水平的差距、该国参与国际分工的程度、该国经济机制与国际经济机制的一致程度及市场供求变动的相关情况。

1. 充分发挥价值规律的调节作用

价值规律是商品经济的基本规律，只要商品经济存在，价值规律就必然发生作用。价值规律的基本内容和客观要求是：商品的价值量由生产商品的社会必要劳动时间决定；商品交换要以价值为基础进行等量交换。可见，价值规律既是价值决定的规律，又是价值实现的规律。商品经济中，价值规律对社会经济具有以下作用。

（1）价值规律自发地调节生产资料和劳动力在社会各生产部门之间按比例分配，即配置社会资源。

（2）价值规律自发地刺激商品生产者改进技术，改善经营管理，进而促进社会生产力的发展。

（3）价值规律会引起和促进商品生产者的两极分化，造成优胜劣汰的结果。

在对外贸易中，正确处理国内外市场价格，使价值规律既反映国际价值，又反映国别价值，使国内商品生产、流通根据价值规律的调节，即由供求变化引起价格涨落，引导社会劳动力和生产资料在各个部门的分配，较合理地进行资源配置，使企业的生产经营与市场直接联系起来，促进竞争，增加社会经济效益。

2. 有利于减轻财政负担

价格改革之前，为保护国内商品市场的稳定，防止国际经济危机的冲击和影响，我国出口商品的收购，一律按国内价格，而出口商品的外销则根据国际市场价格水平作价；进口商品内销，按国内价格作价，而其购进时根据国际市场价格作价。在这种国内外价格割裂的背景下，虽然商品的国际价格不断上涨，但其国内价格仍然维持不变，于是导致进出口商品的国内外价格差距越来越大，国家为消除价差支付的财政补贴越来越多，这对国家财政形成了巨大的压力。价格改革后，为适应对外开放需要，进出口商品价格开始参考国际市场价格，随后逐步实行进出口商品代理作价原则，取消进口补贴。进口商品的国内代理价格、出口商品的收购（出厂）价格由市场决定，国内市场价格与国际市场价格在形成机制上基本衔接，国家主要运用税收（关税）杠杆影响进出口商品价格进而调节商品进出口。目前，绝大多数商品的国内市场价格水平与国际市场价格水平已比较接近，这正是我国正确处理商品国内外价格的成效之一。

3. 促进经济效应提高

正确处理商品的国内外价格，消除两者间的价差，有利于企业对进出口商品进行合理的成本核算，促进企业对外贸易经济效应的提升。另外，加强国内外价格的联系，有利于合理分配国内外资金与各种资源，提升资源的利用率，提升国家对外贸易的宏观经济效应。

二、中国处理国内外价格关系的政策

正确处理我国商品的国内外价格的关系，最重要的是尽快完善社会主义市场经济体制和进行价格改革。

（一）我国价格改革已经取得的成绩

改革开放以来，价格改革实现了由具有中国特色的计划价格体制向市场价格体制渐进转变的尝试，建立并逐步完善在宏观调控下以市场形成价格为主的机制和价格调控体系，促进我国价格体系趋于合理，增强了国内外商品价格的相互联系，为建立完善社会主义市场经济体制做出了重大贡献。价格改革有力地促进了经济社会发展、对外开放和广大群众生活的提高及社会稳定和谐。

1. 转变了价格形成机制

价格改革转变了价格形成机制，建立并逐步完善了在宏观调控下以市场形成价格为主的机制。1992 年是新旧价格形成机制的转折点，与 1991 年相比发生了重大变化，市场机制在价格形成中已经起主导作用。

2. 完善价格调控体系

价格改革后，我国的价格调控体系在性质、手段等方面发生了巨大改变，而且构成了涵盖面宽、内容广泛且相互联系的有机体系。具体来讲，确立了价格宏观调控目标，对微观经济主要实行间接调控；价格调控监管以经济手段、法律手段为主，行政手段为辅，还配以宣传舆论手段，通过行业协会、商会组织企业加强价格自律；实行调控目标责任制，建立了少数重要商品储备制度和价格调节基金制度，建立了价格监测信息网络，逐步完善价格预测预警系统和临时价格干预措施和紧急措施等。价格调控、监管走上了规范化、法制化、民主化的轨道。

3. 国内外市场价格联系加强

价格改革前，国内市场价格与国际市场价格的联系是切断的，进口商品的国内销售价格和出口商品的国内外贸收购（出厂）价格主要是考虑与国内同类商品的比价关系和政策需要单独制定的，国内外价格脱钩。价格改革初期，为适应对外开放需要，进出口商品价格开始参考国际市场价格，随后逐步实行进出口商品代理作价原则，取消进口补贴。进口商品的国内代理价格、出口商品的收购（出厂）价格由市场决定，国内市场价格与国际市场价格在形成机制上基本衔接，国家主要运用税收（关税）杠杆影响进出口商品价格进而调节商品进出口。目前，绝大多数商品的国内市场价格水平与国际市场价格水平按现行汇率计算是接近的。

4. 建立了以《价格法》为核心的价格法律体系

1997 年 12 月 29 日经八届全国人大常委会第二十九次会议通过，确定从 1998 年 5 月 1 日起施行《价格法》，这是我国价格法制建设的重要里程碑。根据社会主义市场经济的要求，在总结价格改革经验的基础上，用法律形式对社会主义市场经济条件下的价格形成机制、价格管理形式、政府调控监管、经营者的价格行为、政府的定价行为、价格总水平调控以及保护市场竞争、制止不正当价格行为等重大问题做了规定，对构建新的价格形成机制和价格调控机制，发挥价格合理配置资源的作用，增强政府宏观调控能力，稳定市场价格总水平，规范市场价格行为，保护消费者和经营者的合法价格权益，提供了法律保障。

随后，我国又以《价格法》为核心，制定了一批相配套的价格法规、规章和规范性文件如《价格违法行为行政处罚规定》《制止牟取暴利的暂行规定》《关于制止低价倾销行为的规定》《禁止价格欺诈行为的规定》《制止价格垄断行为暂行规定》《关于商品和服务实行明码标价的规定》《价格行政处罚程序规定》《价格违法行为行政处罚实施办法》《价格违法行为举报规定》，以及《国家计委和国务院有关部门定价目录》《非常时期落实价格干预措施和紧急措施暂行办法》《政府制定价格行为规定》《政府价格决策听证办法》《政府制定价格成本监审办法》《行政事业性收费标准管理暂行办法》《价格监测规定》等。此外一些省、市结合本地情况，出台了《价格管理条例》《收费管理条例》《价格监督检查条例》和《价格鉴证条例》等。

5. 形成了具有中国特色的社会主义价格理论体系

价格改革不仅使价格体制发生了深刻变化，而且在实践中创新了价格理论，逐步形成了具有中国特色的社会主义价格理论体系，成为具有中国特色社会主义理论体系的组成部分。社会主义价格理论体系主要回答了社会主义条件下价格的地位作用以及发挥价格杠杆作用的方式、方法、手段，建立相关机制、制度等问题。主要内容包括：在社会主义条件下，价格是市场机制的核心；价格在宏观调控下主要由市场供求形成，宏观调控要以市场供求为基础，在正常情况下不能干预经营者自主定价；价格管理形式为政府定价、政府指导价、市场调节价；价格调控要综合运用经济、法律、行政、舆论导向等多种手段，打“组合拳”；价格形成机制、运行机制、约束机制与调控体系、制度、法制等存在着内在的相互制约、相互联系；开始探讨在价格形成、运行中如何体现效率与公平的结合，如何有利于社会主义和谐社会的构建等。

【课堂讨论 7.2】

我国处理国内外价格关系的政策是怎样发挥价值规律的调节作用的？

（二）价格改革的深化

在充分肯定价格改革的巨大成就的同时，我们也要清醒地看到资源性产品价格改革还有较大差距。例如，环境价格改革刚刚起步，要素价格改革还未到位，医疗、教育收费和房地产价格改革还存在不少问题，价格调控决策的科学化、民主化、透明度还有待提高。而这些都是我国正确处理国内外商品价格的障碍。在适应新时期要求抓住机遇深化改革，掌握改革时机、力度等方面也有着某些不足等，这些都需要在今后深化改革中逐步解决。

1. 建立国内外市场价格相互影响的机制

进一步合理处理国内外价格的关系，首先要建立两者间的相互影响、相互制约的机制。既要顺应经济全球化潮流，使国内市场价格与国际市场价格互动，又要防止国际市场价格变动对国内市场价格的冲击。

2. 完善政府定价机制和价格调控监管机制

政府在正确处理商品的国内外价格中发挥着非常重要的作用，在进一步深化价格改革的过程中，应不断完善政府定价机制和价格调控监管机制，具体包括以下方面。

（1）进一步调整政府定价的范围，放开可由市场竞争形成的产品服务价格，减少行政事业性收费项目。

（2）加强政府对定价成本监审的法制建设。对关系人民生活和生产发展的重要商品，如普通商品住宅的社会平均成本进行调查，并向社会公布，消除消费者与生产者信息不对称的问题。

（3）改革政府定价方法。完善资源、环境、生态价格构成和科技产品价格构成。

（4）健全社会对政府价格决策的监督机制。

（5）规范经营者的价格行为。严厉打击价格垄断、不正当价格竞争等违法行为。

（6）改进价格总水平调控方法和健全价格异常波动应急机制。

（7）尽快编制出台城镇低收入群体生活价格指数。

（8）进一步转变政府职能，加强价格主管部门在价格调控、监管方面的综合协调的职责，提高价格调控、监管水平。

第三节　中国进出口商品的作价原则

案例 7.3

豆油作价的影响因素①

近年来，世界豆油的消费量一直保持着逐年上升的趋势，已成为世界产销量最大的植物油品种之一。中国是全球豆油生产增长最快的国家，豆油产量平均年增长率为18.5。我国豆油生产原料高度依赖进口，行业比较独特。2010年，我国豆油产量为897万吨，豆油进口量下降至150万吨，但由于大豆榨油消费量为5 400万吨，其中包括400万吨国产大豆和5 000万吨进口大豆，则进口豆油和进口大豆折油为983万吨，豆油供给对外依存度为93.8%。

豆油供给对外高度依赖，使国际市场大豆、豆油价格的波动对国内产生直接影响，国内大豆价格与进口豆油联动性较强。进口豆油到港成本主要由芝加哥期货价格、FOB升贴水、海运费及港杂费构成，进口成本=[（芝加哥商品交易所期价＋升贴水）×单位转换系数＋海运费]×增值税×关税×人民币汇率＋港杂费。

豆油以大豆为原料生产，大豆产量的变动对豆油价格形成较大影响。一般情况下，影响大豆产量变动的因素都会对豆油价格形成直接或间接的影响，包括大豆种植面积的变化、天气变化、大豆病虫害等。北半球大豆播种、生长与南半球具有互补性。每年3～5月是北半球春播时期，在此期间美国农业部会发布大豆种植意向报告，意向报告及大豆播种进度的变化会带来豆油价格的波动；6～9月是北半球大豆生长期，天气、病虫害会引起大豆单产变化，也会影响到豆油价格；10～11月是南半球大豆播种期，12～次年2月是南美大豆生长期，在此期间，相关因素的变化对豆油价格形成影响。同时，大豆及大豆进口成本会对豆油价格形成影响，即进口成本越高，豆油价格越高。不过由于直接进口豆油在豆油总供给量中所占的比重远低于进口大豆生产的豆油，进口大豆成本对豆油的影响程度更大。大豆在压榨过程中有两种产品包括豆粕和豆油。如果油厂压榨利润较低，油厂会选择停产，减少豆油的市场供应量，拉动价格。国产大豆收购成本也会影响豆油价格，不过由于生产的豆油在总产量中所占比重较低，因此国产大豆收购成本对豆油价格的影响较小。

近几年，国家市场粮船运费波动幅度较大，对我国豆油价格形成较大影响。大豆进口成本会对豆油价格形成直接影响，通过影响大豆成本，粮船运费价格对我国豆油价格形成影响。

美元指数对我国豆油价格形成间接影响。一方面，全球大豆、豆油贸易以美元计价，美元指数下跌，会带来大豆、豆油价格的上升，反之，会带来大豆、豆油价格的下跌。另一方面，美元指数的变化会影响到巴西大豆的种植成本。美元下跌会造成巴西农民种植大豆的收益大打折扣，大豆种植面积增长缓慢，对大豆、豆油价格形成间接影响。

同时，商品指数（如CRB指数、标准普尔-高盛指数等）走强，说明国际市场大宗商品需求旺盛，会促使指数基金进场，豆油价格会受到拉动；反之，说明大宗商品需求萎缩，指数基金离场，豆油价

① 本部分内容整理自大连期货交易所《豆油期货交易手册》中“影响豆油价格的主要因素”，该手册下载地址 http://dec.com.cn/partal/cate?cid=1261730307136。

格受到压制。

生物燃料的发展，使豆油与原油价格的联动性更加密切。原油价格上涨，会使生物柴油利润率提高，生物柴油工厂开工率上升，豆油需求增加，豆油价格上升；反之，豆油价格出现回落。除此之外，原油价格的走强会使燃料乙醇产量上升，对玉米需求增加，玉米种植面积上升，大豆种植面积受到影响，豆油价格走强；反之，豆油价格会走弱。

总之，大豆供给、豆油消费的季节性以及豆油不易储存的特点，导致豆油的价格波动较大。同时，大豆、豆油的贸易政策、关税政策和配额政策对豆油价格也会产生较大的影响。

点评：上述对豆油商品价格影响因素的分析，说明进出口商品在定价过程中除了考虑商品本身的特点以外，还需要考虑相关国家的贸易政策、世界商品行情等其他相关因素。

商品的进出口价格，一般分为国内价格和国外价格两部分。进出口商品的国外价格又分为进口商品国外进价和出口商品的国外销价，即我国外贸企业在国际市场上进口商品的购进价和在国际市场上出口商品的外销价。在对外贸易中，合理确定出口商品的成交价格，对提高外贸企业经济效益非常重要，但首先必须在深入了解影响商品价格的各种因素的基础上，确定灵活的进出口商品作价原则。

我国进出口商品的作价原则是，在贯彻平等互利原则的基础上，根据国际市场价格水平，结合国别（地区）政策，并按照我们的经营意图确定适当的价格。由于价格构成因素不同，影响价格变化的因素也是多种多样的。因此，在确定进出口商品价格时，必须充分考虑影响价格的各种因素，加强成本和盈亏核算，并注意同一商品在不同情况下应有合理的差价。

一、作价原则的影响因素

确定进出口商品价格应考虑下列因素。

1. 交货地点和交货条件

在国际贸易中，由于交货地点和交货条件不同，买卖双方承担的责任、费用和风险也不同，在确定进出口商品价格时，必须首先考虑这一因素。例如，在同一距离内成交的同一商品，按 CIF 条件成交与按 DES（到货港船上交货）条件成交，其价格应当不同。

2. 运输距离

国际商品买卖，一般都要经过长途运输，运输距离的远近关系到运费和保险费的开支，从而影响到商品价格。因此，在确定商品价格时，必须核算运输成本，做好比价工作。

3. 商品的品质和档次

在国际市场上，一般都是按质论价，即优质高价，劣质低价。品质的优劣，包装装潢的好坏，款式的新旧，商标、品牌的知名度，都会影响商品价格。

案例 7.4

商品品质与商标

据2012年7月28日《中国经济导报》报道（童文庆）　王老吉商标从20世纪90年代的鸡肋到当今的千亿价值，iPad商标从最初的几乎不值钱到当今的数千亿美元价值，再来看可口可乐商标，即便可口可乐工厂一把火烧毁，可口可乐商标仍然可以继续风靡全球。是什么让这些小小的标识有如此之大的价值，一个知名的商标，可以独立体现其价值吗？这些商标如何使用才可以最大限度地体现其价值？产品或服务的品质越高，对商标价值的提升力度就越大，知名商标反过来会提升产品的市场价格及市场竞争力。当初的iPad商标转让给苹果之前，其价值是很微小的，但通过苹果平板电脑的优良品质及苹果公司强大有力的销售策略，iPad产品迅速风靡全球。iPad几乎成了平板电脑的代名词，iPad商标价值也快速蹿升至数千亿美元。王老吉商标许可给鸿道集团使用后，通过鸿道集团的运作，其品牌价值跃升为千亿元。这些知名的商标也大大提升了产品的市场竞争力，让商品所有者有效避开了价格战争。

《中国经济导报》网《王老吉：商标租赁的“撕裂之痛”》链接：http://www.ceh.com.cn/ceh/shpd/2012/7/28/124982.shtml

三鹿奶粉曾经是民族的骄傲，可三聚氰胺事件发生后，这个品牌随即变得分文不值。曾经的手机霸主诺基亚，如今有价值的资产仅剩下其少量的核心专利，至于诺基亚商标，早已被贴上古板标签，被消费者遗弃了。我们同样可以想象，iPad商标如果用在一个品质远不及苹果平板电脑的产品上，iPad商标可能开始能为该款产品提升销售，但很快会被消费者抛弃，其商标价值也会从数千亿美元跌入谷底。

综上所述，我们在衡量一个商品的价值时，不能脱离产品或服务而独立评价，商品价值的大小很大程度上依托于产品或服务的品质以及产品或服务的提供者的社会信誉。

请思考：商品品质与商标是什么关系？商品品质和商标怎样影响商品价格？

4. 季节因素

在国际市场上，某些节令性商品，如赶在节令前到货，抢行应市，即能卖上好价。过了节令，这些商品往往售价很低，甚至以低于成本的“跳楼价”出售。因此，应充分利用节令因素，争取按有利的价格成交。

5. 成交量

按国际贸易的习惯做法，成交量的大小会直接影响价格。成交量大，在价格上应予适当优惠，或采用数量折扣办法。反之，成交量小，可适当提价。

6. 支付条件和汇率变动的风险

支付条件是否有利和汇率变动风险的大小，都会影响商品的价格。例如，在其他条件相同的情况下，采取预付货款同采取凭信用证付款方式，其价格应有区别。同时，确定商品价格时，一般应采用对自身有利的货币成交。如采用不利货币成交，则应把汇率风险考虑到商品价格中去。

二、出口商品的对外作价原则

商品出口价格直接关系到贸易买卖双方的经济利益，作价时一方面须参考企业产品生产成本，另一方面还需按照国际市场的供求水平，结合成交条件、运输费用和汇率变化等因素综合考虑。

（一）按国际市场价格水平作价

国际市场价格因受供求变化的影响而上下波动，有时甚至出现瞬息万变的情况，因此，在确定成交价格时，必须考虑供求状况和价格变动的趋势。当市场商品供不应求时，国际市场价格就会呈上涨趋势；反之，当市场商品供过于求时，国际市场价格就会呈下降趋势。由此可见，切实了解国际市场供求变化状况，有利于对国际市场价格的走势做出正确判断，也有利于合理地确定进出口商品的成交价格，该涨则涨，该落则落，避免价格掌握上的盲目性。

1. 国际市场价格的类别

国际市场中存在多种交易方式，形成了不同的商品国际市场价格，具体分为实际成交价格和参考价格。其中实际成交价格包括交易所价格、拍卖价格、招标价格和一般实际成交价格。

1）交易所价格

商品交易所是一种典型的具有固定组织形式的市场，是指在指定的地点、按照规定的程序和方式，由特定的交易人员（一般为会员经纪人）进行大宗商品交易的专业市场。在商品交易所进行交易的商品往往具有同质性，即品质相同，如有色金属、谷物、原料、橡胶等。目前主要通过交易所交易的商品大约有 50 多种，占世界商品流通额的 15%～20%，而且世界性的商品交易所，如芝加哥商品交易所、芝加哥商业交易所每天的开盘价、收盘价和全天最高价、最低价均会刊登在世界重要的报刊上，作为商品市场价格的指示器，因此，世界性商品交易所的价格一般被公认为世界市场价格的重要参考数据，对确定商品的出口价格产生着建设性的影响。

2）拍卖价格

拍卖是一种在规定的时间和场所，按照一定的规章和程序，通过公开叫价竞购，把事先经买主验看的货物逐批或逐件卖给出价最高者的活动。以拍卖方式进入国际市场的商品，大多数是品质不容易标准化、不易存储、产地分散或难以集中交易的商品，如毛皮、茶叶、古玩艺术品等。拍卖的方式一般可以分为英式拍卖、荷式拍卖两种。

拍卖价格的形成过程具有以下不同于其他国际市场价格的三大特点。

第一，在拍卖中，买卖双方不直接洽谈，而通过专业拍卖行进行。

第二，拍卖是一种单批、实物的现货交易，具有当场公开竞购、一次成交的性质，拍卖货物在拍卖前经过有意购买的买主验查，拍卖结束后，卖方和拍卖行对商品的品质不承担赔付责任。

第三，拍卖交易对买方的要求较高，买方必须对货物的质量和价值有鉴赏力。

案例 7.5

拍卖活动中的定价案例

拍卖是以公开竞价形式买卖物品和有形、无形资产权利，将标的物转让给最高应价者的市场交易活动，拍卖的过程就是对标的物的一个市场寻价过程。在拍卖活动中竞买人的心理变化决定其竞买行为，其竞买行为又直接决定着拍卖会的成败。因此，研究竞买人的心理，掌握其变化规律，对拍卖企业及拍卖师来说，都是极其重要的。

材料1

某拍卖公司受某破产清算小组委托拍卖一条专业生产流水线，底价为195万元。会前共有10位竞买人交了20万元保证金，其中两个人还私下与拍卖师协商，表示愿意以高出底价30万元的价格提前买走。但在拍卖会上拍卖师采取增价拍卖方式以195万元起拍，却因无人应价而流拍。

（佚名）

分析

这是一个典型的竞买人私下串通的案例。竞买人虽然来自全国各地，彼此之间并不熟悉，但拍品预展和竞买登记给了他们认识的机会，共同的利益使他们团结起来。很可能他们彼此间已经达成了一人以低于195万元的价格买走再由买受人给其他人分钱的协定。对此可以采取错开预约时间参观拍品与办理竞买登记等措施以减少竞买人相互认识的机会。但是一旦这种防范措施失效，竞买人之间形成联盟，拍卖人就要做好与这种联盟进行心理较量的准备。按照竞买人事先已经知晓的程序拍卖，只能落入他们的圈套。拍卖人要认识到，这种联盟是临时性的松散联盟，打破这种联盟非常容易。在具体做法上可采取以下两种方式：一是以低于底价的价格起拍以打乱竞买联盟的部署，引发其相互间的竞争；二是直接采取投标式拍卖，让竞买人在无法直接沟通的情况下背靠背竞标。

材料2

在某场拍卖中，第7号拍品是农肥部的两间店面，起拍价为8万元，经过激烈的竞争以12万元的价格成交。这一拍品的成交引起了轰动。因为同一标的在前一场拍卖中，起拍价为10万元，却因无人应价而流标。

（佚名）

分析

这是拍卖活动中常见的现象。有人将这种现象称作"弹簧现象"，即成交价根据起拍价的高低在一定范围内波动。起拍价越低，成交价越高。在"弹簧现象"的背后是人们心理上的规律性波动。大凡人们在拍卖会上购买商品都有一个预期的界限值。对大多数可以在普通商店里见到的商品来说，这个界限值一般在市价的60%～80%以内。高于这个值，人们就觉得不如在商店里购买；略低于这个值，人们也会觉得意思不大，买不买两可；只有低于这个值差距较大时，人们才会踊跃竞买。因此，当竞买人足够多，人们的购买意向也比较强烈的情况下，降低起拍价（可以低于委托底价）反而有助于实现拍品的价值。

3）招标价格

招投标是贸易活动中常见的一种交易方式，是卖主之间的竞争。标的公开、竞争公开、成交迅速是该种方式的特点。在企业购进商品数量较多或价值较高时，往往以公告方式向世界承销商招标，由于参加投标者众多，竞争性强，因此招标价格往往比一般成交价格低。

4）一般实际成交价格

一般实际成交价格是由买卖双方直接商议决定的价格，是一种非公开的国际价格。一般实际成交价格不仅可以反映商品的市场供求变化情况，还可以反映产品质量的优劣、成交额的大小、支付条件、买卖双方的业务关系等因素。成交价格通常与商品质量的好坏成正比，与成交额的大小、业务关系成反比。正因为实际交易价格的非公开性，其一般不能作为世界市场价格的重要决定因素，而只能提供参考作用。

2. 按国际市场价格作价的原因

1）国际市场价格是国际价值的转化形式

商品的国际价格也受价值规律的支配，而价值规律是国际间商品交换的重要指导思想。在资本主义生产方式建立以前，在国内商品交换中，商品是按照价值进行交换，价值一直是价格运动的中心。随着资本主义的发展，资本主义国内市场形成，利润开始转化为平均利润，商品价值也转化为生产价格。在以各国市场组成的世界市场上，随着商品的国别价值向国际价值的转变，世界市场上商品的国际价值成为国际市场价格变动的基础和中心。因此，以国际市场价格作为确定出口商品价格的依据，可以充分反映价值规律的内涵。

2）国际市场价格反映商品的国际供求状况

商品在世界市场上，按照国际市场价格而非价值出售，并不是对价值规律的否定，而是反映了国际市场价格常常受到国际供求状况的影响。当商品的供给超过需求时，世界市场价格往往低于国际价值；反之，当商品的需求大于供给时，价格就可能上涨到价值以上。但是，价格本身的变动，又会反过来影响供给和需求的变化，使它们逐渐趋于平衡，从而使国际市场价格接近国际价值。这种价格与市场供求间相互影响的过程，使得任何企业都无法完全支配商品的市场价格，有利于公平合理地确定商品的出口价格。

（二）作价时应体现贸易政策

出口商品在作价时，除了要充分考虑国际市场价格外，还需配合外交活动。在改革开放总方针的指引下，实行全方位协调发展的国别政策，对不同国家或地区采取与我国贸易政策相适应的作价原则。如为了发展同发展中国家的友好关系，在指定向他们出口商品的价格时可灵活处理，采用略低于国际市场价格的方式定价。而对西方工业发达国家，我们在坚持平等互利的基础上，全面发展同各国的贸易往来和合作，特别是需加强同那些贸易条件较优惠、市场较开放等国家的贸易关系，坚持按国际市场价格作价。但对某些对华采取歧视性贸易规定的国家，我们应进行适当的价格斗争。

（三）出口商品作价时的注意事项

在对出口商品作价时，除了要遵循以上两项原则外，还有一些因素也需要加以注意。

1. 计价货币

国际贸易中，对于现汇贸易，应采用可兑换货币。我国的人民币已实现经常项目下可兑换，所以也是我国对外贸易中使用的货币之一。可兑换货币的价值，因汇率的变动而变动，故而买卖双方均应密切注意货币汇率的升降趋势。选择合适的货币，以减少由于汇率波动而带来的风险。

通常，买卖双方愿意选择汇率稳定的货币作为计价货币。但在汇率不稳定的情况下，出口方倾向于选用“硬币”，即币值坚挺，汇率看涨的货币，而进口方则倾向于选用“软币”，即币值疲软，汇率看跌的货币。合同中采用何种货币要由双方自愿协商决定。若采用的计价货币对其中一方不利，这一方应采取合适的保值措施，比如远期外汇买卖，并应把所承担的汇率风险考虑到货价中去。

2. 佣金和折扣

在商品价格中，有时会包含佣金和折扣。佣金（commission）是指卖方或买方支付给中间商代理买卖或介绍交易的服务酬金。我国的外贸专业公司，在代理国内企业进出口业务时，通常由双方签订协议规定代理佣金比率，而对外报价时，佣金率不明示在价格中，这种佣金称之为暗佣。如果在价格条款中，明确表示佣金多少，称为明佣。在我国对外贸易中，明佣主要出现在我国出口企业向国外中间商的报价中。

包含佣金的合同价格，称为含佣价，通常以含佣价乘以佣金率，得出佣金额。其计算公式为

$$佣金=含佣价\times佣金率$$

$$佣金=含佣价-净价$$

整理后得出含佣价和净价的关系，即

$$含拥价=净价/（1-佣金率）$$

佣金通常以英文字母 C 表示。如每吨 1 000 美元 CFR 西雅图包含佣金 2%，可写成每吨 1 000 美元 CFRC2 西雅图。其中的“C2”即表示佣金率为 2%。卖方应在收妥货款后，再向中间商支付佣金。

折扣（discount）是卖方在原价格的基础上给予买方的一定比例的价格减让。使用折扣方式减让价格，而不直接降低报价，使卖方既保持了商品的价位，又明确表明了给予买方的某种优惠，是一种促销手段。折扣包括数量折扣、清仓折扣、新产品的促销折扣等，如每件 20

美元 CIF 纽约减 5%折扣。卖方在开具发票时，应标明折扣，并在总价中将折扣减去。

3. 出口商品的成本

出口商品的成本核算主要有两个经济效益指标。

1）出口商品换汇成本

出口商品换汇成本（换汇率）指标反映出口商品每取得一美元的外汇净收入所耗费的人民币成本。换汇成本越低，出口的经济效益越好。计算公式为出口换汇成本=出口总成本（人民币元）/出口外汇净收入（美元），这里的出口总成本，包括进货（或生产）成本、国内费用（包括储运、管理、预期利润等，通常以费用定额率表示）及税金。出口外汇净收入指的是扣除运费和保险费后的 FOB 外汇净收入。

【例 7.1】 某商品国内进价为人民币 7 270 元，加工费 900 元，流通费 700 元，税金 30 元，出口销售外汇净收入为 1 100 美元，则

出口总成本=7 270+900+700+30=8 900 元（人民币）

换汇成本=8 900 元人民币/1 100 美元=8 元（人民币/美元）

2）出口商品盈亏率

出口商品盈亏率指标说明出口商品盈亏额在出口总成本中所占的百分比，正值为盈，负值为亏，其公式为

出口商品盈亏率=（出口人民币净收入−出口总成本）/出口总成本×100%

出口人民币净收入=FOB 出口外汇净收入×银行外汇买入价

盈亏率和换汇成本之间的关系为

出口商品盈亏率=[1−出口换汇成本/银行外汇买入价]×100%

可见，换汇成本高于银行买入价，盈亏率是负值，换汇成本低于银行外汇买入价，出口才有赢利。

【课堂讨论 7.3】

模拟自己为某企业口产品作价，你会考虑哪些原则和因素。

三、进口商品的对外作价原则

1. 作价原则

进口商品的对外作价原则与出口商品的作价原则基本一致，应在考虑参考国际市场价格水平的同时，体现国别政策和进口意图，结合进口工作中的一些具体情况，灵活调控，既保证购进进口商品的数量和质量，又尽可能地为国家节约外汇支出。

（1）在充分的市场调查的基础上，以不高于或略低于国际市场价格的作价原则指导进口商品的价格确定工作。

（2）在确定进口商品价格时，既要考虑其国际市场价格，也要兼顾影响国际市场价格变动的多方面因素，全面考虑，以免遗漏。

（3）无论进口何种商品，进口时都应货比三家，多向几个国家和卖方询价，做好前期市场调研工作，根据多方面报出的技术、规格、材质、性能和价格，综合分析，然后择优选购。

（4）对于某些急需物资的作价，不能单纯考虑价格，有时甚至要略高于国际市场价格，以便加速进口速度，提前生产，创造更多的价值。

（5）要根据进口商品的数量大小，灵活采取一次性与长期稳定性进口方法，充分利用商品进口数量较多的优势，降低该类商品的进口价格。

2. 我国进口商品作价的变化过程

进口商品的作价原则和方法，应随国民经济管理体制和国内外政治环境的变化而调整。建国以来，我国进口商品的作价变化过程大致经历了四个阶段。

1953—1963 年，在这一时期内，我国进口商品的作价办法不统一。1964—1980 年，进口商品的作价进入了统一阶段。1963 年 12 月，国务院颁发了《关于进口商品实行统一作价办法的暂行规定》，从 1964 年 1 月 1 日起，各种进口商品，无论从哪个国家进口，无论是中央部门或省、自治区、直辖市所属部门订货，都要尽可能按照国内同类产品价格作价。其原则是国内价格与国际价格脱钩，以保持国内价格的相对稳定。1981—1984 年，这一时期进口商品国内作价试行贸易汇价，即国家制定了只供内部结算使用的贸易外汇内部结算价格。1985 年以后，停止试行贸易汇制，外贸进口经营逐步实行代理制，从而进口商品作价实行进口商品代理作价。

进口商品代理作价，即承办进口的外贸企业按照商品的到岸价格，加上进口关税、国内税、银行管理费和手续费，向订货部门拨交进口商品。代理价和国内同类商品的差价，由用户自负盈亏，外贸企业只按到岸价格收取一定比例的手续费。

第四节　影响对外贸易价格的因素

案例 7.6

影响对外贸易价格的因素

中国是以出口劳动密集型产品为主的国家，因为中国有着大量的劳动力资源。正是由于劳动力充足的供给，使得我国产品的人力成本相对比较低，在国际市场上产品的价格比那些劳动力成本高的国家的产品价格低许多，他国很容易把我国的低价产品视为倾销，从而出现较多的反倾销案件。另外，我国出口的产品大部分是低价格的小物件，如纺织品、水产品、畜产品、农副产品等，一般来看其科技含量不高。但近年来，我国各种要素成本快速上涨，在一定程度上削弱了制造业的成本竞争力，加工贸易方面更是突出。2008—2011年，制造业城镇单位就业人员平均工资年均增长14.5%，制造业农民工月收入年均增长15%。尽管周边新兴市场（如越南）国家工业化发展加快，劳动力成本也略有提高，但是其成本优势还是大于我国。所以，部分对成本较为敏感的产业和产品订单出现向东南亚国家转移的趋势。2012年中国七大类劳动密集型产品在美、欧、日市场份额比上年分别下降了2.1个、1.4个和2.7个百分点，而这些产品订单主要是流向东南亚生产成本更低的新兴市场国家。

2012年，尽管国内外市场需求疲弱，价格普遍走低，但有些商品的国际市场价格比国内降幅更大，与国内相比形成可观的价差，存在很大的套利空间，吸引众多贸易商大量进口。而这其中最值得注意的是，有些商品的国内外价差是由于政府收储行为本身造成的。如2012年为了稳定市场，保护农民的利益，国家再次启动棉花收储政策，提高棉花收购价格，由此带动国内棉价整体上涨，使国内外价差拉大。

本例整理自中国社会科学院世界经济与政治研究所《2012 年中国对外贸易发展报告》。该报告可从以下链接在线浏览或下载（PDF 文档，读者需注意移动设备是否支持）：
http://www.iwep.org.cn/upload/2013/03/d20130307160336894.pdf

另外，我国当前超过75%的外贸出口交货方式是FOB，也就是买家负责国际运输，超过90%的外贸支付方式是先款后货，由买家担负外贸资金的压力和结算风险，这严重违反了买方市场的客观规律。而美国的外贸出口，和中国恰恰相反，超过75%采用OA赊销方式，超过80%采用CIF到岸交货方式。

请思考：中美两国外贸出口交货方式的不同，有哪些因素影响对外贸易价格？

在商品的国际交换中，其价格受到多方面变动因素的影响，其中表现最为突出的有以下几方面。

一、商品成本

（一）成本内涵

成本是商品经济的产物，是商品价值的主要构成部分，也是影响商品价格的重要因素。根据马克思、恩格斯的著名公式和有关成本价格的论述，可以得出成本就是商品生产者为生产商品和提供劳务等所耗费的物化劳动和活劳动中的必要劳动价格的货币表现。就社会再生产而言，产品成本是企业维持简单再生产的补偿尺度，如果产品的成本耗费不能得到补偿，简单再生产就无法进行。在市场经济条件下的生产过程中，商品的价格是在市场竞争中形成的，商品生产者必须降低成本。因为在一定的销售量和销售价格条件下，生产商品的成本水平如何，决定利润的多少，进而决定该商品扩大生产或停止生产的可能性，关系到企业的生存和发展。在公式 $W=C+V+m$ 中，商品价格 W 先由市场制定出来，成本（$C+V$）越高，利润 m 就越少。因为 $m=W-(C+V)$，成本（$C+V$）如果大于 W，生产者就会赔本，生产数量越多，赔钱越多，迫使企业降低成本，否则停止生产。

目前商品成本主要包括以下内容。

（1）原料、材料、燃料等费用，表现商品生产中已耗费的劳动对象的价值；

（2）折旧费用，表现商品生产中已耗费的劳动手段价值；

（3）工资，表现生产者的必要劳动所创造的价值。

在实践中成本构成有两种划分方法。①按费用的经济内容（经济性质）划分，成本包括物质消耗和劳动报酬。前者包括外购材料及其费用、折旧、大修理基金，后者包括基本工资、津贴、奖金、福利基金、劳动保险。②按费用的经济用途划分，成本包括原材料，燃料和动力，工资及工资附加费，废品损失，车间经费，企业管理费。成本构成在不同部门之间、同一部门内部，甚至同一部门、同一行业的不同时期都有所不同。因此，明确不同部门、不同行业以及不同时期产品成本的构成，不仅有利于各部门、各企业明确降低或控制产品成本的主导方向，而且有利于研究科学技术的发展和劳动生产率的增长在改变成本构成中所起的作用，同时有利于研究自然条件对降低成本、改变成本构成的影响和作用。

（二）成本的作用

成本作为一个特殊的经济范畴，在商品经济活动中具有重要作用。

1. 成本的补偿是保证企业进行正常生产活动的最基本的、必要的条件

"商品出售价格的最低经济界限，是由商品的成本价格规定的。如果商品低于它的成本价格出售，生产资本中已经消耗的组成部分，就不能全部由出售价格得到补偿。如果这个过程

继续下去，预付资本价值就会消失”[①]。

2. 成本是制定商品价格的主要依据

在还不能准确计算商品的价值时，成本作为价值构成的主要组成部分，它的高低能反映商品价值量的大小，因而商品的生产成本成为制定商品价格的主要依据。正确地核算成本，才能使价格最大限度地反映社会必要劳动的消耗水平，从而接近价值。

3. 降低成本是稳定市场价格的有效途径

商品的生产成本在商品价格的构成中占有相当大的比重，因而成本的变动在很大程度上决定价格的变动。研究各部门、各类产品成本的变化趋势，有利于认识和掌握价格变动的规律，从而较好地制定价格的长远规划。稳定商品的生产成本，特别是降低成本，则是稳定市场价格的有效途径。

4. 降低成本是企业提高竞争能力的关键

成本作为价格的主要组成部分，其高低还是决定企业有无竞争能力的关键。因为在商品经济条件下，市场竞争实质上就是价格竞争，而价格竞争的实际内容就是成本竞争。企业只有努力降低成本，才能使自己的产品在市场中具有较高的竞争能力。

（三）我国商品成本构成中的问题

我国商品成本构成中集中体现的五个“高”和五个“低”的问题，在很大程度上制约了我国商品的对外贸易价格的合理确定。

1. 五“高”现象

（1）政府成本高。一是政府部门行政审批程序烦琐，延误企业商机，从而增加了企业成本；二是有些地方政府的某些职能部门权力寻租，变无偿服务为有偿服务，由此增加了企业成本；三是有些行政部门巧立名目，乱收费，多收费，加重了企业负担；四是政府行政干预过多，违背市场经济规律，破坏资源配置效率，使企业付出不必要的代价。

（2）社会成本高。这集中表现在企业直接负担应由财政负担的公共支出。例如，企业直接承担职工的生育、养老、医疗等事务的费用，尤其是国有企业最为突出，有些国有老企业，退休人员所占比重较高，甚至超过在职人数，使企业背上沉重包袱。又如，打击制假、售假行为本是政府部门的一大职责，但由于某些地方政府打假不力，企业不得不花巨资对制假行为进行调查取证，承担这笔不应由企业负担的费用。有不少地区，在水、电、交通、通信等基础公共设施方面比较落后，企业不得不承担更重的额外负担。

（3）信用成本高。由于我国信用体系很不健全，人们的诚信意识还比较淡薄，企业对客户的资信调查取证比较困难，尤其是对中小企业、个体私营企业的信用状况更难把握，企业对使用商业信用开展贸易活动心存芥蒂。个体私营企业之间普遍采用原始的现金交易就是信用体系不发达的结果，大大增加了交易成本，从而使市场效率遭受损失。在买方经济条件下，企业为扩大销售，仍然不得不借助于赊销形式，使企业存在数额庞大的应收账款，由于信用体系不健全，企业不得不付出昂贵的讨债费用，最后又得承担数额不小的坏账损失。在商品交易中，企业须时刻提防假信息、假合同、假汇票、假发票、假冒伪劣产品等信用陷阱，为

① 《马克思恩格斯全集》第25卷，人民出版社1974年版，第45～46页。

此投入大量的人力、物力和财力。

（4）制度成本高。由于经济体制在制度设计上存在的诸多不合理，对某些权力失去必要的法律与制度约束，扭曲了企业正常的经营贸易活动。如工程成本中隐含的各权力部门及掌握实权人物的各种好处费、回扣大大抬高了项目工程成本。至于企业经常超标的业务招待费，其中又不知有多少是在为制度缺陷而付出代价。

（5）政策成本高。一是有些地方政府政策多变，企业无所适从。原来可行的项目，一旦上马后，由于政策变化变得无利可图。政策之间缺乏连续性。二是政策的执行有时缺乏统一性，存在诸多对人不对事，因人而异的现象。

2. 五“低”现象

（1）知识成本低。由于知识产权得不到有效保护，一个企业投入大量人力物力财力开发出来的新产品，一旦投放到市场，马上就有大量的仿制品在市场上出现。这些仿制品由于其成本中不含知识成本，可以低价销售，对产品的研制开发企业构成极大的威胁，得利的反而是不重视科技投入热衷于抄袭模仿的企业。另一方面，在企业治理结构中，没有建立健全的知识投资分配机制，知识产权的投资在企业收益分配上得不到有效保护，科技人员不能得到应有的回报。

（2）人力成本低。在我国商品成本中，直接人工成本所占的比重低，人力资源报酬尤其是高级人才的劳动报酬远低于发达国家，也低于与我国经济同等发展水平的国家。由于我国现行企业所得税法规定的职工工资税前列支标准太低，使大部分企业的人力成本得不到足额补偿，在一定程度上抑制了企业提高职工工资水平的积极性。

（3）资本成本低。如果就银行的贷款利率水平看，我国的资本成本与国际比较并不低，尤其是 1998 年前几年的利率水平是比较高的。但是，我国国有企业扭亏任务一直比较艰巨，政府投资难有投资回报；而上市公司热衷于圈钱，为数不少的上市公司长期很少发放现金红利，廉价使用投资者的资本；由于国有商业银行真正实行商业化管理在我国尚处于不断探索之中，企业利用改组、破产等手段千方百计逃废银行债务现象时有发生，凡此种种，对许多企业来说，资本成本并不高，有的甚至很低。

（4）环境成本低。有的企业以环境污染为代价创造了几千万的收益，政府又不得不投资几个亿来治理环境污染。一些高污染企业，以其较低的环境成本，反而成为一个地区的税利大户，得到地方政府的重点保护。

（5）违规成本低。由于我国政府对经济的监管尚有诸多不到位之处，企业的违规行为被发现的可能性较小。即使被发现，往往由于企业与政府官员之间一对一的讨价还价，受到的处罚并不重。企业制假获利可能很大，但制假成本并不高。

为合理制定商品的对外贸易价格，今后必须特别关注商品成本构成中的五“高”和五“低”现象，采取适当措施，消除其不利影响，促进我国商品进出口贸易利益的提升。

二、供求关系

在市场经济中，商品价格是由需求与供给这两种相反的力量相互作用而形成的。这种价格又称为均衡价格，是指该种商品的市场需求量和市场供给量相等时的价格。在均衡价格水平下相等的供求数量被称为均衡数量。从几何意义上说，一种商品市场的均衡出现在该商品的市场需求曲线和市场供给曲线相交的交点上，该交点被称为均衡点。均衡点上的价格和供求量分别被称为均衡价格和均衡数量。

当商品的市场价格高于均衡价格时，依据供给规律和需求规律，必然出现商品的供给量大于均衡数量，而需求量小于均衡数量，此时供给和需求之间存在差额。满足需求以外的剩余供给量（差额）积压，必然会使部分生产者（或厂商）停止生产或缩小生产规模，从而使供给量减少。另外，生产者（或厂商）为了卖掉剩余供给量，也可能采取低价销售策略，降低市场价格。价格降低会刺激需求增加，当价格降到一定水平时，需求量等于供给量，此时会出现供求平衡。此时的价格是供给者和需求者都愿意接受的价格，即均衡价格。

当商品的市场价格低于均衡价格时，依据供给规律和需求规律，必然出现商品的供给量小于均衡数量，而需求量大于均衡数量，市场需求大于供给。为了刺激生产增加供给，必然要提高供给价格。为了限制需求，也必然要提高需求价格。当价格提高到一定程度时，商品的供给和需求相等。此时的价格是供给者和需求者都愿意接受的价格，即均衡价格。

三、竞争机制

在市场经济条件下，竞争作为一种普遍现象广泛存在于社会生活的各个领域，商品的价格会随着竞争的变化而变化。当然不同程度的市场竞争条件对商品价格的影响是完全不一样的。

1. 完全竞争条件下的商品价格

所谓完全竞争又称纯粹竞争，是指一种竞争不受任何阻碍和干扰的市场结构。完全竞争的市场需具备以下条件。

（1）市场上有许多买主和卖主，他们买卖的商品只占商品总量的一小部分。

（2）他们买卖的商品都是相同的。

（3）新卖主可以自由进入市场。

（4）买主和卖主对市场信息（尤其是市场价格变动信息）完全了解。

（5）生产要素在各行业之间有完全的流动性。

（6）所有卖主出售的商品条件（如质量、包装、服务等）都相同。

在完全竞争条件下，没有哪一个卖主或买主对现行市场价格能有很大影响，其价格是在竞争中形成的。由于任何人都不能左右市场价格，买主和卖主只能按照市场供求关系决定的市场价格来买卖商品。也就是说买卖双方只能是价格的接受者，而不是价格的决定者。其商品价格完全由供求关系来决定。需要指出的是，这种完全竞争条件下的市场，在现实世界是不存在的，仅作为理论分析中的一种状况。

2. 垄断竞争条件下的商品价格

垄断竞争是一种介于完全竞争和纯粹垄断之间的市场形式，既有垄断倾向，同时又有竞争成分，因而是一种不完全竞争。在垄断竞争的市场上有许多买主和卖主，但各个卖主所提供的产品有差异，如产品质量、花色、式样、服务或消费者心理所致的差异。因而各个卖主对其产品有相当的垄断性，能控制其产品价格。这就是说，在垄断竞争条件下，卖主已不是消极的价格接受者，而是强有力的价格决定者。

3. 寡头垄断竞争条件下的商品价格

寡头垄断竞争是竞争和垄断的混合物，也是一种不完全竞争。在此条件下，一个行业中只有少数几家大公司，它们供应、销售的产品量占这种产品的总产量和总销售量的很大比重，它们之间的竞争就是寡头垄断竞争。很显然，这些寡头是有能力影响和控制市场价格的。而且各个寡头企业之间互相依存，互相影响。任何一个寡头的一举一动都会影响其他寡头企业，同样任何一个寡头在进行市场营销策略的制定时都必须密切注意其他企业的反应与对策。

西方国家寡头垄断有两种形式，即完全寡头垄断和不完全寡头垄断。在前者条件下，各企业产品属于同类，顾客也无明显偏好，因而价格比较稳定。企业间竞争手段主要在于广告宣传、促销等方面，而不是在于价格。在后者条件下，各企业产品有所差异，顾客也有偏好，产品不能相互替代，因而产品的价格会随产品的差异而存在不同。

4. 纯粹垄断条件下的商品价格

纯粹垄断（或完全垄断）是指在某一行业中某种产品的生产和销售完全由一个卖主独家经营和控制，包括政府垄断和私人垄断两种。在纯粹垄断的条件下，企业没有竞争对手，因而可以在国家法律允许的范围内随意定价。

四、经济政策

国家经济政策对价格形成的影响，主要是通过国家对商品价格的直接管理即直接定价来实现的，如普遍服务政策、价格补贴政策、农产品收购保护政策等，这些方针和政策直接关系到某些商品价格的形成与确定。经济政策对价格形成与水平的影响，具体表现如下。

（1）财政、税收政策与价格形成。财政税收政策对价格形成与运行的影响主要是通过对商品成本和企业利润的影响来实现的。

（2）金融政策与价格形成。金融政策对价格形成与运行的影响主要是通过利息率、资产价格的变动来实现的。

（3）产业政策与价格形成。所谓产业政策，就是产业发展的基本方针和原则，是政府利用各种手段对产业发展和结构转换的干预行为。属于政府宏观调控政策，其目的是弥补市场缺陷，在追求长远发展目标时，可在一定程度上改变比较利益格局，对外贸经济效益产生影响。如进出口商品关税的提高或降低、进出口商品的限额、是否实行许可证制、商品检验规章，以及与外国签订贸易协定等。

（4）对外贸易水平与价格形成。在一定程度上，对外贸易水平和条件能反映出一国或地区价格优势和竞争力的变化趋势。我国贸易大国地位逐步确立，迫切需要改变在国际产业分工中处于低端生产环节的不利局面，引导企业进行创新，进一步提升产品的附加值，降低产品的换汇成本，化解外汇储备风险、促进贸易平衡、减少贸易摩擦。

（5）价格政策与价格形成。价格政策直接关系着商品和服务价格的形成水平。

五、市场条件

各国不同的地理位置、气候条件、消费习惯和支付方式等，也会对商品的进出口价格产生不同的影响。

（一）地理位置对商品价格的影响

国际货物买卖，一般都要通过长途运输。运输距离的远近，影响运费和保险费的开支，从而影响商品的价格。因此，确定商品价格时，必须核算运输成本，做好比价工作，以体现地区差价。

（二）贸易条件对商品价格的影响

在国际贸易中，由于交货地点和交货条件不同，买卖双方承担的责任、费用和风险有别，在确定进出口商品价格时，必须考虑这些因素。例如，同一运输距离内成交的同一商品，按 CIF 条件成交同按 Ex ship 条件成交，其价格应当不同。在我国进出口业务中，最常采用的贸易术语是 FOB、CFR 和 CIF 三种。这三种贸易术语仅适用于海上或内河运输。在价格构成中，通常包括三方面的内容，即生产或采购成本、各种费用和净利润。FOB、CFR 和 CIF 三种贸易术语的价格构成的计算公式如下：FOB 价=生产/采购成本价+国内费用+净利润；CFR 价=生产/采购成本价+国内费用+国外运费+净利润，即 FOB 价+国外运费；CIF 价=生产/采购成本价+国内费用+国外运费+国外保险费+净利润，即 FOB 价+国外运费+国外保险费。

（三）季节对商品价格的影响

在国际市场上，某些节令性商品，如赶在节令前到货，抢行应市，即能卖上好价。过了节令的商品，其售价往往很低，甚至以低于成本的“跳楼价”出售。因此，应充分利用季节性需求的变化，切实掌握好季节性差价，争取按有利的价格成交。

（四）货物数量对商品价格的影响

按国际贸易的习惯做法，成交量的大小影响价格。即成交量大时，在价格上应给予适当优惠，或者采用数量折扣的办法；反之，如成交量过少，甚至低于起订量，则可以适当提高出售价格。那种不论成交量多少，都采取同一个价格成交的做法是不恰当的，我们应当掌握好数量方面的差价。

（五）付款方式对商品价格的影响

支付条件是否有利和汇率变动风险的大小，都会影响商品的价格。例如，同一商品在其他交易条件相同的情况下，采取预付货款和凭信用证付款方式下，其价格应当有所区别。同时，确定商品价格时，一般应争取采用对自身有利的货币成交。如采用不利的货币成交，则应当把汇率变动的风险考虑到货价中去，即适当提高出售价格或压低购买价格。

（六）消费习惯对商品价格的影响

企业定价策略是否适当，往往决定产品能否为市场所接受，直接影响产品在市场上的竞争地位与所占份额，从而关系到企业的兴衰成败。企业定价策略是定价目标与方法的组合，也是定价科学与艺术的结合。定价策略能否达到预期目的，与其是否透彻地了解、准确地把握消费者心理息息相关。对消费者心理的任何忽视，都可能会造成定价策略的完全失败。因此，在市场经济条件下，企业定价策略的制定，必须以认真研究消费者心理活动及其指向性为基础。当然，不同的企业，不同的消费者群，应该有不同的定价策略。

1. 非整数定价心理策略

这是一种典型的心理定价策略，是运用消费者对价格的感觉、知觉的不同而刺激其购买欲望的策略。其具体做法是给待售商品定一个带有零头的非整数价格。它是目前国际市场上广为流行的一种零售商品的定价策略。由于世界各地的消费者有不同的风俗习惯和消费习惯，所以，不同国家和地区运用此法时也有一些差别。

2. 习惯价格与方便价格心理策略

习惯价格策略是根据消费者的习惯心理而制订出符合消费者习惯的价格一种定价策略。由于某些商品在长期的市场流通中已经形成了消费者所习惯的价格，企业确定商品价格时要尽量去适应这些习惯，一般不轻易改变。即使这类商品的生产成本提高或降低，也不要轻易调整，否则会引起消费者对该类商品品质的怀疑，产生强烈的心理反应，影响该类商品的销售。当这类商品成本上升，不改动价格会影响企业的效益时，可以采用变量不变价的心理策略，即不改变消费者已经习惯了的商品价格，而是改变包装容量，或减少商品数量。

方便价格策略也称为整数价格策略，一般适用于特别高价或者特别低价的商品。对于那些款式新颖、风格独特、价格较高的商品，采用整数方便价格，能给予该类商品以高贵的形象，从而提高此类商品的地位，满足那些以追求社会性需要为购买动机的顾客。

3. 折让价格心理策略

这个策略包括商品销售过程中的折让和让价，这是商品销售者在一定条件下，用低于原定价格的优惠价格来争取消费者的一种定价策略。其心理功能是利用消费者追求“实惠”，抓住“机会”的心理，利用优惠价格来刺激和鼓励消费者大量购买和重复购买。折让价格心理策略在实际运用时，通常分为数量折让价格策略、季节折让价格策略、新产品推广折让价格策略和促销折让价格策略。

4. 分档定价心理策略

分档定价心理策略，也称分级定价策略。这种策略是把某一类商品的不同品牌、不同规格、不同型号划分成若干个档次，对每一个档次的商品制定一个价格，而不是采用一样的价格。这种定价策略，既便于消费者挑选，也便于简化交易手续。通过制定不同档次的商品价格来代表不同的商品品质，从而满足不同消费者的消费水平与消费习惯。

综上所述，消费者对价格的心理反应，是纷繁多样的。在实际市场营销活动中，企业应针对不同商品、不同消费者群体的实际情况，在明确消费者心理变化趋势下，采取切实可行的定价策略，以保证营销活动获得成功。

（七）包装对商品价格的影响

商品包装的优劣也会对商品价格产生深远的影响。一般包装精美、小巧方便的商品的价格往往高于包装粗糙、笨重的商品，这体现了商品包装对消费者心理的影响。一个适宜的包装设计应当满足如下需求。

（1）方便。消费者要求商品携带、开启、使用和保存都非常方便。为满足这些要求，设计时让包装带上提手，罐头带上简易的开启装置，易碎的玻璃用盒装等。

（2）适应性。一个包装必须有一个理想的形状，大小适宜。

（3）安全感。消费者对商品尤其是对需要多次分量消费和自行配制使用的商品，希望其包装牢固、耐用、安全。对产品内容的介绍，特别是对食品成分或药物疗效的介绍，也应尽可能详细。例如，标明甜食中无糖精和其他添加剂，或标明药品有无副作用，都会让消费者食用或服用时感到放心。

（4）可靠性。商品的包装应有助于消费者对商品和制造厂家产生信任。

（5）体现地位与威望。包装应有利于体现商品的社会象征作用。消费者经常要通过商品的包装来显示自己的社会地位、身份和经济实力。

（6）美感。审美是人类的天性。在许多场合下，富有美感的包装更有可能在同类商品销售竞争中得胜。

总之，进出口商品的价格会受到多方面因素的影响，是一项非常重要而复杂的工作，必须在国家相关政策的指导下，加强市场调查研究，充分掌握市场动态，针对不同商品、不同客户和不同市场，制定相应的价格，从而在日益激烈的市场竞争中，提升企业对外贸易的经济效益。

本章小结

1. 进出口商品价格是一定时期内某国进出口商品的国内外价格，包括进口商品的国外价格、国内价格和出口商品的国内价格及国际价格。因为在价值形成基础、价格构成和价格体系等诸多方面存在着差异，所以进出口商品的国内外价格形成了一系列的区别。但两者间也存在联系。一般而言，当一国经济对国际市场的依赖程度逐渐增强时，其国内价格同国际价格的联系也将越来越紧密。联系程度取决于生产率水平的差异、参与国际分工的程度、国内外市场供求是否一致、商品自由流动障碍大小和经济机制的差别。

2. 正确处理好国内外价格关系，对增强一国经济与国际经济的联系，促进其发展具有非常重要的意义。正确处理我国商品的国内外价格关系，最为重要的是尽快完善社会主义市场经济体制和进行价格改革，建立国内外市场价格相互影响的机制，完善政府定价机制和价格调控监管机制。

3. 商品出口价格直接关系到贸易双方的经济利益。作价时一方面要参考企业产品生产成本，另一方面还需要按照国际市场的供求水平，结合成交条件、运输费用和汇率变化等因素进行综合考虑。进口商品的对外作价在参考国际市场价格水平的同时，应体现国别政策和进口意图，结合进口工作中的一些具体情况，灵活调控，既保证进口商品的数量和质量，又尽可能地为国家节约外汇支出。

4. 影响对外贸易价格的因素有商品成本、供求关系、竞争机制、经济政策、市场条件等。

综合练习

一、不定项选择题

1. 进出口商品价格，是指一定时期内，某国进出口商品的国内外价格，包括（　　）。

A. 进口商品的国外价格　　B. 进口商品的国内价格

C. 出口商品的国内价格　　D. 出口的国际价格

2. 影响对外贸易价格的主要因素是（　　）。

A. 商品成本　　B. 供求关系　　C. 竞争机制

D. 经济政策　　E. 商品质量

3. 国际实际成交价格主要包括（　　）。

A. 交易所价格　　B. 拍卖价格　　C. 招标价格　　D. 一般实际成交价格

4. 商品的国内价格的构成主要包括（　　）。

A. 生产成本　　B. 利润　　C. 各项税款　　D. 国内流通费用

5. 我国的商品价格体系包括（　　）。

A. 比价体系　　B. 国际价值体系　　C. 差价体系　　D. 供求关系

二、简述题

1. 概述商品的国内外价格的区别与联系。
2. 正确处理国内外价格关系的意义表现在哪些方面？
3. 进出口商品的作价原则的影响因素有哪些？
4. 市场条件从哪些方面影响商品外贸价格的制定？

三、案例分析题

2000 年之前，全球钢铁行业整体不景气，对于国际铁矿石需求萎缩，价格也因此在低位徘徊。但进入新世纪以后，由于世界经济的增长，特别是中国经济的高速发展，对钢铁行业的需求增大，带动了铁矿石价格的急速上涨。2003 年其价格上涨 9%。2004 年中国钢铁企业正式参与国际铁矿石谈判，却仍未遏制住其价格的继续攀升：2004 年上涨 18.6%，2005 年上涨 71.5%，2006 年上涨 19%。直至 2007 年，经过多方努力，价格涨幅才有所回落，上涨幅度降为 9.5%。正当中国企业认为自己似乎开始掌握国际定价权之际，2008 年 6 月，新一轮的价格谈判的尘埃落定却给大家当头一棒：粉矿上涨 79.88%，块矿上涨 96.5%。

中国每年从巴西、澳大利亚、南非和加拿大进口长期合同铁矿石约 2.5 亿吨，单单按照铁矿石价格上涨 65%以上的涨幅计算，平均成本估计增加 33～34 美元/吨，中国钢铁行业最少需要多支出 84 亿美元，合 600 亿元人民币。而有长期合同的中国大中型钢企总共年利润只有 1 400 多亿元。铁矿石价格的大幅上涨，必然挤压国内钢企的利润空间，使其本来就不充裕的利润空间岌岌可危。①

一时间各界舆论哗然：铁矿石已经成为了“疯狂的石头”。

请分析：以铁矿石价格上涨为例分析国际商品价格的构成因素有哪些？供求关系如何影响商品的外贸价格？

① 本例整理自《科技风》2010 年 02 期《铁矿石高价对中国的影响分析》（姚娜）一文。

第八章 外贸效益

【学习要求】

通过本章的学习，明确对外贸易经济效益的概念，掌握对外贸易经济效益的表现形式和影响因素等基础理论问题，把握我国评价对外贸易经济效益的原则和指标体系，以及提高对外贸易经济效益的途径。

【主要概念】

对外贸易经济效益　对外贸易社会经济效益　对外贸易企业经济效益

对外贸易经济效益是对外贸易活动的目的，只有取得高水平的经济效益，才能保证对外贸易最大限度地促进国民经济的发展。改革开放以来，我国的对外贸易得到了长足的发展，对外贸易总量持续增长。然而我国的对外贸易经济效益却处在较低水平。20 世纪 90 年代以来，我国对外贸易经济效益呈下滑趋势，已成为我国对外贸易健康发展的巨大障碍。因此，有必要从理论上、实践上探讨对外贸易经济效益的形成、分类，外贸经济效益的评价以及外贸经济效益提高的途径等问题。

第一节 外贸经济效益的形成

案例 8.1

对外贸易效益上升

我国外贸进出口总体规模在整体增速保持稳定的同时，实现了稳中有进、稳中向好，外贸发展的质量和效益进一步得到提升，我国对外贸易转方式、调结构取得了积极进展。具体表现为贸易伙伴趋向多元，贸易区域更趋协调，外贸主体结构更趋合理，进出口商品结构进一步优化，我国对外贸易自主发展能力不断增强，等等。

一是我国的经济发展对外需的依赖程度在减弱，外贸依存度进一步回落。2013年前三个季度，我国外贸依存度为49.3%，较去年上半年进一步回落了0.9个百分点。这个数据表明，我国经济发展的模式正在由外需拉动向内需驱动转变。

本例改写自中国政府网《我国经济发展对外需依赖程度减弱 对外贸易效益上升》: http://www.gov.cn/wszb/zhibo600/content_2563661.htm

二是我国对外贸易效益在上升，出口产品的价格跌幅小于进口，我国外贸条件有所改善。2013年，我国出口价格的总体下跌了0.7%，而同期我国进口价格总体下跌了1.8%。由于进口商品下跌的幅度高于出口，全年外贸价格指数条件为1.01。这个数就意味着，出口同样多的产品，可以多换回1%的进口商品。这说明我国的贸易条件有所改善，对外贸易的经济效益在提升。

点评：注意改善贸易条件，才能不断提升外贸经济效益。外贸经济效益有着不同于一般经济效益的特点，因而有着自身特殊的形成过程。

对外贸易的经济效益有着不同于国内经济效益的特点，并有着自身独特的形成过程。

一、外贸经济效益的特点

经济效益，一般是指在经济活动中为了达到一定的经济目标所耗费的劳动和由此取得的成果之比，是资金占用、成本支出与有用生产成果之间的比较。简言之，即投入产出之比。以尽量少的劳动耗费取得尽量多的经营成果，或者以同等的劳动耗费取得更多的经营成果。所谓经济效益好，就是资金占用少，成本支出少，有用成果多；反之经济效益就差。经济效益可以分为两个层次。一是宏观经济效益，是从全社会的投入产出出发来考察经济效益，也称社会经济效益。它反映一国全局性的国民经济整体的效益，同时也是长期与近期相结合的效益。二是中观或微观经济效益，是从一个产业部门或企业的投入产出来考察的经济效益。提高经济效益本质上就是时间的节约，是社会生产力发展的表现，反映生产力的水平。

对外贸易经济效益是指在一定时期内投入对外贸易领域的劳动（活劳动与物化劳动）和由此取得的成果之比。对外贸易经济效益不同于国内经济效益，这主要表现在以下两个方面。一方面，它不仅取决于国内生产的经济效益在不同要素间的分配比例，而且还取决于各国的国内经济效益在国际间的分配。利用国内价值和国际价值的比较差异，输出本国有相对优势的产品，输入本国有相对劣势的产品，从而实现价值增值，实现社会劳动的节约。另一方面，由于生产要素在国际间不能自由流动，对外贸易中的经济效益不受利润均等化规律的影响。通过输出本国相对富余的产品，换回本国所短缺的产品和资源，实现实物形态上国民经济综合平衡，扩大社会再生产规模，最终达到创造更多价值的目的。因此，对外贸易经济效益，一方面以价值增值表现，另一方面通过使用价值转换来表现。但二者殊途同归，最终都表现为社会劳动的节约和社会财富的增加。

对外贸易的经济效益可以表现为宏观（对外贸易社会经济效益）和微观（对外贸易企业经济效益）两个层面。宏观上，一国可以通过出口自己具有比较优势的产品，节约社会劳动，提高整个社会的福利水平，这种经济效益被称为对外贸易的社会经济效益。它不仅包括由对外贸易活动实现的直接的价值增值，还包括由对外贸易活动派生出的、间接的社会劳动节约。

从微观上，外贸企业可以通过国内外市场的价格差，以高于国内价格的价格出口商品而以低于国内价格的国际价格进口商品，从而直接获取利润。这种外贸经济效益又称为对外贸易企业经济效益。对外贸易企业经济效益较之对外贸易社会经济效益，其考察的范围狭小，且内容单一。对外贸易企业经济效益仅考察外贸企业财务账面上的，以货币形式表现的赢利或亏损。

对于发达国家而言，由于其产品技术含量高，在国际市场上具有一定垄断优势，因此，其产品的售价往往远远高于成本，因而发达国家可以同时获取宏观和微观两方面的外贸经济效益；而对部分发展中国家而言，其出口以技术含量低的劳动密集型产品和原材料为主，只能以接近甚至低于成本的价格在国际市场上销售，因而，发展中国家从事对外贸易主要是为了追求对外贸易的社会经济效益。

改革开放以来，我国的对外贸易得到了迅速的发展。1988 年，我国对外贸易进出口总额首次突破 1 000 亿美元大关，达到 1 027.9 亿美元。此后，经过 6 年的发展，于 1994 年再迈一个千亿美元的台阶。1997 年，对外贸易总值突破 3 000 亿美元，并首次跻身世界 10 大贸易国行列。2001 年我国加入世贸组织以后，对外贸易更是焕发出勃勃生机，每年都以 20%以上的速度递增，是改革开放以来增长周期最长、速度最快、增速最稳定的时期，取得了举世瞩目的成绩。2004 年对外贸易进出口规模突破 1 万亿美元，成为世界第三大贸易国。2007 年对外贸易进出口总额首次突破 2 万亿美元，达到 21 738 亿美元，进一步缩小了与第二大贸易国的差距。入世 6 年间合计对外贸易进出口总值已超过从改革开放到“入世”之前 23 年的总和。2012 年我国外贸进出口总值达到 38 667.6 亿美元，比上年增长 6.2%，“保十”目标虽未完成，但在全球主要经济体中，中国外贸的表现依然是最好的。2013 年我国外贸进出口总值 41600 亿美元，2014 年继续增长达到 43030 亿美元。对外贸易的发展不仅优化了我国的资源配置，提高了资源使用效益，而且为我国的经济建设提供了大量的外汇资金。截至 2014 年年末，我国外汇储备接近 4 万亿美元，居全球第一。

二、外贸经济效益的形成过程

对外贸易是一个特殊的经济部门，它联系着国内外的生产流通，有着特殊的职能，因此，其经济效益也有着十分独特的形成过程。

（一）外贸社会经济效益的形成

1. 利用“绝对差异”和“比较差异”，形成外贸社会经济效益

对外贸易经济效益是外贸领域的投入与产出之比，这种比例关系所包含的经济内容和实质就是社会对劳动的节约程度。因此，对外贸易经济效益还可以表述为通过对外商品和劳务的交换所节约的社会劳动。

对外贸易经济效益是通过对外交换取得本国国民经济发展短缺的使用价值，同时获得价值的增值。价值增值本质上同社会劳动的节约是相同的，价值增值可以理解为投入一定量的劳动而获得比一般水平更多的新价值；社会劳动的节约可以理解为获得一定量的价值而为此投入的劳动少于一般水平。因此，对外贸易经济效益也就是通过对外交换所获得的价值增值。

价值增值是由于国内价值和国际价值之间存在差异而产生的。国内必要劳动时间和世界必要劳动时间的差异导致国内价值和国际价值的差异，进而使对外贸易活动可实现价值增值。

国内价值和国际价值的差异可以归纳为两类，即绝对差异和比较差异。绝对差异是指同种商品的国内价值高于或低于国际价值，比较差异是指不同种商品的国内价值和国际价值的差异在程度上的不同。这两类差异的存在都有可能使参加贸易的各方获得国别价值增值。

1）绝对差异

设 A 国甲商品的国内价值低于国际价值，而乙商品的国内价值高于国际价值，如表 8.1

所示；而B国乙商品的国内价值低于国际价值，甲商品的国内价值高于国际价值。两国进行国际分工，各自发挥绝对优势，即A国出口甲商品，进口本国有绝对劣势的乙商品，B国出口乙商品，进口甲商品，则两国获得国别价值增值。

表8.1　A国甲、乙商品的国内价值与国际价值

商品	国内价值	国际价值
甲	4小时	6小时
乙	3小时	2小时

A国出口 n 件甲商品，内含 $4n$ 小时国内价值，在国际市场上被承认为 $6n$ 小时国际价值，用 $6n$ 小时的国际价值，可进口 $3n$ 件乙商品，$3n$ 件乙商品在国内被承认为 $3\times 3n$ 小时国内价值。通过出口 n 件甲商品，进口 $3n$ 件乙商品，该国获得 $9n-4n=5n$ 小时的价值增值。

2）比较差异

设A国甲商品和乙商品的国内价值均高于国际价值，如表8.2所示。该国出口国内价值高于国际价值程度较小的甲商品，即发挥其比较优势，进口国内价值高于国际价值程度较大的乙商品，从而可获得国别价值增值。不同商品间国内价值与国际价值的比例差是决定比较优势的核心。

表8.2　A国甲、乙商品的国内价值与国际价值及其比值

商品	国内价值	国际价值	比值
甲	2小时	1小时	2∶1
乙	6小时	2小时	3∶1

对A国而言，甲商品的国内单位价值量为2小时，国际单位价值量为1小时；乙商品的国内单位价值量为6小时，国际单位价值量为2小时。A国出口甲商品，进口乙商品。当A国出口 n 单位的甲商品时，相当A国出口了 $2n$ 小时的国内价值，但由于甲商品的国际价值量较低，A国从这笔出口中实际获得的价值量为 n 小时；当A国用刚刚获得的价值进口乙商品时，只能进口 $n/2$ 单位乙商品，但由于乙商品的国内价值量较高，这笔进口实际给A国增加的价值量为 $3n$ 小时。可见，通过国际贸易，A国的价值量净增加了 n 小时。

设B国甲商品和乙商品的国内价值均低于国际价值，但甲商品国内价值低于国际价值的程度较小，乙商品国内价值低于国际价值的程度较大，如表8.3所示，因此，该国出口具有相对优势的乙商品，进口具有相对劣势的甲商品。

表8.3　B国甲、乙商品的国内价值与国际价值及其比值

商品	国内价值	国际价值	比值
甲	1小时	2小时	1∶2
乙	1小时	3小时	1∶3

B国出口 n 件乙商品，内含 n 小时国内价值，在国际市场上被承认为 $3n$ 小时国际价值，可进口 $3n/2$ 件甲商品，在国内市场上被承认为 $3n/2$ 小时国内价值。这样，通过进出口活动，该国获得了 $n/2$ 小时的价值增值。

可见，只要存在国内价值和国际价值的绝对差异或比较差异，国际贸易的各方就可利用绝对优势或相对优势，通过进出口活动，实现国别价值增值，实现社会劳动节约。由此获得的价值增值或劳动节约，是对外贸易社会经济效益的重要组成部分，但不构成对外贸易社会经济效益的全部。

案例8.2

中德企业合作的思考

近年来，随着经济的持续增长和国民收入水平的提高，中国已经从一个普通消费品市场大国，逐步成为高档消费品市场大国。“坐奔驰，开宝马”，曾是中国社会上一句流行语，形象表述了富裕起来的中国人对高档汽车的最初认识，也直观地反映了中国消费者对德国制造的高档工业品和消费品的高度认可。多年来，德国企业及机构向中国输出的工业、交通大型设备和民用环保、家居制品以及金融、零售等各领域的产品与服务均取得很好的业绩。为数众多的德国企业扎根中国当地，凭借先进的技术与管理，占据诸多行业的产业链高端，获得巨大的市场份额和丰厚的利润回报。

中德两国中小型制造企业的比较优势具有明显的差异性和互补性，具体表现在，德国中小企业产品的优势为领先技术、专业设计、高品质、工艺精湛及可靠耐用，在专业应用领域具有很强的竞争力。而中国中小企业的产品则以适用性、通用性及高性价比取胜，主要定位于大批量的经济型市场。在经济全球化时代，两国中小型制造企业不同的产业优势是可以互相衔接、互为补充的。两国中小企业之间要加强产业内的分工与协作，围绕各自的比较优势，建立互补共赢的产业合作模式。如在德国企业占有传统优势的专业设备领域，可通过OEM及ODM方式更多地采用中国企业生产的非核心部件，使在保持产品性能与质量的同时，降低制造成本，提高生产效率，进一步增强市场竞争力；在德国企业相对逊色的标准化产品领域，则可通过技术转让、授权生产、组建合资企业等方式与中国厂商合作生产，形成综合竞争优势，填补市场空缺。我们相信，如果德国的技术研发、工业设计、生产工艺及质量管理体系，结合中国良好的产业基础及优质廉价的人力资源，可以形成全球性的制造业竞争优势，并成为推动世界经济发展的积极力量。

本例整理自南存辉2012年在第四届中德对话论坛上的发言《中德企业合作的思考》，见于正泰集团网站：http://www.chint.com/news/3508?sitePageId=13

【课堂讨论8.1】

中德两国中小企业如何通过建立互补共赢的产业合作模式形成外贸社会经济效益？

2. 通过使用价值转换，形成外贸社会经济效益

1）使用价值是价值的载体

对外贸易的两个基本职能是进行使用价值转换和实现价值增值，二者是不可截然分开的。实现价值增值的同时，必然完成使用价值的转换。因此，利用国内价值和国际价值的绝对差异或比较差异实现价值增值，必须建立在使用价值转换的基础上。使用价值是价值的载体，是物质承担者，没有使用价值的转换，就无法实现价值的增值。但使用价值在对外贸易经济效益形成中的作用，不仅仅限于在纯粹的商品流通中充当价值的载体，实现价值的增值，而且还包括由于使用价值对外转换在社会再生产中产生的新价值。

2）使用价值对外转换在社会再生产中产生的新价值

进行对外商品流通，是将本国的一部分产品和资源从经济循环中分离出来，在国际市场上转换成另一部分产品和资源，从而在一定程度上缓解国内产业结构不平衡对经济发展的束缚，扩大再生产规模，加速经济增长，使整个社会有可能获得更多新增价值。通过对外商品流通，实现使用价值转换，调整国民经济比例关系，改善社会产品构成，使社会获得更多的新价值或劳动节约，也是外贸经济效益的组成部分。

（二）外贸企业经济效益的形成

对外贸易企业经济效益直接形成于国内外市场的价格差。即从出口看，是指国内货源买入价与国际市场售出价之间的差价；从出口看，是指国际市场商品买入价与国内市场售出价之间的差价。这种价格差再减去商品流通费用即是外贸企业的赢利（若为负数则为亏损），也

即外贸企业经济效益。

1. 从理论上看

在价格与价值大体一致的情况下，国内外市场价格差反映的是国内价值和国际价值之间的绝对差异或比较差异。在存在绝对差异条件下，单纯的出口或进口即可取得对外贸易赢利，即当某一商品国内价值低于国际价值时出口，国际价值低于国内价值时则进口。在比较差异条件下则需要通过出、进口双向循环贸易才可取得外贸赢利。这时，需要出口本国有比较优势的商品，进口本国劣势较大的商品，进出口贸易相结合，才能获利。

2. 从实践上看

外贸企业经济效益还受其他许多因素的影响，如企业经营管理状况、政府的政策措施、对外贸易体制等。

第二节 影响外贸经济效益的因素

案例 8.3

创新和挖潜是提高外贸效益不可或缺的因素

据《经济日报》2012年3月9日报道（董庆森） 2012年政府工作报告提出，我们强调扩大内需，但决不能忽视外需对我国经济发展的重要作用。同时提出，要保持外贸政策基本稳定。要加快转变外贸发展方式。对此，不少代表委员认为，随着生产成本的不断上升和外部环境的发展变化，我国对外贸易结构调整和升级迫在眉睫。

一组数据显示了我国外贸面临的严峻形势：去年8月开始，我国对外出口增幅逐月回落；今年1月，我国进出口增速双下降，为两年来的新低。对此，全国政协委员、中国国际经济交流中心秘书长魏建国说，今年的外贸形势再次表明，我国的外贸发展方式必须加快转变。

我国是世界第一大出口国，外贸依存度高，外贸结构的调整和优化升级，将有力地推动整个中国经济的转型发展。不过，目前，外贸结构的调整和升级存在诸多挑战，也是一个不争的事实。例如，我国先进制造业产品出口份额有限，服务贸易起点较低；又如，“中国制造”商品出口价格只占最终销售价格很小比例，出口商品国内增值率有待提升；等等。

面对各种挑战，保持对外贸易稳定发展的关键在于不断提升对外贸易的效益。而要提高外贸效益，创新和挖潜不可或缺。

一方面，要充分激发企业的创新活力，以此推动外贸结构调整。解决出口企业在创新道路上面临的问题，不仅需要企业自身的努力，也离不开政策的支持和环境的保障。制定和完善有利于创新的政策和制度，是激发企业创新积极性、提高创新活动成功率的必要条件。政府要在为出口企业自主创新提供政策支持和创造良好市场环境方面发挥更大作用，加强知识产权保护，营造公平的市场环境，鼓励有条件的企业建立研发机构。

另一方面，就我国的外贸发展实际而言，提高外贸效益不能忽视加工贸易的挖潜。在短期内彻底改变现行国际贸易和国际生产体系不太现实，但这并不意味着国内加工贸易企业不能通过加快转型升级来提升出口商品增值率。对此，要鼓励有一定积累的企业通过建立自有品牌，带动其他小企业为其提供配套服务，提升加工贸易商品的层次，改变这个体系的收益流向。

此外，由于我国区域发展的不平衡，外贸产品由劳动密集型向技术、资本含量较高的产品转变，并不等于听任传统加工环节流失海外。把加工贸易转型升级与国内产业转移相结合，也是提升对外贸易效益的应有之义。

有委员对如何加快转变外贸发展方式表示，加工贸易转型升级之前，我们100%的企业为海外公司、海外品牌做贴牌，如果转型后我们的出口规模没有缩小，在世界市场份额没有下降，仍有95%的企业在做贴牌，但80%的量是给中国公司、中国企业做贴牌，那就是很大的成功。

《经济日报》网络版《着力提升对外贸易的效益》全文：http://paper.ce.cn/jjrb/html/2012-03/09/content_196743.htm

点评：现阶段，除商品国内价值、国际价值以及二者之间相互关系的因素会影响到外贸经济效益以外，创新和挖潜也是提高外贸效益不可或缺的因素。

外贸社会经济效益和外贸企业经济效益，是分别受不同因素的影响形成的。

一、影响外贸社会经济效益的主要因素

对外贸易经济效益是通过对外商品交换带来的价值增值，而价值增值是由国内外价值差异以及使用价值转换在社会再生产中发挥特定作用而形成的。可以说，一切影响商品国内价值、国际价值以及二者之间相互关系的因素，一切影响使用价值在社会再生产中发挥作用，带来更多新增价值的因素，均影响外贸经济效益。

1. 一国劳动生产率

对外贸易经济效益是通过对外贸易活动实现的价值增值，而价值增值是通过发挥比较优势取得的，即通过出口有比较优势的商品、进口有比较劣势的商品取得的。因此，比较优势是取得外贸经济效益的客观基础。在古典贸易模型中，生产的唯一投入要素是劳动，一国的比较优势就取决于一国劳动生产率水平及其与世界劳动生产率水平的差异。二者差异的程度和方向决定着国内价值和国际价值差异的程度和方向，进而决定了获得对外贸易经济效益的量和层次。随着古典贸易模型的拓展，单一劳动要素假设被扩展为多种生产要素假设，从而比较差异不仅仅由劳动生产率所决定，各国要素禀赋的差异成为各国比较优势的决定性因素。

如果一国劳动生产率水平大大高于世界平均劳动生产率水平，该国绝大部分商品的国内价值低于同类商品的国际价值。在以国际价值为基础的对外交换中，该国每小时平均劳动投在各经济部门所形成的国内价值在国际市场上被承认为超过一小时的国际价值。该国以高于国内价值的国际价值输出商品，以低于国内价值的国际价值购买某些商品，以少量劳动按质的比例与多量劳动交换，从而取得对外贸易经济效益。该国是凭借劳动生产率水平的绝对优势取得对外贸易经济效益的。

如果一国的劳动生产率水平低于世界平均劳动生产率水平，该国绝大部分商品的国内价值高于同类商品的国际价值。该国进行对外交换只能输出国内价值高于国际价值程度较小的商品，输入国内价值高于国际价值程度较大的商品，以少量社会劳动换回多量社会劳动，实现价值增值。这类国家取得对外贸易经济效益是利用了绝对劣势中的相对优势。

以上两类国家通过对外商品交换，都能够实现社会劳动的节约，形成外贸经济效益。生产率水平高的国家通过对外贸易所实现的价值增值量或社会劳动节约量并不一定绝对地多于劳动生产率水平低的国家，但是，由于二者劳动生产率水平与世界平均劳动生产率水平的差异方向不同，二者借以实现外贸经济效益的条件不同，决定了二者获得的外贸经济效益的层次上的不同。前一类国家劳动生产率水平有绝对的优势，它所取得的外贸经济效益也是绝对的；而后一类国家劳动生产率水平处于绝对劣势，对绝对劣势中相对优势的利用，形成对外贸易经济效益，但这种效益的获得是相对的局限性的。因此，前者获得的对外贸易经济效益是比后者更高层次的外贸经济效益。

2. 进出口商品结构

对外贸易经济效益源于国内价值与国际价值的差异，而国内价值与国际价值的差异必须通过一定的使用价值为载体表现出来。因此，不同的使用价值结构，即进出口商品结构会影响国内外价值差异的程度与方向，从而影响外贸经济效益。进出口商品结构是指一国对外贸易中各商品组成部分在贸易总体中的地位、性质以及相互之间的比例关系。进出口商品结构的特征、结构层次的高低以及进出口商品结构与本国经济发展状况、世界经济贸易发展趋势的关系，对于一国参与国际分工的深度、广度以及对外贸易促进国民经济发展作用的发挥，都有着重大的影响。

（1）从出口商品结构看，由于经济发展的不平衡，一国国内各部门各行业的劳动生产率水平参差不齐，甚至相差悬殊，与世界同行业平均的劳动生产率水平的差异程度更不尽相同。由于各部门劳动生产率水平相异，一小时国内平均劳动投入到不同经济部门、行业所形成的国内价值量也就不同。同时，又由于各部门各行业劳动生产率水平与世界同行业平均劳动生产率水平的差异不尽相同，同一国内价值量由于物质承担者不同，在国际市场上得到承认的程度也就不同。所以，劳动生产率的双重差异，“内差异”和“外差异”，使出口商品结构极大地影响输出的国内价值量以及该国内价值量在国际市场上得到承认的程度。

（2）从进口商品结构看，由于相同的原因（劳动生产率的内外差异），同一可支配的国际价值量，由于其物质承担者不同，即进口商品结构不同，在国内市场上会被承认为不同量的国内价值。而对外贸易经济效益的集中表现乃社会劳动的节约或国内价值的增值，可见，进口商品结构，作为国内价值、国际价值的物质承担者——使用价值的构成，对于源于国内、国际价值差异的对外贸易经济效益有着重要的、实质性的影响。

（3）进出口商品结构对外贸的宏观效益有着更深的影响。进出口商品结构的安排合理与否，影响着对外商品流通对再生产促进作用的发挥。例如，理想的贸易格局应是出口长线产品，进口短线产品，通过外贸促进宏观经济平衡。若出口商品正是本国供过于求的长线产品，本国需求的满足不会因此受到影响，这时出口贸易能促进国民经济的综合平衡。如果进出口商品结构安排不当，出口商品国际与国内需求结构重叠，出口商品结构偏重于国内供不应求的短线产品，在此结构下发展出口贸易，必然有着很高的机会成本。出口的发展以牺牲国内消费为代价，将使经济效益恶化，这样的出口商品结构必然不能维持下去。因此，进出口商品结构对外贸经济效益有重大影响。

3. 货币因素

价格是价值的货币表现形式，在商品经济条件下，价值增值或劳动节约必然要通过价格来衡量和表现。

对外贸易是特殊的经济部门，它联系着国内外的生产和流通。在每一次对外商品交换中通常都要使用两种或两种以上的货币计价，这就使得通过交换实现的社会劳动节约或价值增值的表现更为复杂。通过交换实现的价值增值要得以正确表现和反映，一方面要求国内外价格都必须真实地反映商品的国别价值和国际价值；另一方面要求计价货币的“价格”，即汇率正确反映每一单位本币和外币所代表的价值量的关系。比较优势只有正确地表现为价格差时，对外贸易才会依此进行，比较优势才会成为现实的比较利益。因此，价格是否真实地反映价值、价格与价值的背离程度与方向都可影响对外贸易商品结构，从而影响外贸经济效益。即使商品的国内外价格能正确反映商品的国内外价值，如果汇率不能正确反映参与交易的不同货币之间的比例关系，则对外交换产生的价值增值也得不到正确反映，反之亦然。

价格机制不仅会影响价值增值的正确表现，还会通过对进出口商品结构的作用，进而影响实际的价值增值量或劳动节约量，影响对外贸易经济效益。

如果一种商品的国内价格严重偏离国内价值，价格所表示的价值量大大高于实际的价值量，则价格对价值的扭曲使所表现出来的商品国内价值大大高于同类商品的国际价值。这种国内价值的“高估”使实际上具有绝对优势或相对优势的商品貌似具有绝对劣势或相对劣势，使本该出口的商品成为事实上的进口商品。同样，国内价值的“低估”也可能使本该进口的商品成为出口商品。如果汇率高估了每单位本国货币所代表的价值量，会使实际上出口可以节约劳动的商品似乎也成了亏损商品，而汇率的低估则可能使实际上没有优势的商品出口，似乎也能节约社会劳动。所以，价格对价值的扭曲，汇率的高估或低估等货币价格因素会影响进出口商品最优结构的形成，从而影响对外贸易经济效益。

假定 1 小时的国内价值对应于 1 元人民币，设 A 商品的国内价值为 2 小时。若价格正确地反映价值，则此时 A 商品的价格应为 2 元。但由于价格高估了价值，把本应表现为 2 元的价值表现为 3 元，而此时，国际市场 A 商品的价格以人民币来表现为 2.5 元。那么由于出现了价格差，国内的企业将进口 A 商品以获得利益。这样就使得本可以出口的 A 商品变为进口，从而改变了进出口商品的结构。

4. 市场机制

在市场经济条件下，对外贸易活动的国内环节和国际环节都要通过市场运作来完成，高水平的外贸经济效益的实现必须有健全的市场机制做保证。如果市场机制不健全甚至缺乏必要的要素市场，通过外贸活动最终实现的社会劳动的节约就得不到正确的表现，从而使促进外贸经济效益提高的经济驱动力无从发挥。比较优势的发挥有赖于完善的市场机制，使资源能够根据比较优势的变动实现最优配置，保证对外贸易经济效益的实现。

二、影响外贸企业经济效益的因素

（一）社会因素

1979 年之前，我国建立了集外贸经营与管理为一体、政企不分、统负盈亏的外贸管理体制，中央以指令性计划直接管理少数的专业性贸易公司进行进出口贸易（1978 年年底外贸公司有 130 多家）。贸易目标主要是进出口贸易在总体上达到平衡。在对外贸易实行高度集中的计划管理中，财务上实行“统收统支，统负盈亏”的体制，进出口企业的赢利集中上缴国库，而发生的亏损也统一由国家财政拨款予以补贴。这有利于国际收支平衡，维持较低的国内价格水平，但是我国与世界市场的有机联系被割断，不利于外贸和整个国民经济的发展。

1978 年 12 月党的十一届三中全会以后，我国开始实行改革开放的国家战略，进行经济体制改革，其中包括外贸体制的改革，主要内容是放开部分贸易经营权（包括对外资企业），以及贸易公司自主化改革。我国外贸体制的改革分为三个阶段。

（1）1979—1987 年，政府根据政企分开，外贸实行代理制，工贸结合，技贸结合，进出口结合的原则，下放部分外贸经营权，开展工贸结合试点，简化外贸计划内容，实行出口承包经营责任制。

（2）1988—1991 年，全面推行对外贸易承包经营责任制，地方政府、外贸专业总公司和工贸总公司向中央承包出口收汇、上交外汇和经济效益指标。承包单位自负盈亏，出口收汇实行差别留成。

（3）1990 年 12 月 9 日，外贸企业出口实行没有财政补贴的自负盈亏，以完善对外贸易承包经营责任制。从 1991 年起，我国外贸体制进一步深化改革，建立起了以市场供求为基础的、单一的、有管理的人民币汇率制度；绝大多数商品的价格都由市场供求决定，价格与价值的背离得到根本的改变；减少行政干预，扩大市场调节的范围；取消了国家对外贸企业的出口亏损补贴，使外贸企业真正实现自主经营、自负盈亏、自我约束、自我发展。通过对外贸企业的改革，中国的对外贸易体制开始初步摆脱了过去的不合理状况，朝着适应对外开放和建立有计划的商品经济的方向发展。

1992 年开始，我国贸易政策体系的改革已经不限于贸易权和外贸企业等内容，伴随着 1986 年中国要求“复关”开始，中国的贸易政策改革已经开始以符合国际规则为导向，逐步涉及国内管理的各个方面。1992 年 10 月党的十四大提出了“深化外贸体制改革，尽快建立适应社会主义市场经济发展的，符合国际贸易规范的新型外贸体制”。符合国际贸易规范，也就是要符合关贸总协定的规范，因此我国提出改革方向是统一政策、平等竞争、自负盈亏、工贸结合、推行代理，以建立适应国际通行规则的外贸运行机制。在进出口管理上，1992 年取消进口调节税；1994 年取消进出口指令性计划。此后进行了多次的关税降低，整体关税已经与国际平均水平大为接近，与世界市场更加接近。此外，进口配额及其他的非关税措施数量也在逐年减少。

1994 年颁布第一部《对外贸易法》，开始了系统地完善外经贸领域法律法规的改革阶段。以国际规范为目标，在货物贸易、外资、知识产权、反倾销等各个领域出台了一系列的法律法规，同时政府的政策透明度也不断加强。外贸体制改革的实施，加强了市场经济机制的调节作用，促进了我国对外贸易市场化的进程。

自 2001 年 12 月加入世界贸易组织以来，我国在市场准入、国内措施、外资待遇、服务贸易等各个领域均较好地履行了自身的承诺和义务，得到了世界贸易组织、世界银行等国际组织的高度评价和赞扬。最明显的特征就是，贸易政策体系改革已经与国际贸易体制接轨、发展同步，政策变化的动力由单纯的内生或者外生转变为内外协调。这种变化最根本的动力来源是我国经济贸易本身的高速增长，并且我国有着市场容量庞大、与发达国家经贸互补性明显、政策稳定性强并对国际高度负责等优点，我国对世界经济的良性影响也逐渐加大。

改革开放以来特别是 1981—1990 年，我国对外贸易连年亏损，国家不得不给予大量财政补贴。外贸亏损的原因除了国际市场价格变化趋势于我不利、一些外贸企业经济管理水平较差等客观因素外，其主要原因还有以下方面。政策性方面，我国曾长期实行国内外价格割断政策，国内价格体系和国际市场价格体系相脱节；体制性方面，税收、汇率等方面的改革不同步，外贸体制不完善是造成外贸企业非正常亏损的因素之一；结构性方面，我国进出口结构存在的问题也是产生外贸亏损的因素；生产性方面，由于我国劳动生产率水平低，导致生产成本高，产品质量差，国外售价低，造成外贸亏损；经营性方面，由于外贸企业经营管理水平低造成的亏损也相当大。而从1994年起，外贸企业实行自主经营、自负盈亏，国家财政的外贸盈亏就不存在了。

从理论上讲，赢利或亏损是节约或浪费社会劳动的货币表现。盈亏是社会主义经济活动中一项不可忽视的经济指标。外贸盈亏同样在一定程度上反映我国对外贸易的经济效益。但是，外贸盈亏与外贸经济效益之间不能简单地画等号。外贸财务盈亏的状况及其变化，深层次的原因在于经济体制，外贸出现亏损并不等于外贸经济效益差。

（二）企业自身因素

改善外贸企业经济效益，不仅需要改进外部宏观环境，更需要改变企业的微观机制。在市场机制充分发挥作用的条件下，价格与价值相一致、汇率准确反映货币之间比率的条件下，影响外贸微观经济效益的主要因素是企业的经营机制、管理机制等微观因素。在价格、汇率扭曲情况下，外贸微观经济效益的决定因素就要复杂得多，许多因素往往是外贸企业所不可控制的。但是，随着经济体制改革的推进，市场经济体制逐步趋于成熟与完善，价格扭曲与汇率扭曲逐步消除，外贸盈亏与外贸经济效益的差异也会趋于缩小以至消失。影响外贸企业经济效益的因素主要有以下几点。

1. 外贸企业的企业制度

外贸企业制度改革的方向是建立现代企业制度。只有建立现代企业制度，才能使外贸企业成为自主经营、自负盈亏、自我发展、自我约束的市场主体。现代企业制度具有以下特征。

一是产权关系明晰。企业中的国有资产所有权属于国家，企业拥有包括国家在内的出资者投资形成的全部法人财产权，成为享有民事权利、承担民事责任的法人实体。

二是权责明确。企业以其全部法人财产，依法自主经营、自负盈亏、照章纳税，对出资者承担资产保值增值的责任。出资者按投入企业的资本额享有所有者的权益，即资产收益、重大决策和选择管理者的权利。企业破产时，出资者只以投入企业的资本额对企业债务负有限责任。

三是政企分开。企业按市场需求组织生产经营活动，以提高劳动生产率和经济效益为目的，政府不直接干预企业的生产经营活动，企业在市场竞争中优胜劣汰。

四是科学管理。建立科学的企业领导体制和组织管理制度，调节所有者、经营者和职工之间的关系，形成激励和约束相结合的经营机制。

2. 外贸企业的经营制度

外贸企业的经营模式应由商品经营向资本经营转变。商品经营是以完成进出口商品计划为特征的；资本经营是以利润最大化和资本增值为目的，以价值管理为特征，通过生产要素的优化配置和资产结构的动态调整，对企业所控制的内外部有形与无形资产进行综合运营的一种经营方式。实行资本经营，要求外贸企业要按照资本运动的一般规律进行进出口活动，实现资产增值和效益最大化的目的。具体地说，就是外贸企业要建立最佳资本结构，以经济效益为中心，实行多元化、综合性经营。

外贸企业传统的单一商品经营模式已难以适应快速变化的国际经济环境，必须转向多元化、综合性经营。外贸企业在经营进出口商品的同时，应利用自身联系广、信息灵的优势，积极参与技术进出口贸易、国际服务贸易、国际投资等活动，在国内市场上，也应参与各种实业化经营，如制造业、运输业、服务业等，形成国际化、实业化、综合化经营模式，从根本上提高企业创造高效益的能力。

3. 外贸企业的管理制度

外贸企业要提高企业经济效益，必须建立科学高效的管理制度，提高管理水平，向管理要效益。外贸企业应按照社会主义市场经济的要求，建立以财务管理为中心，资金管理为重点，辅之以健全的劳动管理、人事管理、分配管理，建立约束和激励机制，从而提高企业经济效益。

案例 8.4

江阴市荣事达钢铁贸易有限公司是一个股份制企业。公司创建于1994年年底，注册资金为5 000万元，拥有员工总数2 000多人，下设5个子公司，固定资产为2亿元。2008年公司实现产值6亿元，实现销售5亿元，完成利税0.6亿元。公司的经营业务主要是钢铁加工、生产，市政工程建设，建筑工程建设，房产开发工程。2004年，公司进行了第二次体制改革，形成了以总公司为控股公司的集团型企业，发展多元化产业结构，建立高层、正副经理参股，科员干部持期权股的现代企业制度。股东会、董事会、监事会行使各自的职权，法人治理结构得到了初步规范，产权日渐清晰，股权结构呈现多元化趋势。由于体制的创新，公司的业绩从2004年开始每年以20%以上的增速发展、壮大。改革短短5年间，从2004年销售1亿元，到2008年年底实现4亿元销售收入，从2004年上缴国家税金300万元到2008年上缴税金达到2 000万元。企业业绩在不断攀升，企业地位也在不断提升。近几年，企业税收上缴在全市排名前5位，2008年被江阴市政府授予百强明星企业称号。

（佚名）

【课堂讨论8. 2】

以江阴市荣事达钢铁贸易有限公司为例，说明为什么企业制度、经营制度和管理制度是影响外贸企业经济效益的主要因素？

第三节　外贸经济效益的评价

案例 8.5

义乌市对外贸易可持续发展能力研究

改革开放以来，义乌市经济发展主要依靠内源资本和国内市场，义乌市场是靠市场开发、民间资本原始积累自然演进形成的。日益发展壮大的义乌小商品市场集中了全国各地的优势产品，全国各地生产的非常有优势的小商品都往义乌集中，“全国最大的专业批发市场”这个平台成了义乌发展对外贸易的优势所在。义乌市场国际化水平逐年提升，吸引了越来越多的国际采购商和外贸公司常驻义乌，把义乌市场的商品源源不断地输送到世界各地。比如，义乌周边的浦江水晶、永康五金等优势产品都通过义乌市场来扩大出口。

随着“贸工联动”战略的实施，义乌产品从“买全国，卖全国”，“买全球，卖全球”转变为“小商品义乌造”，形成了义乌自身的产业基础，区域块状经济日渐崛起。义乌市一批优势行业和规模企业在国内国际市场占有较大的份额。义乌已形成了针织袜业、饰品、拉链、玩具等一批极具竞争力的优势行业，先后被授予中国拉链产业基地、中国制笔工贸基地、中国化妆品产业基地、中国袜业名城等称号。“贸工联动”既挖掘出了义乌经济的新增长点，又有力地支撑起了市场的发展，销地型与产业型的有机结合，正是义乌市场的活力之源。

2007年，义乌市生产性外贸企业出口107 622.86万美元，比上年增长31.55%；流通性外贸企业出口59 791.46万美元，比上年增长14.42%。从进口额看，2007年生产性外贸企业进口12 148.14万美元，也多于流通性外贸企业的3 252.90万美元。生产性外贸企业是义乌市外贸的主力，由于整个大市场环境的支撑和“贸工联动”战略的实施，其经济效益较好。

（李晓伟，2009）139-140

点评：通过对外贸易，有效利用本地区的技术、资本、劳动力以及其他资源，促进经济发展，是区域发展对外贸易的根本目的。对外贸易对经济的带动能力可以用外贸对国内生产总值的拉动度来衡量。义乌市对外贸易对国内生产总值的拉动度较高，尤其是2003年与2005年，义乌市净出口增量甚至稍稍高于国内生产总值的增量。

开展外贸经济效益评价，促进外贸经济效益增长，是我国外贸活动实现两个转变的重要前提。外贸经济效益作为客观存在，要求得到评价和衡量。当前我国外贸经济效益的衡量指标分两类，一类是外贸社会经济效益的衡量指标，一类是外贸企业经济效益的衡量指标。对于外贸社会经济效益的衡量指标，包括进出口贸易总额、平均换汇成本、资金利润率、进出口贸易税利、贸易条件等。进出口贸易总额是对外贸易的直观总体表现，反映了我国对外贸易活动的规模、参与国际分工的程度和外贸计划的完成情况。以此为基础构筑的外贸社会经济效益评价指标体系在我国外贸的发展过程中起到了度量、评价和引导作用，极大地促进了我国外贸的快速发展。经过 20 多年的发展，我国已成为一个贸易大国。

一、外贸社会经济效益的评价原则

1. 外贸宏观经济效益的评价是价值评价

外贸经济效益所揭示的是通过进行对外贸易活动所实现的社会劳动节约。这里的“劳动”乃抽象劳动，它是价值的唯一构成要素。因此，外贸经济效益属于价值范畴，对它的评价必须从价值角度进行。在对外贸易经济效益评价中，使用价值评价可以归结为价值评价，价值评价可包含使用价值评价。

对外贸易活动实现使用价值的转换，对外贸易经济效益所包括的并不是转换来的使用价值的全部效用，转换来的使用价值的全部效用与不进行转换所拥有的使用价值的效用之间的差额，才是对外贸易经济效益的组成部分。

使用价值的效用通常只能用笼统的标准衡量，即满足程度。一种使用价值带给消费者的满足程度越高，该使用价值的效用越大。对外贸易经济效益所包含的内容是效用的增大，即满足程度的提高。对外贸易活动所导致的满足程度的提高，主要通过两个形式得以表现，即生活消费和生产消费。对外贸易活动转换来的商品投入国内经济循环，或者直接用于生活消费，或者用于间接消费——生产消费。使用价值的效用，以及使用价值带来的满足程度必须在消费中才能表现出来。由于使用价值是价值的物质承担者，所以，使用价值的评价可以归结为价值评价。

2. 评价外贸宏观经济效益应包括对贸易机会成本的考察

评价对外贸易社会经济效益不仅应考察通过对外交换活动所实现的劳动节约，还须考察参加交换的商品如果用于其他用途可能带来的收益，考察参加交换的价值量如果选择其他的物质承担者可能带来的收益，即考察进出口商品的机会成本，这样才能更全面、更准确地评价对外贸易活动给国民经济带来的净收益。

进出口商品的机会成本同一般的机会成本有所不同。出口商品的机会成本指的是出口商品如果不用于出口而用于国内的生产、消费所可能带来的最大收益。进口商品的机会成本则指的是同一可支配的国际价值量，如果选择其他的物质承担者给国民经济可能带来的最大收益。

如果出口商品的机会成本高于出口所得的收益，对外贸易活动给国民经济带来的净收益就应该是外贸带来的价值增值减去出口机会成本高于出口收益的部分；如果进口商品的机会成本高于进口收益，就说明对外贸易活动还不完全符合经济效益最大化原则，即以尽可能少的耗费取得尽可能多的成果，还有潜在的更大的经济效益有待挖掘。

单纯考察进出口活动所实现的价值增值，不能全面反映对外贸易活动给国民经济带来的净收益状况，不能反映在可支配国际价值量不变的情况下，潜在的更大的外贸经济效益。而评价对外贸易经济效益的目的不仅在于明确进出口活动的实绩，更重要的还在于发现问题，明确努力方向。因此，评价对外贸易经济效益应该包括对贸易机会成本的考察。

3. 外贸宏观经济效益的评价必须借助于货币、价格形式

价格是价值的货币表现。对外贸易经济效益乃是通过对外交换活动所实现的价值增值，增值了的价值与价值本身一样，它是抽象的、非实物的，但又必须依存于商品体中，是商品的基本属性。因此，价值增值在商品经济中必须借助货币、价格形式。评价对外贸易经济效益，评价对外贸易产生的价值增值只能是评价、衡量以货币价格形式表现出来的效益、价值增值，而不可能是看不见、摸不着的东西。评价对外贸易经济效益借助于货币价格形式，其根本前提是价格能够真实地反映价值、货币并与它所代表的价值量相符。如果价格扭曲，不能正确反映价值，货币不能正确反映所代表的价值量，汇率不能反映货币之间真正的比率，对外贸易经济效益的评价就会失真，评价就会失去原有的意义，甚至使外贸工作误入歧途。

4. 外贸宏观经济效益的评价应是宏观的、全面的评价

对外贸易经济效益是通过对外商品交换所节约的社会劳动。这里的劳动节约是指一国范围内的劳动节约，因此对外贸易经济效益的评价范围是一个国家，评价角度应是宏观的、全面的。

一国范围内的劳动节约，是指通过对外商品交换给一个国家带来的全部的劳动节约，无论其具体形式如何，无论它是显见的，还是隐含的；无论是直接的，还是间接的。因为它们最终都可归结为抽象的社会劳动的节约，而这些社会劳动的节约又都是由对外贸易所产生的。对外贸易作为国民经济的一个特殊部门，对外贸易活动成果不仅表现为现实的劳动的节约，还表现在为国民经济提供了节约社会劳动的能力。但是，这种节约社会劳动的能力转化为现实的劳动节约的过程，往往是在其他非对外贸易部门进行的，而且转化过程中往往有许多非对外贸易因素共同起作用。因此对外贸易经济效益要做出正确的评价，必须从国民经济的宏观角度进行。

即使是对外贸易活动产生的直接的劳动节约，也必须对对外贸易的全过程进行全面考察，才能得到正确的评价。

二、外贸企业经济效益的评价指标体系

外贸企业经济效益评价指标体系由三部分共十五个指标构成。

（一）反映企业资产负债和偿债能力的指标体系

（1）资产负债率。该指标是指企业负债与资产的比值，反映企业总资产中的债务比例，其公式如下：

资产负债率=（负债总额/资产总额）×100%

（2）流动比率。该指标是指企业流动资产与流动负债的比值，反映企业偿还即将到期债务的能力，其公式如下：

流动比率=流动资产/流动负债

（3）速动比率。该指标用来衡量企业运用随时可变现资产偿付到期债务的能力，其公式如下：

速动比率=（速动资产/流动负债）×100%

（4）流动资产周转率。该指标是指企业营业收入与流动资产的比值，反映企业流动资产运转的能力，其公式如下：

流动资产周转率=（商品销售收入净额+代购代销收入+其他业务收入）/［（期初流动资产总额+期末流动资产总额）÷2］

（5）存货周转率。该指标是指企业销售成本与存货的比值，反映企业存货的周转速度，其公式如下：

存货周转率=商品销售成本/［（期初存货+期末存货）÷2］

（二）反映赢利能力和国有资产保值增值情况的指标

（1）销售（营业）利润率。该指标用来反映企业销售收入的获利水平，其公式如下：

销售（营业）利润率=［利润总额/产品销售收入（营业收入）］×100%

（2）出口每美元成本。该指标用来反映企业出口商品每一美元所耗费的成本，其公式如下：

出口每美元成本=出口商品总成本（商品进价不含增值税）/出口额（美元）

（3）进口每美元赔赚额。该指标用来反映企业每进口一美元商品的获利能力，其公式如下：

进口每美元赔赚额=（进口商品销售收入−进口商品总成本）/进口国外进价（美元）

（4）费用水平。该指标用来反映企业商品销售每百元所耗的费用，其公式如下：

费用水平=（商品流通费/商品流通额）×100%

（5）资本金收益率。该指标是指企业实现的净利润与实收资本的比值，反映企业对投资者的回报能力，其公式如下：

资本金收益率=（净利润/实收资本）×100%

（6）总资产报酬率。该指标是指企业一定时期内实现的利润总额和支付的财务费用与资产的比值，反映企业运用全部资产赚取收益的能力，其公式如下：

总资产报酬率=（利润总额+财务费用）/［（期初资产总额+期末资产总额）÷2］×100%

（7）资产保值增值率。该指标是指企业期末所有者权益与期初所有者权益的比值，反映企业对所有者权益的保值和增值能力，其公式如下：

资产保值增值率=（期末所有者权益总额/期初所有者权益总额）×100%

（三）反映企业对社会贡献的指标

（1）出口收汇额。该指标用来反映企业实际为国家创造的外汇收入。

（2）社会贡献率。该指标用来衡量企业运用全部资产为国家或社会创造或支付价值的能力。其公式如下：

社会贡献率=（企业社会贡献总额/平均资产总额）×100%

（3）企业社会贡献总额。该指标是以货币形式表现的企业为社会创造国民收入的总额，包括工资、应缴增值税、应缴所得税、净利润等。

（4）社会积累率。该指标用来衡量企业社会贡献总额中多少用于上缴国家财政，其公式如下：

社会积累率=（上缴国家财政总额/企业社会贡献总额）×100%

案例8.6

山西煤炭出口贸易经济效益分析

煤炭作为一种资源性产品，在世界各国的能源消费中处于十分重要的地位。山西作为我国的煤炭生产大省和煤炭出口第一大省，每年煤炭出口量几乎占到全国的50%左右。2000年全国煤炭出口5 884万吨，其中山西煤炭出口3 200万吨，占到全国煤炭出口总量的54.3%。2003年山西出口煤炭4 378万吨，占到全国出口总量的46.6%。2006年国家取消了煤炭出口退税，全国煤炭出口6 330万吨，同比减少837万吨，山西煤炭出口下降到2 685万吨，但仍然占了全国煤炭出口总量的40%以上。

山西煤炭除供应国内28个省（市、区）外，还远销亚洲、欧洲和拉美等20多个国家和地区。山西煤炭产量占全国的30%左右，在重点订货量、出口量、净出省销量方面，分别占全国的40%、50%和70%以上。2001年，煤炭出口给山西实现销售收入30.3亿元，上缴利税0.34亿元。山西煤炭平均每年实现利润21.77975亿元。甚至在国家政策限制煤炭出口的形势下，2006年，销售收入仍达126.5亿元，实现利润4.9亿元，资产保值增值率高达122.91%。2006年煤炭行业实现的利税占到全省规模以上工业企业利税总额的74%。可见，山西煤炭的发展大大拉动了山西的经济增长。

随着煤炭的大量出口，山西获得了一定的外汇收入，但是山西煤炭出口贸易的经济效益却不高：近几年山西煤炭的平均出口赢利率低于全国平均水平0.46个百分点；而山西煤炭出口换汇成本却比全国平均水平高2元左右，并呈现不稳定的发展态势；煤炭的过度开采造成山西整个生态环境的恶化；煤炭的深加工程度低，附加值低，产业链短等问题非常突出。

（史小芳2008年硕士论文《山西煤炭出口贸易经济效益分析》，山西财经大学）

【课堂讨论8.3】

运用外贸经济效益的评价指标体系，评价山西煤炭出口贸易经济效益，并对山西煤炭出口提出建议？

第四节　提高对外贸易经济效益的途径

案例8.7

江苏汇鸿集团“组合拳”打出外贸转型升级新境界

据《新华日报》2014年1月16日报道（记者邵生余）　2013年，江苏汇鸿国际集团喜讯连连，在宏观经济环境充满变数的外部环境下，全体汇鸿人自加压力，逆势挺进，进一步高唱发展主旋律，激发发展正能量，不仅企业规模稳中有升，实现营业收入481亿元，进出口约53亿美元，利润增长89%，省级外贸龙头老大的位置风采依旧，而且外贸转型升级成效显著，一批进出口商品领先全国同行业，内外贸均衡发展，在营业额中平分秋色。企业经济效益比上年大幅提升。

汇鸿集团董事长唐国海说，外贸公司高速发展的历史很难再现。专业外贸企业要在激烈的国际国内市场竞争中站住脚并且有发展，必须走出“路径依赖”，真正从发展理念、商业模式、经营业态、赢利方式等方面改革创新，实现转型升级。汇鸿集团围绕既立足主业、调整结构、转型发展、做专做精，又积极稳妥、适度多元、壮大实力、做特做优打出“组合拳”，用专业化经营提升核心竞争能力，内外贸融合增强抗风险能力，“引进来”和“走出去”互动提升市场掌控力，供应链金融为转型升级提供支撑力，坚持专业化、特色化、国际化、品牌化经营，大力开展技术创新、服务创优、品牌创建活动，着力提高特色化、专业化业务在贸易业务中的占比率，新兴市场、新兴业务的占比率，战略性新兴产业、高新技术产业占比率，外贸自营业务占比率，以及主营业务投资占比率，招招有实效。

1. 专业化经营，提升核心竞争力

长期以来，专业外贸公司经营产品普遍较为繁杂，同质化竞争严重。改变这种格局，通过专业化做出差异化，在差异化中做出特色、打造竞争力，成为汇鸿集团的战略追求。集团所属14家外贸企业纷纷调整策略思路，集中力量做最有特色、最擅长的产品和经营。

2. 内外贸融合，增强市场拓展力

统筹国际国内两个市场，加快内外贸融合发展，是外贸企业转型发展的重要途径。汇鸿集团厚积薄发，去年实现内贸收入245亿元，比上年增长29%。在总的营业收入大盘中，内外贸已平分秋色。

3. 大步“走出去”，培育资源整合力

整合国内家电制造业巨头的生产能力，在尼日利亚组装成品，再以自主品牌SKYRUN在当地和周边国家销售。汇鸿集团采用这种“走出去”模式，空调、冰箱、冰柜、洗衣机、彩电等家电销售连续三年保持30%左右的增幅，去年实现出口突破1 000万美元，销售36 777台。因为SKYRUN的知名度日益提高，不久前中非发展基金已与集团达成具体合作意向，汇鸿集团也已向该项目增资4 000万元人民币。

4. 适度多元化，巩固转型支撑力

汇鸿集团各子公司将逐步减少金融产品投资总额和比重，按集团资源整合、集中经营、规范管理、防范风险、提高效益的要求，在2014年内完成金融资产整合任务。资产管理公司是集团金融证券资产集中经营平台，也是各子公司的平台。在加强专业研究和专业经营的同时，加强对各子公司的服务，在相对安全边际条件下，设置更多符合投资人要求的新产品供应选择，对集团内企业提供优惠服务。

5. 风险控制，强化集团管控力

从顶层设计着手，汇鸿集团进一步规范董事会议事规则，强化董事会科学决策的职能和权威。新成立董事会投资专门委员会，为董事会决策提供专业支撑。进一步完善各类规章制度，出台《集团投资管理办法》《资金支付管理办法》《所属公司经营资金管理规定》《集团贸易流通类企业经营业绩考核补充规定》《集团重大贸易业务报备制度》《客户预警名单办法》等。不断强化制度的执行力，严格执行“三重一大”事项有关规定，坚持务实高效，科学决策。强化考核导向，将考核范围扩大到全部子公司，对非贸易类地产、外经等子公司实行全面考核。考核内容增加经济增加值指标、风险管控指标、转型升级举措、党风廉政建设等，突出质量效益考核。

新华报业网《“汇鸿”打出外贸转型组合拳》链接：
http://js.xhby.net/system/2014/01/16/019985470.shtml

6. 转型再出发，磨炼企业创新力

集团牢牢把握“稳中求进”的总基调，夯实“稳”的基础，激发“进”的追求。“稳”要体现在保持增长、提质增效、规范管理、防范风险、协调发展上；“进”要体现在贸易模式的转变、内部资源的整合、体制机制的创新、重大项目的建设、人才高度的构筑上。努力做到立足“五个坚持”，即坚持以改革创新为动力，坚持以质量效益为中心，坚持以控制风险为保障，坚持以人才建设为根本，坚持以文化培育为灵魂。

点评：江苏汇鸿集团“组合拳”打出外贸转型升级新境界，为我们探索提高外贸效益提供了很好的经验。

要提高外贸经济效益，必须不断创新提高外贸社会经济效益和外贸企业经济效益的途径。

一、提高外贸社会经济效益的途径

1. 调整和优化产业结构及进出口商品结构

对外贸易经济效益的重要源泉是商品国内价值和国际价值的差异。因此国内价值和国际价值的物质承担者——使用价值的构成，即进出口商品结构，无疑是提高外贸经济效益的关键之一。而优化进出口商品结构的前提条件是要优化本国的产业结构，因为产业结构是进出口商品结构的物质基础。

有什么样的产业结构，就决定了有什么样的出口商品结构。优化产业结构和进出口商品结构，可以改善我国在国际分工中的地位，提高外贸经济效益。从国内产业发展的基础看，我国具备了在“十一五”期间加快转变对外贸易增长方式的基本条件。

一是国内产业整体技术水平和竞争力在较快提升，包括汽车及零部件、数控机床、电站设备在内的一批技术含量较高、附加值较高的产品，出口有望出现突破性的快速增长。二是传统出口商品的技术含量和附加值继续提升，即使是劳动密集型产品，也可以从出口中获得更大的收益。三是外商投资企业继续提升产业层次和加工深度，加强研发能力，有利于提升其出口商品的国内增值率。

可以对现行的鼓励出口政策做适当的调整，逐步建立起主要依靠科技进步促进出口的政策体系。如改革出口退税政策，根据产品的技术含量、资源耗费、加工增值率等，实行有差别的出口退税税率；鼓励关联性大、能改善我国贸易条件的产品的出口；沿海发达地区要对产业实行必要的“挤出”政策，腾出空间，主要发展高新技术产业，对某些纯资源产品出口征收出口税。改革金融扶持政策，对贷款、贴息、贴现、出口信贷等实行有差别的利率等。

长期以来，传统的资源密集型初级产品和劳动密集型的轻纺产品的出口额几乎每年都占我国出口总额的50%以上。这种模式正承受着我国资源环境日益恶化、劳动力成本不断上升和国内对初级产品的需求不断增加的压力，初级产品的出口市场也受到经济日益崛起的发展中国家的激烈竞争以及发达国家进口配额限制等贸易保护主义的抑制，资源和劳动密集型产品难以有更大的发展。

在知识经济为主导的当代社会，科学技术已经成为提高产品国际竞争力和社会经济发展的决定性因素，世界经济的竞争就是以经济为基础、以科技特别是高科技为先导的综合国力的竞争。随着国际市场商品结构的变化，技术密集型的高科技产品正成为最具生命力和竞争力、出口增长最快、贸易规模最大和发展后劲最足的支柱产品。因此，积极发展高技术产业，开拓产品出口市场，既符合我国经济发展现状和发展方向，又符合国际贸易的发展趋势。

2. 建立高效的宏观调控体系，协调外贸社会效益与外贸企业经济效益的关系

外贸社会效益与外贸企业效益是整体和局部的关系，而这既是统一的，又是有矛盾的。国家和外贸企业作为不同的利益主体，在经济行为中追求的效益目标必有差别。因此，为了尽可能地使两者统一起来，国家应加强宏观调控手段，充分发挥市场机制的作用，辅之以必要的行政手段，既满足外贸企业的效益目标，更要保证国家外贸社会经济效益目标的实现。

外贸企业若要提高经济效益，从根本上讲，需要国家在经济体制上进一步深化改革，最终形成有利于节约资源、降低消耗，增加效益的企业经营机制，形成有利于自主创新的技术进步机制，形成有利于市场公开竞争和资源优化配置的经济运行机制。因此，要提高我国外贸经济效益，政府必须由过去的外贸经营者转变为外贸宏观调控者，由直接的行政干预转变为通过汇率、关税等经济手段进行间接调控，使得外贸企业在市场机制作用下更合理地利用我国的优势，提高产品在国际市场上的竞争力。政府还应向效益好的外贸企业提供政策支持，例如出口信贷、出口许可证等。同时，政府应代表外贸企业参加相关国际会议、签订国际协议，为外贸企业争取应得的权利，积极帮助外贸企业协调解决贸易争端。国家作为法律法规制定者，还应借鉴国外经验，制定并完善保护我国对外贸易发展的法律法规，为外贸企业创造一个公平竞争的国际国内环境。

3. 加速建立和完善社会主义市场经济体制是提高外贸社会经济效益的保证

首先，建立和完善社会主义市场经济体制，使市场真正成为资源配置的基础性手段，可促使我国经济同世界经济互接互补，更好地利用国际分工，提高生产力水平。

其次，建立和完善社会主义市场经济体制，可引进国际竞争，加速我国企业和国民经济的技术改造，推进产业结构、经济结构的优化。

再次，建立和完善社会主义市场经济体制，可促使外贸企业在市场竞争中求生存、求发展，从而从整体上提高外贸企业的经济效益。

在世界经济日益融合，国际竞争不断加剧的今天，仅仅依靠价格优势在国际市场上立足，单纯通过数量扩张实现对外贸易的发展都已成为过去。我国必须采取积极的措施，进一步加强宏观调控的力度，加强对外贸管理的制度和法规建设，用政策、法规和经济调节机制来协调和管理对外贸易。在政策上向经济效益好、出口规模大、有发展潜力的行业、企业倾斜，在进出口信贷、出口退税等方面给予优惠待遇。建立完善进出口审批、最低出口限额等制度，优先保证效益良好企业的进出口用额，统一制定进出口最低限价，杜绝恶性竞争、国家受损的不良现象。将一切经济行为切实转到以提高经济效益为中心的轨道上来，向质量、技术、规模和管理要效益，实现我国对外贸易增长方式由粗放型向效益型转变。

二、提高外贸企业经济效益的途径

提高外贸企业经济效益，除了必须给企业创造平等竞争的宏观环境外，更要从微观层面上进行变革，挖掘企业内在潜力。

1. 转换外贸企业经营机制

转换外贸企业经营机制首先要推行股份制，使外贸企业真正成为自主经营、自负盈亏、自我发展、自我约束的独立生产者和经营者。按照现代企业制度关于“产权明晰，权利明确，政企分开，管理科学”的要求，加大外贸企业体制改革的力度，促进外贸企业管理水平的提高。

2. 大型外贸企业应走“三化”道路

大型外贸企业应走实业化、国际化、集团化的“三化”道路，实现综合经营、规模经营；加强横向、纵向联合，实行“一业为主，多种经营”的方针，扩大经营规模，实行规模经营。“一业为主，多种经营”的方针，可使外贸企业在更广泛的领域发展，使企业拥有的资源得到更有效的配置，也可增强风险抵御能力，从而提高外贸企业经济效益。实行规模经营，可降低企业运营成本，改变投入产出关系，增加企业赢利。小型外贸企业要进一步放开搞活，可兼并、联合或租赁，有的可改组为股份合作制，有的可出售。

3. 加速生产企业技术进步

必须推行“以质取胜”战略，加大企业技术改造力度，用高新技术武装企业，增加产品技术含量，增加产品附加值。提高外贸产品附加值是提高外贸企业经济效益的必要选择，外贸企业要加强市场调研，适时推出新产品来提高附加值；改进工业设计，通过创新求变来增强国际市场竞争力和适应性；注重产品质量，以质量为依托来扩大外贸产品销量，增强批量出口创汇的能力，将外贸产品的附加值提高到一个新水平。

4. 建立科学的企业管理制度

按市场经济的要求，建立劳动人事制度、财务制度，特别是分配制度。全面实行劳动合同制，使企业和职工在平等自愿、协商一致的基础上，签订企业职工劳动合同。通过劳动合同以法律形式确立和规范双方的劳动关系，明确责、权、利，充分调动广大职工的积极性和创造性，促进企业建立自主用人、自主分配和自我约束的竞争机制。实行优化组合制，对于优化组合后的剩余人员，按待业处理、自愿停薪留职、自动调出、提前退休等形式安置。改革分配制度，在分配上，全部推行岗位职务工资和效益工资，拉开分配档次，真正做到多劳多得。

5. 培养人才，提高企业素质

市场经济条件下，企业家及职工素质是极为重要的因素。企业的竞争在很大程度上是人才的竞争，外贸企业要在竞争中取胜，提高企业经济效益，必须有一支高素质的职工队伍。打破计划经济的上级任命制，建立竞争机制，选拔优秀人才，变终身制为任期制，加强对外贸企业负责人的综合考核，实行与综合考核目标挂钩的浮动年薪制；加强政策、业务和科学技术知识的学习，经营者应当既懂政策，又精通业务，同时又有广博的科技知识。企业文化在企业管理中具有凝聚、激励效能，其核心是企业精神，是企业的无形动力。通过外贸企业文化的建立，建立适应现代企业发展的企业精神，有利于调动广大外贸企业干部职工的积极性、创造性，提高企业的凝聚力，推动企业的发展，进而提高外贸企业的经济效益。

本章小结

1. 外贸经济效益是指一定时期内投入对外贸易领域的劳动（活劳动与物化劳动）和由此取得的成

果之比，表现在宏观（社会）经济效益和微观（企业）经济效益两个方面。利用“绝对差异”和“比较差异”，通过使用价值转换，形成对外贸易社会经济效益。对外贸易企业经济效益是国内外市场的价格差减去商品流通费用。

2. 影响外贸社会经济效益的主要因素有一国劳动生产率、进出口商品结构、货币、市场机制等；影响外贸企业经济效益的主要因素有外贸企业的企业制度、外贸企业的经营制度、外贸企业的管理制度等。

3. 外贸社会经济效益的评价原则是：必须从价值角度进行评价，使用价值的评价可以归结为价值评价；要对贸易机会成本进行考察；必须借助货币、价值形式；应当进行宏观的全面评价。外贸企业经济效益评价指标体系由三部分共十五个指标构成。

4. 提高外贸社会经济效益的途径：调整和优化产业结构及进出口商品结构；建立高效的宏观调控体系，协调外贸社会效益与外贸企业经济效益的关系；加速建立和完善社会主义市场经济体制。提高外贸企业经济效益则要求转换外贸企业经营机制，大型外贸企业要走实业化、国际化和集团化道路，加速生产企业技术进步，建立科学的企业管理制度，培养人才，提高企业素质。

综合练习

一、不定项选择题

1. 在绝对差异和比较差异情况下，对外贸易双方都可以通过出口优势产品，进口劣势产品，实现（　　）。

A. 社会劳动的节约　B. 使用价值的转换　C. 实物形态的平衡　D. 国内价值的增值

2. 影响企业经济效益的主要因素有（　　）。

A. 企业制度　B. 经营制度　C. 管理制度　D. 企业法人

3. 影响外贸社会经济效益的主要因素是（　　）。

A. 比较优势　B. 进出口商品结构　C. 外贸企业管理水平

D. 价格和利率因素　E. 市场机制

4. 对外贸易经济效益是通过对外贸易活动实现的价值增值，而价值增值是通过发挥（　　）取得的。

A. 比较优势　B. 市场机制　C. 绝对优势　D. 商品质量

5. 反映企业对社会贡献的指标是（　　）。

A. 出口收汇额　B. 社会贡献率　C. 社会积累率　D. 企业贸易总额

二、简述题

1. 对外贸易经济效益是通过何种形式表现出来的？

2. 对外贸易宏观经济效益是如何形成的？

3. 对外贸易微观经济效益是怎样形成的？

4. 影响外贸宏观经济效益的因素有哪些？

5. 我国外贸宏观经济效益的评价原则是什么？

三、案例分析题

1. 山西及全国主要地区 2000—2004 年外贸企业换汇成本比较，如图 8.1 所示。

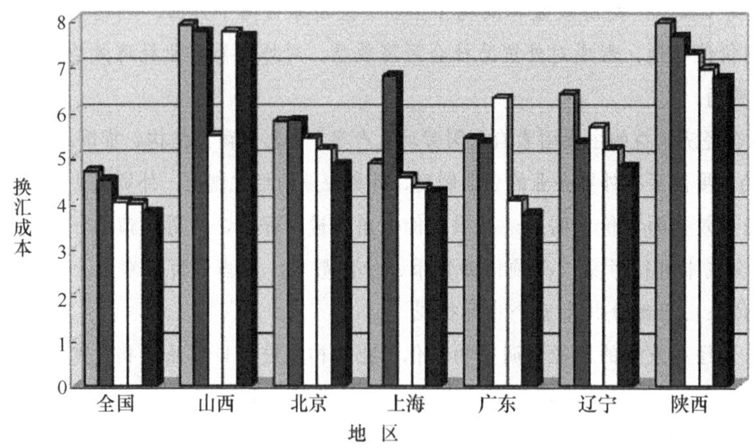

注：每组数据从左至右分别是 2000—2004 年数据。

图 8.1 2000—2004 年外贸企业换汇成本

说明：出口销售成本根据企业出口收入与出口利润的差额计算得出；换汇成本即按照每年的出口销售成本与出口值之间的比率计算得出，图中数据是全国以及各地区外贸企业的整体数据并考虑到历年的汇率变动情况，美元对人民币平均汇率逐年为 8.2784，8.2770，8.2770，8.2891，8.2901。

2. 湖北省统计局数据资料显示，2006 年，湖北省全年实现外贸进出口总额 117.38 亿美元，比上年增长 29.1%。其中：出口 62.59 亿美元，增长 40.6%；进口 54.79 亿美元，增长 18.0%。2007 年湖北省全年实现外贸进出口总额 148.58 亿美元，比上年增长 26.6%。其中：出口 81.74 亿美元，增长 30.5%；进口 66.84 亿美元，增长 22.0%。2008 年全省 1 ~ 6 月进出口 99.3 亿美元，较上年同期增长 51.8%。其中：出口 53.9 亿美元，较上年同期增长 51.2%，高出全国增幅 29.3 个百分点；进口 45.4 亿美元，较上年同期增长 52.6%。6 月当月进出口总额为 17.3 亿美元，较上年同期增长 46.0%。其中：出口 9.7 亿美元，较上年同期增长 61.0%；进口 7.6 亿美元，较上年同期增长 30.5%。

总体上看，湖北省样本企业出口换汇成本呈下降趋势，从 2006 年第 1 季度的 7.864 5 元人民币/美元下降到了 2008 年第 2 季度的 6.844 9 元人民币/美元，下降了 14.19%。根据季度平均值计算，2006 年企业总体全年出口换汇成本为 7.742 3 元人民币/美元，2007 年度为 7.193 0 元人民币/美元，2008 年度为 6.808 3 元人民币/美元，呈明显下降趋势，但不同类型企业出口换汇成本变动情况略有差别。

在经营类型上，生产型企业出口换汇成本呈现下降趋势，从 2006 年第 1 季度的 7.864 5 元人民币/美元下降到了 2008 年第 2 季度的 6.844 9 元人民币/美元，下降幅度为 12.96%。其中生产型企业出口换汇成本下降了 14.65%，外贸型企业出口换汇成本下降了 9.45%。

在企业属性上，国有企业出口换汇成本从 2006 年第 1 季度的 7.960 9 元人民币/美元下降到 2008 年第 2 季度的 6.743 1 元人民币/美元，下降了 15.30%；外商投资企业出口换汇成本从 2006 年第 1 季度的 7.777 6 元人民币/美元下降到了 2008 年第 2 季度的 7.050 9 元人民币/美元，下降了 9.34%；其他属性企业出口换汇成本从 2006 年第 1 季度的 7.596 2 元人民币/美元下降到了 2008 年第 2 季度的 6.179 2 元人民币/美元，下降了 18.65%。

在贸易方式上，一般贸易出口换汇成本从 2006 年第 1 季度的 7.873 3 元人民币/美元下降到了 2008 年第 2 季度的 6.854 9 元人民币/美元，下降了 12.93%；加工贸易出口换汇成本从 2006 年的 11.100 5 元人民币/美元下降到了 2008 年的 6.708 1 元人民币/美元，下降了 40%左右；其他属性企业出口换汇成本从 2006 年第 1 季度的 8.186 4 元人民币/美元下降到了 2008 年第 2 季度的 5.042 9 元人民币/美元，下降了 38.40%。

在出口规模上，1 亿～10 亿美元企业出口换汇成本从 2006 年第 2 季度的 7.79 元人民币/美元下降到了 2008 年第 2 季度的 7.279 5 元人民币/美元，下降了 6.55%；1 亿元以下企业出口换汇成本从 2006 年第 1 季度的 7.864 5 元人民币/美元下降到了 2008 年第 2 季度的 6.473 7 元人民币/美元，下降了 17.68%。

在企业种类上，一般制造类企业总体出口换汇成本下降 12.96%，从 2006 年第 1 季度的 7.874 3 元人民币/美元，下降到了 2008 年第 2 季度的 6.853 4 元人民币/美元。但制造业细类反映情形并不一致。中医药制造业出口换汇成本下降 32.53%左右，幅度最大。其次是有色金属加工业，出口换汇成本下降了 24.04%。制造业中出口换汇成本下降幅度最小的是专用设备制造业，仅为−1.89%。租赁和服务业出口换汇成本较一般制造业下降幅度大，为 21.98%，相当于制造业成本下降幅度的 175%左右。①

分析：通过上面两段文字，试分析影响外贸微观经济效益的因素有哪些。

① 本例文字整理自《汉论坛》2009 年第 10 期《湖北外贸企业出口换汇成本承受力研究》（关丽琳，赵涛）一文。

第九章 外贸管理

【学习要求】

通过本章的学习，明确对外贸易管理的必要性，了解各时期对外贸易管理的特点，重点掌握现行对外贸易管理的各种手段和措施。

【主要概念】

对外贸易管理　法制手段　《外贸法》　对外贸易救济措施立法　经济调节手段　对外贸易税收　浮动汇率制度　进出口信贷　行政手段　进出口许可证管理　进出口商品检验管理　海关监管

对外贸易管理是以国家法律、规章和方针政策为依据，从国家宏观经济利益和对内、对外政策的需要出发，对进出口贸易进行的指导、控制和调节。中国对外贸易管理，是通过制定有关法规，运用经济杠杆和采取必要的行政手段进行的。随着国内外形势的发展、变化，中国对外贸易管理在不同的历史时期也是发展、变化的。在社会主义市场经济条件下，需要建立一整套既符合社会主义市场经济运行机制，又符合国际贸易规范的对外贸易管理体制。

第一节　外贸管理的必要性

案例 9.1

美国决定取消中国输美耐火材料反倾销税

中新社华盛顿2013年12月12日电（记者　德永健）　美国国际贸易委员会12日做出否定终裁，决定取消中国输美耐火材料的反倾销税。美国国际贸易委员会当日发布公告，宣布6名委员以全票的表决结果，终裁中国输美硅砖未对美相关产业造成实质性损害或威胁。

根据美国贸易救济案处理程序，美国国际贸易委员会做出否定终裁后，美国商务部据此不得向海关签发命令，对中国输美硅砖征收反倾销税。

硅砖系酸性耐火材料，主要用于砌筑炼焦炉、炼铁炉、玻璃窑等高温熔炉。美国商务部的统计数据显示，2012年中国输美硅砖总值约为2 570万美元。

2012年11月，美国犹他州一家耐火材料公司提出申诉，宣称中国企业在美倾销，要求发起反倾销调查，当时提出的倾销幅度高达118.47%～290.12%。

近年美国取消中国输美产品的“双反”关税较为罕见。去年4月，美国国际贸易委员会曾以全票的表决结果，决定取消中国输美钢制车轮的反倾销和反补贴“双反”关税。

今年9月，美国国际贸易委员会以4∶2的表决结果，决定取消中国、印度、马来西亚、越南、厄瓜多尔5国输美冰冻温水虾的反补贴税。

今年11月，美国商务部做出肯定终裁，拟对中国输美硅砖征收63.81%～73.10%的反倾销税，其后美国海关开始对涉案中国企业征收反倾销税押金，但只有美国国际贸易委员会做出肯定终裁，才能对中国企业正式开征反倾销税。

针对美国发起的贸易救济行动，中国商务部多次强调，希望美方调查机关采取审慎态度，严格遵守世贸组织规则和有关贸易救济法规，客观公正开展案件调查，避免贸易救济调查沦为贸易保护主义的工具。

本月3日，中国正式通过世贸组织争端解决机制，起诉美国商务部过去数年对中国产品发起的13起反倾销措施，涵盖太阳能电池、油井管、暖水虾等产品，涉案金额达84亿美元。

中国商务部指出，美方在反倾销过程中存在一系列不符合世贸规则的做法，给中国企业造成巨大困扰，干扰了中美正常贸易，为此中方希望通过世贸组织争端解决机制下的磋商，美方能及时纠正错误做法，为国际贸易创造良好环境。

中国新闻网《美国决定取消中国输美耐火材料反倾销税》电文：http://www.chinanews.com/gj/2013/12-13/5614146.shtml

点评：中国政府为了维护本国对美外贸经济利益，通过世贸组织争端解决机制，起诉美国反倾销措施，是冲破贸易保护主义所采取的必要的管理措施。

实行对外贸易管理是当代国际贸易中的普遍现象。世界各国为了维护本国的政治、经济利益，发展对外经贸关系，都采取一系列措施来管理本国的对外贸易活动。我国的一切对外贸易活动由国家统一领导、控制和调节，这不仅在新中国成立初期到改革开放之前很有必要，而且在改革开放后，特别是实行社会主义市场经济的条件下，仍然具有不可忽视的重要意义。其必要性主要表现在以下几方面。

一、弥补市场调节机制的不足

建立完善的市场机制和进行必要的国家宏观管理，都是社会主义市场经济体制的重要组成部分，两者是相互结合，相辅相成，缺一不可的。既要注重市场在资源配置中的基础性作用，又要看到市场存在的自发性、盲目性、滞后性等不足。因此，必须加强社会主义国家对市场活动的宏观指导和调控，以弥补市场调节的弱点和不足。我们所要建立的社会主义市场机制是把有效的市场机制和有效的宏观管理结合起来的新的经济机制。国家要成为市场经济的管理者和市场秩序的维护者，主要用经济手段、法律手段，辅之以必要的行政手段控制经济总量，协调经济布局，保证公平竞争。尤其我国经济体制改革还在继续进行，向市场经济过渡需要有一个转轨的过程。在这个过程中，新的经济体制正在建立和逐步完善中，各方面措施也不配套。这就会出现经济体制过渡时期不能有效调节的真空地带。在体制转轨中，迫切需要进行一系列相应的体制改革和政策调整，必然涉及经济基础和上层建筑的许多领域，需要从总体上协调好各方面的利益关系。因此，必须十分重视和加强国家的宏观管理和调控。

二、保证对外贸易体制改革的顺利进行

当前，随着中国对外开放的扩大和外贸体制改革的深化，中国对外经济贸易迅速发展，规模扩大，渠道增多，方式多样，层次不同，越来越多的企业参与到外贸活动中来。这一方面有助于中国外向型经济的发展；但另一方面，由于中国各项改革措施不配套，规章制度还不健全，对外贸易的宏观管理还比较薄弱，因此必然要求加强对外贸易的宏观调控和管理，以协调各方面利益，保证对外贸易的健康发展。

三、保证国家对外贸易方针政策的贯彻执行

对外贸易管理是保证中国对外贸易方针政策顺利实行的重要手段。它通过各项具体的管理规定和所采取的管理措施，保证国家发展对外贸易的任务、目的和方向的实现，并通过对进出口贸易有关活动的管理和对经营单位、经营商品的控制，在引导对外贸易企业进行有效经营、促进进出口商品结构的合理调整、保证外汇收支平衡，以及有组织地发展和扩大同世界其他国家和地区的经济贸易关系，协调和保证双边和多边贸易协议义务的履行等方面，具体贯彻国家的对外贸易政策。

四、保证对外贸易健康有序发展

对外贸易涉及国内和国际两个市场，无论是出口还是进口，都有一个考虑国内和国际市场供求情况的问题。如果某种商品国际市场已经饱和，大量出口不仅把价钱压下来，而且还会造成积压，带来经济损失。某些商品的进口，如果冲击了国内生产和市场的安排，就会影响到国内经济的发展。因此，为从宏观上把握和调节进出口商品的总体数量和市场流向，避免贸易失衡和出现经济运行失调，国家必须加强对外贸易管理。

五、保证对外贸易获得最佳经济效益

加强对外贸易管理，国家可以从宏观上把握和控制进出口商品的总体数量和市场流向，合理调节和控制进出口贸易的速度及规模，保证对外贸易战略的贯彻实施，实现出口产业结构和进出口商品结构的调整及优化，从而保证我国国别地区政策的顺利执行，以及各地区引进技术、利用外资的协调发展。加强对外贸易的管理，有利于引导外贸企业进行有效经营，保证进出口贸易平衡、外汇收支平衡，确保对外贸易获得最佳经济效益，促进社会主义市场经济的发展。

六、保证在竞争激烈的国际市场上处于有利地位

对外贸易涉及国内外两个不同市场的特点，决定了政府在激烈的国际竞争中必须加强宏观管理。中国建立社会主义市场经济，必须要依靠国内外两个市场、两种资源，来促进国民经济的发展，实现社会主义现代化的目标。在世界经济舞台上，中国面临着风云变幻的国际政治经济形势、世界经济区域集团化趋势的发展、贸易保护主义的日趋加剧以及排他性倾向的加强和激烈的国际竞争。为了在严峻的国际政治经济形势下维护国家的政治独立和经济利益，有效地对付国际垄断势力和冲破

【课堂讨论 9.1】

在改革开放和市场经济条件下，为什么还要加强外贸管理？

贸易保护主义和区域集团排他性的限制，争取对等和公平的竞争条件，保证对外贸易的迅速发展，必须要加强对对外贸易的宏观管理和调控。

第二节　外贸的立法管理

案例 9.2

世贸组织结束对华贸易政策审议

据新华网日内瓦2014年7月3日电（记者刘美辰　顾敦禹）　世界贸易组织对中国的第五次贸易政策审议7月3日在日内瓦结束，世贸组织成员高度关注中国新一届领导集体在深化改革、扩大开放方面的新举措，关注中国经贸发展和相关政策及其对世界经济的影响，并肯定了中国在世界经济和多边贸易体制中的重要地位和作用。

世贸组织贸易政策审议机构主席玛丽亚姆·萨利赫当天在审议总结发言中说："此次审议为我们提供了更好地了解中国贸易和投资政策的绝佳机会。"

她说，此次审议"非常成功"，世贸成员肯定了国际金融危机爆发后中国经济增长在推动全球经济复苏方面发挥的重要作用，并赞扬了中国坚定推进改革的决心，世贸成员在中国法律法规和政策落实的一致性、政府和市场关系、支持政策、透明度等方面提出了各自关切和建议。

萨利赫同时指出，世贸成员赞扬了中国在推进贸易便利化方面做出的努力，并相信中国在推动达成"后巴厘工作计划"方面将继续发挥积极作用。

王受文表示，中国坚定认为多边贸易体制在实现贸易和投资自由化方面发挥着最主要作用，加强多边贸易体制符合各成员利益，中国将继续积极参加多边贸易谈判，承担与自身发展水平相称的责任，并期望与各成员一道努力，顺利落实巴厘一揽子协定，成功制定"后巴厘工作计划"，最终完成多哈回合谈判进程，推动多边贸易体制向更加平衡和发展导向的方向发展。

新华社电《世贸组织顺利结束对华第五次贸易政策审议》原文：http://news.xinhuanet.com/world/2014-07/04/c_1111449670.htm

世贸组织结束对中国法律法规和政策的审议，肯定了中国在外贸立法管理方面取得了重大成就。如何让法律手段在外贸管理中更好地发挥作用，这是我们应特别关注的一个重大问题。

点评：世贸组织贸易政策审议制度是世贸组织永久机制之一，所有成员均定期接受审议，贸易额排名前四位的成员则每两年被审议一次。对中国贸易政策的前四次审议分别于2006年、2008年、2010年和2012年进行，目的是增加中国贸易政策的透明度，加深其他成员对中国政策和做法的理解，并以此来鼓励中国及其他成员遵守世贸组织规则并信守相关承诺。

中国对外贸易管理的基础手段是法律手段，包括《中华人民共和国对外贸易法》以及对外贸易经营管理、进出口管理、商品检验管理、海关管理、外汇管理等方面的立法。

一、外贸管理的法制手段概述

法制手段是指在对外贸易中借助法律规范的作用对进出口活动施加影响的一种强制性手段。它的调节作用主要体现在两个方面：一是通过经济立法使经济活动有法可依，保证经济活动的规范化；二是通过经济司法保护合法行为，惩治违法行为，维护良好的社会经济秩序，促进社会主义市场经济健康发展。它具有权威性、统一性、严肃性、规范性的特点。在社会主义市场经济条件下，应该逐步做到主要通过规范的经济法律法规而不是随意的行政干预对经济进行宏观调控。这样既可以达到规范市场运行和市场主体行为的目的，又可以避免或尽量减少因政府的任意干预而造成市场效率损失。中国外贸体制改革的目标是建立既适应社会主义市场经济要求，又符合国际贸易规范的新型外贸经营管理体制。这就要求中国必须建立完善的外贸法律调控机制，使法律手段成为中国进行外贸管理的基础手段。

（一）中国外贸法制手段的建立和发展

1. 1949—1977 年

1950—1956 年我国先后颁布了《对外贸易管理暂行条例》等 30 多项法律法规，涉及进出口、海关、商检、外汇、仲裁等各个方面，初步形成了新中国的对外贸易法律体系。1957—1977 年，由于国家外贸计划和行政命令对控制外贸活动起着主导作用，并行使了带有法律性质的职能，再加上“文革”十年动乱对外贸管理制度的冲击和破坏，使我国外贸立法受到严重影响，法律手段在外贸管理中的作用被大大削弱。

2. 1978—1991 年

1978—1991 年，国家颁布的主要外贸法律法规有《涉外经济合同法》《海关法》《进出口商品检验法》《技术引进合同管理条例》《进口货物许可制度暂行条例》《出口货物原产地规则》《一般商品进口配额管理暂行办法》等。这一时期围绕恢复和新建的对外贸易行政管理手段颁布了一系列相应的法规；规范市场主体和市场行为的新法规数量明显增加；除了进一步完善货物贸易立法之外，还相继颁布了技术贸易、服务贸易等多项法规。但这些法规、规章过于分散，缺乏系统性，缺乏透明度，在很多方面仍带有计划经济体制以行政手段管理为主的色彩。

3. 1992—2000 年

1992—2000 年，国家先后制定和颁布的外经贸法律、法规共 700 多项，包括《对外贸易法》《合同法》《公司法》《票据法》《仲裁法》《海商法》《进口商品经营管理暂行办法》《出口商品管理暂行办法》《反倾销和反补贴条例》《技术引进和设备管理规定》《外资金融机构管理条例》等。这一时期初步建立了符合社会主义市场经济要求的立法体系，法律法规体系和程序规范更加符合市场经济的一般规律，更加注意与国际经济条约、规则和惯例相衔接。另外，在立法数量、范围、内容、等级和水平方面，都是过去所不能比拟的。随着外贸立法的不断完善，外贸宏观调控正从行政直接控制为主转向运用经济和法律手段调节为主的轨道。

4. 2001 年入世后至今

中国在《中华人民共和国加入议定书》中承诺：“将通过修改现行法规和制定新法的方式，全面履行世贸组织协定的义务。”因此，入世前后，中国针对外贸法制建设制定了详细的废、改、立计划，并确定了各项计划完成的具体时间表。

1）外经贸法律法规清理工作基本完成

中国根据世贸组织的要求，在法制统一、非歧视和公开透明的原则下，对与世贸组织规则和中国对外承诺不一致的法律、行政法规、部门规章和其他政策措施进行了全面清理。清理行政法规 2 300 多件，其中废止了 830 件，修订了 325 件，其中外经贸部门废止部门规章 356 件及内部文件 178 件，涉及货物贸易、技术贸易、服务贸易、知识产权及投资等诸多方面；废止或停止生效 19 万多件地方性法规、地方政府规章和其他政策措施，实现了地方性规章与国家法律法规相一致，确保了在全国实行统一的外经贸法律制度。

2）抓紧进行外经贸法律法规的修改和制定

中国各级立法机构在对有关外经贸法律法规进行全面清理的基础上，抓紧进行法律、行政法规和规章的修改和制定工作，涉及货物贸易、技术贸易、服务贸易、知识产权保护、海关、外汇、进出口商品检验等众多方面。如对《中外合资经营企业法》《中外合作经营企业法》《外资企业法》《商标法》《著作权法》以及《专利法》这 6 部法律进行了修改，这些法律主要涉及利用外资和知识产权保护的内容，与入世的法律衔接关系最为密切。

同时，还修改和新制定了一系列的法规和规章，其中涉及货物贸易的有《货物进出口管理条例》《出口许可证管理规定》《进口许可证管理办法》《出口商品配额管理办法》《反倾销条例》《反补贴条例》《保障措施条例》等；涉及技术贸易的有《技术进出口管理条例》《禁止、限制进口技术管理办法》《禁止、限制出口技术管理办法》等；涉及服务贸易的有《外资金融机构管理条例》《外商投资保险公司管理条例》《外商投资电信企业管理规定》《外国律师事务所驻华代表机构管理条例》《旅行社管理条例》《国际海运条例》等；涉及知识产权保护的有《计算机软件保护条例》《植物新品种保护条例》等。

3）进一步提高外经贸立法的透明度

凡涉及货物贸易、服务贸易、与贸易有关的知识产权保护以及与贸易有关的投资措施的法律、法规、规章，中国均在指定的官方刊物上公布，任何世界贸易组织成员、企业及个人都能从该刊物上了解中国法律法规的最新进展。同时，中国还设立了“中国政府世贸组织通报咨询局”和世贸组织“实施卫生与植物卫生措施协定”与“技术性贸易协定”两个国家咨询点，向世界贸易组织及其成员通报中国相关法律、法规和具体措施。2002 年 1 月，中国政府世界贸易组织咨询点正式向各界提供咨询服务，内容涵盖中国所有有关或影响货物贸易、服务贸易和与贸易有关的知识产权或外汇管制的法律、法规和其他措施的信息。

（二）中国对外经济贸易法律体系及立法渊源

1. 中国对外经济贸易法律体系

对外经济贸易法的法律规范体现在一国涉外经济贸易的国内立法及其正式参加或缔结的双边、多边国际经济贸易公约、条约、协定。中国的涉外经济贸易法律体系主要由以下几个部分组成。

（1）《宪法》《民法通则》中有关涉及经济贸易的原则规定。

（2）对外经济贸易的基本法，如《中华人民共和国涉外经济合同法》《中华人民共和国对外贸易法》《中华人民共和国海关法》《中华人民共和国进出口商品检验法》等。

（3）有关对外经济贸易的各种专门性法律、法规，如《中华人民共和国对外合作开采海洋石油资源条例》《出口商品管理暂行办法》等。

（4）既是国内经济法，又是对外经济贸易法的法律、法规，如《产品质量法》等。

（5）地方对外经济贸易法规，其中有综合性的，如《深圳经济特区涉外经济合同规定》，也有单项的，如《上海浦东外高桥保税区外汇管理实施细则》等。

（6）中国参加缔结的国际经济贸易条约、公约、双边或多边协定。这些条约与协定主要有以下几类：商务条约或通商航海条约；贸易协定、支付协定和贸易支付协定；交货共同条件、协议书；贷款协定、经济援助协定、经济技术合作协定或有关的协定或换文；关于专门问题的协定、协议书或换文；中国参加的国际经济贸易公约，如《联合国国际货物销售合同公约》《保护工业产权巴黎公约》《国际运输公约》《国际商事仲裁和司法协助公约》等。

2. 中国对外经济贸易法的渊源

中国涉外经济贸易法的渊源有两个：一个是国内渊源，主要是指国内立法；另一个是国际渊源，主要是指国际条约和国际惯例。国内立法主要是全国人民代表大会及其常务委员会制定和颁布的法律，以及国务院及其职能部门依法制定的各项法规，其中尤以行政法规占主要地位。国际渊源主要包括国际立法、国际组织决议、各国缔结的双边或多边条约、国际惯例。中国缔结和参加的有关国际贸易的条约、协议，中国承认和接受的国际贸易惯例，这些也是中国对外贸易法规的渊源。

二、《中华人民共和国对外贸易法》概述

《中华人民共和国对外贸易法》（以下简称《外贸法》）于 1994 年 5 月 12 日八届人大常委会七次会议审议通过，并于 1994 年 7 月 1 日正式实施。十届全国人大常委会第八次会议于 2004 年 4 月 6 日通过外贸法修订草案，修订后的《外贸法》于 2004 年 7 月 1 日起施行。《外贸法》所确立的中国对外贸易基本制度和原则，为有关对外贸易条例、规章的制定和完善，为对外贸易的经营与管理提供了必要的法律依据。这表明中国对外贸易立法体系已日趋成熟，也标志着中国对外贸易已开始全面纳入法制管理的轨道。

（一）《外贸法》的立法宗旨

制定外贸法的目的是“为了扩大对外开放，发展对外贸易，维护对外贸易秩序，保护对外贸易经营，促进社会主义市场经济的健康发展”。

（二）《外贸法》的基本框架和主要内容

新《外贸法》由 11 章 70 条组成，包括总则、货物进出口与技术进出口、国际服务贸易、与对外贸易有关的知识产权保护、对外贸易秩序、对外贸易调查、对外贸易救济、对外贸易促进、法律责任和附则。《外贸法》主要规定了中国对外贸易的基本方针、基本政策、基本制度和基本贸易行为（具体见表 9.1）。

表 9.1 《外贸法》的主要内容

序 号	标 题	主要内容
第一章（7 条）	总则	立法宗旨 对外贸易制度的基本特征 对外贸易的基本原则 调整的法律关系的范围
第二章（6 条）	对外贸易经营者	对外贸易经营者的主体资格 对外贸易经营者的权利与义务

续表

序　号	标　题	主 要 内 容
第三章（10 条）	货物进出口与技术进出口	货物与技术进出口原则 货物与技术进出口管理制度与方式 限制或禁止进出口货物与技术的范围
第四章（5 条）	国际服务贸易	发展国际服务贸易的原则 限制或禁止国际服务贸易的范围 国际服务贸易的管理制度与措施
第五章（3 条）	与对外贸易有关的知识产权保护	对实施贸易措施，防止侵犯知识产权的货物进出口和知识产权权利人滥用权利，促进我国知识产权在国外的保护做了规定
第六章（5 条）	对外贸易秩序	对外贸易主体在经营活动中的行为规范
第七章（3 条）	对外贸易调查	对外贸易调查的范围 对外贸易调查的程序
第八章（11 条）	对外贸易救济	对反倾销、反补贴、保障措施等贸易救济制度做了较系统的规定
第九章（9 条）	对外贸易促进	对外贸易促进措施 对外贸易促进组织及其行为规范 扶持和促进中小企业开展对外贸易 扶持和促进民族自治地方和经济不发达地区发展对外贸易
第十章（7 条）	法律责任	规定通过刑事处罚、行政处罚和从业禁止等多种手段，对对外贸易违法行为以及对外贸易中侵犯知识产权行为进行处罚
第十一章（4 条）	附则	明确特殊商品进出口管理按另行规定 边境贸易灵活优惠的特殊原则 对单独关税区的非适用性 该法的生效日期

（三）《外贸法》的基本原则

《外贸法》的基本原则是对外贸易法确定的法律规范和法律制度的基础，贯穿于对外贸易立法、执法、守法过程中。

1. 实行全国统一的对外贸易制度的原则

统一的对外贸易制度，是指由中央政府统一制定、在全国范围内统一实施的制度。中国实施统一的对外贸易制度，不仅对于维护国家在对外贸易方面的整体利益和处理国与国之间的外贸关系具有十分重要的意义，而且可以保证我国履行国际条约、协定的义务，为对外贸易发展创造一个良好的外部环境。

2. 维护公平的、自由的对外贸易秩序的原则

国家维护公平的、自由的对外贸易秩序，是指国家在法律上为外贸企业提供平等、自由的竞争环境，维护企业独立自主的经营地位，保障公平的进出口秩序，使外贸企业享受法律上的平等待遇，并要求外贸企业依法经营。统一管理下的公平与自由，是建立在法律规定所允许的范围之内的公平与自由。为此，《外贸法》第六章和第八章就维护对外贸易秩序做了专门规定。从对内方面来看，主要对对外贸易经营者规定了若干重要的行为准则。从对外方面来看，主要针对外国的倾销、补贴等不正当竞争行为做出相应的规定。

3. 货物与技术自由进出口原则

货物与技术贸易是中国对外贸易的重要组成部分。中国对于货物、技术的进出口，实行

在一定必要限度管理下的自由进出口制度，具体是指国家在保证进出口贸易不对国家安全和各项社会公共利益产生损害前提下的自由；而当国家法律所规定的某些不良倾向出现时，则对进出口贸易实施必要的限制或禁止。依据国际贸易通行规则，在确立货物与技术自由进出口原则的同时，还借鉴国际上的通行做法，采取关贸总协定所允许的外贸管理措施，即采用配额、许可证进行管理，明确公布国家限制和禁止进出口的法定范围和程序。

4. 发展国际服务贸易的原则

国际服务贸易是国际贸易不可分割的部分。改革开放以后，中国服务贸易虽然取得了长足进展，但同发达国家相比差距还很大。如果盲目开放服务贸易领域将会给社会、就业等带来严重影响。因此，《服务贸易总协定》实施的是允许逐步开放服务业市场的原则，即将缔约国承担的义务分为一般性义务和具体承诺的义务。《外贸法》确定了中国根据缔结或参加的国际条约、协定所做的承诺发展国际服务贸易的原则，一方面给予其他缔约方或参加方市场准入和国民待遇；另一方面列举了国家限制和禁止国际服务贸易的范围。

5. 平等互利、互惠对等的多边、双边贸易关系原则

中国根据平等互利的原则，促进和发展同其他国家和地区的贸易关系，缔结或者参加关税同盟协定、自由贸易区协定等区域经济贸易协定，参加区域经济组织。中国在对外贸易方面根据所缔结或参加的国际条约、协定，给予其他缔约方、参加方最惠国待遇、国民待遇等待遇，或者根据互惠、对等原则给予对方最惠国待遇、国民待遇等待遇。

6. 对外贸易促进原则

《外贸法》第九章就对外贸易促进措施的内容、实施主体及其行为规范等做了规定。

1）对外贸易促进措施

第一，国家制定对外贸易发展战略，建立和完善对外贸易促进机制。

第二，国家根据对外贸易发展的需要，建立和完善为对外贸易服务的金融机构，设立对外贸易发展基金、风险基金。

第三，国家通过进出口信贷、出口信用保险、出口退税及其他促进对外贸易的方式，发展对外贸易。

第四，国家建立对外贸易公共信息服务体系，向对外贸易经营者和其他社会公众提供信息服务。

第五，国家采取措施鼓励对外贸易经营者开拓国际市场，采取对外投资、对外工程承包和对外劳务合作等多种形式，发展对外贸易。

2）贸易促进主体及其行为规范

第一，对外贸易经营者可以依法成立和参加有关协会、商会。有关协会、商会应当遵守法律、行政法规，按照章程对其成员提供与对外贸易有关的生产、营销、信息、培训等方面的服务，开展对外贸易促进活动。

第二，中国国际贸易促进组织按照章程开展对外联系，举办展览，提供信息、咨询服务和其他对外贸易促进活动。

第三，国家扶持和促进中小企业开展对外贸易。

第四，国家扶持和促进民族自治地方和经济不发达地区发展对外贸易。

【课堂讨论 9.2】

《外贸法》是怎样规定中国外贸的基本方针、基本政策、基本制度和基本行为的？

三、外贸其他各项立法

除《外贸法》这一基本大法外，中国关于对外货物贸易、技术贸易、服务贸易管理的各种手段、各个环节、各个方面都制定和颁布了具体的法规和条例。

1. 对外贸易经营管理立法

《外贸法》明确规定，中国对外贸易实行经营许可制度，即从事货物与技术进出口的对外贸易经营者必须具备有关条件，经国务院对外经济贸易主管部门许可，方可从事对外经济贸易活动。改革开放后，随着对外贸易经营权的不断下放，中国先后颁布了一系列有关对外贸易经营许可的法律、法规。如《国务院关于审批设立外贸公司有关问题的批文》《关于设立外贸公司的条件和审批程序的暂行办法》《关于赋予科研院所科技产品进出口经营权暂行办法》《关于赋予商业、物资企业进出口经营权有关问题的通知》《经济特区生产企业自营进出口权自动登记暂行办法》《关于赋予私营生产企业和科研院所自营进出口权的暂行规定》《中华人民共和国外资企业法》《中华人民共和国中外合资经营企业法》《中华人民共和国中外合作经营企业法》以及设立上海自由贸易区，探索准入前国民待遇加负面清单的管理模式等。这些法律、法规对赋予不同类型企业进出口经营权的原则、条件、申报审批程序，权利与义务以及奖惩都做了明确规定。

此外，1988 年外经贸部还制定了在国外设立贸易机构的审批管理办法，使中国企业面向世界开拓经营有章可循，促进了外贸企业向国际化方向发展。我国“入世”后，对上述各项法规已经或正在进行修订。

案例 9.3

中国出台审查外资并购新规引热议

据2011年2月16日《环球时报》报道　中国国务院办公厅12日发布通知称，将建立外国投资者并购境内企业安全审查部际联席会议制度，对外资在中国境内并购企业进行相应审查。消息一出，立即引起外媒热议。有的国外媒体认为，这是中国对外资设置的一道“门槛”，有的认为，中国开始重视对外资的投资进行监督。也有分析人士认为，中国是借鉴了美国和澳大利亚等国的做法，并非在设置障碍。

根据中国国务院的决定，这项安全审查制度将具体承担并购安全审查工作。中国政府计划为此设立一个部级机构，该机构将由发改委和商务部领导。按照目前的计划，中国在3月之后将依据这项新制度对中国境内包括军工企业等与国防相关的企业与外资并购时进行严格的审核。此外，涉及农产品、能源、自然资源、基础设施以及交通服务业的产业机构也在被审查范围之内。

其实，早在2008年《反垄断法》实施后，中国便提出将建立一个部级联席委员会，以审查外资并购中的国家安全问题。审查机构类似于由12个部门组成的美国外国投资审查委员会。法国的经济日报《论坛报》网站刊登评论称，这一法律说明中国开始重视对外资投资的控制和监督。

彭博社12日引述上海一家律师事务所的人士的话说：“外资在中国的并购行为今后可能会常常受到这个新机构的审查，并会以威胁国家安全的理由遭到拒绝，这样的结果是国际投资者不想看到的。”法新社12日也报道称，中国称此举是“旨在维护国家安全”，但“这样会遏制一些外国集团的雄心”。

但路透社的分析认为，中国这样做是为了回击中国过去几年在海外收购其他国家企业时，被以“有损国家安全”为由遭拒的事例。2005年，中

环球网《中国审查外资并购引热议 外企担心遭遇投资门槛》全文：
http://finance.huanqiu.com/roll/2011-02/1500138.html

海油试图以185亿美元收购加州联合石油公司，被美国参议院以“有损国家利益”为由叫停。中国在澳大利亚的能源类企业并购案中也常常遇阻。

分析人士称，无论外商乐不乐意接受中国政府的这项并购审查新制度，中国都不会太担心从此吸引不到外资。中国目前是世界第二大经济体，并保持着两位数的经济增长速度，去年吸引了1 050亿美元的外国直接投资，同比增长17.4%。彭博社的分析也说，新兴市场依旧是国际投资者热衷关注和投入的领域。在巴西、俄罗斯、印度和中国这“金砖四国”，去年的并购总量就激增80%，占全球2.23万亿美元并购额的22%。

点评：中国审查制度的推出主要出于两方面考虑，一个是国家安全问题，另一个是市场垄断问题。国外其实很早就建立了审查制度，我们的企业在投资或兼并国外企业时屡屡因通不过审查而碰壁。现在我们也建立审查制度，其实是与国际接轨，是为了公平竞争。

2. 货物进出口管理立法

《货物进出口管理条例》及其配套规章构成了中国货物进出口管理的主要法律依据。《货物进出口管理条例》(以下简称《条例》)于2001年12月31日由国务院制定发布。《条例》是《外贸法》关于货物进出口规定的实施细则，共8章77条。

《条例》涉及的主要内容有：国家对货物进出口实行统一的管理制度；国家准许货物的自由进出口，依法维护公平有序的货物进出口贸易，除法律、行政法规明确禁止或者限制进出口的货物外；属于禁止进口的货物不得进口；国家规定有数量限制的限制进口货物，实行配额管理，其他限制进口货物实行许可证管理，进口属于自由进口的货物不受限制；属于关税配额内进口的货物，按照配额内税率缴纳关税，属于关税配额外进口的货物，按照配额外税率缴纳关税。

国家对部分进出口货物实行国营贸易，实行国营贸易管理的货物，国家允许非国营贸易企业从事部分数量的进出口；国务院外经贸主管部门基于维护进出口经营秩序的需要，可以在一定期限内对部分货物实行指定经营管理。条例规定，国家采取出口保险、出口信贷、出口退税、设立外贸发展基金等措施，促进对外贸易发展。

与此同时，为了配合该条例的实施，国务院有关部委相继颁布了新的配套部门规章，如《出口许可证管理规定》《货物进口许可证管理办法》《货物自动进口许可管理办法》《出口商品配额管理办法》《原油、成品油、化肥国营贸易进口经营管理试行办法》《货物进口指定经营管理办法》等。

3. 进出口商品检验管理立法

进出口商品检验制度是实行对外贸易管理的主要手段之一，为规范进出口商品检验管理，中国颁布了《货物进出口管理条例》及其配套规章。《进出口商品检验法》(以下简称《商检法》)于1989年颁布，2002年进行了修订，是规范进出口商品检验活动的基本法。现行《商检法》共有6章41条，包括总则、进口商品的检验、出口商品的检验、监督管理、法律责任和附则。《商检法》对进出口商品检验体制、商检主体及其行为规范、商检原则、商检分类、商检内容、商检依据、商检监管制度、进口商品检验和出口商品检验管理、商检工作人员的法律责任、违法行为及其处罚等，都做出了明确的规定。

《商检法》的配套法规主要包括《进出口商品检验法实施条例》《进出境动植物检疫法》《进出境动植物检疫法实施条例》《边境贸易进出口商品检验管理办法》《进出境集装箱检验检

疫管理办法》《出入境检验检疫报验规定》《进口汽车检验管理办法》《出口煤炭检验管理办法》《进出口商品复验办法》《出入境检验检疫标志管理办法》《强制性产品认证管理规定》等。此外，中国颁布的其他部门的法律法规也涉及了进出口商品检验管理的有关内容。

4. 海关管理立法

海关管理是货物进出口管理的重要环节。为了加强海关监管，建立健全海关稽查制度，中国已建立了较为完整的海关法律体系。1987 年颁布并于 2000 年修订的《海关法》是海关一切职能行为的基本规范，共有 9 章 102 条，涉及的主要内容有海关的性质、任务、基本权力、监管对象，海关组织领导体制、职责权限、海关及其工作人员的行为规范，海关对进出境运输工具、货物、物品的监管，海关对关税征收监管，海关统计，海关缉私，海关事务担保，海关行政复议、行政诉讼程序等。

除了《海关法》外，还根据海关监管、征税、查私、统计等基本职能颁布了相应的配套法规，如《进出口关税条例》《知识产权海关保护条例》《海关对中国籍旅客进出境行李物品的管理规定》《海关稽查条例》《保税区海关监管办法》《海关对报关员的管理规定》《海关对企业实施分类管理办法》《货物进出口管理条例》《海关审定加工贸易进口货物完税价格办法》《海关加工贸易单耗管理办法》《海关审定进出口货物完税价格办法》《海关对报关单位注册登记管理规定》等。同时中国《刑法》《刑事诉讼法》《行政复议法》《行政处罚法》《行政诉讼法》等，对《海关法》的执行均发生影响。

此外，我国政府缔结或参加的国际海关组织及相关条约、协议也是中国海关立法体系的组成部分，如《关于建立海关合作理事会的公约》《关于协调商品名称及编码制度国际公约》（简称“HS 公约”）、《关于货物凭 ATA 报关单证册暂准进口海关公约》《关于简化和协调海关业务制度国际公约》（简称《京都公约》）、《海关暂准进口公约》《关于在展览会、交易会、会议等事项中便利展出和需用货物进口海关公约》等。

5. 外汇管理立法

外汇管理是货物进出口管理的主要组成部分，我国外汇管理的主要法律依据是《外汇管理条例》。2008 年 8 月 5 日，国务院正式对外签发新《外汇管理条例》（以下简称《条例》）。该条例对 1986 年 1 月 29 日发布和 1997 年 1 月 14 日修订的原《外汇管理条例》进行了全面修订。

现行《条例》共有 8 章 54 条，包括总则、经常项目外汇管理、资本项目外汇管理、金融机构外汇业务管理、人民币汇率和外汇市场管理、监督管理、法律责任和附则。《条例》作为外汇管理的基本行政法规，主要规定了中国外汇管理的基本原则与制度，涉及的主要内容有《条例》的立法目的、外汇管理机关、外汇管理原则、经常项目外汇收支管理规定、资本项目外汇管理规定、金融机构外汇业务管理规定、人民币汇率和外汇市场管理规定、监督管理、法律责任等。

《条例》是目前中国外汇管理最高层次的行政法规，不可能包罗一切外汇收支活动细则，因此，中国还颁布了一系列规范外汇管理某些业务的其他法规、规章和规范性文件。其中涉及贸易外汇管理的主要有《出口收汇核销管理办法》《出口收汇核销管理办法实施细则》《关于调整出口收汇核销和外汇账户管理政策的通知》《出口收汇核销管理操作规程》《贸易进口付汇核销监管暂行办法》《关于完善售付汇管理的通知》《贸易进口付汇核销管理操作规程》《外汇指定银行办理结汇、售汇业务管理暂行办法》《进出口收付汇逾期未核销行为处理暂行办法》《境内机构经常项目外汇账户管理操作规程》《关于进一步加强加工贸易深加工结转售付汇及核销管理有关问题的通知》《关于调整经常项目外汇管理政策的通知》等。

6. 技术进出口管理立法

中国技术贸易管理立法由技术进出口管理的法律、法规和规章，保护知识产权的法律、法规和规章构成。改革开放以来，在技术进出口管理方面我国公布过三个行政法规，即《技术引进合同管理条例》,《技术引进合同管理条例施行细则》，以及《技术出口管理暂行办法》。入世后，根据《外贸法》以及《与贸易有关的知识产权协议》的有关规定，国务院于 2001 年 12 月 10 日颁布了统一的技术进出口管理法规《技术进出口管理条例》(以下简称《条例》)。

《条例》共分 5 章 55 条，包括总则、技术进口管理、技术出口管理、法律责任及附则。《条例》主要内容有：国家对技术进出口实行统一的管理制度；技术进出口具体形式包括专利权转让、专利申请权转让、专利实施许可、技术秘密转让、技术服务和其他方式的技术转移等；技术进出口管理分禁止进出口技术、限制进出口技术和自由进出口技术三类，并实行目录管理；技术进出口合同自技术进出口许可证颁发之日起生效或自依法成立时生效，不以登记为合同生效的依据。

为更好地贯彻落实《条例》，还相应颁布了《禁止进口、限制进口技术管理办法》《禁止出口、限制出口技术管理办法》《技术进出口合同登记管理办法》三个部门规章，随后又公布《禁止进口限制进口技术目录》和《禁止出口限制出口技术目录》。2001 年，为加强管理、鼓励软件出口，还颁布了《软件出口管理和统计办法》。

知识产权保护方面的法律法规也是我国技术贸易管理的重要组成部分，现有的知识产权保护法律体系主要由法律、行政法规和部门规章三个部分组成。

其中，主要法律包括《商标法》《专利法》和《著作权法》，2000 年和 2001 年，根据入世要求相继对这三部法律进行了修改。

专门行政法规包括《商标法实施条例》(2002 年)、《专利法实施细则》(2001 年施行，2002 年和 2010 年修订)、《著作权法实施条例》(2002 年施行，2011 年和 2013 年修订)、《知识产权海关保护条例》(2003 年施行，2010 年修订)、《计算机软件保护条例》(2002 年)、《集成电路布图设计保护条例》(2001 年)、《植物新品种保护条例》(1997 年，2013 年修订)等。

专门部门规章包括《驰名商标认定和保护规定》(2003 年)、《集体商标、证明商标注册和管理办法》(2003 年)、《专利实施强制许可办法》(2003 年施行，2012 年修订)等。

在不断完善国内法律体系建设的同时，我国相继参加了一些主要的知识产权保护国际公约、条约和协定，如《世界知识产权组织》《保护工业产权巴黎公约》《商标国际注册马德里协定》《关于集成电路知识产权条约》《保护文学和艺术作品伯尔尼公约》《世界版权公约》《专利合作条约》《与贸易有关的包括冒牌货贸易的知识产权协议》等。此外，还与美国签署了《关于保护知识产权的谅解备忘录》，与欧盟、瑞士、日本等组织与国家签订了《保护知识产权备忘录》等。

7. 服务贸易管理立法

改革开放后，中国加快了对外服务贸易立法，在积极参加国际服务贸易谈判的同时，相继颁布了多项服务贸易的法律规范，建立了服务贸易法律体系的基本框架，但离一个完整的服务贸易法律体系尚存一定差距。目前，中国服务贸易立法体系是以《外贸法》为基本支柱，以服务行业性法律为主体，以行业性行政法规、规章为补充，依托《反不正当竞争法》等跨行业的有关法律法规，共同构筑而成。

《外贸法》规定了中国发展国际服务贸易的基本原则，即国家促进国际服务贸易的逐步发展；在国际服务贸易方面根据所缔结或者参加的国际条约、协定中所做的承诺，给予其他缔约方、参加方市场准入和国民待遇；同时规定了国家限制和禁止国际服务贸易的几种情况，并对国际服务贸易的管理部分做了原则性规定。

主要服务业立法则包括金融业、电信业、旅游业、商业、运输业、法律服务、会计服务、广告服务、建筑设计、工程、城市规划服务、音像视听服务、教育和职业服务、医疗服务、出版印刷业等行业的基本法律、法规和规章。例如：金融业方面的《中国人民银行法》《商业银行法》《保险法》《担保法》；电信业方面的《关于维护互联网安全的决定》《电信条例》《计算机信息网络国际联网管理暂行规定》；旅游业方面的《旅行社管理条理》及其《实施细则》《旅游安全管理暂行办法》及其《实施细则》，《旅行社质量保证金赔偿试行标准》；商业方面的《外商投资商业企业试点办法》《关于设立中外合资对外贸易公司暂行办法》《外商投资图书、报纸、期刊分销企业管理办法》；运输业方面的《国际海运条例》及其《实施细则》《外商独资船务公司审批管理暂行办法》《外商投资道路运输业管理规定》等。

8. *涉外经济贸易仲裁与诉讼立法*

随着中国外贸体制改革的深化和对外开放的扩大，国家对在涉外民商法领域的立法越来越重视。1985 年 3 月 21 日第六届全国人民代表大会常务委员第十次会议通过的《中华人民共和国涉外经济合同法》是中国涉外经济贸易合同方面的正式立法。该法对合同的订立、转让、变更、终止、违约及违约责任、减少损失、不可抗力，合同的适用法律及争议的解决办法等都做出了规定。尽管《涉外经济合同法》条文所做的规定都属于原则性的，但吸收了许多在国际贸易中通常被认可的准则，体现了我国改革开放的立法原则。1986 年 4 月 12 日第六届全国人民代表大会常务委员会第四次会议通过了《中华人民共和国民法通则》。《民法通则》中的许多规定都与对外经济贸易活动有密切关系，是中国对外贸易法制建设的重要组成部分。

但随着中国对外贸易业务范围的不断扩大，贸易纠纷也越来越多。有些贸易纠纷不是单纯通过仲裁所能解决的，也有些当事人不愿通过仲裁来解决，这就要求国家加强涉外诉讼法律制度的建设。1991 年 4 月 9 日第七届全国人民代表大会第四次会议通过《中华人民共和国民事诉讼法》，2007 年和 2012 年又进行两次修正。《民事诉讼法》健全了我国的涉外仲裁法律制度。2005 年 1 月 11 日中国国际贸易促进委员会、中国国际商会通过《中国国际经济贸易仲裁委员会仲裁规则》，2012 年进行修订。该规则明确了中国国际经济贸易仲裁委员会以仲裁的方式，独立、公正地解决产生于国际或涉外的契约性或非契约性的经济贸易等争议，以保护当事人的正当权益，促进国内外经济贸易的发展。

四、中国外贸救济措施立法

贸易救济制度是世界贸易组织认定的政府合理干预对外贸易的政策措施。在贸易救济措施日益被滥用的背景下，为了保护本国产业和市场秩序，更好地维护国内企业的利益，中国以《中华人民共和国宪法》《世贸组织协议》《中华人民共和国对外贸易法》为基础，借鉴市场经济国家的做法，就反倾销、反补贴、保障措施等贸易救济制度颁布了一系列法规。

1. *反倾销立法*

《反倾销条例》（以下简称《条例》）于 2001 年 11 月 26 日颁布，其后随国家外贸主管部门的变更，2004 年 3 月国务院发布了最新的《反倾销条例》，该条例于 2004 年的 6 月 1 日起开始实行。最新修订的条例更加突出了对公共利益的考虑。从内容上讲，《条例》共有 6 章 59 条，包括总则、倾销与损害、反倾销调查、反倾销措施、反倾销税和价格承诺的期限与复审、附则。《条例》涉及的主要内容有：《条例》的立法目的和适用范围；倾销的定义，倾销的确定方法，倾销的幅度；倾销损害的界定，损害评估标准；负责调查倾销与损害的机关，反倾销调查申请和立案程序，倾销和损害裁定程序；临时性反倾销措施，停止以倾销价格出口的价格承诺，反倾销税的征收；反倾销税和价格承诺的期限与复审程序；不服裁决者可申请和提起行政复议和行政诉讼的有关规定；反规避措施和反歧视措施等。

为使《条例》进一步明确和细化，增强可操作性，在反倾销工作中得到更好的贯彻执行，国务院有关部委还相应颁布了为实施反倾销措施而制定的规章与规范性文件，共同形成了中国反倾销法律体系，主要有《反倾销退税暂行规则》(2002 年)、《反倾销新出口商复审暂行规则》(2002 年)、《反倾销价格承诺暂行规则》(2002 年)、《反倾销调查公开信息查阅暂行规则》(2002 年)、《反倾销调查信息披露暂行规则》(2002 年)、《反倾销调查抽样暂行规则》(2002 年)、《反倾销调查实地核查暂行规则》(2002 年)、《反倾销问卷调查暂行规则》(2002 年)、《反倾销调查立案暂行规则》(2002 年)、《反倾销产业损害调查与裁决规定》(2003 年)、《出口产品反倾销应诉规定》(2001 年)等。

2. 反补贴立法

《反补贴条例》(以下简称《条例》)于 2001 年 11 月 26 日颁布，后经修订，2004 年 3 月国务院发布了最新的《反补贴条例》，该条例于 2004 年 6 月 1 日起开始实行。《条例》共有 6 章 58 条，涉及的主要内容有：立法宗旨与适用范围；采取反补贴措施的基本条件，补贴的定义，补贴的形式，进口产品补贴金额的计算方式；补贴损害的定义，确定补贴对国内产业造成损害时应当审查的事项；负责调查补贴与损害的机关，反补贴调查申请和立案程序，补贴与损害裁定程序；临时反补贴措施，出口国(地区)政府提出取消、限制补贴或者其他有关措施的承诺，反补贴税的征收；反补贴税和承诺的期限与复审程序；不服裁决者可申请和提起行政复议和行政诉讼的有关规定；反规避措施和反歧视措施等。

《条例》的主要配套规章有《反补贴调查实地核查暂行规则》(2002 年)、《反补贴问卷调查暂行规则》(2002 年)、《反补贴调查立案暂行规则》(2002 年)、《反补贴调查听证会暂行规则》(2002 年)、《反补贴产业损害调查与裁决规定》(2003 年)、《产业损害裁定听证规则》(1999 年)等。

3. 保障措施立法

《保障措施条例》(以下简称《条例》)于 2001 年 11 月 26 日颁布，2004 年 3 月该条例经修订后发布，于 2004 年 6 月 1 日起开始实行。最新修订的条例更加突出了对公共利益的考虑。《条例》共有 5 章 34 条，涉及的主要内容有：《条例》的立法目的和适用条件；调查机关及其职责分工；确定进口产品数量增加对国内产业造成损害时应当审查的相关因素；采取保障措施调查申请和立案程序，进口产品数量增加和损害裁定程序；临时保障措施，保障措施；保障措施的期限与复审程序；反歧视措施等。不同于《反倾销条例》和《反补贴条例》的是，《条例》没有规定司法审议。这是因为世贸组织《保障措施协议》中没有司法审议条款，因此《条例》对此义务，即对不服裁决者申请和提起行政复议和行政诉讼未做规定。

《条例》的配套规章主要有《保障措施立案暂行规则》（2002 年）、《保障措施调查听证会暂行规定》（2002 年）、《保障措施产业损害调查与裁决规定》（2003 年）、《关于保障措施产品范围调整程序的暂行规则》（2003 年）。

第三节 外贸经济调控管理

案例 9.4

人民币汇率波动因果

人民币贬值在常理之中

从2014年2月中旬以来，人民币兑美元汇率一改过去十年单边升值，从2月中旬的6.06大幅贬值至3月初的6.16，直落1 000点，此后回升至6.12附近。央行宣布扩大波幅后，人民币再度急剧贬值，连破6.1、6.2两个重要关口。年初以来，人民币贬值一度超过3%，贬值幅度之大过去20年从未有过，此前最大胆的预测也显得过于保守。

从国际背景看，自2013年年底美联储加快退出量化宽松货币政策以来，国际资本回流美国。2014年年初以来除中国以外的其他新兴国家货币普遍大幅贬值，阿根廷比索两天贬值高达13%。从国内情况看，生产者物价指数、居民消费价格指数等价格指标持续回落，出口贸易数据远低于预期，经济增速趋缓，人民币汇率有贬值的内在压力。央行公布的一份金融机构人民币信贷收支表显示，2014年2月新增外汇占款从上月的4 373亿元骤降至1 282亿元，这让指责央行通过“史无前例的大规模干预市场”导致人民币贬值的传言不攻自破。更可能的情形是，央行综合研判国内外因素，在初期进行了适度干预，点燃了这波贬值的导火索。

央行目标能否实现？

央行扩大人民币汇率波幅，本身只是一种技术性调整，并不意味着人民币汇率就此迎来真正的“双向波动”。事实上，中国在过去20年曾三次放宽人民币交易波动区间，从0.3%扩大至0.5%、1%、2%，但人民币汇率并未因此出现双向波动。比如，2012年4月人民币兑美元波动区间放宽至1%以后，人民币汇率继续单边升值，波幅不升反降。

从技术角度来说，波幅扩大后央行仍对人民币汇率保持相当程度的调控能力，因为每日银行间外汇市场中间价仍由央行授权外汇交易中心公布，而中间价是由外汇交易中心根据每日开盘前银行间外汇市场做市商提供的报价加权而成。这些做市商局限于少数几家国有商业银行，其报价和权重也不公开，人民币汇率中间价形成机制的不透明保证了央行对汇率的“可控性”。

人民币汇率好比一只被绳子拴着的风筝，波幅扩大就好比把拴风筝的绳子加长，但绳子始终被央行拽着。当然，如果风太大，风筝有可能拖着拽绳子的央行跑，但终究不会跑得太离谱。改变人民币汇率单边升值预期和跨境资金单边流入才是央行最看重的政策考量，但央行上述目标能否实现，仍有待观察。

金融改革加快的标志

根据开放经济条件下的“三元悖论”，一国不可能同时实现保持货币政策独立性、汇率稳定和资本自由流动这三个目标。当前，我国正在加快推进金融改革，其重点是利率市场化、汇率市场化和资本项目可兑换。

中国作为全球第二大经济体，货币政策独立性是必选项。按照“三元悖论”，要保持货币政策的独立性，汇率市场化应该与放松资本管制同步协调进行。人民币汇率波幅加大，为加快放松资本项目管制提供了契机。同时，人民币单边升值的市场预期和境外套利资本单边流入改变后，央行被动购汇的压力减轻，央行货币政策操作上的独立性增加。扩大人民币汇率波幅是人民币汇率市场化的重要举措，而人民币汇率市场化与利率市场化、资本项目可兑换在进程设计和具体操作中是环环相扣和互为条件的。从这一意义上说，人民币汇率弹性加大为加快推进金融改革提供了绝佳的时间窗口，而人民币汇率波幅扩大或许是金融改革加快的一个标志性事件。

《财经》杂志网站《人民币汇率波动因果》原文（阅读全文需注册）：http://magazine.caijing.com.cn/20140407/3419766.shtml

（秦国楼，2014）

【课堂讨论 9.3】

央行为什么扩大汇率波幅？这对完善我国对外经贸的宏观管理调控体系有什么作用？

经济调控手段是指国家通过调节经济变量，对微观经济主体行为施加影响，并使之符合宏观经济发展目标的间接调控方式。经济手段主要包括经济政策体系和经济杠杆体系，它们是市场经济实际调控过程中最主要、最常用的调控手段。根据建立社会主义市场经济体制和适应世贸组织通行规则的要求，中国应进一步完善我国对外经贸的宏观管理调控体系，转变对外经贸行政管理职能，做到主要用法律和经济等手段来强化对外经贸的宏观管理。在健全与强化经济调节手段方面，当前中国主要是通过价格、关税、税收、信贷、利率、汇率等经济杠杆以实现调控外贸经济活动和外贸经济关系的目的。

一、汇率杠杆

（一）汇率对进出口贸易的调节作用

汇率也称汇价，是指两国货币之间的交换比率或比价，也就是用一国的货币单位来表示另一国货币单位的价格。汇率变动对进出口贸易的影响主要是通过价格机制实现的。当本币汇率上升，表明一定数额的外国货币只能兑换较少的本国货币，必然会使以本国货币表示的进口商品价格降低，有利于扩大进口。同时，本币汇率上升会使以本币表示的出口商品成本价格上升，因而不利于出口。当本币汇率下降，表明一定数额的外国货币能够兑换更多的本国货币，必然会使以外币表示的出口商品价格降低，增强本国商品在国外市场的竞争力，从而有利于扩大出口。同时，本币汇率下降会使以本币表示的进口商品的成本价格上升，相对降低了进口商品的竞争力，因而不利于进口贸易。

（二）汇率制度的演变及其对对外贸易的影响

1. 计划经济时期的汇率制度

改革开放前，中国实行的是高度集中、以严格行政管理为主的外汇管理体制，人民币汇率由国家有计划地确定和调整。汇率对进出口贸易的调节作用完全丧失，只在外贸企业中起统计折算工具的作用。1949—1952 年，汇率是以“物价对比法”为基础计算的，即主要参照出口商品国内外价格的比价，同时兼顾进口商品国内外价格的比价和侨汇购买力平价，使汇率起到鼓励出口、奖励侨汇、兼顾进口的作用。1953—1972 年，国际汇率制度处于布雷顿森林货币体系之下，实行的是以美元为中心的固定汇率制度。因此，人民币汇率制度也相应实行固定汇率制。在此期间，人民币汇率作为计划核算工具，要求保持相对稳定，使人民币名义汇率与实际汇率的差距不断扩大，汇率高估现象十分严重。1973—1978 年，布雷顿森林货币体系解体，西方国家纷纷实行浮动汇率制，人民币汇率的制定由原来以美元为基准货币改为盯住“一揽子”货币的计值方法或根据管理需要进行不定期的调整，但仍坚持人民币汇价水平基本稳定的方针，汇率依然高估。

2. 1979—1993 年的汇率制度

1979—1993 年，国家对外汇体制进行了一系列改革：1981—1984 年，采取了人民币官方汇率与贸易外汇内部结算价的双重汇率；1985 年 1 月 1 日取消内部结算价，重新实行单一汇率；1988—1993 年，改革人民币汇率形成机制，变固定的、单一的官方汇率，为可变的官方汇率与外汇调剂市场汇率并存的双重汇率。在汇率水平上则实行了以人民币不断贬值为主导的政策，开始依据国内经济形势与政策目标，主动对汇率进行调整，逐步恢复汇率对外汇收支及进出口贸易的调节作用。

3. 1994 年以后的汇率制度

1994 年以后汇率制度进行了重大改革，包括：进行汇率并轨，实行以市场供求为基础的、单一的、有管理的浮动汇率制度，使我国的汇率形成机制发生了重大变化，汇率杠杆调节作用明显加大；实行银行结汇、售汇制，取消外汇留成、上缴和额度管理制度，为各类外贸企业提供了相对平等竞争的环境；建立统一的银行间外汇交易市场，改变人民币汇率形成机制，使我国外汇市场进一步完善，国家运用经济手段调控进出口贸易的能力进一步加强；取消对外汇收支的指令性计划，国家主要运用经济、法律手段实现对外汇和国际收支的宏观调控；取消国际收支经常性交易方面的外汇限制，实行货币的自由兑换，为企业提供了宽松的用汇条件。

（三）中国汇率制度的进一步完善

目前，中国已基本形成了符合世界贸易组织规则和国际惯例的汇率制度，但仍有许多不足之处，还应不断加以改革与完善。

1. 实行真正的有管理的浮动汇率制

目前，中国人民币汇率的形成采取盯住美元的做法。这种汇率制度安排，虽然与中国经济发展阶段、企业承受能力和金融监管水平相适应，但汇率浮动区间狭窄，使得人民币汇率制度成了名义上的有管理的浮动汇率制，而实际上是固定汇率制，政府调控的意志超过市场调节的力量。汇率作为一种价格信号，人为刚性控制，有悖于市场经济的原则，对资源配置可能会发出错误信息，弱化汇率对国际经济交易的调节作用。因此，要进一步完善人民币汇率形成机制。目前乃至今后一段时间，中国虽然仍实行有管理的浮动汇率制，但要明确币值稳定是在市场正常波动基础上的相对稳定，应尽量减少政府对对外经济交往及相关外汇收付的干预，让外汇供求关系在市场中得到更充分的反映，真正体现人民币汇率是以市场供求为基础，有管理的浮动。

2. 实行意愿结汇制

在强制性结售汇制下，绝大多数国内企业的外汇收入必须结售给外汇指定银行，同时中央银行又对外汇指定银行的结售周转外汇余额实行比例幅度管理。当银行持有的结售周转外汇超过最高限比例时，就必须通过银行间外汇市场出售，当不够时，必须从市场购进。这就使得中央银行被动地干预外汇市场，造成人民币汇率不完全由市场供求来决定，而在很大程度上受国家宏观经济政策所制约。而且强制性的银行结售汇制，使得市场参与者，特别是中资企业和商业银行，持有的外汇必须在市场上结汇，不能根据自己未来的需求和对未来汇率走势的预测自主选择，这种“强卖”形成的汇率，并不是真正意义上的市场价格。因此，要允许企业保留一定的外汇，并逐步提高其比例，最终实现完全的意愿结汇制。这可以使中央银行摆脱其在外汇供求市场的被动地位，将外汇储备和汇率政策作为宏观调控的手段；可以提高企业的出口积极性，与外资企业享有同样的国民待遇；使企业、商业银行、中央银行各持有一定数量的外汇，加快外汇资金周转，提高外汇风险管理能力。

3. 培育健全的外汇市场

中国外汇市场的基础是中国外汇交易中心，这是一个全国统一的银行间外汇市场，但该市场存在着严重的缺陷，如外汇市场交易主体较为单一、交易品种和交易工具也不丰富等。因此，要进一步完善外汇市场，允许更多的主体进入国家外汇交易中心进行外汇交易，让更多的企业和金融机构直接参与外汇买卖，同时要增加外汇交易品种和扩大交易范围，试行远期交易和风险低的衍生金融工具交易。同时，应在有序、积极、稳妥的开放原则下，实现资本项目有条件的可兑换，在此基础上逐步实现资本项目的完全可兑换。

二、税收杠杆

（一）税收杠杆对外贸经营活动的调控作用

税收杠杆是指国家运用税收参与国民收入的分配和再分配，通过对各经济主体行为发生影响，达到调节经济活动目的的手段。国家通过设置不同的税种、税目、税率等方式，体现鼓励和限制意图，调节产业和产品结构，调节进口，促进国民经济协调发展。中国现行的与发展进出口贸易关系密切的税收是增值税和关税，这是国家调节对外贸易的重要经济杠杆之一（参见图9.1）。

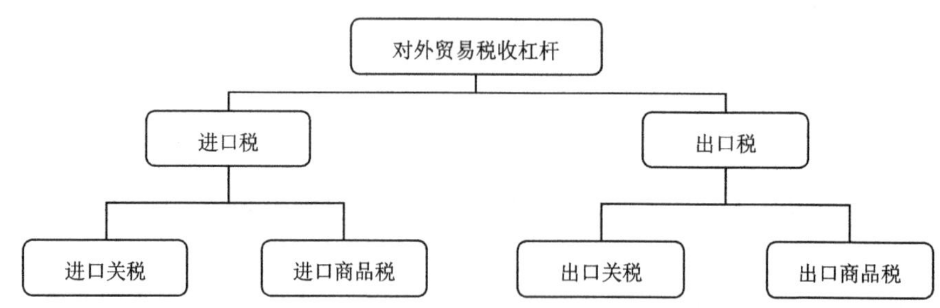

图9.1 对外贸易税收杠杆构成图

（二）进出口关税

1. 关税的概念

关税是指进出口商品经过一国关境时，由政府设置的海关根据国家制定的关税税法、税则对进出口货物征收的一种税。关税手段因被世界贸易组织视为透明度最高的贸易调节工具而得到广泛使用。这是因为世界贸易组织希望缔约国通过价格而不是通过其他措施来管理和控制对外贸易。而在价格管理中，关税占有重要地位，关税与其他贸易措施（如数量限制）相比给进口带来的损失要小些。人们通过关税的高低可以辨认一国是否采取保护贸易政策或歧视政策，而且最惠国待遇和国民待遇原则在关税制度下也比较容易执行。

2. 中国的关税政策

新中国成立以来，中国基本上实行的是偏向贸易保护的政策，进口关税的加权平均税率高于发展中国家的平均水平。随后在培育和建立社会主义市场经济中，我国按照世界贸易组织对发展中国家的要求，逐步降低关税总水平。目前，中国在关税方面的总政策是“贯彻对外开放，鼓励出口创汇和扩大必需品的进口，保护与促进民族经济的发展”。具体包括：对国内不能生产或不能满足需求的必需品（主要是一些先进的技术和设备及生产必需的物资）免除进口关税或征收低额进口关税；原材料的进口税率一般定得比半成品或制成品的进口税率低；在进口国内不能生产或产品质量不过关的机械设备和仪器仪表时，零配件的进口税率比整机低；对国内已经能够生产和满足需求的产品、非国计民生所必需的物品（主要是一些生活消费品）制定较高的进口税率；对需要加以保护的国内产业的同类产品，实行更高的保护性进口税率；除少数原材料和重要物资外，对绝大多数商品不征收出口税。

3. 中国的关税税种、征税标准、税率、税则和关税优惠措施

关税按征收的环节主要分为进口税和出口税。进口税是对国外进口的商品所征的关税，出口税是对商品出口所征的关税。中国关税制度的法律基础是《中华人民共和国关税条例》。根据《关税条例》，中国进口关税设为两种，即普通税率和优惠税率。对原产于与中国未订有关税互惠协议的国家或地区进口货物，按普通税率征税；对原产于与中国订有关税互惠协议的国家或地区进口货物，按优惠税率征税。《关税条例》规定，对进口原产于对中国货物征收歧视性关税或给予其他歧视性待遇的国家或地区的进口货物，可征收特别关税。征收特别关税的货物品种、税率和起征、停征时间，由国务院关税税则委员会决定并公布实施。

关税按其计征的标准可以分为从量税、从价税、复合关税、选择关税、反补贴税、反倾销税等几种。中国进出口关税的征收方法采取从价税和从量税两种。征收从价税中，较为复杂的问题是确立进出口商品的完税价格。完税价格是经海关审定作为计征关税的货物价格，它是决定税额多少的重要因素。根据《中华人民共和国审定进出口货物完税价格办法》的规定，我国海关对进口货物实行以实际成交价作为完税价格，即货物到岸价格（国外采购地的正常批发价格，加上抵运我国进口地起卸前的包装费、运费、保险费、手续费等一切费用）。若货物在采购地的正常批发价无法确定，则按国内输入地的同类进口货物的正常批发价格，减去关税和进口环节的其他费用及进口后的正常运输、储存、营业费用后的价格作为完税价格。出口货物的完税价格是离岸价格（FOB）扣除出口关税的价格。

改革开放以后，中国对关税税率不断进行调整，逐步降低进口关税总水平。1992 年 4 月 1 日起，取消全部 6 种商品的进口调节税。同年底，进口关税水平降至 39.9%。1993 年年底降至 36.6%。1994 年，中国降低了小汽车的进口税率，关税水平降至 35.9%。1995 年中国降低了烟酒、中型客车、录音录像带的进口税率，关税水平降至 35.3%。1996 年总关税水平从 1992 年年底的 42.5%降至 23%，降幅达 46%，仅用了 3 年多的时间。这在世界上是少有的，改革的力度和进程是十分显著的。2002 年，关税总水平由 2001 年的 15.3%降低至 12%，是入世后降税涉及商品最多、降税幅度最大的一年。2005 年中国关税总水平由 2004 年的 10.4%降低至 9.9%，是中国履行义务的最后一次大范围降税。2010 年，降低鲜草莓等六个税目商品进口关税后，中国加入世界贸易组织承诺的关税减让义务全部履行完毕。

税则是根据国家的关税政策和经济政策，通过一定的立法程序，制定和公布实施的应税商品和无税商品的系统分类表。为履行作为世界海关组织《协调制度公约》缔约方的义务，中国从1992年1月1日起采用《商品名称及编码协调制度》作为中国《进出口税则》和《海关统计商品目录》的基础目录。根据《商品名称及编码协调制度》的修改变化，中国对本国《进出口税则》和《统计商品目录》进行对应的转换调整。截至目前，中国海关先后组织开展了1992年版、1996年版、2002年版、2007年版、2012年版《协调制度》修订翻译和中国《进出口税则》转换工作，相关的税率、贸易管制措施等也随之调整。这是按国际贸易通行规则，并结合我国进出口商品自身的特点，为了充分体现关税政策和海关统计的需要设置的，有利于国家运用经济、行政、法律手段，加强对进出口货物宏观调控。

中国关税减免由法定减免、特定减免和临时减免三部分组成。法定减免是指《海关法》《关税条例》列明予以关税减免的，如国际组织或外国政府无偿赠送的货物，中华人民共和国缔结或参加的国际条约规定的减征、免征关税的货物、物品，来料加工、补偿贸易进口的原料等。特定减免是按照《海关法》和《关税条例》的规定，给予经济特区等特定地区进出口的货物、中外合资或合作经营企业及外资企业等特定企业进出口货物，以及其他依法给予关税减免优惠的进出口货物的减免税优惠。临时减免是国家根据国内生产和国际市场行情变化，确定对某一类或几种商品在一定时限内临时降低或取消关税，待规定的期限结束便立即恢复原来的税率。

案例 9.5

调查称中国农产品平均关税水平不足世界1/4

据《北京青年报》2013年6月30日报道（陆纯）　中国粮食全面进入“净进口”时代，小麦、玉米、大米三大农作物今年始终保持净进口态势。商务部最新数据显示，今年6月进口大豆预报到港832.28万吨，创月度最高水平；1～4月稻谷和大米进口100万吨，同比增83.6%。业内专家表示，持续增长的进口增速，将让我国的农产品生产和粮食安全面临巨大挑战。

三大农作物进口不断创新高

中国粮食进口去年全年超过了7 000万吨，是历史上粮食进口量最多的一年。其中，谷物净进口1 316.9万吨，小麦、玉米、大米净进口量分别达到341.5万吨、515.3万吨和208.8万吨。此外，总进口大豆5 838万吨，不断刷新纪录。而事实上，2012年全国粮食总产量实现九连增，达到58 957万吨(合计5 895亿千克)，比上年增长3.2%。这显示中国粮食自给率已经下降到90%以下。与此同时，肉类产品进口增长同样迅速。如猪肉从2008年由净出口转为净进口，且进口量迅速增长。

内外价差导致粮食进口激增

“内外价差是导致粮食进口激增的主要原因之一。”多位业内专家接受记者采访时如是表示。部分进口农作物的价格低于国内产品价格，同时由于相关的关税过低，没能起到保护国内农产品的作用，因此造成大量的进口农产品涌入中国市场。

综合专业内观点，需求增长驱动了大宗农产品净进口值的增加，但是最大的动力还是来自于利益层面的力量——国内外农产品的价格差距还在扩大。更有一些农产品进口不是因为国内短缺，而是因为价格原因。以大米为例，中国自然年度进口量达到400万～500万吨，湖南、江西的大米企业遭受冲击。一位湖南米厂老板透露，来自越南、巴基斯坦、缅甸的进口米价格是每百斤172元，而当地的米价是每百斤180～190元，“国内企业在这样的价格面前，没有竞争力”。

专家呼吁关税要发挥保护作用

调查显示，目前世界农产品平均关税水平为62%，最高关税水平甚至能达到1 000%以上，而中国农产品平均关税水平为15.2%，还不足世界平均水平的1/4。以大豆为例，大豆的关税水平只有3%。此外，中国对小麦、玉米、大米、食糖、棉花、羊毛等重要农产品实行关税配额管理，配额外关税最高也只有65%。

“这样的关税水平很难起到门槛的作用。”多位业内人士表示。也有专家认为，我国粮食总产不断上升，自给率却不断下降，全国粮食价格相当稳定，这可能意味着粮食安全标准需要调整。

北青网《“净进口”挑战中国粮食安全》：
http://bjyouth.ynet.com/3.1/1306/30/8106837.html

【课堂讨论 9.4】

关税税率水平的调整如何对我国农产品外贸生产经营产生影响？

（三）进出口商品国内税

1. 进口商品税征税制度

中国目前对内资企业进口产品征收增值税、消费税，这是由国家税务局制定政策规定、委托海关代征的进口征税。对进口产品征税是我国进出口税收制度的一个重要方面。其主要作用是调节国内外产品税收负担的差异，创造公平竞争的环境。由于各国的税收制度不同，其产品的税收负担不同。中国对进口产品征税，使进口产品与国内产品同等纳税，可以平衡国内外产品的税收负担，同时也可以抑制盲目进口，节约使用外汇，保护国内生产。

进口产品征税的税种是增值税和消费税（见表 9.2）。进口征税的原则是对进口产品实行与国内产品同等纳税的原则，即在增值税和消费税上按相同的税目和税率征税。进口产品与国内产品在增值税和消费税上按相同的税目、税率纳税，是由进口税收“调节国内外产品税收差异”的性质决定的。对进口产品如果从低定率征税，则会不利于国内生产；若从高定率征税，则会导致贸易歧视。这些都是与进口税收目的和国际规范不相符的。只有实行同等纳税，才能保证国内外企业平等竞争，促进国内生产的发展。对进口产品征税，对出口产品退税，是进出口税收制度的基本原则。但是，在制定具体规定时，必须体现国家的经济政策。我们强调对进口产品要普遍征税，但同时又必须根据国家的经济政策和进口产品的具体情况加以区别对待，对进口中国建设急需的物资、国外先进技术和设备，应给予必要的减免税优惠。

表 9.2　进口商品国内税征税一览表

税　目	税　率	适用对象
增值税	基本税率（17%）	纳税人销售或进口货物，提供加工、修理修配劳务
	低税率（13%）	纳税人销售或进口粮食和食用植物油、农业成品、图书、报纸、杂志等 19 种货物
	零税率	纳税人出口货物
消费税	比例税率（3%～45%）	烟、酒等价格差异较大、计量单位难以规范的应税商品
	定额税率	黄酒、啤酒、汽油、菜油

2. 出口商品税的退税制度

出口退税制度是指国家对出口商品在国内所征的各生产环节累计间接税（如增值税、消费税）实行退还的政策。出口退税是依据出口商品零税率原则所采取的一项鼓励出口贸易的措施，实行的目的是采用国际上普遍接受的方式，对出口产品退税或免税，以使中国产品和其他国家产品一样以不含税成本进入国际市场，在同等税收条件下进行竞争。同时，由于退税款直接冲减出口换汇成本，增加企业赢利和减少出口亏损，因此，也必然会调动企业出口的积极性，使其努力增加出口创汇。实行出口退税政策，政策效果非常明显。

根据零税率原则，国家对“先征后退”的出口货物实行“征多少，退多少，未征不退和彻底退税”的退税原则。对一般贸易项下的出口货物，实行“先征后退”和“免、抵、退”两种管理办法，出口产品退税的范围和应退税种如下。

（1）出口退税的企业范围。出口产品退税原则上规定应将所退税款全部退还给主要承担出口经济责任的企业。它主要包括三个方面：一是经营出口业务的企业；二是在代理进出口业务活动中，代理出口的企业；三是特定出口退税企业和外商投资企业。

（2）出口退税的产品范围。出口的产品中凡属于已征或应征增值税、消费税的，除国家明确规定不予以退税外，均应退还已征税款或免征应税税款。这里所说的出口产品一般应具备以下三个条件：必须是已征税产品；必须是报关离境的出口产品；必须是财务上作出口销售的产品。

（3）出口产品应退税种。出口产品应退税种为增值税和消费税。计算出口货物应退税额的增值税税款的税率，应根据《增值税暂行条例》规定的17%和13%执行。对从小规模纳税人处购进的特准退税的货物依13%退税率执行。计算出口货物应退消费税税款的税率或单位税额，依《消费税条例》所附《消费税税目、税率（税额）表》执行。以上是出口退税的法定税率，但在实际执行过程中，国家根据财政平衡情况和发展出口贸易的需要，曾多次调整出口退税率。

案例 9.6

调控回归“两高”产品出口退税或下调

据2011年1月24日《21世纪经济报道》（郁鸣）报道

“两高”重灾区

在2008年金融危机之前，中国政府曾大幅降低或取消有色金属产品的出口退税，以抵制高能耗、高污染和资源性产品的出口，促进中国经济结构的调整。不过，2008年下半年，随着金融危机的影响不断深入，中国的出口情况迅速恶化，被迫恢复甚至提高有色金属产品的出口退税率。

“现在，国内有色金属加工企业情况整体不错，特别是中国有色金属加工市场发展迅猛，恢复金融危机前的取消或降低出口退税的政策，极有可能。”中国有色金属加工工业协会常务副理事长马世光称，他并不清楚中国最终是否会降低或取消有色金属产品的出口退税，但他肯定地表示，2008年有色金属出口退税政策的恢复仅是暂时的，“我们协会一直在宣传这个情况，告诫企业，出口退税是不可持久的”。

事实上，2010年6月22日，财政部、税务总局已经下发了《关于取消部分商品出口退税的通知》，决定从2010年7月15日起取消406个税号的出口退税，具体包括“部分钢材；部分有色金属加工材；银粉；酒精、玉米淀粉；部分农药、医药、化工产品；部分塑料及制品、橡胶及制品、玻璃及制品”。

当时，财政部财科所副所长白景明曾指出，“从两部门列出的取消出口退税商品清单中可以看出，此次调控主要针对部分高污染、高耗能产品”。之前的一个月，国务院刚刚部署了节能减排工作，而取消两高产品的出口退税，也被外界视为“铁腕”调控举措。

出口新考验

“我认为，国内有色金属企业应该能够承受出口退税降低或取消的影响。”马世光认为国内有色金属企业对于出口并非十分依赖。由于中国国内市场的持续高速增长，在有色金属产品的销售结构中，出口所占比例正在不断降低。比如，2010年的铝产品出口比例，已由2009年的15%降至9%，而铜产品的出口比例，则由9%降至5%。当然，"整个铝和铜产品出口的绝对量，都保持了20%以上的增长"，"除了个别企业出口比例过大外，一般有色金属加工企业应该都能通过国内市场的扩张，来消化国外市场规模与利润的下降"。马世光说。

不过，广东佛山一家铝业加工企业出口部的一位人士，对政府可能降低或取消出口退税感到担忧，"现在出口退税为13%，一旦取消，企业不可能消化这13%的缺口，哪来那么大的利润空间？"这位佛山铝企人士称，目前，其所在企业的确是"内销大于外销"，但该企业一直希望能达到一个"内销和外销五五分"的状况。"国内市场虽然好，但毕竟有容量限制，而且有淡旺季之分，必须有外销来补充，才能达到一个较好的发展状态"，而且，"自金融危机以来，出口市场还在恢复的过程中，这时一旦降低或取消出口退税，那等于把正在增长的市场拱手让给印度、巴基斯坦等国家。现在，铝业竞争激烈，中东国家都在上生产线，剧烈的出口退税调整，可能会迫使中国企业放弃国际市场"。

【课堂讨论 9.5】

从"两高"产品出口退税或下调看，出口退税政策的作用有哪些？

三、信贷杠杆

（一）信贷杠杆对进出口贸易的调节作用

进出口信贷，是指一国政府通过银行向进出口商提供贷款，以鼓励出口、确保进口的重要措施。在市场经济条件下，外贸企业和出口生产企业都是以营利为目的的经营实体，银行贷款的数量规模和利息率的高低，直接关系到企业的经济效益。国家实行进出口优惠信贷政策，可以解决外贸企业和出口生产企业因自有流动资金不足给出口带来的困难，促进企业扩大出口经营规模；能够有效地促进外贸企业和出口生产企业降低成本；可以有效地解决出口卖方和出口买方由于进出口金额太大、延期付款而造成的资金困难，从而有利于推动出口。

（二）中国进出口信贷政策

1. 中国进出口信贷的基本任务

中国进出口信贷的基本任务是：按照国家发展社会主义市场经济的要求，遵循改革、开放的方针，根据国家有关政策和批准的信贷计划发放贷款，支持对外贸易的发展；同时发挥信贷的监督和服务作用，监督企业合理地使用信贷资金，协助外贸企业加强经济核算，提高经济效益。

2. 中国现行进出口信贷政策

中国现行进出口信贷政策是"贯彻执行国家的产业政策、外经贸政策和金融政策；积极配合实施科技兴国战略，重点支持高技术、高附加值的机电产品、成套设备、高新技术产品的出口，促进经济结构的调整和出口商品结构的优化；重点支持有经济效益的大企业、大项目，同时兼顾经济效益好、产品附加值高、有还款保证的中小企业和中小项目；充分发挥政策性银行的综合优势，运用出口卖方信贷、出口买方信贷、外汇担保等多种政策性金融手段支持企业出口；积极配合实施出口市场多元化战略，支持企业全方位开拓国际市场；积极配合实施"走出去"的开放战略，支持企业开展带动机电产品出口的境外加工贸易、对外工程承包和海外投资活动，以投资带动贸易。

（三）进出口信贷方式

信贷方式包括出口信贷和进口信贷。出口信贷是指国家为了鼓励商品出口，加强商品竞争能力，对本国出口商和外国进口商提供优惠贷款，主要用于鼓励和支持一些金额较大、付款期限较长的成套设备和船舶等大型机械设备的出口。出口信贷的形式为卖方信贷和买方信贷。出口卖方信贷是贸易中常用的延期付款方式下由出口方银行向本国出口商提供的贷款。中国进出口银行提供的出口卖方信贷的贷款种类有，出口卖方信贷项目贷款、中短期额度贷款、境外加工贸易贷款、对外承包工程贷款、境外投资贷款等。出口买方信贷是指出口方所在国银行或出口国政府所属的出口信贷机构向国外进口厂商、买方或买方银行提供贷款，以便买方用以支付进口所需货款，从而促进本国商品出口。

进口买方信贷是指一国银行用以支持企业从国外引进技术设备所提供的贷款。进口买方信贷的形式为签订总的信贷协议和签订具体的贷款协议。前者即由出口国银行预先向中国银行提供关于买方信贷贷款额度，双方银行签订总的贷款协议，规定提供贷款总的原则和条件，明确规定由出口国银行向其本国的出口商以贷款方式垫支货款，在贷款到期时，由中国银行承担还款付息的责任。后者即预先不签订总的贷款协议，而是在办理进口手续签订进口贸易合同时，由出口国银行和中国银行签订相应的信贷协议，明确进口物品的货款由出口国的银行支付，到期由中方银行偿还出口国银行。

（四）进出口信贷机构

信贷机构包括中国进出口银行、中国银行及其他的金融机构。中国进出口银行于 1994 年 5 月成立，是直属国务院领导的、政府全资拥有的国家政策性金融机构，主要职责是贯彻执行国家产业政策、外经贸政策和金融政策，为扩大机电产品和高新技术产品出口、支持“走出去”项目以及促进对外经济技术合作与交流，提供政策性金融支持。业务范围包括：办理出口信贷；办理对外承包工程和境外投资类贷款；办理中国政府对外优惠贷款；提供对外担保；转贷外国政府和金融机构提供的贷款；办理本行贷款项下的国际国内结算业务和企业存款业务；在境内外资本市场、货币市场筹集资金；办理国际银行间的贷款，组织或参加国际、国内银团贷款；经批准或受委托的其他业务等。

中国银行是中国政府授权经营外汇业务，办理进出口信贷的国有商业性银行，具有国家指定的外汇专业银行的性质和地位，并作为国家对外筹资的主渠道，在国内外开展包括传统的商业银行、投资银行和保险业务在内的全面的金融服务。业务范围包括：出口买方信贷（中长期信贷）用于进口商即期支付中国出口商货款，促进中国货物和技术服务的出口；出口卖方信贷项目贷款和中短期额度贷款，用于支持符合国家产业政策、外贸政策规定的机电产品、成套设备、技术服务和高新技术产品出口；对外承包工程贷款，用于支持带动成套设备、施工机具及技术服务出口的对外承包工程项目；境外加工贸易贷款和境外投资贷款，用于在设备、技术上有比较优势、实力强、管理科学、出口产品信誉好的国内生产企业在境外投资建厂的项目以及在境外以投资方式兴建的资源开发项目或能带动国产成套设备出口的项目。

此外，一些国有商业银行、区域性商业银行及其他金融机构，经国家外汇管理局批准，也可以经营一定范围的外汇业务，并对进出口企业发放一定数量的外汇贷款及人民币贷款。

四、价格杠杆

1. 价格杠杆对外贸的调节作用

价格杠杆是国家通过一定的政策和措施促使市场价格发生变化，来引导和控制国民经济运行的手段。价格作为商品价值的货币表现，随市场供求变化而变化，价格可以灵敏地调节社会生产与需求。因此，只能根据市场供求关系，按市场价格实现不同国家商品生产之间的等量劳动交换。世界市场价格能正确迅速反映国际资源配置情况。

2. 充分发挥价格杠杆调节作用的措施

国际市场价格以价值为基础随供求关系涨落。进出口商品的定价应以市场为取向，进出口商品的作价原则要综合考虑国际价值、国家资源配置情况、国际市场因素，而不能只考虑国内生产成本及国内市场供求情况，否则无法参与国际竞争。目前，在中国进出口商品的价格中，市场调节价已形成主体。出口商品收购价格基本上是随行就市，由买卖双方商定；进口商品基本上是市场价格。进口商品的国内销售价格已与国际市场价格直接联系起来。

加强对贸易价格的管理，有助于减少国内外价格的较大差异对中国对外贸易的不利影响，改变进口过度竞争导致进口价格失控、出口对内高价抢购、对外低价竞销的混乱局面。1994年11月，外经贸部转发了《国务院关于海关开展出口商品审价和继续做好进口商品审价工作有关批复》的通知。通知中要求海关在继续做好进口应税商品审价工作的同时，开展对出口商品的审价工作，以维护外贸出口正常秩序，防止低价倾销出口商品扰乱国际市场。各行会进出口商会协调的价格和出口许可证核定的价格，可作为出口商品售于境外的应售价格，也可作为审价的依据。

中国在出口商品价格管理上实行鼓励出口创汇的价格政策，但强调以经济效益为中心的出口创汇，防止对内抬价争购、对外低价竞销。例如，研究并制定鼓励出口商品提高质量和更新花色品种的价格政策；制定鼓励机电产品和高新技术产品出口的价格政策；研究并制定出口商品收购价格管理办法，对大宗出口商品要以国际市场价格为主要依据制定最低保护价。在进口价格管理上，可以在完善进口代理价的基础上，协调管理好外购价和进口商品的内销价。

第四节　外贸行政管理

案例 9.7

《2014年出口许可证管理货物目录》公告（节选）

根据《中华人民共和国对外贸易法》和《中华人民共和国货物进出口管理条例》，现公布《2014年出口许可证管理货物目录》，并就有关问题公告如下。

一、2014年实行出口许可证管理的48种货物，分别实行出口配额许可证、出口配额招标和出口许可证管理。

（一）实行出口配额许可证管理的货物是：小麦、玉米、大米、小麦粉、玉米粉、大米粉、棉花、锯

《商务部、海关总署公告2013年第96号 公布2014年出口许可证管理货物目录》全文：http://www.mofcom.gov.cn/article/b/c/201312/20131200446709.shtml

材、活牛（对港澳地区）、活猪（对港澳地区）、活鸡（对港澳地区）、煤炭、原油、成品油、稀土、锑及锑制品、钨及钨制品、锡及锡制品、白银、铟及铟制品、钼、磷矿石。

（二）实行出口配额招标的货物是：蔺草及蔺草制品、滑石块（粉）、镁砂、甘草及甘草制品。

（三）实行出口许可证管理的货物是：活牛（对港澳以外市场）、活猪（对港澳以外市场）、活鸡（对港澳以外市场）、冰鲜牛肉、冻牛肉、冰鲜猪肉、冻猪肉、冰鲜鸡肉、冻鸡肉、消耗臭氧层物质、石蜡、部分金属及制品、铂金（以加工贸易方式出口）、汽车（包括成套散件）及其底盘、摩托车（含全地形车）及其发动机和车架、天然砂（含标准砂）、钼制品、柠檬酸、维生素C、青霉素工业盐、硫酸二钠、焦炭、碳化硅、矾土、氟石。

二、对港澳出口的活牛、活猪、活鸡实行全球许可证下的国别（地区）配额许可证管理；对港、澳、台出口天然砂实行出口许可证管理，对标准砂实行全球出口许可证管理。

三、对玉米、大米、煤炭、原油、成品油、棉花、锑及锑制品、钨及钨制品、白银实行国营贸易管理。

四、实行出口配额招标的货物，无论何种贸易方式，各授权发证机构均凭商务部下发的中标企业名单及其中标数量和招标办公室出具的《申领配额招标货物出口许可证证明书》签发出口许可证。

【课堂讨论 9.6】

我国实行出口许可证管理的商品有什么特点？对这些商品出口实行出口许可证管理有何意义？

对外贸易行政管理是国家经济管理机关凭借行政组织权力，采取发布命令，制定指令性计划及实施措施，规定制度程序等形式，按照自上而下的组织系统对对外贸易经济活动进行直接调控的一种手段。在社会主义市场经济条件下，对外贸易的宏观管理要以经济手段、法律手段为主，但也要辅以必要的行政手段。世界贸易组织也允许成员采用某些行政手段进行对外贸易管理。根据国际贸易规范和中国的实际情况，中国对外贸易管理的主要行政手段是配额管理、进出口许可证管理、对外贸易经营审批管理、对外国企业在中国设立常驻代表机构的管理、对出口商品商标的协调管理、外汇管理、海关管理、进出口商品检验管理。

一、配额管理

进出口货物配额管理，是指国家在一定时期内对某些货物的进出口数量或金额直接加以限制的管理措施。在规定的期限和配额以内的货物可以进出口，超过了的不准进出口。世界多数国家对一些商品的进出口都制定有配额或许可证管制措施，配额与许可证这两种限制性措施既可以单独使用，也可以结合在一起使用。中国的配额管理是1980年以后逐步建立起来的，并随着改革和开放的深化，不断进行调整，以适应社会主义市场经济的要求，并逐步向世界贸易组织的基本准则靠拢。长期以来，中国采取了配额与许可证相结合的做法，即配额许可证管理措施，需要配额管理的商品必须要申领许可证。中国加入世界贸易组织以后，则大幅削减配额许可证管理商品种类，完善出口商品配额的分配管理制度，增加进出口商品管理的透明性、公开性。自2005年3月起，中国取消了限制进口货物的配额管理，这意味着我国过去曾经长期采用的配额与许可证相结合的管理模式已经发生变化。

目前，中国的配额管理主要针对部分限制出口货物。在进口贸易方面，现行的管理方式主要是许可证管理，仅仅保留农产品的关税配额管理。关税配额管理与配额管理是两个不同的概念。关税配额管理是一种相对数量的限制。它是指对货物进口的绝对数额不加限制，对在一定时期内在规定的额度内进口的货物，按照配额内优惠税率缴纳关税；居于额度外进口的货物，按照配额外税率缴纳关税。这两种税率相差很大，国家通过这种行政管理手段对一些重要商品（主要是农产品）以规定配额税率这个成本杠杆来实现限制进口的目的。目前，实行进口关税配额管理的农产品品种有小麦、玉米、大米、豆油、菜子油、棕榈油、食糖、棉花、羊毛以及毛条等，以任何贸易方式进口以上农产品均受关税配额管理。对于部分受配额管理的出口货物，要求申请者取得配额证明后，到商务部及其授权发放许可证的机关，凭配额证明申领出口货物许可证，凭双证办理出口通关、外汇核销等手续。

二、许可证管理

进出口货物许可证是国家管理货物出入境的法律凭证。许可证管理是指国家规定的某些商品进出口必须从国家指定的机关领取进出口许可证，没有许可证一律不准进口或出口。它是当前世界上大多数国家采取的管理对外贸易的重要手段之一，也是中国对外贸易行政管理最主要的手段。从 1980 年起，中国重新恢复了对进出口商品实行许可证管理。商务部是全国进出口许可证的归口管理部门，它负责制定进出口许可证管理的规章制度，发布进出口许可证管理商品目录和分级发证目录，设计、印制有关进出口许可证书和印章，监督、检查进出口许可证管理办法的执行情况，处罚违规行为。商务部授权配额许可证事务局统一管理、指导全国发证机构的进出口许可证事务签发及其他相关工作，许可证事务局对商务部负责。许可证事务局及其委托发证的商务部驻各地特派员办事处和各省、自治区、直辖市及计划单列市商务厅、局为进出口许可证发证机构，在许可证事务局的统一管理下，负责授权范围内的发证工作。各发证机构不得无配额、超配额、超发证范围签发进出口许可证。

自 2005 年起，进口货物配额管理取消，只剩下进口许可证管理，而且受进口许可证管理的商品越来越少，目前只剩下一种特殊货物，即消耗臭氧层物资。发证机构凭国家消耗臭氧层物资进出口管理办公室批准的《受控消耗臭氧层物资进口审批单》签发进口许可证。中国实行出口许可证管理的商品主要是关系国计民生，大宗的、资源性的，国际市场垄断的和某些特殊的出口货物和国际市场容量有限，有配额限制和竞争激烈、价格比较敏感的出口货物。根据管理方法的差别和配额分配方法的不同，出口许可证管理商品可分为实行出口配额许可证、出口配额招标、出口配额有偿使用、出口配额无偿招标和出口许可证管理的商品。2012 年我国实行出口许可证管理的货物有 49 种，2014 年实行出口许可证管理的货物有 48 种，分别实行出口配额许可证、出口配额招标和出口许可证管理。其中，玉米、小麦、棉花、煤炭、原油、成品油等实行出口配额许可证管理；蔺草及蔺草制品、滑石块（粉）、镁砂、甘草及甘草制品实行出口配额招标；活牛（对港澳地区以外市场）、铂金（以加工贸易方式出口）、汽车（包括成套散件）及其底盘、钼制品、维生素 C、硫酸二钠等实行出口许可证管理。

三、经营权管理

对外贸易经营者，是指按《中华人民共和国对外贸易法》规定办理工商登记或者其他执业手续，依照本法和其他相关法律、行政法规的规定从事对外贸易经营活动的法人、其他组织或者个人。企业在从事对外贸易经营前，必须按照国家的有关规定，依法定程序经国家对外贸易经济主管部门核准，取得对外贸易经营资格，方可从事对外贸易经营活动。对外贸易经营资格，是我国企业对外洽谈并签订进出口贸易合同的资格。它分为两类。一类是外贸流通经营权，即指经营各类商品和技术的进出口的权利，但国家限定公司经营或禁止进出口的商品及技术除外。另一类是生产企业自营进出口权，即指经营本企业自产产品的出口业务和本企业所需的机械设备、零配件、原辅材料的进口业务的权利，但国家限定公司经营或禁止进出口的商品及技术除外。按照修订后《对外贸易法》的规定，从事货物进出口或者技术进出口的对外贸易经营者，应当向国务院对外贸易主管部门或者其委托的机构办理备案登记，这标志着我国外贸经营权从此告别审批制，迎来备案制，彻底拆除外贸经营权门槛。

2004 年 7 月 1 日实施的《对外贸易经营者备案登记办法》规定对外贸易经营者应凭加盖备案登记印章的登记表在 30 日内到当地海关、检验检疫、外汇、税务等部门办理开展对外贸易业务所需的有关手续。逾期未办理的，登记表自动失效。在 30 天之内只要到上述一个部门办理了手续，表格就视为有效。不到检验检疫部门办理备案登记，则不能办理进出口货物的检验检疫，特别是经营法定检验的货物；不到外汇管理部门办理注册登记，进出口商品外汇不能核销；不到银行办理银行开户许可证，没有账户，进口就无法对外支付，出口不能结汇；新设立的企业与个体工商户不到税务机关办理税务登记证书，就无法依法纳税，也不能办理出口退税；不到海关注册登记，进出口货物就不能报关。为了避免有些外贸经营者不履行应有的义务，从而为政府管理带来困难，外贸法还将备案登记与海关的验放程序协调一致，最低限度地保障了政府主管机关对外贸秩序的监管。

对外贸易经营者经营进出口贸易业务的范围一般与在工商部门登记的经营范围相同。按照《货物进出口管理条例》的规定，中国对部分货物进出口实行国营贸易管理与指定经营管理。例如：国家对核、生物、化学、导弹等各类敏感物项和技术出口制定了管制法规，一般的对外贸易经营者是不能经营的；国家规定为国营贸易的货物，需经商务部和国务院有关经济管理部门批准的企业才能经营，如进口粮食、植物油、食糖、烟草、原油、成品油、化肥、棉花，出口茶、大米、玉米、大豆、钨及钨制品、煤炭、原油、成品油、丝、棉花及棉制品。而且我国还规定对少数关系国计民生以及国际市场垄断性强，价格敏感的大宗原材料商品录入目录，由国务院外经贸主管部门指定的企业进行经营。对外贸易经营者，在经营限制类的商品时，要受到限制进出口的货物目录、配额、关税配额、许可证制度等方面的约束。

四、商标管理

商标是知识产权的一种，是工商企业为区别其制造或经营某种商品的质量、规格和特点的标志。商品商标的管理包括两个方面，即外国商品商标在中国的使用管理和中国出口商品商标的使用管理。外国商标在中国的使用管理，原则上与国内商标的使用管理相同，都是依据中国商标法进行管理。

《中华人民共和国商标法》于 1982 年 8 月正式公布，1983 年 3 月国务院还颁布了《中华人民共和国商标法实施细则》，后于 1993 年 2 月和 2001 年 10 月修订了《商标法》及其《实施细则》。《商标法》的实施，加强了我国对商标的管理，对保护商标专用权、促进生产者保证商品质量和维护商标信誉、保障消费者利益、促进我国社会主义市场经济的发展起着重要作用。

商标法是国内法，也是涉外法。根据商标权的地域性的法律特征，中国出口商品商标的使用还应受进口国法律的管辖。中国除已参加一些国际商标条约如《巴黎公约》《马德里协定》

《商标注册条约》《尼斯协定》外，还与30多个国家签订了商标的注册互惠协议。

根据国家有关政策规定，出口商品商标是在国家工商行政管理局注册和统一管理下，由商务部进行协调和具体管理。商务部对出口商品商标进行协调管理的范围和内容是：指导并监督全国出口单位有关商标法规和出口商品商标在国外的使用和注册情况；解决商标所有权的归属和使用方面出现的问题，协调各出口单位之间以及生产企业之间使用出口商品商标的关系；及时处理有关商标问题的争议和纠纷。管理和协调好出口商品商标的使用，保护出口商品商标的专用权，维护中国商标在国际市场的信誉，保护和维护名牌，仍是中国对外贸易行政管理的一个重要方面。

五、外汇管理

外汇管理是指一国政府授权国家的货币管理当局或其他机构，对外汇的收支、买卖、借贷、转移、国际间结算、外汇汇率和外汇市场等实行的控制和管制行为。1979年中国实行改革开放政策以来，与金融体制、外贸体制改革相配套，外汇体制也进行了相应改革，实行了银行结汇制、银行售付汇制、出口收汇核销制、进口付汇核销制等管理制度。2012年8月1日起，全国实施货物贸易外汇管理制度改革，并相应调整出口报关流程，优化升级出口收汇与出口退税信息共享机制。现阶段我国外汇管理部门已建立了一个涵盖居民、非居民、自然人和法人等各类主体的侧重于功能监管的外汇管理制度体系。

1. 经常项目外汇管理

经常项目通常是指一个国家或地区对外交往中经常发生的交易项目，包括贸易及服务、收益、经常转移，其中贸易及服务是最主要的内容。我国已于1996年实现人民币经常项目可兑换，只要购付汇是真实用于货物贸易、服务贸易等经常项目用途，均予以满足。管理内容主要是货物贸易、服务贸易、个人外汇、经常项目外汇账户4个方面。

2. 资本项目外汇管理

通常所说的资本项目（或称资本账户）是对国际收支平衡表中资本和金融账户的总称。我国没有完全放开资本项目管制，而是在有效防范风险的前提下，有选择、分步骤地放宽对跨境资本交易活动的限制，逐步实现资本项目可兑换，管理内容主要是直接投资、证券投资和其他投资。

3. 金融机构外汇业务管理

外汇管理部门履行银行、代兑机构、个人本外币兑换特许机构的结售汇市场准入管理和保险经营机构、证券公司、基金管理公司、财务公司、信托公司等非银行金融机构外汇业务所涉账户管理、资金汇兑的监管和统计监测。非银行金融机构外汇业务管理主要包括外汇资本金账户的开立与关闭、资金汇兑、跨境投资、保险经营机构的外汇保险业务以及证券公司发行（或代理发行）、买卖（或代理买卖）外币有价证券、财务公司内部结售汇业务等。

4. 国际收支统计与监测

国家对居民与非居民之间的一切经济交易、对外金融资产和负债存量，以及跨境交易资金流动进行统计、监测和分析，实行国际收支统计申报制度。由机构或个人直接向外汇管理部门申报相关信息的，称为直接申报。非银行机构或个人通过金融机构申报其涉外收付款的，称为间接申报。直接申报的主体目前主要是金融机构，主要包括对外金融资产负债和交易统计制度、中资金融机构外汇资产负债统计制度等内容。此外，我国还建立了国际收支统计专项调查制度，如贸易信贷调查制度等，辅助采集特定交易信息。外汇管理部门根据申报、调查以及其他管理部门的数据加工编制国际收支统计相关报表，综合反映我国涉外经济状况，为社会各界提供经济分析、经营决策所需的信息。

5. 外汇储备管理

根据基金组织的定义，外汇储备是货币当局控制并随时可利用的对外资产，其形式包括货币、银行存款、有价证券、股本证券等，主要用于直接弥补国际收支失衡，或通过干预外汇市场间接调节国际收支失衡等用途。外汇储备管理遵循安全、流动和保值增值的原则，开展多元化投资，创新多层次运用。目前外汇储备实行国际资产管理行业普遍采用的投资基准管理模式，基准体系包括战略性资产配置、战术性投资策略、投资组合管理和交易执行等多个层次，有效规避风险，捕捉投资机会。此外，按照市场化原则建立委托贷款等渠道，调节外汇市场资金供求，为我国金融机构及外汇市场参与主体扩大对外经贸往来提供良好的基础条件和融资环境。

六、海关管理

海关是国家进出关境的监督管理机关，其基本职能是，进出关境监管，征收关税和其他税、费，查缉走私，编制海关统计，办理其他海关业务。中国实行集中统一的、垂直的海关管理体制。海关监管是指海关依据国家法律、法规对进出关境的货物、物品、运输工具实施报关登记、审核单证、查验放行、后续管理、查处违法的行政监督管理职能。

1. 货运监管

货运监管的基本制度，就是通过申报、查验、征税、放行四个基本环节，依照国家规定的政策法令、规章制度，对进出境货物、物品、运输工具执行实际监督管理。从海关方面看，海关对一般进出口货物的监督，其业务程序是，接受申报、查验货物、征收税费、结关放行。作为进出境货物收、发货人，相应的报关手续应为，提出申报、接受检验、缴纳税费、凭单取货或装船起运。

凡应受海关监管的进出境货物和物品，统称海关监管货物。

一般贸易货物进出境监管，可分为进口与出口货物、许可证管理货物、应税货物、限制进出口货物、禁止进出口货物的监管。特殊贸易货物进出境监管，包括加工贸易货物，保税货物，暂时进出口货物，过境、转运和通运货物的监管。进出境物品通常是非贸易性物品。

海关监管货物的期限是：进口货物自进境起，到海关放行止；出口货物自向海关申报起，到出境止；加工装配、补偿贸易进口的料、件、设备，生产的产成品，以及寄售代销、租赁、保税货物自进境起，到海关办理核销手续止，都必须受海关监管。

海关对进出口货物监管放行所依据的凭证是，进出口货物的收、发货人（或代理人）填写的“进出口货物报关单”，以及外经贸管理部门签发的进出口货物许可证，或有关主管部门的批准文件以及正常的商务单据。

2. 海关征税

根据中国《海关进出口关税条例》《海关进出口税则》，海关必须对进出口货物征收关税。此外，海关还依法代政府税收部门对货物进出口环节征收多种国内税费，如增值税、消费税、船舶吨税等，并依法收取海关规费、海关监管手续费、滞报金、滞纳金等。目前中国的关税征收种类分为进口关税、出口关税，其中主要是进口税。

中国进口税则又分设最惠国税率、协定税率、特惠税率和普通税率四个栏目。最惠国税率适用原产于与中国共同适用最惠国待遇条款的世界贸易组织成员的进口货物，或原产于与中国签订有相互给予最惠国待遇条款的双边贸易协定的国家或地区的进口货物；协定税率适用于原产于中国参加的含有关税优惠条款的区域性贸易协定的有关缔约方的进口货物；特惠税率适用于原产于与中国签订有特殊优惠关税协定的国家或地区的进口货物；普通税率适用于原产于上述国家或地区以外的国家或地区的进口货物。

进口货物在办理报关纳税手续后，允许在国内流通，因此，应与国内产品同等对待也要缴纳国内税。为简化手续，进口货物的国内税一般在进口环节由海关代为征收，简称进口环节税，也称海关代征税。监管手续费是指海关按照有关规定，对减税、免税和保税货物实施监督、管理，提供服务而征收的手续费。海关征税工作，应当遵循准确归类、正确估价、依率计征、依法减免、严肃退补、及时入库的原则。

3. 查缉走私

查缉走私是海关的基本职责，也是维护国家主权和利益、保障改革和开放健康发展的重要手段。走私是指逃避海关监管，进行非法的进出境活动，偷逃关税，非法牟取暴利，扰乱破坏社会经济秩序，严重危害国家主权和国家利益的违法犯罪行为。

《海关法》对我国查缉走私体制做出了明确规定。

一是组建国家缉私管家队伍，专司打击走私犯罪活动。国家缉私警察实行海关与公安双重垂直领导、以海关领导为主的管理体制，按照海关对缉私工作的统一部署和指挥，部署警力，执行任务。国家缉私警察不承担维护社会治安和打击其他刑事犯罪的职责，与地方公安没有隶属关系。组建国家缉私警察队伍，有利于迅速、有力地打击走私犯罪活动。这是从我国实际出发，借鉴国际通行做法的一项改革措施。

二是联合缉私、统一处理。为了改变原来多部门不规范缉私、政出多门、秩序混乱的弊端，要建立以海关为主，公安、工商等执法部门联合缉私，对查获的走私案件由海关统一处理的制度。各执法部门查获的不构成走私罪的案件，一律交由海关做行政处罚；构成走私罪嫌疑的案件，一律移送缉私留察侦办；查获的走私物品和价款，一律交由海关及时上缴国库，任何单位不得坐支截留。

三是改革现行缉私罚没收支管理办法，坚持收支两条线制度。缉私罚没收入全部上缴中央财政。中央财政留30%作为补税，其余部分的50%用于有关缉私部门改善缉私装备、办案、奖励缉私有功的单位和人员，另外的50%返还给省级财政，由省（自治区、直辖市）统一安排，也主要用于反走私工作。缉私罚没收入还要拿出一些支持和奖励缉毒队伍。

4. 编制海关统计

海关统计是指海关运用各种科学方法，对进出境的货物进行统计调查、统计分析的活动。编制海关统计，是海关的基本职能之一。

中国海关统计制度是参照国际标准制定的专门贸易记录制。凡能引起中华人民共和国关境内物质资源存量增加或减少的进出口货物，即实际进出中国关境的货物，均列入海关统计。凡列入海关统计范围的进出口货物均根据《中华人民共和国海关统计商品目录》归类统计。该目录采用海关合作理事会制定的《商品名称和编码协调制度》为基础编制，由8位数编码组成，前6位数是海关商品编码，后两位数是根据中国关税、统计和贸易管理方面的需要而增设的本国子目。全目录计有 8 000 余个 8 位数商品编号。进口货物按 CIF 价格统计，出口货物按 FOB 价格统计。

海关统计的原始资料是经海关实际监管的进出口货物报关单。统计项目包括进出口商品的品种、数量、价格、国别（地区）、经营单位、境内目的地、境内货源地、贸易方式、运输方式、关别等。进口货物按海关放行的日期进行统计，出口货物按海关结关的日期进行统计。

海关月度和年度统计数据按公历月和公历年汇总编制。进出口企业按照报关用的规范格式填制、以电子数据交换的方式向海关申报，经海关通关、审单关员初步审核通过后，再传输到海关统计数据质量检控系统。各地海关统计部门的关员再对报关单上的统计项目逐一认真审核，并通过计算机程序进行错误信息查控、逻辑被控和价格被控等多项数据质量检查把关。确认无误后，按月通过网络将数据传输到海关总署。海关总署信息中心再将各口岸的数据汇总并再行质量查控，经综合统计司查核修正后编制贸易统计报表和对外发布海关统计数据。

七、商检管理

商检管理是指在国际贸易中对买卖双方达成交易的进出口商品，由法定商检机构依法对其品质、数量、规格、包装、安全、卫生、装运条件等进行检验的活动。进出口商品检验是国家对对外贸易活动实行监督管理的一个重要方面，也是一项国际性业务。做好商品检验工作，对于促进对外贸易的发展，提高出口商品的质量，保障社会主义建设和维护国家权益等方面都起着十分重要的作用。中国进出口商品检验工作，主要有四项任务。

1. 法定检验

法定检验是商检机构和其他检验机构根据国家的法律、行政法规的规定，对规定的进出口商品或有关的检验事项进行强制性的检验和检疫，未经检验的不准输出或不准销售、使用。

法定检验的范围是：列入《商检机构实施检验的商品种类表》内的进口商品；按照国家商品卫生法规定需要执行卫生检验的出口食品；按照国家动植物检疫法规定需要进行检疫的出口动物产品；涉及安全、卫生、环境、劳动保护等列入进口质量许可管理目录的商品；装运粮油商品、冷冻品等易腐商品出口的船舱和集装箱，经检验符合装运技术条件并发给证书后，方可装运；列入《国际海上危险货物运输规则》内的海运危险品，出口时必须进行包装鉴定。

2. 抽查检验

抽查检验或称监督管理是指商检机构通过组织管理和监督检查等方式，对进出口商品的质量、重量、数量和包装等实施监督管理。

其监管范围主要包括：对法定检验以外的进出口商品进行抽查检验；对重要出口商品生产企业派驻质量监督员；对进出口商品质量进行认证，并准许认证合格的商品使用质量认证标志；指定及认可符合条件的国内外检验机构承担特定的检验鉴定工作；对重要进出口商品及其生产企业实行质量许可制度等。

抽查检验的组织实施原则是：国家商检部门对抽查检验实行统一管理，负责确定相应的商品种类加以实施；各地商检机构根据商检部门确定的抽查检验的商品种类，负责抽查检验的具体组织实施工作。

3. 公证鉴定

公证鉴定是指国家设置的商品检验机构或社团法人设立的第三者检验机构，对进出口商品进行鉴别和认定。中国的进出口商品鉴定工作由国家商检局授权中国进出口商品检验总公司及其所辖部分省、自治区、直辖市和经济特区的分公司负责办理。商检机构和商检公司（商检公司于 1980 年成立，作为国家商检局指定的检验机构）以第三方公证鉴定人的地位，凭对外贸易关系人的申请，办理对外贸易公证鉴定业务。

根据商检法规定，我国商检机构实施进出口商品检验的内容包括，商品的质量、规格、数量、重量、包装，以及是否符合安全、卫生要求。商检机构对进出口商品鉴定业务的范围包括，进出口商品的质量、重量、数量、海损鉴定，包装鉴定，集装箱检验，进口商品的残损鉴定，出口商品的装运技术条件鉴定、货载衡量、产地证明、价值证明以及其他业务。我国对进出口商品实施检验和监督管理，有利于把好进出口商品质量关，有利于为扩大出口疏通渠道，并为外贸发展提供优质服务。

4. 认证工作

为保证产品质量，提高产品信誉，保护用户和消费者的利益，促进国际贸易和发展国际质量认证合作，国家检验检疫局认证机构依据《中华人民共和国进出口商品检验法》及其实施条例，以及其他有关法律、法规的规定并按国际标准化组织的 ISO 9000《质量管理和质量保证》系列国际标准、国际环境管理体系的 ISO 14000 所制定的一系列认证“准则”和“办法”来用于指导和统一管理全国进出口商品的认证工作。

这一工作主要有：考核、认可国内外进出口商品检验，评审机构和认可检验员、评审员注册等管理工作；组织和监督管理有关部门涉及认可检验机构的进出口商品检验和认证工作；根据需要同外国有关机构签订进出口商品质量认证协议；根据协议或者接受外国有关机构的委托进行进出口商品质量认证工作；对认证合格的进出口商品及生产企业颁发认证证书，准许使用进出口商品质量认证标志；根据出口生产企业的申请或外国的要求，对出口商品生产企业的质量体系进行评审；组织签订并执行进出口商品检验方面的国际合作协议，参加有关国际组织和会议。

本章小结

1. 本章从弥补市场调节机制的不足，保证对外贸易体制改革的顺利进行，保证国家对外贸易方针政策的贯彻执行，保证对外贸易健康有序发展，保证对外贸易获得最佳经济效益，保证在激烈的国际市场上处于有利地位等 6 个方面阐述了对外贸易管理的必要性。

2. 法制手段是指在对外贸易中借助法律规范的作用对进出口活动施加影响的一种强制性的手段。除《外贸法》这个基本大法外，在对外货物贸易、技术贸易、服务贸易管理的各种手段、各个环节、各个方面都制定和颁布了具体的法规和条例。此外还颁布了反倾销、反补贴和保障措施等立法。通过经济司法，保护合法行为，惩治违法行为，维护良好的经济秩序。

3. 通过汇率杠杆、税收杠杆、信贷杠杆、价格杠杆，对微观经济主体行为施加影响，以实现宏观调控外贸经济活动和外贸经济关系。

4. 对外贸易的宏观管理，主要采用经济手段和法律手段，同时辅以必要的行政手段进行管理。对外贸易的行政管理手段有配额管理、许可证管理、经营权管理、商标管理、外汇管理、海关管理和商检管理。

综合练习

一、不定项选择题

1. 国家对部分货物的进出口实行数量限制的手段，被称为（　　）。

A. 进出口许可证管理　　B. 进出口配额管理

C. 进出口指定经营管理　　D. 进出口分类管理

2. 根据《货物进出口管理条例》的规定，对国家规定（　　）实行出口配额管理。

A. 有数量限制的出口货物　　B. 禁止出口的货物

C. 一般允许出口的货物　　D. 一般限制出口的货物

3. 我国普惠制原产地证的签证机构是（　　）。

A. 上商管理局　　B. 许可证事务管理局

C. 进出口商品检验局　　D. 外汇管理局

4. 海关对保税货物的监管主要采取的方式是（　　）。

A. 保税仓库　　B. 保税区　　C. 保税工厂

D. 保税合同　　E. 保税协议

5. 外汇管理是指国家对进出本国国境的（　　）进行干预和控制。

A. 外国货币的汇率　　B. 本国货币的汇率　　C. 外汇收支

D. 外汇买卖　　E. 外汇转移

6. 我国商检工作的主要任务是（　　）。

A. 法定检验　　B. 抽查检验　　C. 公证检验

D. 认证工作　　E. 查缉走私

二、简述题

1. 简述中国外贸宏观调控的构成和目标。
2. 中国外贸立法的调整对象是什么？怎样理解它的立法渊源。
3. 简述中国《外贸法》的地位和性质及修订后的《外贸法》的主要内容。
4. 中国对外贸易主要有哪些救济制度？实施这些救济制度分别需要满足哪些条件？
5. 简述中国关税制度的演变以及我国关税减免的种类、关税的计征标准。
6. 中国进口关税税率确定的基本原则是什么？

三、论述题

1. 试述出口退税制度在中国的实施概况。
2. 现行人民币汇率制度的主要内容有哪些？
3. 试述市场经济体制下中国对外贸易的管理手段。

四、案例分析题

唯冠（深圳）于2001年在中国注册“iPad”商标，并实际使用。2009年，唯冠（台北）同意把其在多国注册的“iPad”商标以3.5万英镑卖给一家叫作IP Application Development的公司（实为苹果控制的公司）。苹果认为其中包含了“iPad”在中国大陆的商标，但唯冠（深圳）认为其和唯冠（台北）

是不同的主体，后者无权处置前者持有的商标，因此国内商标权并没有包含在前述转让协议中。2010 年 4 月，苹果在深圳中级人民法院起诉唯冠（深圳），要求确认其为 iPad 商标专用权人。2011 年 12 月，法院做出一审判决，苹果败诉，随后苹果上诉至广东省高级人民法院。

在苹果一审败诉后，唯冠（深圳）向深圳市福田区人民法院、惠州市中级人民法院、上海浦东法院提起对苹果“iPad”商标侵权诉讼，分别要求深圳市国美电器有限公司、深圳市顺电连锁股份有限公司和苹果贸易（上海）有限公司停止使用 iPad 商标。在上海的诉讼定于 2012 年 2 月 22 日开庭。惠州市中级人民法院于 2 月 17 日下发一审判决，判定苹果经销商深圳市顺电连锁股份有限公司惠州分公司禁止销售苹果“iPad”相关产品。

当发现产品商标被注册之后，苹果方面以美国 IP 公司的名义购买商标，以此来尽量减小其购买费用。对此，创新工场董事长兼首席执行官李开复在其微博中表示：“我之前的经历是，在企业主动购买未发布的商标、域名时，绝对不会以公司的名义直接来购买，一定是经过第三方或者律师事务所。除了怕被蓄意抬价之外，还有公司保密的问题（防止新产品方向、名字泄露）。”此为手段。从现有的资料来看，虽然唯冠（台北）在转让“iPad”商标权给苹果的代理公司过程中，可能存在违约甚至欺诈的问题，但这不影响唯冠（深圳）持有商标权的合法性。苹果和其代理公司在取得商标权的过程中，没有做好尽职调查，同时商标转让合同过于简单，也没有约定好在境内办理商标权转让的手续，这在跨境资产交易中是比较明显的失误，此为教训。

本例整理自 2012 年第 2 期《今日工程机械》高维啸《“iPad”商标侵权案》一文。第一工程机械网本文链接：http://news.d1cm.com/2012/04/28/042816522828518.shtml

当国产品牌的工程机械产品在世界范围内获得充分认可的时候，难保不会出现一个中国的“iPad”，到时候是放弃现有的商标使用权还是去承担高昂的转让费用，两者之间无论如何取舍都将令人十分为难。如何在问题发生之前予以防范，又如何在问题发生之后有所解决，除了应有的法律手段之外，苹果的方法与经验值得借鉴。

请分析：

（1）法院在审理、判决中的依据是什么？

（2）原告是否可以《反不正当竞争法》维护自己的权益？

第十章 外贸体制

【学习要求】

通过本章的学习，了解我国外贸体制的建立和发展，以及进行外贸体制改革的必要性；掌握我国在外贸体制初步改革阶段、深化改革阶段、承包经营责任制阶段和建立外贸新体制阶段的外贸体制改革的主要内容及措施。

【主要概念】

对外贸易体制　外贸经营权　工贸结合　出口承包经营责任制　现代企业制度　股份制　转换企业经营机制　进出口商会

对外贸易体制是指对外贸易的组织形式、机构设置、管理权限、经营分工和利益分配等整个制度。对外贸易体制是经济体制的一个组成部分，属于上层建筑范畴，是由经济基础决定并为经济基础服务的。我国在十一届三中全会后开始对外贸易体制的改革，先后经历了以打破旧体制为主要内容的改革和以建立新体制为主要内容的改革。

第一节　外贸体制改革的必要性

案例 10.1

全球化进程中国家寻求自主性的战略途径

改革开放后三四十年间，外贸领域无疑是变化最显著、最深刻的经济部门。在改革之前，外贸经营权完全集中在12家国有进出口公司手中。中国的经济处于半自给自足状态，对外贸易占国民生产总值的比例不足10%。中国在世界贸易中排名第36位，进出口总额不足世界贸易总额的1%。自从1979年外贸体制改革开始以来，整个外贸部门经历了快速的发展和全面的变化。改革开放后三十多年间，进出口贸易额的增长率都保持在两位数的水平，高于同期国内生产总值的增长率[①]。2013年中国已经成为世界第一货物贸易大国，贸易依存度达到43%；进出口服务贸易居世界第三。这在一定程度上，反映

① 部分内容整理自《国际政治研究》2008 年 2 期吉宓《全球化进程中国家寻求自主性的战略路径——以中国外贸体制改革为例》一文，引用数据在第 48～49 页。

了中国经济的开放程度。与中国在外贸领域的不凡表现相关联的是国家外汇储备的增长，2014年中国的外汇储备居世界第一，接近4万亿美元，是世界第二的日本的3倍。

点评：外贸领域在改革前后如此显著深刻的变化，无疑是与改革相关联的。

在我国的对外贸易体制形成和发展中，不断出现不适应我国基本国情和世界经济发展的问题，因此，从 1978 年党的十一届三中全会开始，我国开始了对外贸易体制的改革，这对于促进我国经济的进一步发展具有深远的意义。

一、实现我国国民经济发展战略目标的需要

第一，外需拉动仍将是国民经济增长的重要动力。2014 年，我国货物和服务净出口对国内生产总值增长的贡献率超过 10 个百分点①。随着经济全球化趋势的加强，未来二三十年我国经济的发展更离不开国际市场，离不开外贸出口的有力带动。

第二，我国加入世界贸易组织以后潜在的进口增长，客观上要求出口保持持续发展，以实现外汇收支平衡。从 2004 年开始，由于加入世界贸易组织后过渡期的到来，随着市场的全面开放和进口持续高速增长，如出口不能继续保持较高的增长水平，对外贸易平衡将越来越困难。

第三，我国经济结构的战略性调整，需要我们利用好国际间产业转移带来的机遇，支持企业"走出去"带动出口增长，带动我国沿海地区产业升级和走新型工业化道路。

案例 10.2

"格力"在巴西投资的具体实践

珠海格力电器股份有限公司是全球最大的空调生产企业，组建于1991年，业务遍及全球100多个国家和地区，2005—2014年产销量连续10年领跑全球，用户超过3亿。格力空调先后中标2008年"北京奥运媒体村"、2010年南非"世界杯"主场馆及多个配套工程、2010年广州亚运会14个比赛场馆、2014年俄罗斯索契冬奥会配套工程等国际知名空调招标项目。

最初，格力在巴西的贸易极为成功。格力空调自从1998年进入巴西市场以后，就以规格齐全、质量可靠的优势，仅两个半月实现销售220万美元，订单250万美元，一年后，销售额飚升至1 000万美元。两三年内格力空调在巴西的销售网络已遍及24个州，共有67个代理商、150多个维修点，并拥有多个安装公司。为保证销售成功，格力还在巴西设立了保税仓库。先期的投入、贸易的成功，使格力在当地投资建厂的边际成本减少，对当地市场的把握增加了建厂的预期收益（2001年格力电器巴西生产基地正式投产）。

海外投资的关键前提是比较优势的确立。从格力的实践来看，从劳动力资源优势出发，在传承一些发达国家成熟技术的基础上，确立小规模技术优势，国内企业大有可为。对此，格力公司主管出口的陈建民副总经理深有体会："随着中国加入世界贸易组织，我们更直接地参与国际竞争。在客户跟进、产品生产、发货安排上都淋漓尽致地体现一个'抢'字，但'走出去'环节的不顺畅，使我们面对风云变幻的国际市场深感无奈。企业领导整天为这些琐事干扰，苦不堪言，极大地分散了应对竞争的精力。"②

请思考：我国外贸体制怎样才能适应国家经济结构调整，支持企业"走出去"带动出口增加。

---

① 2015 年 1 月 21 日商务部召开 2015 年第一次例行发布会中透露，2014 年前三季度，货物和服务净出口对国内生产总值增长的贡献率达 10.2%，预计全年贡献率将在 10.5%左右。

② 本例部分内容整理自《南方论丛》2003 年 3 月第 1 期杨健《中国企业"走出去"的实证分析——格力公司的实践与启示》一文；其他内容整理自珠海格力电器股份有限公司官网（http://www.gree.com.cn/about-gree/gsjs_jsp_catid_1241.shtml）。

第四，为了缓解全社会的就业压力，需要我们保持劳动密集型出口加工产业的持续健康发展。

第五，保持国际收支平衡，防范各种金融风险，同样需要出口贸易的稳定发展。

一个需要特别引起注意的问题是，近年来我国出口发展的内生源泉不足，国内其他各类企业的出口增长相对于外资企业较慢，从中长期的发展来看，存在着不容忽视的隐患。由于国际资本有着很大的流动性，总是在不断地寻找新的投资场所，跨国公司把生产场所转移到中国来，看重的是我国廉价的生产要素，而随着我国经济的发展，这种优势不可能长期保持。因此，如果不能较快地大幅度提高内资企业的出口竞争力，一旦这些外向型外资转向其他国家和地区，外资企业出口增长出现大幅度下降，我国出口就可能出现大的问题。而要提高我国内资企业的出口竞争力，就必须打破政企不分、统负盈亏的外贸管理体制，建立起适应社会主义市场经济发展的，符合国际贸易规范的新型外贸体制。

二、实现出口贸易增长方式转变的需要

进入新世纪以后，主要发达国家的经济虽然有所复苏，但居民可支配收入的增长仍然缓慢。从中长期来看，其市场需求总量难以有明显的扩张，这对我国出口贸易的持续增长是一个大的制约，使我国面向传统市场的出口贸易规模进一步扩大的难度越来越大。目前我国具有比较优势的劳动密集型产品在发达国家的占有率已经相当高，已经成为美国贸易逆差最大的来源国。由于我国出口仍主要依靠数量扩张型增长，一些国家频繁利用技术壁垒、环境壁垒、绿色壁垒等手段对我商品进口设限，我国商品受到反倾销调查的案例数量呈现出不断上升的趋势。这一方面说明国际市场对我国一般性低价出口商品的需求接近于饱和，另一方面反映出我国的出口促进政策需要做出系统性、战略性调整。这一调整的核心是要进一步提高我国产品和企业的国际竞争力，努力实现从“贸易大国”向“贸易强国”的转变，实现从“扩大出口”规模导向到“提高卖价”效益导向的转变。为了实现上述转变，必须建立和完善外贸出口促进体系。

三、适应加入世界贸易组织新形势的需要

实践证明，我国加入世界贸易组织符合我国的根本利益，但加入世界贸易组织确实也给我国带来了新的挑战。在出口贸易方面，我国同样必须履行世界贸易组织的义务和原则，长期以来在计划经济体制下形成的、以行政管理为主的外贸管理体制特别是地方政府管理外贸和促进出口的方式，面临进一步的改革。换言之，当前抓紧按照世界贸易组织规则和国际通行做法，建立和完善出口促进体系是很迫切的。其原因在于以下方面。

第一，只有建立起既符合世界贸易组织规则，又适应中国国情的，以政府为主导、以经济和法律手段为主的，稳定、规范、统一的出口促进体系，才能有利于全面提高我国企业的国际竞争力，实现我国出口扩大规模、优化结构和可持续发展，实现对外开放的各项战略目标。

第二，只有通过出口促进体系的建立与完善，与对外贸易相关的海关、商检、外汇、税务和外经贸管理部门，进一步明确分工，协调统一，加强管理，改善服务，为企业在通关、商检、外汇核销、出口退税等环节提供更多的支持，我国加入世界贸易组织以后获得的优惠与便利才有可能发挥最大效能。

第三，加入世界贸易组织以后，要实现对外贸易政策的统一制定及在全国的统一实施。目前我国对外贸易的管理仍有计划经济遗留色彩，主要体现在地方政府对出口的管理与促进

上。一方面，本该由中央外经贸管理部门统一实施的管理，仍采取分级管理的办法，有一部分出口配额和许可证的发放委托地方外经贸管理部门管理；另一方面，由于全国没有一个统一的贸易促进体系，出口促进的主体与方式五花八门，有些地方给企业提供出口补贴，既在国内地方之间造成不平等竞争，又可能给人以口实，增加对外贸易摩擦。

第四，加入世界贸易组织，需要一个公平的对外贸易竞争环境。按照世界贸易组织的公平贸易原则，各成员方不得采取不公平的贸易手段进行国际贸易竞争或扭曲国际贸易竞争。例如不允许成员方企业对外倾销商品，禁止政府按出口实绩对企业或产业直接补贴，以及对出口直接税等进行减免等。

四、适应经济全球化快速发展的需要

经济全球化使不同国家在经济上联系越来越密切，各个国家所面临的国际竞争也越来越激烈，并且直接体现在出口贸易的竞争上。世界范围内的国际贸易增长，实际上是各国出口贸易增长的总和，而单个国家出口贸易的增长能力则是其国际竞争能力的一个重要标志。面对日益加速的经济全球化进程，一个国家的出口竞争力越来越直接地影响到经济发展的潜力。要想在经济全球化进程中分得一杯羹，发展中国家首先必须考虑如何推动本国出口贸易的持续增长。只有在出口上取得突破，才能有效地参与国际分工，才能在引进外资和先进技术等方面取得实质性的利益。从这个意义上说，作为全球最大的发展中国家，出口能否获得持续增长，将直接关系到我国在未来经济全球化格局中的地位与前途。面对经济全球化所带来的更加激烈的国际竞争，我国如果没有一整套完善的出口促进体系，就不可能形成新的出口优势，就不可能带来新的发展。日本等国的实践告诉我们，出口贸易光靠企业自身力量是不够的，政府不仅有必要，而且也是唯一有能力给予支持的重要力量。

21 世纪的前十几年，是我国以加入世界贸易组织为契机，开始新一轮以与国际经济规范全面接轨，建立完善的社会主义市场经济体制为基本目标的体制改革时期，我国的经济发展战略模式将出现重大转变。在出口的促进与管理方面，面对国内市场国际化、国际竞争国内化、国内外竞争一体化，单纯的某一项政策都难以有效调节这种变化所体现的复杂关系，因此建立一整套符合新形势需要的、规范化、高效率的政策调控与促进体系，完善对外贸易体制是一项非常紧迫的任务。

第二节　以打破旧体制为主要内容的外贸体制改革

案例 10.3

外来和尚念好经——探访浦东首批中外合资外贸公司

1996年9月30日，国家外经贸部批准上海浦东新区和深圳特区为试点组建中外合资外贸公司。首批被批准试点的三家公司是中技-鲜京贸易有限公司、东菱贸易有限公司和上海兰生大宇有限公司，它

们于1997年7月在上海浦东成立。它们的成立对于中国外贸体制具有“破天荒”的意义，标志着我国在外贸经营权对外开放上迈出了第一步。这也是我国政府应对加入世界贸易组织的策略之一，希望能够通过这种形式来摸索出一条国际贸易的新途径。东菱贸易有限公司由三家母公司共同成立，包括出资占到51%的中方东方国际（集团）有限公司，出资27%的日本最大的综合商社之一宜菱商事株式会社和出资22%的是世界上最大的粮油贸易商大陆谷物公司，后来这一部分的股权由嘉吉集团收购。三家母公司的“触角”能够延伸到几乎全球各处，这些“触角”能够及时传递回来信息，从而帮助东菱贸易抓住商机。东菱的总经理葛诺仁表示，东菱从成立之初开始就不是孤立的公司，而是具有强大的全球网络。正是得益于这种多国、多文化、多经济成分的背景，东菱贸易有限公司取得飞速的发展。公司的员工熟悉中国、日本和西方的不同业务运作方式，进出口贸易额逐渐增长，名列上海市进出口百强企业。

（东鸣，2003）[15-17]

点评：案例是2000年前后的情况，当时我国的外贸体制改革在增强国有企业经营自主权的同时，在国有企业以外培养了新的贸易主体，有效地加快了外贸经营的市场化进程。回过头来看，当时外贸体制改革促使我国对外贸易和国民经济以前所未有的速度增长，加快了我国与世界经济融合的进程，是我国经济发展必不可少的推动力。多年后，外贸体制改革面临新的形势，仍旧有诸多不合时宜的旧体制需要去打破。

中国外贸体制改革经历了改革探索时期、外贸承包经营责任制时期、体改深化时期。2001年加入世贸组织后，在降低关税、开放外贸经营权、营造更为公平的市场环境等方面有了更为显著的突破。正是这一系列的改革与突围，助力中国实现了全球最大货物贸易国的华丽转身，中国外贸人的步伐从此更加坚实有力。

一、初步改革阶段（1979—1987 年）

1978 年党的十一届三中全会以来，伴随着经济体制改革的进程，我国外贸体制的改革也陆续展开，从放权、让利、分散，到推行外贸承包制和放开经营，在层次上渐次推进，取得了一个又一个新的突破。

1. 下放外贸经营权

1978 年之前，为确保产品经济和单一的计划经济体制相适应，当时我国建立了由外贸部统一领导、统一管理，外贸各专业公司统一经营，实行指令性计划和统负盈亏的高度集中的对外贸易体制。这种外贸体制在特定的历史条件下有利于使中国在国际收支中避免出现逆差，有利于将中国国内市场与国际市场中的任何不确定因素隔离开来，有利于控制中国进出口水平和构成，达到保护民族幼稚工业，实现进口替代战略的目的。但是，该体制也存在着严重的弊端，主要表现在以下方面。

首先，独家经营，难以调动地方的主动性和积极性。

其次，统得过死，阻碍了企业与买方、卖方的接触，不利于外贸企业发挥自主经营的能力。

再次，统包盈亏，不利于外贸企业走上自主经营、自负盈亏、自我发展、自我约束的企业经营之路。而且未能体现地方、国家、企业、个人的利益关系，影响他们积极性的发挥。

于是从 1979 年开始，在对外贸易体制改革的推动下，我国逐渐下放了一些外贸经营的权限。1984 年，外贸部实施以简政放权为核心的一系列改革措施。

其一，自 1984 年 1 月起，多数省份有权保留一定比例的外汇收入。自 1985 年 1 月起，允许企业自己决定使用 50%的留成外汇。

其二，自 1984 年 1 月，明确 28 种限制进口商品，允许一批机构无须经过外贸部就可进口非限制类商品。这些机构包括外贸部所属外贸公司和分公司、其他部门所属的外贸公司，以及省政府经营的外贸公司。

其三，1984 年 9 月，通过外贸体制改革报告，内容包括"政企分开""简政放权""实行外贸代理制""改革外贸计划体制"和"改革外贸财务体制"等。

至此，高度集权的外贸总公司垄断全国外贸的局面已被打破，各省及下属外贸组织开始成为外贸活动的主力军。经过简政放权，扩大了省一级外贸自主权。外贸公司的数量显著增加。据统计，自 1979 年下半年至 1987 年，全国共批准设立各类外贸公司 2 200 多家，比 1979 年增加了 11 倍多。

2. 开展工贸结合

在 1979 年改革之前，由于工贸脱节，常常造成我国出口产品质量差、花色品种陈旧，无法充分满足国际市场的需求，从而影响了企业的出口效益。于是在外贸体制改革的初期，我国就开展了多种形式的工贸结合的试点。

（1）"四联合，两公开。"这是工贸结合的初级形式，即外贸公司与工业生产企业专业对口，联合办公、联合安排生产、联合对外洽谈、联合派小组出国考察；外贸的出口商品价格对工业部门公开，工业企业生产成本向外贸公司公开。通过这种工贸结合的形式，使我国商品的生产与外贸销售的各环节实现信息互通、资源共享，避免工贸脱节，提升商品出口经济效益。

（2）建立工贸结合公司，即工业生产企业和外贸企业以共同出资，共同经营的模式建立联营企业。

案例 10.4

青岛纺织品联合进出口公司实行工贸结合初见成效[①]

工贸合一的企业出口联合体，如1982年4月成立的青岛纺织联合进出口公司，实现从纺织、印染到针织、服装、外贸出口的一条龙经营，大大提升了青岛纺织产品的出口经济效益。

青岛纺织品联合进出口公司（简称青纺联）是独立核算的外贸经营实体，由青岛国棉三厂、青岛国棉六厂、青岛印染厂、第二印染厂、第一染织厂、第一针织厂、第三针织厂和青岛绒布厂等8个企业组成。它的行政隶属关系不变，集中了青岛地区部分纺织企业，在国家外贸部门的指导下，直接对外经营多种纺织商品出口。公司利用进出口结合的有利条件，开发品种，稳定生产，提高产品质量和竞争能力，开展技贸结合，取得一定成效。如气流纺纱的销售价格，由开始的二档、三档水平提高到一档水平。改变收购关系，分别承担责任。公司规定除印染布仍为收购关系外，对其他产品采取了以换汇成本核定内部价格的办法。这样做的优点是，责任分明，由企业承担因产品质量、规格不符而不能出口的经济责任，由公司承担经营失误的经济责任，增强了工贸双方的责任感。

通过两年多的经营，已初见成效。出口量与创汇额逐年增加，换汇成本低，商品流通费用少。由于实行了工贸联合体，流通费用较低，资金周转快，减少了中间环节，出口产品由工厂直接装船，经济效益有了较大的提高。

【课堂讨论 10.1】

我国外贸体制改革是如何转变对外贸易增长方式，提高质量、效益、水平的？

① 本例整理自《经济工作通讯》1984 年第 11 期《青岛纺织品联合进出口公司实行工贸结合初见成效》一文，青岛纺织品联合进出口公司现为青岛纺联集团进出口有限公司（http://www.qatex.cn/）。

（3）建立生产同类产品的企业和企业联合体为经营实体的外贸公司，从而实现直接对外经营出口业务。

3. 实现出口承包经营责任制

1984 年国内计划价格和市场价格并存的双轨制对出口商品的计划资金调配带来了很大的挑战。针对这种情况，根据中国农村改革的经验，1985 年起外经贸系统试行了出口承包经营责任制，以摸索价格双轨制情况下的计划资金使用方法。承包是在双轨制情况下，初步打破中央财政对外贸实行统收统支，减轻中央财政负担，实现外贸企业自负盈亏的一种有效的过渡性措施。

1987 年我国外贸部对所属的外贸专业总公司实现了出口承包经营责任制，其承包的内容包括出口总额、出口商品换汇成本、出口盈亏总额三项指标。承包经营责任制的指导原则是超亏不补，减亏留用，增盈对半分成，并按三项指标完成情况兑现出口奖励。承包的方式是由经贸部发包，外贸专业总公司总承包后再按公司系统逐级分包到各分公司，然后落实到基层。

通过 1979—1987 年的初步改革，逐步扩大了我国企业的经营渠道，调动了地方、部门发展外贸的积极性，但从总体看来，因企业未真正实现企业化管理，缺乏有效的自我约束机制，我国外贸体制中的一些根本性问题尚未得到解决，这一切均有待于外贸体制改革的深入。

二、深化改革阶段（1988—1990 年）

1988 年起，国务院决定全面推行对外贸易承包经营责任制，其主要内容如下。

首先，由各省、自治区、直辖市和计划单列市政府以及全国性外贸（工贸）总公司向国家承包出口收汇，上缴中央外汇和相应的补贴额度，承包基数三年不变。

其次，取消原有使用外汇控制指标，凡地方、部门和企业按规定所取得的留成外汇，允许自由使用，并开放外汇调剂市场。

再次，进一步改革外贸计划体制，除统一经营、联合经营的 21 种出口商品保留双轨制外，其他出口商品改为单轨制，即由各省、自治区、直辖市和计划单列市直接向中央承担计划，大部分商品均由有进出口经营权的企业按国家有关规定自行进出口。

为落实对外贸易承包责任制，国家采取了一系列配套改革措施。

1. 外汇管制制度改革

在外贸由国家垄断，外汇由国家统收统支的情况下，汇率一度只是内部进行会计核算的工具，它对进出口起不到调节作用。随着外汇调剂中心的建立，汇率对贸易的调节作用开始增强。但由于计划在进口方面仍有作用，留成外汇部分相当于计划进口的权利。外汇调剂中心进行市场交易的不是实际的外汇，而是外汇配度，即议价得到的使用外汇的权利。外汇留成的政策对进出口的影响是十分复杂的，对有些地方政府财政能力强大者而言，地方财政补贴可以促进企业多出口创汇，再从进口中多赚钱。外汇调剂市场和官方内部双重汇率使得外贸企业可以在内外两个外汇市场上得到双重利润，出口积极性因而大增。

在进口用汇方面，政府另有批汇手段进行调节。在实际进口时，要根据商品的性质是否得到国家批准来采用不同的折算率，而不论及外汇来自于留成部分与否。对于关系到国计民生的重要物资和必需品，由国家批准后按官方汇率折算。这样，拉高的人民币比值可以减少进口成本，有利于解决国内的短缺问题。一般商品进口按市场汇率折算，相对于官方汇价可以增大进口成本以限制进口。

到 1988 年全面推行出口承包责任制时，地方和部门自有外汇进口所占比重已超过中央外汇进口。如不搞承包，中央财政负担越来越重，这是因为在中央统包外贸盈亏时，外汇留成是按出口商品收购值来计算比例的。许多经营单位为了多拿外汇留成，抬价竞购，盲目收购，造成了空前的超储积压。推行承包制的效果之一是在保留外汇留成的鼓励作用的同时堵住了亏损的无底洞。经过承包过渡，到 1991 年终于取消了对外贸的财政补贴，同时采取的配套措施是扩大留成比例，发展外汇调剂市场，放开调剂汇率，形成了官方汇率和市场汇率并存的汇率制度。到 1993 年年底，外汇的 70%以上是在调剂市场按 8.70 元人民币/美元的调剂汇率结算的。

2. 出口退税与流转税改革

我国从 1979 年开始试行以增值税、产品税和营业税为主的流转税体系。经过一段上缴利润和缴税并存的过渡，1984 年实行第二步利改税，同时中国开始执行出口退税政策以鼓励企业增加出口。自 1985 年起扩大出口产品退税范围（除原油、成品油之外所有产品都可退税）；自 1986 年起扩大出口退税深度，由过去只退最后一道生产环节的产品税，扩大到加退中间生产环节的产品税。1985—1990 年出口退的主要是工商统一税（按营业额 10%的基本税率征收）、产品税（对初级产品征税）和增值税，退税规模在逐年增加。1994 年进一步改善了出口退税制度。在包税制时代，出口退税中央财政承担 80%，地方财政承担 20%，而在执行中，地方负担部分往往不易落实。实行分税制后，出口退税明确规定全部由中央财政负担，保证了退税的落实[①]。

3. 权利下放，部分放开经营权

中国对外贸商品、外汇、经营权曾有多种限制。外贸部直属的进出口公司按不同的商品范围分工垄断了全部进出口业务。各省的外贸部门只是总公司的分支派出机构。这一垄断的格局有利于最大限度地从进口中获利，不利于压缩出口成本，不利于调动生产部门的积极性，改革势在必行。

在外经贸经营管理体制改革方面，为了顺应出口产品结构的升级，先逐步地给机械行业的生产企业直接参与国际贸易的机会。后又随着国有企业改革的推进，逐步给机械工业企业外贸自主权。允许这些企业在国家计划指导下直接出口产品，参加国际市场的竞争，对出口盈亏担负经济责任。后来，各省成立外贸总公司，并将原中央外贸总公司在各省的分公司独立出来，给予全部外贸经营权。

与放开经营相配套的改革是，1984 年 1 月，外贸部明确规定了 28 类限制进口的商品。允许一批机构无须经过外贸部就可进口非限制类商品，这些被授权机构包括外贸部所属外贸公司和分公司、其他部门所属的外贸公司，以及省政府经营的外贸公司。

在外贸出口管理方面将出口商品的经营权分为三类。一类为垄断经营商品，二类是政府倾向于适度干预竞争或受被动配额限制的商品，其余的是三类商品。这三类商品分别由中央、外贸专业总公司和地方协调管理。经过对商品经营权下放的改革，第三类放开经营商品出口

① 但大量出口形成了对出口退税政策和中央财政能力的考验。最终由于退税大量增加，中央财政无力支付，只得将增值税退税率全面降低。这种趋势在 1997 年以后得以逆转。为了应对国内经济衰退以及亚洲金融危机各国竞相贬值本国货币对中国出口的影响，中国又开始逐步提高出口退税率。

有了长足的发展。需要出口许可证的出口产品数量到 1999 年降至 59 种[①]。

承包制的推行基本达到了预期的效果。首先，它打破了长期以来外贸企业吃国家“大锅饭”的局面，为解决责权利不统一的状况迈出了一大步，从而大大调动了各方面特别是地方政府的积极性，有力地促进了外贸的发展。其次，它有利于解决中国经营体制上长期存在的政企不分问题，让企业逐步走向自主经营的道路。最后，它促进了工贸结合，有利于增强外贸企业的国际竞争力。

与此同时，承包制也暴露出一些弊端。一是尚未建立外贸的自负盈亏机制。承包制仍然保留了中央财政对出口的补贴。财政补贴是一种非规范化的行政性分配，带有主观随意性，也不符合国际贸易的通常做法。二是助长了局部利益的膨胀和不平等竞争的加剧。对不同地区的承包企业规定不同的出口补贴标准和不同的外汇留成比例，从而造成了地区间的不平等竞争，诱发了对内的各种抢购大战和对外的竞相削价销售，造成外贸经营秩序的混乱。三是企业行为短期化。企业在追求利润的刺激下，缺乏中长期投资眼光和积极性，只重承包期内任务的完成和超额完成，往往忽略了外贸长期发展的战略目标和战略措施。企业宁可转产附加值低且易迅速出口、换汇成本低的产品，导致国家外向型企业产品结构长期处于低水平运行。四是承包期一定 3 年不变，未能适应国内非经营环境的变化。遇有重大的环境变化，承包企业往往难以完成承包任务。

三、出口自负盈亏承包经营责任制阶段（1991—1993 年）

这一轮外贸体制改革重点放在微观管理层的变革，它既是建立现代企业制度的客观要求，也是前一阶段简政放权道路的延续。在一系列改革措施中，有两项特别重要。

（1）取消国家财政对出口的补贴，按国际通行的做法由外贸企业综合运筹，自负盈亏。

（2）改变按地方实行不同外汇比例留成的做法，实行按不同商品大类统一比例留成制度。

此后，中国外贸经营基本打破了“大锅饭”体制，外贸企业的经营机制发生了根本性的改变。

外贸财政补贴的取消使外贸企业第一次被真正作为外贸经营主体和参与竞争的独立实体而受到重视，使国内外贸企业能够在自主经营、自负盈亏的前提下，建立和完善自我发展、自我约束的经营机制，改善经营管理，提高国际竞争能力，从而在更深更广的范围内参与国际分工，促进市场秩序健康发展。同时，它还扩大了企业对外汇的支配使用权，有利于保持适度的进口增长，为进一步拓展对外贸易关系创造了良好条件。另外，为了保证国家收汇并防止逃汇、套汇，外汇管理部门和结汇银行实行跟踪结汇，加强了对出口外汇的管理。

截至 1993 年年底，中国有外贸经营权的各类企业（不包括已投产的 8 万多家外商投资企业）达 8 000 多家。原有的宏观管理模式已明显不能适应外贸发展的需要。企业自主权的扩大，企业产权制度的变革，也呼唤政府建立一套多形式、多层次，既灵活又统一的管理体制。为此，国家提出按现代企业制度改组国有企业，采取一系列措施鼓励外贸企业进行股份制的试点工作，鼓励专业外贸公司实行进出口代理制，鼓励工贸结合，发展实业化、集团化、国际化经营，从整体上促进全国外贸规模的发展。

① 中国政府在 20 世纪 90 年代末将历来由外贸公司垄断的纺织品配额的 15%直接分配给了生产企业，1999 年这个比例则进一步上调至 20%。

第三节　以建立外贸新体制为主要内容的外贸体制改革

案例 10.5

改革外汇管理体制促进对外贸易发展

出口收汇是我国外汇收入的主要来源，但近几年来我国的出口收汇率都逐年下降，大量外汇被截留境外，不能为我国经济建设所用。为此，从1991年开始，我国实行了出口收汇核销制度。出口收汇核销制度采用了直接的行政手段来加强对企业出口收汇的管理，固然能使企业出口收汇观念提高，外汇管理职能加强，但由此而给企业增加的麻烦和负担也是不可忽视的。我国的出口收汇率逐年下降的原因主要是企业没有形成自我发展、自我约束的经营机制，各项考核指标不尽合理，出口收汇率的高低与企业经济效益不挂钩，使企业普遍存在着“重出口，轻收汇”的思想。而从1991年开始，外贸企业走上了自主经营、自负盈亏的轨道，企业的自我发展、自我约束的经营机制逐步形成，企业内部经营管理逐渐强化，责权利相结合的岗位责任制和严密的经济财务核算制度也正在建立和完善。对于如何提高商品竞争力去占领国际市场，采用什么结算方式可以安全收汇，使用什么货币结算可以防止汇率风险等问题，企业自身会加倍重视和关心。因此，出口收汇核销工作应由企业内部财务部门办理。作为国家行政机关的外汇管理部门应改坐等企业上门为不定期抽查或定期检查、上门服务的方式，以改变机关的工作作风，减少企业负担，让企业抽出更多的时间和精力去开拓国际市场，为国家多出口多创汇。

（吉文秀，1992）

点评：外汇管理方式的改革由事前审批转向事后监督，由直接管理转向间接管理，在促进对外经济发展的同时，更加注重国际经济风险的防范。实践证明，我国外汇管理体制改革是成功的，促进了我国经济特别是涉外经济的发展。

1994 年，中国政府开始了以汇率并轨为核心的新一轮外贸体制改革，以便尽快建立适应社会主义市场经济发展的，符合国际贸易规范的新型外贸体制。

一、外贸管理体制改革

（一）经济手段改革

1. 改革外汇管理体制，发挥汇率对外贸的重要调控作用

国务院决定，从 1994 年 1 月 1 日起，实现双重汇率并轨，实行以市场供求为基础的、单一的、有管理的人民币浮动汇率制度，建立银行间外汇市场，改进汇率形成机制，保持合理的、相对稳定的人民币汇率；实行外汇收入结汇制，取消现行的各类外汇留成，取消出口企业外汇上缴和额度管理制度，实行银行售汇制，实行人民币在经常项目下的有条件可兑换。外汇体制改革为各类出口企业创造了平等竞争的良好环境，有助于提高我国出口商品的竞争力；大大加速外贸企业经营机制的转换，更有效地发挥汇率作为经济杠杆调节对外贸易的功

能；有助于中国外贸体制与国际规则接轨。1996 年 12 月 1 日，我国还宣布接受国际货币基金组织第八条款规定的义务，实现人民币经常项目下可兑换。近几年，中国外汇管理体制又进行了新的改革，制订和出台了一系列新的举措，为中国经济发展和对外开放做出了巨大贡献。

1）确立了对资本项目进行管理的新方针

1996 年 11 月实现了人民币经常项目可兑换后，中国外汇管理原则及其内容相应发生了重大变化，即由可兑换前的侧重于外汇收支范围的严格审批转为对交易真实性进行审核，外汇管理的方式由事前管理、直接审批改为事后监督、间接管理的模式。这就是说，凡是经常项目下的交易，只要单证齐全、真实可靠，就可以不受限制地对外支付货款及运费、保费、佣费用。

按照国际常规和改革顺序，一国实现经常项目可兑换后，应继续进行资本项目可兑换的改革。不过，中国并没有急于求成。鉴于中国仍然是发展中国家的国情以及 20 世纪 80 年代以来拉美等发展中国家脱离实际，过快开放资本项目造成外汇流失、频繁发生金融危机的事实，中国审时度势，适时提出对资本项目进行管理的新方针，并在 1997 年 1 月 14 日发布的修订后的《中华人民共和国外汇管理条例》中进行了明确规定："国家对经常性国际支付和转移不予限制……对资本项目外汇进行管理。"在市场机制不健全、外汇资源相对稀缺的条件下，中国做出对资本项目进行管理的决定，无疑是正确的和及时的。随即而来的亚洲金融危机证实了这一点。

2）构建宽松的外汇环境

中国外汇管理体制改革的一个基本出发点是为中、外资企业及个人创造一个良好的外汇环境，促进国民经济的正常发展和对外开放的顺利进行。本着这一原则，近几年中国外汇管理当局努力抓了这样几项改革。

一是自 1997 年 1 月 1 日起，开始进行远期银行结售汇试点，为企业提供规避汇率风险、降低交易成本的保值手段；同年 10 月 15 日，允许符合一定条件的中资企业开立外汇账户，保留一定限额经常项目外汇收入。二是增加外汇管理的透明度、公开性。1999 年 5 月 28 日，中国外汇管理当局开通了国际互联网网站，内容包括全部现行外汇管理法规、业务操作指南等。三是各地外汇管理部门努力提高服务水平，不断探索，开办了"红色通道""首问负责制""免费咨询电话"等新的服务项目，为中、外资企业和个人提供优质服务。四是在个人因私用汇方面，也在真实性需求的基础上逐步向便捷宽松的方向发展。1994 年个人出境旅游只能换购 60 美元，1996 年提高到 1 000 美元，1997 年再次提高到 2 000 美元。五是于 2001 年年初允许中国境内居民从事 B 股投资，为国内持有外汇的居民提供了新的投资渠道。

3）完善外汇市场建设

1994 年 4 月 4 日，设在上海的全国统一的外汇市场——中国外汇交易中心正式运行，从此中国外汇市场由带有计划经济色彩的外汇调剂市场发展到符合市场经济要求的银行间外汇市场的新阶段。中国外汇交易中心以卫星和地面通信网络为媒体，通过计算机网络形成覆盖全国 37 个分中心的外汇交易联网系统。各交易中心主体是银行，各银行的交易员每天通过网络进行结售汇头寸交易，为银行提供交易、清算服务，保证结售汇制度下外汇资金在全国范围内的合理流动。

为了进一步完善外汇市场建设，1996 年 12 月 2 日，中国颁布了《银行间外汇市场管理暂行规定》，就银行间外汇市场组织机构、会员管理和交易行为等做出规定。1997 年 2 月 12 日，中国又决定中国外汇交易中心与全国银行间同业拆借中心为一套机构、两块牌子。1998 年 12 月 1 日，中国外汇管理当局宣布取消外汇调剂业务，并相应关闭各地外汇调剂中心，全部境内机构的外汇买卖包括外商投资企业的外汇买卖均纳入银行结售汇体系中，使银行间外汇市场更加统一规范，进一步发挥对外汇资源配置的基础性作用。

4）积极推进金融业的对外开放

1981 年，中国批准设立了第一家外资银行——南洋商业银行蛇口分行。1985 年，中国允许在厦门、珠海、深圳、汕头和海南 5 个经济特区设立外资银行。1990 年，为配合浦东开发，中国批准上海对外资银行开放。1992 年，中国批准大连、天津、青岛、南京、宁波、福州、广州等 7 个城市对外资银行开放。但总的来看，金融对外开放的步伐较为缓慢。从 1996 年起，中国加快了金融业对外开放的速度。

1996 年 12 月 2 日，中国允许设在上海浦东、符合规定条件的外资金融机构试点经营人民币业务，并同时颁布《上海浦东外资金融机构经营人民币业务暂行管理办法》。1997 年 1 月，中国首次批准上海的 9 家外资银行迁址浦东并经营人民币业务。1998 年 8 月 12 日，中国又宣布允许深圳外资金融机构试点经营人民币业务。1999 年 6 月，中国批准 25 家外资银行开办人民币业务，其中上海 19 家，深圳 6 家。1999 年 7 月 17 日，中国批准扩大上海、深圳外资银行人民币业务范围。从地域范围上，从上海扩大到江苏、浙江，深圳扩大到广东、广西和湖南等地，增加了外资银行人民币同业借款业务，放宽人民币同业拆借限制和人民币业务规模，允许同一家外资银行经营人民币业务的分行之间自由调拨人民币头寸。由于中国不断采取有效措施加强金融业对外开放的软环境建设，从而确保了引进外资金融机构工作的顺利开展。

5）建立健全国际收支申报、监测体系

国际收支申报、监测体系是国民经济核算体系的重要组成部分。由于它能够全面反映一国与世界经济交往状况及外汇供求状况，在世界范围内成为衡量一国经济发展是否正常、外汇储备与外债规模是否适度以及汇率水平是否合理的重要依据，同时也具有预警国家经济安全的重要作用。

1980 年，中国开始试编国际收支平衡表；1982 年起正式编制国际收支平衡表。为了适应经济发展和国家经济安全的需要，与国际标准接轨，提高国际收支统计申报质量，从 1996 年 1 月 1 日起，中国开始实行国际收支申报制度。1997 年，中国国际收支平衡表开始按照国际货币基金组织国际收支手册第五版的原则进行编制公布。2001 年开始按半年期试编国际收支平衡表。至此，中国基本建立和健全了国际收支申报、监测体系，有力地促进了国家宏观监测系统的加强和完善。

6）进一步完善外汇管理法规体系

1996 年年底，中国实现了人民币经常项目可兑换后，中国外汇管理当局根据形势发展的需要，对建国以来的外汇管理法规、规章和其他规范性文件 1 600 件进行了全面的清理，对 47 件法规的部分条款进行了修订，其中包括 1997 年 1 月修改后公布的《中华人民共和国外汇管理条例》，使外汇管理法规更加系统、规范，符合实际需要。这些法规大致可以分为三类。

一类是完善资本项目管理的政策法规。1997 年 7 月发生了亚洲金融危机，为了加强资本项目管理，保持中国经济金融稳定，中国外汇管理当局颁布的重要政策法规有《银行外汇业务管理规定》《境内外汇账户管理规定》《离岸银行业务管理规定》《经常项目外汇结汇管理办法》《外债统计监测实施细则》等，旨在区分经常项目收支，限制游资的流入，加强对借用外债的宏观调控和及时准确掌握中国外汇外债的统计监测数据。

二类是打击非法外汇资金流动、保证合法外汇资金需求的法规。1998 年受各种利益驱动，骗汇、逃汇和非法买卖外汇势头越演越烈，扰乱了国内金融秩序。在此种情况下，中国外汇管理当局会同有关部委联合制订颁布了《关于骗购外汇、非法套汇、逃汇、非法买卖外汇等违反外汇管理规定行为的行政处分暂行规定》等法规，狠狠地打击了不法分子的嚣张气焰，稳定了中国外汇秩序。

三类是鼓励出口和利用外资的法规。1998 年 5 月—1999 年 6 月，中国外贸出口增速处于低迷状态，对外筹资能力也受到影响。为改变这种不利局面，1999—2000 年中国外汇管理当局独立或会同有关部委，制订出台了《出口收汇考核办法》《关于简化境外带料加工装配业务管理的外汇通知》《关于改善外汇担保项目下人民币贷款管理的通知》《出口收汇核销试行办法奖惩条例》等法规，支持扩大出口和利用外资，保证中国国际收支稳定和健康。

汇率改革后，建立在外汇额度留成基础上的出口自负盈亏的外贸承包经营责任制逐渐淡出了我国的外贸体制。这有利于创造平等竞争的外贸环境，同时消除人民币币值高估问题，为我国扩大出口贸易创造有利的机会。

2. 降低进口关税水平，减少商品进出口限制

按照世界贸易组织对发展中国家的要求，我国在外贸体制改革中，逐步降低了进口关税的总水平，使关税成为调节进出口贸易的主要手段。

1）关税税率和关税标准差不断降低

关税税率的高低，在一定程度上反映了一国市场经济发育的程度。关税属于间接税，它可以被转嫁到生产者或者消费者身上，体现了政府控制对外贸易的意图。较高的关税会抬高进口商品的价格，从而降低商品竞争力，阻碍贸易规模的扩大；反之，较低的关税则表明政府对国内产业保护程度的降低，是对经济自由化的认可。

中国政府对关税税率进行了多次调整。1992 年年初，降低了 225 种进口商品关税，关税平均税率（算术平均税率，下同）下降到 43.2%；1993 年，降低了 3 371 种进口商品关税，关税水平下降到 36.4%；1995 年，降低了 4 997 种进口商品关税，调整商品占进口税税则总数的 76%，关税总水平下降到 23%；1997 年，又大范围地降低关税水平，平均关税水平下降了 6 个百分点，达到 17%。2001 年中国关税总水平下降到 15.3%，2002 年中国关税总水平又降至 12%，2005 年中国关税总水平再降至 10.1%，2008 年降至 9.8%，截至 2015 年一直稳定在 9.8%的水平。

关税标准差反映的是关税税率的分布情况。关税的标准差越小，反映平均关税水平越具有代表性；而标准差越大，说明税率等级越分散，关税的政策性越强，可能保护程度就会越高。1992—2001 年，中国平均税率标准差从 32.1%下降到 8.37%，这说明中国关税的保护程度有了很大程度的降低。

2）进出口商品的数量限制措施不断减少

中国进出口商品的数量限制一般包括配额管理、许可证管理、国营贸易等措施。在中国加入世界贸易组织双边协议中减少数量限制是一个重要组成部分。1992 年以来，中国逐步放宽对进出口商品的数量限制，逐步减少实行进出口配额许可证管理商品的范围，相应地扩大了企业经营的进出口商品的范围。

首先，较大幅度地减少了实行出口配额许可证管理商品的种类，在配额分配中实行择标用人竞争机制。配额是一种重要的非关税壁垒，它是对进口或出口商品实行的数量限制。1992 年，中国实行出口主动配额管理的商品共 227 种，出口发证金额约 412 亿美元，占当年全国出口总金额的 48%。随着外贸体制改革的不断深化，2000 年，出口配额许可证管理商品减少

到 68 种，据海关统计出口金额为 222 亿美元，占当年全国外贸出口总额 1 909 亿美元的 11.6%。到 2013 年，出口许可证管理商品减少到 48 种。

其次，不断放宽进口数量限制。自 1992 年以来，中国不断减少进口配额许可证管理商品品种。1995 年，实行进口配额许可证管理商品品种由 53 种减少为 36 种，税目由 742 个减少到 354 个，进口发证金额为 211 亿美元，占当年全国进口总额的 24%。2001 年减至 33 种，据海关统计进口金额为 198 亿美元，占当年全国外贸进口总额的 8%。2002 年减至 12 种，170 个 8 位商品编码。从 2002 年 1 月 1 日起，中国取消了对原油、钢材、农药、石棉、胶合板、烟草、二醋酸纤维丝束、氰化钠、聚酯切片、腈纶、涤纶及部分机电产品的进口数量限制，改为实行自动进口许可管理。

最后，指定经营产品数量不断减少。根据国际惯例，中国对指定经营产品的进出口实行国营贸易管理措施。按照加入世界贸易组织承诺，中国改变了以前核定公司终身制的做法，根据企业的经营业绩和经营能力，通过动态调整，择优选择，使合法经营、业绩佳、能力强的企业参与大宗商品的进口经营工作。2002 年，中国将粮食、棉花、植物油、食糖、原油、成品油、化肥和烟草等 8 种商品改为实行国营贸易管理，同时允许非国营贸易企业开展一定数量的进口业务，从而使上述商品的实际经营企业数增多；钢材、羊毛、天然橡胶、腈纶和胶合板等 5 种商品实行指定经营管理。上述改革措施，有力地推动了进出口经营体制改革的进程，调动了企业的积极性。

3. 所得税改革

1994 年以来，我国财税体制从包干制逐步改为分税制。即国有外贸企业统一按 33%上缴所得税；中央外贸企业上缴的所得税，全部补充国家进出口银行信贷基金；地方外贸企业上缴的所得税在解决过去挂账的基础上，作为外贸发展基金。

4. 完善出口信贷政策

出口信贷作为一种国际信贷方式，是一国为支持和扩大本国大型机械设备的出口，加强国际竞争能力，由该国的出口信贷机构通过直接向本国出口商或外国进口商（或其银行）提供利率较低的贷款，或者是通过担保、保险或是给予利率补贴鼓励本国商业银行对本国出口商或国外进口商（或其银行）提供中长期贷款，以解决本国出口商资金周转的困难，或满足国外进口商对本国出口商支付货款需要的一种融资方式。1994 年以来，我国继续推行有利于出口的信贷政策，银行对各类外贸企业贷款实行优先安排，贷款规模的增长与出口增长保持同步。这一措施不仅可以帮助企业优化产品出口结构，也推动了企业积极开拓新市场。

（二）行政立法手段改革

1994 年 5 月 12 日出台的《中华人民共和国对外贸易法》，是我国对外贸易的根本大法，它标志着我国外贸发展开始进入了法制化轨道，保证我国对外贸易在社会主义市场经济体制下有序地运行。随后我国又出台了一系列相关法规，为保障我国合法的贸易经济利益发挥了重要作用。

1. 反倾销条例

《中华人民共和国反倾销条例》于 2001 年 10 月经国务院第 46 次常务会议审议通过。进口产品以倾销方式进入我国市场，并对已经建立的国内产业造成实质损害或者产生实质损害威胁，或者对建立国内产业造成实质阻碍的，依照本条例的规定，采取反倾销措施。

对倾销的调查和确定，由外贸部负责。对损害的调查和确定，由国家经贸委负责，涉及农产品的反倾销国内产业损害调查，由国家经贸委会同农业部进行。

条例对进口产品的正常价值及出口价格和倾销对国内产业造成损害的确定以及反倾销调查做了明确规定。初裁决定倾销成立，并由此对国内产业造成损害的，可以采取征收临时反倾销税，要求提供现金保证金、保函或者其他形式的担保等临时反倾销措施。征收临时反倾销税，由国务院关税税则委员会根据外经贸部的建议做出决定，海关执行。倾销进口产品的出口经营者在反倾销调查期间，可以向外经贸部做出改变价格或者停止以倾销价格出口的价格承诺。反倾销税的纳税人为倾销进口产品的进口经营者。同时条例还对反倾销税和价格承诺的期限与复审做了规定。任何国家或地区对中华人民共和国的出口产品采取歧视性反倾销措施的，中华人民共和国可以根据实际情况对该国家或地区采取相应的措施。

2. 反补贴条例

《中华人民共和国反补贴条例》于 2001 年 10 月经国务院第 46 次常务会议审议通过。进口产品存在补贴，并对已经建立的国内产业造成实质损害或者产生实质损害威胁，或者对建立国内产业造成实质阻碍的，依照本条例的规定进行调查，采取反补贴措施。

对补贴的调查和确定，由外贸部负责；对损害的调查和确定，由国家经贸委负责，其中涉及农产品的反补贴国内产业损害调查，由国家经贸委会同农业部进行。

条例规定了在确定补贴对国内产业造成损害时应当审查的事项。国内产业或者代表国内产业的自然人、法人或者有关组织可以依法向外贸部提出反补贴调查的书面申请。条例还规定了反补贴调查、反补贴措施（包括临时措施、承诺）、反补贴税和承诺的期限与复审，并对出口补贴清单做了规定。外贸部、国家经贸委可以采取适当措施，防止规避反补贴措施的行为。

3. 保障措施条例

《中华人民共和国保障措施条例》于 2001 年 10 月经国务院第 46 次常务会议审议通过。进口产品数量增加，并对生产同类产品或者直接竞争产品的国内产业造成严重损害或者严重损害威胁的，依照本条例规定进行调查，采取保障措施。与国内产业有关的自然人、法人或者其他组织可以向外贸部提出保障措施的书面申请；外贸部没有收到采取保障措施的书面申请，但有充分证据认为国内产业因进口数量增加而受到损害的，也可以决定立案调查。对损害的调查和确定，由国家经贸委负责。

条例对进口产品数量增加、国内产业、进口数量增加与国内产业损害之间因果关系的确定、调查和裁决的程序等做了明确规定，保障措施可以采取提高关税、数量限制等形式。条例规定，保障措施的实施期限不超过 4 年，同时对符合法定条件的保障措施的实施期限可以适当延长。保障措施实施期限超过 3 年的，外贸部、国家经贸委应当在实施期间对该项措施进行复审。并且规定对同一产品再次采取保障措施的，与前次采取保障措施的时间间隔应当不短于前次保障措施的实施期限，至少为 2 年，同时也规定了例外情形。任何国家或地区对中华人民共和国的出口产品采取歧视性保障措施的，中华人民共和国可以根据实际情况对其采取相应措施。

二、外贸经营体制改革

（一）建立现代企业制度

现代企业制度是社会化大生产和市场经济相结合的产物。党的十四届三中全会曾做出决定，从实质上把现代企业制度概括为“产权清晰，权责明确，政企分开，管理科学”16 个字，其基本特征如下。

1. 产权关系清晰

产权关系清晰，就是要用法律来界定出资者和企业之间的关系，即产权关系，也就是财产的最终所有权属于谁，财产的法人所有权属于谁，所有权代表人是谁，并明确各自的权利、义务和责任，建立准确反映产权关系的财务会计制度。

2. 法人制度健全

法人制度的核心是法人财产制度，法人财产制度的核心是确立企业法人财产权。企业法人拥有全部法人财产权，依法独立享有民事权利，以全部的法人财产，独立承担民事责任，依法维护所有者权益，实现企业财产不断增值。

3. 政企职责分开

一是把社会经济管理职能和国有资产所有权职能分开，确立国有资产产权主体，形成国有资产管理和经营的合理形式。二是把政府行政管理职能和企业经营管理职能分开。政府通过政策法规和经济手段等宏观措施调控市场，不直接参与企业的生产经营活动，企业承担的社会职能分别由政府和社会组织承担。

4. 经营机制灵活

企业面向市场，按照国内和国际市场需求组织生产和经营，各类企业在市场中平等竞争、优胜劣汰，因此，企业的产权必须是可以流动的并且能通过市场流动。

5. 管理科学规范

现代企业制度的主要内容如下。

（1）新的国有产权经营制度。政府通过授权，结合机构改革，新组建或明确国有产权运营机构。

（2）健全的企业法人制度。按照国家规定，对企业的资产、债权、债务进行界定评估，核实企业法人财产占有量，进行国有产权登记，确定企业法人财产权。

（3）完善的企业组织制度。按照现代企业组织制度的法律规范，区别企业的不同情况，完善公司体制或其他财产组织形式。

（4）新型的企业领导体制和民主管理制度。企业应依法建立和完善由股东会、董事会、监事会和经理层组成的领导管理体制；企业中的党组织要发挥政治核心作用，工会与职工代表大会要组织职工参与民主管理。

（5）健全的企业财务会计制度，完善企业财务管理。

（6）建立新的以劳动人事分配为主体的企业内部经营管理制度，按照效率优先、兼顾公平的原则，制定不同的分配办法。

（二）建立企业股份制

中共“十五大”决定，对全国 354 000 多家国有企业（其中有 24 万多家是小企业）实行“抓大放小”的改革，将股份制作为国有企业改革的一个主要方向。所谓“抓大放小”，是指在大中型骨干国有企业建立现代企业制度，实行公司制（股份制）改革；对中小型企业则实行多种所有制，包括私有（出售给个人）、职工所有（股份合作制）、合资，以及采取兼并、改组、联合、租赁、承包经营、破产等措施，概括起来就是，“鼓励兼并、规范破产、下岗分流、减员增效和再就业工程”。

“十五大报告”中所谈论的股份制，是一种以公有经济为主体、国有经济控制国民经济命脉、控股权掌握在国家（实际上就是国有资产代理人）手中的那种股份制。“报告”中提到，中国必须坚持公有制这个社会主义经济制度的基础，要在公有制为主体的条件下发展多种所有制经济。为此，“十五大报告”对公有制的含义做了新的解释，公有制经济不仅包括国有经济和集体经济，还包括混合所有制经济中的国有成分和集体成分。公有制的主体地位主要体现在：公有资产在社会总资产中占优势；国有经济控制国民经济命脉，对经济发展起主导作用。股份制是现代企业的一种资本组织形式，有利于所有权和经营权的分离，有利于提高企业和资本的运行效率，资本主义可以用，社会主义也可以用。不能笼统地说股份制是公有还是私有，关键看控股权掌握在谁的手中。

在现阶段的政治、经济及社会环境中，股份合作制比较容易被人们接受。所谓的股份合作制企业，就是企业的资产全部由企业内部员工按股共有，外部人员不能入股，股份只能转让给企业内其他员工，这样的企业实行按劳分配和按资分配相结合的分配办法。股份合作制虽具有产权相对明确、机制灵活、利益直接等特点，但弊端也很大，它阻碍了外部资本的进入和企业资本的流动，只适合小型工商企业和各种服务性企业。股份合作制企业的发展需要扩大规模、加强横向联系、追加资本，最终会转变为开放型的股份制。

从 1997 年开始，中国国有企业股份制改革奔上了高速公路。2006 年，中央企业总资产为 12.2 万亿元，利润总额为 7 682 亿元。2007 年美国《财富》杂志全球 500 强中，中国有 30 家，其中 16 家是中央企业。这些都表明，国有企业经过多年的改革，不但走出了困境，而且成为具有较强赢利能力和竞争力的市场主体了。

案例 10.6

石家庄化肥集团的股份制改革

综合媒体报道　2004年9月，石家庄化肥集团与山西晋城煤业集团合资合作，成立了石家庄金石化肥有限责任公司。新公司成立后，企业当年扭亏为盈，截至2005年2月底，实现销售收入2.7亿元，利润689万元，上缴税金974万元。改制使企业起死回生，走上了快速发展的道路。

石家庄化肥集团前身是石家庄化肥厂，始建于1957年，曾是部属、省属重点化工企业，2004年企业管理权限下放到石家庄市。经历40多年发展，企业取得辉煌的业绩，发展成为国有大型企业。但随着市场经济的发展，石家庄化肥集团受煤炭资源、资金、体制、管理等多方面因素的影响，生产经营陷入困境，亏损与日俱增。到2003年年底企业亏损8 000多万元，欠债数亿元，欠发一个月工人工资，造成人心浮动、士气低落，企业濒临破产。

在这种形势下，企业开始谋求改组改制出路，2003年11月参加了山西晋煤矿业集团召开的合资合作洽谈会。该集团是国家520家国有重点企业之一，全国优质无烟煤重要生产基地，公司总资产达177亿元，实力雄厚，信誉度高。近几年来，该集团制定了延伸产业链、多元化经营的企业发展战略，致力于寻求煤炭下游企业战略合作伙伴。优质无烟煤是化肥企业的重要生产原料，双方合作可以优势互补，会上达成了合作意向。晋煤集团经过对石家庄化肥集团的考察评估，认为化肥集团虽然亏损较多，但企业规模较大，产品结构合理，职工队伍素质较高，同时，具有良好的区位优势，交通发达，合作易于实现双赢。

2004年在石家庄市委、市政府大力支持和协调下，双方开始合资合作、企业改制谈判。经过多次协商，8月9日双方签订协议，8月16日，晋煤集团进驻企业实行托管，9月6日正式注册成立石家庄金石化肥有限责任公司。公司注册资本1.6亿元。其中，晋煤集团现金出资9 000万元，占56.25%；化肥集团资产出资4 000万元，占25%；化肥集团工会出资3 000万元，占18.75%。同时，新公司收购了化肥集团2.4亿元资产和等额债务。化肥集团的改制，给企业带来了发展资金，带来了新的管理理念，使企业发生了巨大变化，日产合成氨由改制前的297吨猛增到2005年的624吨，创造了企业历史上的最好水平，产品远销蒙古国、日本、韩国、加拿大、澳大利亚、南非等国。

国有企业，特别是大型企业改革，选择好合作伙伴是改制成功的关键。石家庄化肥集团与山西晋煤集团合作从根本上解决了煤炭问题，降低了成本，增强了对市场冲击的应对能力；双方属于同一产业链的上下游关系，可以做到优势互补，这是双方合作能够成功的基础。大型国有企业资产规模大，企业债务重，实现投资主体多元化，是企业改制的主要方式。与企业职工买断、经理层持股等方式相比，企业之间的合资合作、增资扩股可以较好地避免国有资产流失，减少企业内部干群矛盾，实现平稳改制，使企业做大做强。山西晋煤集团通过资金投入，不仅缓解了石家庄化肥集团资金不足的问题，而且改良了企业股权结构，盘活了国有资产，消除了体制、机制弊端，极大地激发了国有企业潜在的生产能力。

【课堂讨论 10.2】

国有企业股份制改革对中国经济和社会的改革与发展具有什么影响？

（三）转换企业经营机制

转换企业经营机制是针对国有企业在经济发展中日益暴露出的种种弊端，如技术进步缓慢，劳动生产率提高不快，产品质量低下，花色品种单一，产品成本不断上升，亏损面越来越大而提出来的，目的是搞活国有企业，真正把企业推向市场，使企业逐步成为自主经营、自负盈亏、自我发展、自我约束的社会主义商品生产者和经营者的一系列措施。

关于企业经营机制的转换问题，必须与政府职能的转变、企业地位的提高以及市场体系的健全结合起来考虑，同步配套进行。

1. 认真贯彻落实《企业法》

1988 年 8 月 1 日颁布实施的《企业法》，对于我国的经济体制改革具有划时代的意义。《企业法》是维护企业合法权益，规范企业行为，规范各级政府管理经济职能，促进企业经营机制转换的基本法律。贯彻落实《企业法》的过程，就是把企业推向市场的过程。各级政府应该把贯彻落实《企业法》作为深化改革的大事来抓，严格按照《企业法》办事，自觉维护《企业法》所规定的企业的合法权益，在《企业法》规定的范围内行使政府管理经济的职能，政府不再越权对企业的经营行为横加干预。为了更好地贯彻落实《企业法》，中央政府制定了《企业法》的实施细则。

2. 确立企业法人所有权

我国体制改革的思路着重“分权”，即企业所有权与经营权的两权分离。但是，实践说明这种以放权让利为指导思想的改革，没有使企业真正得到经营自主权。《企业法》虽然确立了企业法人地位，却没有明确法人所有权。只有明确企业法人所有权，才能最终解决政企分开的问题，使企业真正取得经营自主权。确立企业法人所有权，也存在一个“两权分离”问题，但是它是指国家最终所有权与企业法人所有权的分离。

在股份制企业中，国家对国有企业财产具有最终所有权，它以股权的形式出现，国家因此成为企业的大股东。在国家保留企业最终所有权的前提下，使企业对国家授予经营管理权的财产不仅有占有权、使用权和处置权，还有企业法人所有权。具有法人资格的国有企业具有在组织上和财产上独立于其投资者（国有资产代表）及其他组成人员的法律地位。

国家最终所有权与企业法人所有权分离以后，国家作为大股东，对企业经营管理的国有财产享有最终所有权，并且由于掌握了大部分的股权，因此也掌握了对企业的控股权，维护了社会主义公有制的原则。但是，国家并不直接掌握企业的财产，企业的财产是由企业作为法人直接掌握的，企业成为财产的法人所有者。把企业的所有权分割成国家最终所有权和企业法人所有权之后，国家在某一企业的财产已经和国家的其他财产严格区分开来。企业作为真正的法人，对它所经营管理的全部财产具有法人所有权，首先要负起盈亏的责任。而具有最终所有权的国家，对这家企业所负的最终责任也只不过是这家企业中特定的国有财产部分，并不统负盈亏和承担无限责任。企业的经营权以企业法人所有权为根据，企业不但是经营主体，而且是财产的主体，这样企业才可能真正实行自负盈亏，按效益最大化原则去从事经营。

因此，从长远的观点来看，有效地转换国营商业企业的经营机制，应该将现有的国营大型商业企业逐步改造成国家（国有资产）控股的股份制企业或股份有限公司。这一重大的变革，显然需要政府的决策与推动。

3. 完善承包经营责任制

承包经营责任制只能是最终转换企业经营机制的一个过渡办法，但是，它已经在国营商业企业中普遍实行多年，并且确实起到了很大的作用。作为一种权宜之计，目前应针对经营承包责任制的弊端，加以改革，尽量使之完善。

其一是承包基数问题。在企业负债经营的前提下，承包基数的确定有很大的虚数。企业靠多贷款，形成水分很多的虚假利润，实际利润不抵银行利息。在此基础上来定承包基数，实际上是鼓励商业企业在不考虑还贷能力的条件下一味追求投资（实际上是贷款）规模。另外，承包基数都是在利改税以前的基础上确定和滚动的，老的大中型企业的承包基数过高，而近几年新投入的企业基数偏低，仍然是鞭打快牛的不合理局面。还有，财政为了保证收入，强调包死基数。死基数难以应付千变万化的活市场，完全排除了风险机制，实际上是阻碍把企业推向市场。

其二是承包内容的确定。现在绝大多数的承包企业，只包利润，不包折旧。于是企业一方面千方百计不提或少提折旧，另一方面拼命贷款，不惜挂账而追求虚假利润，长此下去企业中的国有资产有流失殆尽的危险。因此，要改革现行的财务核算制度，实行国际通用的会计准则，将企业凡是进行简单再生产的投入全部计入成本，并且不仅承包利润，还要承包折旧。这样既可以确保国有资产不流失，又可以通过补偿机制使企业的资产不断增值，逐步扩大实力。

4. 严格区分政府行为和企业行为

所谓“把企业推向市场”，即企业行为必须以市场为导向，而不是受制于政府。政府和企业都可以产生一定的经济行为，政企分开就是要区别两个不同的行为主体，从而区别两种性质不同的经济行为。企业行为以效益最大化为目标，政府行为以全社会的稳定与发展为目标。就经济行为而论，两者是相辅相成的关系，而不是谁支配谁的关系。应该遵循《企业法》，区别政府行为和企业行为。

比如代扣营业税的问题、大中型企业的储备性购进的问题、地方保护主义的购进政策、“保市场”问题等，统统属于政府行为。这绝不是说，国营企业不能承担这些任务，而是应明确，作为具有自主经营权的企业法人是接受政府委托而承担政府行为的，政府必须给予企业必要的补偿。比如储备性购进所造成的政策性亏损，以及企业被迫“让利保市场”而蒙受的损失，政府均应给予代价或补偿，不能将政府行为无偿地转嫁到企业身上。

三、外贸协调体制改革

根据2004年修订的《中华人民共和国对外贸易法》第9章第56条规定，进出口商会的职责是提供与对外贸易有关的生产、营销、信息、培训等方面的服务，发挥协调和自律作用，依法提出有关对外贸易救济措施的申请，维护成员和行业的利益，向政府有关部门反映成员有关对外贸易的建议，开展对外贸易促进活动。商会的工作原则是公平、公正、公开，以服务为本、协调为重，以“协商共议，民主参与，民主决策”的机制开展工作。其基本职能是协调与服务。

（1）协调职能，即依据国家的政策、法规，协调企业的生产经营活动，维护正常的生产经营秩序，维护国家、行业、企业的利益。

（2）服务职能，即建立社会化服务体系，向企业提供政策、信息、法律、咨询和公关等多方面的优质服务。

（3）纽带职能，即成为沟通企业和政府间的双向联系的纽带，向企业传达政府的宏观意图，同时向政府反馈企业的要求和建议。

四、中国加入世界贸易组织后的外贸体制改革

中国加入世界贸易组织后，对外经济贸易的环境有了很大的改善，产生了积极的效应。根据对世界贸易组织的承诺和世界贸易组织的基本原则，近年来，我国对经济的管理体制进行了进一步改革，对外贸易管理体制基本同国际接轨。

（一）“入世”后我国对外贸易体制改革的基本目标

“入世”后我国对外贸易体制改革的主要目标是围绕着如何转变对外贸易增长方式，提高质量、效益、水平，其基本目标如下。

1. 对外贸易机制进一步市场化

对外贸易机制进一步市场化，即全部外贸活动都要建立在以市场为轴心的基础上，让市场的作用最大程度地覆盖对外贸易领域，进一步取消地方政府在对外贸易发展中的行政指令行为和指标考核。条件成熟时取消地方外贸行政管理部门，由中央政府直接实施宏观管理，直接调控外贸市场，由市场引导企业，完全实现以横向的市场经济联系取代纵向的行政推动关系。对外贸易促进的体制、方式、政策要符合市场化取向和国际惯例。

2. 对外贸易运行进一步自由化

对外贸易运行进一步自由化，即要完善符合社会主义市场经济体制发展方向和融入经济全球化的对外贸易自主经营制度和自由竞争制度。无论中央政府还是地方政府，对外贸的行政调控和促进退居非主导地位，而主要是通过市场经济制度化、法律化的规则来实现对外贸市场的管理和调控，从根本上保障对外贸易运行长期有序的自由化运作。

3. 对外贸易管理进一步法制化

对外贸易管理进一步法制化，即要强化外贸立法，建立健全规范市场运行及其市场活动

的各种规则，形成依靠法律推动对外贸易发展的运行机制。外贸管理要继续向以法律、法规形式为主转变，进一步解决政策规定透明度不足的老问题。非经授权，地方政府无权自行制定有关外贸法规，包括促进政策在内的政策与法规，以实现全国外贸管理规定与政策的统一性。

（二）对外贸易体制改革的具体环节

1. 继续深化改革对外贸易管理体制

1）强化宏观管理职能，弱化行政性管理手段

随着对外贸易市场化程度的提高和政府职能的进一步转变，政府商务部门对外贸的管理主要是宏观方面的管理，主要用调控税率、利率和资金供求等宏观经济杠杆的手段来调整对外贸易。实施手段要更多地应用法律的手段，进一步完善企业准入与退出制度、外汇便利化制度、出口退税机制、通关物流体系和人员出入境制度。审批、配额等行政性手段主要是在市场机制失灵的领域和个别情况下应用。

与此同时，要弱化地方政府的外贸行政管理职能，强化其综合服务与促进服务功能。参照美国、日本、韩国等国家外贸行政管理模式，地方政府的外贸行政管理应进一步弱化，机构大大精简，主要职能是规范、保障、促进各类企业的外贸经营活动，条件成熟时由国家商务部统一实行“条条”管理。目前地方外经贸管理部门代国家商务部行使的配额、许可证管理、分配等权限应交由商务部驻各地特派员办事处，要把职能转变到主要引导、帮助企业开拓市场，协调企业与其他政府部门关系，为企业经营提供良好的市场环境上。

2）加强出口产业政策管理，形成出口产业政策管理机制

我国多年来的出口产业政策基本上是“大而全”“兼顾各方”的政策，产业重点一直不突出，以增强国际竞争力、占领国际市场为基点的出口产业政策从未形成。虽然有鼓励机电产品和高新技术产品的政策，但对增强我国产业国际竞争力的作用非常有限：一是政策范围过于宽泛，有限的资金和资源难以集中发挥效力；二是促进措施主要集中在出口经营环节上，易授人以柄；三是受体制制约，国有企业未能因此壮大，而民营企业又基本得不到有力支持。这与长期以来国家对外贸的宏观管理与政策调控主要集中在流通和出口环节上的传统管理体制有关。

因此，在外贸宏观管理上，应该从宏观政策与管理机制上构造有利于及时调整出口产业政策，有利于从科研、生产等环节加大对具有潜在国际竞争优势行业的扶持力度，尽快培育形成一批拥有自主知识产权和自有品牌的出口产品，推动我国形成优势出口产业的宏观管理体制。其核心的内容是应由国家商务部与相关产业部门或行业协会共同建立一个新的出口产业政策研究、制定与调控机制，并赋予国家商务部更大的出口产业政策决策权与相关宏观调控手段。

3）完善与外贸活动相关的市场中介服务体系和社会中介服务体系

建立健全完善、规范的生活资料、生产资料市场、劳务人才市场、资金市场、信息市场、证券市场、技术市场、运输市场、房地产市场、企业产权交易市场、旧货市场等市场体系。构造以提供社会福利、社会保险服务为主的社会保障机构和从事会计、审计、律师、职业介绍、资产评估、劳动就业培训、信息咨询业务的社会中介服务。完善法律规定，扶持建立由企业组成的地方外贸企业行会组织，如进出口同业公会或商会，开展贸易促进与行业自律。

2. 改革对外贸易促进体制

1）建立促进主体网络

从世界主要贸易大国的对外贸易促进体制情况看，其主要特点有二。

一是中央和地方政府都可以实施贸易促进，但工作内容各有侧重。具体面向企业的促进服务更多的是由地方承担，地方政府普遍设立有官方或半官方对外贸易促进机构或中小企业开拓国际市场服务机构，为本地企业开拓国际市场提供促进服务。由于世界贸易组织要求各成员方对外贸易政策和管理要全国统一制定并统一实施，因此无论美国还是日本、欧盟国家，基本上其地方政府都没有设立外贸行政管理部门，外贸管理事务采取由中央政府在主要地区设立直属派驻机构的体制。

二是中央政府外贸主管部门负责制定促进政策，但不直接承担促进事务，而是由其直属的“外设机构”（如美国贸易开发署、英国国际投资与贸易署）或相对独立的“独立机构”（如美国进出口银行、日本国际协力银行）或“半官方机构”（如日本贸易振兴会、韩国大韩贸易投资振兴公社、中国香港贸发局）等促进机构组织实施。

显然，下一步外贸促进体制改革应主要解决与贸易促进相关的行政管理体制问题。可考虑的思路是，商务部负责制定贸易促进政策，但不承担具体贸易促进事务。按照我国对世界贸易组织的承诺，要进一步严格对外贸易政策的统一制定及对外贸易管理的统一实施，地方各级政府外经贸部门无权制定涉及外贸管理包括鼓励本地外贸发展的政策。商务部不再从事办展、办会、提供信息等具体的、直接面向企业或中介服务机构的促进服务。商务部贸易发展局及中国贸促会、中国进出口银行、中国信用保险公司等机构承担需在全国范围内实施的贸易促进服务。

2）各类贸易促进主体合理分工，共同形成高效的对外贸易服务体系网络

一是要合理界定中央和地方的贸易促进分工，尽量避免重复与浪费。全国性的贸易促进服务重点是外经贸公共信息、国外市场调查以及我国商品的对外整体推介。展览、培训、贸易咨询、企业辅导、与出口相关的技术服务及其他促进服务，应主要由地方各类贸易促进机构承担。

二是既要健全官方机构的贸易促进功能，又要充分发挥半官方和民间贸易促进机构的作用。商务部及各级外经贸行政管理部门都有责任强化对外贸易促进工作，但是，凡是适合半官方和民间贸易促进机构开展的贸易促进工作，官方机构一般不再介入。提倡有条件的地方将地方外经贸部门与国际贸易促进机构进行必要的整合。

三是既要注重国内的服务网络建设，也要加快发展派驻国外的贸易促进代表机构，形成信息更加快捷、服务更加高效、国内外有机一体的服务网络。“十一五”期间，由商务部统一规划，在整合各地外经贸部门和国际贸易促进机构现有资源的基础上，陆续在全国建立 100 个“出口辅导中心”，在国外建立 30 个贸易促进代表机构。在我国外贸经营权完全放开后，有数以万计的新企业（甚至个人）加入外贸经营领域，因此成立“出口辅导中心”向他们提供各种服务是完全必要的。

3）改革促进方式，建立促进绩效评估机制

改革的方向是要学习世界各国实施对外贸易促进的成功经验，由“直接促进”为主的体制转为“间接促进”为主的体制，更多地发挥市场机制的作用。

从世界各国的情况看，无论是最早实施政府对外贸易促进服务的日本，还是美国或欧盟国家，政府对出口的支持促进都尽可能与市场化的运作方式相结合。普遍的方式是，政府外贸政策决策部门的职能主要集中在促进服务体系的规划、资金的支持和政策的引导等方面，主要的运营、操作则交由指定的执行机构、半官方机构或民间机构办理。政府外贸政策决策机构一般既不参与促进性经营活动，也不直接办理面向企业或中介服务机构的财政资助事宜。面向中小企业提供的信息咨询、市场调查、贸易展览、专业培训、技术辅导等服务项目，由

政府直接推荐有良好经营资质的各类中介服务机构进行商业化服务（如服务市场较成熟，政府也可不必做任何推荐，由企业直接面向市场即可），服务项目完成后再由政府贸易促进机构对相关企业予以认定资助。政府贸易促进机构直接提供的无偿服务或带有资助性质的服务采取市场化运作，以政府采购的方式委托国内外信息服务机构、研究机构、教育培训机构等各类中介机构进行。

【课堂讨论 10.3】

你认为面对外贸经营权放开后，在加入外贸经营的企业和个人大增的情况下，应如何改进外贸促进体制？

此外，要建立一套科学合理的贸易促进绩效评估办法，对各类贸易促进服务的政府投入绩效情况加以评估。评估机制要达到以下目的，一是促进高效地落实政府的有关政策；二是减少促进机构“寻租”等体制弊端；三是扩大财政资金的使用效率。

3. 进一步推行外贸代理制

经过多年改革，我国对外贸易经营体制的市场化和开放程度已经很高。当前除了要继续清除针对中小企业和民营企业的各种歧视性待遇，为各类企业创造便捷和公平的运行环境，充分释放各类市场主体参与对外贸易的潜力外，关键是要以进一步推行外贸代理制作为主攻方向。推行外贸代理制改革应该主要抓好以下三件事。第一，完善法律、法规，为推行出口代理制提供制度保障。第二，逐步实行统一的出口货物“免抵退”税政策，创造条件使各类出口企业发挥各自优势、平等竞争。第三，采取综合配套措施，加强公共服务。这一改革措施的基本思路如下。

1）建立适用于所有各类出口企业的出口货物“免抵退”税共同机制

不论何种类型的企业，不论外贸企业、内贸企业、生产企业、外资企业还是其他综合性企业，只要发生出口，其出口的退税政策一律采取“先免、后抵、再退”的同一退税办法，而不是现在的两套办法。法国、西班牙、意大利等许多国家目前采取的就是类似的办法。他们对所有贸易企业的出口货物直接免征增值税，出口货物的进项税用于抵扣国内销售发生的增值税或进口环节的税收。企业因内销或进口少抵扣不足时，允许出口企业先暂缓交税；或出口企业在购进货物时即予彻底免税，不征税也不退税。

2）建立“出口自营与代理从宽，收购出口从严”的退税新机制

实行这一机制的核心内容是，不论何种类型的企业，原则上都允许其存在自营、收购和代理三种形式的出口，但在具体的退税管理手续上，要朝“促进自营与代理，控制收购”的方向倾斜。这种做法实际上是法国、意大利等国家的普遍做法。如法国对收购制采取的是“年度免税收购额度管理”和“逐笔免税额度审定”两种申报制。前者适用于经常出口、信誉好的大贸易公司，后者适用于一些新的或小的企业，并且还要求担保。意大利则规定进出口常年出口销售额达到总销售额 10%以上的，才可以收购出口并按免、抵、退方式退税。西班牙还规定了出口商申报出口退税的资格条件，规定年出口额在 2 000 万比塔（折合 15 万美元）以上的出口商方可申报办理退税。

3）国家不再专设出口退税机关，而是将出口退税纳入常规税收征管机制中

自 2004 年出口退税机制改革后，国家把出口退税工作纳入增值税的常规管理，负责税收征管的机关既管征税又管退税，不另设专职的出口退税机构。尽管采取上述改革措施可能会对地方财政利益格局带来调整，但总体上看对推进外贸代理制，进而促进外贸增长方式加快转变是有利的。

一是既推动了代理制，又体现了公平竞争原则。这一办法比之原来财税部门所提办法的最大进步，就在于使各类出口企业都保留了三种经营模式的选择权。推进代理制并不是针对外贸公司而来的，而是“就事论事”，仅针对代理制而来。不仅外贸公司合理的收购制（当然这种收购制企业的比重今后将大大减少）仍将存在和发展，其他类型的企业同样可能实行收购制或代理制。

二是既简化了退税手续，降低了企业成本，又利于提高税务征管与监管效率。实行这一办法后，企业的退税可以不受退税计划指标约束，手续大大简便，成本相应降低；另一方面，困扰税务部门多年的征退税脱节问题将得以解决，有利于防止大规模骗税的发生。

三是利益格局未做过大调整，与中央、地方出口退税分担机制能够更加有效地衔接。采取这一措施后，可能会使相当大一部分传统外贸企业放弃一部分收购制出口而改为代理制。与此同时，由于收购制比重过大，“你中有我，我中有你”现象大量存在而使出口退税分担不合理的情况将大大减少。

要进一步改革对外贸易体制，建立适应国际经济通行规则的运行机制，必须坚持统一政策、开放经营、平等竞争、自负盈亏、工贸结合、完善代理制。同时，加速转换各类企业的对外经营机制，按照现代企业制度改组国有对外经贸企业，赋予具备条件的生产和科技企业对外经营权，发展一批国际化、实业化、集团化的综合贸易公司。

此外，国家主要运用汇率、税收和信贷等经济手段调节对外经济活动，改革进出口管理制度，取消指令计划，减少行政干预；对少数实行数量限制的进出口商品的管理，按照效益、公正和公开的原则，实行配套招标、拍卖或规则化分配；发挥进出口商会协调指导、咨询服务的作用；积极推进以质取胜和市场多元化战略；进一步搞好边境贸易；完善出口退税制度。降低关税总水平，合理调整关税结构，严格征管，打击走私；深化对外经济技术合作制改革，提高综合经营能力和整体效益。

最后，还应该完善和实施涉外经济贸易的法律法规。正确处理对外开放同独立自主、自力更生的关系，维护国家经济安全。

本章小结

1. 新中国成立后，通过没收国民党政府和官僚资本的外贸企业，逐步建立了国有外贸企业，并通过改造私营外贸企业，实行了以国营外贸专业公司为主体，私营外贸企业为补充的外贸体制。为了保持出口贸易持续快速发展，加快实现现代化目标，实施以质取胜战略，转变外贸增长方式，与国际经济接轨，适应加入世界贸易组织及经济全球化快速发展，需要对原有外贸体制进行改革。

2. 1979—1993 年，我国进行了以市场为取向，以打破旧体制为主要内容的外贸体制改革。在 1979—1987 年的初步改革阶段，下放外贸经营权，开展工贸结合，实行出口承包经营责任制；在 1988—1990 年的深化改革阶段，推行外贸承包经营责任制，进行了外汇管理制度改革，实行了出口退税的流转税改革，权力下放，部分放开经营权；在 1991—1993 年出口自负盈亏承包经营责任制阶段，改革重点放在微观管理层的变革，取消国家财政对出口的补贴，由外贸企业自负盈亏，改革按地方实行不同外汇比例留成的做法，实行按不同商品大类统一比例留成制度。

3. 1994 年以来，按照社会主义市场经济体制要求，以建立对外贸易新体制的改革为主要内容，进行了包括经济手段改革，行政立法手段改革的外贸管理体制改革；在外贸经营体制改革方面，建立现代企业制度、建立企业股份制、转换企业经营机制；外贸协调体制改革根据《对外贸易法》明确了进出口商会的基本职能是协调与服务，开展对外贸易促进活动；“入世”后的外贸体制改革，围绕转变外贸增长方式，提高质量、效益、水平，实现机制市场化、运行自由化、管理法制化，其环节有深化改革外贸管理体制和促进体制、推行外贸代理制等。

综合练习

一、不定项选择题

1. 新中国成立初期，我国对官僚资本采取的政策是（　　）。

   A. 利用　　B. 没收　　C. 改造　　D. 限制

2. 改革开放前，我国外贸体制的主要特征是（　　）。

   A. 由国家垄断经营　　B. 以计划管理为主　　C. 以法律调控为主

   D. 由国家统负盈亏　　E. 以行政管理为主

3. 《中华人民共和国对外贸易法》正式实施的时间是（　　）。

   A. 1994年7月1日　　B. 1994年5月12日　　C. 1992年7月1日　　D. 1992年5月12日

4. 按照效益、公正、公开的原则，从1994年起我国对部分出口商品配额采取了（　　）分配。

   A. 行政　　B. 招标　　C. 计划　　D. 平均

5. 我国对外贸易体制是适应（　　）并逐步过渡到社会主义制度的需要而建立起来的。

   A. 资本主义制度　　B. 半封建半殖民地制度　　C. 新民主主义制度　　D. 产品经济制

二、简述题

1. 我国为什么要进行对外贸易体制改革？
2. 在初步改革阶段，我国采取了哪些具体的改革措施？
3. 在深化改革阶段，承包责任制的主要弊端表现在哪些方面？
4. 在建立对外贸易新体制的过程中，我国进行了哪些方面的贸易管理体制改革？
5. “入世”后我国对外贸易体制改革的具体环节有哪些？

三、案例分析题

案例：改革开放30年，我国国有外贸企业改革相对滞后，大多数国有外贸企业资本结构仍基本是国有独资从而难以适应日益激烈的国内外竞争。在此情况下，浙江省的杭州、宁波等市在国有外贸企业产权结构方面大胆改革。如宁波市在对中小外贸企业的股份制改革中允许全体职工持股比例可达50%～70%，个人可持股比例不超过30%，国家控股30%，结果原先想跳槽的业务员大量回流，外资企业效益明显好转。改制后的外贸员工主动压缩办公场所的面积，想尽办法降本增效。一家外贸公司在改制半年内就能扭亏为盈，获利400万元。宁波市的外贸企业活力普遍被激发，企业管理加强，成本得以控制，支出费用减少，销售收入增加，资产负债率下降。浙江省的一些省级外贸企业也在这方面进行着尝试。如浙江省轻工业进出口公司早在1997年就对所属4家子公司进行多元化投资主体的产权改革，这些公司中国有股一般占到60%，职工持股占到10%，其余股份由经营者和优秀外销员持有。

分析：根据以上案例所述内容，简要分析入世之后我国外贸企业制度改革的必要性和方向。

第十一章 外贸关系

【学习要求】

通过本章的学习，了解中国对外贸易关系的发展过程；掌握中国发展对外贸易关系的原则；懂得中国与主要贸易伙伴经贸关系的现状、存在的问题，并能结合实际情况进行分析；熟悉内地与港澳，大陆与台湾地区的经济贸易关系。

【主要概念】

独立自主 自力更生 平等互利 市场经济地位 特殊保障措施 技术性贸易壁垒

和平与发展是当今世界的主题，和平共处、共同发展是现代国家关系的重要特征。我国对外经济贸易的迅速发展，不仅极大地促进了我国经济的发展，而且增进了同世界各国政治、经济和文化的交流与合作。我国坚持独立自主、自力更生和平等互利的原则，不仅重视发展与发达国家的经济贸易关系，还特别重视与发展中国家建立良好的经济贸易关系。

第一节 中国外贸关系的基本政策

案例 11.1

贸易顺差不断缩小源于政策发挥作用

据2011年11月17日《金融时报》报道（记者 谢利） “人民币汇率不是只适用于中美贸易关系，而是适用于所有国家和地区。为什么可以和近200个国家、地区保持贸易基本平衡，却跟美国的贸易存在这样巨额的顺差呢？这是很值得思考的。”在2011年11月16日商务部举行的新闻发布会上，商务部新闻发言人沈丹阳针对人民币汇率问题，再次驳斥某些海外媒体散布的将中美贸易失衡归咎于中国并要求人民币升值的错误观点，同时指出，中国对外贸易已基本平衡，贸易顺差规模下降趋势还将进一步加强。

贸易顺差不断缩小源于政策发挥作用。根据海关总署不久前公布的数据，2011年我国对外贸易顺差继续保持下降势头，1～10月为1 240.3亿美元，比去年同期下降15.4%。10月份当月顺差下降36.5%，比9月份顺差下降幅度扩大24.1个百分点。其中，对美国顺差为200.6亿美元，同比增长11.3%；对欧盟顺差新华网转载《中国对外贸易已基本平衡》地址：http://news.xinhuanet.com/fortune/2011-11/17/c_122294790.htm

为130.4亿美元，下降10.3%。

沈丹阳表示，中国外贸顺差不断缩小主要有三个原因：一是宏观经济政策，包括投资政策、消费政策、贸易政策、金融货币及外汇政策综合发挥作用；二是支持扩大进口的贸易促进措施发挥作用，如五年前将“广交会”由出口商品交易会转变为进出口商品交易会；三是贸易便利化措施方便了企业，海关、质检等相关部门积极减少有关环节和费用，便利了包括国有企业、民营企业、外资企业在内的各类企业进口。

点评：中国外贸关系的政策制定和实施，有利于改善外贸企业的经营环境，激发市场主体活力，对促进我国外贸稳定持续发展有很大的作用。

新中国建立后，受国内外政治、经济发展形势的影响，对外经贸关系经历了一个曲折发展的过程。具体表现在1950—1960年，1961—1970年，1971—1980年，1981—2002年的4个发展阶段中。根据不同时期的需要，采取了相应的外贸关系政策。改革开放以来，中国在对外开放政策指引下，充分发展与世界各国的经贸关系，同世界上两百多个国家和地区建立了经贸关系，并参加了许多多边国际经济组织，中国发展对外经贸关系的外部环境不断得到改善。

一、中国外贸关系的发展

1. 20世纪50年代

20世纪50年代，由于西方资本主义国家对我国采取敌视、封锁政策，我国对外贸易的主要国际市场是苏联和东欧社会主义国家。当时，我国根据恢复和发展国民经济的需要，本着“积极协作，平等互利，实事求是”的方针，积极开展对苏联、东欧国家和其他友好国家的贸易和经济合作，不断突破西方国家的封锁、禁运，对医治我国战争创伤、恢复和发展国民经济起到了积极作用。当时，我国同社会主义国家的贸易额占全国对外贸易总额的比重，1951年为52.9%，1952年至20世纪50年代末，都在70%以上，其中对苏联的贸易额约占全国对外贸易总额的50%。

这期间，我国还为逐步发展同亚非民族独立国家的贸易关系，发展祖国内地同港澳地区的贸易和努力开拓对西方国家的民间及政府贸易，进行了卓有成效的努力。我国同亚非国家贸易关系的发展，增进了亚非国家同中国的友谊，促进了亚非国家民族经济的发展；我国保证对港澳地区的供应，积极扩大内地对港澳出口及经港澳转口贸易，开辟了反封锁、反禁运的新战线；我国继1950年同瑞典、丹麦、瑞士、芬兰建立外交和贸易关系后，又利用各种机会和途径，争取和团结其他西方国家工商界及开明人士，以民促官，推动了我国同日本、西欧等西方国家的民间贸易以至官方贸易。

2. 20世纪60年代

20世纪60年代，随着中苏关系的变化，我国对苏联和东欧国家的贸易急剧下降，新中国的对外贸易遭遇了第一次较大的曲折。在这一形势下，我国对外贸易的主要对象开始转向资本主义国家和地区。我国在坚持内地对港澳地区长期稳定供应，积极发展同亚非拉民族独立国家贸易关系的同时，进一步打开对西方国家贸易的渠道。经过努力，我国同日本和西欧的贸易取得了突破性进展。中日贸易由20世纪50年代的民间贸易转入60年代的友好贸易和备忘录贸易。1963 年，我国同日本签订了第一个采用延期付款方式进口维尼纶成套设备的合同，打开了西方国家从技术上封锁中国的缺口。1964 年，我国与法国建交，中法两国政府间贸易关系迅速发展，带动西欧掀起了开展对华贸易的热潮。到 1965 年，我国对西方国家贸易额占全国对外贸易总额的比重由 1957 年的 17.9%上升到 52.8%。

1966 年，“文化大革命”开始，打乱了我国社会主义建设的进程，我国对外贸易遭到严重的干扰和破坏，遭遇了新中国成立后的第二次曲折。我国对外贸易自 1967 年起连续 3 年出现停滞和下降。

3. 20 世纪 70 年代

在周总理和邓小平等老一辈无产阶级革命家的关心与直接领导下，经过艰苦努力，我国对外贸易从 1970 年开始逐渐好转。20 世纪 70 年代前期，国际环境发生了有利于我国的变化。1971 年联合国恢复我国的合法席位。1972 年美国总统尼克松访华，中美发表联合公报，并在正式建交前先行恢复了贸易关系。之后，我国对外关系取得了重大进展，西方国家纷纷同我国建立外交关系或使外交关系升格。中日邦交实现了正常化，中国与欧共体建立正式关系，我国对外贸易的国际环境明显改善，对外贸易额迅速增长。然而，我国对外贸易的全面恢复和持续、快速发展，还是在 1976 年粉碎“四人帮”、结束“十年动乱”之后。

4. 改革开放以后

1978 年党的十一届三中全会确立了以经济建设为中心，实行改革开放，发展国民经济、加快社会主义现代化建设的路线，并明确提出，“在自力更生的基础上积极发展同世界各国平等互利的经济合作，努力采用世界先进技术和先进设备”。

我国实行对外开放政策后，贸易伙伴遍及世界各地，对外贸易的国际市场走向全球。我国的贸易伙伴由 1978 年的几十个发展到 2010 年的 231 个国家和地区，2014 年中国是 120 多个国家（地区）的第一大贸易伙伴，与传统市场的经济贸易关系稳步推进，与新开拓市场的经济贸易关系不断增强。

二、中国外贸关系的原则

我国发展对外贸易，发展对外经济关系必须坚持独立自主、自力更生和平等互利的原则。

1. 坚持独立自主、平等互利

坚持独立自主、平等互利的原则，是我国对外经济贸易发展的基础。独立自主、平等互利地开展对外经济贸易，是我国作为主权独立国家的重要标志，也是我国独立自主、和平外交政策在对外经济领域的体现。在旧中国半殖民地半封建社会的条件下，由于国家主权不独立，旧中国对外经济贸易在帝国主义列强的控制下只能畸形发展，主要与帝国主义列强开展不平等的经济贸易往来，从属于帝国主义列强对华侵略和剥削的需要。新中国成立后，中国人民成为国家的主人，掌握了开展对外经济贸易的独立自主权。从此，我国的对外经济贸易才有了真正的发展，成为促进国民经济和社会发展的重要力量。历史雄辩地证明，只有国家和民族获得独立，按照国家和人民自己的意愿，根据国家利益和经济规律的要求，在对外经贸交往中不分国家大小、贫富和强弱，独立自主、平等互利地开展对外经济贸易，才有今天我国对外经济贸易发展的大好局面，才能真正促进我国同世界各国和地区经贸关系的发展，才能真正促进国民经济的发展。

2. 坚持自力更生与对外开放相结合，维护国家经济安全

坚持自力更生与对外开放相结合，维护国家的经济安全，是我国对外经济贸易发展的基本出发点。我国是一个人口众多的社会主义发展中大国，这一基本国情决定了我国的现代化建设任何时候都不能依靠别人，必须处理好扩大对外开放和坚持自力更生的关系，把立足点放在依靠自己力量的基础上。

坚持自力更生与对外开放相结合，必须处理好两者之间的辩证关系。一方面，我们在实行对外开放、引进先进技术的同时，要把国外引进与国内开发和创新结合起来，逐步形成自己的优势；在利用国外资金的同时，要重视自己的积累。这样，我们才能在对外开放中始终掌握主动权，才能通过开展对外经济技术交流与合作，促进我国的现代化建设，加快缩小与发达国家的差距。特别是在经济全球化趋势加速发展的今天，我们扩大对外开放，还必须注意维护国家经济安全，防范和化解国际经济风险的冲击。另一方面，我们强调自力更生，但不是盲目排外；强调独立自主，但不是闭关自守。独立自主地扩大对外开放，通过开放发展自己，是我们有自信心、有力量的表示，也是自力更生的应有之义。

第二节　中国与主要贸易伙伴的经贸关系

案例 11.2

中欧经贸关系顺利推进

据2014年7月18日《经济参考报》报道（姚铃）　2013年，中国共产党十八届三中全会确定了进一步深化改革开放的方针，欧盟完成了《里斯本条约》生效后的首次欧洲议会选举并任命新的欧盟委员会主席，这些新的变化奠定了未来5～10年中欧经贸关系的方向。《中欧合作2020战略规划》确立的中欧“和平、增长、改革和文明”四大关系的深化发展，为中欧经贸关系的顺利推进提供了坚实保障。

2014年7月1日，中国与冰岛、瑞士的两个高水平自贸协定正式生效，这是落实“形成面向全球的高标准自贸区网络”战略的重要成果。冰岛和瑞士同为欧洲自由贸易联盟成员，与欧盟关系密切。据海关统计，2014年1～5月，中国对欧盟进出口总额为2 406.8亿美元，同比增长11.7%。从2014年前5个月的表现看，中国与欧盟贸易形势比2012年和2013年同期已有大幅改观。值得一提的是，中国与中东欧16国贸易增长加速，从中东欧16国进口达67.4亿美元（2014年1～5月），同比增长24.9%，势头强劲，显示自2012年以来中国大力发展与中东欧国家经贸合作取得了较大成果。下一阶段，中欧经贸合作的发展前景十分广阔。

经济参考网转载《中欧经贸关系步入全新发展周期》原文链接为http://dz.jjckb.cn/www/pages/webpage2009/html/2014-07/18/content_93045.htm?div=-1

点评：世界上已经有越来越多的国家认识到国家间对等开放市场的重要性和紧迫性，从现阶段全球经贸往来的实际情况分析，国家间开放市场的趋势不可避免地还将扩大。世界各国从地缘政治和经济利益的实际出发，都会促进双边经济贸易关系得到切实加强，以巩固和壮大国家经济实力。

经济全球化是当今世界经济发展的主流，它使世界各国与地区间的经济相互依赖性越来越强。中国通过对外贸易参与国际分工和竞争，与贸易伙伴在经济上相互融合，共同推动了全球化深入发展，为全球经济增长做出了巨大贡献。

一、中国与欧盟的经贸关系

1967 年 7 月 1 日，欧洲共同体诞生，并于 1993 年建立欧盟，经过 7 次扩大后，截至 2013 年 7 月 1 日，欧盟共有 28 个成员国。1975 年中国与欧共体正式建立外交关系之后，中国与欧盟的经济贸易关系取得了稳步发展。2013 年是中欧建立全面战略伙伴关系 10 周年。10 年来，双方关系超越历史、文化、社会制度差异，克服国际风云变幻和困难挑战，建立了 60 多个政策对话和合作机制，保持了向前发展的势头。中欧及东欧国家的关税降低，市场容量扩大，有利于中国的出口。另一方面，欧盟东扩导致的投资区域转移，也会威胁到我国的引资能力。大部分东欧国家与中国经济发展水平和产业结构相似，他们将更多参与到欧洲劳动密集型产品市场的竞争中来，这会对中国出口造成冲击。

【拓展阅读】

新华网 2007 年《评说欧盟 50 年》专题：http://news.xinhuanet.com/world/2007-03/24/content_5890650.htm

欧盟更新的情况可参考百度百科“欧洲联盟”词条：http://baike.baidu.com/view/42885.htm

（一）中欧经贸关系的发展现状

1. 中欧贸易额比 40 年前增长了 235 倍

截至 2013 年，欧盟已连续 10 年保持中国第一大贸易伙伴地位，中欧间每天的贸易往来约 15 亿美元，连续三年双边贸易额超过 5 000 亿美元。2013 年，中欧双方贸易额是 5 591 亿美元，比 1975 年建交时增长了 235 倍，超过中美贸易额 380 亿美元。2014 年，中欧贸易额 6 151 亿美元，占中国同期进出口总额的 14.3%，同比增长了 9.9%，是近三年来最高的。中国与欧盟发达成员国处于经济发展的不同阶段，在市场、技术和劳动力资源等方面有着很强的互补性，中欧经济相互依存度极高，中欧经贸关系已是世界上规模最大、最具活力的经贸关系之一。欧盟依然是中国第一大贸易伙伴和第一大进口市场，中国是欧盟第一大进口市场、第二大贸易伙伴。2013 年 11 月，《中欧合作 2020 战略规划》中提出力争到 2020 年中欧贸易额达到 1 万亿美元。

本部分内容数据转引自 2014 年 3 月 28 日《深圳特区报》《中欧每天贸易额达 15 亿美元》一文。该文数字版：http://sztqb.sznews.com/html/2014-03/28/content_2823361.htm

2. 中欧贸易互补性强，双边贸易商品结构有所改善

中欧贸易互补性强，主要表现在：其一，中欧商品有着较大互补性，中国作为一个幅员辽阔的发展中国家正致力于改善基础设施，在运输设备产品方面有着较大的市场需求；其二，中欧就同一产品（如机电产品）也存在着较强的差异性；其三，中国向欧盟出口的大多为劳动密集型产品，而欧盟向中国的出口则以技术密集型产品为主。由于中欧经济发展水平和产业结构不同，中

国向欧盟出口的主要是低附加值的轻纺和机电产品，而中国从欧盟进口的主要是高科技含量的产品和一些工业原料。这种互补性为中欧进一步扩大双边贸易提供了重要的基础。2013 年我国对欧盟出口的商品以机电产品、服装、鞋类、家具、箱包和塑料制品等劳动密集型产品为主，前十大出口商品合计占比 46.0%；同期进口商品以汽车、飞机等运输工具，以医药、计量检测分析自控仪器、集成电路等高附加值产品为主，前十大进口商品合计占比 41.0%。2013 年中国与欧盟主要进出口商品情况，以及欧盟主要国家与中国的进出口情况分别见表 11.1 和表 11.2。

表 11.1　2013 年中国与欧盟主要进出口商品情况

出　口	金额（亿美元）	同比（%）	占比（%）	进　口	金额（亿美元）	同比（%）	占比（%）
自动数据处理设备	434.4	−2.7	12.8	汽车（包括整套散件）	277.2	−4.8	12.6
服装及衣着附件	399.3	9.8	11.8	汽车零件	119.5	13.7	5.4
电话机	145.9	18.0	4.3	医药品	101.3	18.0	4.6
纺织纱线、织物及制品	117.1	7.4	3.5	计量检测分析自控仪器及器具	96.1	2.8	4.4
鞋类	105.1	11.7	3.1	飞机	71.4	−4.1	3.2
家具及其零件	98.2	−5.0	2.9	集成电路	55.8	1.9	2.5
灯具、照明装置	69.3	19.4	2.0	通断保护电路装置	54.2	15.0	2.5
印刷、装订机械及零件	65.3	−1.8	1.9	废金属	44.1	−20.3	2.0
箱包及类似容器	63.5	1.1	1.9	金属加工机床	43.2	2.2	2.0
塑料制品	62.7	3.9	1.8	初级形状的塑料	38.8	9.7	1.8

表 11.2　2013 年欧盟主要国家与中国进出口情况

	进出口（亿美元）	同比（%）	上年同期同比（%）	出口（亿美元）	出口同比（%）	进口（亿美元）	进口同比（%）
英国	700.4	11.0	7.5	509.5	10.0	190.9	13.6
德国	1 615.6	0.3	−4.7	673.6	−2.7	942.0	2.5
法国	498.3	−2.3	−2.0	267.2	−0.7	231.1	−4.2
意大利	433.3	3.9	−18.6	257.6	0.4	175.8	9.4
西班牙	249.3	1.4	−9.9	189.4	3.9	59.8	−5.5
匈牙利	84.1	4.3	−12.9	56.9	−0.8	27.2	16.9

3. 经济技术合作活跃

表 11.1、表 11.2、表 11.4 数据来自海关信息网《2013 年经济形势综述及我国进出口贸易形势分析报告》，读者可从该网站“推荐报告”栏目查找该报告（阅读需注册）：http://www.haiguan.info/report/ReportInfoList.aspx

欧盟不仅是中国坚实的贸易伙伴，也是中国资金和技术的重要来源地。2013 年，欧盟 28 国对华投资新设立企业 1 523 家，实际投入外资金额 72.14 亿美元，平均每天在华新投资设立的企业就有三四家。欧盟现在是中国最大的高科技提供者。在中国引进的科学技术中，约 50%来自欧洲，相比之下只有约 8%来自美国。

欧盟是中方先进技术和设备的最大供应方。在技术合作方面，欧盟一直是中国累计最大技术引进来源地。中国自欧技术引进主要集中在铁路运输、电子设备、新能源等领域。中国正大力发展低碳经济、绿色经济，欧盟在该领域处于领先地位，中欧技术合作有很大发展空间。中国企业与拥有先进技术和知名品牌的欧洲企业合作，成为中欧经贸合作的新亮点。

【拓展阅读】

推荐读者在线阅读中国网纪明葵《2013，为欧洲经济复苏的中欧合作》一文：http://opinion.china.com.cn/opinion_83_89783.html

中欧在科技、教育、财政金融及社会保障等各个领域的合作也富有成果，双方还加强了在新型疾病防控、能源、气候变化等全球性问题上的交流与合作。2014 年，我国企业对欧盟的非金融类直接投资呈现出“井喷式增长”达 98.48 亿美元，是欧盟对华投资的 1.44 陪，增长了 117.7%，这个增速达到 5 年来最高。城镇化也是中欧合作的重要领域。多年来，欧盟国家众多企业积极参与中国城镇化进程，合作领域涵盖战略研究、规划设计、建筑节能、环保产业、社会保障改革、灾害风险管理、城市治理等诸多方面。中国有不少重要的基础设施、公共建筑，都是中欧双方鼎力合作的成果。双方的城镇化合作，为中国城镇化发展注入了新的活力，也为扩大双边投资、贸易、技术、文化等交流合作搭建了一个重要平台，在中欧合作中发挥了积极作用。

中欧双边互利共赢的经贸关系不仅给双方人民带来了实实在在的经济利益，而且也成为中欧发展全面伙伴关系的坚实基础。

（二）中欧经贸关系存在的主要问题

1. 欧盟启动特保措施限制我国出口产品

中国“入世”之后，扩大了与欧盟的国际经贸合作，但在经济发展不平衡和利益不一致的现实条件下，中欧之间经常产生贸易摩擦，并有不断增加的趋势。随着 2005 年 1 月 1 日乌拉圭协议中的《纺织品与服装协议》的生效，各世界贸易组织成员全部解除了对纺织品进口的配额限制，实现纺织品贸易一体化。中国纺织服装企业摩拳擦掌，希望在国际市场有所作为，但是，现实却是中欧之间的纺织品等贸易战愈演愈烈。

根据《中国加入世界贸易组织议定书》第 16 条和《中国加入世界贸易组织工作组报告书》第 241、第 242 条规定，任何世界贸易组织成员可根据上述三条对中国已取消配额的纺织品申请重新设限，这为欧盟对我国纺织品出口设置障碍提供了法律基础。2005 年 4 月 6 日，欧盟贸易委员曼德尔森在欧盟委员会总部举行新闻发布会，公布对中国纺织服装类产品实施“特保”措施。

可见，特殊保障措施条款的存在，为中国的纺织品打入国际市场设置了壁垒；另一方面，特保制裁具有“传染性”，一旦有一个国家单方面制裁成功，很可能马上发生连锁反应。中国的产品出口全世界，引起更多的国家参与制裁的可能性也随之加大。众所周知，纺织业是中国非常重要的产业，又是劳动密集型的产业，涉及直接就业的人口约 1 900 万人，加上相关就业人口就更多了。在欧美对中国设限的品种背后，每一个品种涉及至少 1 000 家企业，多则 6 000 家企业。欧盟利用特保措施，对我纺织品出口重新限额，其后果可想而知。

2. 欧盟不承认我国的市场经济地位

截至 2015 年年初，欧盟仍视我国为“非市场经济”国家，这为欧盟对中国产品实施反倾销措施创造了条件。根据欧盟法律的规定，在反倾销调查中，如果被调查国不属于市场经济国家，则被调查企业需证明自己是按市场经济规律运行的，否则欧盟在判断是否存在倾销以及倾销幅度时，就会以替代国的相同产品价格作为国内价格。在反倾销案件中，我国企业很少能成功证明自己具备市场经济条件，因此欧盟可以选择一个同类产品价格很高的替代国，导致我国企业在欧盟的反倾销调查案件中多以失败告终。

从入世以来，我国的经济体制改革已经取得很大进展，2011 年已有 81 个国家承认我国的完全市场经济地位。遗憾的是，虽然我国多次要求欧盟承认我国的完全市场经济地位，却遭到欧盟的拒绝。按照我国入世文件的规定，2016 年我国将自动获得完全市场经济地位。可以预见的是，欧盟很可能在 2016 年之前利用最后的机会，提高对我国产品的反倾销诉讼频率。

3. 技术性贸易壁垒成为欧盟的隐形贸易保护工具

欧盟是最先意识到在国际贸易中利用技术性贸易保护措施进行外贸管制的国家（地区），其构建的技术性贸易保护措施体系相当完备，作为我国第一大贸易伙伴，给我国的进出口贸易带来巨大影响。特别是在欧债危机的背景下，欧盟频繁使用技术贸易壁垒，利用认证要求、有毒有害物质限量要求、标签和标志要求等技术要求大量限制了我国商品的对欧出口。

根据欧盟非食品类消费品快速预警系统发布的数据，2012 年欧盟对华发出通报 1 107 起，同比增长 33.37%，占全球通报总数的 57.93%。欧盟非食品类消费品快速预警系统召回产品的原因多与产品不符合其制定的标准有关。而被通报的产品，绝大部分都被主动或被动地撤出了欧洲市场，尚未进入欧盟市场的产品则直接被海关拒绝进口。2012 年我国有 23.9%的出口企业受到国外技术性贸易措施的影响，导致全年出口贸易直接损失 685 亿美元，其中有 223 亿美元是由欧盟造成的，占直接损失总额的 32.6%，在所有国家和地区中排在首位。

4. 欧盟东扩带来的挑战问题

中国与中东欧十国出口商品结构类似，贸易转移效果将导致中国产品出口不利。20 世纪 90 年代后，中东欧主要国家出口中，农产品和矿产品比重明显下降，工业制成品比重上升。2002 年，捷克、斯洛伐克、匈牙利等国的工业品均占其出口量的 80%。而同年中国的工业品出口也占总出口量的 70%左右，并且出口产品结构也极为相似。中东欧十国入盟后，原对欧关税将被取消，再加上中东欧国家相对优越的地理条件、交通便捷，交易成本将大大降低。由此，我国基于充足劳动力的低成本优势将被掩盖，中东欧国家凸显优势。我国的部分产品将丧失相当数量的欧盟市场。

另一方面，欧盟东扩将导致投资区域转移，对我国引资能力构成威胁。欧盟的所有成员国必须对欧盟做出贡献，但各成员国所做的贡献是不同的。其中纯贡献国如英、法、德、荷等国所做的贡献占欧盟预算的 2/3。而纯受益国会从欧盟预算中获得巨额的援助性财政拨款。新入盟的十国全为纯受益国。入盟后，为使其经济尽快赶上欧盟平均水平，欧盟一方面继续原有的每年 15 亿欧元的经济援助项目，另一方面增加从 2002 开始的“入盟后财政支持拨款计划”。

在欧盟成员国资金向中东欧国家聚集的同时，外部资金也会流向中东欧国家。区外资金流向这些地区，可享受一体化内部的各种便利条件，避免日趋加剧的贸易壁垒，最重要的是可以此为跳板，进入西欧发达国家市场。据中国商务部和中国海关统计，近年来中东欧国家的境外投资逐步上升（波兰除外）。入盟后，中东欧十国成为新的投资热点。这样，在资本总量未有明显增加的情况下，过多的资本流向中东欧国家，必然对我国吸引外资造成冲击。

5. 欧盟拟对国际航空业征收碳关税

2011 年 12 月，欧盟委员会宣布将从次年 1 月 1 日起开始施行航空碳税政策，正式将国际航空领域纳入欧盟碳排放交易体系，以应对全球气候变暖的趋势。按照此法案，所有在欧盟境内飞行的航空公司都将受碳排放量的限制，各航空公司均需为其超出部分付费。对拒不执行此法案的航空公司，欧盟将实施罚款以及在欧盟境内禁飞的制裁措施。如果该政策正常实施，欧盟的航空碳税政策可以为欧盟带来巨大的收益。据估计，2012 年欧盟拍卖碳排放额度可以获得 2.56 亿欧元的收入。由于欧盟征收碳税属于单方面行动，同时带有贸易保护主义色彩，遭到其他国家的强烈反对。以中美俄为首的 26 个国家联合制定了一揽子“报复性”方案，甚至连欧洲各航空公司也都纷纷提出反对意见，欧盟迫于压力不得不暂停对外国航空公司征收碳税。不过，欧盟也表示，暂停征收碳税的时间不会超过 1 年。未来欧盟还将对外国航空公司强行征收航空碳税。

（三）中欧经贸关系发展的前景

要想推动中欧关系的长期健康发展，必须立足于中欧长远的战略利益，考虑到双方的现实需求和长远发展目标。

第一，加强中欧双方之间的互信和互谅，必须建立在一些实质性的措施之上，中欧贸易领域中各个行业之间应该长期保持对话，及时解决各种实际问题，就具体问题展开针对性谈判，建立利益博弈机制和互相妥协、互相协调机制。在经济全球化时代，争取形成中欧贸易之间合理的贸易分工格局，建立新的贸易优势互补机制，不断提高双方的经济实力，实现双赢。

第二，理性看待中欧不断升级的贸易摩擦问题。随着中欧关系的日益紧密，中国经济实力的不断增强，中欧双方在市场、贸易等方面的竞争和争夺必然愈益激烈。双方原有的贸易互补性优势逐渐丧失，中方产品中的技术含量有所提高，开始与欧盟在技术产品市场展开竞争，必然会直接影响到欧盟的对外贸易产品结构。因此，面临着新的中欧贸易形势，中方要有充分的认识和应对能力。同时更要预测到，在未来阶段，欧盟很可能会开辟新的低端产品市场和获取更为廉价的劳动力成本优势，相应地，对中国一些低端产品的出口也会设置各种障碍，将这些中国产品拒之门外。

第三，克服中欧贸易中存在的问题，不能将所有问题的症结归咎于欧盟一方，更要寻找中国自身的原因。中方应该加以重视和亟待解决的问题包括：对欧盟贸易法规在理论和实践上进行系统跟踪研究；尽快加强对外贸易法规和法律的建设，制定对策性强的各项法规和法律，改变中国现行贸易法规中的空泛性，增强规避能力、应对能力；在全球化日益发展的世界中，构建适应中国现实发展的对外贸易体系和秩序。

> **【课堂讨论 11.1】**
>
> 讨论中欧经贸关系的地位、问题和发展对策。

二、中国与美国的经贸关系

中美经贸关系是中美关系最重要、最具活力的组成部分，是中美新型大国关系的“压舱石”和“推进器”，也是世界经济的重要组成部分。2014 年是中国与美国建交 35 周年。随着中国经济的迅速发展，中美两国的经贸关系在摩擦和曲折中不断加强，中美两国已经互为第二大贸易伙伴。

（一）中美经贸关系的发展现状

1. 中美贸易规模不断扩大

中美建交 35 年来，双边经贸关系稳步发展。中美货物贸易从 1979 年的 24.5 亿美元，猛增到 2012 年的 4 847 亿美元，增长 198 倍。2013 年，中国对美进出口总值达 5 210 亿美元，占同期中国外贸进出口总值的 12.5%。其中，对美出口 3 684.3 亿美元，自美进口 1525.7 亿美元。中国对美贸易顺差 2 158 亿美元。2013 年，对华货物贸易占美国对外货物贸易的 14.6%。此一比重为中美开展双边贸易以来历史最高，与美国最大贸易伙伴加拿大相比，只有 1.8%的差距。目前，中国是美国第二大贸易伙伴、第三大出口市场和第一大进口来源地。

多年来，中美在投资领域进行了卓有成效的合作，2004—2013 年中美双向直接投资流量见表 11.3。中美双向投资已经超过 1 000 亿美元。其中，美国在华累计直接投资超过 700 亿美元，中国对美累计直接投资超过 200 亿美元。中美双向投资迅猛增长，截至 2014 年 11 月底，美对华投资项目累计超过 6.4 万个，实际投入达 752.2 亿美元。美国是中国第四大外资来源地。同时，中国在美国兴办的贸易型和非贸易型公司也呈增长趋势。2014 年 1—11 月，中国企业在美非金融类直接投资 46.4 亿美元，同比增长 27.1%。截至 2014 年 11 月底，中国企业在美累计各类投资超过 385 亿美元，美已成为中国对外直接投资的第三大目的地。

表 11.3　2004—2013 年中美双向直接投资流量情况①

（单位：亿美元）

	美国对华实际直接投资	中国对美实际直接投资
2004 年	39.41	1.20
2005 年	30.61	2.32
2006 年	29.99	1.98
2007 年	26.16	1.96
2008 年	29.44	4.62
2009 年	35.76	9.09
2010 年	40.52	13.08
2011 年	29.95	18.11
2012 年	31.3	40.48
2013 年	33.53	42.3

同时，中国在美国兴办的贸易型和非贸易型公司也呈增长趋势，投资范围广泛，涉及工业、科技、服装、农业、餐饮、食品加工、旅游、金融、保险、运输和工程承包等各领域。从对美投资企业性质看，中国国有企业和私营企业对美均有投资，私营企业占比已经超过国有企业。2013 年中国私营企业占对美投资数量的 87%和交易金额的 76%，而 2012 年仅占交易金额的 59%。2014 年第六轮中美战略与经济对话共达成 116 项成果，包括加强双边合作、应对地区和全球性挑战、地方合作、能源与气候变化合作、环保合作、科技与农业合作、卫生合作、双边能源、环境和科技对话 9 个方面。

【拓展阅读】

中国畜牧业信息网《双汇成功收购史密斯菲尔德》专题报道（2013 年）：http://www.caaa.cn/topicnews/2013/20

新华网北京 2013 年 2 月 25 日电《中石化 10.2 亿美元收购美天然气开发商灰岩油藏 50%权益》：http://news.xinhuanet.com/fortune/2013-02/25/c_114796393.htm

2. 中美贸易结构互补性增强

当前，中美两国经济发展阶段不同，分别处于工业化的中后期和后工业化时代。美国作

① 本表整理自《复旦学报（社会科学版）》2014 年第 4 期第 97 页宋国友《中美经贸关系的新变化与新趋势》。

为全球最大的发达国家，高科技及服务业在全球处于领先地位；中国拥有全球最大的市场和庞大的廉价劳动力群体。中美经贸关系的相互依存，恰恰体现在中国产品的出口竞争力同美国高科技与金融业之间的互补性方面。

随着中国经济的迅速发展及产业结构的不断优化，中美贸易的商品结构也在逐渐转变。2013 年中国与美国主要进出口商品情况如表 11.4 所示。中国对美出口的主要商品中，自动数据处理设备、电话机和汽车零件等机电产品同比增速较上年同期有所下降，而劳动密集型产品有所增长。整体来看我国对美出口的商品结构变动不大，前十大出口商品合计占比 47.5%；进口方面，粮食仍为自美进口的第一大商品，但呈现出粮食、食用油籽等农产品同比下降，而集成电路、飞机等机电产品同比快速增长的趋势，一定程度上反映了美国“制造业回归”计划的影响。此外，进口激增的产品还包括液化石油气及其他烃类气、电视机、手表及表芯，而显著下降的有二甲苯和风力发电机组等。新的地缘资源开发和产业全球重构格局下，美国的进出口商品结构正在悄然发生改变。

表 11.4　2013 年中国与美国主要进出口商品情况

出　口	金额（亿美元）	同比（%）	占比（%）	进　口	金额（亿美元）	同比（%）	占比（%）
自动数据处理设备	552.1	−2.6	15.0	粮食	155.3	10.2	10.2
服装及衣着附件	309.6	6.7	8.4	集成电路	142.1	103.2	9.3
电话机	206.6	14.8	5.6	食用油籽	133.1	−13.7	8.7
家具及其零件	146.3	7.1	4.0	飞机	129.7	85.8	8.5
鞋类	132.5	2.6	3.6	汽车（包括整套散件）	95.6	29.2	6.3
纺织纱线、织物及制品	106.5	7.7	2.9	计量检测分析自控仪器及器具	64.1	7.6	4.2
塑料制品	91.5	4.2	2.5	废金属	48.0	0.0	3.1
汽车零件	84.0	11.1	2.3	初级形状的塑料	38.8	0.1	2.5
箱包及类似容器	62.5	0.8	1.7	医疗仪器及器械	27.9	13.3	1.8
印刷、装订机械及零件	59.3	−6.3	1.6	废纸	27.0	−2.4	1.8

3. 中美贸易方式以一般贸易为主，加工贸易进出口双双增长

2013 年，我国以一般贸易方式对美进出口 2 569.3 亿美元，占同期我国对美进出口总值的 49.3%。其中，出口 1 619.9 亿美元，进口 949.4 亿美元。同期，以加工贸易方式对美进出口 2 082.8 亿美元，占我国对美进出口总值的 40%。同时，外商投资企业进出口占主导地位，民营企业进出口快速增长。2013 年，我国外商投资企业对美进出口 2 935.2 亿美元，占同期我国对美进出口总值的 56.3%。同期，民营企业进出口 1 570.7 美元，国有企业进出口 635.3 亿美元。

（二）中美经贸关系存在的主要问题

中美两国都是具有广泛世界影响的大国，都有着捍卫各自所确认的意识形态标准和社会制度模式的坚强意志。但由于两国的经济发展水平悬殊，历史和文化、社会制度各异，而且各自追求的政治经济利益也不尽相同，因此，注定了中美贸易关系的发展不可能是一帆风顺的，必然会面临一系列的问题和干扰。在新形势下，中美经贸矛盾既有老问题，也有新摩擦。具体而言，表现在如下方面。

1. 美联储削减量化宽松货币政策影响中国经济

中美两国经济高度依赖，一国重大经济政策的决策势必会影响到另一方。当这种影响以负面居多时，中美两国之间就可能出现矛盾。2013 年 12 月 18 日，美联储发表声明，宣布将从 2014 年 1 月起削减长期债券购买计划，将目前每月 850 亿美元的债券购买额调整为 750 亿美元，标志着金融危机后实施 5 年的三轮量化宽松货币政策开始进入退出过程。同时，美联储在声明中强化了利率政策“前瞻指引”，暗示将在更长时间内维持超低利率。尽管美国货币政策改变显示出美联储对美国经济复苏的信心，但美国经济回升根基仍较为脆弱，离开了经济刺激政策的推动，美国经济能否延续温和复苏势头有待观察。更为重要的是，随着美联储量化宽松货币政策退出程序的正式开启，全球资金流动、汇率变动、商品价格等领域走势将带来深远影响。这些影响将通过资本流动、资产价格、货币汇率等多个渠道传导至世界各国，新兴经济体经济发展中的一些风险将被暴露，会对我国与美国以及与其他国家的进出口贸易产生影响。和其他经济体一样，我国政府也高度重视美联储在量化宽松上的退出时机和政策选项，通过 20 国集团峰会、两国首脑会晤以及中美战略与经济对话等机制多次向美方提出要求，要求美方事前和其他国家协商。

2. 美国加大对华贸易限制力度

我国是美国发起 337 调查的最大目标国。2013 年，美国共发起“337 调查”42 起，涉及我国企业 17 起，居涉案国之首，其中电子信息产品仍是遭遇 337 调查的“重灾区”。联想、海尔、华为、中兴以及三一重工等具有较强国际竞争力的大企业频繁涉案并成为 337 调查的强制应诉企业。同时，“337 调查”等知识产权大棒的目标还蔓延至我国有创新能力的中小企业，对我国中小企业成长壮大带来巨大打击。尤其值得关注的是，美国对华贸易保护的调查对象已从此前的劳动密集型产业扩展到了新能源和高科技产业。美国国会也加入了对华贸易保护的行列。在美国国会通过的《2013 财年综合继续拨款法案》中，包含了限制美部分政府部门购买中国企业生产的信息技术系统，以及禁止美政府将拨款用于颁发商业卫星对华出口许可证等内容。“337 调查”危害性强，只要有关产品被认定有专利侵权行为，即可逐出美国市场。在 2013 年、2014 年量化宽松政策退出的大背景下，美国可能会进一步加大贸易保护力度，或在更多方面为我国产品进入设置更高门槛。

对于美国提出的贸易救济措施及其他贸易保护主义措施，中方进行了积极应对。例如，2013 年年底中国就美国对华油井管等产品采取的 13 起反倾销措施中的错误做法，提出与美国在世贸组织争端解决机制下进行磋商，正式启动世贸争端解决程序。中方认为，美国在有关反倾销调查和复审中，存在一系列与世贸规则不符的做法，错误认定中国产品存在倾销，严重夸大中国产品倾销幅度。中方坚决反对滥用贸易救济规则，反对贸易保护主义，并将坚定行使世贸组织成员权利，维护国内产业的合法权益。

3. 人民币汇率升值加大出口难度

在人民币汇率问题上，尽管美国财政部 2013 年公布的《国际经济和汇率政策报告》指出中国并未操纵货币汇率，但美国坚持认为迄今人民币调整幅度不够，需要进行进一步升值。

2013 年，在经历了一季度的窄幅震荡后，人民币对美元汇率在 4 月份开始步入上升通道，并屡创 2005 年汇改以来的新高。截至 12 月 31 日，人民币对美元汇率中间价报收 6.0969，全年中间价共计41次创下新高；累计升值幅度3%，几乎是2012年1.03%升幅的3倍。2013年中美战略与经济对话期间，美国表示中国需要更灵活的人民币汇率和利率，变相对中国施压。

人民币升值不仅会削弱中国产品的价格竞争优势，也会压缩企业出口利润空间，增加我国出口增长难度。

4. 中美知识产权争端不断升温

围绕着知识产权问题，中美两国进行了频繁的互动。美国政府在知识产权方面加大对华施压力度。一方面，美国加大使用针对中国企业的调查频率，以保护美国企业的知识产权。一旦涉案企业被裁定违反美国知识产权保护法律的相关规定，我国涉案产品将失去在美国市场的销售资格。另一方面，美国频繁提出网络安全问题，为出台更加综合、全面的措施保护美国知识产权造势。我国通过各种渠道对于美方在知识产权方面的关切加以回应。特别是在2013年的中美商贸联委会框架内，我国做出了进一步保护包括美国企业在内的知识产权的各项承诺，包括与美国政府的知识产权刑事执法合作、愿在必要时调整与高新技术企业相关的知识产权政策、确保保护知识产权的法律法规公平对待国内外各企业主体、增加商标侵权行为类型、继续推进正版软件的使用和对中外权利人的商业秘密平等保护等。

5. 中美在自由贸易谈判领域的制度竞争

中美两国围绕着各种双边和地区性的自由贸易谈判也展开了激烈的竞争，这主要表现在跨太平洋伙伴关系协议[①]和区域全面经济伙伴关系[②]的竞争。跨太平洋伙伴关系协议是美国主导的，包括12个亚太国家在内的跨太平洋自由贸易区。相比传统的自由贸易协定，跨太平洋伙伴关系协议在政府采购、知识产权、服务贸易等领域提出了更高的标准。我国对跨太平洋伙伴关系协议的评估已经从最初的批评和抵触转向较为中性，但我国政府深知，由于跨太平洋伙伴关系协议谈判把我国排除在外，而且协议中包括美国、日本等我国重要贸易伙伴，跨太平洋伙伴关系协议针对我国的意图仍然较为明显，对我国的负面影响也客观存在。区域全面经济伙伴关系包括我国在内共16个成员国，正式谈判于2013年启动。由于区域全面经济伙伴关系由太平洋西部国家和地区成员组成，不包含美国在内，所以美国认为其有被区域全面经济伙伴关系排斥的危险。跨太平洋伙伴关系协议和区域全面经济伙伴关系这两个巨型自由贸易协定分别以美国和我国为事实上的主导国，而且现阶段排除了对方的参与。这部分反映了中美两国在自贸协定方面进行竞争。美方希望通过尽快达成跨太平洋伙伴关系协议来寻求其在全球新一轮自贸协定谈判中

> **【课堂讨论 11.2】**
>
> 如何克服中美经贸关系中存在的主要问题，推动中美经贸的发展？

---

① 跨太平洋伙伴关系协议（trans-pacific partnership agreement，TPP）的前身是跨太平洋战略经济伙伴关系协定（trans-pacific strategic economic partnership agreement，P4），是由亚太经济合作会议成员中的新西兰、新加坡、智利和文莱四国发起，从2002年开始酝酿的一组多边关系的自由贸易协定，原名亚太自由贸易区，旨在促进亚太地区的贸易自由化。2011年11月10日，日本正式决定加入跨太平洋伙伴关系协议谈判，而中国没有被邀请参与跨太平洋伙伴关系协议谈判。2013年9月10日，韩国宣布加入跨太平洋伙伴关系协议谈判。跨太平洋伙伴关系协议将突破传统的自由贸易协定模式，达成包括所有商品和服务在内的综合性自由贸易协议。

② 区域全面经济伙伴关系（regional com-prehensive economic partnership，RCEP），是东盟国家近年来首次提出，并以东盟为主导的区域经济一体化合作，是成员国间相互开放市场、实施区域经济一体化的组织形式。区域全面经济伙伴关系的主要成员国计划包括与东盟已经签署自由贸易协定的国家，即中国、日本、韩国、澳大利亚、新西兰、印度。东盟10国与这6个国家分别签署了5份自由协定，其中澳大利亚和新西兰是共同与东盟签署的一份自贸协定。组建区域全面经济伙伴关系目前计划是这16个国家，东亚峰会另外两个成员国（美国、俄罗斯）因现没有与东盟建立自由贸易关系，所以不在区域全面经济伙伴关系成员国计划范围之内。东盟计划待16个国家将区域全面经济伙伴关系建到一定程度后，再商谈美国、俄罗斯加入事宜。

的有利位置，迫使我国接受美国所倡议的全球贸易新规则。我国一方面对跨太平洋伙伴关系协议谈判持开放的态度，对其规则一直跟踪、研究、论证，不排除加入跨太平洋伙伴关系协议谈判，另一方面也在加紧推动区域全面经济伙伴关系尽快取得实质性进展，并希望在预定期限前达成协议，以对冲跨太平洋伙伴关系协议的可能挑战。

（三）中美经贸关系发展的前景

中美作为世界上最大的发展中国家和最大的发达国家，两国在资源禀赋、市场、资金、技术等方面各具优势，互补性很强，今后两国开展互利共赢经贸合作的潜力将越来越巨大。

1. 全球环境治理合作

作为两个全球最大的温室气体排放国，中美两国均承诺降低温室气体排放。两国也分别承诺应对气候变化，保护环境，实现全球可持续发展。鉴于中美两国在应对全球变暖和气候变化方面的紧迫性，加强能源领域的研究合作将更为重要。如两国加强在碳封存等技术上的合作，可大规模降低碳排放，从而降低全球变暖和气候变化的风险。

2. 旅游合作

2012 年只有 100 万人次中国游客赴美旅游。从创造就业角度分析，据测算，中国赴美游客平均停留 14 天，日均消费 750 美元。每 100 万人次中国游客赴美旅游，将在美国总共花费 90 亿美元，这将创造 35 亿美元的附加值和 61 252 个就业岗位，极大地促进美国经济增长和就业。2012 年美国赴华旅游游客约为 100 万人次，只是美国全部出境游客中很少一部分。同时，如果中国能够更好地宣传本国旅游资源，美国赴华旅游游客数量将会进一步增加。旅游业可以为中美两国创造大量相对稳定的就业岗位。

3. 科技合作

目前，美国科技水平从很多方面都远远领先于中国，这是美国长期以来投资人力资本和科技研发的结果。美国研发投入占国内生产总值的比重约为 3%，而中国到 2015 年的目标是达到 2.2%，中国正在致力于增加人力资本和研发方面的投资，但仍需时日。尽管中国在科技领域有了长足进步，但与美国仍然存在较大差距，这种差距为中美科技合作提供了广阔前景。所以，需要培育一个中美合作研究和开发的良好氛围。

4. 能源合作

中美两国是全球两个最大的能源消费国和生产国。两国能源产量占全球产量的 30%，消费量占全球消费量的 40%。美国承诺将在未来 10 年实现能源独立，这个目标在美国页岩气资源迅速发展的情况下很可能实现。中国也希望未来能够尽可能实现能源独立。因此，中美两国在能源安全领域有共同的目标。同时，两国均承诺将确保全球可持续发展，这就是两国加强能源合作的主要动机。

5. 农业合作

未来几年，随着我国城市化进程加快，家庭对农产品需求将迅速上升，对动物饲料的需求增长也很快，大豆等谷物的进口量迅速上升。2012 年，我国创纪录地进口了 5 900 万吨大豆和 1 600 万吨其他谷物，我国成为美国农产品第一大进口市场。此外，随着中国中产阶层的崛起，肉类和禽类产品消费量将大幅增加。美国可以利用先进的农业技术、农业管理经验为中国提供帮助；鉴于我国要用占世界 7%的耕地，养育占世界 22%的人口，如能充分利用美国丰富的土地资源和水资源，以及高水平的农业生产率，从美国进口其具有比较优势的农产品，对深化中美两国农业合作将起到不可小视的作用。

三、中国与日本的经贸关系

中日作为东亚最大的发展中国家和最大的发达国家，两国的对外贸易发展对整个东亚及世界经济的发展都有着很大的促进作用，而中日贸易又是其中最重要的组成部分。自 1972 年中日建交以来，两国贸易得到了较快发展。中日贸易在双边经济贸易中占有重要的地位。两国凭借较强的经济互补性和优越的地理位置等经济往来条件，贸易关系得到了快速、稳定的发展。自 2000 年以来，中日贸易曲折发展，虽然中日双边贸易额总体上稳步增长，并在 2011 年一度达到 3 428 亿美元，创历史新高，但由于我国经济增长放缓，日元贬值导致以美元计价的贸易额减少，日本企业在华生产增加，日企竞争对手扩大在华市场份额，2008 年的国际金融危机，2011 年的日本地震以及两国的钓鱼岛争端等因素，导致中日贸易总额最近连续两年下滑。

（一）中日经贸关系的发展现状

1. 中日两国贸易规模不断扩大

随着贸易往来的不断加深，中日两国的贸易规模不断扩大，贸易合作关系日益密切。据中方统计，中日两国的贸易总额由 1972 年的 10.41 亿美元增加到 2012 年的 3 294.59 亿美元，增长 315.48 倍，13 年间平均增速为 20.31%。但是最近几年由于受日本大地震、日本挑起的“购岛闹剧”以及野田佳彦内阁多次拜鬼事件的影响，中日贸易关系不断恶化，贸易额连续下降。2012 年中日双边贸易额为 3 294.5 亿美元，同比下降 3.9%，日本由我国第四大贸易伙伴下降到第五位。2013 年中日双边贸易额为 3 125.5 亿美元，同比下降 5.1%，2014 年，中日双边贸易额为 3 099.3 亿美元，同比下降 1%。

2. 日本对中国的依赖程度逐渐增强

自 1972 年中日建交起，两国贸易进入高速发展阶段。日本曾连续 11 年是我国的第一大贸易伙伴，但自从 2004 年失去其第一的位置之后，中日贸易额占我国对外贸易总额的比重一直在下降，我国的对外贸易增长水平也高于对日贸易的增长水平，日本作为我国贸易伙伴的重要性逐步下降。2012 年日本是继欧盟、美国、东盟、中国香港之后的我国第五大贸易合作伙伴。与此同时，我国在日本贸易伙伴中的地位不断提升。2002 年我国成为日本第一大进口来源地，2007 年我国超过美国成为日本的第一大贸易伙伴国，2009 年我国成为日本的第一大出口市场。可见，两国已互为对方重要的贸易合作伙伴。

中日建交初期，两国的贸易依赖度极不平衡，我国过分地依赖日本。随着经济的不断发展，中日的贸易依赖关系发生了较大改变。自 2006 年起，日本更依赖于我国。

我国对日本的贸易结合度呈现不断下降的趋势，从 2000 年的 2.96 下降到 2012 年的 1.55，下降幅度达到了 90.97%，但仍高于世界平均水平。这主要是由于我国加入世界贸易组织后，不断调整自身的产业结构和贸易政策，对外贸易迅速扩张，对日贸易所占比例有所下滑，但日本仍是中国比较重要的贸易伙伴之一，两国的贸易关系仍比较密切。

而日本对我国的贸易结合度则呈现基本相反的趋势，从 2000 年的 1.89 上升到 2009 年的 2.40，说明日本的外贸发展对我国的依赖性越来越大。这主要是由于随着我国外贸的不断发展，我国与日本的地缘优势以及成本优势不断突显，日本自我国的进口不断增加。而2008年的国际金融危机使得日本经济遭受严重的打击，经济复苏较慢，国内消费需求降低，进口减少，又加上政治因素和自然因素的影响，日本对我国的贸易结合度下降到了2012年的1.85。所以说中日贸易依赖关系发生变化，我国对日贸易依赖程度逐渐降低，而日本对华贸易依赖程度逐渐升高。

3. 中日两国进出口商品结构不断优化

中国是一个资源大国，有着丰富的劳动力和巨大的市场需求，而日本是一个发达国家，有着大量的资金与高端的技术，两国的经济互补性使得两国在经贸上有着很强的依赖性。中国主要向日本出口服装、纺织品、矿物燃料等低附加值的技术含量不高的劳动密集型产品，即初级产品，而从日本进口的则是机电设施、音响设备、车辆及零部件等高附加值的技术含量较高的技术密集型产品。经过40多年的中日贸易发展，中日两国的进出口商品结构不断优化，双边贸易正由产业间贸易向产业内贸易转变。进入21世纪以后，中国开始进行产业结构升级，不再以高消耗、低利润的加工贸易促发展，而是更加注重产品的技术含量，中国对日出口的中间产品的比重上升。

2012年中国对日本出口的商品中排名第一位的是电子、电气设备，出口金额为326.64亿美元，占总出口额的21.54%；其次是核反应堆、锅炉机械及服装、配饰等，分别占比17.08%和14.12%，光学、照相、医疗设备也占有较大比例。2000年以前，中国出口日本的商品主要为服装、纺织品、矿物燃料、动物制品等资源密集型或者劳动密集型产品。总体来看，初级产品的比重从1992年的45.88%下降到2010年的10.01%，之后略有上升，但仍保持在10%左右。工业制成品的比重从1992年的9.60%上升为2012年的47.56%。中国向日本出口商品结构正从初级产品向工业制成品转变。

进口方面，2012年中国自日本进口的商品中排名第一位的仍是电子、电气设备，进口金额为458.08亿美元，占总进口额的25.76%，主要是由于中国科学技术水平的提高，带动了一大批高新产业的发展，抢占了一部分日本市场。进口第二位的是核反应堆、锅炉、机械等，进口额为349.43亿美元，占比19.65%，第三位的光学、照相、医疗设备进口额为177.20亿美元，占比9.96%，塑料制品及车辆进口也比较多。总体来看，中国从日本进口劳动密集型产品的比重从1992年的33.29%下降到2012年的24.63%，进口资本技术密集型产品的比重从1992年的62.90%增长到2012年的71.01%，中国从日本进口的产品格局中劳动密集型产品比例下降。由此可见，中日进出口商品结构不断优化，中日双边贸易正由垂直化分工向水平化分工转移。

4. 双方投资互动增强

日本一直是中国外资的主要来源地之一。2011年日本对华累计实际投资额达63.9亿美元，对华投资项目数是4 6022个，占比为6.23%。2012年日本对华投资达到了73.8亿美元，刷新了历史纪录。从日本对华投资的行业动向来看，投资重点仍然是制造业。在制造业领域，汽车、摩托车等运输器械行业设立的企业数量最多，2010年达到420家，占比14.8%。这一点与全球对华投资5成以上为非制造业、2成为房地产业的情况不同。在华日资企业中赢利企业的占比见表11.5。2012年运输设备和电气设备投资实现了迅速增长，分别增长了9成和3成；非制造业投资同比增长了10.6%。2013年，《中国经济与日本企业白皮书》中将医疗器械产业作为一个新增的行业被单独列出，彰显了日本企业对我国“银色产业”的重视。在这一巨大蛋糕面前，日本企业或将开展新一轮的投资。由此可见，日本通过对华投资将生产基地越来越多地转移到中国，这些投资带来了生产资料和中间产品的出口，且这些投资主要以制造业为中心，具有较高的技术含量和附加值，生产的产品又大多返销给日本或出口给第三国。短期来看，日本对华投资的制成品产业具有替代效应，但长期来看，日本对华投资促进了中日之间的贸易。

表 11.5　在华日资企业中赢利企业的比率①

年　度	制造业%	非制造业%
2004—2005	73	
2005—2006	67	
2006—2007	62.1	62.8
2007—2008	59.6	59.1
2008—2009	51.9	51.6
2009—2010	65.5	62.4
2010—2011	63.5	59.5
2011—2012	57.8	56.3

中国企业对日投资虽起步较晚，但累计实际投资已达 2.5 亿美元。已成为重要的贸易伙伴，两国经贸的依存度很高。目前中日两国间的贸易交往已形成了深层次、全方位和多领域的良好合作格局。

（二）中日经贸关系存在的主要问题

1. 贸易分工不公平

由于经济发展水平的差距，中日贸易发展的分工基础还是以垂直型分工为基本特征，主要体现在中日贸易的进出口产品结构上。总体来说，中国对日本出口的主要是技术含量较低和附加值较小的劳动密集型和资源密集型中低端产品。一些高端产品如通信设备和电子计算机等都属于加工贸易产品，产品的零部件不是由中国生产，只是在中国进行组装，再返销日本或者其他国家，对日本的产品制造和技术依赖性很大，形成了日本处于分工顶端而中国处于分工末端的垂直分工结构。而日本对华出口的则主要是高技术含量、附加值大的高端产品。可见中国对日贸易仍未能彻底改变这种不公平的垂直分工的状况。

2. 双边贸易不平衡

中日双边贸易不平衡主要体现在中日贸易收益的差距，虽然有一定的缩小，但中国方面仍处于逆差。造成中日双边贸易不平衡的原因是多方面的。首先，由于两国的经济基础和发展阶段的差异，在中日贸易中存在很多垂直型分工的产业内贸易，导致中日在贸易结构上存在很强的依赖性和互补性，这种不公平的贸易分工是造成贸易不平衡的重要原因；其次，由于日本连续多年加大对华投资，已成为中国第二大资本来源国，大量的投资所需设备要从日本进口，因此加大了我国进口的快速增长；最后，由于日本的贸易保护主义，导致中国向日本出口的难度增加，从而限制了中国的出口。

3. 日元出现不断贬值

自 2008 年金融危机和 2011 年日本发生大地震和海啸以来，日本政府为了应对金融危机和救助建设灾区陆续投入了众多的人力和财力，并开始逐步实施一系列干预经济运行的措施，如实行扩张性的财政政策和货币政策，回流海外资产等，对日元汇率走势产生了重要的影响。目前日本国内经济状况和国际市场的预期显示，未来的日元汇率有可能会进入一个相当长的贬值时期。对日本来说，日元贬值有利于增加日本的出口，抑制进口，拉动国内需求，刺激国内经济发展。对于中国来说，日元贬值一方面将增加中国的进口，减少出口，为中

① 本表整理自《中国对外贸易》2013 年第 7 期第 52 页王莉莉《2012 年日企对华投资逆势增长》一文。

国的出口贸易带来激烈的竞争；另一方面，将会提高日本企业在华投资的成本，不利于中国吸收外资。

4. 贸易摩擦日益增多

随着中日贸易的发展，中日之间的贸易摩擦也显著增多。特别是在中国加入世界贸易组织后，中日之间的贸易摩擦呈现出数量增多、范围扩大等特点。由于中日双方在贸易上的互补性以及各自的重要地位，贸易摩擦严重影响了中日双边贸易的展开，也影响了日方的在华投资，不利于日方进一步扩大中国市场，对中日消费者也带来许多不利影响。

（三）中日经贸关系发展的前景

中日双边贸易的进一步发展有机遇也有挑战，适时采取有力的对策措施才能化解不利因素，使双边贸易健康发展。

1. 在竞争中合作，在合作中发展，创造良好的竞争环境

竞争机制是市场经济发展的动力机制，在传统的企业国际竞争观念中，企业竞争的方式是战争型竞争，商场如战场。而当今网络信息技术的发展使国际竞争中企业的协调型竞争成为新的发展趋势，在竞争中合作，在合作中发展，这是一种双赢式的竞争。中日双边贸易的发展只有顺应这一新的发展趋势，才能有利于双方经济利益的实现。中日首次贸易争端应引以为戒的教训也正在于此。中日首次贸易争端之所以发生在农业领域，重要原因是日本政府对农业长期实行保护政策，使农产品缺乏竞争力。中日首次贸易争端虽经双方多次磋商得到解决，但随着两国贸易规模的扩大和贸易结构的不断调整，新的贸易摩擦将不可避免，而只有在合作、信赖的基础上，逐步建立起良好的协调型竞争机制，才能防患于未然，降低贸易冲突发生的频率，避免贸易冲突的升级。

2. 中日两国应加强交流，正确认识和处理共同问题

在中日两国的经济合作中，日本不应把中国的经济增长当作威胁，而应把它看作促进合作、加深交流的有利因素。因此两国应充分认识下述问题。

第一，正确认识经济贸易摩擦的成因。特别是日本的对外直接投资加快了他国与本国产业结构的趋同，由此增大了产生经济贸易摩擦的可能性。为尽快解决摩擦就应通力合作。

第二，依据国际分工向优势产业转化。在现阶段，中国的优势产业是劳动密集型产业，日本是技术和资本密集型产业。但是，如果以动态的方法来把握优势产业的话，那么应该认识到它的构成是经常变化的。面对中国经济的发展，日本应进一步深化与中国的分工关系，积极介入中国的供给体系，从中确立自己的比较优势。

第三，基于产业结构的长期预测进行政策调整。若从多层次来把握优势产业的话，则其构成又会发生变化。按劳动力与技术、劳动力与资本、资本与技术等来进行多层次定位，则更接近于现实。两国有必要认识这样的现实，并基于对比较优势和产业结构的长期预测，相互间进行政策调整。

四、中国与东盟的经贸关系

东南亚国家联盟（Association of Southeast Asian Nations，ASEAN）简称东盟，其前身是由马来西亚、菲律宾和泰国三国于 1961 年 7 月 31 日在曼谷成立的东南亚联盟。现在的东盟

包括了东南亚十国，总面积 444 万平方公里，人口 5.76 亿，国内生产总值达 15 062 亿美元，是一个具有相当影响力的区域性组织。

20 世纪 90 年代后期，在经济全球化浪潮的冲击下，东盟国家逐步认识到启动新的合作层次、构筑全方位合作关系的重要性，并决定开展“外向型”经济合作，形成了“10+1”“10+3”“10+6”和“10+8”等层次丰富的众多合作机制。“10+1”“10+3”是指东盟 10 国分别与中国、日本、韩国 3 国（即 3 个“10+1”）以及和中、日、韩 3 国合作的机制。自 1992 年中国成为东盟的“磋商伙伴”以来，建立了中国—东盟经济贸易合作委员会、“10+3”和“10+1”领导人会议机制、中国—东盟经济合作专家组以及最终在双方共同努力下建立的中国—东盟自由贸易区，这一系列措施和举动促进了双边的经贸发展。2002 年，中国—东盟贸易总额为 547.67 亿美元，东盟为中国第五大贸易伙伴，中国为东盟第三大贸易伙伴；而到了 2012 年，双边贸易额已达 4 001 亿美元，10 年来年均增长 22%，中国已成为东盟的第一大贸易伙伴，东盟是中国第三大贸易伙伴；2014 年，双边的贸易额达到 4 804 亿美元，2020 年有可能超过 1 万亿美元。

（一）中国与东盟经贸关系的发展和现状

国际区域经济一体化是当今世界经济发展的新潮流，也是发展中国家面临的国际发展环境。参与国际区域经济一体化已经成为促进发展中国家经济发展的重要途径。中国与东盟的领导人审时度势，在 2001 年 11 月就建立自由贸易区达成共识，即在 10 多年内建成中国—东盟自由贸易区。

2002 年 5 月，中国—东盟自由贸易区谈判正式启动，当年 11 月签署了《中华人民共和国与东南亚国家联盟全面经济合作框架协议》，一个拥有 17 亿人口、近 2 万亿美元国内生产总值、1.3 万亿美元贸易总量、由发展中国家（新加坡除外）组成的自由贸易区已初具雏形。2005 年，中国—东盟自由贸易区进入实质性操作阶段。从当年 7 月 20 日开始，双方全面启动降税进程，首批 7 445 种商品的关税降至 20%左右，中国对东盟 6 个老成员国平均关税降到了 8.1%，甚至比最惠国平均税率还低 1.8 个百分点。到 2015 年，中国与东盟 4 个新成员国间绝大多数产品关税为零。在《中国—东盟自由贸易区货物贸易协议》的基础上，通过双方的共同努力，历经多轮磋商，最终就服务贸易协议的内容达成一致，2007 年 1 月 14 日，签署了《中国—东盟自由贸易区服务贸易协议》。它的签署为如期全面建成自由贸易区奠定了更为坚实的基础。

【拓展阅读】

读者可查阅百度百科“中国—东盟自由贸易区”，了解最新情况：http://baike.baidu.com/view/351255.htm

（二）中国与东盟经贸关系存在的主要问题

中国和东盟虽然成功地组建了自由贸易区，并且经贸往来取得了长足的发展，但仍存在一些不利的影响因素。

1. 东盟成员国经济发展水平差异巨大

东盟的 10 个成员国中，人均国内生产总值相差约 70 倍，这影响了中国与东盟的合作。比如，中国和东盟签订的服务贸易协定，就要分别和各个成员国谈判，根据各国的国情，制定不同的条款。

2. 东盟内部成员国之间存在摩擦和矛盾

归结起来，东盟内部成员国间存在历史积怨和领土主权争端，成员国内部政局不稳，民族宗教差异三类矛盾，这影响了东盟成员国政策的协调一致性，也影响了中国与东盟的合作。

3. “中国威胁论”

面对中国经济的日益强大、吸收外资的增多，对流入东盟外资的分流以及大量价廉物美的中国商品涌入本地市场，东盟成员国内部以及周边许多国家感到了竞争的压力，“中国威胁论”等言论泛起。

4. 发达国家的干预

我国具有比较优势的中低档日用消费品以及某些机电产品，已经成为美国、日本、欧盟等国家和地区在东盟市场上强有力的竞争对手。作为东亚区域内传统重要势力的美国和日本决不甘心被夺去“风头”，今后更多地介入和干预是必然的。

（三）中国与东盟经贸关系发展的前景

1. 双方的贸易将有更大的增长

随着“入世”后中国的产业结构调整和经济增长加快，特别是我国制造业快速发展，带动了对能源和原材料需求的增加。因而从东盟进口资源性初级产品，以及电子电气等机电产品的零部件及半成品将会进一步增多。与此同时，我国对东盟的出口也将保持持续的增长势头。这种增长一方面来自我国具有比较优势的产品；另一方面来自对东盟具有潜在优势的产品。

2. 双方的相互直接投资将逐步扩大

尽管目前东盟和中国都不是对方投资的主要市场，但随着各国一系列促进外国投资的政策的出台，相互投资将会增多。

3. 经济合作领域将日益拓宽

【课堂讨论 11.3】

思考并讨论怎样利用中国—东盟博览会（http://www.caexpo.orgl）拓展对东盟的进出口业务。

双方的经济合作将进入一个全面深化发展的新阶段，服务贸易的比重将进一步加大，投资合作方式将更加多元化。随着“清迈协议”的实施和“电子东盟”的启动，我国与东盟在金融、保险与电信领域的合作将更大规模地展开。基础设施的合作步伐也将加快，同时将带动相关次区域经济合作的进展。农业、环境保护、能源、知识产权及企业之间，特别是中小企业等方面的合作也将启动。

五、中国与金砖国家的经贸关系

1. 中国和金砖国家贸易的发展

“金砖四国”（BRIC）由巴西（Brazil）、俄罗斯（Russia）、印度（India）和中国（China）的英文首字母组成。2010 年南非（South Africa）加入后，其英文单词变为“BRICS”，并改称为“金砖国家”。从地理位置上讲，金砖国家中，俄罗斯和印度是中国的邻国，巴西和南非都是与中国相隔万里之遥的伙伴。从贸易关系上讲，在所有邻国中，俄罗斯和印度是和中国贸易关系最疏远的两个大国。

作为主要新兴市场国家，“金砖国家”的人口和国土面积在全球占有重要份额，并且是世界经济增长的主要动力之一。其国土面积占世界领土总面积的 26%，人口占世界总人口的 42%，国内生产总值占世界总量的 14.6%，贸易额占全球贸易额的 12.8%，按购买力平价计算对世界经济增长的贡献率已超过 50%。根据国际货币基金组织的统计，2006 年至 2008 年，金砖国家经济平价增长率为 10.7%。随着金砖国家经济快速增长，其国际影响力与日俱增。

【拓展阅读】

中国社会科学在线《金融治理新范式：金砖国家的金色未来》：http://www.csstoday.net/Item.aspx?id=62302

中国与金砖国家的相互贸易呈现出以下特点：增长速度快，远快于对发达经济体的贸易；贸易方式以一般贸易为主，加工贸易产品出口很少，而中国对外出口的下降主要是在加工贸易产品方面；中国对其他金砖国家出口的商品以具有优势的工业制成品为主，从其他金砖国家进口的商品以原材料、能源等基础性商品为主；贸易差额方面，中国对巴西的贸易一直呈现逆差状态，对俄罗斯的贸易也基本上呈现逆差状态，而对印度贸易则处于顺差地位。中国对金砖国家的进出口情况如图 11.1 所示。

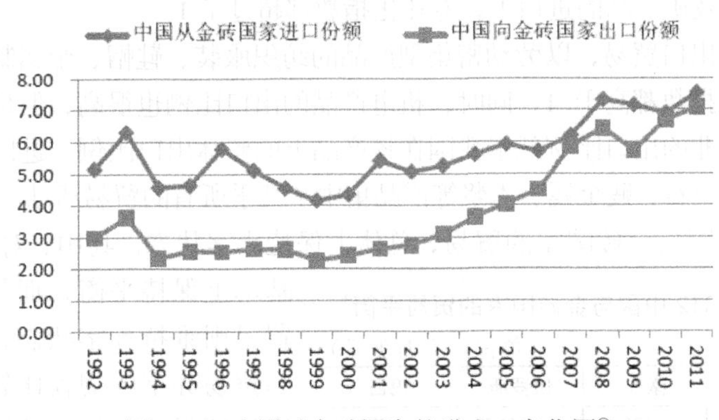

图 11.1　中国对金砖国家的进出口变化图①

2. 中国与金砖国家贸易的性质和特征

作为世界第一大制造国，中国的贸易出口以工业制成品，尤其是机电产品为主，进口以原材料和高端的零部件为主。中国对金砖国家的工业制成品进出口发展情况，如图 11.2 所示。

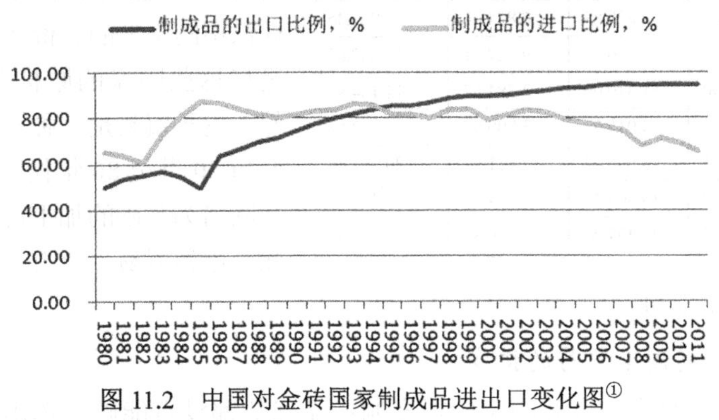

图 11.2　中国对金砖国家制成品进出口变化图①

① 整理自《中国经贸》2012 年 19 期宋泓《中国与金砖国家的经贸关系》一文。

在这个背景下，我们从两个角度来观察中国与金砖国家的贸易：第一，从海关编码归类中，观察中国与金砖国家的贸易分布和结构；第二，从与中国对外贸易在海关编码上的分布相比较，观察中国与金砖国家贸易的专业化程度。

中国对印度的出口，主要以机电产品、化工产品、金属制品和纺织服装产品为主，而进口则以铁矿石、有色金属矿石（铬矿砂）、纺织原材料（棉花）、化学原材料（包括少数医药产品）和非金属矿产品为主。并且，中印贸易很不平衡，印度对中国具有巨额贸易逆差（2013 年逆差达到 350 亿美元）。但是，以两国现有的工业结构和贸易结构来看，这种状况短期内很难改变。

中国对俄罗斯的出口，除了机电产品以及最近 10 多年兴起的汽车等产品外，主要以纺织服装、鞋帽、金属制品等轻纺产品为主；进口则主要以石油、天然气、木材、贱金属、活动物以及化学原材料等为主。中国和俄罗斯贸易的专业化程度很高，除了出口中的机电产品之外，其他进出口产品的专业化指数都超过了 1。

中国与巴西的贸易，以出口技术水平较高的机电产品、化学产品以及精密仪器和劳动密集型的纺织品服装、金属制品为主，并主要进口铁矿石、大豆、木材、烟草和贱金属。在高技术的出口产品以及矿产品的进口上，专业化指数都超过了 1。

中国对南非的出口贸易，以劳动密集型产品的纺织服装、鞋帽、金属制品以及初级化工产品为主，专业化指数都高于 1，同时，机电产品的出口比例也很高，但是，专业化指数小于 1，说明对于南非的出口比例低于我国在该产品上的整体出口比例。进口中，特殊交易产品、矿产品、珍珠宝石、贱金属、木浆等产品集中了几乎所有的贸易活动。

最近几年，中国与金砖国家的贸易，总体上保持赤字状态。其中，对于俄罗斯的贸易基本上保持平衡，而与巴西和南非的贸易则维持赤字状态，尤其是与巴西的贸易赤字的规模比较大，只有与印度的贸易保持较大的顺差，如表 11.6 所示。

表 11.6　2001—2012 中国与金砖国家的贸易平衡①

（单位：百万美元）

年份/国别	印度	南非	俄罗斯	巴西
2001	203.48	−121.38	−5 244.37	−983.89
2002	398.46	42.55	−1 883.79	−1 536.68
2003	−907.81	188.92	−3 689.87	−3.699.99
2004	−1 746.93	−3.46	−3 017.92	4 981.00
2005	−843.17	382.24	−2 675.57	−5 152.53
2006	4 119.05	1 673.49	−1 709.43	−5 526.93
2007	9 377.65	820.83	8 854.04	−6 965.45
2008	11 175.30	−610.31	9 227.71	−10 857.02
2009	15 957.90	−1 310.09	−3 584.67	−14.184.95
2010	20 052.69	−4 015.50	3 800.99	−13.572.68
2011	27 132.91	−18 696.42	−121.74	−20 791.46
2012	13 682.99	−18 808.42	−2 874.76	−12 466.02
合计	98 602.52	−40 457.26	−5 919.36	−100 718.58

总体上讲，中国与金砖国家之间的贸易，是一种典型的“工业化国家”与“农业国”之间的贸易，中国为金砖国家提供不同类型的、价廉物美的制成品，进口这些国家的原材料和矿产品。显然，这种贸易是一种典型的传统贸易，而与 20 世纪 80 年代兴起的、以国际生产网络为基础的加工贸易截然不同。因此，这种贸易主要由一般贸易构成，并且，为国内企业所推动。

3. 中国与金砖国家贸易的挑战

在与中国的贸易中，金砖国家的很多制成品优势都没有能够发挥出来。因为，与中

① 整理自《中国经贸》2012 年 19 期宋泓《中国与金砖国家的经贸关系》一文。

国制成品直接进行竞争，金砖国家的产品都不具有优势。这也从一个侧面表明，中国产品，尤其制成品具有强大的竞争优势——改革开放30多年，在开放环境中打造起来的中国制造具有超强的国际竞争力，其他国家很难竞争。比如，印度总是抱怨中国很少进口它的医药产品以及汽车产品（NANO）。虽然这些产品在其他发展中国家具有吸引力，但是在中国却不具有竞争优势，或者不为消费者所青睐。同样地，在与俄罗斯贸易中，对方总在抱怨中方不更多进口俄罗斯的机电产品，但是老样式的俄式机电产品在中国根本没有市场。

这种情况已经成为中国与金砖国家进行贸易，以及深化经济合作的最大挑战，即与中国开展贸易和合作，似乎有将本国产业，尤其本国的“优势产业”排挤掉的风险，从而陷入逆工业化的过程之中。

另一方面，与中国的贸易，也是检验金砖国家经济发展尤其是贸易发展水平的试金石。如果能够在与中国的贸易中，扩大自己的制成品出口，那么，这些产品将会在世界市场上具有很大的发展潜力。

这样，与金砖国家的贸易摩擦，随着贸易规模的扩大也在不断增加。印度、巴西和南非已经成为对华采取反倾销限制最多的国家之一。其中，印度甚至已经超过欧美国家，成为对华反倾销的第一大国。

短期来看，扩大中国对于金砖国家的投资和产业转移规模是减少贸易摩擦，促进贸易平衡的办法之一。长期来看，金砖国家之间的经济合作和融合也许是更好的选择。

第三节 中国与其他国家的经贸关系

案例 11.3

南美国家寻求和中国建立平衡的经贸关系

新华网布宜诺斯艾利斯2011年8月12日电（记者 冯俊扬 宋洁云） 阿根廷经济部长阿马多·布杜于2011年8月12日表示，南美国家寻求和中国建立平衡的经贸关系，不会为中国扩大和南美国家的贸易和投资规模制造障碍。

新华网《南美国家寻求和中国建立平衡的经贸关系》电文：http://news.xinhuanet.com/world/2011-08/13/c_121854787.htm

南美洲国家联盟经济和财政委员会当天在阿根廷首都布宜诺斯艾利斯举行首次会议，磋商如何共同应对全球金融市场的新一轮剧烈震荡。

布杜在会后举行的新闻发布会上回答新华社记者提问时表示，目前中国已成为世界第二大经济体，包括阿根廷在内的南美国家不会限制中国与该地区国家扩大经贸关系。尤其是在世界经济增长面临不确定因素的时候，加强和中国的经贸关系对于稳定南美国家经济具有重要作用。

布杜援引联合国拉丁美洲和加勒比经济委员会公布的报告说，目前中国已成为巴西和智利的第一大出口对象国，成为阿根廷和秘鲁等其他南美国家的第二大出口目的地。南美国家扩大和中国的贸易规模，是一个双方都能受益的结果。如果进行贸易限制甚至发生贸易冲突，只能对双方都造成伤害。

他同时强调指出，南美国家在积极发展和中国经贸关系的同时也需要寻求平衡。中国不断扩大从南美国家进口产品的规模和品种，对于促进双方贸易的平衡具有积极作用。

点评：当前国际社会正面临大变化大调整，为适应这种变化，中国与其他国家（地区）的经济与贸易合作，有助于商品流通和各国的交流，可以说各国的交往都是从经济上建立的。通过经济与贸易合作，实现发展共赢，是双方的重大利益，有利于夯实贸易双方整体关系发展的根基。

20 世纪 90 年代初开始，我国在拓展、深化和发展与欧洲、北美、日本等发达国家和地区传统外贸市场的同时，不断开辟新市场，与其他国家和地区的贸易迅速发展，初步形成了市场多元化格局。从我国对各大洲的出口情况看，2001 年亚洲占 53%，北美洲占 21.7%，欧洲占 18.5%，大洋洲、拉丁美洲和非洲分别占 1.5%、3.1%和 2.3%。

一、中国与其他发达国家的经贸关系

我国的对外开放是全方位的开放，对外贸易分布具有全方位特点。改革开放后，我国对外贸易采取全方位协调发展的国别地区政策，对外贸易格局发生明显变化。亚洲地区是我国最主要的贸易地区，但所占份额下降。在保持同日本、美国发展经贸关系的同时，与其他发达国家，如加拿大、澳大利亚、瑞士、新西兰等的贸易及投资合作均保持良好发展势头。

1. 中国与加拿大的经贸关系

中加两国的民间贸易始于 20 世纪 50 年代，1961 年的《中加小麦协定》标志着双边贸易关系的正式确立。1970 年中加两国建立外交关系，两国贸易关系开始不断发展，并签署了一系列的文件。1973 年签订政府间贸易协定，1974 年签订中加纺织品协定，1979 年签订中加经济合作议定书，1983 年签订中加发展合作协定，1984 年签订中加投资保护协定，1986 年签订中加避免双重征税协定，1986—1994 年中加 4 次签订政府优惠贷款协定书，1999 年中加签订中国加入世界贸易组织的双边市场准入协议。中国海关统计显示，1973 年双方刚刚签订贸易协定时，双边贸易额仅为 1.5 亿美元，到 2006 年这一数据就已经增加了一百多倍。

近 10 年来，中加贸易不断扩大，双边贸易额从 2005 年的 191.7 亿美元增加到 2013 年的 544.3 亿美元，增长近 2 倍。虽然加拿大对中国贸易持续逆差，2008 年对华贸易逆差曾达 90.6 亿美元，但是近几年来，随着中国从加拿大进口不断增加，加对华逆差规模已趋于稳定并逐渐缩小，中加双边进出口开始趋于匹配。据中国海关统计，2013 年，中加贸易额为 544.3 亿美元，其中中方出口 292.2 亿美元，进口 252.2 亿美元，顺差为 40 亿美元。在加拿大的不同省份，对中国贸易的重要性有着显著的不同。其中对中国贸易最多的是不列颠哥伦比亚省。随着不列颠哥伦比亚省对中国出口的快速增长，其与中国的贸易逆差加速收窄。

中国对加拿大出口的主要商品为机电、家具玩具产品、纺织品及钢铁 4 大类商品，2013 年，这 4 大商品对加出口金额达 199.0 亿美元，占对加拿大出口总额的 68.2%。中国劳动密集型产品仍保持对加拿大出口的优势，纺织原料及制品、家具玩具等轻工产品分别列对加拿大出口的第二位、第三位。

加拿大的出口一向依赖美国市场，但近年来加拿大对美国的贸易依赖程度逐渐减弱，而对中国等亚洲国家或地区出口不断增长。中国从加拿大进口的产品依然以资源类商品为主，第一大类产品是矿产品，2013 年进口 56.7 亿美元，占中国从加拿大进口总额的 22.5%。粮食等植物产品是中国从加进口的第二大类商品，2013 年进口 33.9 亿美元，占从加进口的 13.4%。纸张等纤维素是从加进口的第三大类商品，2013 年进口 30.1 亿美元，占进口总额的 11.9%。

随着两国贸易的增长，双方的相互投资也持续增加。截至 2012 年 7 月底，加在华投资项目达 1.2 万项，实际投资 85.8 亿美元，主要涉及石油开发、机械、电子、通信、化工、轻工、食品、纺织、房地产、金融保险、服务等行业。中国在加非金融类直接投资共 62.24 亿美元，主要涉及资源开发、工业生产、建筑承包、农牧渔、餐饮、科技文化交流、交通运输、咨询服务等行业。两国相互投资的增加推动了双方经贸合作的持续发展。

2. 中国与澳大利亚的经贸关系

澳大利亚作为英联邦的一部分，建国后与英国结盟，而此时的中澳外交关系几乎处于隔绝状态。20 世纪 60 年代末 70 年代初，国际形势和美国的实力地位发生了明显的变化，世界形势的变化促动了中澳关系的转变。中澳两国虽然在此期间没有正式的外交关系，但是中国与澳大利亚的商业往来早在 18 世纪就已经在民间进行了。1941 年澳大利亚与当时的国民党政府建立了外交关系。1950 年中澳贸易额仅有 462 万美元，1972 年双边贸易额也仅有 8 655 万美元。

1972 年，中澳两国正式建交，标志着两国关系进入新的历史阶段。在之后中国确定了改革开放国策后，中澳之间的政治经贸往来不断加强。随着政治关系的改善，两国的经贸合作也有了很大的发展。1973 年，两国政府签订了贸易协定，双边贸易额为 2.16 亿美元。1981 年，澳大利亚成为第一个向中国提供发展援助的国家。1984 年，双边贸易额增加到 11.83 亿美元，科技文化领域也进一步加强合作。1997 年，澳大利亚联合政府发表了第一份《外交贸易白皮书》，指出澳大利亚 4 个重要伙伴为美国、日本、印度尼西亚、中国，并将中国列为最重要对外关系之一。

中国加入世界贸易组织后，两国经贸关系又实现了突破性的发展。2010 年 6 月，澳大利亚同中国双边贸易已达到 850 亿美元，占了澳大利亚贸易总额的 17%。两国之间贸易互补性的强弱，体现着一方集中出口或进口的产品是否为对方集中进口或出口的产品，决定着两国双边贸易发展的潜力。从整体来看，中澳之间以垂直分工形式开展的产业间贸易为主。中澳两国在资源禀赋上的互补性是两国贸易关系发展的基础。澳大利亚地广人稀，矿产资源丰富，在生产土地资源密集型产品方面具有比较优势。而中国人口众多，人均资源占有量很少，在生产劳动密集型产品方面具有比较优势。这种天然的互补性构成了中澳两国贸易的需要。

中澳两国各自具有极强和较强国际竞争力的产业互不重合，竞争性不强。中国对澳大利亚出口以纺织品、服装、鞋类、食品、化工和机电产品等劳动密集型产品为主和少量高新技术产品；澳大利亚对华出口以铁矿砂、羊毛、氧化铝、糖、粮食、小麦等初级产品为主和少量高附加值的制成品。中国出口到澳大利亚的主要是工业产品，而澳大利亚出口到中国的主要是农产品和矿产资源型产品。中国自澳大利亚的进口主要集中在初级产品，尤其是非食用原料产品，该类产品占初级产品进口总额的 56%。工业制成品中，我国自澳大利亚进口商品主要为按原料分类的制成品，该类产品占工业制成品进口总额的 60.7%。

从长期来看，中澳双边贸易商品结构的互补程度紧密，并在日益增强。两国之间有 56.52%

的产业呈现较强的贸易互补性，特别是在各自具有极强和较强国际竞争力的产业中，绝大多数都具有较强的贸易互补性。由此，可以推断两国综合贸易互补性会比较强。基于中澳两国之间重要的贸易伙伴关系，大部分产业特别是各自具有国际竞争力的产业贸易互补性较强，综合贸易互补性近年来不断增强。此外，中澳贸易还具有在各自对外贸易中的地位不对称，双边贸易领域在不断拓宽，双边贸易对两国的重要性在上升等特点。

3. 中国与瑞士的经贸关系

在世界经济全球化的今天，区域性经济合作日益频繁。2013 年 7 月 6 日，中瑞自由贸易区宣布建成，这标志着中国与瑞士的贸易关系将进入一个新的发展阶段。瑞士是最早承认中国完全市场经济地位的欧洲国家，也是中国在欧洲除欧盟以外最大的贸易合作伙伴。目前，瑞士是中国在欧洲的第七大贸易伙伴和第六大外资来源国，中国已成为瑞士在亚洲最大的贸易伙伴。2012 年，中国与瑞士的双边贸易额达到 263.2 亿美元，为 2001 年的 11 倍。其中中国自瑞士的进口额为 228.2 亿美元，中国向瑞士的出口额为 35 亿美元。

中国对瑞士存在贸易逆差，2012 年逆差额达到 193.2 亿美元，为 2001 年的 18 倍。瑞士是少数对中国实现贸易顺差的发达国家之一。特别是 2009 年以后，两国都走出了世界金融危机的阴霾，同时决定建立自由贸易区并不断进行磋商谈判，促使两国的贸易量急剧增加。2010 年，中瑞双边贸易增加了 111%，贸易额首次突破 200 亿美元，逆差额首次变为三位数为 140.7 亿美元。

中国是瑞士的第三大出口国，也是瑞士第八大进口原料来源地，瑞士同样是中国在欧洲除欧盟外最大的贸易合作伙伴，在双边对外贸易中地位不断提升。虽然中国对瑞士出口额占中国出口额的比重不是很大，但自 2009 年起，中国自瑞士进口额占中国进口总额的比重不断上升，且上升幅度相当大。

中国占比较优势的产品主要为家具、食品、烟草、皮毛及其制品、纺织品、钢铁制品、玩具、机械制品等高劳动密集型及低技术密集型产品，而在植物制品、矿制品、光学、检验医疗或外科仪器及设备、精密仪器及设备、钟表等产品上不占优势。瑞士占比较优势的产品主要集中在资本和技术密集型产品上。对外出口的主要产品为化学工业产品、光学、钟表、医疗设备及精密仪器、有机化学制品、机械制品等，而在鞋帽制品、皮毛及其制品、植物制品、矿产品、纺织、家具、玩具等产品上不占优势。从整体来看，在植物制品和矿产品上双方都处于劣势，而在机电产品、化工产品、贱金属及制品上双方虽都具有优势，但产品差异大。瑞士主要出口产业层次较高的高端产品，而中国出口产品主要集中初级产品上，经济互补性强，存在很强的产业内贸易和明显的产业内垂直分工现象。所以不论是产业内贸易还是产业间贸易，两国有很多贸易机会。从整体来看，中瑞贸易出口冲突不大，所以贸易摩擦也不大。

中瑞两国的双边贸易虽呈现快速发展的态势，但两国的贸易联系还不够紧密，双方的市场仍存在很大的发展空间。因此，中瑞两国应该继续加强经贸合作，充分挖掘市场潜力，努力扩大双边贸易规模，加强技术交流与合作，提高出口产品的竞争力。不断放大自贸区的优点，避免其不足之处。拓宽各自的产品市场，在稳定已有市场的基础上，大力发展新的市场，实施市场多元化战略，从而避免双方的摩擦。

4. 中国与新西兰的经贸关系

中国于 1972 年正式与新西兰建立外交关系，至今已有 40 多年。自两国建交以来，中国与新西兰的友好往来持续发展。贸易方面的交流取得了长足的进步。2008 年，全球性金融危机爆发，全球贸易快速下降，但是中新的贸易额却不减反增。2009 年，中国已经超越美国成为新西兰第二大贸易合作伙伴。由此可见中新贸易对新西兰而言影响巨大，极大地促进了新西兰的外贸发展，进而促进了新西兰的国内经济发展。

新西兰是一个发达国家，但是人口稀少，所以对各种商品的需求量就少，相对于美国、欧盟等，在对中国的贸易量上必然没有优势。同时，新西兰作为农产品出口国家，其产品价格必然不会很高。据海关统计，2010 年双边农产品贸易中，新西兰向中国出口合计 22.1 亿美元；中国对新西兰出口达 1.1 亿美元，增幅为 29.8%。中国与新西兰农产品贸易增长率也远高于其他国家和地区贸易伙伴。2010 年中国与新西兰双边农产品贸易金额达 23.1 亿美元，增幅为 61.6%。

中新两国于 2008 年 10 月 1 日、2009 年 1 月 1 日、2010 年 1 月 1 日及 2011 年 1 月 1 日进行了 4 次降税。截止到目前，新西兰与中国的农产品平均关税已经降至 2%以下。中国对新西兰平均关税大致降至 2.2%（同时期最惠国平均关税是 9.8%），优惠的幅度达 79.4%。其中农产品的平均关税已经降至 4.4%（同时期最惠国平均关税是 15.2%），优惠的幅度达 71%，略小于总体降税水平。中国对新西兰奶粉的关税降至 6.7%（同时期最惠国关税是 10%），优惠幅度达 33%。随着这些关税的调整，新西兰对中国出口农产品的成本必然进一步下降，对于新西兰这个以农业为主的国家而言必然极大地促进它的贸易发展和经济增长。

中国与新西兰农产品结构互补。中国主要向新西兰出口水果、蔬菜等园艺产品及水产品，而新西兰主要向中国出口乳制品、羊毛、羊肉、动物生皮等畜产品，这些产品在一定程度上满足了国内的消费需要，丰富了农产品的消费市场。2010 年新西兰向中国出口畜产品达 17.7 亿美元，出口水产品达 1.3 亿美元，出口猕猴桃达 3 521 万美元。中国向新西兰出口蔬菜达 1 551 万美元；出口水果达 1 153 万美元。由于进口增长速度远高于出口，双边贸易呈现出中国逆差扩大的态势，2010 年中国对新西兰农产品贸易逆差达 20 亿美元。

中新双方贸易增长速度很快。近年来，中国已经取代美国成为新西兰的第二贸易大国。中新贸易中，虽然贸易额绝对数量对中国而言并不起眼，但是，双方的发展速率却非常快，所以继续加强中新贸易的友好发展，无论是对新西兰而言还是对中国而言，影响都是巨大的。所以在未来的一段时期和更加长远的将来，中新两国应继续加强双边贸易友好往来，从而促进两国的经济发展。

二、中国与其他发展中国家的经贸关系

目前，中国的对外开放步入了第三阶段，即向发展中国家开放，这是继向发达国家开放和向周边国家开放以后的新阶段。只有向广大发展中国家进一步开放，中国才能维护好自己及发展中国家的权益。中国与其他发展中国家都在谋求发展，因此，在市场、资源等方面不可避免地存在相互竞争与合作的关系。一方面，中国在战略取向上谋求与发展中国家的进一步合作。中国采取和平发展的模式，符合广大发展中国家的根本利益。另一方面，中国的经济增长与发展也在商品出口、能源、环境等方面对其他发展中国家产生了一些影响。

1. 中国与西亚国家的经贸关系

中国与西亚国家友谊源远流长，历久弥坚，经贸往来一直保持蓬勃发展的势头。历史上，中华文明与阿拉伯伊斯兰文明相互交流、借鉴，共同为人类发展与进步做出了重要贡献。近

年来，中国与西亚各国贸易发展势头良好，经济互补性不断增强，贸易合作空间日益广阔。中国实施“走出去”开放战略，更是深化了同西亚国家的经贸合作，拓宽了国际经贸合作的领域。在推进“丝绸之路经济带”和“21 世纪海上丝绸之路”建设的新形势下，中国与西亚各国的经贸合作面临着加快发展的难得历史机遇。

从 20 世纪 90 年代开始，随着中国对西亚国家石油进口量快速增加和国际石油价格的高位运行，以及中国资本品和轻工业产品制造生产和出口能力的显著提升，中国与西亚国家的双边货物进出口规模迅速扩大。

2000—2012 年，中国与西亚国家进出口贸易总额从 161.53 亿美元扩大到 2 308.25 亿美元，年均增长达到 24.8%。虽然西亚进出口总额占中国对外进出口总额的比重仍然比较小，但重要性正不断加强。在出口方面，1994 年，中国对世界出口总额为 1 156.14 亿美元，对西亚出口只有 25.81 亿美元，仅占总额的 2.13%。2012 年，中国对外出口总额增至 20 487.14 亿美元，对西亚出口已增至 856.63 亿美元，占比增加至 4.18%，增长了 2.05 个百分点。在进口方面，1994 年西亚占中国进口贸易比重仅为 1.08%。到 2012 年中国从西亚进口额增长到了 1 451.62 亿美元，从西亚进口额占中国进口总额占比提高到了 7.98%，增长了 6.9 个百分点。

中国与西亚地区的贸易具有国别集中度高的特征。中国在西亚的主要贸易伙伴一般是经济发展水平较高、石油资源丰富和城市基础设施需求增长较快的国家。近 10 多年，沙特阿拉伯一直是中国在西亚地区最大的贸易伙伴，阿联酋、伊朗和阿曼则基本维持在第二至第四位。2012 年中国与沙特阿拉伯的贸易额占中国与西亚贸易总额的 31.76%，沙特阿拉伯、阿联酋、伊朗和阿曼 4 国就已经占据了中国对西亚贸易总额的 73.21%。近几年来，与中国贸易水平提升最为显著的西亚国家是伊拉克，其已成为中国在西亚的第五大贸易伙伴；与中国贸易增长较快的还有产油大国科威特，该国现已成为中国在西亚的第六大贸易伙伴国。

从中国对西亚出口的商品结构来看，近年中国对西亚的出口主要集中在机械及运输设备、按原料分类的制成品和杂项制品，特别是机械及运输设备等科技含量更高的商品出口比重不断提高。目前，西亚已成为中国对外承包工程和对外投资的重点地区。1998 年，中国在中东地区完成的承包工程总额仅 14.2 亿美元，至 2011 年已发展至超过 235 亿美元，增长了 15.5 倍，工程承包市场的开拓带动了国内工程机械和机电设备等产品对西亚的出口。与此同时，中国对西亚国家实际投资大幅增长，由 2003 年的 0.21 亿美元增至 2007 年的 2.27 亿美元，年均递增高达 81.3%。截至 2007 年年底，中国对西亚国家实际投资累计 13.53 亿美元，占中国对亚洲其他国家实际投资的 21.1%。

中国作为西亚各国的贸易伙伴的地位日益重要。20 世纪七八十年代，西亚绝大部分国家总出口的 80%以上是销往欧、美、日等发达国家和地区。在西亚各国的进口商品中，来自发达国家的商品也占到总额的 80%左右。但是，20 世纪 90 年代中后期，特别是从 21 世纪开始，随着中国工业制造业的崛起以及能源需求的不断增大，中国与西亚各国的贸易往来迅速增加。2012 年，在贸易总额、进口和出口方面，中国分别只占西亚总额的 10.84%、11.76%和 10.31%。中国已顺次超越了韩国、美国和日本，成为仅次于欧盟的西亚第二大货物贸易伙伴。

中国与西亚国家在资源禀赋和经济产业结构方面互补性强，双方进出口贸易合作存在巨大的发展空间。西亚国家需要质优价廉的生活用品和生产资料，可从制造业大国——中国进口大量价格便宜、品质优良的“中国制造”；而中国为维系庞大制造业体系的运转，服务全球消费者和生产者，需要大量的能源资源，西亚地区正拥有巨大的能源储量和产量。中国近年过剩的产能也可借助西亚广阔的市场得以消化，西亚的能源资源也将为中国经济的持续发展提供源源不断的动力。

随着“一带一路”战略实施、中国—阿拉伯国家合作论坛和中国—海合会自贸区两大合作平台建设的稳步推进，中国与西亚地区国家的经贸合作将逐步加深，中国和西亚双边贸易环境将不断改善，有利于双方实现互利合作共赢。

2. 中国与非洲国家的经贸关系

中非之间虽然远隔万里，但其交流的历史却是源远流长，从 16 世纪开始，海上丝绸之路的逐步发展沟通了东方大国和那个神秘的大陆。西方资本主义殖民时期，非洲殖民地南非、毛里求斯等国使用的华工继续带动着中非贸易的进行。新中国成立后，尤其是非洲各国独立后，中非交流更为密切，但当时因中国经济基础较弱，双方合作以援助为主，直到改革开放特别是 20 世纪 90 年代以后，中非贸易才得以迅速增长。2000 年由中非双方共同倡议的中非合作论坛成立，标志中非关系与时俱进，开始了新的历史阶段。2006 年中非合作论坛北京峰会上，双方决定建立新型战略伙伴关系，为中非关系全面发展指明了方向。

近年来，在全球贸易和中国总体对外贸易增速显著放缓的背景下，中非进出口贸易的快速增长令人瞩目。中非进出口贸易额从 2000 年的 106 亿美元增长到 2012 年的 1 984.9 亿美元，年均增速达到 27.65%。2013 年，中非贸易额达到 2 100 亿美元，是 1960 年的 2 000 倍，中国已连续五年成为非洲第一大贸易伙伴国。工程承包方面，截至 2013 年年底，中国企业在非洲累计签订的承包工程合同总额已接近 4 000 亿美元，累计为非洲铺设铁路超过 2 200 千米，修筑公路超过 3 500 千米。非洲已连续 4 年成为中国第二大海外工程承包市场。

对非投资方面，2009 年至 2012 年，中国对非直接投资流量年增长 20.5%。目前有超过 2 000 家的中国企业在非洲 50 多个国家和地区投资兴业，合作领域从传统的农业、采矿、建筑等，逐步拓展到资源产品深加工、工业制造以及金融、商贸物流、地产等。相较于传统的能源矿产资源开发，中国在制造业和服务业的对非投资比例也有所上升。相关统计数据显示，2012 年年底，中国在非制造业投资存量为 34.3 亿美元，占全部对非投资的 15%。中国对非洲金融业直接投资存量达 38.7 亿美元，占全部对非投资的 17.8%。除了扩大投资规模、提升投资层次之外，中国对非洲的投资机制也在不断完善。截至 2012 年年底，中国已与非洲的 32 个国家签署了双面投资保护协定，与 45 个国家建立了经贸联委会机制。

中国在非洲的贸易伙伴主要集中于经济发展水平较高、基础设施建设需求大，以及资源能源比较富集的国家。南非、安哥拉、埃及、尼日利亚等非洲地区大国始终保持我国的主要贸易伙伴国地位。伴随着中国工程承包企业在这些国家业务的逐步扩张，中国的日用消费品以及机械设备、运输车辆等工程相关产品的出口不断增加。近年来，中国对非洲出口大宗商品主要包括机电产品、纺织服装、鞋类产品等，这些商品出口的绝对金额均呈快速上升态势。与此同时，随着中国对能源矿产品的需求高涨，从这些国家进口的原油等也不断增多。近 10 年以来，中国自非洲进口的大宗商品都以石油和矿产品为主。截至 2015 年年初，安哥拉已稳居中国原油进口的第二大来源国多年，2014 年占比 13.18%[①]。利比亚、刚果（布）等国也是中国原油进口的重要来源国。

2012 年 7 月，中非合作论坛第五届部长级会议通过了《北京行动计划（2013—2015）》。

① 数据整理日中国新能源网 2015 年 1 月 26，《盘点 2014 年中国原油进出口数量》（庞名立），网址为 http://www.china-nengyuan.com/news/72586.html。

中国政府将实施“对非贸易专项计划”，继续扩大对非进口产品实施零关税待遇的范围；并加强对非出口产品品牌和营销渠道建设，促进对非出口产品质量提升。此外，中国还将通过提供促贸援助，加强海关、税务、检验检疫、标准、认证认可等领域合作，积极促进双方产品进入对方市场，并推动非洲区内贸易增长。在这些政策措施的推动下，未来，中国与非洲国家的经贸关系将会得到长足发展。

3. 中国与其他拉美国家的经贸关系

经贸合作是中拉关系的重要支柱。中国地处东亚，拉美远在西半球。长久以来，浩瀚的太平洋阻隔着两地人员往来和货物流通。进入 21 世纪，随着中国加入世贸组织以及拉美国家经济迅速增长，中拉两地的经贸合作也顺理成章地驶入“快车道”，贸易额呈现井喷式增长。据统计，中拉贸易从 2000 年 126 亿美元，跃升至 2013 年的 2 615.7 亿美元，增幅接近 21 倍，年均增幅在 30%以上。与此同时，受中国经济的强势推动，拉美地区过去十年的出口大幅增长，成为全球对华出口增速最快的地区。目前，中国已成为拉美第二大贸易伙伴和第三大投资来源国。

中拉经济方面的互补性，是双方走近彼此的一个重要因素。中国经济快速增长带来了对初级产品的巨大需求，而拉美国家在世界经济格局中一直扮演初级产品出口方角色，在应对国际金融危机的过程中，双方靠这一互补性保持了经济平稳增长，成为全球经济复苏的重要引擎。

近年，中拉经贸关系不断深化，双方合作从原先单维度的能源资源和农产品贸易逐渐转变为产业大项目合作，拉美渐成中国企业的投资热土。据统计，2012 年中企在拉美承包工程合同金额高达 763 亿美元，经贸合作的科技含量也不断提升：中巴两国企业在石油勘探、特高压输电、高科技等领域建立了一批重要合作项目；中阿正在推动大型水电站建设、铁路改造和地铁建设等合作；中委在遥感卫星和通信卫星方面进行了密切合作。然而，随着国际金融危机的爆发，贸易保护主义有所抬头，中拉经贸合作中也出现一些不和谐音，来自中国的产品成为少数拉美国家反倾销和反补贴调查的目标。拉丁美洲和加勒比经济委员会则表示，虽然中国和拉美及加勒比地区的经贸合作面临诸多挑战，但双方经贸关系已日趋成熟，有能力实现更有质量的飞跃。

拉美地区幅员辽阔，资源丰富，中国市场潜力巨大，资金和技术相对雄厚，更何况中拉同属发展中经济体，处在相似的发展阶段，完全可以在互利共赢的基础上寻求全方位、多层次的经贸合作，这符合双方的战略利益。对中国来说，从拉美进口能源资源以及农产品有利于保障能源和粮食安全。对拉美国家而言，拉美很多国家可以通过发展与中国的经贸关系，获得经济的快速发展，并且在外贸多元化方面取得突破，逐步摆脱出口单纯依靠美国市场的困境。更重要的是，中资企业在拉美地区投资设厂、参与大项目合作，不仅有助于提升当地产业升级、创造就业，还有利于拉美地区的经济结构调整。

★该数据为美洲开发银行行长莫雷诺《拉丁美洲和加勒比十年：真实的机遇》一文中所做预测，转引自新华网北京 2014 年 7 月 17 日电（记者姜倩梅）《跨越大洋——中拉经贸互联新生态之二：快车道上的经贸升级》：http://news.xinhuanet.com/2014-07/17/c_1111670015.htm

虽然拉美地区和中国之间的经贸关系日益紧密，但双方彼此了解还不够深入。未来中国—拉共体论坛的成立，将有助于中拉加深了解，加强互信。可以预见，随着中拉各自经济结构和发展模式的调整，双方将实现优势互补和共同发展，到 2020 年中拉贸易预计会超过欧盟，增长到 19.3%★，经贸合作空间和领域将日趋宽广。

第四节　中国与国际经济组织的关系

案例 11.4

亚太经合组织财长会在京举行

综合媒体报道　第21届亚太经济合作组织财长会于2014年10月22日在北京钓鱼台国宾馆召开，会议通过四大议题聚焦亚太区域经济合作与发展。

据介绍，来自21个成员经济体的财政部长、国际机构负责人和私人部门高级代表参加此次会议。按照会议安排，10月22日上午举行开幕式，之后参会代表就"区域宏观经济形势与展望""基础设施投融资合作""促进经济结构调整的财税政策与改革"和"金融支持区域实体经济发展"四项议题进行正式讨论，通过财长联合声明及相关成果。

亚太经济合作组织成立于1989年，是亚太地区级别最高、影响最大的经济合作官方论坛，主要讨论与全球和区域经济有关的议题，在全球经济治理中发挥着举足轻重的作用。中国作为2014年亚太经济合作组织东道国，主办主题为"共建面向未来的亚太伙伴关系"的亚太经济合作组织领导人会议。

亚太经济合作组织财长会是亚太经济合作组织机制下最重要的专业部长会议之一，是亚太经济体讨论全球和地区重大财金问题以及区域经济合作进程的重要平台，直接服务于亚太经济合作组织领导人会在财金议题上的讨论及成果推动。

点评：亚太地区是中国对外经济贸易的重要依托。中国对外贸易的大约70%、吸引外国直接投资的70%以上来自亚太经合组织成员，中国的发展很大程度上受益于区域经济。中国在亚太经合组织内发挥着极具建设性的作用，通过参加亚太经合组织的一系列活动，推动国际秩序朝着更加公正合理的方向发展，同时有助于推动中国与其他国际经济组织关系的发展。

适应当前国内国际形势的新变化，中国在世界贸易组织框架下积极参加双边、区域经贸合作，深入参与亚太经合组织、上海合作组织、中非合作论坛等区域和次区域经济合作机制。现在，中国已经与154个国家和地区签订有双边贸易协定或经济合作协定，与120多个国家签订了双边投资保护协定，与美、欧、日、英、俄等主要经济体均建立和保持着经济高层对话机制。中国坚持与周边国家或地区建立和发展多种形式的边境经济贸易合作机制，扩大边境贸易与投资合作，促进了对外经贸关系和谐稳定的发展。

一、中国与世界贸易组织的关系

2013年，据世贸组织发布的数据，在159个世贸组织成员中，中国是107个成员的前三大进口来源地，也是42个成员的前三大出口市场，中国还是48个最不发达国家的最大出口市场。

（一）中国加入世界贸易组织的历程

中国是迄今为止入世谈判历时最长的国家。世界贸易组织（the World Trade Organization，WTO）成立于1995年，是独立于联合国的永久性国际组织，其前身是关贸总协定。1947年关贸总协定成立，中国是创始缔约国之一。但从1949年到1986年期间，中国在关贸总协定中没有任何席位和作为。

1986年7月，中国正式提出复关申请，而在关贸总协定历史上并没有恢复席位一说，因此，从关贸总协定一直到1995年由世界贸易组织取代，中国的努力始终未果。但中国没有因此放弃。1995年7月11日，中国政府正式向世贸组织提出“加入”申请。同年11月，中国“复关”工作组改名为“中国加入世贸组织工作组”，中国开始了“入世”历程。在这个过程中，中国同世界贸易组织内部的中国工作组的谈判，以及同有关成员进行双边的市场准入的谈判同时进行。至1999年后进程才见加快。1999年4月，与美方达成《中美农业协定》。同年11月，中美双方达成《关于中国加入世界贸易组织的双边协议》，标志着中美双方关于中国入世问题的谈判的结束和中国在加入世界贸易体系的进程中取得了突破。在中美达成协议之前，世界贸易组织中37个要求与中国进行双边谈判的成员在2001年上半年都达成了协议。

2001年11月11日，在卡塔尔首都多哈召开的世贸组织第四届部长会议，经过协商一致通过中国加入世界贸易组织的决定。中国签署了中国加入世界贸易组织议定书。同年12月11日，中华人民共和国正式成为世贸组织第143个成员，长达15年的马拉松式入世谈判宣告完成。中国可以在这个组织内参与21世纪国际经贸规则的制订，利用这个多边贸易组织为中国发展服务，中国与世界的关系更近一步。

（二）加入世界贸易组织对中国经济的影响

1. 中国经济融入世界经济的重要里程碑

中国的开放必须是全方位的对外开放。既包括经济贸易各个领域的对外开放，又包括对各类国家和地区的开放；既包括双边关系的对外开放，又包括多边的对外开放。多边的对外开放所获得的利益常常大于双边对外开放的利益。

而世界贸易组织正是能够适应世界经济全球化和全方位开放，适应中国进一步改革开放要求的一体化形式。世界贸易组织现在已是调节国际经贸关系的重要国际经济组织之一。它追求的多边贸易体制的目标就是通过全球性的贸易自由化，促进全球经济的一体化，并取得了重要进展。中国加入世界贸易组织，并按世界贸易组织的规定，履行自己的权利与义务，标志着中国的改革开放已进入了一个更高的阶段，将进一步融入世界经济之中，进一步与国际接轨，从而有利于中国经济的发展。

2. 推动我国社会主义市场经济体制完善发展的催化剂

世界贸易组织多边贸易体制是建立在市场经济基础上的，中国加入世界贸易组织，有利于同159个世界贸易组织成员，在市场经济的原则下进行国际贸易，开展各种形式的经贸合作与竞争，充分发挥国内、国际两个市场在配置资源方面的积极作用。加入世界贸易组织使我国不同形式的企业能够与占世界经济贸易总额95%的国家和地区的各种形式的企业进行直接的接触和竞争，学习这些企业生产经营管理的经验，引进先进的技术，探索适合自身发展的企业组织形式。世界贸易组织能为我国建立统一、开放、竞争、有序的大市场创造良好的国际环境，这是实现社会主义市场经济体制的一个重要目标。

3. 为我国外贸发展和扩大利用外资提供新的契机

一是改善我国的外部贸易条件，促进对外贸易的发展。加入世界贸易组织后我国可以享有关税减让与非关税壁垒限制拆除等方面的成果，中国会更广泛地享受发达国家提供给发展中国家的普惠制待遇，有利于我国在平等互利的基础上同更多的国家扩大发展贸易关系，进一步实现贸易多元化。

二是进一步改革我国对外经济贸易体制，建立适应国际经济通行规则的运行机制。世界贸易组织下的多边贸易体制，在目标和建立的基础等方面，与我国要建立的开放型外贸体制是一致的。加入世界贸易组织，通过我国的承诺，有助于推动我国开放型外贸体制的建立，有利于我国在各个具体领域中加快符合社会主义市场经济体制要求的外经贸体制的改革与完善。

三是有利于我国引进外资。由于我国企业技术创新能力不足，产品结构不能完全适应国际竞争，特别是由于立法和国内体制的原因，我国目前还不能有效利用外国直接投资中最大的一块——跨国兼并和收购。而加入世界贸易组织，会进一步大大改变我国的投资环境，提高法律的透明度，实现国民待遇原则，有利于我国更多更好地引进外资和进行跨国经营。

4. 有利于保护我国合法权益

世界贸易组织通过制定和实施各种协议规则，反映和保护各国的应得利益。加入世界贸易组织以后，我国根据成员方的权利规定，有权参加讨论和制定各种协定与规则，在讨论中可以广泛反映发展中国家和中国的利益要求。通过参加世界贸易组织的各种活动，也可以把世界贸易组织作为一个讲坛，广泛宣传我国的经济贸易政策，促进各国之间的交流。一旦发生贸易争端，我们也可以通过世界贸易组织获得合理的解决，保护我国的正当利益。

案例 11.5

中国在世贸起诉美国禽肉限制措施案获胜

中新网北京2010年6月16日电（记者 翁阳） 2009年3月美国总统奥巴马签署了《2009年综合拨款法》第727条款，内容是“根据本法所提供的任何拨款不得用于制定或执行任何允许美国进口中国禽肉产品”。该条款通过限制政府经费用途的方式，不允许美国相关政府部门开展自中国进口禽肉产品的解禁工作，限制中国禽肉产品对美出口。2009年4月17日，中国将美对华禽肉采取的限制措施诉诸世贸争端解决机制。

中国新闻网《中国在世贸起诉美国禽肉限制措施案获胜》电文：http://www.chinanews.com/cj/news/2010/06-16/2345966.shtml

2010年6月，世界贸易组织专家组就“中国诉美国禽肉进口限制措施案”发布裁决报告，报告裁定美国对中国禽肉的进口限制违反了世界贸易组织关于动植物检疫措施的相关规则，也违反了世界贸易组织最惠国待遇和取消数量限制的规定。裁定美国《2009年综合拨款法》关于限制从中国进口禽肉的条款不符合世贸组织规则。中国提出的诉讼请求几乎全部得到专家组的支持，堪称大获全胜。

【课堂讨论 11.4】随着中国经济的不断发展，面临其他国家越来越多的贸易保护，我们怎样运用世贸组织争端解决机制，捍卫国家和产业权益？

二、中国与其他国际经济组织的关系

国际经济组织的发展经历了一个漫长的过程，它是随着世界经济的发展而发展起来的。国际经济组织是国家间经济联系密切发展的客观要求，它的产生是资本主义发展到一定阶段的产物。尤其是第二次世界大战以后，帝国主义殖民体系的崩溃以及各国在经济上存在越来越密切的相互依存关系，使得国际经济组织得到了迅速发展。这一时期活跃在世界经济舞台上的国际经济组织，如关税与贸易总协定、国际货币基金组织、世界银行、欧洲联盟、亚太经合组织等几乎全部是“二战”以后才建立起来的。

除了世界贸易组织以外，亚太经合组织、国际货币基金组织等都与中国关系甚为密切。

（一）中国和亚太经合组织

1. 中国加入亚太经合组织的历程

亚太经济合作组织（Asia-Pacific Economic Cooperation，APEC）是亚太地区最具影响力的经济合作官方论坛。1989 年 11 月 5 日至 7 日，澳大利亚、美国、加拿大、日本、韩国、新西兰和东盟 6 国在澳大利亚首都堪培拉举行亚太经济合作会议首届部长级会议，标志着亚太经济合作会议的成立。1993 年 6 月改名为亚太经济合作组织。1991 年 11 月，中国以主权国家身份，台湾和香港（1997 年 7 月 1 日起改为“中国香港”）以地区经济体名义正式加入亚太经合组织。亚太经合组织共有 21 个成员。其宗旨和目标是“相互依存，共同利益，坚持开放性多边贸易体制和减少区域内贸易壁垒”。

2. 中国关于亚太经合组织的政策

（1）坚持认为亚太经济合作组织是一个经济论坛性质的、集中精力开展区域经济合作的机构。

（2）坚持以“亚太经合组织的合作方式”作为亚太经济合作组织合作方式和原则。这一方式承认多样性，强调自主自愿、协商一致、灵活渐进等原则。

（3）反对针对发展中成员的形形色色的贸易保护主义，支持在遵循开放和不歧视原则的基础上，积极稳妥地推动贸易投资自由化进程，促进多边贸易体制的健康发展。应在亚太经济合作组织范围内制定一个实现区域贸易和投资自由化的长远目标，以实际行动积极推进亚太经合组织贸易投资自由化进程。

（4）重视经济技术合作，认为经济技术合作和贸易投资自由化是紧密结合的，应该相互促进，使亚太经济合作组织合作的两个轮子一起运转。为要保证亚太经济的稳定持续发展，特别要加强科技交流、人力资源开发、基础设施建设等方面的合作，进一步改善投资和贸易环境。中国加入亚太经济合作组织以来，在推动经济技术合作方面发挥了重要的作用。主张亚太经济合作组织关注金融问题。认为亚太经济合作组织应当加强金融监管，善于根据实际情况确立金融政策，维护正常的金融秩序，防范金融风险。

3. 亚太经合组织对中国经济的影响

（1）亚太经济合作组织作为亚太地区级别最高的经济合作论坛，为中国开展首脑外交和对外宣传提供了一个重要的场所。

（2）亚太经济合作组织是中国参与世界经济全球化和区域经济一体化进程，推动改革开放和经济建设的重要渠道。十多年来中国在电信、交通、能源、人力资源开发、环保和科技、海洋资源保护等领域，充分利用了亚太经济合作组织的信息和技术。目前，中国已成为亚太经济合作组织成员投资的主要市场之一。

（二）中国和国际货币基金组织

1. 中国加入国际货币基金组织的历程

国际货币基金组织（International Monetary Fund，IMF）是根据 1944 年 7 月在布雷顿森

林会议签订的《国际货币基金协定》，于1945年12月27日在华盛顿成立的。与世界银行同时成立，并列为世界两大金融机构之一。其职责是监察货币汇率和各国贸易情况，提供技术和资金协助，确保全球金融制度运作正常。其总部设在华盛顿。中国是该组织创始国之一。1980年4月17日，国际货币基金组织正式恢复中国的代表权。

2. 中国关于国际货币基金组织的政策

在资金方面，中国从20世纪80年代的债务国转为债权国。1994年向国际货币基金组织提供了1亿特别提款权的贷款，用于支持重债穷国的债务调整，同时还向该贷款的贴息账户捐款1 200万特别提款权；1997年金融危机后，中国政府在国际货币基金组织框架下向泰国政府贷款10亿美元；1999年，中国又向国际货币基金组织捐助1 313万特别提款权，继续支持穷国减债计划；2005年印度洋海啸后，中国政府也积极为国际货币基金组织的“冲突后和自然灾害紧急援助贴息账户”注资为受灾国提供援助。

在知识贡献方面，中国改革开放三十多年来所取得的巨大成就向国际货币基金组织和全世界展示了一种新的发展模式，丰富了国际货币基金组织知识体系；中国人民银行副行长朱民也于2010年2月被任命为国际货币基金组织总裁特别顾问，为国际货币基金组织能更好地“应对所有成员国未来面临的挑战，并加深基金组织对亚洲和新兴市场的了解”做出贡献。

3. 国际货币基金组织对中国经济的影响

国际货币基金组织成为我国吸收先进经济管理经验的重要途径和与世界各国进行政策对话的重要窗口，它让中国更加了解世界，也向世界更为客观地介绍中国。

加入基金组织的主要收益（除了获得加入世界银行的资格以外），从广义上来说，是使中国得到了国际金融体系的认可，从狭义上讲，是中国可以更好地利用国际货币基金组织的信息、数据、技术支持和培训资源。

对于实行改革开放政策的中国而言，国际货币基金组织在为数不多的中国项目中所传递的知识理念是极为重要的，中国更好地学到了西方社会如何利用金融资源支持经济发展。国际货币基金组织还先后为中国的中央银行体制改革、财税体制改革、外汇管理体制改革、人民币经常项目可兑换等重大改革措施提供了有益的咨询建议，并协助中国建立了符合国际标准的货币银行统计体系和国际收支统计体系，改进了国民账户统计，建立了外债监测体系。

国际货币基金组织的技术援助还在改善我国货币政策与财政政策的制订与操作、修改和完善银行法规及会计与审计制度、加强金融监管以及发展金融市场工具等方面做出了贡献。

国际货币基金组织为我国政府机构的有关人员提供了大量的培训。每年在我国举办的培训班涉及货币政策、财税政策、银行监管、外汇市场管理、国际收支管理和宏观经济统计等不同领域。

另一方面，通过国际货币基金组织这个平台，中国与世界其他国家开展了卓有成效的对话与合作，让世界更加了解和认可了中国的经济发展。在国际货币基金组织每年的年会上，中国政府代表都会介绍本国政策立场和发展战略，对国际金融领域的热点问题阐明中国的态度。1980年11月、1986年11月和1990年1月，我国先后与国际货币基金组织共同举办学术研讨会，1997年9月，还在中国香港特别行政区召开了国际货币基金组织和世界银行的年会，这些会议都为增进中国与世界的信任起到积极作用。

（三）中国和上海合作组织

2001年6月15日，中国、哈萨克斯坦共和国、吉尔吉斯共和国、俄罗斯联邦、塔吉克斯坦共和国、乌兹别克斯坦共和国6国元首签署《上海合作组织成立宣言》，宣告上海合作组织正式成立。上海合作组织的前身是“上海五国”机制。1996年4月26日，中国、俄罗斯联邦、哈萨克斯坦、吉尔吉斯斯坦、塔吉克斯坦5国元首在上海举行首次会晤。自此，“上海五国”会晤机制正式建立。

中国关于上海合作组织的政策主要有以下内容。

1. 中国对上合组织的外交目标

中国对上合组织的政策目标是：第一，打击和抑制“东突”的活动，抑制“东突”与国际恐怖组织的联系，维护中国西部与新疆地区安全；第二，解决中国与中亚国家的边界争议问题，维持边界和平与安全，使中亚国家采取对中国亲善的外交政策和维持中国与中亚国家良好的双边关系，不使中亚地区落入任何一个大国或大国集团的控制，尤其是与中国有复杂地缘政治战略关系的大国或大国集团，以建立新集体安全体系；第三，使中亚成为中国长期的多元化能源来源之一，促进地区的经济合作。

2. 中国对上合组织的战略构想

从地区层面来看，实行“安邻”“睦邻”的周边外交，推动能源合作和地区一体化，稳定和发展西部地区，以得到地区支持；从中俄双边层次来看，以上合组织为平台，充实中俄战略协作伙伴关系内容，反对强权政治，主张以发展求和平、以合作求互信、平等互利、和平共处的新安全观；从功能层面看，实行安全与经济两条腿并行；从发展层面来看，将上合组织定位为地区性国际组织，主张不结盟、不针对第三方、不过分扩大、不建立反美联盟。

3. 中国对上合组织的外交手段

中国对上合组织的外交手段，主要有以下几个方面。首先是积极推动上合组织成为多边合作机制。增强上合组织的执行能力，并推动上合组织在地区事务中发挥巨大作用，但又不愿意将上合组织的范围过分扩大。其次是推动军事合作，主要通过上合组织内部的联合军事演习，表达维护地区和平与稳定，反对“三股势力”的决心。再次是积极推动上合组织框架内的区域经济一体化，与成员国就能源合作问题展开对话。最后是在上合组织的框架下，与俄罗斯展开多层次的政治、经济与文化交流。

第五节　内地与港澳、大陆与台湾地区的经贸关系

案例 11.6

CEPA实施十年“香港制造”受惠显著

新华社北京2014年1月20日电（记者　王希）　海关总署2014年1月20日披露的数据显示，《内地与香港关于建立更紧密经贸关系的安排》（香港CEPA）实施10年来，有力提升了香港产品在内地市场的竞争力。截至去年底，累计有71.61亿美元香港CEPA项下受惠货物进入内地，关税优惠39.83亿元人民币。

据海关总署介绍，2004年香港CEPA实施初期，内地进口的香港CEPA项下受惠货物涉及67个8位税号。随着零关税措施的不断深入实施及降税范围扩大，至2013年实际受惠货物已增至280个8位税号，增长了3.18倍。从增加产品类型来看，药品、纺织服装等香港传统优势产品受益颇多。其中，港产药品受惠货值十年间累计达22.10亿美元，关税优惠共6.81亿元人民币，是香港CEPA实施以来受益最大的产品。

零关税措施的实施，有力促进了香港产品内地销售市场的不断拓展。10年间，港产零关税货物先后从内地20个省份的28个口岸进口，覆盖了东起上海、西至成都，南起海口、北至长春的广泛市场。

新华网《CEPA 实施十年"香港制造"受惠显著》原文：http://news.xinhuanet.com/gangao/2014-01/21/c_126035774.htm

香港CEPA实施10年来，内地海关积极采取措施，组织制定受惠货物原产地规则、通关管理等各项工作，为香港CEPA项下货物贸易提供了优质高效的通关服务与良好的贸易环境。例如，在陆路口岸推行通道自动核放系统、统一载货清单和"绿色关锁"等通关便利化措施的基础上，内地海关推出全面扩大和深化通关作业无纸化改革、开展"跨境快速通关"以及与香港海关"多模式联运转运货物便利计划"试点等一系列举措，最大限度地为香港CEPA项下货物进口营造便捷高速的通关环境。

点评：香港CEPA推出以来，内地日益成为香港的一个重要市场，已然成为世界第二大经济体与世界最自由经济体之间双边贸易的重要基石。根据香港CEPA的双赢原则，两地企业在未来将继续享有更多的经济利益，香港与内地之间开放货物与服务贸易的最终目标将很快实现。

由于历史原因，香港和澳门特别行政区及台湾省现为中国的三个单独关税区，中国在与其进行经济贸易交往时，是按照国际经济通行规则进行的，因此，中国与三个单独关税区的经贸关系被作为其对外经贸关系的一部分。长期以来，内地与港澳、大陆与台湾地区互惠互利、优势互补的经贸合作，促进了相互之间生产要素的优化配置，为相互的经济发展做出了积极的贡献。

一、内地与香港特别行政区的经贸关系

香港原属广东省宝安县（今深圳市），自 1840 年鸦片战争后被英国长期占领，1997 年 7 月 1 日中国政府恢复对香港行使主权，香港成为中国特别行政区。

（一）内地与香港经贸关系的现状

香港是世界首屈一指的国际贸易中心以及世界上最大的集装箱港，是全球最自由的、最具竞争力的经济体系之一。20 世纪 50～70 年代，内地与香港只有小量贸易额。1978 年改革开放以来，香港与内地的经贸往来非常密切。从 1985 年开始，内地一直是香港最大的贸易伙伴，占香港外贸总额的四成。2003 年 6 月 29 日，中央政府与香港特区政府签署《内地与香港关于建立更紧密经贸关系的安排》（简称香港 CEPA），各条补充协议更新至今。2013 年 8 月 29 日，香港 CEPA 补充协议十在港签署，此次补充协议中包含八项加强两地金融合作及便利贸易投资的措施。

2013 年，内地与香港贸易额为 4 010.1 亿美元，占内地对外贸易总额的 9.6%，两地之间贸易的增长高于内地整个进出口贸易的增长。特别是内地泛珠 9 省（区）与香港地区的贸易，其贸易总额占香港贸易总额的五成左右。在港上市的内地企业多达 600 多家，占股市将近一半的数量。香港是内地第四大贸易伙伴、最主要出口市场、最大的外商投资来源地。2013 年内地共吸收港资 734 亿美元，占同期内地吸收外资总额的 62.4%。另外，内地企业赴港投资规模也日益提高，香港已成为内地最大境外投资目的地。近五年，内地对香港的投资占内地对外直接投资

总额的平均比重已超过一半，达到 57.5%。内地企业在香港的投资多分布在贸易行业，将香港作为走向国际市场的“中转站”，通过香港实现其全球化的目标，企业质量发生了质的飞跃。商务部统计资料显示，内地对外直接投资，当中有 65%是投放到香港或是通过香港到世界各地的。

机电产品是香港对内地出口的主要商品，2012 年出口额为 1 773.3 亿美元，占香港对内地出口总额的 62.3%。贵金属及制品出口额为 491.5 亿美元，占香港对内地出口总额的 17.3%，居出口第二位，也是香港对内地出口增速最快的产品，同此增长 85.7%。塑料橡胶、光学钟表医疗设备和纺织品及原料等也是香港对内地出口的重要商品。而内地在香港劳动密集型产品的进口上具有较大的竞争优势，分别占香港纺织品及原料、家具玩具和鞋靴伞等轻工产品进口市场份额的 73.5%、78.9%和 79.4%。内地是香港机电产品的首位来源地，占据该产品进口市场的 53.0%，超过第二位台湾地区 42.3 个百分点。内地与香港之间的贸易主要呈现以下特点。

1. 香港仍是内地国际贸易重要的中转地

香港由于其发达的转口贸易而成为内地与其他地区贸易往来的桥梁。从海关的统计报告中可以看出，因为香港独特的国际经贸地位和特有的贸易相关政策，内地加工贸易进口料件和出口成品的大约 70%是通过香港地区成交并由香港转口的。商品转口贸易是两地最为重要的贸易形式之一，在双方贸易来往中发挥着独特作用。1986 年，内地与香港的转口贸易额为 806.5 亿港元，到 2011 年，转口贸易额已经超过了 13 300 亿港元，内地贸易总额中有近三成，即约 1 万亿美元是经香港中介处理。商品转口贸易占香港总体货物出口的比重达到 98%，是香港贸易增长主要的动力；而以内地作为来源地的转口贸易也一直占到香港转口贸易的 60%左右。

2. 双方经贸紧密合作成效进一步扩大

高度外向性是香港经济的一大特质，2003 年的 CEPA 及后续 10 个补充协议签订后，香港也逐渐成为内地对外开放程度最高的地区。在货物贸易方面，自 2006 年 1 月 1 日起，内地对进口自香港制造的所有产品实行“零关税”；在服务贸易方面，内地对金融、物流、旅游等领域的香港“服务提供者”实施开放措施；在贸易投资便利化方面，两地加强合作的 8 个领域涵盖了广泛的内容。CEPA 及其 9 个补充协定所确定的开放领域有的甚至只对港澳开放，远高于中国与其他经济体自由贸易协定的程度，明显高于中国—东盟自贸区的开放程度，是世界贸易组织其他经济体之间的任何自由贸易协定所不可比拟的。在一系列宽松政策的推动下，内地企业得到了明显实惠。

除商品贸易外，香港已成为内地向境外输出劳务和内地在境外承包工程的重要市场。特别是在补充协议推出后，两地在服务贸易中的合作也愈加紧密。按照世界贸易组织对服务贸易的分类标准，内地对香港开放的服务部门已经达到 148 个，超过服务贸易最开放的欧盟在世界贸易组织中承诺开放的 146 个部门，涉及世界贸易组织服务贸易部门分类 160 个类别的 92.5%。2013 年，内地在香港承包工程合同数共计 164 份，金额 33.8 亿美元，完成营业额 30.3 亿美元，在港劳务人数达 33 820 人。内地在港累计完成营业额 433.5 亿美元。香港为内地提供了巨大的劳务机会和承包工程的市场，也促进了香港经济社会的发展。

3. 内地为香港的稳定繁荣提供了充足的保障

香港回归伴随着 1997 年亚洲金融危机的特殊背景，后又经历 2008 年国际金融危机、禽流感、非典以及外部政治干扰等来自各方面的冲击，在此期间香港经济发展起起伏伏。2014 年，《“一国两制”在香港特别行政区的实践》白皮书中披露中央政府在支持香港特区应对风险和挑战方面，在支持香港特区巩固和提升竞争优势方面，在支持香港国际金融、贸易、航运中心发展和支持香港旅游、零售业及内地港资企业发展等领域做出的努力。

另一方面，内地对香港食品、农产品的供应做到了数量和质量的保证。2013 年，内地累计供港农产品 305 万吨，其中活猪供应 157.6 万头，供港蔬菜占香港蔬菜市场全部供应的 90%，切实充分保障对港供电、供水及输港鲜活农产品等，为香港繁荣稳定提供了有力保障。

（二）内地与香港发展经贸关系应遵循的原则

内地与香港的经贸关系是在“一国两制”的方针指引下，依据《中华人民共和国香港特别行政区基本法》（简称《基本法》）和国际贸易通行规则进行的。

（1）根据“一国两制”方针和《基本法》的规定，香港特别行政区将保持现行体制，保持自由港地位，继续实行自由贸易政策，保障货物、无形资产和资本的自由流动，在经贸领域享有高度自治的行政管理权。

（2）根据“一国两制”的方针，内地同香港经贸关系的性质，是中国主体同其单独关税区之间的经贸关系处理，视为对外经贸关系处理，并遵循互不隶属、互不干涉、互不替代的原则。

（3）根据“一国两制”的方针，两地经贸往来继续遵循国际贸易活动的规则和惯例，两地间出现的经济合同纠纷制裁，参照国际惯例办理。

二、内地与澳门特别行政区的经贸关系

澳门位于珠江三角洲的南端，地处珠江口的西侧。早在 400 多年前就已开埠，1887 年被葡萄牙侵占，1999 年 12 月 20 日重回祖国怀抱，成为中华人民共和国的特别行政区。

长期以来，澳门与内地唇齿相依，有着一种天然的地缘、人缘联系，在经济上有着特殊的依赖。随着经济全球化的发展，区域经济合作日益引起社会的关注，澳门作为一个独特的经济发展区域，党和国家政府对于澳门与内地经济贸易的发展十分关注。步入新世纪，国家政府更是加大了对澳门经济发展的直接投资，鼓励广东、福建等内地省市加强与澳门的经贸合作，对澳旅游消费逐年上升，直接投资经费支出不断提高，技术创新产出不断增大，金融投资环境不断改善，两地经贸合作机制越来越紧密。澳门与内地的经贸合作关系更为密切，无论是在贸易、投资，或在产业合作等领域，两地经济日益融合。

（一）内地与澳门经贸关系的现状

澳门与内地一直有着互补、互利、相互促进的经贸关系。内地为澳门提供主要的原材料、劳动力和农副产品，保证了澳门经济发展的需要。而澳门作为中国对外开放仅次于香港的第二个重要窗口，既是内地吸引境外资金的重要渠道，也为内地输送国际经济和技术信息。特别是改革开放后，以及 20 世纪 70 年代末期开始澳门经济的腾飞，使双边经贸合作始终保持着发展的态势，尤其澳门在通向欧盟和葡语国家市场的特殊中介作用，是香港所不能替代的。亚洲金融风暴以后，内地对外贸易努力向多元化方向拓展，而欧洲和非洲市场正是其中有待开发的重点之一。此外，澳门的自由港和低关税制度、特殊的旅游博彩优势，以及中西融合的文化优势，都将有利于内地相关产业的共同发展。

1. 两地贸易继续保持增长

澳门是个高度开放的自由港，也是典型的微型经济体，澳门与内地的经贸合作保持着发

展的态势，从2005年的21.3亿美元，上升至2013年的35.7亿美元，提升了67.6%。根据商务部港澳台司统计数据，澳门与内地2013年贸易额为35.7亿美元，同比增长19.4%。其中，内地对澳门出口31.8亿美元，增长17.4%，由澳门进口为3.9亿美元，同比上升38.7%。

2011年签署的《粤澳合作框架协议》涵盖了澳粤经济、社会、民生、文化等各合作领域，明确了新形势下澳粤合作的定位、原则、目标。双方在协议中提出，将携手建设亚太地区最具活力和国际竞争力的城市群，共同打造世界级新经济区域，促进区域经济一体化发展。同时，珠澳跨境工业园区是目前我国享受最多优惠政策的特殊监管区，设在珠海拱北茂盛围与澳门西北区的青洲之间，分为珠海、澳门两个园区，由广东省珠海市和澳门特别行政区分别通过填海造地形成。珠澳跨境工业区最早是由澳门部分成衣界人士提出，旨在应对2005年全球纺织品及成衣配额制度取消对澳门所带来的冲击，防止澳门本地成衣制造企业大规模北移，影响本地就业。2013年，珠澳跨境工业园区外贸进出口总额达19 916.7万美元，同比增长64.6%。其中出口8 044.4万美元，同比增长95.6%，进口11 872.3万美元，同比增长48.6%。

目前，内地已成为澳门的第三大出口市场和最大进口来源地，在促进澳门区域经济发展中起着重要的作用。

2. 双边投资进展顺利，承包工程和劳务合作再创新高

澳门积极开展对内地的经济投资，在外商对中国内地投资中澳门排名第十位。内地对澳门的经济投资也不断提高，内地在澳门承包工程、劳务合作和设计咨询等业务稳步发展。目前，内地的投资企业在澳门已达到200家，在澳资产中，中资总值达到450亿美元，其中以中国银行、南光集团、澳门中国旅行社有限公司和珠光集团为主要集团。

与此同时，两地金融界间的交流互访日益频繁。自1999年澳门回归以来，人民币与澳门元两种货币在两地金融机构互相挂牌，并形成地域性的互为流通使用的局面。国家政府支持两地金融机构跨境互设分支机构，支持符合条件的澳门银行在内地设立法人机构和分支机构，依法参与发起设立村镇银行、贷款公司等新型金融机构或组织，参股地方法人金融机构。同时，推动内地金融机构在澳门开设分支机构和代表处，在澳门目前的银行体系中，有中资成分的银行达四家，占全澳门银行总资产近40%，占总存款、总放款50%以上。

案例 11.7

中葡基金

新华网澳门2013年6月27日电（记者 蔺娟） 2013年6月26日，由中国政府倡议，国家开发银行和澳门工商业发展基金共同发起的“中国与葡语国家合作发展基金”（简称“中葡基金”）成立。该基金专注于包括澳门在内的中国和葡语国家企业的投融资需求，重点支持中国内地和澳门特区企业“走出去”到葡语国家，并把葡语国家企业“引进来”在中国发展。中葡基金主要投资于基础设施建设、交通、电信、能源、农业和自然资源等行业，以加强中国与葡语国家经贸合作，共同发展，鼓励和扩大双向投资。随着“中葡基金”的成立与运作，为中国与葡语国家以及澳门与葡语国家的经贸合作开拓了更广阔的发展空间。

新华网《中国与葡语国家合作发展基金正式成立》电文：http://news.xinhuanet.com/2013-06/27/c_116315065.htm

3. 两地经贸合作进入更紧密联系阶段

2013 年是《内地与澳门关于建立更紧密经贸关系的安排》(澳门 CEPA)签署十周年，内地与澳门经贸往来更趋紧密。自 2006 年起，所有澳门原产的货物，经确定原产地标准后，全部可以享受零关税待遇进口内地。目前按 2013 年内地税号确定的原产地标准货物已达 1 283 项。2004 年，澳门 CEPA 第一年实施时，以零关税输往内地的货物仅为 183 万澳门元，至 2012 年已达 1 亿澳门元，约是 2004 年的 57 倍。目前基本上所有货物贸易已达自由化，澳门产品基本上都能够免关税进入内地。

据统计，自澳门 CEPA 实施以来，澳门 CEPA 零关税货物进口至内地，受惠货值近 6 000 万美元，关税优惠金额近 3 500 万元人民币。其中，高新产业覆铜板成为零关税措施最大的受惠者，占澳门 CEPA 累计进口受惠货值的 46%；纺织品、鞋等传统老字号产业，占澳门 CEPA 累计进口受惠总货值的 31%。值得注意的是，零关税措施同样惠及澳门弱势产业，化工业、塑料制品和收藏品产业得到适度发展，占澳门 CEPA 累计进口受惠总值 22%。高新技术和弱势产业的发展，表明零关税措施在一定程度上促进了澳门经济结构的转型升级和产业结构的多元化发展。

（二）内地与澳门经贸关系的发展前景

展望未来，内地与澳门经济仍将继续稳定增长，两地经贸交流与合作将迎来更加广阔的发展前景。

一方面，在澳门 CEPA、泛珠区域合作框架下，积极推进和深化与双边合作，建立更紧密的经贸关系，逐步实现经济一体化。推进商贸服务平台建设，粤西虽然起步较晚，但农业与海洋资源丰富，海洋生物、医药、化工和临海重化工业发展的潜力较大，可以为澳门工商企业界提供更多的商机，拓展粤西等地区的旅游、零售、分销、物流、运输及会展等服务市场，并加强两地中小企业间的合作。通过粤西，将经贸服务延伸到西南内陆地区，从而构建更大的经贸服务平台。

另一方面，继续发挥澳门与葡语国家以及欧洲国家关系密切的优势，加强内地与葡语国家的经贸联系与合作服务。澳门具备多元文化相交融、对外文化交流和合作的国际文化网络优势，这一点对中国吸引外资投资于内地的服务业尤其有利；另外，澳门的历史集英、法、德、葡、拉丁语和中文背景于一身的独特优势，可以吸引有以上几种语言背景的外国企业前来投资。因此，澳门作为全球华商联络与合作的联络平台，成为外资进入中国服务业市场的桥梁。

三、大陆与台湾地区的经贸关系

台湾是中国第一大岛，自古以来是中国领土，位于我国东南沿海的大陆架上。改革开放以后，两岸经贸关系迅速发展。2007 年台湾已经成为大陆第七大贸易伙伴、第七大出口市场、第五大进口市场，以及最大的贸易逆差来源地；大陆是台湾最大的贸易伙伴，最大的出口市场和最大的贸易顺差来源地。

2010 年 6 月 29 日，两岸两会签订两岸经济合作框架协议（ECFA），两岸由此跨入了互利双赢、合作发展的“海峡两岸经济合作框架协议新时代”。2012 年 8 月，海峡两岸关系协会与台湾海峡两岸交流基金会又先后签署了《海峡两岸投资保护和促进协议》《海峡两岸海关合作协议》和《海峡货币清算合作备忘录》，加快了两岸贸易及投资便利化过程。与此同时，两岸服务贸易协议、货物贸易协议等后续协商也在稳步进行，两岸经贸合作领域逐步从传统的贸易、投资，扩展到金融、旅游、服务等多个方面。2013 年 1 月 30 日，中国机电商会在台北设立办事处。台湾贸易中心继 2012 年年底先后在上海、北京设立办事处后，2013 年内又在广州、青岛新设两个办事处。随着两岸贸易规模和投资规模的增加，大陆对台湾的贸易逆差也在不断扩大，2012 年大陆对台湾的贸易逆差达到 954 亿美元，创历史新高。

（一）两岸经贸关系的发展和现状

1. 两岸货物贸易平稳增长，服务贸易成为新亮点

2013 年，在欧美经济持续疲软、全球经济深刻变革的大背景下，两岸经济合作步伐继续加快，在制度与市场两大层面上均取得重要进展。两岸签订海峡两岸经济合作框架协议后续四大协议之一的《海峡两岸服务贸易协议》，大陆再度对台让利，承诺对台湾开放 80 项，而台湾只对大陆开放 64 项，对于两岸经济交流交往机制化，台湾服务业发展具有重要战略意义。

据海关总署统计，2013 年两岸货物贸易额达 1 972.81 亿美元，同比增长 16.7%。其中大陆对台湾出口 406.43 亿美元，同比增长 10.5%；大陆自台湾进口 1 566.37 亿美元，同比增长 18.5%。值得注意的是，台湾方面对两岸贸易的统计值与大陆方面的统计值差距较大。据台湾统计，2013 年两岸贸易额（含香港）约 1 647.23 亿美元，同比仅增长 1.5%，其中台湾对大陆出口 1 204.71 亿美元，同比增长 1.5%；台湾自大陆进口 442.52 亿美元。虽然两岸统计结果存在较大差异，然而总体而言，两岸贸易关系还是在不断深化。2013 年，大陆在台湾对外出口市场中的比重由上年的 39.4%增至 39.7%，在台湾进口市场中的比重也由上年的 16.1%上升至 16.4%。

大陆自台湾进口商品以生产资料为主，生产原材料及半成品、资本设备两类所占比重合计为 90%以上，金额近 700 亿美元，消费品最少，不到 10%，反映了台商在祖国大陆投资设厂与扩产的效应。大陆对台湾出口商品以农业原料及半产品为主，出口商品特点是消费类商品虽然比重不高，但项目集中；农工原料虽然比重较高，但项目分散。出口商品构成以大区分类，主要是农工原料及半成品，约占 80%以上；消费品次之，约占 10%左右；资本设备最少，结构比重不到 10%。近年来，台资企业生产的半成品及制品返销台湾或经台转口至欧美市场的数量逐步增多，这对挖掘对台出口商品潜能具有积极作用。

与此同时，随着两岸服务贸易早收清单加快落实，两岸服务贸易快速发展，成为两岸贸易发展的新亮点。据大陆统计，截至 2013 年 10 月海峡两岸经济合作框架协议服务贸易早收项目共使 216 家台企受惠，合同投资额达 9.53 亿美元，九家台湾会计师事务所获得有效期一年的“临时执行审计业务许可证”，14 部台湾影片上映。

2. 台商对大陆投资额衰退，陆资入岛大幅增长

受全球经济低迷及大陆经济增速放缓等影响，台湾对大陆投资已连续两年出现衰退。在产业布局上，由于欧美经济低迷，台商对大陆制造业投资明显衰退，但在大陆服务业快速发展及两岸加强金融等服务业合作带动下，台商对大陆投资进一步向服务业转移。在区域布局方面，长三角、珠三角依然为台商对大陆投资的最主要目的地，两者合计约占台商对大陆总投资额的 72%，但“西进北上”的趋势日益明显。台商对大陆投资区域更趋多元化。

与台商对大陆投资出现衰退形成鲜明对比的是，2013 年在多件大宗投资项目的带动下，大陆对台湾投资大幅增长。

【拓展阅读】

中新社北京 2014 年 1 月 10 日电《2013 两岸贸易额 1 972.8 亿美元同比增长 16.7%》。
http://www.chinanews.com/tw/2014/01-10/5722456.shtml

中新社台北 2014 年 1 月 21 日电《2013 年“陆资”赴台创新高合资“登陆”续减》。
http://www.chinanews.com/tw/2014/01-21/5761024.shtml

3. 两岸金融合作不断取得新突破

两岸金融合作是两岸经贸合作的先锋队和标兵。

一是大陆对银行业、保险业和证券业的开放力度进一步增大。2013 年 7 月，中国银监会批准首家台湾地区银行（台湾永丰银行）在南京筹设大陆子行，3 月还新批准台湾企银在上海设立分行，目前已有 11 家台湾地区银行在大陆设立了分行，其中 6 家已获准扩展人民币业务服务对象范围。此外，还有 3 家两岸合资基金管理公司，24 家台湾金融机构获得合格境外机构投资者资格。2013 年 12 月 10 日，大陆 4 家商业银行在香港的分支机构在台北同步发行“宝岛债”，规模合计 67 亿元人民币，在岛内受到了投资人以及业主的追捧，被视为两岸金融合作新的里程碑。截至 2013 年 11 月，台湾当局已核准 13 家岛内银行来大陆设立分行，其中 11 家已开业，5 家银行设有办事处；核准 5 家投资信托企业来大陆参股设立基金管理公司，其中 3 家营业，并有 11 家券商来大陆设立 24 个办事处，2 家投资信托企业设立办事处。10 家台湾保险业向大陆设立申请合格境外机构投资者资格，获得大陆核准资格并获得投资额 17 亿美元。台湾当局核准 9 家保险企业来大陆投资，其中 6 家营业，并设有 14 个办事处，并有 1 家保险经纪公司来大陆参股投资。

二是台湾积极争取成为人民币国际化离岸中心。继 2012 年 8 月签署“海峡两岸货币清算合作备忘录”后，2013 年 1 月大陆中国人民银行与中国银行台北分行签署业务清算协议，后者成为在台湾地区的人民币清算银行。截至 2012 年 11 月底，台湾地区的人民币结算总金额超过 1.22 万亿元，其中 11 月创下单月新高的 3 319 亿元。此外，共有 64 家台湾本土银行和 57 家国际金融业务分行办理人民币业务，岛内存款余额达到 1 551.23 亿元。

（二）两岸经贸关系发展存在的问题

2008 年 12 月 15 日之后，两岸基本实现“三通”，但一些人为障碍尚未完全消除，这些人为障碍给双方贸易带来了很大的不便，增加了交易成本，降低了产品在国际市场上的竞争力，阻碍了双方贸易的顺利发展。

长期以来，大陆对台湾出口规模大大小于进口规模，对台贸易逆差较大。

（三）两岸发展经贸关系应遵循的原则及未来展望

中国大陆经济正处于转型调整时期，“十二五”规划中已提出大力发展节能环保、新一代信息技术等战略性新兴产业；并且又将文化传媒业、金融服务业等列入未来的支柱产业。这些产业的发展对于未来扩内需、惠民生、推动产业升级和经济方式转变具有重要意义，也为两岸现代服务业合作提供了重要机遇。

一是支柱产业发展，为两岸加强技术合作，共同开展技术创新开拓了空间。台湾现有专业及科技服务业 6.4 万家，可以为大陆新兴产业提供相关技术服务。

二是新兴产业发展为两岸银行业合作提供了机遇，尤其是准许台湾银行业者在福建设立异地支行，并可以在大陆发起设立村镇银行。这不仅为大陆台资转型升级提供了资金支持，也为台资银行在大陆城乡拓展业务提供了机遇。

三是大陆现代服务业发展，为台湾证券业开拓了商机。大陆对台湾证券业者在大陆设立证券、基金、期货公司给予大幅开放，台资金融机构将可以人民币合格境外机构投资者的身份投资大陆的资本市场等，均将支持台湾资本证券等金融业发展。

四是大陆信息消费已成热点，需求庞大，而台湾信息产业较发达，合作空间广阔。随着科技进步的发展，信息领域的新产品、新服务、新业态大量涌现，不断引发新的消费需求，信息消费已成为大陆日益活跃的消费热点。据工信部统计数据显示，2012 年大陆信息消费规模 1.72 万亿元，同比增长 29%，带动相关行业新增产出 9300 亿元。其中，新型信息消费规模为 1.03 万元，同比增长 61%。网络零售达到 1.3 万亿元。信息消费突飞猛进，已成为拉升消费和经济的新增长点，同时也为两岸服务业合作打造了新的增长点。

两岸在信息消费领域互补性强，合作基础广泛。大陆拥有全球规模最大、多层次的信息消费群体，但基础设施建设相对滞后，上网速度慢，城乡网络设施发展不平衡。而台湾信息产业较为发达，拥有先进的技术与人才。2012 年岛内资讯与通信传播企业有 1.6 万家，营业额在服务业中位于第 6 位。《协议》开放台湾在福建设立电子商务，对台湾业界是一重大利好。由于电子商务经营可突破地区和范围限制，岛内企业及专业人士如及时抓住大陆刺激消费，发展服务新产品、新业态的机遇，深化与大陆信息消费业，零售业及商贸服务业等领域的合作，将可分享大陆扩大内需带来的经济利益，推动两岸服务业合作的转型升级。

本章小结

1. 坚持独立自主、平等互利的原则，是我国对外经济贸易发展的基础；坚持自力更生与对外开放相结合，维护国家经济安全，是我国对外经济贸易发展的基本出发点。

2. 欧盟已超过日本和美国成为中国第一大贸易伙伴，同时是中国的第一大出口市场，第二大进口来源地。中欧经贸关系发展仍存在很多障碍，如“特保”措施问题、市场经济地位问题、贸易保护问题等。

3. 美国是我国第二大贸易伙伴，第一大出口市场和第五大进口来源地。随着中国加入世界贸易组织，中美经贸关系中的许多障碍正在消除，如最惠国待遇、市场准入等；但中美贸易不平衡、美国对中国商品的进出口限制等因素仍影响中美经贸关系的稳定发展；而反倾销调查、知识产权保护等问题也再度成为双边贸易摩擦的焦点。

4. 日本是我国第五大贸易伙伴，第四大出口市场，第一大进口来源地。但近年来两国贸易摩擦不断加剧，中国对日贸易逆差迅速扩大，中日贸易的利益不均衡，日本高新技术产品垄断中国市场，这些都影响着中日经贸关系的健康发展。

5. 中国已成为东盟的第一大贸易伙伴，东盟是中国第三大贸易伙伴。中国—东盟自由贸易区的建立和发展，使双方的经济合作进入一个全面深化发展的新阶段。

6. “金砖国家”包括巴西、俄罗斯、印度、南非和中国。中国与其他金砖国家之间的贸易，是一种典型的“工业化国家”与“农业国”之间的贸易：中国为其他金砖国家提供不同类型的、价廉物美的制成品，进口这些国家的原材料和矿产品。作为主要新兴市场国家，“金砖国家”的人口和国土面积在全球占有重要份额，并且是世界经济增长的主要动力之一。

7. 我国的对外开放是全方位的开放。改革开放后，我国对外贸易采取全方位协调发展的国别地区政策，对外贸易格局发生明显变化。在保持同日本、美国发展经贸关系的同时，与其他发达国家和发展中国家的贸易及投资合作均保持良好发展势头。

8. 香港和澳门特别行政区及台湾省现为中国的三个单独关税区，中国在与其进行经济贸易交往时，是按照国际经济通行规则进行的，因此，中国与三个单独关税区的经贸关系被作为其对外经贸关系的一部分。长期以来，两岸三地互惠互利、优势互补的经贸合作，促进了相互之间生产要素的优化配置，为相互的经济发展做出了积极的贡献。

综合练习

一、不定项选择题

1. 中美是什么时候建交的（　　）。

A. 1972 年　B. 1973 年　C. 1974 年　D. 1979 年

2. 目前，我国最大的出口产品市场是（　　）。

A. 中国香港地区　B. 日本　C. 美国　D. 欧盟

3. 我国市场多元化战略中，重点开拓的市场是（　　）。

A. 发达国家市场　B. 其他金砖国家市场　C. 拉丁美洲市场　D. 美国市场

4. 在中美贸易中占主导地位的贸易方式是（　　）。

A. 加工贸易　B. 一般贸易　C. 补偿贸易　D. 对等贸易

5. 20 世纪 70 年代中日贸易的典型模式是（　　）。

A. 水平型分工模型　B. 垂直型分工模型　C. 直线型分工模型　D. 混合型分工模型

二、简述题

1. 中国发展对外贸易关系的原则是什么？

2. 结合目前实际情况，分析中国与主要贸易伙伴经贸关系的现状、存在的问题和未来的发展前景。

3. 开展内地与港澳以及大陆与台湾经贸合作的意义、存在的问题及主要原则是什么？

三、案例分析题

案例：有关数据表明，中国的经济总量在 2010 年已经超过日本，成为世界第二大经济体。随着中国经济发展和软实力的进一步提高，中国在国际社会中扮演着越来越重要的角色。数据显示，2010 年中国的国内生产总值达到 39.8 万亿元人民币的规模，人均水平也在不断提高，人均国内生产总值由 2006 年的 1 700 美元，提高到超过 4 000 美元。"十一五"期间，即使存在全球金融危机的不利因素，我国国内生产总值平均增速仍然超过 10%，这说明中国经济在全球发生经济危机时仍能够自主发展，坚持科学发展取得新的进展。另外，我国对外贸易也在"十一五"期间取得了快速发展，占全球的份额从 2006 年的 7.3%提高到 2011 年的 10%左右，这是一个新的发展，体现了"中国道路"所带来的实实在在的变化，也体现了改革开放所带来的实实在在的变化。

请结合中国近年的时事及资料分析：在席卷全球的经济危机中，中国会成为世界第二大经济体，在国际社会中扮演着越来越重要的角色，这与中国的对外经贸往来和深化有什么密切关系？

第十二章　外贸战略

【学习要求】

通过本章的学习，了解对外贸易战略的概念和分类，明确制定中国对外贸易战略的原则和指导思想，掌握中国对外贸易的总体战略和基础战略。

【主要概念】

对外贸易战略　进口替代战略　出口导向战略　混合型外贸战略　外开内撑型外贸战略　“大经贸”战略　“走出去”战略　互利共赢战略　自由贸易区战略　“以质取胜”战略　科技兴贸战略　对外贸易可持续发展战略

中国对外贸易战略是我国经济发展战略在对外贸易方面的内容，是在全国国民经济总体发展战略指导下，在一个比较长的历史时期内有关对外贸易发展的全局性决策和长期性规划。中国对外贸易战略是实现我国经济发展战略目标的重要保证，它对于我国社会主义现代化建设、中华民族振兴有着重要的战略意义。中国对外贸易战略包括总体外贸战略和基础外贸战略。实施中国对外贸易战略，既要在宏观与总体上把握，又要将其在微观上落实到具体的基础上，才能不断开创对外贸易发展的新局面，稳步迈向外贸强国。

第一节　制定中国外贸战略的原则与指导思想

案例 12.1

中信集团“走出去”“四位一体”大工程战略

据2014年2月20日国际商报网-国际商报报道（秦庚）　作为中信集团负责海外工程投资与建设的执行者，中信建设有限责任公司目前在手合同总金额近400亿美元，年营业额26亿美元。据中信建设总经理袁绍斌介绍，经过多年的实践，中信建设依托集团的综合优势，探索并形成了工程、金融、资源、实业“四位一体”的业务架构。

2005年，中信建设获得安哥拉首都凯兰巴·凯亚西2万套社会住房项目（以下简称K.K.项目），该项目总建筑面积为330万平方米，总金额40亿美元，是当时安哥拉最大的住房项目。该项目规模大、工期短，当地建材和物资极其匮乏，运输物流等支持体系严重缺失。针对这种情况，中信建设“自给自足，自力更生，自我配套，自成体系”，在当地自行投资建立了砂石厂、砖厂、铝合金门窗厂、农场等14个配套厂站；同时，从国内采购了560万吨物资，有效保证了项目的实施。2010年11月，时任国家副主席的习近平视察K.K.项目时，称赞中信建设开创了“安哥拉的南泥湾”。安哥拉总统多斯桑托斯三次视察K.K.项目，称赞其为安哥拉战后重建的典范，是安哥拉乃至非洲大陆上的明珠工程。

中信建设根据安哥拉政府提出的“解决贫困、解决就业、发展经济”的发展纲要，因地制宜，确定了第二步的发展策略，即“三线、三面、一奉献”。三条业务线是“社会住房、矿业开发、农业开发”。

“社会住房”这条线带出的“面”，就是城市基础设施配套，建材、家居、电器产业，发展相关零售、贸易、服务行业等。通过帮助安哥拉建立一个成体系的建材家具工业，带动中国企业到安哥拉投资，转移国内的剩余产能。

“矿业开发”这条线带出的“面”，就是以提供全国矿产地质调查服务，建立安哥拉国家矿产资源信息库和矿业标准为切入点，带动招商引资、技术引进，配套基础设施建设及采矿、制造和物流等。

第三条线是“农业服务”。目前中信建设与新疆兵团合作开发的两个农业示范区，共2万公顷，已进入第四个收获年。下一步，将通过融资为安哥拉提供农业基础设施建设服务和技术服务，带动安哥拉的农业种植、加工、仓储、物流、贸易等。

与此同时，中信建设积极履行企业社会责任，这就是“一奉献”。通过大力推进属地化管理，雇用当地员工，出资创办职业培训学校，赞助文化体育事业，改善社区生活设施，积极融入和回馈当地社会等，为巩固中安两国传统友谊做出了积极贡献。

为完成这些超大规模的项目和综合服务，中信建设在安哥拉创新搭建了中外企业合作共赢的平台——“中信联合舰队”。中信建设作为旗舰，领导和控制重要环节和关键资源，各合作伙伴发挥各自优势具体实施项目。舰队成员包括中国建筑设计院、中国规划设计院等设计单位，中国铁建、中国十五冶、北京建工等施工单位，三一重工、中联重科、沃尔沃、中国建材等设备材料供应商，以及中外运等物流企业。舰队成员优势互补、利益共享、风险共担，定期召开由各单位一把手参加的“高层联系会”，加强内部沟通，共同解决问题、推进工作。

在金融方面，还将在传统融资模式的基础上，探索利用国际资金，加强与国内外金融机构合作，如发起设立“中信建设非洲基础设施基金”“中信建设非洲房地产投资公司”等，探索新的投融资模式，打造更具有国际性的投融资平台，从而形成工程、金融、资源、实业“四位一体”的“大工程战略”。

中信建设以“中信联合舰队”的模式整合中国企业资源，形成覆盖全产业链的超大型工程交付能力，从而实现与国际领先承包商抗衡的竞争优势。通过制定合作新规则，将利益与制度绑定，有利于避免恶性竞争，促进中国企业有序“走出去”，有效维护国家利益，提升中国企业的海外形象，培育和引领国际经济合作新优势。

国际商报网《打造“联合舰队”探索“四位一体”架构》原文：http://www.shangbao.net.cn/epaper/gjsbs/256202.html

点评：战略问题是一个国家和企业发展的核心问题。谋划战略就是要把握现实，选择未来。面向未来，需要在坚持改革开放这个大战略下，探索和谋划国家和企业发展的未来之路。中信集团“走出去”“四位一体”大工程战略为我们制定外贸战略提供了很好的经验，体现了制定外贸战略要坚持开放，以提高经济效益为中心、坚持科学发展、利用好国内外两个市场、两种资源的指导思想。

制定中国对外贸易战略，必须贯彻自由贸易与保护贸易适当结合、出口替代和出口导向有机结合、国内市场与国际市场主辅结合的原则，以坚持从实际出发、坚持对外开放的基本国策、坚持以提高经济效益为中心、坚持以科学发展观和坚持自力更生方针为指导思想。

一、制定中国对外贸易战略的原则

制定中国对外贸易战略，应根据我国现阶段国民经济、社会发展水平和要求，经济体制改革与对外开放的进程，以及国际经济、政治环境的变化，参照国际惯例和经验，贯彻如下原则。

1. 自由贸易与保护贸易适当结合的原则

那些国内产业发达，掌握贸易竞争优势或经济技术先发优势的发达国家和地区是自由贸易坚定的支持者；而那些国内产业不发达，居于贸易竞争劣势或经济技术后进地位的国家和地区则倾向于保护贸易。但是在当代世界经济由单纯的商品贸易向服务贸易、国际投资与技术知识产权、环境保护及可持续发展等领域交流合作转化的过程中，竞争更趋激烈和复杂。采用纯粹的自由贸易或保护贸易都不是制定对外贸易战略的良好原则。更多的国家开始转向实行自由贸易与保护贸易相结合的“管理贸易”的立场。我国虽是一个经济和外贸大国，但产业发展参差不齐，地区经济呈现明显的二元经济特征，出口产品结构水平低，竞争优势不足。因此，在制定对外贸易战略时更应贯彻自由贸易与保护贸易适当结合的原则。

2. 进口替代和出口导向有机结合的原则

我国国民经济与社会发展正处在工业化的关键时期，扩大经济总量、提升产业结构、改善贸易条件、增进社会福利的任务十分繁重。因此，在对外贸易发展中必须强调进口替代。但在经济全球化和国际分工不断深化的今天，我们必须遵循国际分工的比较优势原则，利用国内比较优势，在参与国际分工和合作中获取国际贸易的静态利益和动态利益。这就要把进口替代和出口导向结合起来，通过出口为进口创造条件，通过进口替代实现重要产业的建立和发展，然后再通过出口进一步实现国内产业升级，使进口替代的成果落实到出口替代的实效中去，发挥出两个战略成果的优点，实现二者优势互补的有机结合。

3. 国内市场和国际市场主辅结合的原则

中国应坚定不移地实行对外开放，与国际经济接轨。但是绝不能过度依赖国际市场，特别是少数几个发达国家的市场。过度依赖国际市场很容易受到发达国家经济运行和波动的影响。亚洲金融危机就是被发达国家的经济波动卷入危机深渊的。所以中国在制定对外贸易战略时，在充分利用国际市场特别是发达国家市场的同时，要保持国家经济发展的独立性，不要过度依赖发达国家市场。要坚持以国内市场为主，把国内市场作为中国经济发展的中心和依托，把国际市场作为促进国内市场发展的有效补充。中国作为一个经济大国，国内市场巨大，有着很大的发展潜力。制定对外贸易战略应以国内市场为主，以国际市场为辅，实现二者协调发展的主辅结合。

二、制定中国对外贸易战略的指导思想

制定中国对外贸易战略，应遵循以下指导思想。

1. 坚持从实际出发

制定中国对外贸易战略，首先必须从中国社会主义现代化建设的实际出发，既要符合国民经济总体发展战略的需要，与国民经济各部门发展要求相适应，又要是我国现在的国力和发展水平有可能实现的。中国社会主义现代化建设的现实条件，是制定中国对外贸易战略的国内依据。其

次，制定中国对外贸易战略，还必须依据国际条件，从世界经济的客观实际出发。要根据世界经济发展状况和国际贸易发展趋势以及世界政治经济格局的变化，制定中国对外贸易发展战略。

2. 坚持对外开放的基本国策

对外开放是被载入我国宪法的一项基本国策，制定中国对外贸易战略，必须坚定不移地坚持贯彻这一基本国策。不仅对社会主义国家开放，而且对资本主义国家开放；不仅对发达国家开放，而且对发展中国家开放；不仅对国内经济特区、沿海发达地区开放，而且对沿边地区和内陆地区也开放；不仅现在开放，而且将来也长期开放，对外开放政策永远不会变。要通过开放，摆脱那种基本上属于一国经济自我循环的状况，建立以国内资源和市场为主的、国外资源和市场为辅的有机结合的新的良性循环系统。

3. 坚持以提高经济效益为中心

提高经济效益是我们考虑一切经济问题的根本出发点，也是我们制定中国对外贸易战略的指导方针。我们在处理经济效益与发展速度的关系时，要确定能够取得最佳经济效益的对外贸易发展规模和速度。通过对外经济技术的交流与合作，使国民经济实现实物形态的转换，取得社会劳动的节约，达到增加使用价值和价值、争取最佳经济效益的目的。

4. 坚持科学发展观

科学发展观是在经济全球化迅猛推进，中国全面实现对外开放历史条件下提出的发展战略理念，是处理中国对外经贸关系，引领中国对外贸易战略调整的重要指导思想。制定中国对外贸易战略，要以科学发展观为指导，在客观、全面分析全球经济发展格局和变化态势的基础上，抓住经济全球化不断深化的历史机遇，进一步扩大对外开放，全面提升中国参与国际经济技术合作的水平，进而为中国经济社会全面、协调、可持续发展提供强大动力。并采取有效措施，确保国家利益和社会、经济以及生态安全，实现国际、国内全面、协调和可持续发展。

5. 坚持自力更生方针

独立自主、自力更生是我国社会主义现代化建设的根本指导方针。在我们这样一个有 13 亿人口的大国进行社会主义现代化建设，必须主要依靠本国的资源和市场，依靠本国人民的力量。同时，我们还要通过对外开放，充分利用国内外两种资源和市场，学习和借鉴外国有益的经验，目的是增强自力更生的能力，加快社会主义现代化建设。我们在制定中国对外贸易战略时，既要反对忽视国外资源和市场、闭关自守、孤立奋斗的做法，又要反对一切依靠国外资源和市场的做法。自主决定和处理本国一切事务，在和平共处五项原则基础上发展对外经济技术交流合作，利用好国内外两个市场、两种资源。

第二节　中国外贸总体战略

案例 12.2

中国外贸升级应有整体战略设计

据2014年7月1日中国证券报·中证网文章（张茉楠）　考虑到对外贸易已经开始呈现产业转移效

慢、向周边国家产业转移和订单转移加快、生产要素成本上升这样“一慢、一快、一升”的态势，再加上新型贸易壁垒对中国制造诸多挑战，因此，外贸总体形势仍然趋紧，中国必须对未来贸易转型与升级有长远设计。

未来10年，全球产业竞争归根结底将是价值链的竞争，价值链竞争决定中国制造业乃至产业竞争力和未来经济的前途和命运。面对美国等发达国家“再工业化”浪潮，以及国内传统比较优势流失等多种挑战，中国必须建立新的竞争优势，向全球价值链上游攀升，推动贸易结构和产业结构全面升级。

中国需要积极延长国内价值链，提升加工贸易参与国际分工水平。重视培养本土跨国公司，增强对全球价值链的参与度和控制力。进一步优化加工贸易国内布局，加快产业升级和梯度转移。此外，中国应积极顺应全球自贸协定大浪潮，加快推进中日韩自贸区、中国—东盟自贸区等战略协定谈判，并提升各个自贸区谈判的透明度。

中证网《张茉楠:中国外贸升级应有整体战略设计》原文: http://www.cs.com.cn/sylm/zjyl_1/201407/t20140701_4432883.html

同时，从长远实现亚太经济一体化的角度看，应通过积极整合亚太地区的区域性贸易安排，逐步推动亚太自贸区建立。这样不但可以减少因多个区域性贸易安排并存而导致的亚太经济制度规则不统一，甚至相互矛盾的问题，促进规则融合，而且也有望全面提升中国在全球价值链中的贸易和产业升级。

点评：面对外贸形势中出现的产业转移放慢、向周边国家产业转移和订单转移加快、生产要素成本上升的“一慢、一快、一升”的新的国际经济态势，以及新型贸易壁垒的挑战，中国外贸升级应有整体战略设计，即应从宏观角度提出全局性的总体战略安排。

中国对外贸易总体战略是从宏观角度提出的全局性的总体上的战略。在不同时期由于开放程度不同，对外贸易总体战略也就不同，具体包括改革开放前的进口替代战略、有限开放时期的混合发展战略、全面开放后的“大经贸”战略、“走出去”战略、互利共赢战略和自由贸易区战略。

一、改革开放前的进口替代战略

改革开放前（1949—1978 年），我国实行的对外贸易总体战略是进口替代战略。对外贸易的目的是“互通有无，调剂余缺”，着重强调自力更生，只有中国生产不了的才考虑进口，而不是根据国际分工的比较优势原则参与国际分工以获取对外贸易利益。

1. 实行进口替代战略的依据

改革开放前实行进口替代战略的依据如下。

首先，当时的国内形势严峻，经济环境险恶。当时新中国建立不久，国民经济经历了多年战争的摧残，全面崩溃，百废待兴，急需要建立工业，恢复生产，保障供给。

其次，国际上存在着资本主义和社会主义两大阵营的对立。以美国为首的西方资本主义国家对中国实行了经济封锁和禁运，企图完全切断中国与世界经济的联系。

再次，中国经济建设的指导思想。面对国内、国外严峻的形势，我国不得不采取独立自主、自力更生的建设方针，建立和发展自己的工业体系，逐步恢复国民经济。

最后，中国当时实行的是高度集中的计划经济体制。为了保护国内幼稚产业的发展，防止西方资本主义经济对中国的冲击，维护社会主义制度，在高度集中的计划经济体制下，我国基本上采取了闭关锁国的做法，经济建设排斥对外经济，实行的是封闭状态下的进口替代。

2. 实行进口替代战略的意义

在改革开放前的历史环境条件下，实行进口替代战略，对中国的外贸和经济发展还是起到了积极作用。一是外贸和经济都得到了恢复和发展，达到了较高的增长速度。1952—1978年中国对外贸易增长了5.5倍，其中出口增长约6.2倍，进口增长6倍。经济增长率在1949—1978年达到年均7.3%的水平，特别是工业产值的平均增长率在1953—1978年达到了11.3%的水平。二是中国初步建立起了比较完整的民族工业体系，并实现了出口产品由农产品为主到轻工业产品为主的过渡。三是充分发挥国内劳动力资源充裕的优势，形成了劳动密集型的轻工业产品略占优势的出口商品结构，在国际市场的竞争中取得了一定的比较优势。

3. 实行进口替代战略的缺陷

由于长期实行进口替代战略，暴露了该战略存在的缺陷，给中国经济发展带来了如下不利影响。首先，实行这种战略使中国一直孤立于世界经济之外。进口替代战略从本质上排斥进口，同时也歧视出口，不是以比较优势为原则发展对外贸易，因而不能获得国际贸易的各种静态利益和动态利益，使自己孤立于世界经济之外。其次，导致了资源配置的低效率。由于对国内产业过度保护，资源配置不合理、效率低，加上实行高度集中的计划经济体制，使得企业更加缺乏竞争意识和效率观念，效率低下造成资源的极大浪费。最后，经济结构失衡影响中国经济的进一步发展。实行进口替代优先发展重工业，使轻工业与重工业、农业与工业、生产与生活等经济结构严重失衡，中国经济的进一步发展受到了很大影响。

二、有限开放时期的混合发展战略

1978—1992年的有限开放时期，我国基本上实行的是混合发展战略。1978年我国将对外开放确定为基本国策后，外贸战略开始转变，由进口替代战略逐步转向混合发展战略，即将出口导向战略和进口替代战略结合起来互补的外贸发展战略。

（一）实行混合发展战略的依据

之所以要实行外贸发展战略的转变，主要是由于当时中国国情的变化和世界经济全球化趋势的发展。

1. 国内经济体制的变化

通过改革，国内经济体制逐步实现了由高度集中的计划经济体制向市场经济体制的转变，外贸体制也进行了符合市场经济体制要求的改革。原来计划经济体制下的对外贸易战略随着其赖以存在的经济体制基础的转变，而必然表现出与新的经济体制不相适应的矛盾和冲突，需要用混合发展战略来代替原来的进口替代战略，即实行以进口替代为主，与出口导向相结合的对外贸易战略，才能与市场经济的新体制相适应。

2. 国内经济发展不平衡，结构不合理

中国幅员辽阔，人口众多，城乡之间、地区之间、产业部门之间经济发展很不平衡，经济结构很不合理。因此，需要针对不同地区、产业部门实行不同的外贸发展战略。在经济比较发达的东部沿海地区和有条件的地区实行出口导向战略，在经济欠发达的中西部地区实行进口替代战略。充分发挥这两种战略的优势，利用出口导向战略增加外汇收入，利用进口替代战略维护国民经济基础。通过两种战略的相互作用，实现国民经济结构的合理化和高级化。

3. 1986 年提出了复关申请

进口替代战略的高度保护不符合关贸总协定倡导的自由贸易原则。为了适应关贸总协定所倡导的自由贸易原则，早日恢复中国在关贸总协定中的缔约国地位，需要对进口替代战略进行调整，并同时实行出口导向战略。

4. 高估汇率抑制了出口

实行进口替代战略，采取了高估汇率的政策，严重影响了中国对外贸易的发展，抑制了出口，造成了外汇的紧缺，并影响到国内资源的优化配置。要改变这种状况，就必须调整对外贸易战略，从实行进口替代战略转到混合发展战略，并制定出相应的外汇政策，促进外贸发展，以发挥外贸在推动国民经济发展中的作用。

5. 对外开放基本国策确立

随着社会生产力和国际分工的迅速发展，世界上各个国家和地区在经济上联系在一起，经济生活国际化趋势日益加强。各国孤立不群与闭关锁国的状态逐渐被打破。而中国由于长期实行进口替代战略，基本上孤立于国际分工和世界经济之外，被迅速发展的世界经济远远抛在后面。为了顺应世界经济的开放潮，1978 年后，对外开放被确定为我国基本国策，并采取逐步推进的办法进行。我国的对外贸易战略必须做相应调整。在有限开放时期，在率先开放的经济特区、沿海开放城市、沿海经济开发区实行出口导向战略，在其他地区实行进口替代战略，实现两个战略的互补。

（二）实行混合发展战略的意义

1. 充分利用了中国丰富的劳动力资源

在沿海经济特区、开放城市和沿海经济开发区，利用国际经济处于产业结构升级和转移阶段的机会，通过大力引进外资，兴办中外合资、中外合作、外商独资企业，利用我国农村劳动力资源优势，发展劳动密集型加工业，有效利用了丰富的劳动力资源，解决了大量人口的就业问题。据测算，20 世纪 80 年代中期以后，中国每出口 1 亿元人民币工业品，一年可为 1.2 万人提供就业机会。每年通过进出口生产大约可安排上千万人就业。

2. 实现了出口商品由初级产品为主向以工业制成品为主的转变

按国际贸易标准分类统计，工业制成品占出口总额的比重，1953 年为 20.6%，1978 年上升到 46.5%，1988 年又上升到 64.6%，其中重工、化工制成品出口占出口总额的 24.5%，并呈现出深加工和精加工制成品逐年上升的趋势。

3. 加速了工业化和现代化建设

1978—1979 年的成套设备和技术进口项目，具有当时世界先进水平，对推进我国现代化发挥了重要作用。20 世纪 80 年代以来，着重引进软件和关键设备，改造现有企业，使许多产品的生产技术日趋现代化。沈阳水泵厂引进联邦德国和比利时先进技术，生产的电站高压锅炉使水泵达到了 20 世纪 80 年代初的世界先进水平。造船、机械、电子等产业，通过外贸引进技术，进行了全行业技术改造，推动了技术水平的飞跃，达到了国际标准，生产出世界先进水平的船舶新产品系列，80%的出口船舶销往发达国家。中国机械工业通过引进技术，使 400 多个重点企业的技术水平进入世界先进行列。

（三）实行混合战略的缺陷

1. 外贸政策的地区差异造成了各地不公平的竞争地位

当时实行的外贸政策，地区之间有很大差异，各地为了地区利益竞相争夺资源，甚至实施地区限制，人为分割国内市场，使沿海地区经济发展面临着很大困难。

2. 国家倾斜的外贸政策拉大了地区经济发展的不平衡

国家向比较发达地区的外贸倾斜政策，加快了比较发达地区经济的快速发展，进一步拉大了地区发展差距，加大了地区经济发展的不平衡，影响到整个国民经济的协调、稳定发展。

三、全面开放以后的外贸战略

1992年邓小平南巡讲话和党的“十四大”对市场经济地位的确立，标志中国改革开放进入了全面开放时期。此后，我国先后提出了“大经贸”战略、“走出去”战略、互利共赢战略和自由贸易区战略。

（一）“大经贸”战略

我国在1994年春举办的“90年代中国外经贸战略国际研讨会”上，正式提出了“大经贸”战略构想。

1. “大经贸”战略的含义和内容

“大经贸”战略就是实行以进出口贸易为基础，商品、资金、技术、劳务合作与交流相互渗透、协调发展，外经贸、生产、科技、金融等部门共同参与的经贸发展战略。

“大经贸”战略的基本内容如下。

（1）大开放。要通过进一步拓展对外经贸的广度和深度，形成对内对外全方位、多领域、多渠道的开放格局。开拓以亚太市场和周边国家市场为重点，发达国家和发展中国家合理分布的多元化市场，提高我国的整体开放度，加快国内经济与世界经济接轨，奠定了我国开放型经济体系的基本格局，最大程度地获取参与国际分工的好处。

（2）大融合。一是加快实现对外经贸各项业务的融合，实现商品、技术和服务贸易一体化协调发展；二是在维护全球多边贸易体制的前提下，努力实现双边、区域和多边经贸合作；三是积极推进贸易、生产、科技、金融等部门的密切合作，提高企业的国际竞争力；四是外贸稳定发展，维护国际收支平衡，把对外经贸的宏观调节与国民经济宏观调控更好地结合起来。

（3）大转变。就是要转变对外贸易的功能，在扩大外贸规模、提高外贸贡献度的同时，着力发挥其促进产业结构调整、加快技术进步、提高宏观和微观经济效益的作用。同时，通过利用国际分工，对国民经济发挥引导性功能，提供多方面综合服务。

2. “大经贸”战略的目标

（1）适度超前增长。外经贸要继续保持适度超前增长，提高对经济增长的贡献度。

（2）集约化发展。要进一步优化进出口商品结构，加快技术进步，提高效益，促进国民经济产业结构调整。

（3）市场多元化。逐步实现以亚太市场为重点，周边国家市场为支撑，发达国家和发展中国家合理分布的市场结构。

（4）地区外经贸协调发展。要努力改变外向产业发展雷同化、重叠化现象，减少地区之间的矛盾和摩擦，形成各地区外经贸合理、协调发展的格局。

（5）实现外经贸不同方式的融合和良性循环。把商品、服务、技术、出口和利用外资相互融合，实现良性循环和协调发展。

3. 实施“大经贸”战略的措施

（1）树立社会主义市场经济观念，提高宏观决策的经营管理水平。

（2）深化外贸体制改革，完善外经贸宏观调控机制。

（3）推进全方位、多层次、多渠道的对外开放，为实施“大经贸”战略创造良好的外部环境。

（4）推动贸、工、农、技、银密切结合，加快技术进步和出口产品升级换代，增强国际竞争力。

（5）加强外经贸法制建设。

（6）加快外经贸人才培养与信息开发。

4. 实施“大经贸”战略的意义

（1）为加强和改进对外经贸宏观调节和管理提供了依据，推动在全面开放新形势下，外经贸发展面临的一系列深层次问题的解决。

（2）打破了国内外市场之间的阻隔及国内各部门、各地区间的界限，促进了专业化协作与联合，推动了工贸结合及代理制改革目标的实现，推动了集团化、国际化的发展。

（3）提高了外经贸质量、效益，整顿了外经贸秩序。

（4）促进了产业结构调整和技术进步，推动了出口产业产品结构升级。

（二）“走出去”战略

“走出去”战略是我国政府针对世纪之交经济全球化不断发展，国家综合国力需进一步增强，经济结构要调整升级的背景下做出的重大决策。在新的条件下发展对外经贸，就必须在“引进来”的同时，加快实施“走出去”开拓国际市场的战略。

1.“走出去”战略的内容与目标

（1）鼓励有条件的企业“走出去”开展跨国经营，发挥比较优势，带动我国技术、设备、商品和劳务出口。鼓励和支持各类所有制企业“走出去”在境外投资办厂，开展各种各样的经济技术合作，更多地利用国外的资源和市场。

（2）逐步拓宽境外投资领域。鼓励企业采取多种形式开拓市场，形成多元化的投资格局。鼓励企业从初期简单从事进出口贸易、餐饮、劳务承包拓展到投资办厂、境外加工装配、境外资源开发、对外承包工程、对外劳务合作、设立境外研发中心、建立国际营销网络、提供境外咨询服务、开展对外农业合作、卫星通信等众多领域。

（3）推动对外承包工程和劳务合作发展。加大开拓国际工程承包市场的力度，鼓励和支持企业在境外开展对外设计咨询、工程承包和劳务合作，特别是能够带动成套设备、技术和服务出口的总承包项目、大型工程和“交钥匙”工程，推动对外承包与劳务合作上规模、上档次。鼓励企业采取的承包方式从分包为主逐步向施工总承包和“咨询设计—采购—施工”全过程承包转变，项目经营方式逐步向项目管理、BOT 等高层次发展。

通过上述“走出去”战略内容的实施，实现开拓国际市场、拓展我国经济发展空间的战略目标。

2. 实行“走出去”战略的措施

（1）进行规划和协调。要从宏观上进行总体的规划和协调，从微观上积极引导企业根据国家外贸发展的长远目标和阶段安排制定跨国经营战略，避免“一窝蜂”式的大干快上。

（2）制定促进措施。为提高企业的国际竞争能力，要建立企业境外带料加工装配、对外承包工程保函风险专项资金、出口信贷及出口信用保险、中小企业国际市场开拓资金、援外合资合作基金。充分发挥商业贷款、优惠贷款、无息贷款和发展援助的作用，鼓励企业带资承包，在境外承揽大项目。允许具备条件的企业在国内外资本市场融资，利用国际商业贷款增加资本金。

（3）加强信息和政策服务。引导企业选择好目标市场和项目。发挥驻外经商机构、商业行会和各类中介组织的作用，为企业提供信息、法律、财务、知识产权和认证等方面的服务。加快建立信息服务网络系统，扩大信息采集渠道，向企业提供境外经营环境、政策环境、项目合作机会、合作伙伴资质等信息。

（4）建立保障机制。加强多边、双边经贸磋商，减少和排除境外各种贸易壁垒。加强领事保护，制定境外企业和人员领事保护实施办法，维护我国境外企业和人员的合法权益。

【课堂讨论 12.1】

请为你将来工作的企业提出一份实施“走出去”战略的构想。

3. 实施“走出去”战略的意义

（1）有利于提高对外开放水平，开拓国际市场，拓展我国经济发展空间。

（2）有利于增强我国经济发展的动力和后劲，弥补国内资源不足。开发利用国外石油天然气、铁矿、森林等资源取得积极进展，缓解了我国能源、原材料的紧缺状况。

（3）有利于推进经济结构优化升级。对外投资合作规模不断扩大，我国已进入国际工程承包的世界十强，投资领域、方式向人才、资金、技术密集型行业拓展，推动了我国经济结构的优化升级。

（4）有利于保证国家的经济利益和安全。企业跨国经营迈出了重要步伐，海外跨国经营业务取得重要进展，国际竞争力增强，一批企业开始进入世界同行业最强的大型企业行列。

（三）互利共赢战略

2001 年中国正式加入世界贸易组织后，制定对外贸易战略和政策时，必须考虑对其他国家的影响，同时更重要的是要配合国民经济发展战略，促进国内经济的发展。因此，中国在进入 21 世纪后的对外贸易战略应该是在科学发展观指导下实现外对贸易的可持续发展，并具有全方位、多层次、宽领域的综合性特点，应该是一种比较自由的贸易发展战略，配合以适当的保护。这就要在继续贯彻“大经贸”战略和“走出去”战略的同时，实行互利共赢的战略。

国家“十一五”规划正式提出了互利共赢的开放战略，即坚持对外开放基本国策，在更大范围、更广领域、更高层次上参与国际经济技术合作和竞争，实现互利共赢，更好地促进国内发展与改革，切实维护国家经济安全。

1. 互利共赢战略的内容

（1）加快转变对外贸易增长方式和优化对外贸易结构。按照发挥比较优势、弥补资源不足、扩大发展空间、提高附加值的要求，积极发展对外贸易，促进对外贸易由数量增加为主向质量提高为主转变。在优化出口结构的基础上，积极扩大进口，完善公平贸易政策；大力发展服务贸易。

（2）提高利用外资质量。抓住国际产业转移机遇，继续积极有效地利用外资，重点通过利用外资引进国外先进技术、管理经验和高素质人才，把利用外资同提升国内产业结构、技术水平结合起来。引导外商投资方向，充分发挥集聚和带动效应；促进利用外资方式多样化，发挥外资的技术溢出效应。

（3）积极开展国际经济合作。完善促进生产要素跨境流动和优化配置的体制和政策，积极发展与周边国家及其他国家的经济技术合作，实现互利共赢。

2. 实行互利共赢战略的措施

（1）树立科学发展观，实现对外经贸动力机制的转变。中国对外经贸既要适应中国经济社会发展的宏观要求，为实现全面小康建设发展目标和现代化建设发展目标服务，同时也要根据世界贸易组织规则要求考虑到其他国家的利益和发展要求，通过发展对外经贸活动给双方都带来好处，对双方都有利。中国既不做单纯追求自己利益的事，更不会做损人利己的事，中国追求的是互利共赢的战略目标，只有这样，才能实现对外经济贸易的可持续发展。

（2）增强综合竞争力，构建质量效益导向的外贸促进和调控体系。要以自主品牌、自主知识产权和自主营销为重点，引导企业增强综合竞争力；支持自主性高技术产品、机电产品和高附加值劳动密集型产品出口；严格执行劳动、安全、环保标准，规范出口成本构成，控制高耗能、高污染和资源性产品出口；完善加工贸易政策，继续发展加工贸易，着重提高产业层次和加工深度，增强国内配套能力，促进国内产业升级；加强对出口商品价格、质量、数量的动态监测。

（3）实行进出口基本平衡的政策。发挥进口在促进我国经济发展中的作用。完善进口税收政策，扩大先进技术、关键设备及零部件和国内短缺的能源、原材料进口，促进资源进口多元化。

（4）积极稳妥地扩大服务业开放。建立服务贸易监管体制和促进体系。扩大工程承包、设计咨询、技术转让、金融保险、教育培训、信息技术等服务；建立服务业外包基地，有序承接国际服务业转移。

（5）完善公平贸易政策。健全应对贸易争端能力，维护企业合法权益和国家利益；加强国际贸易的多、双边对话与合作，实现共同发展；完善贸易法律制度，建立大宗商品进出口协调机制，加强行业自律，规范贸易秩序；有效运用技术性贸易措施，加强进出口检验检疫和疫情监控。

（6）合理引导外资投资。引导外资更多地投向高技术产业、现代服务业、高端制造环节、基础设施和生态环境保护，投向中西部地区和东北地区等老工业基地。鼓励跨国公司在我国设立地区总部、研发中心、采购中心、培训中心；鼓励外资企业技术创新，增强配套能力，延伸产业链；吸引外资能力较强的地区和开发区，要注重提高生产制造层次，积极向研究开发、现代流通等领域拓展；引导国内企业同跨国公司开展多种形式的合作，有效利用境外资本市场，支持国内企业境外上市；继续用好国际金融组织和外国政府贷款，合理、审慎使用国际商业贷款；加强外资的宏观监测和管理，保持适度外债规模。

（7）实施“走出去”战略。支持有条件的企业对外直接投资和跨国经营，培养和发展我国的跨国公司。完善境外投资促进和保障体系，加强对境外投资的统筹协调、风险管理和资产监管；推进国际区域经济合作，积极参与国际区域经济合作机制，加强对话与协商，发展与各国的双边、多边经贸合作，积极参与多边贸易、投资规则制定，推动建立国际经济新秩序。

（8）促进国际金融体系改革。加强国际金融监管合作，推动国际金融组织改革，鼓励区域金融合作，改善国际货币体系，促进国际金融体系改革，保障国际贸易健康发展，实现国际贸易互利共赢。

（9）大力培养对外贸易人才，建设高素质的对外贸易队伍。实行互利共赢战略，关键是培养大批政治过硬、业务精湛的对外贸易人才，建设一支高素质的队伍。要把通过高校对外经济贸易专业培养专门人才和对现有外经贸队伍的培训、提高结合起来，并使专门人才中博士、硕士、本科和专科不同层次的人才合理组合，形成一支思想端正、事业心强、勇于开拓、无私奉献、知识广博、精通业务的高素质对外贸易队伍。

3. 实行互利共赢战略的意义

（1）有利于在更大范围、更广领域、更高层次参与国际经济技术合作，更好地促进国内发展与改革。

（2）有利于加快转变对外贸易增长方式，实现对外贸易由以数量增加为主向以质量提高为主转变。

（3）有利于优化出口商品结构，促进国内产业升级。

（4）有利于扩大进口，缓解国内能源、原材料短缺。

（5）有利于发展服务贸易，有序承接国际服务贸易转移。

（6）有利于提高利用外资的质量，提升国内产业结构和技术水平。

（7）有利于促进生产要素跨境流动和优化配置。

（8）有利于维护国家经济安全，实现互利共赢，构建和谐世界。

案例 12.3

铺就中埃塞合作的“高速路”

据2014年5月7日《国际商报》A1版报道（中交一公局东非公司）　位于埃塞俄比亚中东部的亚的斯亚贝-阿达玛（AddisAbaba-Adama）高速公路（以下简称埃塞AA高速公路）是埃塞俄比亚第一条高速公路。这条路是连接埃塞首都至吉布提港口的重要枢纽，也是东部非洲区域内互联互通公路网的重要组成部分，由中国交通建设股份有限公司全程自行设计施工。

埃塞AA高速公路项目一期，即AddisAbaba - Adama TollMotorway，为连接首都亚的斯亚贝巴至附近阿达玛市的收费高速公路，项目设计时速为120千米/小时，全长78.255千米，为双向6车道。该项目于2010年4月开工，历时4年，目前已经顺利完工。

埃塞AA高速公路项目二期，即AA高速公路连接线项目，为连接首都亚的斯亚贝巴市中心至AA高速公路入口的连接道路。该项目定于2014年4月正式开工，工期为33个月。

AA高速公路一、二期项目，共计合同总额8.65亿美元，从中国进出口银行贷款共计6.82亿美元。

中埃塞友谊的纽带

亚的斯亚贝-阿达玛高速公路是中埃塞友谊的纽带。2010年，原埃塞总理梅莱斯亲临项目主持开工典礼，对项目寄予厚望。项目一期顺利完成，铸就了中埃塞友谊的又一座丰碑工程，意义重大。

中国交通建设股份有限公司承接该项目后，迅速组建项目部，项目所需的相关设备、材料均在国内经过严格的招投标形式采购并出口到埃塞。项目部坚持“高品质，严质量，重安全”，以“业主满意工程进度、监理满意工程质量”为项目管理的核心，精心组织，精心施工。在试验段施工及验收过程中，埃塞业主单位、监理单位等相关领导到现场参观，采用水准仪等精密仪器测量进行验收，护栏各项指标100%合格，线性顺畅，外形优美。验收组称赞道，这是埃塞第一个由机械施工的护栏工程，其质量、外观均大大超过其他项目，这种施工工艺很值得学习。

2014年3月，埃塞俄比亚交通部部长沃格纳·格伯耶率领代表团到访中交集团。中交集团副总裁孙子宇表示，中国交建自1998年进入埃塞工程市场以来，已有16年的发展历史，与埃塞政府建立了良好的合作伙伴关系。中国交建将积极践行国家"走出去"战略，全力实施好在埃塞的项目，为埃塞经济社会发展做出贡献。沃格纳·格伯耶对中国交建在埃塞已完工项目给予了高度评价。他希望在埃塞基础设施项目建设方面，双方能够开展更深入的合作，提升当地经济发展水平。

中国规范走进非洲

这条东非规模最大，且首条收费高速公路，是我国第一次在国外项目采用中国的高速路设计规范和施工标准。

中国海外工程承包在国际市场上的规模不断扩张，地位日益提升，但相关标准的国际化步伐相对滞后。埃塞AA高速公路项目，首次引入中国规范。项目设计、施工、监理以及日后运营咨询全部来自中国经验。以此高速公路建设为契机，在中国交通运输部的支持下，中国进出口银行与中国交通建设集团分别投入1 000万元和600万元，历时1年左右，共同编辑出版了《中国交通建设标准规范英文版》。为中国标准走进非洲架起了"桥梁"，推动了中国交通标准国际化，为中国企业在更大范围和更高层次上实施国际化战略创造了更有利的条件。

传播中国技术

在埃塞AA高速公路建设过程中，5 000名埃塞员工同我们一起参加了项目建设工作。该项目一方面，为埃塞人民提供了更多的就业岗位，另一方面，通过专业的施工培训和交流，为提高埃塞整体公路施工水平做出了贡献。

在2013年9月抢工大干中，当地培训雇用操作人员发挥了重大作用。项目部当地雇用操作人员开动3台打桩机同时施工，加快了施工进度。中方人员管理现场、控制质量、维修保养机械，形成了良好的施工管理体系。项目创出了日均施工护栏立柱720根，日最高施工护栏立柱达1 200根的骄人成绩。

打造中企良好形象

2014年5月5日中央电视台经济信息联播新闻视频《亚的斯-阿达玛高速公路——为埃塞俄比亚经济开路》可供参考：http://jingji.cntv.cn/2014/05/05/VIDE1399298229698828.shtml

在施工过程中，中交的建设者们与当地群众结下了深厚友谊。百姓修路的艰难，孩子上学的艰苦，项目部的职工们看在眼里，急在心里。当他们了解到桥梁年久失修的情况后，虽然自身项目建设施工任务繁重，但毅然决定向当地的百姓伸出援助之手。中交义务为当地人民新建一架桥梁，维修一架危桥，为当地的学校修建进校道路和场地，解决了当地百姓的实际困难。并为当地百姓修建了一座30米×50米的水库，解决百姓的生活难题。

中交埃塞AA高速路项目的善意之举，为中交赢得了良好口碑，树立了中国企业友邦天下的社会形象，受到地方百姓的高度赞誉。

面对未来非洲业务的发展，中交将立足发展促转变、依靠转变谋发展，不断推进资源的调整优化，进一步巩固企业专业优势，保持和提高市场占有份额，充分发挥资金优势、技术优势和管理优势，大力提升国际化发展水平，推动海外经营实现更大突破。

请分析：埃塞AA高速公路项目在实施互利共赢战略中有哪些经验可供借鉴？

（四）自由贸易区战略

自由贸易区是指经双方或多方商定，减少贸易投资壁垒，推动贸易投资自由化和便利化的一定贸易区域。自由贸易区由两个或两个以上的国家或地区组成，其开放程度超越世界贸易组织现有框架的贸易自由化，是世界贸易组织规则所允许的。我国于 2000 年首次提出与东盟建立自由贸易区构想，党的十七大报告提出要“实施自由贸易区战略”，党的十八大报告再次提出要加快实施这个战略，从而把建立自由贸易区提升到了国家外贸发展战略层次。

1. 实施自由贸易区战略的必然性

（1）实施自由贸易区，是入世过渡期结束后急需解决的迫切问题。入世过渡期结束后，如何进一步拓展对外开放的广度和深度，提高开放型经济水平，从开放中继续获取发展动力，在开放中得到更大利益，是我们面临的一个迫切需要解决的问题。将自由贸易区建设作为扩大开放的新战略，以此更好统筹双边、多变、区域、次区域开放合作，推动同周边国家互联互通，从而促进我们对外经济贸易发展，实为一条有效途径。

（2）实施自由贸易区，是寻求国家外贸利益最大化的必然趋势。国家对外经贸利益的获取往往受制于步履艰难的多哈回合谈判和区域经济一体化的阻碍，于是各国纷纷从自由贸易区中来寻求自身利益的最大化。据世界贸易组织统计，截至 2010 年 2 月，全球已有 462 个区域贸易协定向世界贸易组织提交了通知，其中有 271 个已经实施。世界贸易组织的绝大多数成员参加了一个或几个区域贸易协定，多的参加了 20 多个协定。寻求我国外贸利益的最大化，也必须顺应这种趋势，积极组建自由贸易区。

（3）实施自由贸易区，是已取得初步成果实践基础上的必然发展。我国从 2000 年开始组建区域贸易安排，已取得了初步成果，已有了 5 个实施中的区域性自由贸易安排，这就为我国在“十七大”确立自由贸易区战略提供了实践基础。

2. 自由贸易区战略实施进程

1）组建区域贸易安排的初步实践阶段

一是建立中国—东盟自由贸易区。这是我国组建的第一个自由贸易区。2000 年 11 月，时任总理朱镕基在第四次中国—东盟领导人会议上提出建立中国—东盟自由贸易区构想，并建议成立专家组进行可行性研究。次年专家组建议 10 年内建成“10+1”自由贸易区。2002 年 11 月，在第六次中国—东盟领导人会议上，中国与东盟 10 国签署了《中国与东盟全面经济合作框架协议》，决定到 2010 年建成自由贸易区。目前，这一协议目标已实现。

二是签署内地与港澳 CEPA。2003 年内地与香港、澳门特区政府分别签署了内地与香港、澳门《关于建立更紧密经贸关系的安排》（简称“CEPA”），2004 年、2005 年、2006 年又分别签署了《CEPA 补充协议》《CEPA 补充协议二》和《CEPA 补充协议三》。

三是实施中智自由贸易协定。2004 年 11 月 18 日，时任国家主席胡锦涛与智利前总统拉戈斯共同宣布启动中智自贸区谈判。2005 年 11 月 18 日，在韩国釜山亚太经合组织领导人非正式会议期间，双方签署《中智自贸协定》，并于 2006 年 10 月 1 日起开始实施《中智自贸协定》。

四是达成亚太贸易协定。1975 年，在联合国亚太经济社会委员会主持下，中国与孟加拉、印度、老挝、韩国和斯里兰卡达成优惠贸易安排，称为《曼谷协定》。2005 年 11 月 2 日，更名为《亚太贸易协定》。自 2006 年 9 月 1 日起，各成员国开始实施第三轮谈判结果。我国向其他成员国的 1 717 项 8 位税目产品提供优惠关税，平均减让幅度为 27%；我国还向最不发达成员国孟加拉和老挝的 162 项 8 位税目产品提供特别优惠，平均减让幅度达 77%。同时，根据 2005 年税则计算，我国可享受印度 570 项 6 位税目、韩国 136 项 10 位税目、斯里兰卡 427 项 6 位税目和孟加拉 209 项 8 位税目产品的优惠关税。

2）提出自由贸易区战略后的实施阶段

2007 年，在中共十七大报告中明确提出要实施自由贸易区战略。组建自由贸易区提升到国家发展战略后，中国与有关国家和地区的自由贸易区建设有了较大发展。

首先，建成了一批自由贸易区。中国积极主动参与和推动区域一体化进程，到 2010 年年底，中国已经与五大洲 28 个国家和地区进行了 15 个自由贸易安排或紧密经贸关系安排谈判，签订和实施了 10 个自由贸易协定或紧密经贸关系安排。中国与东盟、巴基斯坦、智利、新加坡、新西兰、秘鲁、哥斯达黎加、中国香港、中国澳门、中国台湾 10 个自由贸易协定或紧密经贸关系伙伴的双边货物贸易总额达到 7 826 亿美元，占我国进出口总额的 1/4 强。

其次，积极发展新的自由贸易区。当前，正在进行自由贸易协定谈判的有 6 个国家和组织，即海湾合作委员会、澳大利亚、冰岛、挪威、南部非洲关税同盟和瑞士；正在研究中的自由贸易区有，中国—印度自由贸易区、中国—韩国自由贸易区、中国—日本—韩国自由贸易区；正在考虑与我国签订自由贸易协定的还有一批国家和组织。

再次，建立了上海自贸区。2013 年 8 月 22 日经国务院正式批准在上海成立中国（上海）自由贸易试验区。这是中国政府为充分实现贸易和投资自由化，推动区域经济一体化，在扩大开放方面迈出的重要一步。

【课堂讨论 12.2】

怎样理解我国面向 21 世纪的“一带一路”建设的自由贸易区外贸总体战略构想及重要意义？

此外，提出了建设丝绸之路经济带和建设 21 世纪海上丝绸之路。在新世纪将形成以点带面，从线到片、区域大合作陆上和海上的经济纽带。

自由贸易区战略的实施和推进，对于统筹双边、多边、区域、次区域开放合作，推动同周边及相关国家的地区、组织互联互通，提升我国对外贸易的水平，提高抵御国际经济风险能力，将发挥重要作用。

3. 实施自由贸易区战略的意义

（1）有利于统筹双边、多边、区域、次区域开放合作，稳定外贸市场，拓展我国外贸发展空间。

（2）有利于推动同周边及其他国家互联互通，弥补国内资源不足，提高能源、原材料供应水平，改善交通状况，开辟新的出海通道。

（3）有利于转变对外经济发展方式，增强发展动力，实现人才、资本、技术的合理流动，实现要素优化配置，推动经济结构调整升级。

（4）有利于实现优势互补，形成引领国际经济合作和竞争的开放区域，培养带动区域发展的新高地。

（5）有利于服务贸易的发展和升级，推动对外贸易平衡发展。

（6）有利于做强外贸，提高外贸经济效益，增强抵御国际经济风险的能力。

第三节　中国外贸基础战略

案例 12.4

从世界工厂到世界品牌

据2014年3月3日国际商报网-国际商报报道（闫岩）　广州市虎头电池集团的展示厅里挂着一张黑白照片，上面是集团前身兴华电池厂新中国成立初期的一家门市部。而这家老牌国有企业的品牌历史竟可以追溯到1928年。

1984年，虎头电池成为全国电池行业第一家拥有自营进出口业务的企业，先是通过与香港地区的中间商的合作，以转口贸易的形式开始了其干电池外贸的传奇，后来又通过广交会初步树立起品牌声誉。“还记得第一次参加广交会的时候，我们本抱着试一试的心态，但没想到找我们寻求合作的外商竟然在我们的展位前排起了长队。”回忆起当年，集团副总经理江金凤认为，改革开放前的60年品牌积累已经带给他们最初的一笔无形资产。

正因为如此，虎头人对自己的品牌格外珍惜，张金凤对国际商报记者说：“20世纪八九十年代起，我们的产品出口市场渐渐转向非洲，在此过程中，偶尔会有客户向我们提出生产低质量订单的要求，但本着对中国品牌负责和对非洲兄弟负责的原则，对于客户这样的要求，我们无一例外地拒绝了。”

虎头电池深知，质量是品牌的生命。广州到非洲路途遥远，电池在海上漂摇动辄就是几个月，再经历目的地海关清关前的暴晒，产品一度出现漏液现象。虎头电池对此非常重视，终于攻克技术难关，为非洲不断提供质量过硬的产品。

企业产品在非洲和中东部分国家市场占有率达到80%～90%。2013年虎头出口额达到3.4亿美元，比刚获得自营外贸权时的1984年增长了13 000多倍，虎头、555等品牌驰名世界。

相比之下，外贸服装企业在品牌方面的建设显得更为艰难。“我们自己的品牌想在欧美市场站住脚，不是件容易的事，同时也不是几年就能完成的事。”汇孚集团总经理邵龙河告诉记者，企业自有品牌在国外每年最基本的推广费用要在2 000万元人民币左右，“自己的品牌既然决定做了，就一定要长期坚持。但是，品牌战略还有一条近路可以走，那就是通过收购。”

汇孚集团选中了芬兰的一个品牌，并于2010—2012年进行了收购。这个品牌过去是汇孚的客户，汇孚与他们有常年贴牌贸易，这个品牌在德国、比利时等欧洲国家的中老年女性中有极高的声誉，但因为种种原因该品牌面临困境。汇孚看准时机，拿下了这个品牌。

“我们之所以在众多竞买者中胜出，是因为我们多年与他们合作，了解品牌原所有者的情况。另外我们与其他竞买者不同的是，我们承诺会把这个品牌延续下去，这一点最终打动了他们。”邵龙河说，“所有这些都得益于中国企业改革开放以来的积累。”

广东中山的家电品牌格兰仕同意邵龙河的这种观点。“在中国外贸企业的人员成本和其他生产要素成本优势渐渐不再明显的今天，我们将把多年积累下的财富转移到品牌战略方面。”格兰仕集团副总裁赵为民对国际商报记者说。他介绍说，格兰仕在全球采取多元化的品牌战略，在坚持自有品牌的同时，发展对高端市场知名品牌的租赁。目前，格兰仕在北美租赁了HamiltonBeach、Oster、Sunbeam等多个品牌。格兰仕还与国际品牌商、国际零售商建立品牌战略合作关系，以品牌结盟的模式拓宽格兰仕自国际商报网《从世界工厂到世界品牌》原文：http://www.shangbao.net.cn/epaper/gjsbs/257884.html

有品牌和产品的推广渠道，有效地推动了格兰仕在全球市场“走出去”。

除此之外，杭州万事利丝绸还为中国品牌成为世界品牌提供了另一个思路:以中国文化携带中国品牌。2008年北京奥运会为各国运动健儿颁奖的美女们身上穿的青花瓷丝绸旗袍就是由万事利设计的。“可以试想，过去我们生产最简单的丝绸布料利润每米只有2元钱，而文化产品可以使我们的品牌附加值提高到20元/米，丝绸用作装饰则提高到200元/米，做成丝绸艺术品更有可能达到2 000元/米。”万事利丝绸文化股份有限公司总经理文礼说。

点评：从世界工厂到世界品牌，凝聚了出口企业员工实施以质取胜战略、品牌战略的艰辛努力和开拓创新的心血，是中国外贸迈向外贸强国的必由之路。

中国对外贸易基础战略是从微观角度提出的带有全局性的基础方面的战略，包括出口商品战略、出口市场战略、进口贸易发展战略（详见第 2 章）、以质取胜战略、科技兴贸战略和对外贸易可持续发展战略。从各自不同的角度谋划了对外贸易发展带有全局性的基础方面的要求，共同保证对外贸易总体战略落到实处。

一、以质取胜战略

自 20 世纪 90 年代以来，随着世界市场竞争的日趋激烈，产品质量在竞争中逐渐处于焦点地位。价格竞争退居次要地位，而质量成为出口商品是否具有国际竞争力的先决条件。改革开放以来，我国对外贸易的发展虽然比较迅速，但主要是依靠数量的扩张，通过低质低价、削价竞争取得。以量取胜，低质低价，不但造成资源和社会劳动的浪费，而且难以适应现代国际市场已经从以价格为中心的竞争转变为以质量为中心的竞争，使我国在竞争激烈的国际市场上处于极其不利的地位。特别是随着国际贸易保护主义的抬头，国外对我国产品设限和贸易摩擦加剧，使我国外贸出口陷于困境。

为了全面提高质量，国务院于 1996 年 12 月 24 日颁布了《质量振兴纲要》，明确提出了以质取胜战略。

（一）以质取胜战略的内涵

外经贸以质取胜战略是指正确认识并处理好质量和数量、效益和速度、内在质量与外观质量、样品质量和批量质量，以及质量和档次等方面的关系，把出口商品本身的质量同国际市场的需要有机结合起来。

就出口商品而言，外经贸以质取胜战略包括以下三个方面的内容。

1. 提高出口商品的质量和信誉

通过提高出口商品生产者和外贸企业经营者对商品质量和信誉的认识，加强对生产过程、产品品质以及包装储运的质量管理，加大对我国出口商品质量的监督检查和执法力度，提高我国出口商品的质量和信誉。

2. 优化出口商品结构

要从生产领域入手，密切跟踪国际先进技术，通过引进先进技术和设备，推进技贸结合，使科技成果尽快实现商品化、产业化，形成国际竞争的综合优势。要加强高科技产品的研制和开发，以便较快地提高我国出口商品的质量、档次和加工深度。引进先进生产技术要与引进先进检测手段相配套，保证产品技术性能和档次的提高。

3. 创名牌出口商品

通过创名牌、保名牌，实施名牌战略，树立我国优质商品和知名企业在国际贸易中的形象和地位，以提高我国出口商品的国际竞争力和出口创汇能力。实施名牌战略不仅是我国贯彻以质取胜战略的重要内容，也是我国促进企业建立质量效益机制，提高出口竞争力的重要途径。创造名牌是实施名牌战略的首要环节，质量是创立名牌的基础。另一方面要善于在发展中保护名牌，既要加大惩处假冒伪劣产品的力度，也要对名牌产品的认定严格把关，保护知识产权和名牌商标。

（二）实施以质取胜战略的措施

1. 强化质量控制的立法与执法

强化质量意识，并加强质量方面的法律法规建设，为实施以质取胜战略提供必要的法律环境。加快《对外贸易法律》《产品质量法》《商检法》配套法律法规的建设，保证出口商品质量，维护对外贸易的合法权益。

2. 推行与国际标准接轨的质量管理体系

我国出口商品与国外同类商品相比，薄弱环节主要体现在安全、健康和环境保护等方面。此外我国有很多产品常常因为不符合国际标准而被进口国拒之门外，因此积极推行与国际标准接轨的质量管理体系已经是立足国际市场的必经程序。

首先，要按照国际标准，建立健全企业质量保障体系认证标准。按照国际标准化组织的《ISO系列标准》进行企业质量保障体系认证，已经成为当前国际市场领域中对供应方产品保证能力的一个基本要求。另外我国在 1992 年 3 月开始实施《出口商品生产企业质量体系评审管理办法》，对于确保出口产品质量、促进国际间的相互认证，推动我国对外贸易的发展有十分重要的积极作用。

案例 12.5

推行ISO 9000的作用

1. 强化品质管理，提高企业效益；增强客户信心，扩大市场份额

负责ISO 9000品质体系认证的认证机构都是经过国家认可机构认可的权威机构，对企业的品质体系的审核是非常严格的。这样，对于企业内部来说，可按照经过严格审核的国际标准化的品质体系进行品质管理，真正达到法治化、科学化的要求，极大地提高工作效率和产品合格率，迅速提高企业的经济效益和社会效益。对于企业外部来说，当顾客得知供方按照国际标准实行管理，拿到了ISO 9000品质体系认证证书，并且有认证机构的严格审核和定期监督，就可以确信该企业是能够稳定地生产合格产品乃至优秀产品的信得过的企业，从而放心地与该企业订立供销合同，扩大了该企业的市场占有率。可以说，在这两方面都得到了立竿见影的功效。

2. 获得了国际贸易“通行证”，消除了国际贸易壁垒

许多国家为了保护自身的利益，设置了种种贸易壁垒，包括关税壁垒和非关税壁垒。其中非关税壁垒主要是技术壁垒。在技术壁垒中，又主要是产品品质认证和ISO 9000品质体系认证的壁垒。特别是在世界贸易组织内，各成员方之间相互排除了关税壁垒，只能设置技术壁垒，所以，获得认证是消除贸易壁垒的主要途径。（在我国“入世”以后，失去了区分国内贸易和国际贸易的严格界限，所有贸易都有可能遭遇上述技术壁垒，应该引起企业界的高度重视，及早防范。）

3. 节省了第二方审核的精力和费用

在现代贸易实践中，第二方审核早就成为惯例，又逐渐发现其存在很大的弊端：一个供方通常要为许多需方供货，第二方审核无疑会给供方带来沉重的负担；另一方面，需方也需支付相当的费用，同时还要考虑派出或雇用人员的经验和水平问题，否则，付出费用也达不到预期的目的。唯有ISO 9000认证可以排除这样的弊端。因为作为第一方的生产企业申请了第三方的ISO 9000认证并获得了认证证书以后，众多第二方就没有必要再对第一方进行审核，这样，不管是第一方还是第二方都可以节省很多精力或费用。还有，如果企业在获得了ISO 9000认证之后，再申请UL、CE等产品品质认证，还可以免除认证机构对企业的品质保证体系进行重复认证的开支。

4. 在产品品质竞争中永远立于不败之地

国际贸易竞争的手段主要是价格竞争和品质竞争。由于低价销售的方法不仅使利润锐减，如果构成倾销，还会受到贸易制裁，所以，价格竞争的手段越来越不可取。20世纪70年代以来，品质竞争已成为国际贸易竞争的主要手段，不少国家把提高进口商品的品质要求作为“限入奖出”的贸易保护主义的重要措施。实行ISO 9000国际标准化的品质管理，可以稳定地提高产品品质，使企业在产品品质竞争中永远立于不败之地。

5. 有效地避免产品责任

各国在执行产品品质法的实践中，由于对产品品质的投诉越来越频繁，事故原因越来越复杂，追究责任也就越来越严格。尤其是近几年，发达国家都在把原有的“过失责任”转变为“严格责任”法理，对制造商的安全要求提高很多。例如，工人在操作一台机床时受到伤害，按“严格责任”法理，法院不仅要看该机床机件故障之类的品质问题，还要看其有没有安全装置，有没有向操作者发出警告的装置等。法院可以根据上述任何一个问题判定该机床存在缺陷，厂方便要对其后果负责赔偿。但是，按照各国产品责任法，如果厂方能够提供ISO 9000品质体系认证证书，便可免赔，否则，就会败诉且要受到重罚。（随着我国法制的完善，企业界应该对“产品责任法”高度重视，尽早防范。）

本例文整理自ISOYES国际认证联盟网站《推行ISO 9000的作用》一文，原文链接：http://www.isoyes.com/ISO 9000/2140.html

6. 有利于国际间的经济合作和技术交流

按照国际间经济合作和技术交流的惯例，合作双方必须在产品（包括服务）品质方面有共同的语言、统一的认识和共守的规范，方能进行合作与交流。ISO 9000品质体系认证正好提供了这样的信任，有利于双方迅速达成协议。

请思考：出口企业怎样根据《ISO系列标准》建立质量保障体系？

其次，积极推行与环境保护相关的国际认证体系。随着经济全球化的发展，人们环保意识的增强，发达国家开始日益关注产品是否环保。而国际标准化组织在1996年正式推出了《ISO 14000环境管理标准体系》，目前，它已经成为通往国际市场的“绿色通行证”。

3. 培育在国际市场上的知名品牌和知名企业

培育国际知名品牌和知名企业，树立我国优质商品和知名企业在国际市场中的形象和地位，是提高我国出口商品的竞争力的重要途径。创立品牌有利于促进企业建立质量效益机制，有利于促进出口增长方式从粗放型向集约型转变。知名品牌是企业形象的代表，也是开拓国际市场的重要武器，知名品牌意味着企业具有良好的信誉与素质。我国政府积极培育在国际市场上的知名品牌和知名企业，根据国家的产业政策确定了重点支持和发展的名牌出口商品，另外，商务部还采取六项举措实施自主出口品牌战略（见下面的阅读材料）。

案例 12.6

商务部将采取六项举措实施自主出口品牌战略

据新华网北京2005年12月10日电（记者张毅） 2005年12月从商务部召开的全国自主出口品牌建设工作会议上了解到，为了认真贯彻中央经济工作会议提出的加快实施品牌战略，推动外贸增长方式转变的精神，商务部将采取树立自主品牌典型、提供政策支持等六项举措，从明年开始大力实施品牌战略。商务部正抓紧制订工作方案，主要抓好六项具体工作。一是树立一批自主品牌的典型。二是为品牌企业提供必要的政策支持。三是帮助企业进行品牌宣传。四是推动名牌企业“走出去”。商务部将多方面为名牌企业在国外投资建立研发、生产、销售和售后服务体系提供便利。五是开展“品牌万里行”活动。联合主要媒体和有关中介机构在全国范围内开展“品牌万里行”活动，通过系列的舆论宣传和舆论监督，推动我国的自主品牌建设。六是加大自主品牌知识产权保护力度。名牌都是经过无数次的市场风浪摔打出来的，而不是靠政府保护出来的。政府在实施品牌战略中的作用是以市场为导向，充分发挥市场在品牌发展中优胜劣汰的作用，积极鼓励竞争，为自主品牌的发展营造良好的市场环境。

动手：课后动手搜集一个已经“走出去”的自主品牌案例，并总结该品牌获得成功的经验。

交流：在课堂上交流分析所搜集的典型案例的经验。

4. 提高产品科技含量，优化出口结构

科技的竞争是国际贸易竞争的重要内容。从全球看，高新技术迅速发展，各国纷纷注重高新技术的发展和出口，发达国家更是如此。一个企业要想在国际市场上保持一定竞争优势，就必须注重提高产品的科技含量，注重研究与开发。我国还可以依靠技术进步来优化出口商品结构，提高高新技术产品的出口比重；通过引进技术提高传统出口产品的质量、档次和水平。

（三）实施以质取胜战略的意义

（1）提高出口产品质量和创造品牌。提高出口产品质量和创造品牌，是出口企业在国际竞争中制胜的法宝和求得生存发展的必由之路。在日趋激烈的国际市场上，只有提高出口产品的质量和创造名牌，才能提高竞争力，出口企业才能“以质量求生存，以品质求发展”。

（2）实施以质取胜战略有助于推动我国出口商品质量和档次的提高，增加商品的附加值，提高出口经济效益。

（3）实施以质取胜战略有助于树立企业形象和国家信誉。出口企业要通过提高出口商品质量、创立品牌，在国际市场上树立企业形象。出口商品质量也是中国商品的信誉，反映了民族的素质，关系到国家的信誉。因此外贸工作者用自己的实际行动来提高商品质量，就维护了中国商品的信誉，维护了国家的信誉。

（4）实施以质取胜战略是转变对外贸易增长方式和实现资源优化配置的途径。提高对外贸易增长的质量水平，增加高附加值、高技术含量、高档次和高质量商品的出口比重，就能促进对外贸易增长方式的转变，实现资源的节约和优化配置。

二、科技兴贸战略

1999年，为贯彻科教兴国战略和适应科技、经济全球化形势下国际经贸发展的新形势，我国又提出了科技兴贸战略。

（一）科技兴贸战略的背景

1. 基于国际高技术产品贸易加速发展的趋势

自20世纪80年代以来，主要发达国家高新技术产品出口的增长速度均高于全部制造业产品出口的增长速度，这表明传统产品市场需求的增长有限，高新技术产品出口已成为国际贸易的新的增长点。1985—2003年，世界高新技术产业出口年均增长率为14.3%，低技术产业年均增长率为9.4%，高新技术产业比低技术产业出口年增长率高4.9个百分点。世界制造业出口结构也发生了重大变化，高新技术产业在制造业出口总额中的份额从1985年的13%上升到2002年的24.5%；而中低技术产业的市场份额从1985年的58%开始下降，到2002年为47.2%。

2. 高新技术产品出口成为促进经济发展的重要因素

随着经济全球化的发展，高新技术产业以及高新技术产品出口在促进各国经济发展方面的作用日益突显。根据美国商业部的统计，美国高新技术出口已占世界高新技术出口的2/3以上，高新技术产品出口对美国经济的持续增长发挥了重要作用。

3. 技术型贸易壁垒对国际贸易的影响越来越大

关贸总协定第八轮谈判时，关税已经大幅度削减，传统的非关税壁垒如数量限制等也大大减少，但是新的贸易壁垒特别是技术性贸易壁垒对国际贸易的影响日益增大。由于技术性贸易壁垒具有名义合理、形式多样、方法隐蔽、种类繁多等特点，从而被发达国家广泛采用，因此加强对技术性贸易壁垒的研究，提高出口产品质量和技术标准，提高产品的科技含量对于发展中国家来说非常紧迫。

在上述背景下，1999年年初，我国提出了“科技兴贸”战略，这也是科教兴国的基本国策在对外贸易领域的具体体现。

（二）科技兴贸战略的内涵

科技兴贸战略是以提高我国出口产业和产品的国际竞争力、加强体制创新和技术创新、提高我国高新技术产业国际化水平为基本指导思想，以“有限目标、突出重点、面向市场、发挥优势”为发展思路，进一步转变政府职能，通过面向国际市场的科研开发、技术改造、市场开拓、社会化服务等部署，提高企业出口竞争力和自主创新能力，加快出口商品结构的战略性调整，实现我国由贸易大国向贸易强国跨越的贸易发展战略。

实施科技兴贸战略，发挥了我国的科技优势，扩大了我国机电产品和高新技术产品出口，提高了出口商品的科技含量、档次和附加值，促进了科技成果向现实商品转化，是我国从贸易大国走向贸易强国的关键。

科技兴贸战略从商品生产和交换角度看，包括两个方面的内容：一是大力推动高新技术产品出口；二是运用高新技术成果改造传统出口产业，提高传统出口产品的技术含量和附加值。实施科技兴贸战略，推动我国高新技术产品出口，不仅可以改善我国出口商品结构，增强出口创汇能力，而且可以促进企业技术进步和产业结构的优化与升级，增强国民经济抗风险能力。利用高新技术成果改造传统产业，提高传统出口商品的技术含量和附加值，也会极大地促进产业结构调整和经济增长。实施科技兴贸战略，大力推动高新技术产品出口，提高传统出口产品的技术含量和附加值，正好适应了当今世界经济、科技全球化发展的大趋势。

（三）实施科技兴贸战略的措施及成效

1. 实施科技兴贸战略的措施

（1）进一步加强各部委的联合工作机制，建立以促进高新技术产品出口和提高传统出口产品技术含量和附加值为核心的多部门参加的部际领导体系。

（2）在科技兴贸重点城市率先建立较完善的出口服务体系和政策环境。从财政、金融、市场准入等方面研究促进高新技术产品出口和利用高新技术改造传统出口产业的鼓励政策。

（3）充分利用国际技术贸易、国际工业技术合作的多边、双边机制，稳步推进建立多、双边高新技术产业化示范基地。

（4）完善我国出口管制法律体系，为我国高新技术出口和高新技术产业发展创造良好的外部环境。

（5）在重点行业和地区发展一批为高新技术产品出口企业服务的规范化的中介服务代理机构。

（6）为出口培育科技兴贸人才，培养一批管理人才和中介代理人才。

2. 实施科技兴贸战略的成效

国务院有关部门共同组织实施科技兴贸战略，在各方面的共同努力下，取得了显著成效。

（1）高新技术产品进出口迅猛增长。"十五"期间，我国高新技术产品累计出口超过 6 000 亿美元，是"九五"期间的五倍多，年均增长 45%左右，高出全国外贸出口增幅 20 个百分点；2005 年，高新技术产品出口接近 2 200 亿美元，占外贸出口比重超过 28%，对外贸出口增长的贡献率达到 35%，拉动外贸出口增长 13 个百分点，推动了国内产业结构升级。2012 年我国信息和通信技术产品出口额为 5 543.1 亿美元，居世界第一。2013 年我国高技术产品出口比重已达到 57.3%。2013 年，我国共登记技术引进合同 12 449 份，合同金额为 433.65 亿美元，其中技术费达 410.96 亿元。

（2）形成了若干个各具特色的高新技术产品出口"增长集群"。珠江三角洲已成为世界知名的 IT 加工组装中心和重要出口基地；长江三角洲已经成为现代通信、软件、微电子等领域的外商投资集中地带；环渤海地区的移动通信、航空航天和集成电路产业呈现出了迅速发展的态势。

（3）显著增强了企业国际竞争力。一批有自主知识产权的知名品牌和著名企业迅速崛起；企业出口规模迅速扩大，高新技术产品年出口额超过 1 亿美元的企业超过 300 家。科技兴贸工作在取得显著成效的同时，也逐渐形成了科技兴贸战略的组织、政策、出口和服务体系。

（4）形成了科技兴贸 10 部门联合工作机制。财政部、税务总局、海关总署、质检总局、国家知识产权局和中国科学院相继加入联合工作机制，从原外经贸部、原经贸委、科技部和原信息产业部 4 部委扩大到了科技兴贸 10 部门联合工作机制。

（5）建立了科技兴贸政策体系。国务院办公厅转发的商务部等 8 部门联合制定的《关于进一步实施科技兴贸战略的若干意见》，初步建立了我国科技兴贸政策体系框架；各部门、各地区认真贯彻落实《若干意见》，相继在便捷通关、便捷检验检疫、出口退税、出口信贷和出口信用保险等方面出台了一系列的政策措施，进一步完善了科技兴贸政策体系。

（6）确立了高新技术产品出口体系。我国相继认定了 20 个科技兴贸重点城市、25 个高新技术产品出口基地、6 个国家软件出口基地和医药出口基地，建立了 1 000 家重点企业联系制度，出口体系正发挥着日益显著的示范和带动作用。搭建了高新技术成果展示和交易的平台。中国（深圳）国际高新技术成果交易会、中国苏州电子信息博览会、中国大连国际软件交易会、中国北京国际科技产业博览会、上海国际工业博览会和中国杨陵农业高新科技成果博览会6大高科技会展已逐步成为展示我国高新技术领域最高发展水平、最高发展成就的窗口，科研成果产业化、商品化的重要平台，高新技术国际交流和合作的桥梁和国内外客商交流合作、共同发展的舞台。

案例 12.7

浪潮集团获批国家科技兴贸创新基地

济南2013年5月29日电（美通社） 2013年5月24日，浪潮集团被商务部、科技部授予国家科技兴贸创新基地称号。

此次浪潮集团能够成功入选国家第四批科技兴贸创新基地称号，得益于浪潮在科技创新和国际化方面的突出表现。作为我国云计算、物联网、三网融合等战略性新兴产业的龙头企业和最大的云计算核心装备的制造商和解决方案提供商，浪潮集团2012年实现营业收入401亿元人民币，位列我国信息技术产业前两位。其在高端容错、海量存储、云OS、软件开发平台、行业云应用软件、GS6.0等特定技术领域的国际国内领先地位，引导产业集群升级。

一直以来，浪潮集团都高度重视企业创新能力的提升，不断加大在科研方面的投入。2012年研发投入达到18.3亿元人民币，同比增长29.8%，主要集中在云基础装备、云操作系统和面向行业的云应用系统产业和LED产业。同时，浪潮集团还是科技部首批认定的创新型企业，以及拥有国家级四大研发平台的企业，包括服务器国家863计划产业基地、高效能服务器和存储技术国家重点实验室、中国存储产业技术创新战略联盟、国家信息存储工程技术研究中心，具备了涵盖基础技术研究、共性和关键技术研究、工艺和工程技术研究、产业化方案研究全体系的创新平台。

近年来，浪潮集团积极实施“走出去”战略，海外业务已拓展至44个国家和地区，先后在美国、日本、委内瑞拉、俄罗斯、苏丹等国设立分公司和办事机构，年带动国内出口超过20亿美元。用户遍及海外政府、科研机构、金融、通信、税务、教育等行业，成功运作并实施了委内瑞拉VIT计算机厂、苏丹ACT超算中心援外项目、泰国媒体云项目、津巴布韦国家税务项目、沙特椰枣基因研究项目、白俄罗斯超级计算中心项目、古巴CIGB基因生物技术研究所高性能计算中心等项目。在实施“走出去”的过程中，浪潮集团不断总结发展经验和模式，形成了产品输出到技术输出再到理念输出的这种符合高新技术企业国际化的独特道路，初步建立起全球四大销售中心、三级渠道代理、300多家代理商的营销体系。

美通社本电原文：
http://www.prnasia.com/story/80352-1.shtml

浪潮集团获此殊荣，源于其在电子信息新兴产业尤其是云计算领域的领军地位、不断提升的创新水平和扎实有效的国际化战略。下一步国家将大力支持像浪潮集团这样的科技创新型企业集团，从政策上向创新基地倾斜，提升其国际竞争力，这无疑为浪潮集团日后的快速发展打下了坚实的基础。

请分析：从浪潮集团闯出的从产品输出到技术输出再到理念输出的高新技术企业国际化的独特道路，看企业如何实施科技兴贸战略？

（四）实施科技兴贸战略的意义

1. 实施科技兴贸战略是加快我国由外贸大国迈向外贸强国的必由之路

我国已成为世界外贸大国，但与外贸强国相比还有很大差距。在商品结构上，要改变我国出口商品中高技术含量、高附加值的产品比重偏低，企业规模偏小，竞争力不强等问题，就需要实施科技兴贸战略，大力推动高新技术产品的生产与出口，培植我国出口产业和产品的动态比较优势，提高企业的核心竞争力，才能由外贸大国迈向外贸强国。

2. 实施科技兴贸战略有助于顺应世界科技发展趋势和参与国际分工

随着科技革命迅速发展，经济全球化趋势不断加强，国际经济贸易将面临新的调整，我国对外贸易的发展面临强劲的竞争压力。国际市场商品的结构将发生深刻变化，技术密集型机电产品，特别是高附加值的高新技术产品将成为出口增长最快和发展后劲最大的支柱商品。坚定实行科技兴贸，才能顺应世界科技贸易发展趋势，参与新的国际分工，分享较高的贸易利益。

3. 实施科技兴贸战略是我国对外贸易抢占国际市场竞争制高点，突破技术壁垒的重要手段

大力发展高新技术产品出口，严格遵守《世界贸易组织贸易技术壁垒协议》，才能打破我国与东南亚国家等发展中国家出口商品雷同，处在较低层次上竞争的局面，在国际市场竞争中占领制高点，并突破发达国家利用高科技对我国设置的技术壁垒，开创对外贸易的新局面。

4. 实施科教兴贸战略是落实科教兴国基本国策的要求

对外贸易作为国民经济的重要组成部分，从总量和结构上促进了国民经济的发展。据有关部门测算，高新技术产品出口对经济增长的带动作用相当于一般出口商品的两倍。实施科技兴贸战略，推动高新技术产品出口，不但可以改善我国出口商品结构，增强出口创汇能力，还会促进企业技术进步和企业结构的优化升级。用高新技术成果改造传统产业，提高传统出口商品的技术含量和附加值，可以促进产业结构调整，带动经济增长。

三、外贸可持续发展战略

对外贸易可持续发展战略是指对外贸易实现可持续发展的行动计划和纲领。我国对外贸易的发展，应与我国自然资源可供状况相适应，以环境不被污染为界限。对外贸易可持续发展战略追求用最小的稀缺资源成本获得最大的福利总量，实现持续发展，不损害他国环境，也不受其他国家环境污染的影响。

1. 外贸可持续发展战略的目标

通过实行对外贸易可持续发展战略，实现以下目标。

（1）调整出口商品结构。在减少资源型产品出口的同时，增加技术含量高、附加值高及可实现资源替代的产品出口。

（2）适度减少高档进口产品。进口产品应体现适度消费的要求，以不污染我国环境的资源性产品和技术设备型产品的进口为主，减少高档消费品进口。

（3）将生态观念纳入外经贸的经营与决策过程。在外贸企业引入生态会计原则，把进出口造成的环境成本纳入外经贸的经济核算过程，使环境保护成为外经贸从业者的自觉行动。

（4）对外贸易环保行为法制化。与国际环保规范接轨，制定有中国特色的对外贸易环保法规，以预防为主，加强管理监督。

（5）实现环保领域国际合作。特别是与已取得很多环保成绩的发达国家交流与协作，共同促进全球环境的改善。

2. 实施对外贸易可持续发展战略的措施

（1）培养对外贸易的绿色竞争优势。对外贸易的发展应逐步向符合可持续发展要求的增长方式转变，提高环境资源的利用率，减少严重环境污染的产品的生产与出口；加大对环保产业的投入，争取绿色营销，产品环境标志认证工作向国际靠拢，培养绿色优势。

（2）推广出口产品的绿色生产和清洁技术，发展与贸易有关的环境服务，使我国出口商品符合国际市场环境标准，扩大绿色产品的出口数量，避免国外“环境补贴”指控。

（3）防止不符合环境标准的商品流入，减少外来污染。严格限制、制止危害环境的产品进口；限制、禁止高污染产业移入，加强对外商投资企业环境影响的监督；积极参与国际立法条约制定，维护本国环境利益。

（4）引导外资投向对外贸易环保领域。在对外贸易环保领域大力引进外资，推动对外贸易可持续发展战略的实行。

（5）加快绿色贸易立法，与国际环保法规接轨。深入开展全民环保运动，提高环保意识，加强环保立法、执法；根据国际环保法规加快制定或修改《对外贸易法》《包装法》《涉外产品质量法》等法规，使之与国际接轨。

3. 实行对外贸易可持续发展战略的意义

（1）实行对外贸易可持续发展战略，有利于贯彻可持续发展基本国策。20世纪90年代，我国根据联合国环境与发展大会精神，制定了《中国21世纪议程》。1996年全国人大通过的“九五”计划和2010年发展纲要中又进一步将我国社会、经济的可持续发展确定为我国的基本国策。实行对外贸易可持续发展战略，就可使国民经济可持续发展战略的目标要求在对外贸易领域落到实处。

（2）实行对外贸易可持续发展战略，有利于对外贸易增长方式转变。高投入、高消耗、低效益的数量增长模式，严重影响了对外贸易的健康发展，并对我国产品走向国际市场产生了不利影响。实行对外贸易可持续发展战略，就要求改变对外贸易发展模式，用最小的稀缺资源成本获得最大的福利总量，坚持效率和持续性原则。

（3）实行对外贸易可持续发展战略，有利于对外贸易的发展适应国际经济贸易发展的新趋势、新要求。可持续发展已成为世界经济发展的主题，它要求社会的发展和经济的增长必须控制在自然资源和环境能够支持和持久实现的范围内。贸易的可持续发展问题已成为当代国际经济贸易领域的中心议题。在贸易中实施环境标准日益成为各国在对外贸易中强制执行的法律要求。国际标准化组织制订了ISO 14000环境管理系列国际标准，规定了环境审核、环境标志、环境行为评估等内容。只有实行对外贸易可持续发展战略，才能适应这种新趋势和新要求。

（4）实行对外贸易可持续发展战略，有利于正确应对国际贸易壁垒中的“绿色壁垒”。西方发达国家借口环境保护，通过制订高标准的国内环境法规，实施贸易保护和贸易歧视。实行对外贸易可持续发展战略，就可正面应对“绿色壁垒”，保证我国出口贸易的健康持续发展，由贸易大国迈向贸易强国。

本章小结

1. 对外贸易战略是指在一国经济总体发展战略指导下的对外贸易部门发展战略，即对对外贸易发展目标和实现手段的全局性的长期安排和筹划。对外贸易战略可以划分为进口替代战略、出口导向战略和混合发展战略三种基本类型。

2. 制定中国对外贸易战略要根据国内外经济政治环境的变化，参照国际惯例和经验，遵循自由贸易与保护贸易适当结合的原则、进口替代和出口导向有机结合的原则、国内市场和国际市场主辅结合的原则，并以坚持从实际出发、坚持对外开放的基本国策、坚持以提高经济效益为中心、坚持科学发展观、坚持自力更生方针为指导思想。

3. 中国对外贸易总体战略是从宏观角度提出的全局性的总体上的战略安排，包括改革开放前的进口替代战略、有限开放时期的混合发展战略、全面开放后的"大经贸"战略、"走出去"战略、互利共赢战略、自由贸易区战略，反映了与不同开放程度相适应的不同时期的对外贸易总体上的战略。

4. 中国对外贸易基础战略是从微观角度提出的带有全局性的基础方面的战略，包括出口商品战略、出口市场战略、进口发展战略、以质取胜战略、科技兴贸战略和对外贸易可持续发展战略。

综合练习

一、不定项选择题

1. 改革开放前的对外贸易战略是（　　）。

A. 进口替代战略　B. 出口导向战略　C. 闭关锁国战略　D. 混合发展战略

2. 混合发展战略是（　　）。

A. 进口替代与出口导向战略结合起来互补　B. 开放与管理结合

C. 出口与进口结合　D. 利用外资与对外投资结合

3. 制定中国对外贸易战略的原则是（　　）。

A. 自由贸易与保护贸易适当结合的原则　B. 进口替代和出口导向有机结合的原则

C. 国内市场和国际市场主辅结合的原则　D. 发展生产和扩大出口结合的原则

4. "大经贸"战略的基本内容有（　　）。

A. 大开放　B. 大融合　C. 大转变　D. 大发展

二、简答题

1. 简述对外贸易战略的内涵和特点。
2. 简述制定中国对外贸易战略的指导思想。
3. 简述以质取胜战略。
4. 简述对外贸易可持续发展战略。
5. 简述互利共赢战略。
6. 简述自由贸易区战略。

三、论述题

1. 论述我国实行"大经贸"战略的目标和意义。
2. 论述实施"走出去"战略的问题和对策。

四、案例分析题

海尔集团 1998 年开始实施国际化战略，现在已经成为一个有 5 万余个营业网点，全球营业额为

1 039 亿元的跨国企业集团。其国际化历程可概括为走出去、站住脚、争第一。

海尔走出去较早，当时是考虑与其被动挨打，不如主动走出去。其策略是先难后易，先进入美国、欧盟等发达国家，然后再进入发展中国家。进入发达国家经受住考验要做到两点。一是通过它的认证。2002 年 4 月，海尔成为全球第一家通过 ISO 10015 培训体系认证的企业。二是靠质量和信誉。海尔要求其产品须 100%满足用户要求。

站住脚即是要通过"三位一体"本土化实现"三融一创"，创出本土化品牌的目标。"三位一体"即设计、制造、营销三位一体。在海外建厂的原则是"先有市场，后建工厂"，没有市场建厂是很危险的。"三融一创"即融资、融智、融文化，创造出本土化的世界品牌。当地融资，就是利用当地的资本做当地的生意，做海尔自己的品牌；当地融智，就是利用当地的人力资源；最重要的是融文化，就是将当地文化融入到所生产的产品中去，使购买者感受到本民族的文化氛围。

争第一，是指通过三个国际化争第一。三个国际化是指管理国际化、服务国际化和品牌国际化。管理国际化不是管理模式，而是人，是人才的国际化。员工的创新意识是最有价值的资产。服务国际化是要解决客户潜在的问题。品牌国际化是一个本土化的有国际竞争力的品牌的总和。

2015 年 1 月海尔官网"关于海尔"（http://www.haier.net/cn/about_haier/）中介绍，海尔在全球有 21 个工业园，5 大研发中心、66 个贸易公司，全球用户遍布 100 多个国家和地区。

请分析：

1. 海尔集团的发展是怎样体现我国对外贸易的"大经贸"战略、"走出去"战略和互利共赢战略的？
2. 海尔集团在国际市场上如何"以质取胜"？
3. 海尔集团怎样实现"科技兴贸"和可持续发展？

主要参考文献

[1] H.G. 威尔斯. 2013. 世界简史. 北京：新世界出版社.

[2] Pratt A C. 1997. The Cultural Industries Production System: A Case Study of Employment Change in Britain, 1984-1991. Environment and Planning A，29(11)：1953-1974.

[3] Steve Suranovic , Robert Winthrop. 2005. Cultural Effects of Trade Liberalization. International Trade.

[4] 白玲，吕东峰. 2001. 国际贸易中的文化互补理论. 北京工商大学学报（社会科学版），(6)：48-51.

[5] 柏定国. 2010. 文化品牌学. 长沙：湖南师范大学出版社.

[6] 包晓光. 2010. 燕京创意文化产业学刊（第一卷）. 北京：中国社会科学出版社.

[7] 北京大学文化产业研究所. 2006. 中国文化产业年度发展报告. 长沙：湖南人民出版社，263-264.

[8] 北京第二外国语学院国际服务贸易研究中心《国际贸易》杂志社. 2009. 国际服务贸易评论 Review of International Trade in Sderices（总第 2 辑）. 北京：中国商务出版社.

[9] 陈柏福. 2011. 我国文化产业走出去发展研究 基于文化产品和服务的国际贸易视角. 厦门：厦门大学出版社.

[10] 陈文敬，赵玉敏. 2012. 贸易强国战略. 北京：学习出版社，海口：海南出版社.

[11] 程亚丽. 2014-4-8. 稀土出口如何应对新压力. 国际商报，A1，A3 版.

[12] 东鸣. 2003. 外来和尚念好经——探访浦东首批中外合资外贸公司. 浦东开发，(7)：15-17.

[13] 段华明. 2014-6-16. 21 世纪海上丝绸之路：实现中国梦的海上大通道. 光明日报，第 11 版.

[14] 冯天瑜，等. 1996. 中华开放史. 武汉：湖北人民出版社.

[15] 冯宗宪，郭根龙. 2008. 国际服务贸易. 西安：西安交通大学出版社.

[16] 郭丽娟. 2014-1-7. 联想国际化的成功离不开创新. 光明日报，第 10 版.

[17] 韩骏伟，胡晓明. 2009. 国际文化贸易. 广州：中山大学出版社.

[18] 韩康. 2010. “十二五”：中国发展大战略. 北京：国家行政学院出版社.

[19] 吉文秀. 1992. 改革外汇管理体制，促进对外贸易发展. 国际贸易问题，(12)：29-30.

[20] 季晓伟. 2009. 义乌市对外贸易可持续发展能力研究. 现代商贸工业，(1)：139-140.

[21] 金元浦. 2007. 2008 奥运：文化创意产业新机遇. 人民论坛，(24)：58-59.

[22] 靳兰香，李明泉. 2009. 流通业改革发展三十年. 北京：中国商业出版社.

[23] 康振国，关玲，廖涛. 2013-3-1. 北京：ITTN 汇聚全球资源驱动创新发展. 科技日报.

[24] 课题组. 2007. 中国文化贸易出口对策研究. 国际贸易，(11)：24-27.

[25] 李怀亮. 2005. 当代国际文化贸易与文化竞争. 广州：广东人民出版社.

[26] 李怀亮. 2006. 国际文化贸易概论. 北京：高等教育出版社.

[27] 李彤. 2008. 中国创意文化产业如何提高出口创汇能力——以中国电影为例. 现代

商业，(5)：72-73.

[28] 李小牧．2007．国际服务贸易．北京：电子工业出版社.

[29] 李韵．2014-6-16．丝绸之路申遗——对丝路精神的敬意和传承．光明日报，第 1 版.

[30] 林怡．2008．对中国特色文化产业国际化的思考．企业家天地（理论版），(7)：203-205.

[31] 刘东升，蒋先玲．2012．国际服务贸易：原理、政策与产业．北京：对外经济贸易大学出版社.

[32] 路虹．2014-6-6．中国高铁就这样走向世界．国际商报，A7 版.

[33] 迈克尔·波特．国家竞争优势．北京：华夏出版社．2002.

[34] 秦庚．2014-4-30．拉美基础设施建设方兴未艾．国际商报，B2 版.

[35] 秦国楼．2014．人民币汇率波动因果．财经，(10).

[36] 沈娟．2014-4-9．中国原油进口有望放开．国际商报，A5 版.

[37] 石广生．2013．中国对外经济贸易改革和发展史．北京：人民出版社.

[38] 史瑞利．2007．推动文化产业“走出去”的问题研究.国际贸易，(12)：36-42.

[39] 孙玉琴．2013．中国对外贸易史．2 版．北京：清华大学出版社.

[40] 唐任伍，马骥．2008．中国经济改革 30 年：对外开放 1978—2008．重庆：重庆大学出版社.

[41] 唐榕．2006．电影产业国际竞争力：国内现状·国际比较·提升策略．当代电影，(6)：8-14.

[42] 王绍熙．2003．中国对外贸易概论．北京：对外经济贸易大学出版社.

[43] 王文俊，江新国，张锡科．2008．形势与政策．北京：中国人民大学出版社.

[44] 王晓德．2007．全球自由贸易框架下的“文化例外”．世界经济与政治，(12)：71-77.

[45] 王学成，郭金英．2007．关于中国文化产品输出的思考．国际贸易，(12)：25-29.

[46] 徐复，刘文华．2003．中国对外贸易概论．2 版．天津：南开大学出版社.

[47] 徐嵩龄．2005．第三国策：论中国文化与自然遗产保护．北京：科学出版社.

[48] 颜士锋．2011．文化经济学．济南：山东大学出版社.

[49] 杨柏峰．2007．中美国际文化贸易的比较分析．科技经济市场，(2)：110-112.

[50] 杨清震．2013．中国对外贸易概论．2 版．北京：清华大学出版社.

[51] 尹鸿，李彬．2002．全球化与大众传媒．北京：清华大学出版社.

[52] 张晓明，胡惠林，章建刚．2008．领导干部决策大参考：中国文化产业发展报告．北京：社会科学文献出版社.

[53] 张玉国．2005．国家利益与文化政策．广州：广东人民出版社.

[54] 郑志海，薛荣久．2000．入世与知识产权保护．北京：中国对外经济贸易出版社.

[55] 中国现代化战略研究课题组．2009．中国现代化报告 2009：文化现代化研究．北京：北京大学出版社.

[56] 中国行业咨询网．2014．2013—2014 年中国电影市场票房收入情况统计．http://www.china-consulting.cn/news/20140717/s97059.html[2014-12-23].

[57] 中宣部文化体制改革和发展办公室文化部对外深度阅读联络局．2005．国际文化发展报告．北京：商务印书馆.

配套资料索取说明

说明 1：本书配套资料在人邮教育社区（www.ryjiaoyu.com）下载，注册后即可下载的资料为学习参考资料，其他资料恕不能向同学开放下载权限。

说明 2：教师身份认证完成后可下载的资料可供选书老师参考。

说明 3：“用书教师”是指以本书作为学生课本的授课教师，专有教学资料仅向用书教师开放下载权限。用书教师请参考本图第 4 步给编辑留言。

咨询邮箱：13051901888@163.com

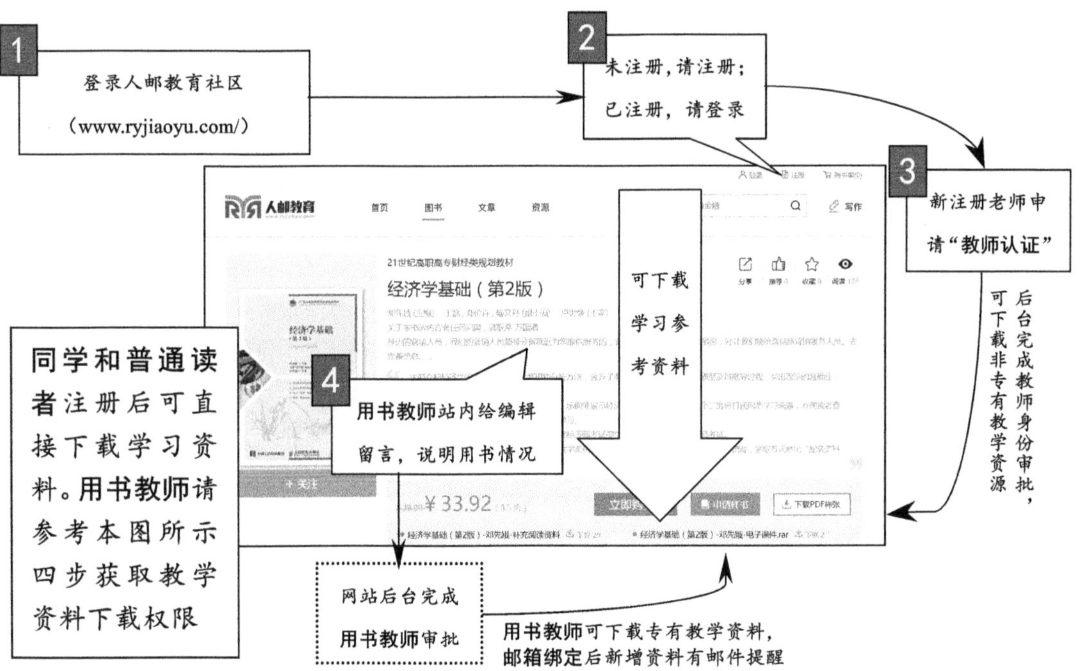